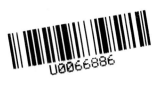

社會研究方法

質化與量化取向

Social Research Methods: Qualitative and Quantitative Approaches

W. Lawrence Neuman◇著
朱柔若◇譯

原序

第三版的《社會研究方法：質化與量化取向》繼續秉持前兩版中所揭櫫的同一組基本原則向前邁進。

首先，我希望再次強調，調查社會世界的質化與量化技術是同樣珍貴的。對於強烈拒絕所有量化技術、統計之類的質化研究者，以及毫不重視深度質化研究的量化研究者，我同樣嚴加提防。是的，眞正的差別是存在的。很多差異都有其本體論與認識論上的根源。這些差異並非意謂研究者需要「保護馬車」、設立守衛、據此以防衛自己觀點的神聖立場。相反的，這些差異意味著有機會從事不斷的討論與相互學習。而且我不認爲學術科目之間的界線應該任其成爲障礙。我抱持一種萬流歸宗的研究取向，並且歡迎跨越科目界線廣泛地採借想法與技術。

第二，我相信我們需要更加感謝活在特殊時代與文化脈絡之下眞實人物所從事的研究調查。當某個特殊文化或次文化與歷史時代下的研究者在忽略某個社會歷史脈絡對他思考或觀察模式所產生的衝擊，是可能出現嚴重錯誤的。本版一項微妙改變是對社會政治事件如何模塑社會研究社群的研究方向，有了更深的體認。研究事業並非完全孤立於它所在的文化。箇中既有危險也有好處。

第三，貫穿本書的一個主題是，對於做研究，我們將永遠不會有全部的解答，或是一組完整而不可移易的規則與技術。方法論是個不斷演進的對話、進展中的作業。這意味著從現在起十年或二十年後，本書有許多部分必將落伍過時了。這種現象勢所必然，因為我們得學習新的事物。也就是要有改善、增添、精練新技術的心裡準備。

第四，本版以更敏感的態度來處理對研究者與被研究者之間的關係。這種我們（研究者）對他們（被研究者）的關照屬於一個更大議題的一部分：研究者如何與他人產生關聯。他人包括了：科學社群中所有的研究者、那些官方機構中握有實權的人士、研究發現的廣大讀者、以及被研究的人們。這層關係涉及到選擇做為研究主題的問題、切入研究之事物的取向、研究如何執行的經過，以及研究成果的境遇。

譯序

選擇一本專業的《社會科學研究方法》教本其實並不難，光是台灣學院派教科書的市場上就有一大籮筐這一類的書籍。再加上個人數年前爲揚智文化翻譯過一本Thomas Herzog所著的《社會科學研究方法與資料分析》，並獲得不少過譽與支持，其實並不需要再度跳下譯海來折磨自己的耐性。當初執筆翻譯Thomas Herzog的《社會科學研究方法與資料分析》，最大的引力是他的精心設計與編排，爲存在於社會科學教學中統計課程與研究方法課程之間的鴻溝，搭起了一座會通的橋樑，讓剛入門且對數學深懷恐懼的學子瞭解到統計、研究方法、與社會研究之間的「裙帶」關聯。

這次禁不起誘惑再度拿起譯筆的主因，在於Lawrence Neuman所著的這本《社會研究方法：質化與量化取向》直接點出當前社會科學研究法的教學中質化與量化研究孰強孰弱的論戰，進而有系統地介紹這兩大研究陣營各自擅長使用的研究技術，提供給有興趣從事研究的新生後輩更多的選擇。譯者認爲，這本書不論是對於對量化研究有所排斥誤解、對質化研究一味頌揚膜拜的一偏之士，還是對於入門已有一段時日，但對量化與質化研究的分野不甚了然的的苦學者，甚或對於試圖想結合質與量研究的識途老馬，應該都是本極有價值的參考用書。因此，儘管教學與研究工作十分忙碌，還是決定努力將之翻譯出來，希望對學術界的後學同好，都會有所助益。

最後，謝謝舍弟仲謀與梁偉成、吳國濟同學參與原稿的草譯與整理；由於你們的埋頭筆耕，他日每一位有幸與本書結緣的讀者，在享受到知識成長的喜悅之餘，亦將感念你們的辛勤付出。

朱柔若謹識

目次

社會研究方法質化與量化取向

第1章

科學與研究

那麼，社會學家是個關心以專業學科的方式來瞭解社會的人。因此，這門學科的本質是科學的。這是說社會學家對其研究的社會現象，所發現的結果與所論說的言論，都是在一個定義嚴格的參考架構之內。

彼得·柏格（Peter Berger）

《社會學入門（*An Invitation to Sociology*）》，第十六頁。

引言

每天看報紙時，除了其他消息之外，近來讀到這些報導：酒精危害女性要比危害男性來得嚴重，因爲女性消化酒精的方式不同於男性；美國聯邦調查局歧視非裔美籍的雇員；美國的移民法助長雇主對中南美洲人、亞洲人，和合法移民者的差別待遇；四分之一左右的紐約重大交通事故是吸煙造成的。這些報導都是一些研究的成果。有些研究結果，像是酒精消化方式與移民法效應之類的報導，可能在未來會發揮效用，而其他的報導則有立即的實用性。聯邦調查局的發現就引起了一樁法律訴訟。

本書是關於社會研究。用簡單的話來說，研究是一種發現問題答案的動態過程。社會研究則是一類由社會學家、社會科學家、與其他人所進行的研究，爲了的是尋求關於社會世界問題的解答。你或許已經對社會研究所涉及的內容有了某些概念。但是，先讓我終結你可能有的一些錯誤的概念。當我問學生他們認爲研究涉及些什麼時，我得到下面的答案：

◇完全根據事實，不受理論與判斷左右。
◇只是專家或大學教授所閱讀或使用的方法。
◇只是大學裡具有博士學位的人使用的方法。
◇到圖書館裡去尋找關於某個主題的研究論文。
◇到某個古怪的場所去閒混並進行觀察。
◇做些愚弄人的實驗。
◇抽取一群人爲樣本，然後發問卷給他們寫。
◇查閱政府報告或書籍中的圖表。
◇使用電腦、統計分析、與圖表。

前面三項完全錯誤，而其他的答案也只不過是社會研究的某些部分罷了。以偏蓋全實屬不智。就像你不會穿雙皮鞋，就當作盛裝赴會，你因此不該誤把這些項目中的任何一項當成社會研究的全貌。

社會研究包含許多層面，是人們發現關於社會世界新事物的方法。爲了達到這個目標，研究者必須從事邏輯思考、謹守規則、並且不斷重複這些步驟。研究者必須以有系統的方法，結合理論與事實，同時使用他的想像力與創造力。研究者很快學會謹愼小心地進行組織與規劃，並且選擇適當的方法來探討問題。他也必須機靈體貼以合乎倫理道德的方法來對待其研究對象。此外，研究者必須清楚明白地傳播他的研究。

社會研究是有系統地被人們用來產生知識的一群方法，是一個令人興奮的發現過程，但是也需要恆心、誠實、忍受渾沌未明、與他人互動，以及從事高品質創作的傲氣。你會在第二章中學到更多關於社會研究的多樣性。

不要期望本書能夠把你轉變成爲研究專家。本書能夠把你教育成一個在閱讀研究結果時，比較好的消費者；讓你瞭解研究事業是如何進行的；並且裝備你使你能夠親自執行小規模的研究計畫。讀完本書之後，你將會對於研究、及其意義，以及研究能夠做些什麼與不能夠做些什麼，與研究在較大社會中所扮演的角色，都有所瞭解。

其他的社會研究方法

對於這個社會世界，大部分你所熟知的事物，你是以一種有別於社會研究的方法獲致的。對於你所知的社會世界，你大部分是根據你的雙親與他人所告訴你的訊息。你的知識也有得自於你個人的經驗。你讀過的書與雜誌、你看過的電影與電視，也給了你不少訊息。或許你也有利用常識來瞭解社會世界。

社會研究除了是一群方法以外，也是一種產生社會世界知識的過程。比起其他方法，社會研究是個更講求結構、組織、與系統作業的過程。[1] 從其他方法得到的知識經常是對的，但是根據研究而來的知識，更可能是正確的、而有比較少的潛在錯誤。然而，重要的是，我們也承認研究並不總是會產生正確無誤的知識。只是相較於其他方法，確實是比較不可能出錯。在檢視社會研究之前，我們先看看其他的方法吧！

權威

我們時常從父母、師長、專家、書本、電視，以及其他媒體中獲得知識。當你接受某事爲眞，是因爲權威人士說它是眞的，或是因爲該事刊載在某本權威性的刊物之上，那麼，你便是以權威作爲知識的基礎。信賴權威人士的智慧有其好處——是個快速、簡單、與低成本的學習事物之道。權威人士經常花下許多時間與精力去學習新事物，而你正可以從他們的經驗與著作中受益。

依賴權威也有其限制。我們很容易就高估他人的專業能力。當他們犯錯之時，你可能還認爲他們是對的。權威人士也可能對他們所知無幾的領域大放厥詞；擺明了他們是錯的。某個領域的專家可能試圖想把他的權威用在某個不相干的領域。你曾經看過電視廣告上某位足球專家用他在足球上的專業能力來說服你購買汽車嗎？此外，還有其他的問題是：誰是權威，誰不是權威呢？當不同權威人士出現意見不一致時，你要相信誰？舉例來說，我曾經把我的高中老師當成物理權威。現在我知道他的權威不及得到諾貝爾物理獎者的權威。

歷史上多的是過時的權威，現在我們則知道是誤信。例如，過去有些專家以頭骨上的腫塊數目作爲智商的依據；另外有些「專家」則試圖用放血來治病。那些人的錯誤現在看來都是顯而易見的，因此我們怎能確定今日的專家到了明日，不會變成蠢才呢？此外，太依賴權威對民主社會來說，可能頗爲危險的。過度信賴專家會縱容他們把我們擺進黑暗中，並且他們還可能提倡強化自己權力與地位的思想。當我們對專家如何獲致他們的知識一無所知時，我們就會失去某些獨立判斷的能力。

傳統

人們有時會依賴傳統，視之為知識來源。傳統其實是權威的一種特殊形式——過去的權威。所謂傳統，就是說你會接受某事並視之為眞，是因為「該事長久以來一直都是這個樣子的」。譬如說，我岳父曾經說過：「喝一杯威士忌可以治療感冒」。當我問他為什麼，他說那是他父親在他小時候告訴他的，而且已經流傳了好幾代了。這個例子中治療感冒的知識基礎就是傳統。

下面這個更是取材於社會世界的例子。很多人都相信，有母親在家中照顧的小孩，比起那些在其他環境中養大的小孩，長大以後會有比較強的適應能力，私人問題也比較少。大家都「知道」這點，但是大家是怎麼知道的呢？大多數的人接受這個說法，是因為他們相信（姑且不論對或錯）過去就是如此，或者他們認為這個事情一直都是這樣子的。

某些傳統的社會知識是起源於單純的偏見。像是「從鐵道那一邊長大的人都不會有什麼出息」、「你絕對不能相信那個民族的人」之類的信念，都是過去流傳下來的。即使傳統知識可能有那麼一段期間是對的，但是隨著年代的演進，它可能會被扭曲，很快就變得不再為眞了。人們常對傳統的知識未做深入的瞭解，就信以為眞；他們假定只要過去能夠成立的事、或是對的事，就必然一直都是如此。

常識

你根據自己的日常推理或常識，得知許多社會世界的事。你相信大家都知道的事以及「聽來合情合理的事」。例如，這個說法「聽來頗有道理」——沒有死刑的國家中謀殺率會比較高，因為如果人們知道這麼做將會被判死刑時，他們就比較不太可能殺人。這個看法與其他廣為流傳的常識像是窮苦家庭的年輕人比中產家庭的年輕人，更可能出現偏差行為；以及大多數的天主教徒不會實施節育等等，都是錯誤的。

常識對日常生活來說，是頗為珍貴的，但是它也可能使邏輯謬誤不經意地溜進我們的腦海中。舉例來說，「賭徒謬誤」常在於：「如果我在玩骰子時一連輸了許多次，那麼再玩一次的成功機會將會比較高」。從機率與事實來看，那都是錯誤的想法。同時，常識中也會包含互相矛盾的概念，只是人們常在不同的時候使用這些概念，所以很少會注意到——例如，「異性相吸」和「物以類聚」就是。常識可能源自傳統，有時候有用、有時候正確，但是也可能帶有一些錯誤、誤傳、矛盾、與偏見。

媒體報導

電視節目、電影、與報章雜誌上的文章等都是社會生活資訊的重要來源。例如，許多從未接觸過罪犯的人會從觀賞電視與電影，或者從閱讀報章雜誌，而對犯罪有所瞭解。然而，電視上對犯罪或其他事物的描繪並不一定會確實反映社會實相。相反的，杜撰或改編眞實生活成為電視節目與電影的編劇，經常不是出於無知，就是受到權威、傳統、與常識的影響，而扭曲了社會實相。他們的主要目的是在取悅社會大眾，而不是在眞實地呈現實相。雖然替報紙與新聞性雜誌寫稿的記者，努力嘗試呈現世界的眞實面貌，但是受限於要在極短的時間、有限的資訊、並且兼顧編輯的方針原則下寫出稿子，他們也只有編故事了。

更糟糕的是，媒體傾向於深化文化上的迷思。舉例來說，媒體經常呈現大部分領取福利金的民眾是黑人（實際上大多數是白人）、精神異常者大多是具有暴力傾向的危險份子（事實上只有少部分人的狀況是如此），以及大部分的老人衰老體弱、經年住在療養院裡（其

方塊1.1

人造色情迷思與研究

爲了爭奪銷售與廣告的管道，媒體有時根據不足的證據，把某個想法或發現加以誇大渲染。盛大的宣傳可能使許多人接受這項發現的眞實性，或誤信有堅實的科學研究的支持。1995年夏，《時代雜誌》一本居領導地位的美國新聞週刊上刊登了一篇討論人造色情的封面故事。這個名詞用指透過電腦網路進行色情郵件的傳送與接收。該雜誌攫住萬眾目光的封面是一個不知所措的小孩站在電腦前面。這個聳人聽聞的故事，引述一份卡內基莫冷（Carnegie Mellon）大學的研究，指出電腦網絡上充斥著任何一個有電腦的小孩都可以取得火辣辣的色情畫面。主要的電視新聞節目很快地就誇大這項警訊，之後很快地華府的政治人士就呼籲制定新的法律。

經過嚴密的調查之後，得知這個歇斯底里的反應，是根據一位大學生所做的一份未出版的研究，而且其中還充滿了方法論上的缺漏。該雜誌匆匆忙忙將這個故事報導出來，而沒有交給適當的研究專家審查。除了跳脫科學社群的評審制度，全然仰賴一份不合格的人所從事的劣質研究，該論文還帶有誤導的內容：未能強調不到百分之零點五的網路訊息涉及色情資訊。姑且不論人造色情違反道德規範，該媒體的訊息著實缺乏堅實的證據與謹愼的研究。

實只有相當少數的老人是如此不幸）等等的劇情。此外，媒體選擇性地強調某些議題也會影響到社會大眾的想法（參閱方塊1.1）。例如，電視總是反覆播放住在城市內環的、低收入的非裔美籍年輕人非法吸食毒品的劇情，因此使許多人以爲城市黑人的吸毒比率，遠遠高過美國境內的其他民族，儘管這個觀念根本是錯誤的。

個人經驗

如果你遇上某些事，如果你親眼目睹、親身經歷，你就會信以爲眞。個人經驗，或是說「眼見爲憑」，是有相當強大的衝擊力，而且是我們知識的主要來源。不妙的是，個人經驗也可能會誤導你。有些像是視覺幻象或海市蜃樓，就是些不是沒有可能發生的事。那些看起來像事眞的事，實際上可能是由於判斷稍微出錯或是曲解的結果。不過親身經歷與直接接觸的力量是相當強大難當的。即使我們心知肚明，人們難免會犯錯、或落入幻覺。有時人們還是寧願相信他們看到或經驗到的事物，而不相信精心設計以避免陷入這些錯誤的研究發現。

個人經驗的四大錯誤會相互增強、也會發生在其他的生活層面。這些錯誤成了宣傳、騙術、魔術、刻板印象，以及某些廣告之所以能夠誤導民眾的基礎。

第一個問題，也是最容易發生的錯誤，就是過度通則化（overgeneralization）。這發生在當你握有某些你相信的證據，然後假定這些證據也適用於其他的狀況之時。有限通則化才是比較正確的作法，在某些情況下，一小撮的證據可以解釋某個較大的情況。問題是人們通則化時，類推到遠超過證據有效的範圍之外。天底下有許多人、事、物，人們其實所知甚少，甚至毫無所知，所以難免會想從這些少少的已知來推論其他事物。舉例來說，數年來，我認識五位盲人，他們全都非常友善。我可以就此推論所有盲人都是友善的嗎？我個人經驗所接觸的五位盲人可以充分地代表所有的盲人嗎？

第二個常見的錯誤是選擇性觀察（selective observation）。這是發生在當你特別注意某些人或事，並且根據他們的特性來建立通則之時。人們時常把焦點集中在某些特殊的案例或情況，特別是當這些事符合我們原來的想法時，尤其如此。我們常常找出那些會肯定我們已經知道或是已經相信的證據，而忽略了許許多多其他的例子以及和我們的想法相衝突的資訊。我們對符合我們想法的事物特別敏銳——若果不然，我們就視而不見。例如，我相信體重較重的人比較友善，這個觀念可能是來自於刻板印象、或者是我的母親告訴我的、或者是出於其他原因。我觀察肥胖的人的時候，就不自覺地特別注意到他們的笑容。沒有瞭解到這點，我注意到並且記住了增強我原來想法的人物與情境。某些心理學家已經研究過人們有「找出」與扭轉他們的記憶，以符合他們原先想法的傾向。就像我會過度解釋肥胖者的手勢或笑容，較不注意與原有概念相衝突的證據，並且不刻意去發覺他們不友善的行爲。

第三個錯誤是過早妄下斷語（premature closure）。這個錯誤常與前兩個一併發生，並且增強前兩個錯誤的嚴重性。過早妄下斷語發生在，當你覺得掌握了全部的答案，因而不再需要聆聽、向外尋找資訊、或是提出質疑之時。不幸地，大多數的人有點懶惰、對日常生活的經驗漫不經心。我們找到一些證據，或者注視某事一段時間之後，就認爲我們已經完全弄清楚了。我們會去找些證據來確定或拒絕某個想法。當我們找到一小撮證據之後，常就此打住。換句話說，我們馬上妄下斷語做出結論。我認識三個人，他們一天抽六包煙，活到八十歲；所以，煙抽得很兇的人都可以活到八十歲。

最後一個錯誤是月暈效果（halo effect）。月暈效果以很多種不同形式出現。但是最基本的，它是指人們根據我們所肯定的或崇拜的事物，做出過度通則化。我們給予我們所尊敬的事情或人物一個光環，或者一個強大的聲望。我們縱容聲望「附加」在那些我們認識不多的事情或人物身上。於是，我拿起一份由某位出自某所著名大學——就說是哈佛或耶魯吧——的學者所寫的報告，就認定該作者非常傑出有才能，而該報告也很卓越。對一位不知名大學的學者，我不會做出同樣的假定。我開始對這份報告形成一種看法、對它產生偏見，而不是根據這份報告所具有的價值，而對他做出評斷。

科學運作的方式

區分社會研究與獲得社會世界知識其他方法的關鍵因素，在於

「麥可，我是個社會科學家。也就是說，我無法解釋電力或是任何一種和那個相近似的事物，不過如果你想要知道瞭解人，那你就找對人了。」

來源：Handelsman；©1986 The New Yorker Magazine, Inc.

前者使用的是科學的方法。社會研究不只是一堆方法的集合，也不只是一個創造知識的過程。它是一個使用科學的研究取向，以產生關於社會世界新知識的過程。讓我們簡要地探討一下「科學」這個我們在第四章中會再回過頭來說明的主題。

科學

大部分的人一聽到科學這個名詞時，進入他們腦海裡的第一個印象是那個充滿了許多試管、電腦、火箭，以及一群身穿白色實驗服的人。這些外在特徵只是科學的一部分。有些科學，像是生物學、化學、物理學、與動物學等的自然科學，處理的是物理世界與物質世界(例如，岩石、星球、化學物質、血液、與電等等)。自然科學是新科技的基礎，受到普遍的重視。當大多數人聽到科學這個名詞時，最先想到的就是這些。

社會科學——像是人類學、心理學、政治學、與社會學——涉及到的是關於人的研究，包括：人的信仰、行爲、互動、制度等等。很少人把這些學科和科學聯想在一起。這些學科經常被稱爲軟性科學

(soft sciences)。這不是因爲這類研究鬆散、不夠嚴謹，而是因爲研究的主體——人類的社會生活——變動不定、難以觀察、並且不容易使用實驗室的儀器加以精確測量。一門科學的研究主體（例如，人類的態度、原生質、或是銀河）決定了這門科學所使用的技術與工具(例如，調查、顯微鏡、或望遠鏡)。

科學是種社會制度，也是種產生知識的方法。它並非和人類歷史一樣久遠，而是一項人類的創造發明。今日人們所稱爲科學的，源自於始於西歐歷史上理性時代或啓蒙時期人們思想上的一項重大轉變，是發生在1600到1800年代早期之間的大變動。啓蒙時代引導出一連串的新思維，包括：信仰邏輯推理、強調物質界的經驗、相信人類進步，以及對傳統宗教權威的質疑。科學是從研究自然界開始，然後擴展到對社會現象的探究。科學在現代社會裡的重要性以及成爲追求知識的基礎，則是與那個稱爲工業革命的社會轉型，相伴相生。科學及其領域內其他學科的進展，像是社會學，並不是突然發生的，而是經過許許多多個別研究者的成就與抗爭而來的成果；也受到一些例如，戰爭、經濟蕭條、政府政策、或民眾支持度轉變，等重大社會事件的影響[2]。

曾幾何時，全世界上的人都是使用前科學的或非科學的方法來創造新知識，這些方法除了前面提到的以外，還有一些是今日社會中少數人仍在使用的方法（例如，神諭、神秘主義、魔術、占星術，和靈魂學等)。在科學還沒有建立起它的權威之前的那些年代，人們普遍接受這些前科學方法，同時盲目地相信它們所產生的知識。現在這些方法仍然存在，但是地位已不如科學了。今日某些人使用非科學方法來研究科學無法解釋的部分（例如，宗教、藝術、哲學等)，但是身在較進步的現代社會的人們都相信，科學還是可以解釋社會世界和自然世界中絕大部分的現象。現在大概已經沒有人會懷疑科學是產生現代社會知識的最主要方法。

科學同時是指產生知識的體系與由此體系所得到的知識。這套體系經過數十年的演變，仍然處於緩慢不斷的變遷當中。它結合了關於這個世界與知識本質的假定、對知識的取向、以及數組獲取知識的程序、技術、與工具。這個體系在一個稱為科學社群的社會制度中，明顯可見。

科學的知識是由理論組織起來的。到目前而止，社會理論（social theory）可以定義為一組互相關聯的、濃縮與組織關於社會世界知識的抽象意義或概念所構成的體系。第三章中將討論數個不同類型的社會理論。社會理論就像是一張社會世界的地圖，幫助人們預見這個世界的複雜性，並且對事情發生的原因提出解釋。

科學家使用專門的技術來蒐集資料，然後使用資料來支持或否定理論。資料（data）是研究者根據某些規則或程序而蒐集到的經驗證據或資訊。資料可分為量化的（quantitative，以數字表示的）或質化的（qualitative，以文字、圖形、物體表現）兩類。經驗證據（empirical evidence）是指人們透過感官──例如，觸覺、視覺、聽覺、嗅覺、與味覺──所經歷得到的觀察值。這聽起來有點匪夷所思，因為有許多社會世界的層面不是人類能夠使用感官，就能直接找到解答的（例如，智力、態度、意見、感覺、情緒、力量、與權威等）。這個時候，研究者就會使用專門技術，來進行觀察與測量社會世界的層面。

科學社群

科學的生命得自於科學社群的運作，這個社群的共享有關科學的假設、態度、與研究的技術。科學社群（scientific community）是受到一組共同的規範、行為、態度所約束，以維持科學思潮的一群人。它之所以被稱為一個社群，是因為這是由互動的成員所組成的團體，他們共享一套道德標準、信仰與價值、技術與訓練，以及職業生涯路徑。它不是一個地理上的社區，相反地，是一個專業社群，社群成員對於科學抱持著相同的觀點，對科學工作有著同樣的投入。以最廣義來說，科學社群同時涵蓋了自然科學與社會科學[3]。

在核心科學社群之外，還有許多人利用科學研究的技術。各行各業的實務工作者與技術人員應用由科學社群所發展出來與修正過的研究技術。他們應用源自於科學社群所發展的知識與程序。舉例來說，有許多人使用科學社群所發明的研究技術（例如，調查法），但是對於這個技術並沒有多少深入的認識，也不會創造新的研究方法、促進科學的進步。不過，如果這些使用科學技術或成果的人多少能夠瞭解一些科學方法的原則與過程，他們將可以做得更好一點。

科學社群的界線與會員身份並沒有明確的定義。社群的成員沒有任何會員卡或記錄名冊。大部分人認爲獲得科學領域的博士學位就是取得一張進入科學社群的非正式「門票」。博士是比碩士更高一級的學位，它是培養學生從事獨立研究的能力。但是有些研究者並沒有博士學位，並不是所有獲得博士學位的人都從事研究工作。他們進入許多不同的職業領域，可能有其他的職責（像是教學、行政、諮商、臨床實務、顧問等）。事實上，大約有一半獲得科學博士學位的人並沒有以活躍的研究者爲其主要的職業生涯。

位居科學社群核心的科學家不是從事全職的、就是從事兼職的研究工作，通常會有一些助理協助研究工作的進行。許多研究助理是研究生，有部分是大學生。做研究助理是大多數科學家獲得實際研究經驗的主要管道。

大部分科學社群的核心研究者受聘於學院與大學。另外有些科學家爲政府或私人企業工作，後者如貝爾實驗室（Bell Labs）、全國民意研究中心、或雷德公司（Rand Corporation）。大部分的科學家集中在六大先進工業國家、接近兩百所研究大學或機構。換句話說，科學社群雖然沒有地理上的界線，但是它的成員卻聚集在少數幾個地方工作。

科學社群到底有多大？這是一個很難回答的問題。以最廣義的定義來說（包括所有的科學家，以及像工程師之類從事科學相關工作的人員），科學社群的成員在先進國家大約佔總勞動人口的百分之十五。比較好的視察科學社群的方法是觀察構成這個較大社群的基本單位：學門（例如，社會學、動物學、和心理學等）。由於知識專門化的結果，科學家大多只熟知某個特定領域的學門。在美國，大約有一萬七千名專業社會學家、十三萬兩千名建築師、六十五萬名律師，以及一百二十五萬七千名會計師。每年有五百獲得社會學博士學位，一萬六千人獲得醫學學位，三萬八千人獲得法律學位。

獲得博士學位的人中有半數並沒有靠做研究謀生。以社會學爲例，大約有八千人爲比較活躍的科學社群成員。許多研究者一生中只完成一或兩件的研究工作，少部分人則做了上打的研究案。而且在一個學門中頂尖或特殊領域（例如，離婚研究或死刑研究）中做研究的人，更可能不會超過一百人。[4] 科學社群的研究成果將會影響到數百萬民眾的生活，但是絕大部分目前正在進行的研究以及新知識的探索，可能僅僅仰仗數百名科學家的努力。

科學社群的規範

任何人類社群的行爲都是由社會規範來加以約束，科學社群也受到由一組專業標準與價值的管理。這些規範都是研究者在數年的學生階段中學習與內化而得到的。這些規範相互增強，共同塑造做爲一個科學家的獨特角色。[5]活躍研究者的工作環境與科學體系本身的運作也會強化這些規範。[6] 就和其他的社會規範一樣，專業規範是正當行爲的模範。由於研究者還是個有血有肉的平凡人，所以他們的偏見、自我、野心、私人生活與其他種種因素，都會影響到他的專業表現。實際上，研究者並不會完全嚴格遵守科學規範，偶然還是會出現違反規則的行爲。[7]同樣重要的是要記住，科學的運作並不是發生在與社會隔離的眞空之中。各種各樣的社會、政治、與經濟勢力都會影響到科學的發展與運作。

方塊1.2列出科學的五項基本規範。它們與其他社會制度（例

方塊1.2

科學社群的規範

1.**一視同仁**。不論做研究的是誰（老的、少的、男的、女的），也不論研究是在那裡進行（在美國、法國、哈佛、還是那所不知名的大學），研究只根據科學價值加以判斷。

2.**組織化的懷疑論**。科學家不應該漫不經心地、或毫不批判地就接受新的觀念或證據。相反的，所有的證據都應該接受挑戰與質疑。每個研究都得接受嚴密的批判與審查。批判的目的不在於人身攻擊；相反的，在於確保研究經得起嚴格的檢驗。

3.**不偏不倚**。科學家必須中立、公正、敏銳、廣納所有非預期的觀察或新的觀念。科學家不應該僵化地與某個特殊的概念、或觀點結合。他們應該接受甚至找尋與他們立場相反的證據，並且應該誠實地接受所有高品質研究的發現。

4.**共享主義**。科學知識必須與他人分享；它屬於每個人。創造科學知識是項公開行動，研究發現是公有財，開放給所有的人使用。執行研究的方式必須給予詳盡的描述。新的知識在它被其它的研究者審查過，並且以一種特殊的形式與規格公開發表之前，是不會正式被接受的。

5.**誠實**。這是個一般性的文化規範，但是科學研究特別強調。科學家要求誠實做所有的研究；不誠實或欺騙是科學研究的一項主要禁忌。

如，企業、政府）的要求並不相同，而這正是科學家不同於其他職業的所在。科學家彼此之間也會互相檢視是否遵守這些規範。例如，在一視同仁（universalism）的規範要求下，科學家依然會讚揚傑出、有創意的科學家，即使這位科學家有一些古怪的個人習慣、或是長得其貌不揚。科學家也會激烈地進行相互的辯論、把一份研究報告攻擊的「體無完膚」，而這屬於組織化懷疑論（organized skepticism）規範的一環。科學家通常會聽取新的概念，不論這些概念聽起來有多麼古怪。遵循不偏不倚的原則（disinterestedness），科學家視各種研究結果為暫時的，在更好的發現出現之前勉強接受的結果。他們希望有

很多的科學家能夠讀到自己的研究報告，並且提供回應，因而有些科學家非常反對審稿制度。這正符合共享主義（communalism）的規範。科學家也期待能夠本諸誠實（honesty）的原則，執行與報導研究成果，如果有人在這上面作假，將犯眾怒。

科學方法與態度

你可能已經聽說過科學方法，但是也許不太明白那和我們到目前所講的之間有什麼關係。科學方法（scientific method）並不是某個單一事物，是指科學社群所使用的概念、規則、技術、與程序。方法源自於科學家社群之內所形成的一股鬆散的共識。關於社會研究基本方法的討論，將在第四章再做說明。

現在最好先把焦點擺在科學態度（scientific attitude），或者說一種觀察世界的方式。這是種重視純熟技術、以創造力為傲、講求高品質的標準、與勤奮工作的態度。格林內爾（Grinnell, 1987:125）曾經說過：

> 大部分人學習「科學方法」，而不學習科學態度。然而，科學方法只是一個理想的建構，科學態度才是人們觀察世界的方法。從事科學研究可以採用許多種不同的方法，但是使這些方法能夠稱為科學方法的，則端視它們是否被科學社群所接受。

科學的期刊論文

你可能曾經讀過一本社會學期刊、或專門雜誌中的某篇論文。當科學社群產生新知識時，他們通常與學術專書或期刊論文的方式發表。第五章會對學術期刊做詳盡的討論。研究成果或科學新知的最基本形式，是以學術期刊論文（scholarly journal articles）的型態出現。這也是科學家彼此之間正式溝通與傳播科學研究結果的方式，也構成了廣為討論的知識爆炸的一部分。通常每個學門或學術領域都有超過一百種的期刊，每種期刊每年又會刊登許多篇的論文。例如，社會學期刊就有將近兩百種，其中最有名的是《美國社會學評論（*American Sociological Review*）》，它每年就刊登將近六十五篇的論文。期刊論文對研究過程與科學社群來說，都是非常重要的環結，但是我們對它的瞭解卻並不充分[8]。

想想看當研究者完成了研究之後會做些什麼事。首先，研究者會以一種特定的格式把研究與研究的結果寫成研究報告。通常研究者會在像是美國社會學社的專業會議上做口頭報告，並且影印數份報告送給一些科學家，請他們提出批評與建議。然後研究者再將數份報告複本寄給像是《社會學季刊（*Sociological Quarterly*）》或是《社會科學季刊（*Social Science Quarterly*）》等學術期刊的編輯。每位編輯都是受人尊敬的研究者，被其他科學家選出來監督這份學術刊物的負責人。當編輯收到研究報告時，他會取走唯一出現作者姓名的封面頁，然後再將報告送給數位評審審查，是為匿名審查制度（blind review）。審稿者是從事過相同專業領域或主題研究的科學家。採取「匿名」審查一方面是因為審稿者不知道執行這項研究的是誰，一方面研究者也不知道審稿的是誰。這種作法可以強化一視同仁的規範，因為這個時候審稿者只能就論文本身來做評判。研究的評斷是根據清晰度、獨創性、良好研究標準，以及對知識的貢獻，所做出的裁定。學術期刊都希望能夠刊登好的研究報告與對知識進展有重大貢獻的論文。最後審稿者將他的評論意見交給編輯，由編輯決定是要拒絕、要求作者修改、或是採用這篇論文。

某些學術期刊流通性廣、非常受到尊崇，因此往往收到的論文要比刊登出來的多得多。這表示絕大部分的文章都被拒絕，只有少數的優秀報告被選上登出。例如，少數著名的社會學期刊大概會拒絕百分之九十以上它所收到的論文。即使那些較不受推崇的期刊可能也拒絕掉半數以上寄給他們的論文。因此，一篇報告能夠出現在學術期刊上，可以說是經過很嚴格的篩選過程，至少代表它目前已經受到科學社群的認可。一旦登出，這篇論文內容就將成爲科學知識的一部分。

不像那些出現在報攤上的大眾化雜誌的作者，科學家並不會因爲出版論文而獲得酬勞。相反的，他們還必須支付一些費用作爲審核論文之用。但是研究者很高興自己的報告，能夠出現在學術期刊上讓他的同行（即別的科學家或研究者）閱讀。同樣地，審稿者也沒有評論報告的酬勞，他們認爲能被聘請來審查論文是一項榮譽，也是作爲科學社群一份子的義務。科學社群尊敬那些能在最著名學術刊物上發表許多論文的研究者，因爲這代表著那些研究者在促進科學社群基本目標上——貢獻於科學知識的累積——是重要的領導者。

透過論文的發表使研究者在科學社群中獲得聲望與榮耀，同輩的尊敬，以及功成名就的聲譽。研究者希望獲得同輩，尤其是那些相同研究領域的其他知名科學家的尊敬。此外，一篇具有重大學術價值的論文，還可以使研究者獲得獎賞、榮耀、機構的聘任、學生的追隨、工作環境的改善，以及薪資的增加[9]。

你可能從未在學術期刊上發表過一篇論文，但是你應該都讀過一些這類的論文。這些論文是科學研究體系中極爲重要的構成要素。許多研究結果（例如，最新的科學知識）第一次都是出現在學術期刊上。閱讀期刊可以使研究者學習到其他人所進行的研究、他人所使用的方法，以及他們所得到的成果。藉此，你也可以參與新知識的傳播過程。

科學是個轉化過程

你可以把研究想成一個使用科學方法，而將思想、預感、疑問，或稱爲假設（hypotheses），轉變爲科學知識的過程。本書要介紹的是社會科學研究的轉化過程。轉化（transformation）意味著改變某種事物，使其轉變成另一種事物。在研究過程中，研究者從猜測或問題出發，然後應用專門的方法與技術來解套這些原始資料。在這個過程的最後，得到一個有價值的產品——科學知識。一位具有高度生產力的研究者，會創造許多有價值的新知識，大爲增進人類對這個世界的瞭解。

你可能開始覺得研究過程遠非你能力所及。畢竟它涉及到許多複雜的技術才能以及功力深厚的科學社群。然而，執行研究的基本項目是每一個人都可以學會的。透過學習與練習，你就可以學會如何進行一個科學研究。除了要內化科學的態度與文化之外，你還需要熟練如何以及何時使用這些技術。讀完本書之後，你應該能夠掌握住這些重點。很快你就可以獨立進行小規模的研究計畫了。

研究過程的步驟

步驟

研究過程是一系列的工作步驟。第二章與第四章中，會介紹不同的研究類型。不同的研究取向意味著不同的步驟，但是大部分都會包含下面所討論的七個步驟。

研究過程開始於研究者選擇一個主題（topic）——一個一般性的研究領域或議題，例如，離婚、犯罪、遊民、或權力菁英。對於研究的執行來說，主題太過廣闊。這就是爲什麼第二個步驟深具關鍵性的原因。研究者把主題縮小到他能夠研究的一個特定的研究問題上，或是找出研究主題中他能夠研究的焦點（例如，「早婚的人會比較容易離婚嗎？」）。當主題選定、找出焦點之後，研究者經常會回顧過去對這個主題或問題所做過的研究，或稱爲文獻。第五章將會討論如何進行文獻回顧。研究者也會發展出一些可能的答案，或稱爲假設。第三章會告訴你，理論在這個階段的重要性。

明確陳述出研究問題之後，研究者會計畫如何展開這個研究方案。第三個階段便涉及到執行研究時許多實際細節的決定（例如，是否使用田野調查、或是採用觀察法、要有多少位受試者、問哪些問題）。現在研究者已經做好了蒐集資料或證據的準備了（例如，問受試者問題、記錄答案）。

一旦研究者蒐集好資料，下一步就是處理或分析這些資料，檢視其中是否出現有任何模式。資料或證據中顯現的模式可以幫助研究者做解釋、找出這些資料內涵的意義（例如，「都市中早婚者有較高的離婚率，但是在鄉下則無此現象」）。最後，研究者會撰寫一份報告，描述研究的背景、研究進行的方式與過程、以及所得到的發現。

實際上研究者很少是完成第一個步驟之後再進行第二個步驟，完成了第二個步驟再進行第三個步驟，以此類推。研究其實比較像互動過程，每一個步驟彼此之間互相包含，後一個步驟會影響對前一個步驟做更深一層的思考。這個過程並不全然是直線的，在抵達終點之前，其實有很多不同的流動方向。研究也並不會到了第七個步驟就突然結束了。研究是個持續不斷演進的過程，一個研究的完成常會刺激新的思考、帶出新的研究問題。

研究計畫通常會遵循七個步驟。研究者無論進行那個研究計畫，或是從事哪個特定主題的研究，都採用這七步循環的研究流程。每個研究計畫都是建立在先前研究的基礎之上，並且貢獻於整個知識體系的成長。科學發現與新知識累積的這整個大工程，需要許許多多來自各種不同領域的科學家，同時從事成千上萬個研究計畫，方能有所斬獲。研究者一次可能同時執行數個研究計畫，有時數位研究者也可以合作同時執行一個研究計畫。同樣的，一個研究計畫可能產生一篇或數篇學術論文，有時一篇論文報同時報導數個小型計畫的成果。

範例

在兩篇已發表的、討論截然不同主題的學術論文中，可以看出研究過程的基本構成要素。第一個範例中，作者分別在五個不同的年份裡，對一所大學的學生進行調查，以探討宗教態度的發展趨勢。第二個例子比較複雜，作者檢視相關的歷史文件與統計資料，試圖解釋爲什麼在二十世紀初，美國精神病院的病人增加了百分之八百。

範例一：1986年威廉學院（Williams College）的菲立普·赫斯汀（Philp Hastings）教授與天主教大學的何吉（Hodge）院長在《社會力（*Social Forces*）》期刊上發表一篇名爲〈大專生的宗教與道德態度之趨勢：1948-1984年〉的論文。

◎選定主題

這個研究的主題是大專生的道德態度。作者探究1948年到1984年之間，大專生的態度產生了何種變化。他們認爲大專生是文化變遷步調快慢的調整器，在態度上大專生要比成年人出現更多修正的動作。

◎鎖定焦點

關於學生態度的媒體報導與先前的研究指出，1980年代的學生態度出現回歸1950年代保守主義的趨勢。作者想知道在宗教與道德信仰上，是否也出現了這種復古的變化。他們提到從1920年代起到1970年代，針對大學生所做的研究發現，大學生的宗教信仰在強度上起了變化，而且這個變化與一般社會與政治議題上出現的保守主義與自由主義時期相醞相失。於是作者假設宗教與道德信仰在1980年代也將會比1970年代更趨保守。這是相繼於其他學生研究發現在非宗教議題上的態度變得更加保守而來的一項變化。作者也想看看自從他們五年前出版一份類似的研究之後，情況是否出現任何改變。

◎設計研究

1948年赫斯汀教授使用問卷，調查了威廉學院一組兩百零五位學生樣本的宗教態度。這次調查要求學生回答大約二十題有關於他們宗教信仰的問題。舉例來說，其中一題問學生他們是否認爲科學與宗教是涇渭分明、無法相容。學生們還被問到他們的宗教教養過程、家庭收入、以及其他的背景因素。這個研究設計準備在數年後，用相同的問題調查同一所學校的學生，以便偵測出學生態度上的變化趨勢。

◎蒐集資料

1948年的問卷在1967年、1974年、1979年、與1984年四年中，再度發給威廉學院中隨機選取的學生來填答。1974年加入有關道德議題的問項，其中一個問項是「禁止自願性成人同性戀的法律應該廢止嗎？」

◎分析資料

作者希望確定他們比較的是不同時期具有相近屬性的學生。因爲在1970年之前，威廉學院只收男生，所以1974年、1979年、與1984年的資料都把蒐集到的女學生資料給排除在外。此外，1948年的學生中幾乎有半數是退伍軍人，但是往後幾年的學生中很少有退伍軍人。爲了能做比較，退伍軍人的答案也被略去不計。作者建立百分表來顯示在這五年中每一年學生回答宗教問項的模式，同樣的，也建構一個百分表來瞭解從1974年到1984年之間道德態度上的變化。

◎解釋結果

作者發現保有父母宗教態度的學生，在1967年以前有很高的百分比，1967年與1974年之間呈現縮減的趨勢，在1979年與1984年又出現回升的現象。從對大部分宗教問題的回答來看，保守的態度在1948年與1974年之間有下降的趨勢，但是在1974年到1984年間則出現逆轉的現象。在道德問題方面，問卷回答顯示對性與藥物上保守態度有增加的趨勢。同時該研究也顯示在1974年到1984年之間，學生覺得需要對社會盡義務的感受也比較低。例如，在1974年，有百分之八十三的學生同意美國人對保護資源身負道德義務；但是在1984年，這個比例跌到百分之七十二。據此作者做出下述結論：威廉學院學生的宗教態度從1940年代到1970年代早期是日益走向自由；但是從1970年代中期以後，就變得愈來愈接近傳統。他們總結說，大專生的宗教與道德態度與當時國家整體的政治氣氛如出一轍。

◎告知他人

這篇研究報告撰寫完成之後，發表在《社會力》期刊中。

範例二：1991年加州大學聖塔巴巴拉分校的約翰・尚頓（John Sutton）》教授在《美國社會學評論（*American Sociological Review*）上發表一篇名為〈精神失常的政治經濟學：進步中美國社會收容所的暴增〉。

◎選定主題

這個研究的主題是精神病院收容人數的大量成長及其與公共政策的關係。

◎鎖定焦點

這個研究集中探討自1880年代到1920年代間，美國精神病院病患人數急遽增加的現象。這個研究是依據另一位研究者吉拉德・葛若柏（Gerald Grob）所寫的兩本關於美國精神疾病史的著作。這兩本書記載了從 1880年代到1890年代之間，許多犯罪學家、慈善家、內科醫生批評監獄、 精神病院、救濟院、與感化院中非常不人道的措施，並且提出改革的呼籲。雖然在刑法體系與救濟院出現過一些改革，但是在1880年到1923年之間，這些收容所內的人數從四萬人暴增到二十六萬人，而民眾亦擔心精神病會變成流行病。葛若柏指出窮人救濟院受到嚴厲的批評，以致大部分都關閉了。但是卻沒有建立任何福利體系來取代這些機構，特別是為那些數以萬計生活在貧民之家的窮苦老人。在那個社會福利方案尚未出現的時代，收容所是唯一開放收留他們的機構。沒有其他方式之下，數以萬計貧病交迫的人民都被歸類爲精神病病患，以便藉此管道取得食物、住宿、與照顧。

尙頓以葛若柏的研究爲基礎，應用一個政府試圖利用民眾的危機感來保護或擴張政府部門力量的理論，爲他的研究找到一個焦點。尙頓指出，在1930年代之前，許多政府資源都是掌握在州政府的手裡，州政府的執政黨透過提供庇蔭與發包工程來擴張它的力量。尙頓假設收容所收容人數的成長率因州而異，端視各州擴張政治權力的需求以及經濟資源的可獲得性而定。

◎設計研究

尙頓研究那個時期詳盡的歷史文獻以及精神病院運作的狀況。他也用統計方法測量每一州經濟與政治的特性。

◎蒐集資料

尙頓檢視那個時期各種有關精神病學、精神病院，以及政府政策的歷史研究，他也蒐集精神病人數、政黨競爭、各州可使用的財源，以及各州其他特性等的量化資料。

◎分析資料

尙頓大致上能夠以各州的政治與經濟特性，來預測各州收容所收容人數的增加速率。收容所人口增加最快的州是那些擁有較多資源、政黨之間競爭較爲激烈、較多老年人口，以及較多都市人口的州。此外，當時有些州的人民會收到聯邦政府的救濟金，這是因爲他們自己或他們的親戚在內戰時爲聯邦政府作過戰。尙頓發現到，有較多民眾收到聯邦政府救濟金的州收容所的成長速度也比較慢。

◎解釋結果

尙頓指出，收容所的擴增是因爲聯邦政府對貧窮問題未提供任何解決之道。他同意葛若柏的說法，許多貧窮的老人因爲早期精神病學診斷法的低劣，而被歸類爲精神病人。但是他比葛若柏更進一步的顯示，這項發現並不是同樣發生在每一州。精神病人口成長最多的州是窮人從聯邦政府得到最少救濟金援助的州、有充沛資源興建收容所並且提供收容所需要人力的州、政黨之間競爭激烈、爭相施惠的州。同時，大部分收容所的工作與興建收容所的經費是由州及政黨所提供的，據此州政府回應那些貧病交迫數以萬計，因舊有的收容所關閉而無處棲身的老人，所採的危機處理法，就是興建沒有聯邦政府援助的收容所。通常會採取這種作法是出於政黨想要利用稅收以增加依賴政黨保有工作的群眾人數，藉此政黨可以擴張力量與繼續執政。收容所數量的擴增便是一種在與窮人交涉的同時，提供由州政府執政黨所控制的工作機會的方法。

◎告知他人

這個研究在刊登在《美國社會學評論》之前，先在美國社會學社 與史丹福大學的會議上發表過。

量化與質化的社會研究

你將從本書中學習到量化與質化研究的型態風格。繼第一單元的數章之後，本書將採用這兩種研究型態來組織其餘的章節。第六章到第十二章集中討論量化研究，第十三章到第十六章則討論質化研究。每種研究類型都使用數種特定的研究技術（例如，調查法、訪談法、歷史分析法），但是在資料形式與研究風格上仍有許多相同之處。大多數從事質化研究的研究者使用質化資料，從事量化研究的研究者則使用量化資料。不過，從事質化研究的研究者有時也會使用量化資料，反之，從事量化的研究者有時也會使用質化資料。總之，社會研究普遍採用這兩種型態的研究，但是每個型態都根源於獨特的社會科學邏輯與研究取向（將在第四章中加以討論）。

不幸的是，當這兩大研究型態的奉行者之間，有人覺得對方難以理解、或覺得難以欣賞對方的作法時，彼此之間就出現了敵意。因此，喬爾・雷芬（Joel Levine, 1993:xii）就寫道，「量化社會科學」──他稱之爲「眞正的社會科學」──雖然面對反對的聲浪，但是「它會贏得最後的勝利」。丹辛與林肯（Denzin & Lincoln, 1994）卻說，質化研究在近幾十年來已迅速擴展，很快將會取代過時的量化研究。

雖然這兩種研究型態共享基本的科學原則，但是它們在許多方面存在著重大的差異（參閱表1.1）。它們各有各的長處與限制，擅長的主題或議題，對於社會生活也都有提出眞知灼見的經典研究。我比較同意金恩、科漢、與威巴（King, Keohane & Verba, 1994:5）的觀點，他們說最好的研究「常是結合這兩大研究型態特色的作品。」

不論研究者採取的是哪種型態的研究，他們都希望避免本章前

表1.1 量化研究類型VS質化研究類型

量化研究類型	質化研究類型
測量客觀的事實	建構社會實相、文化意義
焦點擺在變項	焦點擺在互動的過程、事件
信度是關鍵	關鍵在於貨眞價實
價值中立	價值無所不在、而且分外明顯
不受情境脈絡影響	受情境限制
多個個案、受試者	少數個案、受試者
統計分析	主題分析
研究者保持中立	研究者置身其中

資料來源：Cresswell (1994), Denzinand Lincoln (1994),Guba and Lincoln (1994), and Mostyn (1985).

面所談到的那些錯誤，希望能有系統地蒐集資料，廣泛地運用比較的觀念。當我們瞭解這兩種研究型態之後，我們對研究的範疇將會有更清楚而且全面的瞭解，進而截取某一研究型態之長，以補另一研究取向之短。查爾斯·拉金（Charles Ragin, 1994:92）說明這兩種研究型態的互補之道：

> 所有質化方法共同具有的關鍵特性，在與量化方法對照比較之後，都可以明顯辨識。大部分的量化技術是凝聚資料，它們將資料凝聚起來，以察看事物的整體面貌。…質化方法則相反，它們是資料增強者。當資料被增強後，才能更清楚地看到個案的關鍵特性。

爲何要執行社會研究？

在那裡你會看到有人在進行社會研究？大學、研究中心，以及政府機構中的學生、教授、專業研究人員、與科學家，再加上許多助理與技術人員，執行著許許多多的社會研究。這些研究一般人看不到。雖然研究結果可能只出現在專業的出版品或教科書中，但是專業研究者所發展的基本知識與研究方法，卻將成爲其他社會研究的基礎。

除了大學以外，在報社、電視公司、市場研究公司、學校、醫院、社會服務機構、政黨、顧問公司、政府機關、人事部門、公共利益機構、保險公司、或法律事務所工作的人，從事研究也可能是他們工作的一部分。所以，有很多人都會用到社會研究的技術。這些社會研究的結果可以使他們做出比早先的猜測、預想、直覺、和個人經驗更爲正確且無偏見的決定（參閱方塊1.3）。但不妙的卻是，總讓被研

方塊1.3

執業者與社會科學

科學並沒有，也不可能，提供人們固定、絕對的眞理。這是因爲科學是個不完全的減少非眞理的漸進過程。是一群人全心全力、不屈不撓地以一種謹愼、有系統的、心靈開放的方式，投入於追求可能的最佳解答。許多人難以接受關於科學這種苦幹實幹的步調、遲緩的進展、與不確定性。他們需要的是立即的、絕對的答案。許多人轉而成爲提供豐富最終眞理的宗教狂熱份子、或是煽動群眾的政客。

對平日工作要求他們做出快速立即決定的勤奮實務工作者（像是個人服務員、醫療保健專業人士、犯罪刑案推事、新聞從業人員、或政策分析家）來說，這意味著什麼呢？他們必須放棄科學思考、全憑常識、個人信念、或是政治教義嗎？不。他們也能使用社會科學的思考。以他們的工作來說，這不是件易事，但是他們可以辦得到。他們必須一心一意努力去找出目前可以得到的最佳知識；進行仔細、獨立的推理；避免已知的錯誤或謬誤；並且對那些提供最終答案的完整教條，提高警覺。實務工作者必須以開放的心智來接受新的思想，使用多元的資訊來源、並且不斷地質疑用來支持某種行動路線的證據。

究者時常覺得一再受到研究的疲勞轟炸。舉例來說，在選舉期間大眾媒體進行過多的民意調查常引起民眾反感，而拒絕去投票，甚至促發對這些調查的合法性展開辯論。同樣的，還有些人誤用或濫用社會研究——使用不嚴謹的研究技術、錯誤地解釋研究成果、假造研究以發現過去已成定局的結果等等。但是這些濫用所引起的憎惡，可能是普遍的、針對社會研究本身，而不是指向某個濫用研究的人。

人們從事社會研究的原因有很多。某些人想要尋求實際問題的答案（例如，「教室人數由二十五人減少爲二十人，可以增加學生的寫作能力嗎？」）。另外有些人想得到決策的資訊（例如，「我們的公司應該引進彈性工時方案，來降低員工的離職率嗎？」）。還有些人是想要改變社會（例如，「能夠採取些什麼措施來減少強暴案的發生？」)。最後，那些身在科學社群中的人士想要的，則是建立關於社會的基本知識（例如，「為什麼黑人有比白人高的離婚率？」)。

結論

在本章中你學會了什麼是社會研究、研究過程運作的方式，以及誰在進行研究。你也學到了研究之外的其他方法──取得快速、簡易、與實際知識的方法，不過卻也常常是含有錯誤、誤傳、與推理失誤的知識。你讀到科學社會運作的方式、社會研究在整個科學事業中的地位，以及科學與期刊論文的規範對科學社群所具有的重要性。你也學到了研究的步驟。

社會研究是為人而做的、是關於人的，以及由人所進行的研究。雖然我們提到了許多原則，規定，或程序，但是不要忘記社會研究是一項人類的活動。研究者也是人，和你我並無不同，只是他們沈浸於創造與發現知識的事業。很多人發現社會研究十分有趣、令人興奮，他們進行研究，希望發現新的知識並且獲得對社會世界更為深入的瞭解。不論你是否將成為專業的社會研究者，不論日後你在工作上是否會用到一些研究技術，還是你只會用到研究結果，你都會因學會研究過程而受益良多。如果你能就此開始建立你自己與研究過程的私人聯繫，你也將會因此而富足充實。

密爾斯（C. Wright Mills, 1959:196）在他的《社會學的想像力》一書中提出下數相當有價值的建議：

> 在智識工作上，你當學會應用你的生活經驗：繼續不斷地檢視與詮釋生活經驗。在這個意義下，精益求精是你存在的核心，你親自投身於每一項你可以下功夫的智識產品之上。

關鍵術語

匿名審查
共享主義
資料
不偏不倚
經驗的
月暈效果
組織化懷疑論
過度通則化
過早妄下斷語
質化資料
量化資料
學術期刊論文
科學態度
科學社群
科學方法
選擇性觀察
社會研究
社會理論
一視同仁

複習測驗

1.社會研究以外的知識來源有哪些？
2.爲何社會研究總是比其它方法來得高明？
3.社會研究永遠是正確的嗎？它能夠回答所有的問題嗎？試解釋之。
4.科學與天啓如何在不同領域之內爲相似的目標服務？
5.何謂社會社群？它的角色爲何？
6.科學社群有何規範？會發揮什麼效果？
7.一項研究如何方能獲得一份學術性的社會科學期刊的刊載？
8.執行一項研究計畫涉及哪些步驟？
9.說研究步驟並沒有僵化到一點彈性也沒有的這番話，所指爲何？
10.哪類人會從事社會研究？出於什麼理由？

註釋

1.更多有關謬誤的討論，參閱巴比（Babbie, 1995:23-25）、卡普蘭（Kaplan, 1964）、與華勒斯（Wallace, 1971）。

2.關於科學的興起於卡密克（Camic, 1980）、雷蒙特（Lemert, 1979）、墨頓（1970）、伍斯諾（Wuthnow, 1979）、與奇曼（Ziman, 1976）。更多有關社會科學的歷史發展，參閱伊斯特羅普（Eastrope, 1974）、拉司勒特（Laslett, 1992）、羅斯（Ross, 1991），以及兩位藤納（Turner & Turner, 1991）的論著。

3.更多有關科學社群的討論，參閱科爾（Cole, 1983）、科爾・科爾與賽門（Cole, Cole & Simon, 1981）、科林斯（Collins, 1983）、科林斯與瑞斯帝佛（Collins & Restivo, 1983）、格林柏格（Greenberg, 1967）、黑格史東（Hagstrom, 1965）、墨頓（1973）、史東納（Stoner, 1966）、與奇曼（1991）。

4.關於最近特殊社會學的研究，參閱卡貝爾與古特柏克（Cappell & Guterbock, 1992）與愛尼斯（Ennis, 1992）。

5.更多有關科學家社會角色的討論，參見班大衛（Ben-David, 1971）、卡密克（Camic, 1980），以及杜馬與葛林姆斯（Tuma & Grimes, 1981）。

6.有關規範的討論，參閱黑格史東（1965）、墨頓（1973）、與史東納（1966）。

7.有關違反規範的討論，參閱布魯姆（Blume, 1974）與密托夫（Mitroff, 1974）。

8.關於溝通與出版體制的論述，參閱巴卡尼克等（Bakanic et al., 1987）、布勞（Blau, 1978）、科爾（1983）、 克來恩（Crane, 1967）、古斯非德（Gusfield, 1976）、哈軍斯（Hargens, 1988）、慕林斯（Mullins, 1973）、辛格（Singer, 1989）、與奇曼（1968）。

9.更多有關科學圈內報酬制度與階層化的論述，參閱科爾．科爾（1973）、科爾（1978）、法奇斯與藤納（Fuchs & Turner, 1986）、葛斯頓（Gaston, 1978）、古斯丁（Gustin, 1973）、龍恩（Long, 1978）、米多斯（Meadows, 1974）與瑞斯金（Reskin, 1977）。

第2章

研究的面向

不論是社會學家、政治科學家、或人類學家所做的學術研究，其目的都是想要發現他們自己研究領域內理論問題的答案。相對的，應用社會研究的目的則在於他們要靠資料來作決定。

賀柏・魯賓（Herbert J. Rubin）
《應用社會研究（*Applied Social Research*）》，第六至七頁。

引言

大學畢業三年後，提姆與莎拉相約用午餐。提姆問莎拉說：「妳在社會資料公司當研究員的新工作怎樣？做些什麼呢？」莎拉回答說：「我現在正在執行一個有關於安親班的應用研究計畫，我們先進行跨區域調查蒐集一些描述性資料，然後再做評估研究。」莎拉對她的安親班研究計畫的描述，正指出了社會研究的四個面向。本章將要討論這四個面向。

我在第一章所呈現的社會研究圖像，是一個相當簡化的圖像。研究有許多種不同的類型與規模。在開始執行研究之前，研究者必須先決定要做的是那種類型的研究。好的研究者瞭解每種研究類型的長處與短處，雖然大多數的研究者最後總是擅長於某一種特定的研究類型。

本章中，你將學到社會研究的四個面向：第一，進行研究的目的；第二，預定的未來用途；第三，如何處理時間問題；第四，使用的研究技術。這四個面向相互為用、互為表裡：也就是說，某種研究目的傾向於與某種技術與某種用途一併出現。很少有研究純粹屬於某種類型，不過研究面向有助於簡化執行研究的複雜性。

在執行研究計畫之前，研究者必須先做數項決定。瞭解這些研究面向之後，對於這些決定，你會有比較好的準備與能力來做決定。此外，明瞭不同的研究類型以及這些研究類型在研究過程中的角色，也可以使你比較能夠駕馭已發表的研究、讀得懂這些報告。

研究的面向

研究目的

如果你問某人爲什麼要做研究，你可能會得到林林總總、各式各樣的答案：「是我上司要我做的」、「課堂作業」、「好奇嘛」、「室友認爲這個主意不錯」。幾乎每位研究者都有他自己的理由。不過，可以根據研究者想要達到的目標，一般可將之研究分成三種類型——探究新課題、描述社會現象、與解釋事情發生的原因[1]。有時，一個研究或許會有許多個目標（例如，同時想要探索與描述），但是總會有一個是主要的目的。

探索：你或許曾經爲了想要瞭解某個新課題或新議題，而從事探索。如果這是個新議題，或是沒有人做過這方面的研究，你就是開頭的人。這類研究就稱爲探索性研究（exploratory research）。研究者的目的是要理出較爲精確的問題，以便未來研究能夠據此尋求進一步的解答。探索性研究可以說是一個研究系列的第一個階段。爲了獲得更爲充分的資訊以便第二階段能夠設計、執行更有系統、更詳盡的研究，研究者可能有需要執行一個探索性的研究。

對愛滋病（AIDS，後天免疫不足徵候群）所進行的研究，可以做爲說明探索性研究的範例。當愛滋病第一次出現的時候，大約是在1980年左右，沒有人知道它是屬於那一種疾病，甚至不確定它是否算是一種疾病。沒有人知道它是如何感染的、如何傳播的、甚或爲什麼會出現的原因。官方人士只知道病人帶著一種從來沒見過的徵狀進入醫院，而他們對於該如何治療卻束手無策，病人也很快就死了。在進行了許多個探索性的醫學與社會科學研究之後，才使得研究者獲得關於這個疾病的足夠知識、使他們能夠設計出適當的研究。

探索性研究的成果經常沒有發表出來。相反的，研究者將它們納入比較有系統的、後來會發表的研究當中。學術期刊上曾經刊登的探索性研究的例子是1985年蓋瑟・樓文斯坦（Gaither Loewenstein）發表在《社會學季刊》上的一篇文章：〈新次等階級：當代社會學的難題〉。這篇研究的目的是在探索「美國社會中正在浮現一個新興的、由流動的勞動階級市民所構成的次等階級」的這個概念。由於這個研究者感興趣的「新」次等階級是出現在1980年代，所以當他開始研究時，對於這個階級所知甚少。樓文斯坦想要知道是否眞的有一個新興的次等階級在發展。他閱讀其他的研究與社會階級理論，查閱勞動市場的統計資料，訪談了五十位年齡在十八歲與三十歲之間申請公共協助（福利）的民眾，並且花了十六個月的時間去瞭解一群由勞工階層的年輕人所組成的社會團體。剛開始模模糊糊的一個想法，不過是得自於作者與朋友的非正式社會互動，結果隨著研究過程的進展，變得愈來愈清楚、具體。

探究性研究很少會得到明確的答案。通常提出的是一些「是什麼」的問題：「這項社會活動實際的狀況是什麼？」。這類研究很難執行，因爲幾乎沒有什麼方針可供遵循。關於一個主題的所有層面都有可能是重要的，因此對研究的步驟都未做清楚的定義，而探究的方向也隨時在改變。這些都會令研究者感到挫折、使他們覺得漂浮不定、或者覺得是在「原地打轉」。

探索性研究者富有創造力、開放的態度、與彈性；秉持著調查偵測的立場；探究所有的資訊來源。研究者提出具有創意的問題、善用發覺意外因素的能力（serendipity）── 那些非預期的、可能帶有重大影響力的機會因素。舉例來說，研究者想要發現移民到新國家的小孩年齡愈小，進入大學後的負面影響是否也會越少。然而，他們卻意外地發現到，某個年齡層（六歲到十一歲）的小孩會比較大或較小的小孩，經歷最嚴重的移民衝擊。[2]

探索性研究者經常使用質化資料。蒐集質化資料的技術比較少

方塊2.1

探索性研究的目標

1.熟悉其中所涉及的基本事實、人物、與關切的問題。
2.對發生的情況之來龍去脈，發展出完整的圖像。
3.產生許多概念，並發展試驗性的理論與推論。
4.決定做進一步研究的必要性。
5.歸納問題並且提煉需要做更有系統研究的議題。
6.發展未來研究所需的技術與方向感。

會與某個特定的理論或研究問題相結合。質化研究對證據的使用與新議題的發現，接納性較高（參閱方塊2.1）。

描述：你可能對某個社會現象已經發展出比較高層次的概念，因此想要對之加以描述。描述性研究（descriptive research）是就某個情境、社會背景、或關係的特殊細節，提出詳細描述的研究。刊登在學術期刊上的研究，或是用做政策決定的研究，大多為描述性研究。

描述性研究與解釋性研究有許多類似之處，實際上兩者並沒有清楚的界線。在描述研究中，研究者開始於一個明確界定的主題，再進行研究以獲得對於這個主題的精確描述。描述研究的產物即是對這個主題的詳細圖像。研究結果可能顯示出抱持某種觀點或表現某種行為的人數百分比，例如，有百分之十的父母對其子女有過生理或性方面的虐待。

描述性研究也呈現人類型態或社會活動類型的圖像。舉例來說，多納德·麥卡柏（Donald McCabe, 1992）研究美國大學生的作弊行為。令他感到興趣的是人們合理化偏差行為的方式。他認為為了維護自我形象並轉移自責，人們會發展出中立化或扭轉不被道德許可之行爲的正當理由。麥卡柏對超過六千名學生進行調查，發現其中有三分之二的學生承認在主要的考試或作業中，曾經至少做過一次弊，並且從中得到六種最常見的作弊類型。當麥卡柏詢問這些大學生爲什麼要作弊時，他發現到他們會使用四種主要的中立化策略（neutralization strategies）來爲這種行爲辯護。最常見的策略是推託責任，有超過半數的人使用這招。採用這個策略的人理直氣壯地辯稱，造成他們偏差行爲的理由是那些像是課業壓力過大、或是同儕行爲之類的非他們所能控制的力量所致。此外，這些作弊學生提出的合理化說法還包括否認他們的行爲傷害到任何人、把責任歸咎到老師的身上、甚或表示是他們的行爲出於對朋友的義氣。第一章摘要中所提供的學生宗教態度研究的那個範例，就是一個描述性的研究，該研究描述學生的態度如何隨著時間的改變而改變。

描述性研究的焦點集中在「如何」與「是誰」的問題上（「是如何發生的？」「誰牽涉在內？」）。描述研究者主要關心的重點並不是新課題的探索，或是解釋爲什麼某事會發生（例如，爲什麼學生要中立化作弊行爲，或是爲什麼學生抱持某種特定的宗教信仰），而是在於描述事情究竟何以如此。

許多社會研究都是描述性的。描述性研究使用大部分蒐集資料的技術——調查、田野研究、內容分析、歷史——比較研究。只有實驗研究比較少用（參閱方塊2.2）。

解釋：當你遇到的是個已知的議題，而且對於這個議題已經做過一番描述，你可能會開始懷疑事情爲什麼會以現在這個樣子呈現。這種想要知道「爲什麼」、試圖解釋的欲望，就是解釋性研究（explanatory research）的目的。解釋性研究是建立在探索性研究與描述性研究的基礎之上，進而想找出事情發生的原因。除了把焦點集中在某個主題之上、呈現該主題的完整圖像，解釋性研究致力於尋求原因與理由。舉例來說，描述研究者可能會發現有百分之十的父母虐待

方塊2.2

描述性研究的目標

1.提供關於某個團體全貌的正確畫像。
2.描述一個過程、一個機制、或一份關係。
3.提出一個口述的或數字的描述（例如，百分比）。
4.挖掘資訊以刺激新的解釋。
5.呈現基本的背景資訊或某個情境脈絡。
6.創造一組類別或區分不同的類型。
7.釐清各階段或步驟的先後出現順序。
8.記錄與某個主題先前的信仰相矛盾的資訊。

方塊2.3

解釋性研究的目標

1.決定某項原則或理論的正確性。
2.找出相互競爭的解釋哪個比較好。
3.開發對於某個基本過程的知識。
4.連結某個共同的一般性陳述下的各個不同的議題。
5.建構並且仔細推敲理論，使之變得更加複雜。
6.擴展某個理論或原則到新的領域或衍生議題。
7.提供證據支持或駁斥一項解釋或預測。

他們的子女，但是解釋研究者更有興趣想要瞭解的是爲什麼父母會虐待自己的子女（參見方塊2.3）。

史考特・邵斯與吉姆・洛伊德（Scott South & Kim Lloyd, 1995）曾執行一項解釋性研究，以解釋離婚率。他們驗證這個理論：如果已婚者有機會接觸到很多可以成爲結婚對象的同伴，那們離婚的機會就會增加。換句話說，人際因素（例如，接觸到可能成為伴侶的機會）對婚姻的穩定性有負面的影響。證據顯示近日才離異的夫妻中，有很大的比例在離婚前曾經和他們的配偶之外的對象有過交往。邵斯與洛伊德還發現，在性別比例不平衡的地區，或是在有許多未婚婦女從事全職工作的地區，離婚率也比較高。他們對這些地區會有較高離婚率所提出的解釋是，這些地區的已婚男性在工作場合中，有比較多的機會與未婚婦女發生社會互動。這種社會互動發生一個在強調個人的自我實現與自我選擇，並且容許以離婚結束不愉快婚姻的總體社會文化氣候之中。

研究的用途

近一百年來，社會學有兩大分支。其中一派的研究者採取比較超然的科學與學術的研究取向；另一派則採取比較實務與改革的行動主義取向。這兩派之間並有清楚的楚河漢界。兩派的研究者互相合作、維持友善的關係。有些研究者在不同的生涯階段中採取不同的研究取向。這兩種取向的差異主要環繞在如何使用社會研究的這個問題上。簡言之，有些人全神貫注做研究是為了增進普遍的知識，而另一些人做研究的目的是為了解決某些特定的問題。尋求對社會實相本質有所瞭解的研究者從事基礎研究（basic research，也稱為學術研究或純研究）。相對地，應用研究者（capplied researcher）主要想應用與修剪知識，藉此探討某個特定的實際議題。他們想要解答某項政策問題，或是解決某個燃眉之急的社會問題。

基礎研究：基礎研究增進有關於社會世界的基本知識。焦點擺在駁斥或支持有關於社會世界如何運作、事情為何發生、社會關係為何有特定的模式，以及社會為何會變遷之類的理論。基礎研究是大部分新科學概念的來源，也是關於這個世界的思考模式，它可以是探索性的、描述性的、也可以是解釋性的，不過以解釋性的研究最為常見。

許多非科學家批評基礎研究，並且提出質疑：「基礎研究有什麼用？」。他們認爲基礎研究是浪費時間與金錢，因爲這種研究沒有直接的用處，也無助於立即問題的解決。沒錯，從短期來看，基礎研究產生的知識常缺乏實用性。然而，基礎研究提供的知識與瞭解，是可以通則化到許多政策領域、問題、或研究領域的基礎。基礎研究是應用研究者使用的大部分工具── 方法、理論、與思想── 的來源。在人類瞭解上的重大突破與在知識上的重大進展，通常來自於基礎研究。相對於應用研究者想要得到在下個月或下年度即能使用的立即答案，基礎研究者不辭辛勞地尋找會對人類思考造成數百年影響的問題解答。

基礎研究者所提出的問題似乎並不實際。舉例來說，在愛滋病被發現前的十幾年中，進行的是一些毫無關聯的研究── 雞癌的原因探討。現在該研究卻成了推動愛滋病病毒研究進展最有希望的來源。1975年諾貝爾獎得主哈瓦德·特密（Howard Temin）所做的基礎研究建立了瞭解病毒活動的基礎，也對他數年前進行病毒路徑中斷研究時，尙未存在的問題有很大的啓發。在數學方面，如果沒有一個世紀以來純研究的進行，今天將不會有電腦的存在，因爲那個時候並不知道這些研究實際上到底何用之有。

警察、想要預防少年犯罪的政府官員、甚或少年犯輔導者，可能不瞭解對「爲什麼會發生偏差行爲？」這個問題所做的基礎研究，和他們有何直接關聯。基礎研究很少對實務工作者的例行工作有直接的助益。但是，這些研究對於偏差行爲的研究，會刺激出新的思考模式，而這些新的思考模式有帶動變革的潛力，戲劇化地改進實務工作者處理這些問題的方法。雖然決策者與公務人員經常認爲基礎研究無關痛癢，但是除非公共政策與社會服務是根據對眞實原因的瞭解，否則它們不是沒有多大效能，就是導入歧途。

新概念或基礎知識並不是只有基礎研究才能獲得，應用研究也會產生新的知識。然而，對於知識擴張的孕育而言，基礎研究至爲關鍵。大部分的基礎研究是由位居科學社群中心的研究者所執行的。

應用研究：應用研究者嘗試解決特定的政策問題、或是協助實務工作者完成任務[3]。理論對他們而言，遠不如尋找在有限條件下某個特定問題的解答來得重要——例如，「如果學生事務處贊助舉辦不喝酒舞會，會減少酒醉學生的車禍次數嗎？」。應用研究通常是描述性的研究，而它的主要長處便在於其具有立即的實用性。

受雇於企業界、政府機關、社會服務機構、醫療中心、與教育機構中的人員，進行的都是應用研究。應用研究經常影響到我們的日常生活。決定上市一種新產品、選擇實施某項政策、持續或結束一項公共計畫，都可能是應用研究的結果。

科學社群是基礎研究的主要消費者，應用研究的主要消費者則是如教師、輔導員，以及個案分析者之類的實務工作者，或是如經理、委員、和官員等決策者。常常，除了研究者本人之外，還有其他人會利用應用研究的結果。研究結果的使用可能遠非研究者所能控制。這意味著應用研究者還負有一種義務——把他的研究結果從科學技術語言轉變成能爲決策者或實務工作者所能使用的語言。

應用研究的結果不太會以出版物的形式向大眾公布，比較可能的情況是，只有一小撮的決策者或實務工作者可以取得，而且是由他們決定是否如何把研究結果付諸實現，而且也可能是他們未能明智地使用研究結果。舉例來說，紐柏格（Neuberg, 1988）發現報紙對1960年代與1970年代著名的西雅圖—丹佛「收入補助」實驗的解釋與記載，有嚴重的錯誤與扭曲。儘管該研究有嚴重的問題而且研究者也就此提出警告，但是政客仍然利用該研究結果爲刪除他們不喜歡的政府施政方案辯護。

由於應用研究不是會產生立即的影響，就是牽扯到帶有爭議性的議題，所以經常會引起衝突。這並不是現在才有的事。例如，在

表2.1 基礎與應用社會研究之比較

基礎研究	應用研究
1.研究本身就令人滿足，是由其它的社會學家來做評斷。	1.研究是工作的一部分，由社會學界之外的贊助者來評斷。
2.研究者對研究問題與主題的選擇，享有極大的自由。	2.研究問題相當「狹窄限定」，爲了符合老闆或贊助者的需要。
3.研究的判斷是根據絕對嚴謹的科學規範、追求最高的學術標準。	3.學術的嚴謹與標準繫之於研究結果的用處。研究可能是「草率簡陋」，也有可能符合高尙的學術標準。
4.主要關切的是研究設計的內在邏輯與嚴謹度。	4.主要關切的問題是能夠把研究發現通則化到贊助者有興趣的領域。
5.對基本理論知識有所貢獻是推動研究的驅策力。	5.實際的報酬或研究結果獲得採納是從事研究的主要目標。
6.成功見諸於研究結果被刊登在學術期刊之上，並對科學社群發揮影響。	6.成功見諸於研究結果被贊助者用到決策制定之上。

來源：摘自弗立曼與羅西（Freeman & Rossi, 1984:572-573）。

1903年，查爾斯．艾爾伍德（Charles Ellwood）進行一項關於密蘇里州監獄與救濟院的應用研究，並記錄下這兩大制度的嚴重缺失。結果他的研究報告引起眾怒，並且遭到毀謗雇用他的州政府的控訴（Turner & Turner, 1991:181）。

威廉．懷特（William Foote Whyte, 1984）在其對奧克拉荷馬的工廠與芝加哥的餐廳所做的應用研究中，發現相互衝突的結果。前一個研究中，管理者對擊敗工會比對學習雇傭關係更感興趣；而在後一個研究中，餐廳老闆努力使這個產業看起來體體面面，而比較不注意把這個產業運作的細節公布給大眾知道。

羅伯．墨頓（Robert Merton, 1973）提出警告說，有些要求對主要政策議題進行應用研究的呼籲，只是官員的一種緩兵之計，是他們想要藉此逃避不採取行動的指責、或是想要藉此拖延做決定的時間、等待政策熱度消散的策略。

應用與基礎研究者對於研究的方法論，採取不同的立場取向(參閱表2.1)。基礎研究者強調高科學標準，並且努力執行幾近完美的研究。應用研究者則做比較多的折衷，他們可能會在講求科學嚴謹度上稍做退讓，以求取快速與可用的結果。但是不可以把折衷做爲草率研究的藉口，應用研究者儘量使研究與應用情境相配合，以求得實務需要與科學嚴謹之間的平衡。這種平衡不但需要對研究有深入的瞭解，而且要求對標準妥協後的可能結果有清楚的認識。

應用研究的類型：實務工作者使用數種類型的應用研究，以下將討論其中主要的幾種類型。行動研究（action research）是一種應用研究，視知識爲一種權力形式，並且打破研究與社會行動之間的界線。行動研究也有數種不同的類型，但是大部分都有一些共同的特徵：被研究的個體參與整個研究過程；研究結合日常的或大眾的知識；研究集中在權力問題的探討，並以爭取權力爲目標；研究尋求提高意識或增加對問題的認識；以及研究直接與政治行動相結合。

行動研究者嘗試使他們與研究對象之間的權力關係趨向平等，他們反對比研究對象擁有更多的控制權、地位、與權威。這些研究者試圖擴大大眾對問題的認識深度來增強他們對某項訴求的力量或改善狀況的請求。這類研究具有鮮明的政治色彩，不是價值中立的研究。由於研究的目標是在改善研究參與者的狀況與生活，正式報告、論文、專書，都變成次要的。行動研究者假定知識是從經驗中發展出來的，社會政治行動的經驗尤其如此。他們也假定一般社會大眾可以慢慢覺察到狀況出了問題，並且學習到採取行動可以帶來生活狀況的改善。

行動研究與第四章討論的批判社會科學研究取向有關，吸引那些持有特定觀點的研究者（諸如：環境、激進、非裔美國人、女性主義等等的研究者）。舉例來說，大部分的女性主義研究肩負雙重任務：轉變性別關係來製造社會變遷以及對知識的進展做出貢獻（Reinharz, 1992:252）。研究性騷擾的女性主義研究者可能同時建議改變政策以減少性騷擾的發生，並且告知潛在的受害者使他們能夠保護自己、維護權益。研究遊民收容所的行動研究者可能會結合他的研究與發動遊民遊行、遊說改善收容所的行動。有的情況下，行動研究捲入保存一個因水壩計畫而將被摧毀的城鎮，有的行動研究者與工會幹部以及經營管理者合作，重新設計工作配置以避免裁員。在開發中國家，行動研究者在一群不識字的貧窮農民中進行他的工作，教導他們讀寫能力、研究當地的狀況、傳播對這種狀況的認識，嘗試改善他們的生活[4]。威廉・蓋姆森（William Gamson, 1992:xviii）描述一次在波士頓大學舉行的行動研究研討會，這個會議吸引了修習社會經濟與社會正義學位的研究生：

> 這個研討會的參與者…都是行動主義派的學者，關心各種具體的問題，主張動員人民從事集體行動。參與者不是現在就是曾經投入中美洲團結運動、凍結核武運動、爭取更多平等的醫療照顧和合理居住空間的運動、勞工運動…。研討會的成員為各種運動組織撰寫報告、組織小型研討會、提供各類運動組織媒體策略的諮詢意見，當然也進行研究。

第二種類型的應用研究是社會衝擊評估（social impact assessment）[5]。有可能是政府機關需要的涵蓋某個大範圍的環境影響報告的一部分，目的是在評估計畫變遷可能涉及的影響。這類評估可以用作規劃與選擇替代政策的參考——舉例來說，評估當地醫院對地震的反應能力；決定開闢一條新的主要公路時，對居住環境可能造成的改變；或評估如果提供大學生根據他們的收入狀況，分二十年償還

方塊2.4

社會衝擊研究所評估的領域

1.社區服務（例如，入學率、警察反應的速度）。
2.社會狀況（例如，在兒童嬉戲區中，子女可能選來做朋友的人的種族背景；犯罪率；老年人覺得他們能夠照顧自己的能力）。
3.經濟衝擊（例如，收入水準的變動、企業倒閉率）。
4.人口效應（例如，老人與年輕人比例的變動、某個地區人口的遷入或遷出）。
5.環境（例如，空氣品質或是噪音程度的變化）。
6.健康結果（例如，疾病發生的變化、有害物質的出現）。
7.心理的福祉（例如，壓力、恐懼、或自尊的變化）

的無息貸款，那麼會對大學入學率與長期貸款產生何種影響。進行社會衝擊評估的研究者會檢視許多可能結果，因此經常以科際整合的研究小組來從事研究。研究者能夠測量或評估數個不同領域的衝擊（參閱方塊2.4）。

評估研究（evaluation research）是一種廣泛使用的應用研究[6]，所針對的問題主要是「這有效嗎？」。史密斯與格拉斯（Smith & Glass, 1987:31）把評估界定爲「在證據的基礎上建立價值判斷的過程」。典型的評估研究所提出的問題有：蘇格拉底式的教學法比講述法更能促進學習嗎？法定強制執行的監禁計畫有降低婚姻暴力的效果嗎？彈性工時會提高員工的生產效率嗎？評估研究測量一個方案、政策、做事方式的有效性，它經常是描述的，但是也可以是探索的或解釋的。評估研究者使用各種不同的研究技術（例如，調查、田野研究）。如果能夠的話，實驗法通常是最有效的。

涉及某個政策或方案的實務工作者可能會爲他們自己所需要的資料、或是接受外界決策者的委託而執行評估研究，這些外來單位通常會對研究者能夠研究的範圍設下限制，並且指定他們所感興趣的結果。舉例來說，假設司法部要求研究者評估法定監禁的政策是否具有降低婚姻暴力的效果。該部要求研究者就某個警察局進行一年的評鑑，並且界定他們感興趣的結果是，打電話到警察局求援的婚姻暴力電話通數與當地醫院急診室處理的婚姻暴力個案次數。司法部可能比較不關心其他的結果，像是這個政策對酒精飲用量的影響、受虐者喪失工作的問題、甚或離婚問題。它比較感興趣的可能只在於這個政策本身，至於把這個政策與個人服務部門提出的另一個政策做個比較，它則沒多大興趣。

倫理道德與政治衝突經常出現在評估研究中，這是因爲人們對計畫的結果有著完全不同的關切重點。研究結果可能會影響到是否能夠保住一份工作、製造政治知名度、或是推動另一個計畫。對研究結果存有私人好惡的人，經常會去攻擊研究者，或者批評研究方法不夠嚴謹、有偏見、或者不適當。除了會引爆爭議、遭受攻擊之外，有時評估研究者還會受到壓力而在研究一開始，就作弊造假。舉例來說，研究者可能被知會要顯示，學校推動減低藥物濫用的方案確實有效的研究發現。聘請評估研究者的學校主管明顯與這個方案有關，並且已經花下許多金錢與時間在這個方案上面。如果研究者發現這個計畫完全沒有用，校方將會很沒有面子，還會被批評說浪費公帑，甚至可能會失去工作。諸如此類的道德議題會隨著研究經費的限制、完成研究的時間限制、參與者合作的程度，以及資訊的可取得性，而更加嚴重（你可以在第十七章中讀到更多關於道德議題的討論）。

舉例來說，湯尼．麥凱與約翰．布蘭斯威特（Toni Makkai & John Braithwaite, 1993）進行了一個研究，評估如果政府派來的審查員對企業的表現給予讚賞，企業是否會比較遵守政府的規範。1987年澳洲政府建立三十一個品質標準來評鑑療養院，審查小組隨機拜訪數所療養院，檢查它們是否符合標準。研究者先寄問卷給審查員，以瞭解他們是否對至少符合某些標準的療養院人員給予一些讚賞。如果有的話，讚賞的類型和程度又是如何。然後研究者檢查療養院後來在那些品質項目上的記錄。結果他們發現如果審查員有給予讚賞，療養院就會整體改進這三十一項品質以符合政府的標準。

評估研究有兩種類型，分別是過程評估和總結評估。過程評估（formative evaluation）是一種方案管理措施，在過程中對該方案執行監控、或不斷給予回饋的作法。總結評估（summative evaluation）看的是方案的最後結果。通常這兩種類型都是必要的。在前面關於讚賞的例子，採用的是總結評估，這是因爲評估是發生在讚賞行爲之後。研究者可以透過檢視進行審查官員的稽核行動，而從中加入過程評估，藉此確保療養院符合各項標準，並且持續監控療養院的品質。

評估研究是許多機構（例如，學校、政府機關、企業）行政作業的一部分。一個行政作業的例子是由美國國防部在1960年代首先採行的計畫、執行、與預算系統（Planning, Programming and Budgeting, PPBS）。計畫、執行與預算系統所賴以建立的概念是，研究者評鑑一個方案方式，是依據一個方案所明訂的目標和目的，來測量該方案的執行成效。評估者先將一個方案分割成爲數個部分，再根據每個部分的費用（人事、財務等）及其達成方案目標的成效來加以分析。舉例來說，一所婦女健康中心提供懷孕教育，這個計畫包括的部分有接觸、教育、告知、與諮商，而其方案的目標是接觸懷孕婦女、提供關於懷孕的教育、告知婦女可能的危險與應當注意的事項、提供懷孕婦女健康照顧單位或家庭計畫機構的相關資訊。評估研究者將會檢視這個方案每個部分的費用，並且測量這個方案達成目標的程度，研究者可能會詢問有多少中心人員的時間以及有多少物品被用在接觸孕婦上、這些努力收到多少通的詢問電話，以及這些努力是否增加目標團體婦女拜訪該中心的人數。[7]

從事社會衝擊評估與評估研究的應用研究者使用兩種工具——需求評估與損益分析。在需求評估（needs assessment）中，研究者蒐集資料以決定主要的需求及其迫切性。這通常是政府機構或慈善機關決定採取哪種策略協助民眾的第一步。然而，在社區複雜關係之下，它經常變得糾纏不清。研究者可能會面臨兩難困境的棘手議題。

其中一個議題是該決定哪個團體做爲評估的對象。研究者應該把焦點擺在誰的需要呢？是臥倒街頭公園的遊民？是在賽馬比賽中輸掉一大筆錢的上班族？還是在鄉村俱樂部中飲酒過量的行政主管呢？最清楚可見的需要可能並不是最嚴重迫切的需要。研究者要問誰或觀察誰呢？他們應該去問行政主管關於遊民的需要嗎？

第二個議題是人們表達需要的方式，可能不會直接將之與政策，或一勞永逸的解決方案聯想在一起。研究者可能會發現遊民說他們需要房子，然而檢視過遊民的狀況後，研究者可能決定如果他們有工作做，自然就會有房子可住。房子的需要引發了工作的需要，而工作的需要引發了需要某種技術或某些類型的企業。因此，要解決房子的需要，可能先需要吸引某種類型的企業，並且提供工作技術訓練。明顯的表面需要可能與更深層的問題或狀況有關，但是人們可能並未覺察會有某種需要的原因。舉例來說，需要衛生醫療的照顧可能是由飲用受污染的水、營養不良、與缺乏運動所致。那麼，這究竟是需要醫療照顧呢？還是需要提供較好的飲水處理、抑或全民健康教育計畫呢？

第三個議題是人們經常有的是多重需要的問題。如果研究者發現人們需要降低污染、消滅幫派、與改進交通運輸服務。那麼哪一項是最重要的呢？一個好的需求評估要能同時確認目標團體所表達的與較不明顯可見的需要，以及較爲嚴重的普遍需要。一位研究必須追溯這些相關需求之間的關聯性，並且列出他們之間的優先順序。

另外一個議題是需求評估可能會引爆政治辯論，或是提出超過地方所能控制的解決方案。有權有勢的團體可能不希望見到某些需要被公開或記錄下來。發現某個城市有許多未被報導的犯罪事實的研究者，可能會戳破了一個由商會與都市政府所建立起來的安全、經營良好的城市形象。一個載有種族歧視的需求評估可能會使一心想要在大眾面前表現出毫無偏見形象的市民領導者很沒有面子。某個團體——比方說在賽馬場中投下過多賭注的那群人——的需求，可能與製造這種需求而受利的另一個團體——例如，賽馬的主持人與員工——的行動之間有著密切的關聯。一旦研究者記錄這些需求並且提出解決方法，他很可能會捲入這些敵對的團體之中。如果需求評估的結論是如果工廠勞工加入工會並且進行罷工，那麼他們追求較好生活的需要就可以獲得最大的滿足，那會造成什麼樣的反應呢？如果研究結果是開除學校校長，學生的需要就會獲得最大的滿足，又該如何呢？有權有勢的團體可能會打壓需求評估的進行、或者試圖攔劫研究結果。如果地方上的需求，是主要的國際關係、遙遠的企業總部所定下的決策、或是全球經濟的變遷所造成的結果，那麼需求評估可能得到會是個綁手綁腳的解決方案。

社會衝擊研究經常包括損益分析（cost-benefit analysis）。經濟學家發展損益分析，藉此研究者以貨幣價值，評估某個或數個建議行動的未來成本與收益。簡單地說，這個作法的流程是：研究者明確描述某個建議行動的所有結果，然後賦予每項結果相當的貨幣價值。這些結果可能包括無法觸摸的東西，例如，乾淨空氣、低犯罪率、政治自由、優美的景觀、低的生活壓力水準、甚至人類生活本身。經常研究者指出發生不同結果的可能性或機會，然後由決策者或其他人士辨識負面結果（成本）與正面結果（收益）。最後，比較成本與收益，由決策者決定是否得到平衡。

損益分析似乎是種中立、理性、與技術性的決策制定策略，但是它也可能具有爭議性。人們對於正面的與負面的結果，未必持有相同的看法。舉例來說，我可能認爲拓寬一條公路是正面結果，因爲這可以減少我到上班地點所花的交通時間。但是公路邊住戶的感覺可能正好相反。因爲那可能會使他們的土地減少，而且會經驗到更大的噪音、污染、與交通壅塞。

有兩種指派成本與收益貨幣價值的方法。機動評估

（contingency evaluation）是詢問民眾某些事物對他們來說值多少錢。舉例來說，我想要估計對一般人會造成健康問題的空氣污染成本會是多少錢。我就找民眾來問：對你來說，不致因為感染哮喘咳得厲害，而造成一年有兩天不能上班，這值多少錢？如果在一個兩萬人的城鎮中，人們平均認定的價值是150元美金，那麼健康的機動評估或主觀收益就是每年150×20,000元，即三百萬元。我再會以這個數字來平衡該企業所賺得的高額利潤，或是容許這項污染，不過要求企業創造更多的工作機會。這個估計法的問題是，民眾很少會給你一個精確的估計值，而且不同的人也會提出完全不同的價值。對於貧人來說，咳嗽與失去工作可能價值五百美元，但是對富有的人來說，這可能價值一萬美金。就這個例子來說，產生污染的工廠可能會遷移到以低收入者為主要居民的城鎮，那將會更加惡化他們的生活水準。

就以相同的例子來說，實際成本評估（actual cost evaluation）則估計實際醫療與失去工作的成本。我會估計對健康狀態的影響，然後將醫療費用以及雇主雇用替代工人的費用一併加總起來。舉例來說，如果醫療費用平均每人是100元美金，一位替代工人的花費是150元，那麼每年10,000人的醫療費與雇用5,000名替代工人工作兩天的總費用將是：100元×10,000人＝100,000元，再加上300元×5,000人＝1,500,000元，因此總數為一百六十萬元。這個方法忽略了人們受到的創傷與痛苦、不方便，以及間接成本（例如，父母必須待在家裡照顧生病的小孩、小孩因為哮喘而不能做運動等等）。用這個方法來平衡損益時，造成污染的工廠就必須多賺得一百六十萬元的利潤。

損益分析有一項重要的議題，那就是它假定所有事物都有價值（學習、健康、喜愛、快樂、人性尊嚴、貞節），而且假定民眾對於這些事物所抱持的價值，都相去不遠。這也引起道德與政治上的嚴重爭議。損益計算通常對高所得者比對低所得者或貧窮者有利。這是因為成本或收益的相對價值端視一個人的財富與收入而定。節省上下班十五分鐘的交通時間會被高所得者賦予較高的價值或收益，但是低所得者所給予的評價卻不高，因為高所得者的時間價值比較高。同樣的，開闢一條公路穿過貧窮的鄰里社區，會比穿過高成本住宅區，支出較低的成本。

損益分析往往隱藏住道德與政治層面的問題。舉例來說，拔除重病病人的生命維持器，而造成的人命損失，和節省使這些機器運作的龐大費用之間的利益平衡，就同時涉及道德與商業的考量。道德議題尤其在那些決定涉及到與決策者有明顯情感關聯的人時，最為顯著。很少有人到了這時候還只看到經濟層面的損益。當決定涉及到的是大團體中的許多人，因而不容易辨認出是哪些個人，或者缺乏與決策者有直接關係的人時，道德議題則常被忽略。總之，儘管焦點是放在經濟層面的損益，但是道德層面的議題仍然存在。

研究的時間面向

社會研究的另一個面向是關於時間的處理。認識時間面向有助於閱讀或進行研究，因為不同的研究問題或議題，是以不同的方式與時間面向發生關聯的。

某些研究給你的是關於某個單一固定的時點上所發生事情的簡短描述，因而使你能夠對之進行深入的分析。其他的研究提供一個動態的圖像，使你能夠追蹤不同時期之間的事件、人物、或社會關係。量化研究分為兩大部分：單一時點（橫剖面的研究）與多重時點（貫時性的研究）的研究。量化研究視察一大群個案、人物、或單位，然後測量有限數量的特性。個案研究則不一樣，它經常是使用質化方法，集中研究某段有限時間內的一個或數個個案。

橫剖面研究：大多數社會學研究對於社會世界，都是採取瞬間取景的描述方式。在橫剖面研究（cross-sectional research）中，研究者在某個特定的時點上進行觀察。橫剖面研究通常是最簡單與最省錢的方法，它的缺點則是無法捕捉社會進行的過程或變遷。橫剖面研究可以是探索性、描述性、或解釋性的，但是它最適合描述取向的研究。一個橫剖面研究的例子就是麥卡柏（1992）對大學生作弊行爲所做的描述研究。

貫時性研究：從事貫時性研究（longitudinal research）的研究者檢視人或其它事物在一個以上的時點下所展現的特性。貫時性研究通常比橫剖面研究來得複雜、涉及的成本也比較高，但也比較有力，特別是當研究者想要尋找社會變遷問題的解答時，尤其如此。描述與解釋性研究的人士常採用貫時性研究取向。我們現在來探討三種貫時性的研究類型：時間序列、小樣本連續調查，以及世代研究。

時間序列研究（time-series research）是一種貫時性的研究，研究者針對一群人或其它研究單位，蒐集同一種類型、但卻是橫跨數個不同時期的資料。透過這筆資料，研究者可以觀察這些事物的特性屬穩定性還是變動性，還可以追蹤不同時點下情況的演變。在第一章中提到的赫斯汀與侯吉（1986）所做的研究，就是一種時間序列研究。湯姆·馬維爾與卡來素·穆迪（Tom Marvell & Carlisle Moody, 1995）也使用時間序列，來研究延長刑期對槍擊重犯的可能影響。他們的研究也是一種評估研究，雖然很少有立法者依據這個研究採取行動。因此這項研究結果可能對未來的法律或政策，不會造成什麼影響。研究者檢視槍擊犯加重量刑法律的影響。這些法律對槍擊案重犯或是施加額外的刑期、或提高判處的最低刑期，在過去二十五年間已經有四十九個州實施這些法律。馬維爾與穆迪檢視其中四十四個訂有最嚴厲的加重刑期法律的州，從1971年到1993年之間不同性質的資料（例如，罪犯人數、犯罪率、入獄率、特定罪行中是否有用到槍枝等等）。他們的結論是「我們發現幾乎沒有證據可以支持對槍擊犯加重量刑的法律所想要達成的目的——降低犯罪率與槍枝的使用」（1995:269）。

小樣本連續調查（panel study）是一種極有效力的貫時性研究。

它的難度比時間序列研究還來得高。在小樣本連續調查中，研究者在不同的時點裡觀察完全相同的一群人、一個團體、或一個組織。小樣本連續調查執行起來相當困難，而且所費不貲。長期追蹤一群人不是件容易的事，因爲某些人可能已經亡故，或者不知道搬到那裡去了。然而，一個設計良好的小樣本連續調查所獲得的結果，則是非常有價值的。即使是短期的小樣本連續調查也可以清楚地顯示某個特殊生活事件的影響力。舉例來說，黛柏拉・烏柏遜與陳（Debra Umberson & Meichu Chen, 1994）研究兩千八百六十七位民眾，他們在1986年與1989年前後接受兩次訪談。在這三年之間，有兩百零七位遭遇親生父母的死亡。烏柏遜與陳發現，這個生活事件造成很大的心理創傷、促使他們喝更多的酒、減弱他們的身體健康。

另一個小樣本連續調查是由納金、法林頓、與莫費特（Daniel Nagin, David Farrington & Terrie Moffitt, 1995）所執行的，檢視少年時期的偏差行爲對長期犯罪活動與成年後的問題所造成的影響。他們檢視倫敦勞工階級區四百一十一位男性的資料，這些男子在1961-62年間大約八歲的時候，接受第一次的調查。然後在他們三十二歲之前一直被追蹤調查，但是有八位在這期間中亡故。這些男士每隔兩年接受一次訪談。整段期間研究者利用各種人格、背景、與偏差行爲測量工具，進行資料的蒐集。訪談的對象也包括受試者的家庭、老師、與朋友。研究者根據受訪者自己報告的偏差行爲，將這些男子分成四大類——從無偏差到重度慣犯。主要的發現是那些只在青少年時期有偏差行爲的男子，除了比較可能飲酒過量與使用非法藥物之外，在其它方面他們與在三十二歲之前沒有犯罪記錄的男子之間並無多大差異。

世代分析（cohort analysis）與小樣本連續調查近似，不過它並不是觀察完全相同的一群人，而是觀察在某個特定時段內共享相似生活經驗的那些人。世代分析是一種「顯性巨觀分析」，這是說研究者將某個類別當做整體檢視，以求取重要特性（Ryder, 1992:230）。焦點集中在同個世代、同個類型，而不在某個特殊的個人。常用的世代類型包括：所有於同一年出生的人〔稱為出生世代（birth cohort）〕、所有在同一時間受雇的人、所有在某年或某兩年內退休的人，以及所有在某年畢業的人。不像小樣本連續調查，世代分析的研究者並不需要確實追蹤並找到完全相同的一群人，他們只要確定接受研究的那些人是具有共同的生活經驗即可。舉例來說，我太太和我都是1968年從高中畢業，在1960年代後期步入成年。我們都屬於1960年代後期的那個世代，在生命循環的某個階段中共享許多類似的生活經驗。舒曼與雷格（Howard Schuman & Cheryl Rieger, 1992）在美國人對1991年波斯灣戰爭的態度研究中，檢視世代效應。他們發現成長於第二次世界大戰時期的人把海珊看做希特勒，視伊拉克如1930年代的德國；而生長於1960年代的人，則比較傾向於把這個情況比做越戰。

個案研究：從事橫剖面研究與貫時性研究，研究者檢視的是某個時點上，或是橫跨數個時點下，出現在許多人事物上的特性。在這兩種研究中，研究者精確地測量出現在許多個案上的某組共同特性，通常以數字表示。在個案研究（case-study research）中，研究者則深入檢視在某段期間內，出現在非常少數的數個個案上的多種特性。個案可以是某個個人、團體、組織、運動、事件、或是地理單位。所得到資料通常是非常詳細、多樣、幾乎無所不包，其中大部分的資料是關於那些個案的質化資料。質化研究與個案研究並不完全一樣，但是「幾乎所有的質化研究都試圖根據對某些個案深入而且詳盡的知識，來建立其代表性（Ragin, 1994:92）」。[8]

個案研究中，研究者可能密集探究一兩個個案，或者比較少數幾個個案的數項特性。個案研究使用分析邏輯，而非數量歸納。據此，研究者謹慎選取一個或少數幾個關鍵個案來彰顯某個議題，並且對之進行深入分析研究。研究者會關照個案發生的特殊情境脈絡，並且檢視各部分如何拼湊聚合成為整體。這種方法不同於貫時性研究之處，在於後者蒐集許多研究單位或個案的資料，然後找出貫穿這些眾多資料的模式。也就是說，研究者找尋的是出現在這些許許多多個研究單位或個案上的平均值或共同模式。[9]

個案研究有助於研究者結合微觀層次、個別的個人行動，與鉅觀層次、大規模的社會結構與過程（Vaughan, 1992）。「個案研究的邏輯是彰顯某個關於一般社會力如何模塑、產生某種特定結果的因果論述（Walton, 1992b:122）」。個案研究引發出關於個案的界線與特性界定的問題，這些問題將助於新思維與理論的產生。「個案研究可能產生出最好的理論（Walton, 1992b:129）」。

研究者蒐集個案在某段時間內的資料，這段時間可以是數個月、數年、或是跨越好幾十年。第一章提到的尙頓（Sutton, 1991）對收容所的研究，就是一個結合時間序列研究與質化資料，來研究收容所成長這個個案的個案研究。約翰・瓦頓（John Walton, 1992a）的《西部時代與水權戰爭（*Western Times and Water Wars*）》研究，則是對一個社區──加州歐文斯村（Owens Valley）──所做的個案研究。瓦頓說，「我設法…透過一個小個案來說明一個大故事（xviii）。」這個社區發動一個社會抗議運動，爲的是要控制它所擁有的一項關鍵資源（水）與尊嚴。這個抗議運動用過各種不同的方式，起起落落歷經了一百年。瓦頓蒐集了各種不同形式的資料，包括：直接觀察、正式與非正式訪談、戶口調查統計資料、地圖、舊照片與報紙、各種歷史文獻，以及官方記錄。

克里斯多福・史密斯（Christopher Smith, 1995）對1980年代亞洲移民進住紐約富路詩（Flushing）的現象所做的研究，是一個範圍更爲狹窄的個案研究。居住在富路詩（在紐約市皇后區中的一個社區）的亞洲人口從1970年的兩千五百七十一人（佔總人口的百分之五點六）增加到1990年的一萬九千五百零八人（佔總人口的百分之三十五點八）。史密斯檢視造成這個變化的原因，並且描述這個過程及其結果。他的資料包括：戶口調查資料與官方統計記錄、地圖、歷史記錄、與田野筆記。

最後一個個案研究的例子是藍迪・史透克（Randy Stoeker, 1993）對發生在明尼亞波里的鄰里運動的研究。他採用參與觀察，包括：參與行動研究，並輔以訪談、口頭記錄、都市文獻、與書面史料。史透克在他的結論中警告說，「和任何一個個案研究一樣，雖然我們能夠精確地描述這個個案中的因果過程，但是想要通則化將更加困難」（1993:181）。

資料蒐集的技術

每一位研究者都會使用一種或多種技術來蒐集資料。本節針對一些主要技術做番簡短的介紹。在以後幾章中，你會讀到關於這些技術的詳盡敘述，並且學習到使用這些技術的方法。這些技術可分成兩大類：量化（quantitative）—— 以數字的形式蒐集資料；與質化（qualitative）—— 以文字或圖片的形式蒐集資料。某些技術比較適用於某些種類型的問題或主題。要做好研究問題與資料蒐集技術的配對，是需要技巧、練習，與創造力。

量化資料

實驗：實驗研究（experimental research）使用自然科學研究中所發現的邏輯與原理。實驗可以在實驗室中、或眞實世界中進行。它們通常涉及相當少數量的個人，並且論及一個相當明確的研究問題。實驗對解釋性的研究最爲有用，它們經常被限定在某些研究者可以操弄情境的主題上。

大部分的實驗中，研究者將受試者分爲兩個或兩個以上的團體，然後對這些團體施予相似的處理，除了其中一個團體被施予研究者感興趣的情況：「實驗處理」（treatment）。然後研究者精確地測量兩個團體的反應。經由控制兩個團體所面對的狀況，並且只對其中一個施予實驗處理，據此研究者可以做出團體反應上所出現的任何差異，是實驗處理造成的的結論。

羅伯・波姆（Robert Bohm）在1990年進行一項實驗，想藉此瞭解公開表示意見是否會阻止態度變遷。在先前的實驗中，他提供其中一組學生關於死刑議題的詳盡資料，但是卻不提供一點資料給另一組的同學。他以由學生私下填答的問卷，來測量學生對死刑的支持程度。這兩組學生原本強烈支持死刑，然而在數個月之後，得到詳盡死刑資料的那組學生大大地降低了他們對死刑的支持程度，而另一組學生的態度並沒有多大的改變。在第二次實驗當中，波姆再將學生分成兩組。安排實驗組的學生上關於死刑的課程，而控制組則上其他的課程。這一次他測量死刑意見的方法是，要求學生在課堂上公開說出自己的看法。此時在實驗組中，完全看不到前次實驗中發現的出現在意見上的顯著變化。相反的，波姆發現學生的意見在學期中並沒有改變。實驗組與控制組學生並沒有差異。他的結論是公開表示意見會抑制人們改變意見，即使他們握有大量的、可以充分支持他們改變意見的事實資料，也不能改變任何情況。

調查法：調查研究者以書面問卷（郵寄或當面呈現）或在訪談的過程中，問受訪者問題，然後記錄答案。研究者不會操弄任何情境或狀況；受訪者也只是單純地回答問題。在調查研究（survey research）中，研究者在短時間內問許多人很多問題，他通常會以百分數、圖、表來總結這些問題的答案。調查使研究者能夠對許多人在想些什麼、或在做些什麼有些概略的圖像。調查研究者經常使用一組樣本或一小群選出的人（例如，一百五十位學生），再將從他們身上所獲得的結果通則化到選出這一小群受訪者的較大團體（例如，五千位學生）。調查技術經常用於描述性的或解釋性的研究。

達納・布瑞頓（Dana Britton, 1990）使用調查研究來瞭解恐同性戀症——一種針對同性戀者的不理性譴責行動。先前的研究發現男性、教育程度低，以及抱持保守社會與宗教觀念的人，比較可能患有恐同性戀症。布瑞頓認爲支持傳統性別角色的人、有宗教信仰的人，以及偏好與同性爲伍的人，比較可能有恐同性戀症。舉例來說，生活在全都是男人的環境下的人，對同性戀的恐懼會比生活在兼有男人與女人的環境的人來得高。他從美國西南部的都市中隨機選取三百二十二名成人，詢問他們六個關於恐同性戀症的問題，其他的問卷項目尚包括有：適當的男性與女性的性別行爲、宗教信仰、偏好與同性爲伍的程度，以及支持單一性別制度的強度。舉例來說，有一個問項是「通常我覺得與同性在一起會比較自在？」。布瑞頓發現最強烈的恐同性戀症，出現在支持傳統性別角色、宗教信仰很強，和偏好同性關係的人身上。

內容分析法：內容分析法（content analysis）是檢視在書面或符號資料（例如，圖畫、電影、歌詞）中的資訊或內容的一種技術。使用內容分析法，研究者首先辨識準備分析的資料（例如，書、報紙、影片），然後建立記錄其中特定屬性的系統。這個系統或許包括計算某些字眼或主題出現的次數。最後研究者記錄下這個資料中所發現的訊息。他經常以數字來測量內容中的資訊，並以圖表的形式加以呈現。這個技術使研究者能夠發現大筆內容資料中，通常未被注意到的特性。內容分析可以用在探索性與解釋性的研究，但是最常用於描述性的研究。

琳恩·勞芙達（Lynn Lovdal, 1989）使用內容分析法，檢視電視廣告是否會增強傳統性別角色的刻板印象。早期的研究顯示在1970年代確實出現過這種狀況。她的研究問題是：經過十年改變性別角色的大力宣導之後，是否已經改變了這個現象。勞芙達錄下1988年兩個星期中，美國兩大電視網晚上八點到十點所有的電視廣告。然後她建立一套編碼登錄系統，將產品與產品代言人的性別、家庭或其他情境、旁白者的性別進行分類，她也根據家庭用品（例如，洗髮精、食物、化妝品、或清潔用品）與非家庭用品（例如，汽車、照相機、旅遊），而將產品分類。她與另一位登錄者總共編碼登錄了三百五十三種廣告。

勞芙達獲知有百分之九十一的產品使用旁白，其中又有百分之九十的旁白是男性的聲音。如果有女性聲音出現，她通常是對貓、狗、或小孩講話。與1970年代的研究相比，有旁白的廣告增加了百分之六十九，但是男性聲音的比例依然不變。在家庭情境中，有百分之六十四是以女性做爲產品的代言人，比1970年代的百分之七十八爲少。勞芙達發現非家庭情境的廣告有相當高的比例是以男性爲主，大部分非家庭用品是以男性爲代言人，而女性則是大部分家庭用品的代言人。勞芙達的結論是廣告的改變相當少。她指出過去的研究發現比較常看電視的小孩比不常看電視的小孩，較具有歧視女性的態度。過去的研究也顯示觀賞呈現性別角色刻板印象的廣告的女性，傾向於貶低自己的個人成就。

現成的統計：從事現成統計資料研究（existing statistics research），研究者先要找出前人所蒐集的資訊來源，通常是以政府報告或是以先前做過的調查之類的形式存在。然後研究者以新的方式重新組織或組合這些資料，來討論研究問題。找出資料的來源可能相當花時間，因此研究者需要仔細思考他要找的究竟是什麼資料。通常研究者在研究開始時，並不知道是否有他要的資料。有時候現成的量化資料是由保存下來的調查或其它資料所構成的，於是研究者需要使用不同的統計技術加以重新檢視。這種方法稱爲次級分析研究（secondary analysis research）。現成統計資料研究可以用在探索性、描述性、或解釋性的研究之中，但是最常用在描述性的研究。

史蒂芬·史塔克（Steven Stack, 1990）使用現成的統計資料來研究在1951年與1980年之間的丹麥，離婚對自殺所產生的效應。他指出大部分的自殺研究是根據美國的資料，而這些資料都顯示婚姻破裂與自殺有所關聯。由於失業同樣也和自殺有關，所以他把失業也列入考慮。史塔克指出，丹麥在許多方面不同於美國社會。丹麥的人口較少、而且同質性較高、有較低的離婚率、並且有較爲普及的社會福利服務體系。史塔克的資料得自於聯合國世界衛生組織、聯合國統計年鑑，以及國際勞工處製作的國際勞工統計年鑑。經過分析之後，他發現證據顯示，出現在美國的模式──有部分自殺是源自於離婚一同樣也發生在丹麥。

質化資料

田野研究：大部分田野研究者是對一小群人進行一段時間的個案研究。田野研究（field research）開始於一個並未嚴謹描述的概念或主題。然後研究者選擇一個社會團體或情境來加以研究。一旦他們取得進入到這個團體或情境的管道，他們選擇扮演這個環境中的某個社會角色以便進行觀察。研究者在這個情境下展開爲期一段時間的觀察與互動，時間長短不一，從數個月到幾年之久都有。他們逐漸與被研究者成爲熟識，有時可能進行非正式的訪談。他們每天寫下非常詳盡的筆記。在觀察期間中，他們會思考要觀察什麼，並且逐步修正、集中在重要觀念的探索。最後，他們離開田野情境，重新閱讀田野筆記，準備撰寫書面報告。田野研究通常是用在探索性與描述性的研究之中，很少會用在解釋性的研究。

珍尼特・費琛（Janet Fitchen, 1991）在《危險地區，永續場所（*Endangered Spaces, Enduring Places*）》研究中，使用田野研究法。她想要瞭解1980年代美國的農業危機。她的研究是根據紐約州北部數個鄉村城鎮所做的田野調查，以及在1985年到1990年之間她所進行的四百次訪談或觀察資料。有許多次，她早上六點出門，接著開了十六個小時的車或去訪問這些鄉村社區的居民。她到鄉村咖啡廳、飼料場、小學、穀倉、鄉鎮集會、遊行、社會服務機構、鄉鎮遊樂會、農家，以及當地教師的小型研討會，進行訪談與觀察。除了閱讀有關農業危機與農業變遷的研究報告之外，費琛也閱讀當地的報紙、統計圖表、地方機構的報告、當地政府的記錄以及地方團體所發行的小冊子。她訪談當地報紙的編輯和記者、農夫、公務人員、教師、商店老闆、獸醫、退休人員，以及其他的人。在這五年的研究期間中，有些人物她甚至還訪談過數次。有些訪談是單獨進行的，有些則是以小團體的形式，在各種情境下展開的──廚房餐桌上、街道上、穀倉內、田野上，以及辦公室裡。有些訪談是費琛安排的，但是有些則是在她問路時、或因躲避午後陣雨而在咖啡店中偶然進行的。這些訪談都是非正式的、隨訪談者自由表達、也沒有預設的結束方式（換句話說沒有固定的一組問題、或答案類型）。她並沒有使用錄音機，只在她的田野訪視的期間中，或是結束後馬上記錄翔實的田野筆記。費琛論及許多主題──鄉村居民如何看他們自己、鄉村的貧窮問題、大公司在小鎮中設立工廠所產生的影響、社會服務縮減對當地的影響等等。該書充滿了費琛田野筆記中冗長的引文，從中可以看出她對這個研究用心之確實與投入之深。她有一段記錄是（第二五八頁）：

> 進行這個研究相當令人深感興奮並且充滿趣味，在傾聽與探索中，我真正享受到快樂。有許多我的報導人也有同樣的感受。許多人都說，他們非常高興有一個機會可以述說自己對問題的看法。

歷史比較研究：歷史比較研究法（historical-comparative research）檢視過去某段歷史時期、或是不同文化之下的社會生活層面。第一章中所提到的，約翰・舒頓（John Sutton）對精神病院所做的研究，就是這一類型研究的例子。使用這種技術的研究者可能是集中探討歷史上某段或數段時期、或是比較一種或多種文化、或是混合探究歷史時期與文化因素。這類研究結合理論與資料蒐集。就和田野研究一樣，研究者開始時先提出一些粗略的研究問題，然後隨著研究的進展，再不斷地修訂與闡釋當初的研究問題。研究者通常混合使用得自各種不同來源的證據，包括：現有的統計、文獻（書籍、報紙、日記、照片、與地圖）、觀察結果，以及訪談記錄。歷史比較研究可以是探索性的、描述性的、或是解釋性的、甚至混合運用這三種類型，但是最爲常見的是描述性的研究。

高登·藍克瑟（Gordon Laxer, 1989）在《大開商業之門：加拿大外國資產的根源（*Open for Business: The Roots of Foreign Ownership in Canada*）》一書中使用的是歷史比較研究法。藍克瑟追問爲什麼位居世界八大工業國之一的加拿大，竟然大部分企業都爲外國資產。他將加拿大自十九世紀末以來的發展經驗和美國與歐洲各國的經驗，加以比較。藍克瑟研究無數本有關數個主要國家工業化的歷史論著，得出下述結論：加拿大的外國資產是由於國家內部分裂使然，這個分裂削弱了完整的國家文化的形成，再加上未能限制外國投資、市場發展的遲緩，以及僵化的銀行系統所致。這些因素共同造成加拿大在工業化的關鍵時期，高度依賴大規模的外國投資。

結論

本章讓你對社會研究的各個面向有個全方位的認識。你看到可以用幾種不同的方式（例如，透過研究目的、研究技術等）而把研究加以分類，並且瞭解這些研究面向彼此之間鬆動的關聯（參閱表2.2）。研究面向就好像是呈現一張「道路圖」，據此我們得以明瞭社會研究的面貌。

下一章中，我們將討論社會理論。你在第一章中讀到理論這個詞，這章中也提到了一點。你在第三章中將學到理論與研究方法如何聯手出擊，也會學到數種不同類型的理論。

表2.2 社會研究的面向

研究的目的	研究的用途	研究的時間	資料收集的技術
探索性研究	基礎研究	橫剖面研究	量化資料：
描述性研究	應用研究：	貫時性研究：	─實驗
解釋性研究	─行動	─小樣本連續調查	─調查
	─衝擊	─時間序列	─內容分析
	─評估	─世代分析	─現成的統計
		個案研究	質化資料：
			─田野研究
			─歷史比較研究

關鍵術語

行動取向的研究
應用研究
基礎研究
個案研究
世代分析
內容分析
損益分析
橫剖面研究
描述性研究
評估研究
現成統計資料研究
實驗研究
解釋性研究
探索性研究
田野研究
過程評估研究
歷史比較研究
貫時性研究
需求評估
小樣本連續調查
計畫、執行、與預算系統
次級分析研究
社會衝擊評估
總結評估研究
調查研究
時間序列研究

複習測驗

1.什麼情況適合使用探索性研究？它能達成什麼任務？

2.描述性研究會產生的是哪種研究結果？

3.何謂解釋性研究？它主要的目的爲何？

4.基礎研究與應用研究有何主要差異？

5.誰可能從事基礎研究，結果可能出現在哪裡？

6.解釋三種類型應用研究的異同。

7.時間序列研究、小樣本連續調查、與世代研究之間有何差異？

8.成本效益分析有哪些潛在的問題？

9.何謂需求評估？執行這項研究可能什麼結果？

10. 解釋質化與量化研究的差異。

註釋

1.巴比（1995:84-86）、貝里（Bailey, 1987:38-39），以及邱吉爾（Churchill, 1983:56-77）的論著中亦有討論到解釋性、探索性、與描述性的研究。

2.參閱蓋恩、愛吉里、阿拉法特、與愛倫（Guy, Edgley, Arafat & Allan, 1987:54-55）等學者的討論。

3.芬斯特布希與莫茲（Finsterbusch & Motz, 1980）、弗立曼（Freeman, 1983）、拉薩斯斐與瑞茲（Lazarsfeld & Reitz, 1975）、奧爾森與密克林（Olsen & Micklin, 1981）、與魯賓（1983）等人的著作對應用研究有番討論。也可參閱懷特（Whyte, 1986）對非應用社會研究之批評以及許多社會研究影響公共議題的例子。麥克葛雷斯與馬丁、與庫爾卡（McGrath, Martin & Kulka, 1982）討論過應用研究相關的功過論斷。

4.參閱卡西恩與阿姆斯德（Cancian & Armstead, 1992）、利森（Reason, 1994）、懷特（1989）等人的著作。

5.有關社會衝擊研究的討論，參閱查德威克、巴爾、阿柏雷奇（Chadwick, Bahr & Albrecht, 1984:313-342）、芬斯特布希與莫茲（1980:75-118），也可參閱羅西、賴特與韋伯—柏丁（Rossi, Wright, & Weber-Burdin, 1982），與賴特與羅西（1981）對「天災」與社會科學所做的討論。

6.關於評估研究的簡要介紹，參閱亞當斯與薛瓦尼維特（1985:315-328）、芬斯特布希與莫茲（1980:119-158），以及史密斯與格拉斯（Smith & Glass, 1987）。更爲完整的討論，可參閱柏恩斯坦、弗立曼、羅西（Burnstein, Freeman & Rossi, 1985）、弗立曼（1992）、羅西（1982）、羅西與弗立曼（1985）、薩克斯與范恩（Saxe & Fine, 1981），以及衛斯（Weiss, 1972）。

7.關於計畫、執行、與預算系統以及相關的評估研究的討論，參閱史密斯與格拉斯（1987:41-49）。

8.有關個案研究的討論，參閱米勒（Miller, 1992）、米契爾（Mitchell, 1984）、拉金（Ragin, 1992a; 1992b）、史戴克（Stake, 1994）、法漢（Vaughan, 1992）、瓦頓（Walton, 1992b），以及英恩（Yin, 1988）。

9.參閱米契爾（1984）與史戴克（1994）。

第3章

理論與研究

理論的一項主要功能是藉著概念之助，把經驗定出先後秩序。它也從社會現象調查家所面對著的數以萬計的「事實」當中，篩選出相關的層面與資料。

路易・考舍（Lewis Coser）

《古典社會學理論的用處（*The Uses of Classical Sociological Theory*）》，

第一七〇頁。

引言

假設你想要解解不同種族之間的敵意。你試圖去瞭解這個現象，跑去請教老師，他回答說：

> 大部分有種族偏見的人是從他們的家人、朋友、和其直接接觸的環境中的其他人那裡學到對其他種族團體的負面刻板印象。如果他們和其他種族團體成員缺乏充分的親密接觸，或者沒有足以反駁這類負面刻板印象的資訊，那麼他們的偏見將持續維持、永不逝去。

你覺得有道理，因爲這套說法符合你生活其中的社會世界之運作方式。這是小規模社會理論的一個例子，是研究者進行研究時所採用的一種類型。

當你聽到「理論（theory）」一詞時，你想到了什麼？它是學生在學習社會科學時最不瞭解的名詞之一。當我在課堂一開始講說「我們今天要討論某某理論…時，學生的眼皮就垂下來了。理論在學生的想像中就像是飄浮在雲端的某物。我的學生也把理論稱爲是「專門術語糾纏在一起所形成的迷宮」以及「與現實世界毫無關聯的抽象摘要」。有一本社會理論教科書（Craib, 1984:3）回應這個觀點說：

> 「理論」這個詞有時頂嚇人的、這並不是沒有理由的。有很多現代社會理論不是令人無法瞭解的、陳腐的、就是不得要領的…能夠熟知理論、或把理論應用到有效方向的只有少數人。

相對於這個觀點，理論在研究中扮演了一個重要的角色，而且是研究者的基本盟友。研究者在不同類型的研究中，運用不同的理論，而有些類型的理論可被應用到大多數的社會研究。這種情形在應用研究與描述性研究中，較不如在基礎研究與解釋性研究中來得明顯。簡言之，研究者用其所觀察到的事物，有系統地檢視其所得的資料，然後編織成一個有關社會世界運作的故事（即理論）。

什麼是理論？

在第一章中，我把社會理論界定爲由相互關聯的將社會世界的知識，加以濃縮與組織起來的抽象概念所構成的體系。理論是思考社會世界的一種簡要方法。理論於研究時與資料接觸。

有很多人搞不清楚社會思想史或大思想家的言論與社會理論之間的差別。古典社會理論家（涂爾幹、韋伯、馬克思、杜尼斯）在產生新概念的過程中扮演了重要的角色。他們發展出具有原創性的理論，爲後代社會思想家的誕生奠定了基礎。人們研究古典理論家，因爲他們供應後世許多充滿了創造力與關聯性的概念，劇烈地改變了人們瞭解和看待社會世界的方式。時至今日我們仍舊研究這些古典思想家，乃是因爲能夠產生如此之多具有原創性、洞察力、並且能夠從根改變人們看社會世界方式的天才，世間實在罕見。

人們使用理論時，通常並未明說，或是並不把他們這種作法稱爲在使用理論。舉例來說，報紙上或是電視上關於社會議題的文章或報導，通常都沒有明顯說出其所隱含的社會理論。關於廢除校園內種族隔離政策在執行上遇到困難的新聞報導中，勢必帶有一個種族關係的隱性理論。同樣的，政治領袖常在討論公共議題時，表達了社會理論。主張教育不當會引起貧窮的政治家，或是主張傳統道德價值的式微會造成犯罪率增加的政治家都在表達某種理論。和社會科學家的理論相比，這種平常百姓的理論比較缺乏系統化、比較不夠嚴謹完整，而且比較難用實證證據加以檢定。

社會科學的理論和平常百姓的理論相比，似乎較爲複雜。好在，一項優良理論的原則，稱爲「精簡」（parsimony）在這方面頗爲管用。「精簡」意指愈簡單愈好。一個精簡的理論是有最少的複雜性，沒有多餘或過量構成要素的理論。精簡說明了較有功力的理論是用較少的構成要素做更多的事；兩個說服力相同的理論，則較不複雜的理論是比較好的理論。

幾乎所有的研究都含有一些理論，所以問題比較不會是「你應不應該使用理論」，而是「你應該如何運用理論」。明確交代使用的理論，會使你我在閱讀他人的研究或是執行自己的研究時，都來得輕鬆。瞭解研究過程如何搭配理論，有助於釐清晦澀不明之主題。因此也產生良好的設計、易於瞭解、妥善執行的研究。大部分研究者看不起沒有理論的、或是「粗糙的實證主義」研究。

理論有很多種形式、而且有大有小。本章中，我提供關於社會理論的基本介紹。你在後面幾章中還會遇上理論。

社會理論與意識型態

許多人發現社會科學理論和社會政治意識型態之間的關係不但充滿爭議，而且令人困惑。科學社群之外，只有少數人會去檢定社會科學的理論，但是大部分的人在大眾媒體上和各種不同觀點擁護者的言論中，都可見到各種不同的意識型態。之所以引起爭論，是因爲科學社群認爲理論是釐清和建立科學知識的根本，而譴責意識型態違反科學、造成不當混淆。之所以引起混淆，是因爲理論與意識型態的定義繁多，再加上兩者都在解釋這個世界上相類似的事件，以致有不少重疊的情況。

理論與意識型態之間是有相似之處（參考方塊3.1）。意識型態與理論都在解釋這個世界上的許多事件：爲何會發生犯罪？爲何有人貧

方塊3.1

社會理論與意識型態

相似處

1.包括一組假設或一個起點
2.解釋這個社會世界，如何、為何改變
3.提供一套概念／思想體系
4.說明概念間的關係，並解釋哪個事物是因，哪個事物是果。
5.提供一套相互關聯的思想體系

相異處

意識型態	社會理論
1.提供絕對肯定的答案	1.條件性的，經過斟酌後的解釋
2.有所有問題的答案	2.不完全的、意識到不確定性的存在
3.固定的、封閉的、完成的	3.成長的、開放的、延續的、擴大的
4.規避檢定、不一致的發現	4.樂意接受檢定正面與負面證據的考驗
5.無視於反面的證據	5.根據證據而做修訂
6.受某種特殊道德信念的捆綁	6.與強烈的道德立場保持距離
7.極為偏頗的看法	7.以中立的態度考核所有層面的因素
8.充滿矛盾不一致	8.積極尋求邏輯上的一致性、連貫性
9.植根於某個特定的立場	9.超越／橫跨社會立場

窮？為何離婚率在某些地方較高…等等。社會理論和意識型態兩者都對社會世界特徵提出了某些的假設。兩者皆注重社會世界中什麼是重要現象，哪些是不重要的事物，並且對於概念之間的關係，提出詳細的說明。對於「事物為何以現在這種方式呈現」以及「需要做些什麼變遷來改變現況」，兩者也都提出有解釋。

「意識型態」(ideology) 是對社會世界中的事件所提出的一種理論或解釋；是一種缺乏科學理論所要求的批判特徵的「准理論

（quasi-theory）」。有許多意識型態看起來很像正當的合乎科學的理論。意識型態其中有一項特徵是：它有的全是些固定的、強烈的、不可置疑的假定。意識型態充滿了無可置疑的絕對命題與類屬（像是對錯、有道德沒道德、好壞）。我們可以在信仰中或是某些特殊社會環境的根源中發現這些假定。有很多意識型態是在增進、或者保護社會上某個特殊群體、或是部門的利益。

意識型態是少有改變的封閉信仰與價值體系。對於與其說法相抵觸的證據，意識型態常視而不見，並且使用循環論證。在邏輯上，意識型態是相當「狡猾的」，並且極力規避謬化的檢定。再加上意識型態對於所有的問題早已有了答案，以至於因應情勢發展與改變的能力極其有限。在意識型態中，介於「事實是什麼」的論斷（理想或價值）與「應該是什麼」的信念之間的界線，是相當含糊的。

意識型態選擇性地呈現並且詮釋實證證據。經常使用的技術是不合乎科學研究途徑的「個人」經驗或信念（例如，過度通則化、選擇性的觀察、過早論斷）。因此很難檢定意識型態的原則，或是以反面的證據來對抗它。在某方面而言，意識型態是「盲目的」，它不承認矛盾的證據。即使有堆積如山的反面證據，意識型態也不會屈服或改變。意識型態的忠實信仰者通常會否定或是拒絕承認證據。他們拒絕放棄核心的價值前提，並且嚴格遵守原則，這是一種「不要用事實混淆我的視聽，我知道我是對的」之態度。對於那些不同意或是提出謹慎蒐集的反面資料的人，意識型態的支持者通常回應以恐懼與敵意。

意識型態和理論的區別，對於一個人如何進行研究有相當大的影響。研究者永遠不可能檢定、顯示某個意識型態的眞假。相反的，研究者可以利用實證方法檢定某個科學理論或其中的某些部分，並且顯示該理論的正誤。只有社會科學的理論是可以實證檢定的，而且會不斷的演進。研究者嘗試直接以證據對抗某個理論。他們公正地審視所有的證據，包括支持和反對該理論的證據，他們不確定證據是否會支持那個理論。如果證據反覆再三顯示無法支持某個理論，那麼那個理論不是得改變，就是會被取代。

理論具有邏輯上的一致性。如果有前後矛盾之處，研究者會嘗試去解決它。理論也是開放式的，總是不斷成長、或是往更高的層次發展。若理論無法獲得進一步的發展，通常會被其它具有競爭力的理論取代。很少理論主張能夠回答所有的問題。相反的，他們常包含不確定的領域或是不完整的知識，而且有的只是局部的或暫時性的答案。研究者不時地檢定、質疑理論。理論本身常持超然的立場，不偏坦任何一個社會團體或社會部門的立場。大部分的理論置身於特殊的社會關係之外。這項特性常使那些自利取向的個人，或是從某個社會立場看事物的人，不知所措。

理論的構成部分

概念

概念是建構理論的基石。[1]概念是某個用符號或用某串文字所表現的想法。自然科學的概念常用符號的形式來表達，像是希臘字母（例如，π）、或是公式（例如，s=d/t；s=速度，d=距離，t=時間）。大部分社會科學概念是以文字表現。自然科學中的外來符號使人感到緊張，但是社會科學理論以特定化的方式來使用日常生活中的文字，也可能造成混淆。

我不想誇大用文字表示的概念與用符號表示的概念之間的差異。畢竟文字亦是符號的一種；它們是我們學習語言的符號。「高度（height）」就是一個你已經相當熟悉的概念例子。例如，我能說出「高度」這個字或者把它寫下來，說時所發出的聲音和寫下的文字都是英文的一部分，文字加上聲音把高度這個概念給符號化了，或者說代表了高度這個想法。漢字或阿拉伯字、法文的hauteur、德文的hohe，以及西班牙的altura——表示的都是相同的概念。就某種意義而言，語言只不過是同意使用人們在其生活中，某一時點上所學到的聲音或文字來表現觀念想法的一種作法學習概念和理論就像學習一種語言。[2]

概念無所不在，而且你無時無刻不在使用他們。「高度」是日常經驗生活中的簡單概念。它的意義爲何？「高度」這個概念用起來容易，但要描述這個概念本身卻不是件易事。它代表關於物理關係的抽象觀念。你如何對一個非常小的、完全不熟悉這個概念的小孩，或來自遙遠星球的生物描述這個概念呢？當你第一次讀到社會理論中的某個新概念時，他們就好像外星人一樣。「高度」是有形物體的一個特徵，由頂端至底部的距離。所有的人、建築物、樹木、書籍等等都有「高度」。我們可以測量高度或做高度的比較。高度可以是0，高度也可以隨時間的流逝而增加或減少。就和很多其它的字詞一樣，有很多種不同的用法。你可能聽過如戰爭的高峰、暴風的高潮、夏季的高潮、汽車銷售的高峰、流行的高潮。

「高度」一詞用指某個抽象觀念。我們把這個觀念和這個詞的發音及寫法結合起來。構成這個詞的發音以及它所代表的觀念之間並沒有自然天成的關係。雖然這項結合是任意的，但其十分有用。人們單獨使用這個符號，就可以相互表達這個抽象觀念。

概念包含了兩個部分：符號（字或詞）與定義。我們從許多地方學到定義：我從父母那裡學到「高度」一詞和它的定義。我在學習說話的時候，以及在接受被文化所社會化時，學習到這個詞。我的父母從來沒有給過我字典裡「高度」的定義。透過一個擴散、非口語的、非正式的過程，我學到高度這個詞。我的父母舉了許多個例子給我聽，我觀察、聆聽別人使用這個詞的方式，我曾經用錯這個詞、被人糾正過，然後我會正確地使用這個詞、瞭解這個詞的意思。最後我終於能夠靈活運用這個詞了。

這個例子告訴你人們如何從日常語言中學習概念，以及我們如何分享概念。如果我的父母把我和電視與其它的人隔離起來，然後教導我代表「高度」概念的詞是「zdged」。那麼我在和別人溝通時，會發生困難。如果概念要有價值，人們必須分享代表概念的用詞及其定義。

日常文化是充滿概念的，但許多概念有的只是模糊不清的定義。同樣的，置身於文化當中的人，他們的價值與經驗可能會對日常使用的概念設下限制。日常的概念常根植於誤解或迷思之上。社會科學家從日常文化中借用了一些概念，但他們重新整修這些概念、並且增添新概念。許多最先是由社會科學家發展出來的概念，已擴散大文化中，因而變得較不精確。像是性別歧視、生活方式、同輩團體、都市擴張、社會階級之類的概念，剛開始時，都是社會理論中相當明確的技術性概念。

我們從個人的經驗、富創造力的思想、或是觀察周遭事物的過程中，來創造概念。古典理論家原創出許多概念。研究者透過分割或是結合其它的概念，創造出一些新的概念。在第一章與第二章的範例研究中，含有許多社會科學的概念。其它範例中的概念，包括了家庭體制、性別角色、社會化、自我價值、挫折、與撤換攻擊。

社會科學的概念來自於專門術語或行話。專家把術語做爲相互通溝的捷徑。大多數的專業領域都有他們自己的術語。醫生、律師、工程師、會計師、水電工和修護技工都有特殊化的語言。他們使用他們自己的術語來指稱他們工作對象與使用的觀念。爲了瞭解出版商與印刷工人的專門術語，我讀過一本充滿這個行業專門用語的書籍——這類名詞像是：電視機、捲尺、修剪留白、校對樣稿、初版、草包、窗口、與挖到核心。對於內行人來說，使用專門術語是達到快速有效的溝通之道。但是行話也有負面的含意。有些人濫用行話來製造混淆、排斥他人、甚或侮辱他人。對非專業人士使用行話，將無法達到溝通的目的；就像對只會說韓國話的人說英文一樣。

有一些概念，特別是簡單的、具體的概念，像是書或高度，是能夠透過簡單的、非文字程序來加以定義。大部分社會科學的概念是複雜、抽象的；他們是建立在其它的概念之上，透過正式的、字典的定義來加以界定。用概念去界定其它的概念似乎很是奇怪，但我們每天都在這麼做。例如，我把高度界定爲從頂端到底部之間的距離。我們常常由一般經驗中結合簡單、具體的概念，來創造更爲抽象的概念。「高度」較「頂端」或「底部」來得抽象。較抽象的概念代表世界上我們無法直接體驗的面向。它們將我們的思考組織起來，並且擴展我們對現實的瞭解。

概念因其抽象化的層次而有各種不同的變化。他們位於一個從最具體到最抽象的連續體。所謂具體意指有形的物體、或熟悉的經驗（例如，高度、學校、年齡、家庭收入、居住環境）。比較抽象的概念則指那些含意廣泛、間接的觀念（例如，家庭解組、種族主義、社會控制、政治權力、偏差、智力、或認知失諧）。社會研究者在理論中創造了許多概念，用做更爲貼切地捕捉社會世界的方法。

研究者界定科學的概念比我們日常會話的概念還要精確。社會理論要求定義完整的概念。概念的定義有助於連結理論與研究。探索性研究有項可貴的目標，也是大多數好研究的目標，那就是釐清、提煉概念。脆弱、矛盾、或不清楚的概念定義限制了知識的進步。鮑爾與凱利（Ball & Curry, 1995:239）在指出幫派這個概念有著許多不同的定義，而且其間幾乎毫無共識可言的這項事實之後，他們主張：

> 即使有，也只有少數幫派研究者與理論家充分意識到他們自己的定義策略，以至於他們的定義帶有太多的言外之意，把相關或者 結果當作屬性或原因來處理、或是犯下相似的邏輯錯誤。

概念叢：我們很少單獨使用一個概念。相反的，概念形成相互關聯的群體，或者稱之為概念叢（concept clusters）。這對日常言語中的概念來說，確實如此，而社會理論中的概念亦然。理論中包括一群群有關聯的概念，前後一致、相互增強。它們共同形成一張意義之網。舉例來說，如果我想要討論一個概念，如都市荒廢，我將需要一組有關聯的概念（例如，都市擴張、經濟成長、都市化、郊區、中心都市、都市復興、大眾運輸、少數民族）。

有些概念有一定範圍內的值、量、數。諸如此類概念的例子有：總收入、溫度、人口密度、就學年數、與暴力程度，我們稱之為變項（variables），你將在第六章中讀到。其他概念表達各種類型的非變動現象（例如，科層組織、家庭、革命、無家可歸、與冷）。理論同時使用這兩種類型的概念。

假定：所有的概念都包括內定的假定（assumption），也就是關於哪些事物的本質是無法觀察、或無法檢定的陳述。通常我們接受假定為必要的起始點。概念與理論是建立在關於人類、社會實相、或某個現象的性質等等的假定之上。假定常是隱藏的、不說出來的。研究者加深對某個概念瞭解的一個方法，就是指出那個概念所賴以建立的假定。

舉例來說，書的概念假定了一個文字系統、有能力閱讀的人，以及紙的存在。沒有這些假定，書的概念沒多大意義。社會科學概念——像是種族偏見——就是建立數個假定之上。這些假定包括人們根據種族來區別人群、認為某個種族團體成員有某些特殊的動機與特徵、並且對某些動機與特徵給予好壞的評斷。如果種族成為無關的變項，人們就不再會用種族來區別人群、認為某個種族團體具有某些特徵、也不會對這些特徵做出好壞的判斷。若果如此，種族偏見這個將不再會是個有用的研究概念。幾乎所有的概念都包括了某些有關社會關係、或人們行為模式的假定。

分類：有些概念很簡單，只有一個面向，只在某個連續區間內變動。其他概念則是比較複雜；有多個面向而且有數個次類。你可以把複雜的概念打散成一組簡單的、單向概念。例如，盧契梅爾、史蒂芬斯與史蒂芬斯（Rueschemeyer, Stephens & Stephens, 1992:43-44）主張民主有三個面向。民主意指：第一，全民皆有參政權、而且有定期的自由選舉制度；第二，有民選的、控制政府的立法機關；以及第三，有言論與結社自由。這三位作者承認每個面向多少有程度上的變化。他們把這些面向再做進一步的分類，創造一組政權類型。三個面向都低的政權是極權政體，三面向都高的政權爲民主政體，其他組合的面向不是威權政體就是自由主義寡頭政治。

分類（classification）在許多理論中都是相當重要的。[3]他們介於簡單的單一概念與理論之間的一中點，它們有助於組織抽象複雜的概念。研究者以合乎邏輯的方式清楚地說明、結合數個簡單的概念所具有的特徵，進而創造一個新分類。讓你看些例子，你馬上就能掌握這個概念。

理想型（ideal type）是一種眾所周知的分類。理想型是純粹的抽象模型，用以界定所要討論現象的本質；是界定一個概念核心層面的心智產物。理想型不是解釋，因爲它並沒有告訴我們事情是如何或因何發生的。它們比理論小，但是研究者用他們來建構理論。它們是範圍較大、較爲抽象的概念，將許多較窄的、較具體的概念聚在一起。質化研究者常用理想型去察看可觀察的現象有多吻合理想型的描述。例如，韋伯發展出科層組織（bureaucracy）這個概念的理想型。有許多人用過韋伯的理想型（參見方塊3.2）。韋伯的理想型把科層組織和其他的組織形式（例如，社會運動，王國）區別開來。它澄清了一種人們曾經認爲含糊籠統、難以想像的組織型態所具有的關鍵特徵。現實生活中沒有一個組織與這個理想型完全吻合，但是這個模型幫助我們思考和研究科層組織。

另一種分類是分類學（typology），或稱爲類型學（taxonomy），

方塊3.2

韋伯科層組織的理想型

1.是個受一套規則體系治理的持續性組織。
2.行為受到不講關係的非私人性規則所管理。
3.有明確的分工，不同的職位被派給擁有不同才能的人擔任。
4.盛行層級權威關係，也就是說，居下位的人受到居上位的人的管理。
5.行政動作、規則等等都以書面的方式加以處理、存擋。
6.個人並沒有職位的所有權，也不能賣出或買進他們的職位。
7.為了確保在位者的忠誠，他們從組織支領薪資，而不是直接向案主收取報酬。
8.組織的財產與在位者的私人財產是分開的、各自獨立的。

資料來源：Adapted from Chafetz (1978:72)

[4]即研究者結合二個或兩個以上簡單的單向概念，然後由簡單概念交錯形成新的概念。新形成的概念或類型表現出存在於簡單概念之間複雜的交互關係。

> 分類學的主要功用之一是精簡…妥善建構的分類學可以創造奇蹟，從混亂中找出秩序。能把複雜地令人咋舌、顯然是由無數個各不相同的個體所構成的聚集，給轉變成數個井然有序、相當同質的類型。（Bailey, 1992:2193）。

羅伯．墨頓（Robert Merton）的偏差行為脫序理論，主張人們可以透過思考兩個概念── 被文化界定為値得追求的目標以及被社會界定為合法達成這些目標的手段── 來瞭解沒有偏差，也就是順從，

表3.1 墨頓的個人適應模型

適應模式	社會界定的目標	合乎制度的手段
順從	接受	接受
創新	接受	不接受
儀式主義	不接受	接受
退縮	不接受	不接受
革命	新的替代目標	新的替代手段

與偏差的區別。墨頓的分類法是建立在兩個概念之上：第一，人們是接受還是拒絕這些目標；第二，人們用以達到這些目標的手段合不合法。根據這兩個概念，他的分類法確認出順從與偏差的類型（見表3.1）。

順從，也就是沒有偏差，出現在人們接受文化目標（例如，獲得高收入），並且採用社會認爲合法的手法，來達到這些目標的情況（例如，找份好工作、並且努力工作）。偏差發生在所有不照著這個模式行事爲人的情況之下（例如，不好好努力工作，卻去搶銀行）。墨頓對人們如何適應文化目標與取得目標的方法所做的分類，把複雜的概念給摘要出來，並且爲每個次類定出名稱。例如，用退縮來描述，不但拒絕文化目標，而且拒絕社會接受取得這些目標的合法手段的人——像是長期酗酒者與宗教隱士。這種類型的偏差行爲者拒絕表現出受人尊敬的行爲與賺取物質財產（例如，房子、汽車）這類的文化目標。他們同時也揚棄了取得目標的合法手段（例如，誠實、有份工作）。

第二個分類學的例子是出自社會階層化。艾力克·賴特（Erik O. Wright）更新並且總結了馬克思的資本主義社會階級理論。他指出，在馬克思看來，不平等和剝削來自於對三類資源的控制：投資（賺取利潤的財產或資本）、生產組織、與勞動力（亦即他人的勞動成

表3.2 賴特的社會階級體系

社會階級	控制社會資源的方式		
	投資	生產	勞動
資本家	+	+	+
管理人員	-	+	+
督察	-	-	+
勞工	-	-	-
小資產階級	+	+	-

＋表示有控制權；－表示沒有控制權。

果）。賴特說是社會的組織界定了社會階級。階級社會的組成創造了職位，而職位賦予職位佔有者這三項資源的控制權（參閱表3.2）。處在能控制這三項資源的職位的人構成了最有權力的宰制階級。在市場經濟中，這就是資本家階級，其成員包括了主要投資者、財產所有人，以及企業或銀行的總裁。資本家制定投資決策（例如，是否要或者在那裡籌建新的工廠），決定如何組織生產活動（要使用機器人、還是低工資的勞工），以及向他人下達命令。底層階級由勞工組成。他們所擔任的職位使其對投資和如何組織生產活動，毫無發言權。對於他人，他們沒有權威，而且必須服從命令，才能保住工作。協助資本家的經理人或管理者界於這兩個主要階級之間。他們是個準階級，當馬克思於1800年代發展這個理論時，尚未完全出現。他們能控制一些而不是所有主要的社會資源。

賴特的分類也提及有關馬克思寫到的另一個階級的地位，即小資產階級，由小規模自雇者或農民所構成的階級。這個階級的成員擁有並且經營他們自己的生意，除了家人外沒有雇用其他人手。馬克思認為這個階級勢必萎縮消失，但時至今日他們依然存在。就和墨頓的分類一樣，賴特分類模式顯示如何結合一系列較簡單的概念（例如，擁有或未擁有的資源類型），使之成爲一個更加有力的觀念（例如，資本主義社會的社會階級結構）。

關係

理論包括了許多概念及其定義與假設。更重要的，理論清楚地說明了概念與概念之間如何產生關聯。理論告訴我們概念之間是否有關聯，如果有關聯，他們之間的關聯是如何形成的。此外，理論對於關係何以存在、或不存在，也提出了說明。

貝克與托爾奈（E. M. Beck & Stewart Tolnay, 1990）發表一個關於動用私刑的理論——即在1800年代到1930年代之間，美國南方白人暴徒吊死非裔美國人的行動。他們指出動用私刑和經濟不景氣有關（也就是說，該區種植棉花的白人獲得的價錢過低），而與黑人犯罪無關（也就是說，美國黑人犯罪率並未增加）。他們的理論陳述了三個概念：動用私刑、經濟不景氣、與黑人無辜受害之間的關聯性。

許多理論對變項之間的關係提出因果性的陳述，或稱爲命題（proposition）。「命題是一項理論陳述，詳細說明了兩個或兩個以上的變項之間的關係，告訴我們某個概念的變化如何可以由其他概念的變化來加以解釋」（Turner, 1985:25）。命題是理論表達關係的一種形式，像是：經濟不景氣增加白人暴民對黑人的暴力行爲。研究者經驗檢定一項關係，或是對一項關係進行評估時，那接受評估或經驗檢定的關係被稱做假設（hypothesis）。你將在第六章中學到更多有關假設的事項。當多次檢定某個假設都肯定該命題，那麼科學社群便開始對該命題爲眞產生出信心。

社會理論包括了概念、概念與概念的關係，以及說明該關係的因果機制、或理由。一項因果機制（causal mechanism）是關於怎麼回事的陳述，就像是：人們怕輸，所以他們專門打擊那些他們認爲是他們直接的對手、而且擁有的社會或政治力量都不如他們的那些人。

解釋某項關係由來的理由是其他具有邏輯關聯的假定與命題。它可以是個假定，就像是：內戰後，美國南方的白人對於喪失了他們建立在種族基礎之上的社會地位，懷恨極深。這個假定可與命題結合：對於被認定爲偏差者的人或外團體的成員，缺乏強大的、合法的、與正式的社會控制力量，再加上對偏差者或外團體成員的行動有高度的挫折感，將導致內團體無視法律，採取傳統維護社會控制的手段。命題不會單獨存在；它們是由相互關聯的概念、關係、和假定所編織成的一張網中的一個部分。

範圍

有些概念是極度抽象的，有些則是中度抽象，有些則是相當具體的。帶有許多抽象概念的理論比帶有許多具體概念的理論，可應用到更大範圍的社會現象。一個抽象理論關係的例子：規模增加造成中央集權化，然後造成更普遍的正式化。規模、中央集權化與正式化都是抽象概念。他們可以是某個團體、組織、或社會的特徵。我們可以將這個說法轉變成：當組織或團體越來越大，其內部的權威和權力關係會變得更加中央集權，並且集中在少數菁英手中。菁英傾向於依賴書面的政策、規則、或法律，來控制或組織團體和組織內的其他人。

相反的，最不抽象、最簡單、或者說層次最低的關係是經驗通則（empirical generalization）。它是一項具體的、不複雜的簡單關係。當研究者將其觀察到的一項規律給通則化時，他便創造了一條通則。關於某個主題的理論常內含有許多條通則，而他們可能就是基本的假設。舉個經驗通則的例子：我認識的、開小型日本車的人，大多年齡在三十歲以下。這項通則包容了兩個概念：車子的類型和駕駛人的年齡。它陳述了一項關係：車子的類型── 以車輛的大小與車的原產國來界定── 和某個年齡團體有關聯。要使它成爲一個完整的理論，則需要更仔細的琢磨與更廣的推敲來解釋何以然。

研究者在建立或是擴大某個理論以及說明理論變項的關係時，

他必須想清楚該理論可以應用到的單位、案例、或是情況的類型。

> 大部分的理論概念是以一般性的說法陳述出來，因而可以應用到一些個案母群。有時候，這些一般性主張交代的相當明確（例如，族群關係理論可以應用到所有的族群關係上）；有時候，這些主張被當作一般命題處理，因為理論的範圍條件被漏掉，未被明確界定。（Ragin, 1992b:219）。

明確地檢討一個理論的範圍會增強它的功力，而且使研究者能夠更加清楚地使用這個理論和其他的研究者溝通。

在一項關於非裔美國人膚色深淺與社會階層化的研究中，維納·凱斯與珊卓克·賀齡（Verna Keith & Cedric Herring, 1991）結合了一項經驗通則與理論。他們檢定膚色較淺的非裔美國人比膚色較深的美國人受過更多教育並且有較高的收入這項經驗命題。他們發現這項通則獲得支持，但是是什麼原因造成的呢？他們的理論填補這個空白：白人比較願意把特權與好處分給膚色較淺的黑奴，因爲這些人有部分的白人血統。兩百年來的奴隸史，使白人當中普遍流傳一種種族意識型態，認爲有白人祖先的奴隸有較優越的才能。再者，基於美學的理由，白人貴族偏好膚色較淺的黑奴做私人性的服務工作，或是與他們發生性關係。這些關係使膚色淺的黑奴比較容易換回自由。於是，經過很多年以後，膚色較淺的非裔美國人才有機會得到他們膚色較深的黑奴同胞無法得到的技能、教育，以及和其他的好處。奴隸時代結束之後，仍然會在美國非裔社區的社會菁英中常見到膚色淺的黑人。後來相同教育程度與收入水準的人們之間的相互通婚，使膚色和經濟利益之連結更加延續下去。藉著連接其它有關奴隸制度下的社會關係、獲得教育機會的不同，以及選擇結婚對象的模式等的概念，較大的理論使經驗通則更加豐富。

事實與理論

在討論科學理論的檢定中，一項歷史悠久的話題是，事實和理論間的界限。有兩種極端的看法。其中一個極端是一種未經修飾的經驗主義論。這派的說法是，事實和理論完全不同。理論是軟綿綿的、模模糊糊的意象、價值與觀念，屬於精神界的事物。事實則是沒有被理論與觀念污染過的、屬於紮紮實實、可觀察的、經驗世界的一部分。觀念與理論屬於思想界的事物，其中尙包括有幻想、夢境、臆測與誤解。理論可能會流於臆測、幻想、甚至虛構。爲了避免這些狀況發生，理論必須接受「眞實的」物質現實中，紮實經驗事實的檢定。這派極端的經驗主義者認爲，我們看到的事物就是那些眞正存在那兒的事物。這個立場鼓勵研究者改善測量工具，直至他們能夠以如水晶般清澈完美的觀察去瞭解另一個人的立場，而且不會受到視覺幻影或是視覺騙術所愚弄。

與此相對的是極端相對主義論的立場。這派主張，我們認爲現實是什麼，現實就是什麼。更具體來說，被我們認爲是事實的事物深受我們自己的文化信仰、思想、與心智想像的形塑。我們絕不可能完全擺脫我們本身思想的強大影響力。我們無法以紮實的客觀事實來檢定理論，因爲所有的事實都受到正式或非正式理論的模塑。有位極端相對主義論者說過：我們的看法深受我們的欲望、思想、與信仰的扭曲，以至於我們所看到的社會世界也包括了我們心靈所創造的幻影。我們無法看到我們的思想與信仰不讓我們看到的事物。

雖然有些研究者不是採行其中一種極端，就是採行另一種極端，但是大多數研究者都介於兩者之間。落在中間的人認爲理論和我們思想中的分類，影響到我們會把什麼看成事實，以及我們觀察到的世界。雖然如此，是有些獨立於我們思想之外客觀存在那裡的獨立實相。困難是對於那個實相，我們永遠無法獲得一個純粹、簡單、直接、和未經修飾的測量。我們想要理解事實的企圖始終受到我們的文化信念、理論和想法所蒙蔽與污染。我們看到的只是眞正在那兒的事物的一個扭曲了的形象。我們看到的實相被披上一層紗，就好像是透過一扇扭曲的、模模糊糊的玻璃。我們觀察到的事實總是實際存在之物的一種不完美的、間接的、扭曲的表現。

上述論戰中較深的哲學議題，將在第四章中做更進一步的探討。這番論戰從兩方面影響我們如何進行社會研究。第一，這意味著我們容許這項扭曲。除了最極端的經驗主義者，每個人都提出警告，指出我們對資料的看法可能受到我們的觀念與信仰某種程度的扭曲。因此問題變成爲如何控制這類扭曲，以及這類控制可能達到的程度、甚或進行多少控制才夠。除了一些後現代主義者之外（參閱第四章），大多數學者相信，經過許多獨立、開放、自由溝通的研究者從事妥善執行的研究，最後終將更加接近「存在那兒」的實相。

理論

對學生與專業人士來說，理論可能是難以掌握的，因爲它以太多種形式出現了。其實，我們可以根據第一，邏輯推理的方向；第二，解釋社會實相的層次；第三，根據形式還是實質；第四，用以解釋的形式；第五，內部所蘊藏的假定與概念所形成的整體架構，而將理論分類。好在根據方向、層次、解釋形式、與架構在邏輯上可能出現的組合，再現實中並不會全部發生。足堪競爭的對手，約略只有半打左右。

方向

研究者從兩個方向著手理論的建構與理論的檢定。有些研究者從抽象的思考開始。他們謹守邏輯，把理論概念與具體證據結合起來，然後再根據證據檢定理論概念。另外一些研究者則從對特定經驗證據的觀察開始。以這些證據爲基礎，他們抽離通則、逐步建構抽象的概念。實際上，大多數的研究者是相當有彈性的，在研究的不同時點交錯使用這兩種研究途徑。

演繹法：採用演繹法（deductive approach），你將從一個抽象的合乎邏輯的概念關係開始，然後朝向具體的實證證據前進。你或許對於世界運作的方式有某些想法，想要用「紮紮實實的資料」來檢驗這些想法的正誤。前述貝克與托爾奈（1990）關於處私刑的研究便是使用演繹法的邏輯。貝克與托爾奈從一個處私刑與經濟蕭條的理論開始，該理論建議他們應該蒐集的證據，待資料蒐集完成並加以分析之後，得知研究發現支持他們的理論。

歸納法：如果你選擇歸納法（inductive approach），你是從仔細地觀察這個世界開始，然後朝更爲抽象的通則與觀念前進。開始的時候，你有的可能只是一個主題與若干個模糊的概念。隨著觀察的進展，概念變得犀利，發展出經驗通則，並確認出一些初步的關係。你是從地面往上建構理論。第二章所描述的費琛（Fitchen, 1991）農村危機的研究，就是使用歸納法的邏輯推理。她從數個關於農場危機的一般性看法開始，然後隨著訪談與觀察的進展，費琛逐漸將其研究焦點從農場擴大到範圍更廣的農村社區方面的議題。於是她重新修正原先使用的概念，產生經驗通則。最後，她發展出一個人們如何建立鄉村社區自我認同的理論。

另一個例子是施夫曼（Schiffman, 1991）對舊金山地區兩個反核團體的研究。她主要的研究發現是在同一個廣大政治運動之內，不同的團體是按照各自對權力的定義，而採用極爲不同的策略與行動。這項發現是在她每個細節都不遺漏的觀察中才浮現出來的，與她早先的目標——單一運動組織如何解決內在衝突——完全不同。所以施夫曼

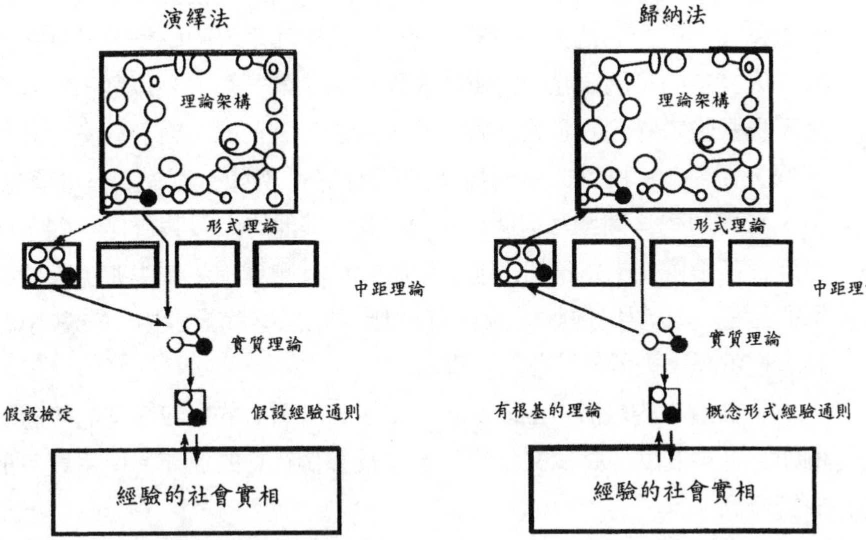

圖3.1 演繹與歸納理論化的方法

說：「我的資料迫使我重新修正我的研究計畫」。歸納法產生的理論通則，我們稱之爲有根基的理論（grounded theory）。（參閱圖3.1）

層次

我們可以根據社會理論處理社會實相的層次，將之區分爲三大類。大多數的我們將大部分的時間花在思索微觀層次的實相，即我們在每日生活的基礎上所看到的、所互動的個人。微觀層次的理論（micro-level theory）處理的是小片斷的時間、空間、小數量的人。這些概念通常都不是很抽象的。

爾文．高夫曼（Erving Goffman）「臉譜（face work）」的理論便是一個微觀層次的理論。高夫曼說：人們在面對面的互動中涉及儀式的表演。個人在互動時選擇一條界定該情境類型及其在該情境中扮演之人物類型的「戲路」。例如，在教室的情境中，我呈現一款好老師的戲路。互動中的他人—— 學生們—— 適應我呈現的臉譜，並且按照未書成文字的符碼順應我的臉譜表現出適當的行爲。我以數種行爲來呈現那張臉譜（例如，我打開電燈，走到教室前頭，對著教室中的每一個人說話）。我也採用一種特別的態度（例如，我站著、面帶微笑、看著同學、問些私人問題）。教室中其他的人與我合作無間，像在進行某種儀式。這一切撐起了我臉譜的社會建構。學生避免某些特殊的話題、表現出敬意、並且有意無意地忽略我講課中的一些小錯誤。這就是高夫曼的「臉譜」理論。

鉅觀層次的理論（macro-level theory）關心的是較大型的集體，例如，社會制度、整個文化體系，以及整個社會的運作。使用較多抽象的概念。

蘭斯基（Lenski, 1966）提出社會階層化鉅觀理論，解釋橫跨數千年人類社會的社會不平等現象。他主張，社會生產剩餘的數量（也就是人們需要用來支持基本生活所需的數量）隨著人類社會的發展而增加。他主張，隨著人類社會由簡單的採集和漁獵進步到農業形式，再進步到現代的工業形式，剩餘也跟著增加。當社會中某個小團體控制了剩餘，不公平旋即產生。在人類歷史上，不平等在農業社會達到頂峰，但是到了現代工業社會有下降的趨勢，那是因現代社會的規模和複雜性使權力擴散給更多的社會團體。當社會團體有一些權力，不同的團體將都能夠分得一些剩餘。有更多的團體來分配剩餘，不平等因而減少。

中介層次的理論（meso-level theory）相當罕見，主要是嘗試連結微觀與鉅觀層級的理論，或者運作在中介層級。組織理論、社會運動、或是社區常是屬於這個層級的理論。

科林（Collins, 1988:451-466）提出了一個組織控制的中介層次理論。這個理論確認大規模組織內控制人員的三個基本方法：強制（例如，以責打威脅之）、提供物質獎賞（例如，加薪），或者採用內部控制（例如，社會化、晉升機會、創造獻身公司的次文化）。同樣的，組織有五種控制人事的行政設計：第一，利用監視（例如，監視人）；第二，檢查產量（例如，生產產品的數量）；第三，設置規則或是提供書面的指示，第四，控制資訊；第五，緊縮環境（例如，強行規定工作必須在那個時候、那個地點完成）。每種控制方法和行政設計都有其負面的效應。舉例來說，感受到被監督的人會表現出一種儀式行爲以爲反制，只有在其認爲被監督時，才表現出認眞工作的行爲。控制的效果隨工作性質的不同而不同。對於要求高度自主性和判斷空間、並且帶有許多不確定性的工作（例如，教師和外科大夫），內部控制（例如，專業社會化）與資訊控制（因專家是唯一知道成本的人）是最好的控制。相反的，對於使用標準化產品（打洞器操作員）、從事可預測性工作的人，採用物質獎勵（論件計酬）與產量監督（計算生產數量），會比較有效。

形式與實質理論

我們也可以區分出形式與實質理論（Layder, 1993:42-43）。實質理論（substantive theory）是指對某個特定領域的社會關懷，而發展出的理論，例如，不良幫派、次級教室、或種族關係。形式理論（formal theory）則是針對一般理論內某個廣泛的概念領域，而發展出來的理論，例如，偏差、社會化、或是權力。如果你想要檢定、產出、或者擴充某個實質理論，你應該考慮的是同樣實質領域內的案例。舉例來說，你可以比較數個不良幫派，但是你不必提出關於偏差行爲的一般理論。如果你想要檢定、產生、或是擴大形式理論，那麼你應該就同樣屬於形式領域內的案例，加以比較。例如，你可以檢視不同形式的偏差行爲（醫藥、法令、風俗習慣）。你進行這項研究時，可以不去討論實質領域內的某些細節（例如，不尋常的醫藥治療、違反交通規則、公車上的不尋常行爲）。最後，實質理論與形式理論可以合而爲一。不過，沒有必要勉強把所有的思維都擠進某個單獨的理論之中：事實上，「理論上所累積的進步是受到數個實質與形式理論的鼓勵，方才促成的」(Layder, 1933:44)。

解釋的形式

預測和解釋：理論的主要目的乃在解釋。許多人把預測與解釋混爲一談。有些研究者甚至主張，預測是研究的主要目的，但大多數人承認，解釋才是研究的根本目標。解釋這詞有兩個意義或用途。研究者若集中注意力於理論解釋（theoretical explanation），亦即說明事情爲何發生的邏輯論述，指的是條通則或原則。這些是研究者提出的關於概念關聯的理論論述。解釋的第二種類型，尋常解釋（ordinary explanation），是把事情說得更清楚一些或是以舉例與易於瞭解的方式描述事情。例如：用尋常的話來說，好老師會解釋情況。這兩種形式的解釋可以合而爲一。這是發生在研究者爲他們提出的解釋（例如，某個牽涉理論的邏輯論述）做解釋（例如，用易於瞭解的話來說明）之時。

預測是主張某事將會發生的陳述。預測比解釋來得容易，然而解釋比預測有較大的邏輯功力，因爲好的解釋也能夠預測。一項解釋很少預測一個以上的結果，但是同樣的結果可能會被相反的解釋預測到。雖然預測不如解釋有力，但許多人卻因能夠戲劇化地預測到某件事物而欣喜若狂。

舉個賭博的例子可以彰顯出解釋與預測的差異。如果我進入一間賭場，持續正確地預測下一張出現的牌色、或是輪盤上出現的數字，此舉勢必造成轟動。我可能贏了很多錢，一直到賭場人員知道我老是贏錢而趕我走爲止。可是，我預測的方法是比我能夠預測這項事實來得有趣得多。告訴你我如何預測下一張會出現的牌色，會比告訴你我有預測牌色的能力更有吸引力。

再舉一個例子來說。你知道太陽每天早上會「升上來」。你可以預測每天早上在某個時刻，不論是否會被雲遮住，太陽都會升起來。

但是何以如此呢？一個解釋是巨龜背著太陽越過天空。另一個解釋是神將其點了火的弓箭射出，橫越天空，而我們將之視爲太陽。現在已經很少有人相信這些古時候的解釋了。或許你接受的解釋，是涉及地球自轉、太陽位置，以及太陽系星體的理論。太陽沒有移動，其明顯的移動是由於地球的自轉。我們活在一個同時繞著自己的軸旋轉以及一個距離數百萬英哩之遠的行星運轉的星球之上。這三個理論都做了個相同的預測。一個好的解釋繫之於發展良好的理論，並且經過經驗觀察研究的肯定。

一旦你對什麼是理論有了概念之後，我們可以回過頭來討論研究者解釋的三種形式：因果、結構、與詮釋性的解釋。解釋形式是指研究者向他人說明社會事件爲何會發生、或是社會關係爲何會以某一種特出模式出現的方式。

因果解釋：因果解釋（causal explanation）乃最常見的一種類型，用在帶有原因與結果屬性的關係上。在日常語言中我們不斷地用到因果解釋，但是日常語言常流於模糊不清。當我們提到原因時，我們所指爲何？例如，你可以說貧窮引起犯罪，或者道德低落促使離婚增加。但是這都沒有告訴我們因果的過程是如何或是爲何發生的。研究者在討論因果關係時，總是努力做到精確更精確、確實更確實。

哲學家對於原因這個概念的爭論已經有很長的一段歷史了。自十八世紀蘇格蘭哲學家大衛·休姆（David Hume, 1771-1776）的著作問世以來，原因就已經是個爭議不休的概念了。有些人主張因果關係發生在經驗世界之中，但是沒有辦法證明。因果關係「存在」於客觀實在之中，而研究者只能努力找出它存在那兒的證據。其他的人則認爲因果存在於人類腦海裡的一個概念罷了，是個心智建構體，而不是存在於世界上的眞實之物。持第二種看法的人認爲因果關係只不過是思考世上事物的一個便捷之道罷了。不想陷入哲學上的爭論，許多研究者逕自追求因果關係的探討。

你需要三樣東西方能建立因果關係：時間順序、關聯、並且排除掉可靠的替代原因。這其中尙隱藏著第四個條件，那就是該因果關係必須合乎常理、或是不抵觸較爲廣泛的假定或是某個理論架構下的假定。現在讓我們檢視這三個基本的條件。

時間順序的條件意指原因必須出現在結果之前。這項常識性的假定建立起因果關係的方向：由原因導出結果。你或許會問：原因如何可能產生於其結果之後呢？不可能，但是時間順序只是成立因果關係衆多條件之一罷了。時間秩序就推論一項因果關係而言只是必要而非充分條件。有時人們會犯下只根據時間就論及原因的錯誤。例如，一位專業棒球選手只是在出賽前親吻了他太太，而投下一場沒有安打的球賽。親吻發生在比賽之前。這難道意味著親吻是造成完投的原因嗎？極不可能。另一個例子是，1968年四個不同的城市爆發了種族暴動，那是太陽黑子活動極爲頻繁的一天。這個時間順序並沒有在太陽黑子和種族暴動之間建立起因果關係。畢竟，總是有些事件是發生在人類以前的所有歷史之後。研究者想要瞭解是否某件先前發生的事件是某個事件或某種模式的原因。這個時間順序的條件只是省卻研究者把在時間上屬於後來才發生的潛在原因一併列入考慮。

建立時間順序並不總是那麼容易。就橫剖面研究而言，時間順序是相當詭異的。例如，研究者發現受過較多教育的人對他人有較少的偏見。受過較多的教育眞的會降低偏見嗎？還是偏見比較重的人逃避接受教育，或是缺乏追求學業成就所需要的動機、自律、和智慧呢？再看另一個例子。我班上得高分的學生都說我是位非常棒的老師。是高分使他們快樂，所以回報這份恩情，而說我是位好棒的老師——也就是說，高分帶給我正面的評價？還是我教得棒極了，所以學生們認眞學習，學到很多，而分數正好反映這項事實——也就是說，他們努力學習爲他們贏得好成績？這是個先有雞還是先有蛋的問題。想要找到答案，研究者需要找些其他的資訊，或是設計一個能夠確實檢定時間順序的研究案。

簡單的因果關係是單方向的，是由原因朝向結果這個單一方向運作。大多數的學生檢定的是單向關係。較爲複雜的理論清楚說明的是互爲因果的因果關係——也就是說，交互的因果關係、或是同步因果關係。例如，努力用功使學生得到好成績，但是得到了好的成績也激勵學生繼續努力用功讀書。理論中常含有互惠或回饋關係，但是這些關係都很難加以檢定。有些研究者稱單向關係爲非循環的（nonrecursive），而互惠關係爲循環的關係。

研究者也需要關聯（association）來確認一項因果關係。兩個現象若以固定的模式同時發生、或近乎同時行動，則是有關聯的。人們常把相關（correlation）和關聯混爲一談。相關有特定技術層面的意義，反之，關聯是個較一般性的概念。相關係數（correlation coefficient）是個顯示關聯數量的統計量，但是測量關聯的方法有很多種。有時候研究者稱關聯爲共變（concomitant variation），因爲兩變數同時發生變化。圖3.2顯示三十八位來自低收入地區的人和三十五位來自高收入地區的人。你能看出種族和收入水準之間的關聯嗎？

誤把關聯視爲因果關係的人比把關聯與時間順序混爲一談的人更多。例如，我讀大學時，每次星期五的考試我都考高分，而每次星期一的考試我都考不好。雖然星期幾和考試成績之間有關聯存在，但並不表示星期幾是考試高低的原因。相反的，原因是每個週末我都打二十小時的工，因而到了星期一我已經十分疲憊了。另一個例子是，印度的嬰兒出生數一直增加，直至1960年代末期，而於1970年代開始減緩。在美國，開美國車的人數一直增加，直到至1960年代末期，而於1970年代開始減緩。印度的嬰兒出生數和開美國車的人數之間有關聯：它們同時發生變化，不是同時增加，就是同時減少。不過其間沒有因果關聯。出於巧合，印度政府制定了一套生育控制計劃，減緩了嬰兒出生數；同期間美國人買了更多的進口車。

研究者需要找出關聯來顯示有因果關係存在。若他們無法找出關聯，則不可能有因果關係存在。這就是爲什麼研究者希望能找到相

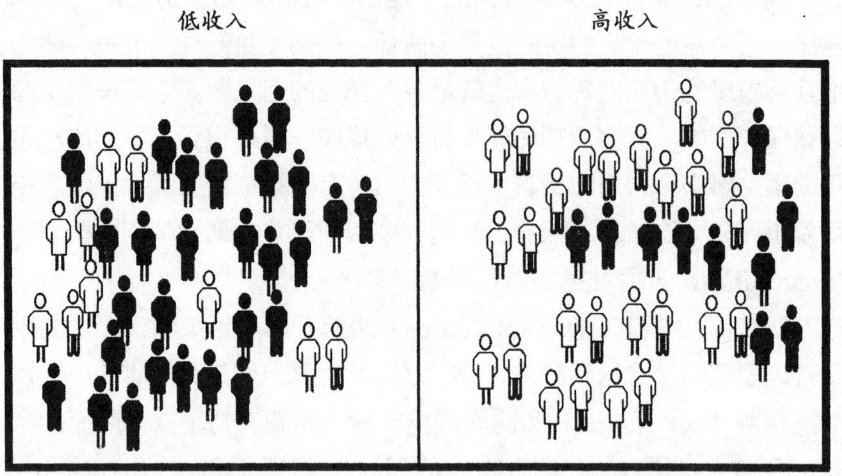

圖3.2 收入與種族的關聯

關及其他測量關聯的統計值。不過，研究者有可能找到有關聯，但是不具有因果關係。關聯雖然消除了其他沒有關聯的潛在可能原因。但是無法明確地指認出原因。所以關聯是個必要，而非充分條件。換句話說，要証明有因果關係存在，你需要關聯，但是光憑有關聯則並不夠。

關聯並不一定要是完全的關聯（也就是說，每一次某變項出現，另一個變項一定也要出現），才能顯示有因果關係。在有關考試成績和星期幾的例子中，如果在十個星期五中我得到7個A、2個B、1個C，而在十個星期一中，我的成績是6個D、2個C、和2個B，那就有關聯了。即使關聯存在，但星期幾和考試成績之間也不是完全相關。圖3.2中的種族和收入水準也不是完全相關。

◎消除替代原因

意指有興趣找出因果關係的研究者，必須顯示結果之產生是因爲某個原因變數，而不是其它的原因之故。這也稱爲沒有虛假關係（no spuriousness）存在，那是因爲一項明顯的、實際上是由另一個未被認出原因造成的因果關係，被稱爲虛假關係。你將在第六章中讀到虛假關係。

研究者可以觀察到時間順序與關聯，但是觀察不到替代原因的排除。他們只能透過間接的方式將之顯示出來。排除替代原因是一個理想，因爲不可能排除到所有可能的替代原因。研究者從兩個方面排除主要的替代原因：透過內生的設計控制以及測量潛在的隱藏起來的原因。實驗研究者在研究設計之內建立控制以排除其它的替代原因。他們建立一個除了主要原因變項之外不受其它變項影響的實驗情境。

研究者也嘗試透過測量可能的替代原因，來排除替代原因。這種作法常見於調查研究，稱爲控制其他變項。研究者採用統計技術找出是否是原因變項，還是其他事物影響了結果變項。

因果解釋通常是直線形式，或是以直線關係來說明原因與結果之間的關係：A引起B，B引起C，C引起D。前述關於膚色與處私刑研究的解釋，便是個直線因果解釋的例子。兩個理論中的主要概念即爲變項，也就是說，他們有某個範圍的值。兩者都用一個變項（經濟拮据的程度或膚色的深淺）來解釋第二個變項（處私刑的次數或收入與教育程度的差異）。我們可以用簡單的因果命題來重述這兩個理論：經濟愈是拮据，處私刑的次數越多；或膚色愈淺，收入和教育程度愈高。這也是種演繹手法，因爲命題在被用資料檢定之前就先被發展出來了。我們可以用演繹的因果形式重述每個研究的邏輯：先假定這個命題爲眞，然後我們進行經驗證據的觀察。好的因果解釋能夠確認一項因果關係並且清楚說明該因果關係形成的機制。簡單的因果解釋爲：X引起Y，Y因X而發生，此處X、Y是概念（例如，早婚和離婚）。有些研究者以預測的形式來陳述一項因果關係：如果X發生，Y隨之發生。因果關係的陳述有很多種方式：X導致Y，X產生Y，X影響Y，X和Y有關，X愈大Y愈高。

讓我們看一個簡單的因果理論：失業的上升導致虐待兒童事件頻傳。想要解釋的主題是虐待兒童事件的增加，而解釋這個現象的原因是失業的上升。我們以指認虐待兒童事件增加的原因，來「解釋」之。一個完整的解釋，尚需要對造成因果的機制提出清楚的說明。我的理論指出：當人們失掉了他們的工作，他們感受到自我價值的喪失。一旦喪失了自我價值，他們變得動不動就覺得受到挫折、感到沮喪、甚至動怒。受挫折的人通常把他們的怒氣，直接以暴力的形式，發洩在與他們有親密接觸的親人身上（例如，朋友、配偶、小孩）。這種現象尤其在他們無法瞭解促使他們發怒的來源，或是無法將其怒氣導向直接原因（例如，雇主、政府政策、或「經濟勢力」）時，特別眞切。

這個失業和虐待兒童的例子彰顯了原因鏈和因果機制。研究者對這個因果鏈的各個不同部分進行檢定。他們可以檢定失業率和虐待兒童是否同時發生；或者檢定受到挫折的人是否都會對他們親人變得比較暴力。一項典型的研究策略是，將一個較大的理論切割成數個部分，然後針對各個部分進行資料檢定。

◎變項間因果關係圖

形成一個因果關係，你至少要有一個原因和一個結果。思考這個假設：「信仰相同宗教的夫婦愈是常常一起去做禮拜，愈不可能會離婚。」這項假設連結了「做禮拜」和「離婚的可能性」這兩個概念。它還有三個其他構成要素：它所指涉的團體或母群（信仰同樣宗教的夫婦），因果關係的方向（從做禮拜到離婚），和關係的符號（越是常去做禮拜，離婚的機會越低）。研究者用文字、圖畫、或者兼用這兩種形式來表達理論。他們通常繪出因果關係圖，以簡化的圖形來呈現一項關係，使人一眼就能明白。這類圖示符號補充對因果關係的口頭描述，傳達複雜的概念。同時也是顯示理論關係的捷徑。

最簡單的圖示是兩變項模型，如圖3.3中的（a）。研究者用文字、圓圈、或方塊來代表變項。一般慣例是用X來代表原因，Y代表結果。箭頭代表因果關係的方向（由自變項至依變項）。有時，當有一個以上的原因時（例如，X_1、X_2），研究者使用下標來表現，就如圖3.3的（b）。變項的關係是用帶有箭頭的線加以表示。因果關係用直線表示。關聯不意味因果關係存在，故而以兩端都帶有箭頭的曲線表示。一條單箭頭的直線代表單向關係，兩端都帶有箭頭的線代表交互關係。

變項間的關係可正可負。研究者若沒有說明，則表示正向關係。正向關係意指原因變項有較大的值時，結果變項亦伴隨出現較大的值。例如，一個人受的教育愈高，則其預期壽命就越長。負向關係意指原因變項有較高的值時，結果變項伴隨有較低的值。例如，一對夫婦越常去做禮拜，兩人離婚的機會就越低。在圖示中，加號（+）表示正向關係，負號（-）代表負向關係。

圖3.3呈現若干可以圖示的關係範例。研究者可用圖來表現相當簡單的兩變項關係，就如圖3.3的（a）。隨著研究者增添一個又一個的變項，並且增加變項關係的複雜性時，他們便會發現圖示的用處。（b）圖表示一個稍微複雜的關係，涉及到兩個原因變項。這可以是：父母花在和子女談話的時數（X_1），影響子女的幸福感（Y），而小孩花在和其它小朋友打架上的時數（X_2）對幸福感（Y）有負面的影響。圖（c）和（d）顯示三個變項間的關係。在理論上這兩個圖的因果模式各不相同。圖（c）顯示一個簡單的因果鏈。它說明X影響Z，Z再影響Y。例如，X代表對政治事件的知識，Z代表參與政治集會，Y代表捐獻給候選人。圖（c）傳遞出來的理論是：一個人的政治知識促使他去參加政治集會，然後促成他給出政治捐獻。在圖（d）中，理論說明X影響Y和Z，但Y和Z是不同的兩個變項。圖（d）中傳達的理論可能是，政治知識增加參加政治集會和政治捐獻，但是參與政治集會的人不一定會捐錢。換句話說，捐獻和參加政治集會是兩個不同的，但都是政治知識所促成的結果。

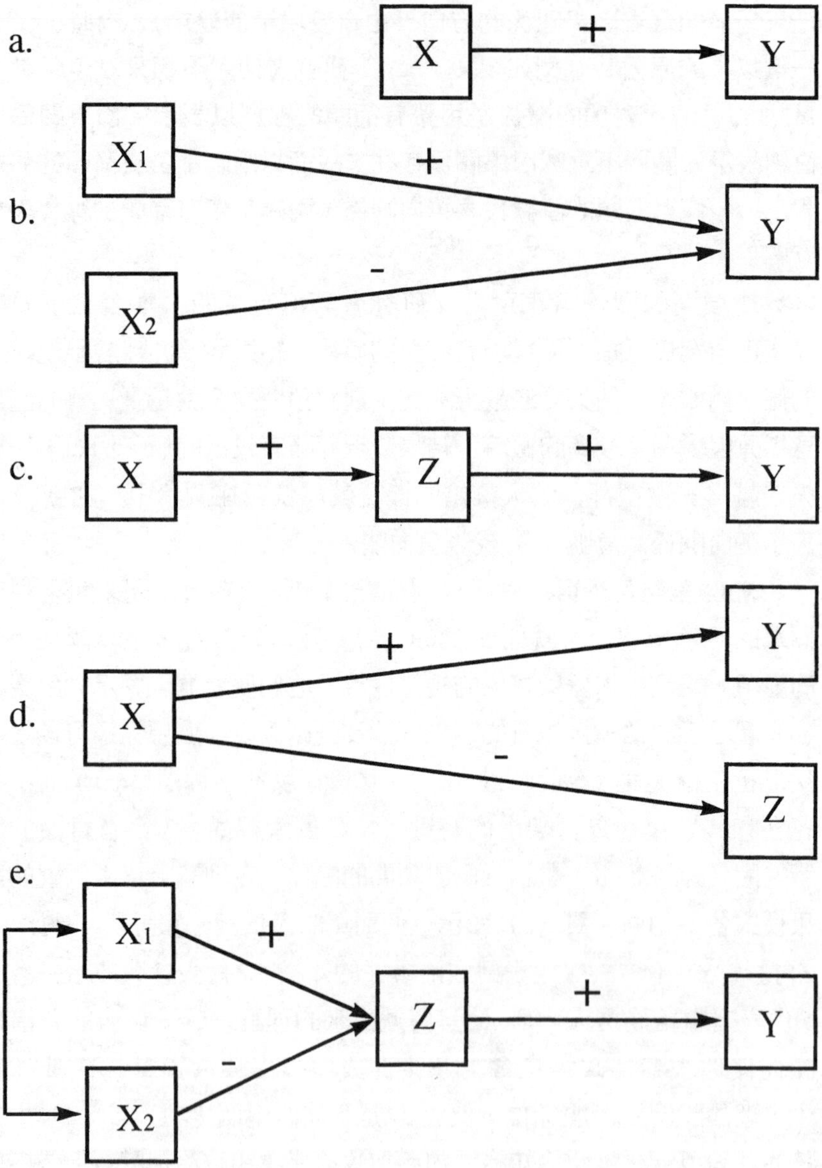

圖3.3 因果關係圖

圖（e）舉出的是個四變項的模型。其中，兩個原因變項是有關聯的，但是理論指出這兩個變項互不是對方的原因（即使它們可能同時發生）。有個顯示圖（e）中關係的例子：擔心成績不好（X_1）促使花更多的時間讀書（Z）；同時花太多時間在玩樂上（X_2）造成讀書時間減少（Z）。擔心成績不好（X_1）與花在玩樂上的時間（X_2）有關聯；那些花太多時間在玩樂上的人擔心其成績不好，而擔心成績不好的人用玩樂來抑制其憂慮。花很多時間讀書（Z）帶來了好的成績（Y）。擔心成績不好與玩樂的關係是描述性的而不是因果的。用圖把關係表示出來，也有助於我們將複雜的抽象理論，轉變爲具體的圖像。我們將在第六章中再回過來討論因果圖。

結構性解釋：結構性解釋（structural explanation）用在功能與模式理論。不像是因果鏈，那是像串成一列的球，觸及其中一顆就會依序撞擊下一顆。反而比較像是個由一個中心概念連接向外放射的輪軸所形成的輪子，或像張每一條線都是構成整體一部分的蜘蛛網。研究者用一組相互關聯的假定、概念、和關係，來做結構性解釋。研究者以隱喻或類比來代替因果陳述，使關係具有意義。理論中的概念和關係構成了一個相互增強的體系。在結構性解釋中，研究者不是清楚說明各階段出現的時序，就是明確地指出形成這個相互牽連整體的基本部分。

結構性解釋有數種類型。其中一類是網絡理論（network theory）。[5]一位網絡理論家說過，行爲或社會關係不是出現在某種互動模式之中、就是出現在時空重疊的社會關係中、甚或遵循某種發展時序的關係中。

網絡理論家解釋事物的方式，是以提出一個較爲廣大的模式、一組語法規則、或是結構。他們的解釋是在顯示某個事件如何只是某個較大模式的一部分、或是某個較大結構的建造磚塊，或是某個大環節體系中的某個構成環節。所採的推理形式就像人們爲何都是以某種特定的方式來使用語言；也就是說，根據某種X會與Y一起出現的語法規則，或是說一個句子要有主詞與動詞。研究者是以指認涵蓋某事件的語法規則來解釋該事件。

羅傑·高爾德（Roger Gould, 1991）提出的關於1987年巴黎公社事件的社會動員理論，就是個結構性解釋的例子。巴黎公社事件是件著名的叛亂事件，數量龐大的窮人與工人在社會主義人士、馬克思主義人士、與激進主義人士的領導下，接管了巴黎——幾乎接收了整個法國政府。實行了兩個月民主社會主義的實驗，開辦完全免費的教育、工人合作社、並且展開激進的社會改革。巴黎公社最後爆發了一場殘酷的戰爭而結束，兩萬五千名巴黎市民因而死亡，其中大多數是在向國家軍隊投降後被射殺身亡的。

高爾德說，人們來自不同的社會網絡，這些社會網絡模塑了他們涉入的集體行動。因此，在他們被吸引到投身巴黎公社的叛亂之前，彼此就已經有了社會聯繫。知道了這份聯繫，高爾德得以預測誰有可能參與這次叛亂。他的理論說明孤立的人不可能加入叛亂。人們加入叛亂是因為與他有最親近社會關係的人參與叛亂。再者，個人在社會聯繫網中的位置相當重要。處於緊密的社會聯繫網核心的人（即有多層強烈聯繫的人）比處於社會聯繫網邊陲的人（只有一條或少數幾條薄弱聯繫的人）面臨到更為強勁的拉力。高爾德發現，來自巴黎市相同鄰里街坊的人被編入同一個革命自衛隊。這個新組織——自衛隊——建立在從前左鄰右舍的非正式聯繫——家人、鄰居、同事、或者是朋友的關係之上。這層關係創造了強烈的營內忠誠。同時，有些是左鄰右舍的人，其中有些甚至是鄰里圈內的靈魂人物，被編進其它的營隊，這層關係又創造了跨營隊的忠誠。於是高爾德便根據人們在鄰里與自衛營隊這兩個相互重疊交錯的社會網絡中的位置，來預測自衛營隊的行為模式。他以人與人之間大範圍的社會聯繫模式，來解釋營隊行為及其對事件的反應。

結構性解釋也被用在功能論。[6]功能理論家解釋事件的方式是將該事件擺進一個較大的、不斷演進的、平衡的社會系統之中。他們經常使用生物學的隱喻。研究者解釋事物的方式，是確認出該事物在某個較大體系中的功能，或是其要爲該體系完成的需要。功能性解釋的形式如下：「L之所以發生乃是爲了服務體系M的需要」。理論家假定體系運作以維持均衡狀態，並且在這個基礎之上繼續演進。

關於社會變遷的功能論指出，隨著日換星移，社會體系，或稱社會，將歷經不同的發展階段，變得日益分化與複雜。它演化出專業分工、發展出更大的個人主義。這項發展爲整個體系創造了更大的效率。傳統的做事方式沒落，新的社會關係浮現。於是這個體系產生新方法來執行功能、滿足需要。

卡敏（Matthijus Kalmijn, 1991）採用功能性解釋來解釋美國人選擇婚姻伴侶的過程發生何種轉變。他仰賴世俗化理論（secularization），該理論認爲不斷演進的工業化與都市化歷史塑造了社會的發展。在現代化過程中，人們較不依賴傳統的做事方法。宗教信仰與地方上社區連帶的減弱，和家庭對年輕人控制力的式微如出一轍。人們不再居住在小型的同質性社區。年輕人變得較不依賴父母與宗教組織，而這些機構以前在選擇結婚對象上扮演極爲關鍵性的角色。

社會有組織人們選擇、並且找到和他們享有共同基本價值的結婚對象的方式的基本需要。現代社會中，人們把時間花在學校環境中，而遠離地方上的小環境。在學校裡，特別是在大學裡，他們遇見其他的未婚人士。教育是現代社會主要的社會化機構。漸漸地它影響到個人未來的收入、道德信仰和價值，以及花在休閒上的時間。這解釋了爲何在美國出現了較少的人和相同宗教信仰的人結婚，而有更多人和與自己有類似教育程度的人結婚的趨勢。在傳統社會，家庭和宗教組織提供了道德價值的社會化功能，並且把他們和擁有相似價值的潛在結婚對象連結在一起。在現代社會，教育制度大致上爲社會體系完成了這項功能。

詮釋性解釋：詮釋性解釋（interpretive explanation）的目的是促進瞭解。講求詮釋的理論家嘗試用一種擺回特定社會脈絡的方式，來發現某項事件或作法的意義。他們嘗試著體會、從精神上去掌握社會世界的運作方式，以及透過另一個人的角度去感覺某事或去審視這個世界。由於每個人的行動決策都受到其主觀世界觀的模塑，所以研究者嘗試去分辨他人的推理模式與看事物的觀點。這個過程和解讀某篇論文或某件文學作品近似。意義得自文化符號體系所在的脈絡。

理查·拉奇曼（Richard Lachmann, 1988）在其探討紐約市公共設施上的鬼畫符的研究中，使用詮釋性解釋。在公共設施上塗鴉是種不合法的藝術形式。拉奇曼指出偏差者的職業生涯，主要是受到非偏差者貼標籤的行動及其對偏差者的反應的形塑。他探索塗鴉藝術師父如何招募新藝術家加入陣營、如何教育他們使之相信公設塗鴉藝術有其觀眾。他把塗鴉藝術家的職業生涯擺回到低收入的內環都市的左鄰右舍的社會脈絡下，來描述這些藝術家的職業生涯。例如，躲警察是這項職業生涯中刺激的一部分，然而許多藝術家是因其他的罪行而被逮捕入獄的。技藝高超的藝術家在創下了長達可以涵蓋六十呎長地鐵車輛的壁畫，並且發展出獨特的風格。拉奇曼以黑人區鄰里文化的限制與價值，來解釋塗鴉藝術家想在事業生涯上追求名望與出人頭地的欲望。同時，欣賞公設塗鴉藝術家才華的非偏差藝術家，也塑造了塗鴉藝術家的生涯軌道。

理論架構

到目前爲止，你已經學到了理論與經驗通則。有很多研究者採用的是中距理論（middle-range theory）。中距理論比經驗通則或某些特定的假設稍微抽象一點。誠如墨頓（1967:39）所說：「中距理論在社會學上主要是用在引導實證研究」。

中距理論可以是形式的也可以是實質的。我們可以根據抽象化的程度而對描述理論的用詞做個簡單的分門別類。從最具體到最抽象，依次是經驗通則、中距理論、與理論架構（theoretical framework）。理論架構〔也稱做範型（paradigm）或理論體系〕比形式或實質理論來得更加抽象些。圖3.1顯示這些不同的理論類別的層次以及在使用歸納法與演繹法時，如何運用這些理論類別來進行理論化的工作。

研究者對於抽象化的程度很少做精確的區分。當研究者進行一項研究時，最常用的是中距理論與經驗通則。很少直接使用某個理論架構來進行實證研究。研究者或許會檢視某個理論中某些部分對某個主題的看法，偶爾也會對照不同理論架構相關論述間的差異。方塊3.3以卡敏研究擇偶模式變遷爲例，彰顯不同的抽象化程度。

社會學有數個主要的理論架構。[7]這些架構要不將之視爲研究取向，要不就像秋風掃落葉般地審視社會世界的方式。他們提供整打的假設、概念、與解釋的形式。架構包括了許多形式的、實質的理論（例如，犯罪理論、家庭理論）。所以之於家庭，有結構功能理論、交換理論，以及衝突理論。同一個架構下的理論共享相同的一組假定與主要的概念。有些理論架構的取向較偏向微觀的層次，另一些則多集中於鉅觀層次的現象。在第四章中你會看到，每個理論架構都各有一套進行研究的方法論。方塊3.4表列出社會學的四大理論架構，並簡述每個理論架構的關鍵概念與假設。

理論與研究：動態的搭擋

你已經看到了理論和研究是相互關聯的。只有天眞、剛接觸這門領域的研究者會誤認理論和研究之間毫無關係、甚或相信研究者只要蒐集資料就好了。當研究者執行研究時，若不採用理論、或無法明確說出理論，可能會把時間浪費在蒐集無用的資料上。他們很容易跌入思考模糊、邏輯錯誤、與不精確概念的陷阱當中。他們可能發現很

方塊3.3

理論層次

出自《變動不定的界線（*Shifting Boundaries*）》，卡敏著（1991）。

理論架構：結構功能論主張工業化與都市化把人類社會從一種傳統的形式改變成一種現代的型態。現代化的過程中，社會制度與做事方式向前演化，這個演化的過程包括那些滿足社會體系基本需求、社會化其成員接受文化價值，以及規範社會行爲的制度。傳統社會中滿足需要與維持社會體系的制度被現代型態的制度所取代。

形式理論：世俗化理論指出，在現代化的過程中，人類逐漸脫離對傳統宗教信仰與地方社區的依靠。傳統社會中，賦予歸屬社會地位的制度（例如，家庭、教會、與社區）同時控制了社會化，並且規範社會生活。現代社會，這些制度被授予成就地位的世俗制度（例如，教育、政府、與媒體）所取代。

中距理論：一項關於通婚模式的理論指出，現代社會的成年人當中，年紀輕的時間較少花在小型的、地方性的環境，而家庭、宗教、社區在這些環境下具有比較強大的影響力。相反的，年紀比較輕的成年人花在學校環境的時間有愈來愈多的趨勢。在學校環境裡，特別是在大學裡，他們有機會遇到其他未婚的年輕人。在現代社會，教育已經變成一個主要的社會化機構。對未來的收入、道德信仰與價值，以及休閒興趣都會產生深遠的影響。於是，年紀輕的成年人選擇配偶較不會考慮共同的宗教信仰、或地緣關係，反而比較會在意教育水準是否相當。

經驗通則：美國人曾經與相同宗教信仰的人結婚。這種作法已經正被與相同教育程度的人結婚所取代。

難匯集出一個明確有力的研究議題，或是對他們的研究目的提出清楚明白的解釋。每當他們嘗試去設計或執行一項實證研究時，經常發現自己懸在半空中不知如何進退。

出現這個現象的理由很簡單。理論界定了我們如何看待和思考某個主題的範圍。它給予我們概念、提供基本假定、引導我們去關切重要的問題、並且提供我們瞭解資料意義的方法。理論使我們能夠把

方塊3.4

社會學的主要理論架構

結構功能論

◎主要概念：體系、均衡、反功能、分工

◎關鍵假設：社會是由處於均衡或平衡狀態中的各個相互依賴的部門所構成的體系。日換星移，社會業已由一個簡單的形式演進成一個複雜的類型，擁有高度專門化的部門。社會的各個部門滿足體系不同的需求，執行體系不同的功能。建立在數個價值或某個價值體系上的基本共識，將社會緊緊地聯繫在一起。

交換論

◎主要概念：機會、報酬、讚許、平衡、信任

◎關鍵假定：人類互動與經濟交易相近。人們給出並且收回資源（象徵的、社會稱讚、或是物質的）、努力爭取最大利益的同時，極力避免痛苦、損失、與丟臉的事。交換關係易趨於平衡。如果失去平衡，獲得信任的人就能支配他人。

象徵互動論

◎主要概念：自我、參考團體、角色扮演、知覺

◎關鍵假定：當人們進行社會互動時，他們傳遞並收取符號溝通。人們創造對彼此以及對社會環境的知覺感受。大部分的情況下，人們是根據他們的知覺感受而採取行動。人們如何看待自己與他人完全根據他們的互動。

衝突論

◎主要概念：權力、剝削、鬥爭、不平等、疏離

◎關鍵假定：社會是由利益相互對立的團體所組成的。強制與努力爭取權力是人類關係中反覆出現的面貌。有權力的人，如果必要的話，甚至嘗試透過散佈迷信、或者使用暴力的方式，來保有權力。

一個單獨的研究，連結到其他研究者所貢獻的浩瀚無窮的知識庫。用個比喻來說，理論幫助研究者看到整片森林，而不是一棵樹。理論增加了研究者對於資料間相互關聯以及更廣意義的體認。

實際上理論在所有研究中都有一席之地，但其重要性有明顯的差別。不過一般說來，理論在描述性應用研究中的重要性較不及於在解釋性基礎研究中的地位。理論在應用與描述性研究中的角色是間接的，使用的概念通常比較具體，而且不是以建立一般性知識爲目標。儘管如此，研究者仍在描述研究中使用理論，以便提煉概念、評估理論假定、間接檢定假設。

理論並不會永遠保持固定不變；它是臨時的、開放給大家修正的。對於社會世界的構成與運作的問題，理論從兩方面發展成爲更爲精確的、更爲全面性的解釋。理論在理論家辛勤地進行條理分明、合乎邏輯的思考之下，是會有所進步的，但是這類努力的效果畢竟相當有限。促使理論產生重大進展的方法，是透過與研究發現的不斷互動，方有所成。

科學社群根據實證結果來擴充和修正理論。採取演繹途徑的研究者利用理論來指導研究設計、詮釋研究結果。他們根據研究結果，駁斥、擴充、甚或修改理論。研究者繼續不斷地執行經驗研究以檢定某個理論，隨之也發展出對該理論某些部分爲眞的信心。如果妥善執行的研究都得到負面的發現，那麼研究者可以據此修訂甚至拋棄理論的某些命題。理論的中心命題和中心原則是比較不容易檢定的部分，因而也比較少被駁倒。在這個緩慢循序漸進的過程中，隨著不支持理論的證據與時遽增，而且無法在邏輯上取得一致的解釋，研究者可能會做出放棄、或改變某個理論的決定（參閱表3.3）。

採用歸納法的研究者遵循一個稍微不同的研究過程。歸納的理論化過程始於數個假定與廣泛的概念。當研究者蒐集和分析資料後，再從頭開始發展理論。在某個特定範圍內，一個概念接著另一個概念、一個命題接著另一個命題，理論便從中緩緩浮現。就好像漫長的

表3.3　社會理論的面向

研究方向	實相的層次	形式或實質	解釋的形式	抽象的程度	理論架構
歸納	微觀	實質	詮釋	經驗通則	象徵互動
			因果	中距	交換
演繹	鉅觀	形式			
					結構功能
			結構	架構	
					衝突

懷孕過程。隨著時間過去，概念和經驗通則一一浮現臻至成熟。用不了多久，變項的關係逐漸可以辨識，於是研究者把得自不同研究的知識，編織成較爲抽象的理論。

結論

本章中你學到了社會理論——它的構成部分、目標、與類型。切割理論和研究的二分法是人爲之舉。理論的價值及其對執行一份良好研究的必要性是相當清楚的。沒有理論引導的研究者，很少能夠做出高品質的研究，而且常發現其陷於束手無策之境。同樣的，結合理論與研究、沒有以經驗實相爲基礎的理論家，則會陷入找不到解答、胡亂猜測的險境中。現在你對於科學社群、研究的面向、與社會理論，已經相當熟悉了。在下一章中，你將檢視研究者在進行社會科學研究時，常會採用的數種各有特色、而且彼此之間互別苗頭意味頗濃的研究途徑。

關鍵術語

關聯	有根基的理論	負向關係
假定	理想型	網絡理論
因果解釋	歸納法	精簡
分類	專門術語	正向關係
概念叢	抽象層級	預測
演繹法	鉅觀層次的理論	命題
經驗通則	中介層次的理論	時間順序
功能理論	微觀層次的理論	分類學

複習測驗

1.具體與抽象概念有何不同？試舉例說明之。
2.研究者如何使用理想型與分類架構，而對概念做詳細的說明？
3.概念如何包括內蘊的假設？試舉例說明之。
4.理論化程序中演繹法與歸納法有何差異？
5.試陳述微觀、中介、鉅觀層次社會實相的差異。
6.討論預測與理論解釋的差異？
7.因果關係的三大條件為何？其中哪一個是永遠無法顯示的？何以如此？
8.為何研究者使用圖示來呈現因果關係？
9.結構性解釋與詮釋性解釋有何不同？
10.數個主要的理論架構在研究中扮演什麼角色？

註釋

1.有關概念更為詳盡的討論參閱查非茲（Chafetz, 1978:45-61）；卡普蘭（Kaplan, 1964:34-80）；慕林斯（Mullins, 1971: 7-18）；雷諾斯（Reynolds, 1971），史丁奇康（Stinchcombe, 1973a）。

2.關於如何比照翻譯將社會學的解釋與理論化加以概念化，藤納（1980）提出相當有趣的討論。

3.關於分類的討論，參閱查非茲（1978:63-73）與黑吉（Hage, 1972）的論著。

4.更多關於分類學與類型學的討論，參閱布拉洛克（Blalock, 1969:30-35）；查非茲（1978:63-73）；雷諾斯（1971:4-5）；史丁奇康（1968: 41-47）的論著。

5.關於網絡理論的討論參見科林（1988:412-428）；葛拉斯奇維茲與瓦塞曼（Galaskiewicz & Wasserman, 1993）。

6.關於功能解釋的介紹可參閱查非茲（1978:22-25）的論著。

7.克萊柏（Craib, 1984），非利普（Phillips, 1985:44-59）、史基德摩（Skidmore, 1979）的著作中皆有介紹相互爭輝的理論架構與社會理論。巴特與法蘭柯（Bart & Frankel, 1986）的第一章提供基礎入門的介紹。

第4章

方法論的意義

社會科學糾纏不清、令人困惑的問題—— 現在應該可以明顯地看出來—— 長期來一直是被埋藏在對科學本質的爭議當中。

賴特·米爾斯（C. Wright Mills），

《社會學的想像力（*The Sociological Imagination*）》，第一一九頁。

引言

許多人，包括社會科學領域外的專業人士會問：社會學和相關的社會科學是科學嗎？他們想到的只是自然科學（醫學、化學、生物學）。本章中我們將檢視科學在社會科學中的涵意。我們將延續前三章，有關科學社群與不同類型的社會研究與理論概念所作的討論。只不過本章更加強調探究的方法── 我們如何得知── 而較不著重在蒐集資料與檢視資料的技巧。探討的問題是：當研究者在進行研究時，他們在做些什麼？研究者是如何進行研究的？

「社會科學的科學在哪裏？」這個問題和任何一位想要學好社會研究方法的人都有關係。因爲這個問題的答案可以在研究者使用的方法中找到。研究方法論是使社會科學成爲科學的主線。這是個重要的問題，有著一段充滿爭議的漫長歷史。自從社會科學誕生後，就一再不斷地被提出來被質問。古典社會理論家，像是奧古斯丁．孔德（Auguste Comte）、愛彌爾．涂爾幹（Emile Durkheim）、卡爾．馬克思（Karl Marx）、約翰．米爾（John Stuart Mill），以及麥克．韋伯（Max Weber）都仔仔細細地思索過這個問題。儘管經過兩世紀的討論與爭議，到了今天這個問題仍然跟著我們。顯而易見的，這不是一個簡單的答案可以解答的。

一個有多種答案的問題不表示每個答案都對；相反的，這意味著社會研究者有選擇不同的科學研究取向的空間。每個研究取向有它自己的一套哲學假定與原則，並且對於如何做研究，也有它自己的立場。研究報告很少將這些研究取向做出清楚明確的交代，而且許多研究者對於這些研究取向也僅止於模糊的概念。然而，研究取向卻扮演了一個重要的角色，在社會科學的各個領域以及相關的應用學門中，都找得到他們的蹤跡。[1]

藍朵．科林斯（Randall Collins, 1989:134）指出，關於社會科學

是否是科學的爭論，來自於一個非常嚴格的科學定義。他評論說，「科學的現代哲學並沒有摧毀社會學的科學；並沒有說科學是完全不可能的，反而是給了我們對科學是什麼這個問題，一個更加彈性的圖像。」本章討論的研究取向有助於結合哲學上的抽象議題與具體的研究技術。他們說明好的社會研究包括哪些特質、界定為什麼我們應該做研究、為何要把價值與研究連在一塊、並且對合乎倫理道德行為提出指導。它們是研究者進行研究的廣大架構。卡羅・寇奇（Carl Couch, 1987:106）將之摘述如下：

> 這些研究傳統…在本體論和認識論上的立場，構成了當代社會學上數項激烈爭論的一個基礎…各方主張他們所提倡的思考架構提供了獲取有關社會現象知識的工具，而且各方認為對方的努力充其量也不是誤導的。它們的不同之處在於應該留意什麼社會現象、該如何接觸社會現象，以及該如何分析這些現象。

在本章結束之時，你應該會對下述問題有三個答案：關於社會科學研究，所謂科學的所指為何？三個方法各有各的答案。剛開始你可能會覺得多樣的研究取向令人困惑，不過一旦你學會了，你將會發現研究的其它層面變得更加清楚。特定的研究方法是建立在本章所討論的一般性研究取向的基礎之上。如果你明白研究技術（例如，實驗，參與觀察）所根據的邏輯與假設，那麼你不但更能瞭解這些技術，而且你學習起來也將更快。此外，本章所提出的研究取向將有助於你掌握在閱讀社會科學研究時，所可能遭遇的各種狀況。同時，這三個研究取向也給你一個機會，使你能夠在具備比較充分的瞭解下，對你想要進行的研究型態做出選擇。你也許會發覺使用某種方法會比其它方法來得自在。

三大研究取向

我們必須從認清科學的意義不是寫在石頭上的、也不是以一本聖經的方式流傳至今的這點開始：它一直是個不斷演進的人類創造物。在1800年代早期以前，只有致力於安樂椅式冥想的哲學家與宗教學者才會研究或是從事有關人類行爲的寫作。當古典理論家主張應用科學來研究社會世界時，他們其實對現代社會文明做了一項極爲重要的貢獻。它們力戰群雄，主張對社會世界進行嚴謹的有系統的觀察，並結合謹慎的邏輯思考，方能對人類關係提供一套有價值的新知識。到了現代，科學已經廣被社會接受爲獲取知識的途徑。所以當人們接受社會是可以用科學而加以研究的這個主張之後，就成了一個充滿歧見的革命思想。

當一門探討社會世界的科學這個概念被接受之後，問題變成了：這門科學看起來像什麼？又該如何進行呢？有些人從已經被廣爲接受的自然科學（醫學、生物學、化學）中尋求答案，並且拷貝他們使用方法。他們的論點很簡單：自然科學的合法性建立在科學方法之上，所以社會科學家應該採用相同的方法。

許多研究者接受這個答案，但這個選擇也帶來了某些難題。第一，是關於科學意義的爭論，甚至自然科學領域之內亦存在著這個爭論。科學方法只是一組鬆散模糊的抽象原則，不能提供多少指引。專長在科學史與科學哲學的學者已經探討過各種從事科學研究的途徑，並且發現科學家其實是使用數種不同的方法。第二，有些學者指出，人類在屬性上，是不同於自然科學研究的物體（星星、岩石、植物、化學成份）。人類會思考與學習，對於自身以及他們的過去有所感知，而且還有動機與理智。這些獨特的人類特性意味著，是需要一門特殊的科學來研究人類的社會生活。

當哲學家爭論不休之際，社會研究者並未就此停頓下來。實際的研究者根據他們對科學所持的非正式概念，各自發展做研究的方法。這使局面更加混亂。居於領導地位研究者執行社會研究的技術，有時是引用得自於哲學家所謂好科學的理想模型。

本章的三個主要取向是基於對1960年代開始之社會科學所做的一項重新評估。[2]這三個研究社會科學的不同取向是來自許多特定的爭論經過不斷地蒸餾提煉之後，所剩下來的核心思想。他們是許多更爲複雜論點的理想型，或是被理想化、簡化之後的模型。實際上，很少有社會研究者對某個取向的所有層面都完全同意。通常是從每個取向都擷取一些要素後的混合結果。然而，這些研究取向在外觀上，以及在有關社會科學研究的相對假定上，則代表著截然不同的觀點。[3]這些研究取向是省察這個世界的不同方式——觀察、測量、與瞭解社會實相的不同方式。各自從不同的立場出發，即使他們所都看的是相同的一件事，甚或述說著的也是相同的一件事。

爲了簡化這項討論，我已把各大研究取向的假定與觀點，整理成爲回答下列八大問題的答案：

1.爲什麼要進行社會科學研究？
2.社會實相的基本特徵是什麼？（本體論的問題）
3.什麼是人類的基本特徵？
4.科學與常識之間的關係爲何？
5.構成社會實相的解釋或理論長得是什麼樣子？
6.如何分辨解釋是對是錯？
7.什麼才算是好的證據？事實資訊長得像什麼樣子？
8. 從那一點上社會／政治價值介入了科學？

這三個研究取向是實證主義（positivism）、詮釋社會科學（interpretive social science, ISS）、與批判社會科學（critical social science, CSS）。大部分現行社會科學研究是立基於前面兩個研究取

「基本上，我們說的都是同一回事！」
來源：Gahan Wilson：©1992 The New Yorker Magazine, Inc.

向。實證主義是最古老、最廣爲使用的研究取向。誠如：科學哲學家里查・米勒（Richard Miller, 1987:4）所觀察的，「實證主義是科學最常見的哲學面貌。但是當前除了這個取向之外，尚有其它的、獲得極其廣大吸引力的研究取向」。超過一個世紀以來，詮釋研究取向在這場論戰中已經取得強勢少數的立場。批判社會科學在學術期刊上較不常見。本章將之列入，不但想要使你對社會科學的意義這場論戰，有全盤性的觀感；也是因爲這個研究取向批判其它的研究取向，並且力圖超越他們。

各研究取向與社會理論中的不同傳統與研究技術是相結合的。廣博的研究取向與科學、社會理論，以及研究技術之間的連結並非如此這般地無可疑易。一個研究取向就像一個研究計畫、研究傳統、甚或科學範型（paradigm）。範型——一個由科學的哲學家湯瑪斯・孔恩（Thomas Kuhn, 1970）所使之聞名的概念——意指對理論與研究所抱持的基本取向。範型有許多個定義。一般而言，一個科學範型是指一整套思想體系，其中包括：基本假定、想要回答的重要問題、或是想要解答的謎團、使用的研究技術，以及好的科學研究看起來長的是像什麼樣子的範例。舉例來說，社會學被稱爲多元範型的科學，因爲沒有任何一個範型是全能的；相反的，有的是數個範型，彼此相互競爭、僵持不下。[4]

實證主義社會科學

實證主義社會科學使用的最爲廣泛，而實證主義，廣義來說，就是自然科學的研究取向。事實上，大部分的人除了這個研究取向之外，從沒有聽說過還有什麼其它的研究取向。他們認爲實證主義研究取向就是科學。實證主義有許多版本，而且在科學的哲學領域內以及研究者之間，已有一段漫長的歷史。[5]然而，對於許多研究者而言，實證主義已經變成一個令人心生輕蔑、避之唯恐不及的標籤。強納生·藤納（Jonathan Turner, 1992:1511）觀察到，「實證主義不再是一個清楚的標示概念；相反的，對許多人來說，明顯的是，做個實證主義者並不是件好事」。對上述八個問題的答案會使你對實證主義研究取向認爲，什麼構成了社會科學有個清楚的圖像。就名稱上來說，實證主義有許多類型，像是邏輯實證論、那個爲大眾所接受的或正統的觀點、後實證主義、自然主義、與行爲主義。

實證主義起源於那位創立社會學的法國人奧古斯丁·孔德（1798-1857）所建立的一支十九世紀的思想學派。孔德在其六大卷的《實證哲學講義（*Cours de philosophie Positivistic*）》那部主要著作中，列出了許多迄今依然沿用的實證主義原則。英國哲學家約翰·米勒（1806-1873）在其《邏輯體系（*A System of Logic*）》一書中，對孔德提出的這些原則提出詳盡的詮釋與修正。古典法國社會學家愛彌爾·涂爾幹（1858-1917）在其著作《社會學方法原理（*Rules of the Sociological Method*, 1895）》中概要描述了他的實證主義觀，該書成爲實證社會研究者的一本主要教科書。

實證主義與許多特殊的社會理論相結合。最爲人所熟知的是它與結構功能、理性選擇，以及交換理論等研究架構之間的關聯。實證主義研究者比較喜歡精確的量化資料，而且時常使用實驗法、調查法，以及統計分析法。他們尋求嚴謹確實的測量工具與「客觀」的研究，並且藉由對測量所得數字的謹愼分析，來檢定假設。許多應用研究者（行政人員、犯罪學者、市場研究者、政策分析者、計畫評估者、與計畫訂定者）都擁抱實證主義。批評者指責實證主義把人降低成數字，並且抨擊實證主義對抽樣法則或公式的關心，與人類活生生的眞實生活毫不相關。

實證主義者指出，「科學只有一個邏輯，任何渴望冠上『科學』這個頭銜的心智活動都必須遵守這個邏輯（Keat & Urry, 1975:25；原文中就有強調表示）」。據此，社會科學與自然科學必須使用相同的方法。由是觀之，自然科學與社會科學間的差異，乃是由於社會科學尙未發展成熟或是過於年輕，以及社會科學的主題不同所致。到最後，所有的科學包括社會科學在內，都會像最先進的科學──物理學──一樣。各種科學之間的差異可能存在於他們研究的主題事物間的差異（例如，地質學不同於天體物理學或微生物學，因爲研究的物體不同之故），但是所有的科學享有一組共同的原則與邏輯。

實證主義視社會科學爲，爲了發現與確證一組用來預測人類活動一般模式的機率因果法則，而結合演譯邏輯與對個人行爲做精確經驗觀察的一個有組織的方法。

問題

◎爲什麼要進行社會科學研究？

研究的終極目標是得到科學解釋──發現與記錄人類行爲的普遍法則。另外一個重要的理由是瞭解世界運作的模式，如此人們才能控制或預測事件的發生。後面這個想法，有時被稱爲工具取向（instrumental orientation）；是種技術旨趣，認爲知識可以做爲一種工具或器具，以滿足人類的欲望並且用來控制自然與社會環境。一旦人們發現支配人類生活的法則，就可用來改變社會關係、改進做事方法、並且預測外來事物。舉例來說，實證主義者使用一個我們如何學會辨識預測教育系統中增進學生學習的關鍵因素（例如，班級大小、學生的身體習性、老師的教學）的理論。他們執行一項研究，精確地測量這些因素、檢證該理論中的因果法則。然後，實證主義者建構出會被教育官員用來改變學校環境、增進學生學習的知識。這個觀點被一位實證主義研究取向的護衛者——強納生．藤納（Jonathan Turner, 1985:39）摘要敘述出來，他說，「社會界可以因抽象法則的發展而獲得修正，那些抽象的法則可以經由謹慎細心所蒐集到的資料來加以檢定」，而且研究者需要「發展抽象的原則與模型，來解釋社會世界中那些恆久不變的、貫穿古今的屬性。」

實證主義者認爲科學家置身於永無止境的知識追求。學習得愈多、全新的複雜問題隨之曝光、結果就有更多的事物需要學習。早期實證主義的看法認爲，人類無法知道每一件事，因爲只有上帝擁有這個知識；然而，做爲這個星球上擁有最大求知能力的生物，人們有責任竭盡所能地發現知識。

◎社會實相的基本特徵是什麼？

現代實證主義者認爲社會與自然實相是眞眞實實地就存在「那裡」，等著人們將之發覺出來。這個概念指出人的知覺與智力有其缺陷，明確地指出實相也許不是那麼容易，但是實相確實存在。再者，社會實相不是隨機的，是有固定的模式與秩序的。少了這項假定（也就是說，如果世界是混亂與無規則的），那麼邏輯與預測將成爲不可能的事。科學使人能夠發現這個秩序與自然法則。「科學的這項基本觀察法則，被視爲眞實的、根本的、與肯定的，因爲是築基於自然界的構造之中。從兩者都是等著被人們發現的這層意義上而言，發現一條法則就像發現美國一樣。」（Mulkay, 1979:21）。

另外的兩個假定是社會實相的基本模式是穩定的、對於實相的認識是累積的。社會實相的規律不會隨時間而改變，今日發現的法則未來仍然適用。我們一次同時能夠研究實相的許多部分，然後將各部分加起來拼湊出整個圖像。這個論調的某些早期版本指出，自然界的秩序不是被上帝、或是一位至高無上的存在者所創造的，就是彰顯上帝存在的證據。

◎什麼是人類的基本特徵？

在實證主義看來，人類被認爲是自利的、尋求快樂的、與理性的個體。人們的活動是以外在因素爲基礎，相同的原因對每個人都會產生相同的結果。我們透過觀察人類的行爲以及我們在外在實相中所看到的事物，我們可以對人有所瞭解。這比發生在內在主觀實相中的事物來得重要。有時，這被稱爲機械模型的人性觀（mechanical model of man），或是行爲主義的研究取向。意指人們是對和施加在物體身上的物理壓力一樣眞實的外在力量，做出回應。涂爾幹（1938:27）說道：「社會實相是事物，應該被當作事物來加以研究」。外在實相暗示研究者不必檢視看不見的個人行爲的內在動機。

實證主義者指出，人類行爲或是社會制度不會因爲個人要它發生就發生。人類事件的解釋可以參考因果法則，而因果法則爲我們描述原因與結果，辨識出照著近似剛性科學中自然法則的模式運作的那些力量。這意味著自由意志的想法大抵是杜撰之說，描述的只是目前科學尙未能夠征服的那些層面的人類行爲。

很少有實證主義者相信絕對決定論，該論調充其量把人類看成個始終必須以同樣方式反應的機器人、傀儡。相反的，因果法則出於機率。法則適用於大多數的人、或許許多多的情況。研究者可以估計某個被預測行爲出現的機率。換句話說，法則使我們能夠精確地預測某個社會行爲在大群體中發生的次數。因果法則無法預測每個情況下某個特定人物的某項特定行爲。不過，因果法則可以說，在情況X、

Y、與Z下，有百分之九十五的機率有半數的人會出現某項特定的行為。舉例來說，研究者無法預測在下次選舉時約翰．史密斯會投票給誰。不過，在獲知上打有關約翰．史密斯的事實之後，並且應用政治行為法則，研究者可以精確地指出，有百分之八十五的機會，他（以及像他這類的人）將會投票給C號候選人。這並不是說，史密斯先生不能把票給他想要投給的候選人，而是說，他的投票行為有固定的模式，受到外在社會力的模塑。

◎科學與常識間的關係為何？

實證主義者分辨在科學與非科學之間存在一個明顯的分界點。在眾多尋求眞理的方法中，科學是特別的——「最好」的一個方法。科學知識比其它劣等的獲取知識的方法要來得好，而且終將取代那些劣等的方法（例如，魔法、宗教、天文、個人經驗、傳統）。科學由常識那兒支借一些概念，但是取代常識中那些鬆散、不合邏輯、缺乏系統，以及充滿偏誤的部分。科學社群——以其特有的規範、科學態度、與技術——能夠定期產生「眞理」，但是常識只有在罕見的情況下，偶爾會產生些眞理。

在實證主義傳統下從事研究的學者時常創造一套全新的字彙——一組科學思想與相關的術語。他們想要使用更具有邏輯一致性、更加精心思考焠煉出來的概念，而不是日常生活中常用的觀念。實證主義研究者「在研究一開始就應該形成新的概念，而不該依賴外行人的概念，…對精確有特殊的偏好，相信建立在學門基礎之上的語言，而不是日常生活中的模糊籠統的語言，方有可能成就精確的要求。」（Blaikie, 1993:206）。涂爾幹在其《社會學方法原理》一書中，就警告研究者「要毅然拒絕使用科學領域以外的概念」、「將自己從禁錮一般人心智的謬誤概念中釋放出來」（引自Gilbert, 1992:4）。

◎什麼構成了社會實相的一個解釋或理論？

實證主義的科學解釋是像法則般的（nomothetic，nomos意指希臘的法律），是建立在一般法則的基礎之上。透過因果關係的發現，科學解釋社會生活爲何是現在這個模式。解釋所採取的形式爲Y是X造成的，因爲Y與X是因果關係的特定例子。換句話說，一個實證主義的解釋說明了適用於、或者涵蓋社會生活特定觀察值的一般性因果法則。這就是爲什麼實證主義被認爲是使用涵蓋法則的解釋模型。

實證主義認爲法則的運作是根據嚴謹的邏輯推理。研究者以演繹邏輯將因果法則與社會生活中所觀察到的特定事實，加以連結。實證主義者相信最後能以帶有公理、推論、假定、以及定理等正式的符號系統，來表達法則與社會科學的理論。總有一天，社會科學理論看起來會向數學與自然科學中的理論一樣。

人類行爲的法則應該是放諸四海皆準的，不論是在那個歷史時期、還是那個文化。如前所述，法則是以機率的形式對集體的人類現象作陳述。舉例來說，對1990年代多倫多犯罪率上升的一項實證主義的解釋，會提到在任何一個時代任何一個地方都可以發現的因素（像是離婚率的攀升、傳統道德價值認同的式微）：1890年代的孟買、1940年的芝加哥、或是2010年代的新加坡。這些因素在邏輯上源自一個普遍性的法則（例如，傳統道德秩序的崩潰導致犯罪行爲比率的上升）。

◎如何分辨解釋是對是錯？

實證主義發展於西方思想的啓蒙時代（中世紀後期）（參閱Bernard, 1988:12-21），其中包括一個非常重要啓蒙思想：人能夠認識眞理，而且透過理智思考，還能分辨虛假，長期而言，經過數世紀之後，理智的使用與眞理的追求，終將使人類生活的處境獲得改善。隨著知識的增長、無知的減少，情況將有所改進。這項樂觀主義的信仰──知識隨時間的流逝而累積增長──在實證主義者如何在錯誤的解釋之中篩選出眞理上，扮演了一個重要的角色。

認眞來說，就實證主義而言，解釋必須符合兩個條件：第一，在邏輯上沒有矛盾；第二，符合觀察到的事實。不過，這還不夠，還有複製（replication）也是必要的（參閱Hegtvedt, 1992）。任何一位研究者必須要能夠複製、或者也能產生他人的研究結果。這爲知識創造這整體系加上了一個稽查機制，確保誠實，因爲不斷會有人以堅實、客觀的事實來檢定解釋。所有相互對立的解釋處於一種開放的競爭狀態，使用的是公正無私的規則，精確地對中立的事實加以觀察，嚴格地遵循邏輯的思考。時間一久，隨著不同的研究者對理論進行獨立的檢定、積累研究發現，科學知識也隨之而累積成長。舉例來說，一位研究者發現在加州的聖地牙哥市，失業的上升與虐待兒童事件的增加有關。但是彰顯失業與虐待兒童之間的因果關係，並不是只靠這一份單獨的研究。一個因果關係的確認，是靠著在其它的城市裡，其它許許多多進行獨立檢定的研究者使用謹慎細心設計測量失業與虐待兒童的工具，都發現相同的因果關係，所獲致的結果。

◎什麼才算是好的證據？或是事實資訊長得像什麼樣子？

實證主義是二元論者；認爲冰冷的、可觀察的事實基本上與概念、價值、或理論，是有所不同的。經驗事實存在於個人的觀念或思想之外。我們可以透過我們的感覺器官（視力、嗅覺、聽覺、與觸覺），或是使用可以擴展這些感覺的工具（例如，望遠鏡、顯微鏡、蓋氏計算機）來進行觀察。有些研究者用經驗事實的語言以及抽樣理論的語言，來表達這個想法。如果對於這些事實有不同的意見，必定是出於測量工具使用不當所致，要不然就是由於漫不經心或是不正確的觀察所造成的結果。「科學解釋涉及到對現象進行準確與精細的測量」（Derksen & Gartrell, 1992:1714）。對於可觀察的實相，經由我們的感官所得到的知識，是比其它方式所得到的知識（例如，直觀、情緒感情）還要優越；因其使我們能夠區別社會生活中思想的對錯。

實證主義者把其賦予經驗觀察的特權地位，與人們共享對經驗世界主觀瞭解的這項假定，兩相結合。事實知識不是根據某個人的觀察與推理，必須能夠與他人溝通與分享。獨立觀察事實的理性個人會對這些事實得到一致的結論。這被稱爲交互主體性（intersubjectivity），或稱爲對這些事實所共同享有的主觀承認。許多實證主義者都接受由盎格魯一奧地利哲學家卡爾·帕波爾（Karl Popper, 1902-1991）在其著作《科學發現的邏輯（*Logic of Scientific Discovery*, 1931）》中所概略敘述的謬化說（falisification doctrine）。帕波爾力辨「主張擁有某種知識的說法是永遠無法加以證實，也無法得到充分合理的解釋；所能做的只是拒絕接受。」（Phillips, 1987: 3）。證實因果法則的好證據絕不是只累積支持性的證據，尙涉及尋求與因果法則相抵觸的證據。一個古典的例子是，如果想要檢定所有天鵝都是白色的這個主張，同時我也找到有一千隻白天鵝，這時我還不算完全證實了一個因果法則或模式。只要有人找到一隻黑天鵝，就足以駁斥我的主張，只要一筆負面的證據就夠了。這意味著研究者是在尋找否證的證據，即使在那個情況下，他們充其量也只能說：「到目前爲止，我尙未找到任何一筆負面的證據，所以那個主張可能是正確的。」

◎在什麼時候社會／政治價值介入科學？

實證主義者力求成爲一門價值中立的科學（value free science），也就是客觀。客觀這個名詞有兩個意義：觀察者對他們所見的事物有一致的看法，以及科學不是以價值、意見、態度、或是信仰爲基礎的（Derksen & Gartrell, 1992:1715）。實證主義者視科學爲社會的一個獨特部分，不帶有任何私人、政治、或宗教的價值。科學的運作不受影響其他人類活動的社會與文化力量所支配。所涉及的是應用嚴格的理性思考與有系統的觀察，是以一種超越個人偏見、偏差、與價值的方式進行。科學社群的規範與運作維持住科學的客觀性。社會化的結果使科學家接受一套獨特的專業規範與價值。研究者接受並且詮釋這些規範，視之爲他們成爲科學社群成員的一部分。科學社群已經創造出一個相當詳盡的檢查與平衡系統，以防止價值偏差。研究者的正確角色是做個「不偏不倚的科學家」。[6]實證主義這項關於價值的論調，對人們如何看待道德議題與知識，產生極大的衝擊。

> 就科學知識的實證主義理論已經成為所有知識的標準這個程度而言，道德見識與政治承諾不是被視為非理性而喪失了合法性，就是被貶為主觀偏好。道德判斷現在則被當作個人意見看待（Brown, 1989:37）。

摘要

你可能發現許多實證主義的假定看來相當熟悉，因爲實證主義研究取向在教授時都普遍都被當作科學的同義詞。很少人知道實證主義假定的起源。在某些假定中存有一個早期宗教的面向，因爲在十八、十九世紀的西歐，發展這些假定的學者都受過宗教訓練，而且都生長在一個接受某種特定宗教信條的文化歷史背景之下。許多實證主義的假定，當你在後面幾章讀到量化研究技術與測量時，會再度出現。一個實證主義的研究取向意味著研究者從一般性的因果關係開始，這個因果關係是他根據邏輯自一般性理論中，所導出的一個可能存在的因果法則。他以合乎邏輯的方式把這個關係中的抽象概念連結到對社會世界的精細測量。研究者當其測量社會生活、檢視證據、與複製他人的研究時，一直維持著無私、中立、與客觀的立場。這些過程導出對理論中所概要敘述的社會生活法則，進行經驗檢定與確證。

實證主義社會科學是在什麼時候以及爲何會居於主導地位？這個故事說來話長，而且頗爲複雜。許多人視之爲純知識的自然進展、或是無法避免的進步。實證主義社會科學的擴展大部分是出於政治與社會大環境的變遷。實證主義在美國取得主導地位，並且在第二次世界大戰之後，一旦當美國成爲領導群雄的世界強權之際實證主義社會科學也在許多國家成爲社會研究的典範。更進一步邁向客觀主義——更強烈的實證主義觀——在1920年代崛起於美國社會學界。隨著研究者從採用較不正式、較不精確的量化技術從事社會改革取向的研究，日益轉向取法自然科學強調「價值中立」追求嚴謹的技術，客觀主義也隨之成長。研究者創造精細測量個人外在行爲的工具，以產生可以使用統計分析的量化資料。客觀主義取代以當地爲基礎的研究，通常那類研究不但是行動取向，而且大多爲質化研究。就客觀主義成長的原因，則是因爲研究者之間相互競逐聲望與地位、再加上其他的壓力，包括來自私人基金會（福特基金會、洛克斐勒基金會）的經費、想要規避非正統政治作風的大學行政主管、研究者追求嚴謹專業主義公共形象的欲望，以及日益膨脹的政府與企業科層組織對資訊的需求。這些壓力聯合起來重新界定了社會研究的性質。技術性較低的、應用性的、由社會改革者執行的地方研究（通常是女人），常常就此被非政治性的、主要是由大學系所的男性教授所從事的精確量化研究所超越。[7]

詮釋社會科學

詮釋社會科學可以向前追溯到德國社會家麥克・韋伯（1864-1920）和德國哲學家威姆・狄爾泰（Wilhem Dilthey, 1833-1911）。在其主要大作《人文科學導論（*Einleitung in die Geisteswissen-shaften*, 1883）》，狄爾泰力主科學有兩個完全不同的類型：「自然科學」（Naturwissenschaft）與「人文科學」（Geistwissenschaft）。前者是基於抽象的解釋（Erklarung）。後者是根植於對生活在某個特定歷史背景下的人們，他們日常生活經驗的一種同理心的瞭解，或稱爲瞭悟

（Verstehen）。韋伯主張社會科學需要去研究有意義的社會行動（meaningful social action），或是有某個目的的社會行動。他採用瞭悟，並且覺得我們必須知道塑造個人內在情感，以及指導個人決定以某種特殊模式表現行爲的私人理由與動機。

> 我們應該討論「社會行動」，人類行為不論那個時候在意義上都與他人的行為產生主觀的關聯。舉例來說，兩位腳踏車騎士非刻意的相撞，不該被稱為社會行動。但是我們會把他們先前想要躲避對方的企圖，界定為社會行動。社會行動並不是對社會學因果解釋有特殊意義的唯一行動，但是它是「詮釋社會學」的基本研究對象（Weber, 1981: 159）。

詮釋社會科學與詮釋學（hermeneutics）──源自於十九世紀的一個關於意義的理論──有關。這個名詞來自於希臘神話中的一個神何米斯（Hermes），該神的職責是向人溝通神的欲望。就「字面的意思來說，是指把模糊不清之處弄明白」（Blaikie, 1993:28）。詮釋學大多見之於人文學科（哲學、藝術、歷史、宗教研究、語言學、與文學評論），著重在詳細的閱讀或檢視文稿內容（text），文稿內容可以是一席對話、書面文字、或圖片。研究者進行「閱讀」，以揭露隱藏於文稿內容中的意義。每位讀者把自己的主觀經驗帶進文稿之中。當研究文稿內容時，研究者／讀者試著吸收或進入文稿內容的中所提出的整體觀點，然後發展對各部分與整體之間的關聯性。換句話說，眞正的意義很少表面看起來就簡單易懂、一目了然。只有透過詳盡地研究文稿內容，思索它所傳遞出來的多種訊息、尋找各部分的關聯性，方才能夠得知。

詮釋社會科學有許多不同的類型：詮釋學、建構主義、俗民方法論、認知社會學、唯心論社會學、現象學的社會學、主觀論的社會學，以及質化社會學。[8]詮釋社會學的研究取向與社會學中的象徵互動論，或是1920年代到1930年代的芝加哥學派相結合。常被稱為研究的質化方法。

詮釋研究者經常使用參與觀察與田野研究。這些技術要求研究者花費數個小時與被研究者進行直接的私人接觸。其他詮釋社會科學研究者以特別詳盡的方式，分析對話的錄音或是研究行為的錄影帶，以尋求微妙的非口語溝通、從情境脈絡中瞭解互動的細節。實證主義研究者會精確地測量發生在從成千上萬人身上所篩選出來的量化細節，並使用統計分析。然而，詮釋研究者可能與一打的人一起生活大約一年的光陰，使用仔細的方法來蒐集大量詳盡的質化資料，以便對這些人如何創造日常生活的意義，獲致深度的瞭解。

與實證主義的工具取向相對，詮釋研究取向採取的是實務取向（practical orientation），是關於一般人如何處理日常生活中的實際事務，或是他們如何做好日常事務的經過。詮釋社會科學關心的是人們如何互動、如何與他人相處。大體上來說，詮釋研究取向是指為了能夠對人們如何創造與維持他們的社會世界有所瞭解並且給予詮釋，研究者透過直接詳盡的觀察在自然狀況下的人們，以便對於具有社會意義的行動，進行有系統的分析。

問題

◎為什麼要進行社會科學研究？

對詮釋研究者而言，社會研究的目的是在發展對社會生活的瞭解，以及發現在自然狀況下的人們如何建構意義。詮釋研究者想要知道，對被他們研究的人們而言，什麼是有意義的、什麼是他們所關切的、甚或個人如何經驗日常生活。研究者藉著瞭解認識某個特殊的社會背景，從局內人的角度來審視這個情境，來達成這個目標。詮釋研究者道格拉斯·哈普（Douglas Harper）摘要敘述他那個為期十年、對一間鄉下修理店鋪老板威利（Willie）的研究目標，他說

（1978:12）：「這個研究的目標是在分享威利看事物的觀點」。

詮釋研究者研究有意義的社會行動，而不只是外在的、可觀察的人類行為。社會行動是人們附上主觀意義的行動：是帶有目的或意圖的活動。非人類的物種缺乏文化與思維推理，去進行計畫、為他們的行為加上意義；因此社會科學家應該研究人類社會行為的獨特之處。研究者必須將社會行動者的理由以及行動的社會脈絡列入考慮。舉例來說，身體上的反射動作，像是眨眼睛，在人類行為中很少是個帶有某種意圖的社會行動（亦即出於某個理由或某個動機而採取的行動），但在某些情況下，這也可能成為社會行動（例如，使眼色）。社會行動者的活動需要的不只是個目的；還必須是社會的，而「要被視為社會的行動並且引起社會科學家興趣的行動，行動者必須要使行動帶有主觀意義，而且與必須直接與他人的活動發生關聯」（Blaikie, 1993:37）。

詮釋研究者注意到人類行為很少具有原本固有的意義，是在人群之中獲得它的意義，那些人共享一個意義體系，使他們能夠把人類行動詮釋成某個具有社會關聯的暗語或行動。舉例來說，在某個情況下向他人伸出一根手指頭，可能表示某個社會意義；而所表達的特定意義（像是指示方向、友誼的表示、粗鄙的手勢）端視社會行動者所共享的文化意義體系。

◎社會實相的基本特徵是什麼？

詮釋研究取向視人類社會生活為一項成就，是出於互動中的社會生物有目的行動之下刻意創造的結果。與唯實論的看法（為實證主義與批判社會科學所共享的看法）——社會生活在「那兒」，獨立於人類的意識之外——正好相反，詮釋社會科學說社會實相不是等在那裡等著被發現。反之，社會世界的樣子大部分是人們所知覺它的樣子。社會生活存在是因為人們經驗到它、並且賦予它意義。社會生活是流動的、短暫的。人們透過與他人在不斷溝通與協商的過程中持續互動，而得以維繫。他們的運作是建立在對人及環繞在人身邊的事件之上的一些未經檢正的假設與視爲理所當然的知識。

詮釋研究取向主張，社會生活是建立在社會互動與社會建構的意義體系之上。人們擁有的是對實相的一種內在的經驗感覺。這種主觀的實相感覺對捕捉人類社會生活來說，至爲關鍵。外在的人類行爲是間接的，常是眞正社會意義的模糊指標。詮釋社會科學指出，「接近其它人類是可能的，不過只有靠間接的管道：我們所經驗到的，剛開始是手勢、聲音、與行動，而只有在瞭解的過程中，我們會從外在符號走進基本的內在生活」(Bleicher, 1980:9)。

對於詮釋研究者來說，社會實相是建立在人們對它所下之定義的基礎之上。一個人對情境的定義說明了在變動不定的情境中，他是如何分派意義的。舉例來說，我的社會實相包括如何對待一個稱爲母親的女性。我摟著她、在她生日時送她禮物，以及和她談心。我從文化的角色期望以及多年來對這個親密的社會關係所累積下來的經驗，我學會了這一切。然而，這個關係的社會實相並非一成不變。這個情境定義可能會出現劇烈的變動。例如，這個社會實相可能會被打得粉碎，如果同一個女人發瘋了，不再認識我了，在整個制度下被認定爲精神失常了。

實證主義者假定所有的人都共享相同的意義體系，而且我們都以相同的方式經驗這個世界。詮釋研究取向則認爲每個人可能是以相同的方式經驗社會或自然實相，也可能是以不同的方式經驗之。對詮釋研究者來說，關鍵的問題在於：人們如何經驗這個世界？他們創造、共享意義嗎？詮釋社會科學指出無數個例子顯示幾個看到、聽到、甚至觸摸到相同的物體，但是卻得出截然不同的意義，或給予完全不同的詮釋。詮釋研究者主張，實證主義者避開重要的問題，把一種經驗世界的方式強迫加諸在他人身上。相較之下，詮釋社會科學假定，對於人類的經驗，或實相，是有可能有多種不同的詮釋。總之，詮釋社會科學的研究取向把社會實相視爲由日常社會互動中，建構意義與創造詮釋的人們所組成的實體。

◎什麼是人類的基本特徵？

一般人置身於一個經由社會互動創造彈性意義體系的過程之中。然後他們使用這些意義去詮釋他們的社會世界，使他們的生活充滿意義。人類行爲可能有一定的模式與規律，但是這不是因爲有早已存在的、等待著被發現的法則。這些模式是在不斷演進的意義體系之中，或是在社會互動所產生出來的社會慣例之中，被創造出來的。對詮釋研究者來說，重要的、值得探討的問題是：人們信以爲眞的是什麼事物？會被人們認爲相關的是什麼？他們如何界定他們正在做什麼？

詮釋研究者想要發現人們對他們所作的行動持有何種意義。對研究者來說，試圖從與一般人的感情與經驗無甚相關的抽象邏輯理論中，演繹出社會生活的作法，不具多大意義。對於他們的行動，人們有他們自己的理由，研究者需要學著去瞭解人們使用的理由。個人的動機絕對需要列入考慮，即使這些動機是非理性的、充滿深厚情感的、甚至帶有錯誤的事實與偏見，仍無例外。

一些詮釋研究者指出，實證主義者所尋找的法則，只有在科學社群瞭解人們是如何創造與使用意義體系的、常識是如何發展的，以及在各種情況下人們是如何應用常識的之後，才有可能出現。其他詮釋研究者則說，人類社會生活中根本沒有這類的法則存在，找尋這種法則終將徒勞無功。曲瓦特（Schwandt, 1944:130）寫道，「當代詮釋主義者與建構主義者對於任何詮釋，都不可能主張世界上存在有任何未受質疑的『基礎』。」（強調用法見諸原文）。換句話說，意義的創造與實相的感受只存於人們認爲如此，沒有任何一組意義比另一組來得好、或來得優異。舉例來說，詮釋研究者認爲想要發現失業造成虐待兒童這個人類行爲法則的念頭，從好處來看，可謂不夠成熟；往壞處來說，則謂危言聳聽。相反的，詮釋研究者會想要瞭解人們如何產生失業的主觀經驗，以及失去工作對日常生活來說所具有的意義爲何。同樣的，詮釋研究者想要瞭解虐待兒童者如何解釋他們的行動、他們對於施虐所提出的理由、以及他們對虐待小孩有何感受。詮釋研究者探索變成失業者的意義以及虐待兒童的理由，以便瞭解在直接置身其中的人身上，到底發生了什麼事。

◎科學與常識間的關係爲何？

實證主義者認爲常識是比科學拙劣的知識。相對的，詮釋研究者則主張一般人靠常識來指導他們的日常生活；因此吾人必須先抓住常識。人們無時無刻不在使用常識。人們用來組織與解釋世上的事件，是那些成堆成打的日常生活理論。瞭解常識至爲關鍵，因爲其中充滿著人們置身於例行性社會互動時，所使用的意義。

有派詮釋研究取向指出，常識與實證主義的法則是兩種詮釋世界的獨特方式，也就是說，他們分別是兩套不同的意義體系。兩者都沒有全部的答案，亦無優劣高下之別。相反的，詮釋研究者認爲這兩個意義體系在其自身的領域內都具有同等的重要性；都是爲不同的目的而創造的不同方式。

一般人的言行舉止如果完全按照科學，那麼他們在日常生活中將無法過日子。舉例來說，人們是用非系統化的經驗、習慣、與猜測來煮蛋。嚴格應用自然科學的作法，將會要求煮蛋者瞭解決定把水加熱的物理學法則，以及主管雞蛋內部成分變化的化學法則。甚至自然科學家當他們不在他們的專業領域中「從事科學研究」時，使用的仍然是常識。

詮釋研究取向指出，常識是瞭解他人的一項主要的資訊來源。個人的常識與對實相的感知，源自於實用主義取向以及對於這個世界的一組假定。人們不知道常識是否肯定爲眞，但是爲了把事情做好，他們必須假定常識爲眞。詮釋哲學家阿佛列德·舒茲（Alfred Schutz, 1899-1959）稱此爲自然態度（natural attitude）。那是根據下列這項假定：世界在你出生之前就已存在，而在你死後，亦將繼續存在。人們根據他們在與他人社會互動的過程中，所創造的意義體系，而發展出各種方法來維繫或再製對實相的感知。

◎什麼構成了社會實相的一個解釋或理論？

實證主義者相信社會科學應該與自然科學相似，有演繹的公理、定理、與相互關聯的因果法則。取代由相互關聯的法則與命題所構築出來的迷宮，詮釋社會科學的理論述說一個故事。詮釋社會科學理論描述並且詮釋人們如何活出他們的日常生活。這包括些概念與有限的通則，但是這與被研究者的經驗與內在實相不會相距太遠。

詮釋研究取向是表意的（ideographic）與歸納的。表意的是指這個研究取向提供的是一種符號式的呈現法或「厚厚重重」的描述。一份詮釋研究報告讀起來比較像一本小說，或是一本傳記，而不是一道數學證明。充滿豐富的細節描述、與有限的抽象化。對社會背景的詮釋分析，就像詮釋一部文學作品，具有內在的連貫性、並且根據文稿內容，只不過在這個情況下，指的是被研究者有意義的日常生活經驗。

詮釋理論讓讀者感受另一個人的社會實相。這個理論之所以能夠完成這項工作，是藉助揭露日常生活中的人們所使用的意義、價值、詮釋架構、與生活規則。舉例來說，詮釋理論可能描述人們在某個情況下用以辨識與詮釋他們經驗的主要類型（typification）。類型是指人們用來分類、組織他們日常生活中經驗到的一連串事件的一個非正式的模型、架構、甚或一組信念。

據此，詮釋理論猶如一張勾勒出社會世界的地圖，或是一本描繪地方風俗與非正式規範的旅遊指南。舉例來說，一篇有關職業賭徒的詮釋報告會告訴讀者這批人的生涯路線及其平日生活所關心的事務；會描述所研究的特定人物、觀察的地點與活動、賭博所用的策略。閱讀者會知道專業賭徒談話的方式、他們如何看待他人，以及他們的恐懼與野心。研究者會提供一些通則並且組織概念。整份報告是份對賭界的詳盡描述。理論與證據交織一起，創造一個統合的整體；概念與通則也穿插在文稿之中。

◎如何分辨解釋是對是錯？

實證主義者以固定的程序來檢定假設，並據此對理論進行評估。他們以其他科學家可以複製的方式，依據邏輯從理論演繹出假設、進而蒐集資料、分析資料。如果解釋經得起複製，則被視之爲眞。對詮釋社會科學而言，如果被研究者覺得理論說得通、如果能夠讓他人有更深入的瞭解、甚或進入被研究者的實相，那麼該理論即爲眞。如果研究者傳達了對他人推理、感覺、觀察事物的方式，有深度的瞭解，那麼該理論或描述就算精確。預測或許可能，不過那是一種發生在兩個非常親近的人之間的一類預測，就像他們已經結婚了好長一段時間。一個詮釋社會科學的解釋，記錄行動者的觀點並將之轉化爲一種讀者能夠理解的形式。史馬特（Smart, 1976:100）稱爲適當性假定（postulate of adequacy）：

> 適當性假定斷言，如果一份關於人類行動的科學報告，要能像本劇本一樣，交給個別行動者，那麼該報告必須讓該行動者讀得懂、可使該行動者將之轉化成行動，甚至對該行動者依據常識詮釋日常生活的同伴，都能理解。

詮釋研究者對另一個人意義體系的描述，是一份第二手報告（secondary account）。研究者並不是當地人，而像一位述說某個外國風土民情的旅行者。像這樣一種局外人的觀點，絕無法等於被研究者所述的第一手報導，不過愈是接近當地人說的第一手報導，當然也就愈好。舉例來說，檢定一份專業賭博詮釋報告眞實性的方法，就是找位專業賭徒來讀，透過他來證實該報告的精確程度。一份好報告會告訴讀者夠多有關專業賭界的資訊，於是如果讀者將之消化吸收，當其遇到一位專業賭徒時，他對賭博術語、賭徒生活型態的瞭解，可能會促使這位專業賭徒詢問該讀者是否也是一位專業賭徒。

◎什麼才算是好的證據？或事實資訊長得像什麼樣子？

實證主義的好證據是可觀察的、精確的，以及不受理論與價值影響的證據。相對而言，詮釋社會科學認爲特定情境脈絡與意義都具有獨特性，是瞭解社會意義的基礎。關於社會行動的證據，是不能脫離行動發生的脈絡，以及置身其中的社會行動者所賦予它的意義。誠如韋伯（1978:5）所說，「當我們經由同情的參與，能夠掌握住行動發生的情緒脈絡，那麼就會獲得人同此心、將心比心的精確性。」

詮釋社會科學認爲事實是變動不定的，埋藏在詮釋取向的意義體系之內。事實不是無私、客觀、與中立的。事實是具有特定內容的行動，有賴於社會背景下特殊人物的解釋。實證主義的假定——中立的局外人對行爲以及清楚客觀的事實，進行觀察——詮釋社會科學則視之爲有待討論的問題：社會生活中，人們是如何觀察曖昧不明的事物、賦予意義？詮釋研究者指出，社會處境都帶有大量的曖昧不明之處。這個看法使詮釋研究者根本不可能發現一目了然的客觀事實。大部分的行爲或陳述可能都有數個不同的意義，可以從不同的角度加以詮釋。在一連串模模糊糊的社會生活中，人們評估情境中所透露的線索、並且賦予意義，直到他們「弄清楚到底是怎麼一回事」爲止，總之人們不斷地使行動與狀況「合情合理」。舉例來說，我見到一名女子伸出手來，手掌向前。即使是這麼一個簡單的動作，都帶有多種不同的可能含意；不知道社會情況，我無從知道那個手勢的意義。那可能是指她在擋開一位盜匪、曬乾她的指甲油、招呼一輛計程車、展示一枚新戒指、指示來車停下來等她、或是在一家便利商店的櫃檯前表示要買五個烘餅（參閱Brown, 1989:34）。人們只有在考慮過事件發生的社會背景之後，才能夠給予某個動作或陳述適當的意義。

詮釋研究者很少會問客觀的調查問題、匯集許多人的答案、聲稱握有某件有意義的事物。每個人對調查問題的詮釋都必須擺回情境脈絡（例如，個人以前的經驗，或是調查訪問的情境），而且每個人答案的眞正意義也會隨著訪問或詢問的脈絡而有所不同。再者，由於每個人給予每個問題與答案的意義，多多少少有點不同，把所有的答案集合起來只會造成一堆毫無意義的東西。

當研究一個背景或一筆資料時，俗民方法論的詮釋研究者經常使用括弧法（bracketing）。括弧法是一個心智練習，研究者先確認出某個社會情境下視爲理所當然的假設，然後把他們暫時擱置在一旁。研究者詢問、同時檢視日常事件中，對置身其中的人有「明顯」意義的那些事件。舉例來說，在一個辦公室的工作環境中，一位快三十歲的同事向這位男性研究者說，「下班後，我們今晚會一起打壘球。你要加入我們嗎？」沒有明說的是研究者應該知道壘球的規則、有一副自己的手套、在比賽前換下工作時的西裝、換上其它的衣物。「顯然」，另一位在大廳盡頭、坐在輪椅上的同事不會被邀請，而就站在身邊年近六十歲不像擅於運動的女督導也不會被邀請。括弧法透露了什麼是「大家都知道的事」——什麼是大家都認定如此，卻很少明說的事。這有助於研究者顯示促使其它事件成爲可能的社會情境所具有的關鍵特性；它也使行動所根據的基本理解架構，得以辨識。

◎在什麼時候社會／政治價值介入科學？

實證主義研究者呼籲排除價值，在無涉政治的環境下進行研究。相對的，詮釋研究者主張，研究者應該反省、重新檢視、並且分析屬於研究他人過程一部分的私人觀點與感覺。詮釋研究者需要，至少暫時有這個必要，強調與分享他們研究對象的社會與政治承諾。

詮釋研究者並不嘗試保持價值中立。實際上，詮釋研究者質疑做到價值中立的可能性。這是因爲詮釋研究者認爲價值與意義無所不在、無處不存之故。被實證主義者稱爲價值中立的概念，只不過是另一套意義體系與價值罷了——實證主義科學的價值。詮釋研究者鼓勵把價值明顯地標示出來，並且不要認定某一套價值比較好或比較差。正確的研究者角色是做個「熱情的參與者」（Guba & Lincoln, 1994:115），與被研究者打成一片。

摘要

詮釋研究取向許多年來一直以實證主義的忠實反對者自居。雖然有些實證主義社會研究者認爲詮釋研究取向在探索研究中頗爲有用（見第二章），但是很少有實證主義者認爲詮釋研究取向是科學的。在後面幾章中，當你檢視田野研究，以及歷史比較研究時，你會再度讀到有關詮釋研究的面貌。詮釋研究取向是那些社會研究技術——敏銳地捕捉情境脈絡、使用不同方法以求進入他人內心洞察這個世界，以及關心的是獲取對他人的情感與世界觀能夠有同理心的瞭解，而不是檢定人類行爲的法則——的基礎。

批判社會科學

批判社會科學提供切入方法論意義的第三項選擇。這個研究取向的版本被稱爲辯證唯物論、階級分析，以及結構主義。[9]批判社會科學混合法則與表意兩種研究取向。它同意詮釋研究取向對實證主義的許多批評，但是它又加上些許它自己的批評，而且在某些點上，它也有不同意詮釋社會科學之處。這個研究取向可以向前追溯到卡爾・馬克思（Karl Marx, 1818-1883）、席格蒙・佛洛伊德（Sigmund Freud, 1856-1939），之後由席爾多・阿多諾（Theodor Adorno, 1903-1969）、艾瑞克・佛洛姆（Erich Fromm, 1900-1980）以及賀柏特・馬庫色（Herbert Marcuse, 1898-1979）加以發揚光大。批判社會科學常與衝突理論、女性主義分析、與激進的心理治療學同氣連枝；也和批判理論有所關聯——該理論最早是在1930年代由德國的法蘭克福學派所發展出來的。[10]批判社會科學批評實證主義科學使用的理性方式過於狹隘、反民主、而且也違反人性。這個說法在阿多諾的多篇論文中——「社會學與經驗研究（Sociology and Empirical Research, 1976a）」與「社會科學的邏輯（The logic of the Social Science, 1976b）」一都有概要敘述到。這個學派尚活在世上的著名代表人物一哲員・哈伯馬斯（Jurgen Habermas, 1929- ）——在其《知識與人類旨趣（*Knowledge and Human Interests*, 1971）》又進一步闡揚批判社會科學。在教育的領域中，保羅・佛列里斯（Paulo Freire）的《被壓迫者教育學（*Pedagogy of the Oppressed*, 1970）》也落在批判社會科學研究取向之內。最近一個稱爲唯實主義（realism）的哲學研究取向也被批判社會科學所整合。[11]

詮釋社會科學批評實證主義無法處理活生生的人們所產生的意義以及他們能夠感覺與思想的能力。它也相信實證主義忽略了社會脈絡、違反人道主義。批判社會科學同意這些對實證主義的批評。批判社會科學相信實證主義爲現況辯護是出於其對萬古不變的社會秩序之假定，而不是把當前社會視爲一個不斷進行過程中的一個特殊階段。

批判研究者批評詮釋研究取向太過主觀、過於相對主義。批判研究者說詮釋社會科學認爲所有的觀點都相同。詮釋研究者把人們的思想看做比實際的狀況更加重要，把焦點擺在地方化、微觀層次，以及短期的情勢，而忽略了更爲廣闊的、長期的社會脈絡。詮釋社會科學明顯地只關心主觀的實相。對批判研究者來說，詮釋社會科學是不講道德與被動的。不採取一個強烈的價值立場、也不主動幫助人們辨識周遭虛妄的幻覺，以便改善他們的生活。大體而論，批判社會科學把社會科學界定爲：一個爲了幫助人們改變狀況、建構一個更美好的世界，而超越表面的幻覺，揭露物質世界眞實結構的一個批判性的調查過程。

問題

◎爲什麼要進行社會科學研究？

批判研究者進行研究以批判和改變社會關係。他們達成這項工作的方式是透過揭開社會關係的基本來源，並就此賦予人們力量，特別是那些較沒有什麼權力的人。批判研究的目的是改變世界。說得更明確些，社會研究應該揭發迷思、揭露隱藏著的眞相、並且幫助人們改變這個世界。在批判社會科學界，目的是在「以一種使批判社會科學本身成爲引導這個社會秩序轉變的方式，解釋社會秩序」(Fay, 1987:27)。

批判社會研究者是行動取向的。他們不滿現狀，尋求劇烈的改進。實證主義者通常試圖去解決政府或企業菁英所界定的問題，而不求「弄翻整條船」。相對的，批判研究者可能藉著「刻意引發、指認出比政治與行政部門的統治菁英所能應付，更別提所能『解決』的更多的問題」(Offe, 1981:34-35)。批判研究者質問令人尷尬的問題、揭露僞善、調查狀況，以便激起劇烈的草根行動。「所有科學的功用，實際上所有學習的功用，是在瞭解之後冀望能夠有所改變與發展、降低虛幻不實…學習的目的在降低虛幻不實與無知無識；有助於把我們從不被覺察的限制、教條、虛僞的宰制中釋放出來」(Sayer, 1992:252)。

舉例來說，批判研究者進行一個彰顯某都市出租公寓有種族歧視情事的研究。白人房東拒絕把房子租給少數民族的房客。批判研究者不會只發表一篇報告，然後等待市政府公正的住宅管理室採取行動。研究者會把這份報告提供給報社、會見草根性組織來討論這份研究的發現。他們會與活躍份子合作，以社會正義的名義，發起政治行動。當草根人士到房東辦公室站崗、蜂擁而至承租公寓的少數民族申請者、籌組赴市政府遊行要求政府採取行動，批判研究者預測這將迫使房東把公寓出租給少數民族的房客。研究的目標就是在賦予權力。

從賦予個人權力的脈絡中，可以對批判研究有最完整的瞭解。渴望獲得批判這個名稱的調查必與一個對抗某個特殊社會、或是社會中某個特殊領域內不公義的企圖心有關。據此研究才能變成一個轉型的努力，不會因被貼上「政治的」標籤而覺得尷尬，而且也無懼於與解放意識扯上關係（Kincheloe & McLaren, 1994:340）。

◎社會實相的基本特徵是什麼？

就像實證主義，批判社會科學採取唯實主義的立場（也就是說，社會實相就在「那兒」等著被發現）。不過，與實證主義不同，因爲採取的是歷史唯實主義，而該學說認爲實相乃是不斷受到社會、政治、文化，以及相似因素模塑的結果。社會實相與時俱進，表面上可能造成誤導，但是在這背後存在著無法觀察、歷久不變的眞實權力結構。批判社會科學假定社會實相總是不斷變化，而變遷則根源於社會關係或制度間的緊張、衝突、或矛盾。批判社會科學把焦點擺在變遷與衝突，特別是內在於社會關係組織模式之中的矛盾弔詭與衝突。諸如此類的弔詭矛盾或內在衝突流露著社會實相的眞正本質。

一個生物學的類比彰顯了這類矛盾弔詭。死與生顯然是對立的兩個事物，然而死從生開始。我們從出生的那日起，便開始走向死亡。這剛開始聽起來有點奇怪，但是隨著我們長大，身體開始便老、退化。這就是內在矛盾。出生必然帶來了它的否定，即死亡。因此，生存與老化之間的緊張，與時俱在。爲了生存，我們的身體必須老化，或朝向死亡。死與生兩者較不像他們乍看之下所顯示的兩個對立的物體，反而倒像是單一較大變遷過程中的兩個相互連結的部分。有時，這個弔詭的、會帶來變遷的內在衝突或矛盾的概念，也被稱爲辯證（dialectic）。

變遷可以是不均衡的——長期來一直非常緩慢，然後晃眼之間加速進展。批判研究者研究過去或不同的社會，以便對變遷有更清楚的瞭解，或是發現另一種組織社會生活的方式。批判社會科學對新社會關係的發展、社會制度或社會的演化，以及重大社會變遷的成因，皆感興趣。

批判研究取向指出，社會變遷與衝突並不總是那麼明顯可觀察的。社會世界充滿著虛幻、迷思、與扭曲。對世界的初步觀察常因人類的知覺與知識的有限性，而只得到片段的與誤導的結果。幻想與迷思是社會實相運作的方式。表面實相的面貌不必建立在刻意的欺瞞之上。對於物體、事件、甚或社會關係特性所產生的立即感受很少透露出所有的訊息。這些虛幻錯覺使得社會上的某些團體得以掌權、剝削他人。德國社會學家與政治思想家卡爾·馬克思力陳：「統治階級的思想在各個時代都是主宰一切的思想；…擁有物質生產工具的階級同時控制了心智生產的工具，因此…那些缺乏心智生產工具的人的思想便受制於它」(Marx & Engels, 1947:39)。批判科學取向主張社會實相有許多層次。在直接可觀察的表面現實之後，平躺著的不是深層結構就是觀察不到的機制。表面社會實相的事件與關係，立基於隨意觀察表面之下的深層結構。只要費番工夫，我們就可以使這種結構曝光。密集與切中要點的質疑、指出該從何處下手的好理論、清楚明白的價值立場、再加上歷史取向，幫助批判研究者探索表面實相之下的事實、發現深層結構。

詮釋社會科學與批判社會科學兩者都認爲社會實相是變動不定的，並且深受社會創造意義的影響。批判科學研究取向不同意詮釋社會科學把重點擺在微觀層次的人際互動，及其對所有意義體系都來者不拒。批判社會科學說，雖然主觀意義很是重要，但是塑造社會關係的還有眞正客觀的關係。批判研究者質疑社會情境，並且將之擺進一個更爲廣大的鉅觀層次的歷史脈絡之中。

舉例來說，詮釋研究者研究老闆與其秘書的互動，對他們的行爲規則、詮釋機制、與意義體系，提出了一篇多采多姿的報導。相反的，批判研究以某個觀點開始（例如，女性主義），指出未詮釋描述所忽略的議題：爲什麼老闆是男的、秘書是女的？爲什麼老闆與秘書的角色有的是不平等的權力？爲什麼大型組織所創造出來的這類角色在我們的社會中到處可見？不平等的權力在歷史上是如何發生的？爲何秘書總是女的？社會上的性別角色如何影響到這層關係？爲何在秘書感到受到羞辱時，老闆還能在朋友面前大言不慚地述說與秘書上床之類的低俗笑話？就老闆所享有的日常生活狀況（大筆的薪資、鄉村俱樂部的會員、新的汽車、大棟的房子、退休計畫、股票投資）與秘書所面對的狀況（每小時低廉的工資、有小孩要照顧、擔心如何應付帳單、電視是她唯一的娛樂）而言，老闆與秘書的角色如何彼此對立、相互衝突？秘書可以加入其他人一起挑戰她的老闆與其他類似老闆的權力嗎？

◎什麼是人類的基本特徵？

實證主義者看待社會力的方式幾乎就好像他們有自己的生命，運作起來完全不顧人們各自的期望。這種社會力有駕馭人、控制人的力量。批判科學研究取向駁斥這種想法，認爲那是種物化（refication）的概念。物化是指賦予你自己活動的創造物一個獨立的、自外於你的存在。也就是把你自己從你所創造之物或是從你曾協助其完成之事中分開或移除，直到你不再認得它是你的一部分。一旦你不再看見你在其中的貢獻，把你曾經協力創造之物看成某個外在力量，你便喪失了對自己命運的控制權。

舉例來說，兩個人相識、相愛、結婚、組織一個家庭。兩年之內，男方感到無助、受到看不見的力量所困。他爲了照料小孩與家務瑣事與他的妻子發生爭吵。這個男人的社會價值告訴他說，要他換尿片與洗碗筷是錯誤的。他決定結婚、過個特殊的生活型態是社會化與個人決定的產物。因此，作用在他身上、使他感到受到束縛捆綁、陷於無助的、看不見的力量是他自己的社會創造物，雖然他對此已然不記得了。如果他意識到使他陷於困境的這些力量（亦即社會價值、社會角色，以及他自己的決定），他或許會找到一個解決之道（亦即修正他的生活模式），不再感覺到那麼受到捆綁。

批判研究者認爲，人類有很多未發揮的潛力。人是有創造力的、能夠改變的、而且有適應能力的。除了創造力與改變的潛力之外，人也會受到他人的誤導、虐待、與剝削。他們受困於社會意義、義務、與關係織成的網，使他們看不見變遷如何可能，以致喪失了他們的獨立性、自由，以及對他們生命的控制能力。這發生在當人們放任自己孤立、脫離於與他們處於相似處境的他人之時。人們的潛力只可能在當他們驅除他們的幻覺，集體加入改變社會的行動時，才有實現的可能。人們可以改變社會世界，但是日常生活中的錯覺、孤立，以及被壓迫的處境，常常阻止他們去實現他們的夢想。

舉例來說，數個世代以來，大多數的美國人相信女人不如男人、男人天生有做重大決策的權力，以及女人無法承擔專業責任等迷思，在1960年代以前，大多數的人相信女人不如男人有能力。到了1980年代，只有一小部分的人持續持有這個想法。在信仰上與社會關係上所產生的劇烈變遷，源自於一個新的意識與有組織的政治行動，他們摧毀了遍存於法律、風俗習慣、官方政策以及——最重要的——大部分人日常生活的信念之中的一項迷思。

◎科學與常識間的關係爲何？

批判社會科學對常識的立場是基於錯誤意識（false consciousness）這個概念——人們誤解了客觀實相下他們眞正的最佳利益，並且做出了違反他們眞正最佳利益的行動。客觀實相藏在迷思與幻覺的背後。錯誤意識對詮釋社會科學來說是毫無意義的，因爲那意味著社會行動使用一個錯誤的、無關客觀實相的意義體系。詮釋研究取向指出，人們創造並且使用這些意義體系，研究者只能描述這些體系，而不能判斷他們的價值。批判科學取向則說，社會研究者應該研究主觀想法與常識，因爲這些事物觀念模塑人們的行爲。然而，他們同時也充滿了迷思與幻覺。批判社會科學假定，是有一個客觀的世界存在著，它對於常識所依據的資源與權力有著不均等的控制力。

批判研究者所說的結構，不是那麼容易就看得見的。要能看見這個結構，研究者必須先動手做解除迷思的工作、揭開遮住他們表層容貌的面紗。小心翼翼的觀察還不夠。仔細的觀察並不能分辨出要觀察什麼，何況觀察一個幻覺並不能夠驅除它。研究者必須使用理論去挖掘表面關係之下的東西、觀察充滿危機與密集衝突的時期、探查相互間的關聯性、回顧過去、考量未來的可能性。揭露較深層次的實相並不容易，但卻是基本的工作，因爲表面的實相充滿了意識型態、迷思、扭曲、與錯誤的表象。「常識易於把社會現象變得自然而然，使我們認定是這樣的情況，就是必然的情況。毫不批判地建立在常識之上的社會科學…不斷地複製著這些錯誤」（Sayer, 1992:43）。

◎什麼構成了社會實相的一個解釋或理論？

實證主義是根據決定論的思想：人類行爲是由人類沒有多少控制能力的因果法則所決定的。詮釋社會科學則提出了自願主義（voluntarism）的假定：人們有極大的自由意志來創造社會意義。批判科學研究取向介於兩者之間，部分帶點決定論、部分帶點自願主義。批判社會科學說，人們受限於他們所安身立命的物質環境、文化脈絡、與歷史情境。人們所居住的世界限制住了他們的選擇，並且模塑了他們的信仰與行爲。然而，人們並沒有被鎖進一組無可避免的社會結構、關係、或律法之中。人們能夠發展新的洞見與看事物的角度，而使他們改變這些結構、關係、與法律。他們首先需要發展一個未來的願景，團結一起致力變遷，那麼他們就能夠推翻壓迫他們的勢力。總之，人們確實能夠塑造自己的命運，但是絕不是出於他們自己選擇的情況。

一個完整的批判科學解釋會做到下面數項工作：消除幻覺的神

秘色彩、描述處境的底層結構、解釋如何達成變遷，以及提供一個未來的可能願景。批判理論除了對那些構成可觀察的實相、而人們卻看不見的機制加以描述之外，也對人類處境提出批判，並且暗示一個發動變遷的計畫。

批判科學研究取向較少把心力集中在人類行爲的固定法則上，這是因爲他們認爲這些法則是不斷變遷的。人類的行爲只受到這些法則、或是受到底層社會結構所設下限制的局部控制。人們可以改變社會上大部分明顯的法則，雖然這並不容易、而且還涉及到漫長的奮鬥。不過，藉著確認社會關係的因果機制、促因、與槓桿，批判社會科學對某些行動如何以及爲何會帶來變遷提出瞭解釋。

◎如何分辨解釋是對是錯？

實證主義者透過演繹假設、複製觀察結果來檢定假設、然後將這些結果結合起來看其是否支持法則的這種方式，來驗證理論的正誤。詮釋研究者則以觀察意義體系與行爲規則是否對被研究者來說言之成理的方式，蒐集對理論的支持證據。批判理論試圖提供人們能夠幫助他們瞭解並且改變他們的世界的一份資源。研究者檢定批判理論的作法是，正確描述底層結構所產生的人類處境，然後應用這個知識去改變社會關係。一個好的批判理論教導人們關於他們自身的經驗、協助他們瞭解他們的歷史角色、並且一般人也能夠用之來改善他們的處境。

批判理論告知實際的行動或建議該採取什麼行動，但是理論也根據實際的應用狀況而做修正。批判理論成長並且與其試圖解釋的世界互動。由於批判研究取向想要藉著穿透那個也處於不斷變遷之中的隱藏結構，來解釋與改變這個世界，因此檢定某個解釋的工作便不是靜態的。檢證理論是個持續不斷應用理論、然後修正理論的動態過程。經過持續不斷地消除無知、擴大見識的行動過程，知識也隨之成長。

批判研究取向使用實踐（praxis）來區別好與壞的理論。它將理論付諸實行，用實際應用的結果來重新規劃理論。實踐意指當解釋能夠幫助人們眞正瞭解世界並且採取行動來從事改變時，才會被看重。誠如安德魯．賽爾（Andrew Sayer, 1992:13）所主張的：「知識主要是從行動中獲得，同時也是在試圖改變我們的環境（透過勞動或工作）的行動之中，以及透過與他人的互動之中獲致。」

批判研究者試圖消除存在於研究者與被研究者之間的隔閡，以及科學與常識之間的區別。舉例來說，批判研究者發展出一個有關租屋歧視的解釋。他檢定這個解釋的方式是：根據這個解釋採取行動，試圖用它來改變狀況。如果解釋指出底層的經濟關係是造成歧視的原因，房東拒絕把房子租給少數民族是因爲，如果只把房子租給白人，他比較有利可圖。那麼把房子租給少數民族也會使房東有利可圖的政治行動，應該會改變房東的行爲。相反的，如果該解釋指出，某個底層的種族仇視，而不是圖利動機是造成房東歧視的原因，那麼根據獲利的行動策略將不會成功。那麼批判研究者將會結合新的政治行動研究，並以此做爲房東行爲的基礎，檢視種族仇視。

◎什麼才算是好的證據？或事實資訊長得像什麼樣子？

實證主義假定世界上存在著，所有理性的人都同意的無可爭議的中立事實。這個兩元論的學說指出社會事實就像物體一樣，他們的存在獨立於價值或理論。詮釋研究取向視社會世界是由人類創造的意義所組成的，意義是由人們所創造並且取得協議的。詮釋研究取向駁斥實證主義的兩元論，但是取而代之的是這派把重點擺在主體。所謂的證據是指所有存在於置身其中的人們的主觀瞭解。批判研究取向嘗試在這個物體——主體鴻溝之間搭起橋樑，於是這派指出，物質處境下的事實獨立存在於主觀知覺之外，但是事實並不具有理論中立性。相反的，事實需要擺進一個價值、理論與意義的架構之內，方能加以詮釋。

舉例來說，美國比其它任何一個先進國家，在健康醫療方面花掉更高比例的國民生產毛額，但是它在最低嬰兒死亡率的排行榜上卻位居第十四位，這是一項「事實」。詮釋這項事實的批判研究者指出，美國有許多人沒有得到健康醫療的照顧，沒有一個制度將每一個人都納入照顧之列。這項事實包括了某些人是透過一個營利保險公司、藥店、醫院，以及其它因目前這個制度安排而大蒙其利的人士所構成的複雜體制，而得到他們在醫療保健上的照顧。某些有權有勢的團體日益致富，而社會上那些較為弱勢、貧窮的部門，則獲得低品質的、甚或完全沒有得到醫療保健的照顧。批判研究者看察這些事實，質問是誰從中得利，又是誰在承受損失？

理論幫助批判研究者找出新的事實並且從瑣碎的事實中找出重要者。理論像是一張地圖，告訴研究者到何處去找尋事實、一旦找到事實後，又當如何詮釋。批判研究取向指出，自然科學的理論也有這項功能。例如，生物學家透過顯微鏡觀察紅血球細胞——一項根據有關血液與細胞理論以及生物學家所接受的顯微鏡現象的教育的「事實」。沒有這個理論與教育，生物學家看到的只是沒有意義的小點。顯然，事實與理論是相互關聯的。

舉例來說，在《不平等的非洲（*Inequality in Africa*）》一書中，韋恩・納夫吉格（Wayne Nafziger, 1988）用了批判觀點。他批判收入不平等的那些「事實」，因為在一個貨幣不被普遍使用的社會中，卻只測量貨幣收入。他也對下列議題的「事實」詮釋提出批判，諸如土地分配和未成年人死亡率。這些事實忽略了生活在農場上的人數，以及某個國家中某個團體（南非白人）之外的民眾，該團體有比這個國家其它團體都低的嬰兒死亡率。相反的，納夫吉格尋求更廣、更多樣的事實（例如，出生率、城鄉差距、種族區隔、國際貿易、政治權力），並且繞到這些表面事實之後，去尋求彼此之間的關聯性。他追問：為什麼非洲是第二次世界大戰之後世界上唯一一個變得更窮的地區？他的理論幫助他辨識出數個主要的社會團體（例如，政府領袖）

與階級（例如，農民）。納夫吉格也探問不同的趨勢或政策是否照顧到每個團體的利益。

就找尋與瞭解關鍵事實而言，並不是所有的理論都一樣有用。理論是建立在對這個世界像什麼的信念與假定，以及一組道德政治價值的基礎之上。批判社會科學指出有些價值是比其它的價值來得好。[12]因此，為了詮釋事實，吾人必須瞭解歷史、選取一組價值、並且知道到那裡去找尋底層結構。不同版本的批判科學提供不同的價值立場（例如，馬克思主義與女性主義）。

◎在什麼時候社會／政治價值介入科學？

批判研究取向帶有行動主義者導向。社會研究是個道德政治活動，要求研究者服膺某個價值立場。批判社會科學駁斥實證主義價值中立的說法，視之為一種迷思。同時，也攻擊詮釋研究取向所採取的相對主義的立場（每件事都是相對的、天底下沒有絕對的事）。對詮釋研究取向而言，天才的實相與白癡的實相是同樣有效與同樣重要的。判斷這兩個相對實相、或衝突觀點的基礎，即使有，也是相當薄弱。舉例來說，詮釋研究者不會說種族主義的觀點是錯的，因為任何一個觀點對相信它的人來說，都是眞實的。批判研究取向認為，只有一個，或是少數幾個正確的觀點。其它觀點不是擺明了是錯的，就是誤導人的。所有的社會研究必須以某個價值開始、或從某個道德觀點出發。對批判社會科學而言，客觀不等於價值中立。客觀性意指對於實相有個沒有扭曲的、眞眞實實的圖像。「它挑戰科學必須受到不受政治干擾的保護；主張某些政治──追求解放式社會變遷的政治活動──能夠增加科學的客觀性」（Harding, 1986:162）。

批判社會科學指出，否定研究者有他自己的觀點這個講法本身就是一個觀點。是個技師的觀點：做研究、不要理會道德問題；取悅老闆、服從命令。這樣一個觀點等於說科學是個任何人都可以使用的工具、器皿。這個觀點當納粹科學家進行無人性的實驗、然後聲稱不該責備他們，因爲他們「只是服從命令」、他們「只是科學家」時，便受到強烈的批判。實證主義採用這個研究取向，並且生產科技官僚知識——一種形式的知識，最適合掌權者用來宰制或控制其他民眾。[13]對批判社會科學來說，「行爲科學的政治用途已經使實證主義成爲優勢階級的合法意識型態…價值中立本身已經爲精於算計的官僚控制提供一個道德口實」(Brown, 1989:39)。

批判研究取向拒絕實證主義與詮釋社會科學，認爲他們不聞不問，關心的只是研究這個世界，而不是改造這個世界。批判社會科學認爲知識是一種力量。社會科學知識可以用來控制人；可以藏在象牙塔內任由知識分子自己玩；也可以把它傳授給民眾，幫助他們管理、改善他們的生活。研究者研究什麼、如何研究，以及研究結果會產生什麼效應，皆涉及到價值與道德，因爲知識對人們的生活會產生具體的影響。研究細枝末節行爲、無法探測表面之下的事物、或把研究結果埋藏在圖書館裡的研究者，正在做一項道德抉擇。這項抉擇是從被研究者中獲取資訊而不牽連或解放他們。批判科學質疑這項抉擇的道德性，即使這不是項有意識的抉擇。研究者的正當角色是做個「轉型知識分子」(transformative intellectual)。(Guba &Lincoln, 1994:115)

摘要

雖然少有全職的研究者採取批判的科學研究取向，但是這個研究取向常爲社區行動團體、政治組織、與社會運動所採行。只是很少出現在學術期刊中。批判研究者可能使用任何一種研究技術，但是他們比較傾向使用歷史比較法。那是因爲這個研究技術強調變遷，而且是因爲這個研究技術有助於研究者揭露底層結構。批判研究者與其它取向的研究者的區別不在於研究技術上，而在他們如何切入一個研究問題、他們所追問問題的類型，以及他們進行研究的目的。

女性主義與後現代研究

你可能聽過另外兩個仍在形成階段、不如這三個出名的研究取向。它們是女性主義研究（feminist research）與後現代研究（postmodern research）。這兩個研究取向都批評實證主義，並且都根據詮釋與批判社會科學提出替代方法。他們仍然處於萌芽期，只在1980年代後期才獲得社會的注意。

女性主義研究是由具有女性主義自我認同並且有意識地使用女性主義觀點的人來執行的，他們幾乎全都是女人。他們使用多種研究技術。女性主義方法論試圖給予女性一個發言權，並且藉此糾正長期來一直主導社會科學發展的男性觀點。這主要是受到像是《女性求知的方法（*Women's Ways of Knowing*）》（Belenky, Clinchy, Goldberger & Tarule, 1986）這類著作的激發，這類著作主張女性學習與表達自我的方式不同於男性。

女性主義的研究建立在一個誇張的體認——女人的主觀經驗不同於一個普通的詮釋觀點（Olsen, 1994）。許多女性主義者把實證主義等同於男性觀點看待；是客觀的、合乎邏輯的、工作導向的，以及工具性的。實證主義反映出男性對個人競爭、對宰制與控制環境，以及對剛性事實與影響世界的力量的重視。相對的，女性強調調適與逐步發展人類的聯繫。女人視社會世界為一張交互關聯的人際關係網，充滿著因信賴感情與相互的義務而關聯在一起的人們。女性傾向於強調主觀、同理心、過程導向、與包容性的社會生活。女性主義的研究也是行動取向的，並且試圖提倡女性主義的價值。

女性主義研究者聲稱，許多非女性主義的研究充滿了性別歧視，而這大部分又是較大文化信仰與大多數的研究者為男性所造成的結果。這類研究過於把男性的經驗通則化到所有人的身上、忽略了性別乃是基本的社會分工、焦點集中在男人的問題、以男性觀點為參考點、並且假定了傳統的性別角色。舉例來說，當家庭中的男性成年人找不到穩定的工作，傳統的研究者會說，該家庭面臨了失業問題。當同一個家庭的女人在社會上找不到一份穩定的工作時，則不會同樣認爲該家庭面臨到失業問題。同樣的，未婚媽媽的概念是傳統研究者廣泛使用的一個概念，但是卻沒有一個對等的未婚爸爸的概念。

女性主義研究取向基本上視研究者爲被性別化了的生物。研究者不是男的、便是女的，因此性別必定會模塑他們體驗實相的經過、進而影響到他們的研究（Cook & Fonow, 1990）。除了性別對個別研究者會造成影響之外，基本的理論假定與科學社群顯然都是被性別化了的文化脈絡。性別對文化有的是普遍的影響力，模塑基本的信仰與價值，這都是科學調查過程中無法將之孤立與隔離的項目（Longino, 1990）。

女性主義研究者無法客觀、或置身事外；他們與其研究的對象互動、合作。他們將個人的與專業的生活融合成一體。舉例來說，女性主義研究者會試圖去瞭解受訪者的經驗，同時也會把她本身經驗與感覺和受訪者分享。這個過程可能會促使研究者與受訪者之間發展出一種私人關係，而這份關係也可能會隨時間的累積而發展成熟。蘇拉米特．雷哈茲（Shulamit Reinharz, 1992:263）聲稱，「正式與私人關係區隔的模糊化，正如研究計畫與研究者的生活之間…劃分的去除，是大多數——即使不是全部的——女性主義研究的一項特徵」。

女性觀點的衝擊及其渴望尋求，並且獲得與她所研究之事物，發展出一個既親密又深刻關係的欲望，甚至出現在生物科學領域之中。[14]女性主義研究者傾向於避免量化分析與實驗。他們很少嚴格地只使用某一種方法；相反的，他們同時使用多種方法，常常是質化研究法與個案研究法。雪莉．葛里利克（Sherry Gorelick, 1991）批評許多女性主義研究者與詮釋社會科學交往過密。她覺得詮釋社會科學限制在被研究者的意識、無法揭露隱藏著的結構。葛里利克要求女性主義研究者採用更爲批判的研究取向，更肯定地宣揚社會變遷。

後現代研究是較爲廣大的後現代運動，或是漸進瞭解當代世界──包括：藝術、音樂、文學、與文化批評──的一部分。這類研究開始於人文學科，根源於存在主義（existentialism）、虛無主義（nihilism）、與無政府主義，以及海德格（Heidegger）、尼采（Nietzsche）、沙特（Sartre）與維根斯坦（Wittgenstein）等哲學家的思想之中。後現代主義是對現代主義（modernism）的一種棄絕。現代主義是指興起於啓蒙時代的基本假定、信仰、與價值。現代主義根據邏輯推理；對未來抱持著樂觀的態度、並且相信進步；對科技與科學充滿了信心，並且擁抱人道主義的價值（也就是說根據對人類福祉的功效來判斷思想的價值）。現代主義主張，世界上存在有爲大多數人所同意的眞、善、美的標準。

後現代主義不認爲在藝術或人文科學與社會科學之間存在有明顯的區隔。它分享了批判社會科學去除社會世界神秘面紗的目標；試圖解構，或撕下表象、揭露隱藏在內部的結構。就像極端形式的詮釋社會科學，後現代主義不信任抽象的解釋，並且主張研究最多只能做到描述，因此所有的描述都具有相同的價值。研究者的描述不比其他人的描述來得高明、或低劣，只不過描述的是研究者個人的經驗。超越詮釋與批判社會科學的是，後現代研究試圖徹底轉變、或拆解社會科學。極端的後現代主義者拒絕接受有個社會世界科學的存在可能性。後現代主義者不信任所有系統化的經驗觀察，並且質疑知識可以通則化或隨時間而累積。他們認爲知識有不同的形式、有屬人、屬地的特性。寶琳．羅森諾（Pauline Rosenau, 1992:71）主張「幾乎所有的後現代主義者拒絕把眞理當做一項目標或是理想來追求，因爲那正是現代性的縮影…眞理必須參考秩序、規則、與價值；全繫於邏輯、理性、與理智，這些都是後現代主義者所質疑的事物」。

後現代主義者反對以置身事外的、中立的方式來呈現研究結果。當某人閱讀某篇報告時，該報告的研究者或撰寫者絕不該被隱藏起來；他們的存在在報告中必須是明明白白、毫不含糊的。因此，後

方塊4.1

後現代社會研究的特徵

1.拒絕所有的意識型態、有組織的信仰，包括所有的社會理論。
2.強烈地仰賴直觀、想像力、個人經驗、與情緒。
3.充滿了無意義感、與悲觀主義，相信世界永遠不會改進。
4.極端的主體性，認爲心靈與外在世界沒有區別。
5.狂熱的相對主義，相信世界上存在無數的解釋，沒有任何一個特別強而有力。
6.充滿異質性、混亂、與複雜性。
7.拒絕研究過去或相異之處，因爲只有此時此地是相關的。
8.相信因果是不可能研究的，因爲生命太過複雜，而且變化太過快速。
9.斷定研究永遠無法眞正地代表社會世界發生的狀況。

現代主義的研究報告就好像一件藝術作品。目的在於啓發他人、提供娛樂、引起回應、或挑起好奇心。後現代報告的呈現常帶有舞臺、表演、或戲劇的風格。它們可能是以一件小說作品、一部電影、或一場戲劇的形式展現。後現代主義者主張研究者所創造的有關社會生活的知識，若能透過一場戲劇、或是一件音樂作品，會比一篇學術期刊論文更容易溝通。它的價值在於說個故事可能會激發出閱讀這個故事、或遭遇這個故事的人的內在經驗。後現代主義者是反精英主義論者，而且拒絕把科學用於預測、或制訂政策決定。後現代主義者反對世人使用實證主義科學，去增強權力關係與控制人民的科層形式」（參閱方塊4.1）。

結論

在這章中，你已經學會了兩大基本事項。第一，根據不同哲學對科學的目的與社會實相的本質所做的假定，社會研究也有數個相互競爭的研究取向。第二，社會研究取向的三大理想型取向對關乎研究的若干基本問題，提出不同的解答（參閱表4.1）。大多數研究者主要是在某個研究取向之下從事研究，不過也有不少研究者同時結合其它研究取向的某些要素來從事研究。

記住你可以根據這三大研究取向中的任何一個來研究同一個主題，但是每個研究取向對於該如何進行研究，則有不同的要求。這可以用四個國家中，少數族群與多數族群之間就業競爭與歧視的主題，舉例示範：澳洲內地的原住民、加拿大西部的亞洲人、美國中西部的非裔美國人，以及倫敦的巴基斯坦人。

採取實證主義研究取向的研究者首先會從一個有關多數與少數民族關係的一般性理論中演繹出若干假設。理論或許是以因果陳述或預測的形式出現。例如，史東（Stone, 1985:56）引述一個「試圖以數個關鍵變項解釋複雜模式的理論。這個理論或許可以用來預測種族與族群關係的可能發展。」接下來，研究者蒐集現有的政府統計資料，或是進行一項調查對該理論所確認的因素進行精確測量，像是初次求職的形式、多數族群相對於少數族群的比例，以及種族差異的能見度。最後，研究者使用統計分析正式檢定該理論對於歧視程度與工作競爭激烈程度所作的預測。

詮釋研究者親自觀察、並與每一個國家來自於少數族群與多數族群的特殊人物交談。從他們的談話與觀察中，詮釋研究者得知被每個群體視爲主要的問題，以及團體成員是否覺得歧視或工作競爭是每天生活關心的重點。研究者把人們所談到的問題擺回他們日常事務的脈絡當中（像是繳房租、捲進家庭紛爭、法律糾紛、與生病）。當研

表4.1　三大研究取向的差異

八大問題	實證主義	詮釋社會科學	批判社會科學
1.研究的理由	發現自然法則，以便人類可以進行預測與控制	瞭解與描述有意義的社會行動	粉碎迷思與賦予民眾激進改變社會的力量
2.社會實相的本質	事先存在著的穩定模式與秩序，等待人們去發現	情境的定義充滿了流動的特性，完全在於互動中的人類創造	隱藏著的基本結構充滿了衝突，並受其宰制
3.人性的本質	追求自我利益、理性的個人，受制於外在力量的模塑	是創造意義的社會生物，不斷爲他們生存的社會添上意義	充滿創造性的、適應性的民眾，有著未獲實現的潛力，受制於虛幻與剝奪
4.常識的角色	顯然不同於科學，而且不具效度	相當強而有力的日常生活理論，廣泛地被平常人所用	錯誤的信仰，把實際的權力與客觀情況隱藏起來
5.理論長的是什麼樣子？	相互關聯的定義、原理、原則所構成的合乎邏輯、歸納體系	對團體的意義體系如何產生、維持所提出的描述	顯示眞正的情況，提出的批判能夠幫助民眾看見可以邁向的更好世界
6.何謂眞的解釋？	合乎邏輯與法則有關，並且立基於事實	獲得被研究者的共鳴，獲得他們的認同	提供民眾改變世界所需的工具
7.何謂好的證據？	基於明確的觀察，其他人可以複製的	鑲嵌在流動的社會互動之中	能夠揭發虛幻錯覺的理論及其提供的想法論調
8.價值的地位	科學是價值中立的，價值在科學研究中是沒有地位的，除了選擇主題之外	價值是社會生活整體的一部份，沒有團體的價值是錯誤的，有的只是差異	所有的科學必須從某個價值立場出發，有些立場是對的，有些立場是錯的

究者明白多數人對歧視的想法、他們如何得到一份工作，以及他們實際上做些什麼動作以獲取或保住工作之後，就用他人所能明瞭的方式描述他的研究發現。

批判研究者從觀察較大的社會與歷史脈絡下手。這包括了像是英國殖民主義者入侵澳洲以及該國曾經是個監獄殖民地的歷史、促使亞洲人民移民加拿大的經濟狀況、美國奴隸制度的遺毒與爭取民權的鬥爭、英國殖民帝國之興衰以及來自其前殖民地的移民等等的因素。批判研究者從一個道德／批判的立場展開調查：多數族群歧視少數族群，並且對其施以經濟剝削嗎？研究者查詢許多來源以記錄剝削的潛藏模式，並且測量每個國家的歧視數量。批判研究者可能檢視這兩個族群之間有關收入差異的統計資料、親自檢視生活狀況，以及陪著去接受工作面談、或是執行調查以揭露人們現在在想些什麼。一旦研究者發現歧視如何使少數族群找不著工作，他便將研究結果提供給少數族群組織、就研究發現進行公開演講、在少數族群成員閱讀的報紙上發表研究結果，以便揭發眞實的狀況、鼓勵採取政治社會行動。

就一門社會研究的課來說，關於這三大研究途徑，對你來說有什麼意義呢？第一，這意味著目前沒有單獨一個絕對正確的進行社會科學研究的取向。這並不是說，怎麼做都可以，也不是說三者間完全沒有暫時會通之處（參閱方塊 4.2）。相反的，這意指進行社會研究的基礎尙未定於一尊。換句話說，有一個以上的研究取向目前正在「出賽」。或許一直都會是這個狀況。知道有這三大研究取向，當你閱讀研究報告時，將會對你有所幫助。常常，研究者會依賴其中的一種研究取向，但是很少會告訴你他用的是那一種。

第二，這意味著，當你從事研究時，你試圖達成的（例如，發現法則、確認底層結構、描述意義體系）將隨著你所選擇的研究取向而有所不同。這三大研究取向與第二章所討論的研究類型之間的配對是相當鬆散的。舉例來說，實證主義者可能進行成本效益分析，詮釋研究者可能從事探索性研究，而批判研究者偏好行動取向的研究。在

方塊4.2

三大研究取向的共同特徵

1.**都是經驗論的**：每個研究取向都植根於人類的景象、聲音、行爲、情境、討論、與行動等可觀察的實相。研究絕不是單憑造假與想像，所能完成的。

2.**都講求系統化**：每個研究取向都強調以精密與仔細的態度來從事研究。全都拒絕臨時起意的、僞造的、或鬆散的思考與觀察。

3.**都有理論**：理論的本質各有不同，但是全都強調概念的使用與模式的觀察。沒有一個主張社會生活是一團混亂與毫無秩序。全部都主張解釋或瞭解是有可能達到的。

4.**都強調公開**：全部都認爲研究者的工作必須老老實實地讓其他的研究者知曉；應該說明的清清楚楚、與大家分享。全都反對把研究過程藏起來、留做私用、或秘而不宣。

5.**都強調自我反省**：每個研究取向都說，研究者必須認眞思索他們要做些什麼、胸有成竹。絕不可盲目做研究、或不經思索。研究涉及到嚴謹的籌劃、並且對自己要做什麼成竹在胸。

6.**都強調開放過程**：都視研究爲不斷前進的、演進的、變化的、問新的問題，以及追求領先的過程。沒有一個視研究爲靜態的、固定的、或封閉的過程。當前的知識與研究程序不是「寫在石頭上的」、或是已經蓋棺論定的。他們都關涉到以開放的心態來面對持續的變遷，並且接受新的思考與做事方式。

因此，不管這些研究取向之間的差異，所有研究取向都說，藉由自我反省與開放辯論的公開過程，社會科學努力去創造經過系統收集的、建立在經驗之上的理論知識。

你從事社會研究時若對這些研究取向有所知悉，你可以對從事哪種研究類型，做比較紮實的決定。

第三，社會研究所使用的各種技術（抽樣、訪談、參與觀察等）完全是根據不同研究取向的假定。常常，你會見到某個研究技術被提出來，而沒有交代該技術原本根據的背景推理。瞭解了這些研究取向之後，你對某個研究技術所根據的原則將有更好的瞭解。舉例來說，精確的測量工具與實驗研究的邏輯直接源自於實證主義的研究取向，而田野研究則是根據詮釋研究取向或較爲質化的社會調查方法。

目前爲止，我們已經看過研究過程的整個運作經過、不同的研究與理論的類型，以及社會研究的三大基本研究取向。現在，你可以說應該已經掌握了社會研究的基本梗概。下一章，你將會看到如何把某份研究計畫的報告給找出來。

關鍵術語

因果法則	詮釋社會科學	後現代研究
批判社會科學	交互主體性	適當性假定
辯證	有意義的社會行動	實務取向
女性主義研究	機械模型的人性觀	實踐
詮釋學	法則	相對主義
表意的	範型	價值中立科學
工具取向	實證主義社會科學	瞭悟

複習測驗

1.就各個研究取向來說，社會研究的目的是爲了什麼？
2.各大研究取向如何界定社會實相？
3.就各個研究取向而言，人類的本質是什麼？
4.各大研究取向對科學與常識的看法有何差異？
5.就各大研究取向而言，何謂社會理論？
6.各大研究取向如何檢定社會理論？
7.各大研究取向對事實的看法爲何，各自又是如何蒐集事實的？
8.各大研究取向如何做到價值中立的科學？試解釋之。
9.詮釋與批判科學取向對實證主義的批評有何相似之處？
10.第一章提到的科學模型與科學社群與這三大研究取向各別的關聯爲何？

註釋

1.關於教育研究，參閱布列多與梵柏格（Bredo & Feinberg, 1982）與谷巴和林肯（Guba & Lincoln, 1994）；關於心理學，參閱哈雷和賽康德（Harre & Secord）與羅斯諾（Rosnow, 1981）。關於政治科學，參閱沙比亞和瓦魯里斯（Sabia & Wallulis, 1983）；以及經濟學，參閱何里斯（Hollis, 1977）與華德（Ward, 1972）。諾渥特尼與羅斯（Nowotny & Rose, 1979）的論述中，對於不同的研究取向有番概略的討論。

2.特別參閱弗列德里奇（Friedrichs, 1970）、紀登斯（Giddens, 1976）、顧德納（Gouldner, 1970），與菲利普斯（Phillips, 1971）的著作。哈雷（1972）、蘇普（Suppe, 1977），與托爾敏（Toulmin, 1953）的著作中都有一般性的介紹。

3.與本章討論近似的社會科學的哲學派系可參閱班頓（Benton, 1977）、布萊奇（Blaikie, 1993）、布列多與梵柏格（1982）、費伊（Fay, 1975）、弗列契（Fletcher, 1974）、谷巴與林肯（1994）、吉特與優里（Keat & Urry, 1975）、洛伊德（1986）、慕凱（Mulkay, 1979）、沙比亞與瓦魯里斯（1983）、史馬特（Smart, 1976）、威爾森（Wilson, 1970）。

4.有關範型的討論，可參閱愛克柏格與希爾（Eckberg & Hill, 1979）、孔恩（1970; 1979）、馬斯特曼（Masterman, 1970）、黎澤（Ritzer, 1975）、與羅斯諾（1981）。

5.除了註3所列的著作之外，哈夫潘尼（Halfpenny, 1982）與藤納（1984）撰有社會學實證主義總論。也可參閱紀登斯（1978）的論著。連澤（Lenzer, 1975）撰有一篇相當精彩的孔德簡介。

6.參閱寇曲（Couch, 1987）。也可參閱龍吉諾（Longino, 1990:62-82），他對實證主義的客觀性做過一番精彩的分析，也客觀這個概念提供更廣泛的導論。

7.相關討論，參閱班尼斯特（Bannister, 1987）、布魯默（Blumer, 1991a; 1991b; 1992）、狄根（Deegan, 1988）、蓋吉（Geiger, 1986）、吉爾斯皮（Gillespie, 1991）、拉格曼（Lagemann, 1989）、羅斯（Ross, 1991）、史溫廷格與史溫廷格（Schwendinger & Schwendinger, 1974），以及斯爾瓦與史勞特（Silva & Slaughter, 1980）。

8.除了註3所列的著作之外，有關詮釋科學取向的討論，可參閱柏格與洛克曼（Berger & Luckman, 1967）、布列奇（Bleicher, 1980）、希瑟若（Cicourel, 1973）、卡芬科（Garfinkel, 1967; 1974b）、紀茲（1979）、格雷塞與史濁斯（Glaser & Strauss, 1967）、何斯坦與古布姆（Holstein & Gubrium, 1994）、雷特（Leiter, 1980）、梅漢與伍德（Mehan & Wood, 1975）、希維曼（Silverman, 1972）、與韋伯（Weber, 1974; 1981）。

9.除了註3所列的著作之外，有關批判科學取向的討論，可參閱布拉窩（Burawoy, 1990）、費伊（1987）、古路克斯曼（Glucksmann, 1974）、哈丁（Harding, 1986）、哈維（Harvey, 1990）、吉特（Keat, 1981）、雷恩（Lane, 1970）、雷蒙特（Lemert, 1981）、梅修（Mayhew, 1980; 1981）、松恩—雷索（Sohn-Rethel, 1978）、維梅爾（Veltmeyer, 1978）、華道爾（Wardell, 1979）、華納（Warner, 1971）、與威爾森（1982）。也參與狄克森（Dickson, 1984）的論著。

10.有關法蘭克福學派的討論，參閱巴特摩（Bottomore, 1984）、黑爾德（Held, 1980）、馬丁（Martin, 1973），以及史拉特（Slater, 1977）。更多有關討論哈伯馬斯的論述，可參閱何魯布（Holub, 1991）、麥卡錫（McCarthy, 1978）、普希（Pusey, 1987），以及羅德里克（Roderick, 1986）。

11.有關唯實論的討論，參閱巴斯卡（Bhaskar, 1975）、米勒（Miller,

1987）、與塞爾（Sayer, 1992）。

12.關於女性主義論女人特有的觀點，參閱史布列格與茲莫曼（Sprague & Zimmerman, 1989）；關於研究者偏好某類研究對象的討論，參閱盧爾（Rule, 1978a; 1978b）。

13.關於批判科學抨擊實證主義是科技官僚取向並被用作宰制工具的批評，參閱哈伯馬斯的論著（1971; 1973; 1979）。哈伯馬斯建議採取解放的研究取向。參見註10。

14.參閱伊夫林·福克斯·凱勒（Evelyn Fox Keller）有關巴巴拉·麥克林托克（Barbara McClintock）的傳記，以及她其它有關性別與科學的著述（1985; 1990），也參閱龍吉諾（1990）。

第5章

閱讀他人的文獻

> 通常科學論文或單行本呈現的是一番純淨的風貌，對於事實上經常出現的，把調查弄得雜亂無章的直覺跳躍、錯誤的起頭、失誤、鬆散的結論，以及令人雀躍的意外發現，不是少見，就是完全沒有。因此科學的公開記錄，無法提供重建科學實際發展過程所需要的許多來源資料。
>
> 羅伯・墨頓
>
> 《論理論社會學（*On Theoretical Sociology*）》，第四頁。

引言

前面數章中，你已經學到了有關研究的一般程序與取向方法。我也引述了許多從現有已發表的研究報告中，擷取而來的例子。現在是到了搜尋與研讀研究報告的時候了。

無論你採取的是哪個社會科學的研究取向，回顧關於某個問題到目前爲止所累積的知識，都是研究過程早期的基本步驟。就像生活中的其它層面一樣，在你嘗試親自回答某個問題時，最好先看看對於那個問題別人已經說過些什麼。有關浪費時間重新發明輪子的陳腔濫調，就在提醒你開始努力投入時間與精力之前，先做好你的家庭作業。這對於研究的消費者與開始一項研究的專業研究者而言，都是千眞萬確的。

本章檢定作爲研究過程一部分的文獻回顧。在讀完本章之後，你應該對文獻回顧在某個研究中的角色與目的都會有所瞭解。你也應該知道如何去執行一項研究。你也因此有了另一個熟悉你大學圖書館的理由，不過本章並不能替代直接到你的圖書館去一探究竟，也不能取代你可以從專業圖書館員那裡所得到的協助。最後，你將學到六種文獻回顧的模式。而且你也將看到一篇好的與不好的文獻回顧之間的差異。你用來執行一項優質文獻回顧的技術將增進你對研究過程的瞭解。

我們從探索文獻回顧的不同目的開始，亦將討論何謂文獻、在哪裡可以找到文獻，以及文獻包括了些什麼。接下來，我們將探討進行有系統文獻回顧的技巧。最後，我們再來看看如何撰寫一篇文獻回顧以及撰寫文獻回顧在研究報告中的地位。

爲何要進行文獻回顧？

文獻回顧是基於知識是累積起來的，以及我們是學習他人的成果並在他人的成果上建立起我們自己的研究的這個假定之上。科學研究不是一項孤芳自賞的、無視他人研究發現的隱士活動。相反的，而是許許多多相互分享研究成果的研究者，以社群的力量來追求知識的集體努力。雖然某些研究可能特別重要，個別研究者可能因此而成名，但是就某個研究計畫來說，只不過是創造知識的整個過程中，極其微小的一部分罷了。今天的研究是建立在昨日的研究之上。研究者閱讀各種研究以便比較、複製、甚或批評各研究的缺失。

文獻回顧的寫作隨其廣度與深度而有所不同。不同類型的回顧總是長於滿足文獻回顧的四大目標中的某一項（參閱方塊5.1）。研究者可能要花上一年的時間才能完成一篇關於某個廣泛問題所有文獻的既詳盡又專業的摘要回顧。然而，同一位研究者可能只要花上數個星期，就能完成一篇某個領域內相當專門性的文獻回顧。開始著手寫作文獻回顧時，研究者會針對要檢討的主題或知識領域、準備討論的深度，以及要進行哪種類型的文獻回顧等諸如此類的問題，做出決定。六大文獻回顧類型，都是理想型（參閱方塊5.2）。一篇特定主題的文獻回顧經常同時帶有數種類的特徵。

就某種程度上來說，所有的文獻回顧，都會遵循的第一個目標——展示研究者對文獻的熟悉程度，並藉此建立研究者的信譽。這是老師們要求學生以圖書館資料撰寫研究學期報告的理由之一。只展現對某個領域熟悉度的文獻回顧，研究者是很少對外發表的，但是常屬於教學計畫的一部分。但是當這個目標與第四個目標結合之後，便構成了自學回顧（self-study review）。除了給予他人對研究者掌握某個研究領域知識與能力的信心之外，也有建立撰寫者自信心的附帶效益。

方塊5.1

文獻回顧的目的

1.**彰顯對某一知識體系熟悉的程度，並且建立研究者對該研究領域的信用**。一篇文獻回顧告訴讀者研究者對某個領域瞭解的程度，知道哪些是主要的議題。一篇好的文獻回顧增加讀者對研究者專業能力與背景的信任。

2.**顯示過去研究的路線以及當下研究與過去研究的關聯性**。一篇文獻回顧提綱挈領地告訴讀者關於某個問題的研究方向，並顯示知識的發展軌道。一篇好的文獻回顧會列出研究計畫的學術脈絡，彰顯其與某個知識體系的相關性。

3.**整合並且摘要某個領域內已知的的事物**。一篇文獻回顧匯集各種不同的研究結果之後，進行綜合分析。一篇好的文獻回顧，指出前人研究相同之處與相異之處，還遺留下什麼問題尚未解決。作者收集到目前爲止已知的部份，指出未來研究可發展的方向。

4.**向他人學習並刺激新觀念的產生**。一篇文獻回顧告訴讀者其他學者已經發現的事物，如此研究者便可從他人的研究中獲益。一篇好的文獻回顧指出目前研究的盲點，建議重新再做一次時當留意的假設，說明值得複製的程序、技術、研究設計，以便使研究者更能夠把焦點擺在假設上，而增長新的見識。

方塊5.2

六種文獻回顧類型

1.**自學回顧**：增加讀者之信心。
2.**脈絡回顧**：把某個特殊的計畫擺進較大的範圍來看。
3.**歷史回顧**：追溯某個議題歷年來的發展。
4.**理論回顧**：比較不同理論如何探討某項議題。
5.**方法論回顧**：指出各個研究在方法論上有何不同之處。
6.**整合性回顧**：摘要敘述在某個時點上對某個議題瞭解。

撰寫文獻回顧最常見的理由在於第二項的目標：建立與正在發展中的知識之間的連結。這屬於背景研究，或稱脈絡回顧（context review）。通常出現於一篇報告或論文的開頭，目的在介紹一篇研究報告的其餘章節，藉此說明某個問題的重要性與關聯性；並且告訴讀者這個計畫在整個知識領域內的地位及其含意。這篇論文回顧可以強調當前之研究如何繼續某個正在發展中的思維路線，也可以指出早期研究所論及的某項問題，或是未能解決的衝突之處。

另外一種類型的文獻回顧結合了第二與第三項目標。歷史回顧（historical review）追溯某個概念的發展經過，或者顯示某個特殊議題或理論如何經歷不同時期的演進變化。研究者只針對某個領域中最爲重要的概念進行歷史回顧。這些文獻回顧也用在思想史的研究之中。有時候當向學生介紹某個領域時，這類回顧相當管用，可以顯示給他們看我們是如何走到今日這個地步的。也可以顯示在知識進展的過程中，過去某個單一的概念是如何分裂成不同的部分，或是各自獨立的概念如何結合成遼闊的思想觀念。

理論回顧（theoretical review）基本上遵循的是第三個目標。這類回顧把以解釋某件相同事物爲目的的所有理論都陳述出來，然後評估每個理論能夠解釋其發現的完善程度。除了證明預測與發現之間的一致性之外，理論回顧亦可比較各理論假設的健全性、邏輯的一致性，以及解釋現象的範圍。也有研究者透過理論回顧來整合兩個理論，或是將某個理論的觸角擴展到新的議題上。有時一篇理論回顧是結合兩種回顧類型於一身——歷史理論回顧。

整合回顧（integrative review）陳述某個快速成長知識領域內目前的知識狀態，並且彙整這個領域內各種不同的研究報告。研究者能夠以論文的方式發表這類極有價值的文獻回顧，以提供其他研究者這方面的服務。

方法論回顧（methodological review）是種專門性的整合回顧。在這類回顧中，研究者評估過去研究在方法論上的優劣；描述相互衝突的研究結果，並且顯示不同的研究設計、樣本、與測量，如何造成不同的研究結果。例如，某位研究者可能發現，所有完全使用男性受試者的實驗所產生的結果，都不同於同時使用男女兩性受試者的實驗結果。

後設分析（meta-analysis）是進行整合回顧時，更常是用在從事方法論回顧之時，研究者所使用的一項特殊技術。[1]研究者蒐集大筆研究計畫的細節資料（例如，各研究計畫的樣本數、發表的年份、變項效果的大小），然後對這些資訊加以統計分析。例如，阿姆斯壯與拉斯克（Armstrong & Lusk, 1987）針對所有郵寄問卷調查回覆函件的郵資進行後設分析。他們廣泛地進行文獻搜尋，發現有三十四個研究檢視過包括郵資、限時專送還是商業回函，以及貼的是具有紀念價值的還是標準郵票的回覆效果。他們檢視最可能使填答者寄回問卷的郵資類型。他們觀察每份研究寄出的問卷數目、回收率，以及郵資類型。研究者發現使用限時專送比使用商業回函有較高的回收率，大約多出百分之九。

寇克斯與戴維生（Stephen Cox & William Davidson, 1995）使用後設分析檢視替代性教育方案是否能夠幫助不良少年的研究。這些非傳統的教育方案——採用低比率的師生比、無結構的環境，以及個別化的教學——特別被設計出來幫助問題青年。這兩位作者首先對三大文獻來源中1966年到1993年的資料，進行電腦搜尋：「教育資源資訊網（Educational Resources Information Circuit, ERIC）」、「心理學文獻目錄（PSYCHLIT）」，以及「全國犯罪判決參考服務手冊（*National Criminal Justice Reference Service, NCJRS*）」。他們找出所有提到青年教育替代方案的論文，結果發現了兩百四十一筆資料。接著他們閱讀每一篇論文，以便判斷是否符合下列三項標準：第一，提到分開教學的課程；第二，在另外一個地點或場所進行教學；第三，包括對方案結果的量化測量工具。在兩百四十一筆資料中，只有八十七筆符合這三個標準。然後研究者檢視這些研究是否使用特定的統計量或檢定方法，結果他們發現了有五十七筆資料使用統計分析。在對這五十七筆研究的結果進行統計分析之後，這兩位作者獲知這些方案對於學生的學校表現與自尊稍微有點改善，但是並不會直接改善學生的不良行爲。

在哪裡可以找到研究文獻？

研究者以數種書面形式呈獻他們研究計畫的報告。其中大部分你可以在大學或學院的圖書館中找到。研究者以專書、學術期刊、博士論文、政府文件、政策報告等形式來發表他們的研究。也以論文的形式發表於專業學會的會議當中。本節扼要討論每一種類型的資料，讓你對如何找到這些文獻有個簡單的路線圖。

你可以在教科書、新聞報紙、大眾雜誌刊物（例如，《時代雜誌（*Times*）》、《新發言人（*New Statesman*）》、《經濟學人（*Economist*）》，以及廣播或電視的新聞中，發現各種研究結果。但是這些不是眞正的科學研究報告，只是眞正報告的濃縮摘要。作者或記者就他們的大眾訴求或教學用途，而篩選研究報告，甚至改寫這些報告以迎合一般觀眾。這些被大眾化的報告，缺少科學社群要求一篇研究能夠讓他人進行嚴謹評估與用以建構知識庫，所需要的基本細節。

學術期刊論文

進行完整文獻回顧的研究者，會檢視研究報告的所有可能出處。不同形式的報告需要使用不同的搜尋策略。我們將從學術期刊開始討論，因爲這是大多數研究報告會出現的地方，也是最重要的出處。正如你從第一章中所獲知的，學術期刊是科學界溝通體系的中心。

社會學因其期刊種類數量眾多，而受到坊間報章雜誌的批評。

批評者指出，爲數眾多的期刊紛紛出籠，刊登任何一份研究，不論內容是否有瑕疵、或是有多瑣碎，而且也沒人會去讀這些文章。不過並沒有任何證據支持這個觀點。一份研究（Hargens, 1988）發現，社會科學期刊的退稿率遠比自然科學期刊的退稿率爲高，而且現在的退稿率又高於二十年前。另一份研究（Hargens, 1991）發現，刊登社會學研究的期刊數量稍微比兩百份多一點。這個數字自1970年代以來就維持相當穩定，而且期刊與論文的數量一直大略等於社會學博士的人數。至於沒有人讀這些論文的那個說法，就一組三百七十九篇論文所構成的樣本而言，其中有百分之四十三在發表後的第一年中，就被別的研究所引用；而百分之八十三在發表後的六年內有被其他研究所引用。

你就讀大學的圖書館中設置有學術期刊雜誌區，或者，在某些情況下，可能和專書混合陳列在書架上。察看圖書館內的配置圖，或詢問圖書管理員哪裡可以找到這些書架。最新一期的期刊，不論看起來是本很薄的平裝書、或是本很厚的雜誌，常被陳列在「最新期刊」區。但是它們只是暫時陳列在那裡，直到圖書館蒐集到該卷所有的期數爲止。圖書館通常會將一卷中所有期數裝訂成冊，再把他們放置在長期收藏的書架上。

各領域內的學術刊物常和通俗雜誌陳列在同一個區位中。這些都是期刊，或是圖書館館員的行話中所謂的系列。因此，你會發現通俗雜誌〔《時代雜誌》、《大道與小徑（*Road and Rrack*)》、《四海一家（*Cosmopolitan*)》、《大西洋月刊（*Atlantic Monthly*)》〕陳列在緊鄰著天文學、化學、數學、文學、哲學，以及社會學、心理學、社會工作、與教育學等學術性刊物的架上。有些領域的學術期刊多於其他領域。「純」學術領域的期刊通常比像是市場行銷或社會工作這類「實用」領域的期刊爲多。期刊按照名稱分類，登錄在卡片目錄或電腦分類系統之中。圖書館可能會提供你一份他們訂閱之期刊目錄。

許多圖書館不保留時間久遠的舊期刊版本。爲了節省空間與成本，他們只收藏微縮影片。大多數的學術領域都有上百種的學術期刊，每一種期刊每年的成本在五十美元到一千五百美元之間，只有大型的研究圖書館訂購得起全部的這些期刊。如果你必須向遠距離的圖書館借閱某本期刊或影印某篇論文，你可以透過館際借書服務（interlibrary loan service）來達到這個目標，這個系統是圖書館出借圖書或資料給其他圖書館的方式。很少圖書館出借最新一期的學術期刊。你應該計畫在館內使用。有些實驗階段的學術期刊可以透過電子資訊的方式，即從電腦上或網路上讀取。

一旦你找到期刊區，可漫步瀏覽書架上陳列有哪些期刊。你會發現登載不少研究報告的期刊。每份學術期刊和館內一般藏書一樣，根據期刊名稱，都建有書碼。圖書館通常根據書名的英文字母順序編排。遇到期刊改名，若仍將之陳列在原名稱的書架上，可能會造成混亂。

學術期刊也因領域與類型的不同而有所不同。大部分的期刊都會刊載某個學術領域內相關研究報告的論文。因此，大部分數學期刊內登載新近的數學研究或數學證明之類的報告；文學期刊登載對於某些文學作品的書評與文學批評；以及社會學期刊登載社會學研究報告。有些期刊涵蓋的領域較廣（例如，社會學、心理學、教育學、政治科學），因而刊登整個領域內相關的研究報告。其他的期刊則專注於某個次領域的研究（例如，家庭、犯罪學、兒童早期教育、政治比較學）。也有一些是兩種的合成，或是想要搭起學術期刊與通俗雜誌之間橋樑的「連結」刊物（例如，《今日心理學（*Psychology Today*）》、《社會（*Society*）》。另外一種合成刊物則注重如何教授、或使用某個領域內的知識〔例如，《社會學教學手冊（*Teaching Sociology*）》、《心理學教學手冊（*Teaching Psychology*）》〕。有些期刊同時登載有研究報告、書評等各種論文，而另一些期刊只登載研究報告。還有些期刊專門登載評論文章、文學批評、政策分析、和理論性的論文。

學術期刊很少是一年才出版一期或是頻繁到每週出版一期。大部分是一年出版四至六期。例如，《社會學季刊（*Sociological Quarterly*）》是一年出版四期。爲了便於找到論文出處，圖書館館員與學者發展出一套尋找期刊論文的系統。各每一本期刊都被編上一個日期、卷數、與期數。有了這筆資訊，論文的搜尋變得更加容易。這筆資訊——再加上作者、論文題目、與頁數等細節稱爲論文的出處，用在參考文獻。當期刊第一次發行時，即爲第一卷第一期，此後依次增加卷數與期數。雖然大多數期刊依照相似的系統分類。但也有不少例外，你必須留意出處的資訊。就大多數的期刊而言，一年歸爲一卷。如果你看到某刊物上寫著第五十二卷，它可能意指這本期刊已經發行五十二年了。雖然不是全部，但是大部分的期刊都是從一月開始新的一卷。

大部分期刊的頁數是依照卷數而非期數來編訂的。通常一卷期刊的頁碼開始於第一期的第一頁，然後依此編排頁碼到全卷結束。例如，第五十二卷第四期的第一頁可能是第五百四十七頁。大部分期刊都編有每卷的索引以及各期的目次，列出每期刊登論文的作者姓名、篇名、與論文的起始頁碼。各期中少則有一、兩篇論文，多則刊登有五十來篇論文。大多數的期刊則刊載八到十八篇論文。每篇論文的長度大略介於五頁到五十頁之間。每篇論文通常在第一頁上都刊有摘要。或是將摘要集中刊登在每期的開頭處。

論文的出處是執行搜尋的關鍵工具。假設你想要閱讀有關非裔美國人膚色與階層化關係之研究。如果你翻到本教科書中參考書目的地方，你會見到下列的出處：

Keith, Verna M., and Cedric Herring. (1991). Skin tone and stratificationin in the black community, *American Journal of Sociology*, 97: 760-778.

表5.1 期刊論文的不同出處標示法

美國最老的社會期刊——《美國社會學刊（*American Journal of Sociology*）》——刊登了一篇由Bill McCarthy和John Hagan所著的有關多倫多市無家可歸青少年的研究。該文刊登於1992年11月份那一期（第三期）的597至627頁。該期刊是由3月份起刊，該期是第98卷，即已創刊了九十八年。下文列出標示該文出處的方法。兩種最常用的方式是「美國社會學會（American Sociological Association, ASA）」和「美國心理學學會（American Psychological Association, APA）」所採用的方法。

美國社會學評論的格式

McCarthy, Bill and John Hagan. 1992. "Mean streets: The theoretical significance of situational delinquency among homeless youths." *American Journal of Sociology* 98: 597-627.

美國心理學學會的格式

McCarthy, B., & Hagan, J. (1992). Mean streets: The theoretical significance of situational delinquency among homeless youths. *American Journal of Sociology*, 98, 597-627.

這個出處告訴你說，你能在1991年出版的《美國社會學刊（*American Journal of Sociology*）》中找到這篇論文。這個出處並未提供月份或期數的資訊，但告訴你卷數（97卷）與頁數（760~778）的資料。

標明文獻出處的方式有很多種。在正文中標示文獻出處的方式各有特色，在括弧內寫下作者的姓氏與出版年份的文內標示法是廣受歡迎的方法。完整標示文獻出處的方法常出現在論文中自成一個單元的參考文獻或參考書目部分。標示文獻完整出處的格式有許多不同的方式，期刊論文、專書、與其它類型的著作，各有各的交代出處的方

續表5.1

其它的格式

McCarthy, B., and J. Hagan. "Mean streets: The Theoretical Significance of Situational Delinquency among Homeless Youths." *American Journal of Sociology* 98:(1992), 597-627.

McCarthy, Bill and John Hagan, 1992.
"Mean streets: The theoretical significance of situational delinquency among homeless youths. "*Am. J. of Sociol.* 98:597-627.

McCarthy, B. and Hagan, J. (1992). "Mean streets: The theoretical significance of Situational delinquency among homeless youths." *American Journal of Sociology* 98 (November): 597-627.

McCarthy, Bill and John Hagan. 1992.
"Mean streets: The theoretical significance of situational delinquency among homeless youths."*American Journal of Sociology* 98(3):597-627.

McCarthy, B. & J. Hagan, (1992). Mean streets: The theoretical significance of situational delinquency among homeless youths. *American Journal of Sociology* 98, 597-627.

Bill McCarthy and John Hagan, "Mean Streets: the Theoretical Significance of Situational Delinquency among Homeless Youths. *American Journal of Sociology* 98, no.3 (1980): 597-627.

式。在標示期刊論文出處時，最好請教老師，或參考期刊、或其他說明標示出處格式的規定。幾乎所有標示出處的方法，都要求寫出作者姓名、論文題目、期刊名稱、卷數與頁數。除了這些基本要素之外，其間的差異頗大。有些除了作者的姓氏之外還列出了作者的名字，有些則只列出作者名字的縮寫。有些標示出所有作者的姓名，有些只列出第一位作者。有些包括有期數與出版月份的資訊，其他則不提供這些資料（參閱表5.1）。

標示出處的格式可以弄得頗為複雜。社會科學內關於這個問題，其實有兩份主要的參考工具：《芝加哥論文格式手冊（*Chicago*

Manual of Style)》，其內有將近八十頁的篇幅論及書目與參考文獻的格式；和《美國心理學學會出版手冊（*American Psychological Association Publication Manual*)》，該手冊中有六十頁是討論這個問題。在社會學界，《美國社會學評論（*American Sociological Review*)》所列的兩頁格式規定，廣受學界的遵循。

專書

書籍傳播許多類型的資訊、啓發思想、娛樂讀者。書的種類繁多：圖畫書、教科書、短篇故事書、小說、科幻小說與非科幻小說、宗教書籍、童書等等。本節所關心的是內容屬於原創性研究報告、或研究論文集之類的書籍。圖書館採取與處理其它圖書相同的方法，將這類書籍上架、編上書碼。透過圖書館的分類系統，你能夠找到該書的出處資訊（例如，書名、作者、出版社）。

哈根斯（Hargens, 1991）提出，社會學研究者引用書籍的次數與論文一樣多，他認爲社會學的文獻是介於自然科學與人文學科之間。自然科學多倚賴論文的引用，而人文學科則多倚重書籍的引用。

區別某本書籍是某個研究的成果報告，還是一般論述著作，不是件易事。你更可能在大學的圖書館中找到這類的書籍。有些出版者，像是大學出版社，專門出版這類書籍。但是，除了閱讀之外，沒有其他不二法門可以幫助你確認一本書是屬於哪一種類型。

有些類型的社會研究是比較可能以書的形式出現。例如人類學家與歷史學家的研究是比經濟學家或心理學家的研究，更有可能以書本的篇幅長度，來發表他們的研究報告。然而，有些人類學家與歷史學家的研究是以文章的形式發表，而有些經濟學家、心理學家的研究報告和一本書一樣長。在教育學、社會工作、社會學和政治學領域中，長篇、複雜的研究結果可能以兩三篇論文、或是出書的形式發表。涉及詳盡的臨床或民族學描述的研究，以及複雜的理論或哲學討論，通常是以出書的形式發表。最後，想要溝通科學同儕與知識大眾的作者，可能會寫本書，藉此搭起學術學院派與通俗非杜撰小說間的橋樑，就像詹姆斯·韓特（James Hunter）的《文化戰爭（*Culture Wars*）》一書（1991）。

找出原創性的研究論文可能發表在哪些書中，會是件相當困難的事，因爲沒有任何一本單一目錄曾經登錄過這些資料。有三種類型的書籍其內容是以論文集或研究報告爲主。第一種是基於教學目的所編纂的書籍，稱爲讀本（readers），可能會收錄有原創的研究報告。通常，讀本將發表在學術期刊上同一個主題內的論文蒐集編纂成冊，便於非專業者從事閱讀與瞭解。

第二種論文集是專爲學者設計的，有可能針對某個特定的主題，將所有學術期刊上這類的論文或是理論性的論文，蒐集編纂成冊。有些論文集收錄難以找到的期刊論文。它們可能根據某個主題將相關的文章編輯起來，在目次中列出論文的題目與作者。圖書館將這類論文集和其它的書籍一同放置於書架上，有些圖書館的登錄系統中也將這類論文集納入記錄。

最後，還有年度出版的研究叢書，收錄了其它地方找不到的研究報告。這類叢書是學術期刊與論文集兩者的合成：逐年出版、每年出版一卷，但它們不是期刊。這些書冊——像是《政治社會學研究評論（*Review of Research in Political Sociology*）》、《比較社會研究（*Comparative Social Research*）》——和其它書籍一同擺在書架上。有些年鑑專門刊登文獻回顧〔例如，《社會年鑑（*Annual Review of Sociology*）》，《人類學年鑑（*Annual Review of Anthropology*）》〕。這些年鑑書冊並沒有編輯像學術期刊一般詳盡的目錄。對某個學術領域的新人來說，找出它們的唯一方法，就是多花些時間在圖書館裡，或是向熟悉這個領域的研究者請教。

標示書籍的出處是比標示期刊論文的出處來得容易得多。這包括了作者姓名、書名、出版地、出版年份，以及出版社的名稱。

博士論文

取得博士學位的研究生需要完成一份原創性的研究作品，寫成博士論文。這本博士論文會被裝訂起來、收藏在授予該博士學位的大學圖書館中。大約半數的博士論文會出版成書或以論文的形式發表。因爲博士論文屬於原創性的研究，是珍貴的資訊來源。有些取得碩士學位的學生，進行原創性的研究，並且將之撰寫成碩士論文。但是只有少數的碩士論文會從事重要的研究，因而比未出版的博士論文更難找到。

專門性的索引登錄授予博士學位之大學其學生所完成的博士論文。例如，《全球博士論文摘要（*Dissertation Abstracts International*）》登錄有博士論文的作者姓名、題目、與學校。這本索引依據博士論文的主題加以編輯，並且附上每本博士論文的摘要。如果大學許可，你可以透過館際借書服務向授予博士學位的大學借閱大多數的博士論文。另外一種方式是向類似密西根大學安雅柏校區（Ann Arbor）的全國博士論文微軟片／拷貝中心購買美國各大學博士論文的複本。如果以前曾經有人提出這項要求，有些大型的研究圖書館也會收藏有其他圖書館的博士論文影本。

政府文獻

美國聯邦政府、其他國家的政府、州或省政府、聯合國，以及其他像是世界銀行之類的國際機構，都贊助過某些研究並且出版研究報告。許多大學圖書館收藏有這些文獻，陳列在「政府文獻」區。這些報告很少出現在分類目錄的系統中。你必須使用專門的出版品名錄與索引，而且經常需要有圖書館館員的協助，才能找到。大部分的大學圖書館只收藏最常被借閱的政府文獻與報告。

政策報告與研討會論文

執行完整文獻回顧的研究者，都會檢視這兩大文獻來源。這兩大來源對所有的研究者來說，都不易取得，但是訓練有素的專家，則不構成障礙。研究機構和政策中心也出版論文與報告〔例如，「布魯克林研究所（Brookings Institute）」、「貧窮研究所（Institute for Research on Poverty）」、與「藍德機構（Rand Corporation）」〕等。一些主要的研究圖書館會購買並且展示這些報告。確定這些機構已經出版了些什麼報告的唯一方法，就是直接去函這些機構或研究中心，索求已出版的報告目錄。

每一年，學術界的專業學會（例如，社會學、政治科學、與心理學）都會舉行年度會議。數以百計的研究者聚集一堂，或是發表、或是聽取、或是討論最新研究的論文發表。與會者大都可以取得口頭報告的書面資料。未參與會議者但是身為該學會的會員者，會收到該會的議程表，表中會列出各篇論文的題目、作者、與作者的服務機構。可以直接寫信給各個作者索取他發表之論文報告的影本。許多論文雖然不是全部，日後都會以期刊論文的方式發表。這些報告可能會被收錄在索引或摘要彙編之類的資訊當中（於下文中討論）。

如何進行有系統的文獻回顧？

界定主題

就像研究者在開始一項研究計畫時，必須有計畫、明確界定出一個主題與研究的問題，你開始著手文獻回顧時，也必須從一個定義清楚、焦點明確的研究問題與搜尋計畫開始。一個好的文獻回顧主題要有個和研究問題一樣明確的焦點。（在下一章你會學到更多鎖定研究問題焦點的作法）。舉例來說，「離婚」與「犯罪」太過遼闊。比較適當的文獻回顧主題可能是「帶有前次婚姻所留下子女的家庭之穩定性」、或是「各國經濟不平等與犯罪率的關係」。如果你針對某個研究計畫進行脈絡回顧，這篇文獻回顧涵蓋的範圍應該稍微比你要檢定的某個特定研究問題還要來得廣些。研究者常常是在回顧了所有的文獻之後，才決定最後準備鎖定的研究問題。文獻回顧帶出比這個研究問題範圍更爲廣大的焦點。

訂出搜尋資料的計畫

在選出研究焦點問題準備進行回顧之後，下一步就是規劃蒐集資料的策略。回顧者需要決定從事的是哪一類的文獻回顧、回顧文獻的廣度，以及準備回顧的資料類型。達成目標的關鍵在於謹慎、系統、與組織。設定蒐集的參數：需要花多少時間、最少準備回顧幾本研究報告、準備跑多少間圖書館等等。

同時，要決定好如何記錄你找到的每一筆參考書目的出處，以及如何做筆記（例如，記在筆記本內、還是記錄在3×5的卡片上、還是記錄在電腦檔案中）。訂出一個時間表，因爲你可能必須跑好幾趟圖書館。你必須建立一個資料夾或電腦檔案，儘可能記下所有相關的資料來源，以及臨時想到的新資料來源。隨著文獻回顧的進展，焦點應該愈來愈明確。

找出研究報告

找尋研究報告端視報告的類型以及你所搜尋的「管道」。一般說來，爲了避免單一搜尋法的限制，通常使用多種搜尋策略。

學術期刊論文：誠如前面所討論的，大部分的社會研究會發表在學術期刊上。這些期刊是學界溝通的媒介。在開始搜尋之前，先在你熟悉的領域內找出期刊，瀏覽其內容。當下就有好多種期刊，其中許多已經發行了好幾十年了，每一本都刊有多篇論文。因此，論文搜尋的工作可能會相當龐大。好在，某些專業化的出版品已經使這項工作變得容易多了。

你可能已經用過像是《期刊文獻讀者導覽（*Reader' Guide to Periodical Literature*）》之類的一般出版品索引目錄。很多學術領域內編有學術文獻的「摘要」或「索引」。例如，《心理學摘要（*Psychological Abstracts*）》、《社會科學索引（*Social Sciences Index*）》、《社會學摘要（*Sociological Abstracts*）》、《老人學摘要（*Gerontological Abstracts*）》。對與教育相關的主題來說，「教育資源資訊中心系統（Educational Resources Information Center, ERIC）」特別管用。目前已有超過一百種諸如此類的出版品。通常你可以在圖書館的參考文獻區找到這類出版品。有許多摘要、索引，以及教育資源資訊中心的服務是都可以透過電腦而取得的，因而加快了文獻搜尋的過程（參閱附錄D）。

索引名錄或摘要集錦是定期出版的刊物（按月、或一年出版六期等等），方便讀者根據作者的姓名或主題進行查詢。索引或摘要通常在開頭的數頁中列出收錄的期刊名稱。索引名錄像是《社會科學索引》只列出論文的出處，而摘要集錦像是《社會學摘要》則不但列出了論文的出處，而且還附有論文的摘要。摘要是不可能告訴你該研究的全部發現與細節。研究者使用摘要篩選相關的論文，同時也藉此找出更多相關的論文。摘要集錦中可能會收錄發表於專業會議上的論文。表5.2提供你一個例子，顯示收錄在《社會學摘要》和《社會科學索引》中一篇發表於《社會學理論與實務（*Social Theory and Practice*）》期刊之論文看起來的樣子。一本相關的週刊《當期目錄（*Current Contents*）》，收錄有許多期刊和論文集的內容目次。該刊也按照論文題目的關鍵字與作者，編有索引。

上述的討論聽起來好像你所要做的，不過到圖書館的參考文獻區去找本索引目錄、做主題查詢，便了事了。不過，整個經過遠比這個複雜得多。為了能夠收齊跨越不同年份的研究，你必須翻閱數期的索引目錄與摘要集錦。同時，列在索引目錄與摘要集錦中的主題是相當廣泛的。你感興趣的研究問題可能落在許多主題領域之內。你必須

表5.2 摘錄自《社會學摘要》與《社會科學索引》

如果你對討論色情（pornography）的論文感興趣，並透過《社會學摘要》進行搜尋你將會有以下的發現（《社會學摘要》，1986年，第13卷。主題索引，第1316頁）。[a]

Populism

New political cultures, U.S. cities: post-1960s; Q7952

Pornography

antipornography activism, Canada, eroticization of violence vs. power, political economy perspective: Q9033.

children's sexual victimization, commercial pornography; Q8577

feminist antipornography arguments, defamation vs. degradation endorsement; Q7916

Obscenity/pornogrphy laws, sexual power issue; Q9139

Sexual/aggressive content, mainstream vs. "triple-X" adult videos; content analysis; Vancouver, British Columbia; Q7911

Positivism

Social sciences, new realist philosophy, positivist limitations; Q7220

如果你留意到「女性主義反色情論」的論文，並且使用摘要索碼Q7916查詢，你會發現下筆資料：

86Q7916

Soble, Alan (Saint John's U. Collegeville, MN 56321), Pornography: Defamation and the Endorsement of Degradation, UM *Social Theory and Practice*, 1985, 11, 1, Spring, 61-87.

最近兩個女性主義反色情的論點，同時出現於學術作品與政治行動中，已受到各界的檢視，並受到立論不當的批評。第一個主張色情詆毀女性的論點，無法成立，因爲該論點假定色情刊物把女人當作財產，然就色情的本質在於幻想這點而言，這個說法未獲得支持。第二個論點主張色情刊物必然貶損女性，也無法成立，因爲支持這派說法的人無法顯示色情媒介必然貶損女性或是如何貶損女性。所以結論是，色情媒介不必然會引發任何特定的行動。

續表5.2

如果你在《社會科學索引》中查尋相同的主題，你會發現這筆資料（來自《社會科學索引》，1985年4月至1986年3月，第12卷，第1182頁）。[b]

Porket, J. L.

Unemployment in the midst of labour waste. Survey 29:19-18 Spr '85.

Pornography

See also Obscenity (Law).

Aesthetics East and West; the bare facts of life [Hong Kong's adult magazines] I. Buruma. Far East Econ Rev 126:51-3 O 4 '84.

Minneapolis veto: "cherished, protected speech." D. M. Fraser. Hum Rights 12:27 Spr '85.

Outlawing pornography: what we gain, what we lose. E. Chemerinsky; P. J. McGeady. Hum Rights 12:24-6 + Spr '85.

Pornography: defamation and the endorsement of degradation. A. Soble. Soc Theory Pract 11:61-87 Spr '85.

War declared on obscene materials. [China] Beijing Rev 28:8-9 Ag 5 '85.

Pronstein, Marc H. and Krinksy, Sharon J.

Perception of symmetry in infancy: the salience of vertical symmetry and the perception of pattern wholes. bibl J Exp Child Psychol 39:1-19 F '85.

a）Copyright Sociological Abstracts, Inc. All rights reserved. Used with permission.

b）Social Sciences Index, April 1985-March 1986, Volume 12, p.1182. Copyright © 1986 by the H. W. Wilson Company. Material reproduced by permission of the publisher.

一一將之找出。舉例來說，就高中生違法吸毒的這個主題而言，你可能需要察看下列主題：吸毒、藥物濫用、物品濫用、藥物法、非法藥品、高級中學、次級學校。每個主題領域之下，有許多論文都和你要進行的文獻回顧無關。而且在文章刊出與被編入索引之間可能會有三個月到十二個月的差距。除非你去的是間大型的研究圖書館，你可能會找不到最有用的論文。你只有透過館際借書服務取得該篇論文，或者該篇論文是用你看不懂的外國文字撰寫的。

大部分研究取向的圖書館都訂購有「科學資訊中心（Institute for Scientific Information）」出版的《社會科學期刊論文索引（*Social Science Citation Index, SSCI*）》。這是筆珍貴的資訊來源，收錄超過一千四百種期刊資訊。這本索引和其他索引目錄或摘要集錦並無不同，不過要弄清楚正確的使用方法，則須下番功夫學習。《社會科學期刊論文索引》總共有四冊。其中一冊是來源索引，提供期刊論文完整的出處資訊。其他三冊論及來源書中的論文，按照主題、論文作者任職的大學或研究中心，或是在其他論文的參考文獻中提到的作者，加以編排。

你可以用下列三種方法中的任何一種對《社會科學期刊論文索引》進行搜尋：第一，根據主題（例如，兒童飲酒問題）；第二，根據研究機構（例如，紐澤西州立大學路特斯（Rutgers）酗酒研究中心；第三，根據早期出版的論文〔例如，坎道爾（Kandel）1980年發表於《社會學年鑑》中的「青年人的吸毒與酗酒行為（Drug and Drinking Behavior among Youth）」〕。第一種搜尋模式幫你找出最近發表研究報告的所有作者。第二種搜尋模式幫你找出同一間研究機構中發表論文的所有學者。第三種搜尋方式幫你找出一篇早期期刊論文的參考書目中所有文獻的出處。最後這類搜尋在研究者想要追溯影響其他研究發展的研究時，極為重要。舉例來說，你找到一篇1980年代出版的相關論文。《社會科學期刊論文索引》會列出所有自1980年起在參考文獻中包括有這篇論文的所有期刊論文。即使你的圖書館沒有《社會科學期刊論文索引》，一項理想的搜尋原則總是檢視論文的參考文獻部分，以便找出某個主題下相關的論文或書籍。

另一個尋找文獻的資源是電腦化的文獻搜尋，其運作原理與索引目錄或摘要集錦並無二致。研究者透過數種方法── 作者、論文題目、主題、或是關鍵字—— 來進行電腦化的文獻搜尋。關鍵字（keyword）是個可能出現在論文題目中的主題概念。大多數的電腦搜尋，常會用到六至八個關鍵字，並且同時會把數個同義字一併列入考慮。電腦搜尋法是有很多種的方式，而且大多是就題目、或摘要搜尋某個關鍵字。如果你選擇的字太少，或是選定的範圍很窄，你將會漏掉許多相關的論文。如果你選擇很多個關鍵字，或者是非常廣的範圍，則會跑出一大堆毫不相干的論文。學習選取適量關鍵字的最佳途徑，只有靠嘗試錯誤，從錯誤中學習了。

在我執行的大學生如何界定性騷擾的研究中（Neuman, 1992），我使用下列數個關鍵字：性騷擾、性攻擊、騷擾、性別平等、性別公平，以及性別歧視。我也試過大學生與強暴這兩個關鍵字，但是得到了一大堆我光瀏覽都瀏覽不完的無關資料。

有許多電腦輔助搜尋的資料庫或資料系統。有些你可以直接在圖書館「連線」使用，有些則是儲存在光碟片中、還有些則需要透過電腦網路來連線。（網際網路將於附錄D中詳加敘述）。現在，你只要知道那是個連結全世界上百萬台電腦的系統，就夠了。任何人只要有台電腦以及網路連線，凡是網路上有的，他就可以搜尋世界各地的期刊論文索引集刊、圖書館目錄，以及其它的資訊來源。

所有電腦化的搜尋方法都是按照相同的邏輯編輯而成，但是每一套都有自己的操作方法需要學習。在我的研究中，我搜尋了過去七年的資料、使用了五個電腦化的學術期刊資料庫：包括《社會科學索引》、《科羅拉多地區研究圖書館（*Colorado Area Research Library, CARL*）》、《社會檔案（*Sociofile*）》、《社會科學期刊論文索引》，以及《心理學文獻目錄》。

相同的論文經常同時出現在數個資料庫之中，而每一個資料庫都會收錄一些其他資料找不到的新論文。這項事實給你一個教訓：「不要只依賴電腦化的文獻搜尋、摘要服務、或是某個學門的文獻、或武斷地界定年代時期」（Bausell, 1994:24）。舉例來說，經由研讀已發表論文的參考書目，我找到了數篇早期出版的，沒有被任何一個電腦資料庫收錄的學術論文。

我的研究過程頗爲典型。使用關鍵字搜尋，我很快地就瀏覽了超過兩百篇的文獻題目或摘要。從中我篩選出八十篇文章、報告、和書籍，進行閱讀。發覺其中有四十九篇可用，而且這些論文都是已發表的論文。

學術專書：找出某個主題的學術性專書可能會是件頗爲困難的事。圖書館分類系統內的主題經常不是不夠完整，就是太過廣泛，以致沒有多大用處。再者，儘管你可以使用館際借書服務，對其他的圖書館進行搜尋，但是所列出的都只是某個圖書館的館藏。圖書館依據書籍的主題加以編排建檔。復次，主題分類可能反映不出你感興趣的主題所在、或是某本書中所討論的主題。一旦學會使用圖書館的系統，你會發現有關某個主題的書籍，他們書碼的主要部分是相同的。此外，圖書館館員會協助你找尋收藏在其它圖書館的書籍。例如，「國會圖書館全國聯合目錄（Library of Congress National Union Catalog）」列出了美國國會圖書館內所有的藏書。圖書館館員有管道查詢其他圖書館的館藏書目、或者你可使用的網際網路。並沒有一個十拿九穩的方法，可以幫助你找出相關的書籍。最好的建議是使用多套搜尋方法，包括查閱刊登書評與論文書目的期刊。

學位論文：一份稱爲《全球博士論文摘要》的刊物登錄有大部分的博士論文。就像期刊論文的索引與摘要，全球博士論文摘要根據廣泛的主題分類、作者、與日期，將所有的博士論文加以編排整理。研究者可以包括某個主題的學門領域中查詢所有的論文題目。不幸的，當你找到你要的論文與摘要之後，可能會發現取得該本論文需要等上不少時間，而且還需支付其它額外的費用。

政府文獻：圖書館內的政府文獻區，皆備有分門別類的政府文獻目錄，供讀者查閱。美國聯邦政府出版一份相當有用的索引目錄，書名是《政府文獻月刊（*Monthly Catalog of Government Documents*）》，常可在電腦中查到。該刊是從1885年開始出版。但是若有查詢十年以前的文獻資料，應該使用其它的輔助來源查詢。這份月刊按年編有索引，而月刊本身則編有主題、題目、作者索引。另一個有用的資料來源是《國會公聽會索引（*Indexes to Congressional Hearings*）》，該書載有自1930年代末期以來，國會召開的所有委員會與會議議題的資料。《國會記錄（*Congressional Record*）》則蒐羅有美國國會對於法案項目、投票記錄、和議案修改的資料。《美國法規彙編（*United States Statutes*）》則依年份和主題登錄有美國聯邦各州的法案。美國政府每日出版的刊物，《聯邦總覽（*Federal Register*）》刊載聯邦機構的各種法令規則與公告，同時也製作有月刊與年鑑索引。此外，還有其它涵蓋條約、技術公告之類的索引。其他國家的政府也製作有類似的名錄。例如，英國政府的《政府出版品索引（*Government Publications Index*）》便彙編整理出一年內的政府出版品。《國會報告（*Parliamentary Papers*）》則刊載官方的社會與經濟研究，範圍涵蓋過去兩百年。使用這些專門性的索引時，最好能有圖書館員從旁以其專業知識提供協助。索引編製者所採用的主題分類，未必完全符合你所研究的特殊問題。

政策報告與研討會論文：這是最難找到的文獻來源。它們被列在已出版的研究書目當中；有些則列在摘要或索引目錄之中。想要找到這些研究著作，可嘗試數種方法：寫信給研究中心向他們索取出版目錄、向專業會議索取會中發表的論文報告目錄。一旦你找到一份研究報告的出處，試著寫信聯絡相關的作者或機構。

該記錄些什麼

找到某項文獻來源之後，你應該記下這份參考資料的所有細節(作者的全名、標題、卷數、期數、與頁數等等)。你最好記錄下超過你所需要用作引文的最少文字。大多數的研究者會建立一組卡片，或開一個電腦檔案，來儲存所有的參考文獻，而另闢一組來存取有關研究報告的筆記。建立一個可以明確連結所有參考資料或每一張筆記卡內容的編號或是指標。例如，在每一張卡片或記錄上，記下第一位作者的姓氏，以及該本書或論文的出版年份。你可以從一份按照作者姓氏與出版日期所整理出來的參考資料卡片或是檔案中，快速地查閱整份參考資料。你將會發現從相同類型與大小的紙張或卡片上，會比有的從紙張、有的是從卡片等不同來源，更容易整理記錄出重點。研究者必須決定要從一篇論文、一本專書、或其它的來源中，記錄下什麼訊息。就記錄方向而言，錯在記得太多總比記得太少來得好。一般而言，會記錄檢定的假設、測量主要概念的方法、主要的研究發現、研究的基本設計、使用的團體或樣本，以及對未來研究的建議(參閱方塊5.3)。查閱別的研究報告的參考書目與註釋來源，看看哪些可以加進你的文獻蒐集，亦是明智之舉。

影印下所有相關的論文與報告可以省下記錄重點的時間，而且可以確保你得到整份資料。你可以影本上做重點筆記。不過，對採取這種作法的人，這兒有數項警告，請你留意。第一，對進行大量的文獻蒐集而言，影印的成本是相當高昂的。第二，須遵守著作權法。美國的著作權法只允許個人研究用途的影印。第三，不要忘了要影印下全文，包括引文的資料。第四，組織整理整份論文是相當繁瑣累人的，尤其是在一篇文章中有多處可能被引用之時。最後，除非你仔細地把重點都畫了出來，或是做好完整的重點記錄，否則你可能得把整篇文章重新閱讀一遍。

方塊5.3

如何閱讀期刊論文

1.帶著一個明確的目的來閱讀期刊上的論文。你閱讀的目的在獲得基本的知識，還是想要將之應用到某個特定問題之上？
2.詳細閱讀之前先大略瀏覽全文。從這篇論文的題目、摘要、結論、與標題中，你能夠獲得什麼訊息？論文中包括：哪些主題、主要發現、方法、與主要的結論？
3.檢討自己的取向。你對這個主題、方法、出版來源等方面的認識可有偏差？這可能會影響你對論文的閱讀。
4.整理匯集外在知識。關於這個主題你已經知道了些什麼？各出版來源的可信度如何？
5.閱讀中同時進行評鑑的工作。論文中出現哪些錯誤之處？研究發現與資料搭配嗎？論文與其提出的假設前後一致嗎？
6.以寫摘要的方式將關於主題、作者使用的方法、與研究發現的資料記錄下來。評估研究發現接近事實的程度，列出你對該論文的問題。

資料來源：摘錄自凱澤、庫克、與克勞奇（Katzer, Cook & Crouch), 1991:199-207。

有系統地整理筆記

蒐集了眾多的參考資料與記錄了大量的筆記之後，你需要一個將這些資料整理組織起來的架構。其中一種作法是快速瀏覽過所有的筆記，在腦海裡勾勒出這些研究論文彼此之間的關係圖像，然後將這些研究論文或特殊的發現分門別類。在敲定最後一個之前，最好先試用數個不同的組織架構。組織整理資料的技術，則靠熟能生巧。舉例來說，把相同主題的筆記擺進同一堆中，或是畫出圖表來比較討論同一個問題的不同報告，列出相同與相異的論點。

在組織整理筆記的過程中，你會發現有些資料並不合適，必須將這些不相關的筆記割捨。同樣的，你也會發現某些差距，以及某些相關的領域或主題，是你尚未查詢到的。這使你必須再回到圖書館去找。

組織整理資料的架構有很多種類型。那一類最好，端視文獻回顧的目的而定。脈絡回顧意味著環繞著某個特定的研究主題，將近年來的研究報告組織起來。歷史回顧意指根據主題及其出版日期，組織整理相關的研究。整合性回顧意指環繞著某個領域中的共同發現與主要檢定的假設，將相關的研究組織起來。方法論回顧意指根據主題組織研究，而在主題之下，再根據研究設計與使用的方法，做進一步的整體歸類。理論回顧意指根據理論與準備探討的思想家，把相關的研究組織起來。

動手撰寫文獻回顧

一篇文獻回顧的完成，需要有良好的計畫與清楚流利的寫作，這都需要經過多次的重新改寫才能完成。所有好著作的寫作規則（例如，條理分明的組織架構、引言與結論，以及章節之間的起承轉合等）都適用於撰寫一篇文獻回顧。撰寫時，記清楚你寫作的目的，然後將之清楚有效地表達出來。

要寫好一篇好的文獻回顧，必須以批判的角度來閱讀論文與其它的文獻。不要忘了，懷疑是科學的準則，這意味著你不應該因爲該文已經被登出來的這項權威而接受這篇論文的所有論點。對你所閱讀的文章提出質疑，進而評論之。據此，你第一項需要克服的，就是認爲已經出版的作品必是完美無懈可擊的這種想法。

帶著批判的角度來閱讀研究報告，是需要技巧的，而這些技巧又是需要時間與不斷練習，方能培養出來的。儘管有同儕審稿程序並且維持居高不下的退稿率，仍難避免錯誤與鬆散的邏輯潛入其中。閱讀一篇論文時，須用心檢視引言與題目和論文的其他部分是否相符。有時標題、摘要、或引言，會造成誤導，無法充分解釋研究計畫所採用的方法與發現的結果。論文的邏輯結構應該緻密，所有的部分都應

方塊5.4

一張論文筆記卡的範例

在參考文獻卡片上記錄一筆資料的全部資訊

Pierce, John C., M. A. E. Steger, N. P. Lovrich, B. S. Steel, 1988, "Public Information on Acid Rain in Canada and the United States." *Social Science Quarterly* 69:193-202.

筆記卡

Pierce et al.,1988

主題：模塑社會大眾對於公共議題知識的因素。酸雨、自我利益、美國與加拿大。

以前次研究爲基礎，研究者注意到教育本身並不會自然帶動對某項公共議題的知識。知識能以個人特性（例如，性別、收入、教育程度）爲基礎而發揮作用，不管議題屬性爲何，不然知識就會受到該議題對個人自我利益的關聯性所引發的動機所影響。研究者有興趣挖掘的是對一項公共議題的知識，是如何透過個人想要獲得這項公共議題的資訊的這項動機而得到的。研究者鎖定── 項政策—酸雨，然後進一步追問：動機會影響不同背景的人知識的獲取嗎── 加拿大的文化，是比美國文化更具有集體主義的取向，而且加拿大人是美國政策與個人主義文化的受害者。

假設：當大眾感受到某項公共議題會影響到他們的自我利益時，他們會主動取得關於該公共政策的知識。

方法：作者以郵寄方式寄出一千份問卷給居住在密西根州的樣本居民，另外一千份給住在安大略省的居民。稍微超過一半的問卷被填答完畢並且寄回。作者從四個方面來測量對公共議題的知識，也探討了動機變數，包括一般特性以及個人敏感度或議題的相關性。

發現：使用統計與百分比表，作者發現，動機因素（例如，個人敏感性與議題相關性）比一般特性，督促民眾獲取較多關於酸雨的知識，雖然兩者皆會產生某種程度的效果。動機或切身相關的效果在加拿大的作用比較強因爲在該國國家脈絡凸顯了個人對問題的敏感度。

該搭配得很好。各部分論述之間應該存在著相當強大的關聯性。較差的論文不是在邏輯上出現跳躍的情況，就是漏掉某些承接的連結。同樣的，並不是每篇論文都會將他們所引用的理論與研究的取向，做清楚的交代。對於論文閱讀，隨時都該抱著要讀一遍以上的準備，以便找出該文所使用的理論與方法（參閱方塊5.4討論研讀論文時，如何做筆記的問題）。

一篇論文最關鍵需要閱讀之處在於它的研究方法與結果發現部分。很少有研究是完美的。儘管研究者應當詳盡描述他們所使用的研究方法，但研究者並沒有時時刻刻都這麼做。有時後，圖表中所顯示的結果和研究者所說的並不一致。舉例來說，作者可能對細微的結果太過重視，而漏看了表中的某項重要結果。細心的讀者會評估研究計畫的執行方式，仔細閱讀所提供的資料。司空見慣的是，作者只提出某項詮釋，而忽略了還有其他同樣重要的可能解釋。研讀結論時，亦當留神，不要預設所有的資料都前後一致；最好親自核對一下那些資料。

一篇好的文獻回顧長得是什麼樣子？

作者必須透過文獻回顧的組織架構，告訴讀者他撰寫這篇論文的目的。文獻回顧錯誤的寫作方式是，羅列一系列研究報告及各別研究發現的摘要。這種作法並未傳達寫作這篇回顧的目的。相反的，讀起來像是筆記重點的陳列。寫作者在撰寫文獻回顧的過程中，可能過於漫不經心而跳過了組織資料的重要步驟。文獻回顧正確的撰寫方式，當是把相似的研究發現有系統地組織起來。爲大家所接受的作法是，先提出最重要的觀點，然後以合乎邏輯的方式將這些發現與論述連結起來，並且指出整個研究領域中的矛盾之處與弱點（參閱方塊5.5的例子）。你應該節錄數段引文，並且摘要敘述主要的研究發現。（參閱附錄C）。

方塊5.5

一篇好與不好的文獻回顧的範例

一篇不好的文獻回顧範例

性騷擾有許多不同的結果。亞當斯、寇特科、與帕濟特（Adams, Kottke & Padgitt, 1983）發現有些女學生說他們之所以避免選某些教授的課，或避免和某些教授做研究，是因爲修那些課會使她們承受被性騷擾的風險。他們也發現男學生與女學生的反應相當不同。他們的研究調查了一千名男性與女性的大學生與研究生。班森與湯姆森（Benson & Thomsons, 1982）在《社會問題》一書中的研究列舉了許多性騷擾所造成的問題。哲屈與威納（Dziech & Weiner, 1990）在其大作《好色的教授（*The Lecherous Prefessor*）》一書中，條列出一長串受害人所承受的困難。

研究者從各種不同的角度來探討這個主題。韓特與麥克蘭（Hunter & McClelland, 1991）對一間小規模的人文藝術學院的大學生進行調查研究。他們得到一組三百名學生所構成的樣本，讓這些學生觀看各種各樣經過特殊處理的照片，相片上顯示的受害人的反應與受害情境。傑屈克與佛列茲（Jaschik & Fretz, 1991）放映給中東部一所大學的九十位女學生看一部錄影帶，帶中錄的是一名助教性騷擾的典型例子。在該行爲被貼上性騷擾標籤之前，很少有女同學會指稱這個行動是性騷擾。當被詢問到，是否認爲該行爲是性騷擾時，則有百分之九十八的同學說是。韋伯一柏丁與羅西（Weber-Burdin & Rossi, 1982）複製以前別人做過的一項性騷擾研究，只不過他們用的是麻州大學的學生。他們讓五十九位學生評定四十個假設狀況。瑞里、卡本特、杜爾、與巴特列特（Reilley, Carpenter, Dull, & Bartlett, 1982）則對加州大學聖巴巴拉分校兩百五十位女同學與一百五十位男同學進行研究。他們同時也有一個由五十二位教

續方塊5.5

職員的樣本。要求兩組樣本填答一份問卷，問卷內容是評定照片中情境的性騷擾程度。波波維奇等多位學者（Popovich et al., 1986）聯合製作了一份九項性騷擾量表。他們對一所中等規模的大學的兩百零九位學生以十五人、二十人一組的方式進行研究。結果發現學生看法相當不一致。

一篇好的文獻回顧範例

性騷擾的受害者承受著各種不同的結果，從自尊心減低、自信心喪失，到拒絕參與社會互動、改變生涯目標、與自暴自棄，所在都有（亞當斯、寇特科與帕濟特，1983； 班森與湯姆森，1982；哲屈與威納，1990）。

舉例來說，亞當斯、寇特科與帕濟特（1983）指出百分之十三的女同學說，爲了避免承受性騷擾的風險，他們會避免選修某些教授的課，或避免跟那些教授做研究。

關於校園性騷擾的研究有採取各種不同的研究取向。除了調查研究之外，許多研究者使用經過特殊處理的照片與特別設計的假想劇情進行實驗（韓特與麥克蘭，1991；傑屈克與佛列茲，1991；波波維奇等學者， 1987；瑞里、卡本特、杜爾、與巴特列特，1982；維倫坦—法蘭奇與拉戴克（Valentine-French & Radtke, 1989）；韋伯—柏丁與羅西，1982）。受害者口頭上的反應與情境因素顯然會影響到觀察者是否會把某項行爲貼上性騷擾的標籤。舉例來說，傑屈克與佛列茲（1991）發現，只有百分之三看過這部典型的助教進行性騷擾錄影帶的女學生，一開始就指出是性騷擾。相反的，她們稱錄影帶中的行爲是帶有「性別歧視」、「粗俗無禮」、「不夠專業」，或是「下賤無恥」。當他們被問到那是不是性騷擾時，則百分之九十八同意那是性騷擾的舉動。羅斯寇等學者（Roscoe et al., 1987）也指出在標籤性騷擾行爲時也遇到相同困難。

結論

文獻回顧為社會科學的消費者開闢了接觸研究報告資訊的管道，不但展現了撰寫者對某套知識的熟悉度；也顯示了在此之前研究的發展路徑，以及現在研究與其的關聯性；並且能夠提綱挈領地整合當前某個主題領域內的知識狀態。於是文獻回顧成了研究者向他人學習的一個管道，經常能夠刺激出新的思想與洞識。

這章中，你學到了文獻回顧的六種類型。你也知道了研究的許多出處。大部分的研究收藏在大學的圖書館裡。最重要的出處是學術期刊與專書。其他的出處還包括有：博士論文、政府文獻、政策報告，以及在專業研討會中所發表的論文。

撰寫一篇文獻回顧需要有所規劃，並且對於主題要有清楚的概念。在搜尋文獻時，由於任何單一方法都有其缺點，研究者當從多個管道下手尋找資料。經常還需要請教圖書館內的諮詢人員，並且使用像是摘要或索引之類的專業化出版品。電腦化資料搜尋方法可能也頗為有用，儘管功用頗為有限。一旦你找到適用的研究文獻，當記下重點，並且對於引文的細節，也當做好記錄與分類歸檔的工作。一篇好的文獻回顧不但能夠與讀者達成良好的溝通，而且是根據主題編輯整理而成。

關鍵術語

摘要	整合回顧	方法論回顧
引述	館際交換服務	自學回顧
脈絡回顧	關鍵字	理論回顧
歷史回顧	後設分析	

複習測驗

1.什麼是進行文獻回顧的四大目標？

2.哪一種類型的文獻回顧可能以貫時性的順序組織現有的研究？

3.什麼是一篇理論回顧的主要目標？

4.研究報告最容易在哪一種出版管道中找到？

5.如何著手界定論文的範圍？

6.大多數學術期刊使用的是哪種頁碼編輯系統？

7.內容是以研究論文爲主的書籍有哪三大類？其中哪一種包括所有原始的研究報告？

8.列出執行有系統論文回顧的前幾項步驟？

9.如何利用電腦進行文獻搜尋的工作？有何優缺點。

10.如何區別一篇好的與不好的文獻回顧？

註釋

1.參閱Hunter, Schmidt & Jackson (1982).

第6章

量化研究設計

人們計數與測量的方法顯示出他們對研究對象所抱持的基本假設，這些假設從平實古老的偏見…到對社會與知識結構的觀念，所在都有。在某些情況下，計數與測量活動本身也會改變人們對量化的思考模式。

派翠西．科恩（Patricia Cline Cohen）

《一個善於計數的民族（*A Calculating People*）》，第二〇六頁。

實證主義研究導論

在前面各章中，你看到了研究過程一般是如何運作的、也接觸到社會科學的研究取向、還學會了文獻回顧的方法。現在我們來講如何設計一個量化的研究。量化研究主要是依據源自於實證主義科學研究取向的假設。

本章中，你將會學到量化研究的語言——一套包括：變項、假設、分析單位、與因果解釋的語言。發展因果解釋時所可能犯下的邏輯錯誤，正說明了爲什麼瞭解研究設計所包含的成分是那麼的重要。

當你學會了量化研究設計的語言與觀念之後，你也將學到如何把一個一般性的主題精煉成一個研究問題。精煉一個焦點分散的主題，把它轉化爲一個焦點明確的研究問題，是研究過程中的一個關鍵步驟。你將會發現，如果一開始就能鎖定回答某個焦點明確的研究問題，那麼設計一個高品質的量化研究就會是件比較輕而易舉的事了。

學習變項與假設的語言

什麼是變項？

變異和變項：變項（variable）在量化研究中是一個中心觀念。簡單地定義，變項是一個會變化的概念。量化研究的語言就是變項與變項間關係的語言。

你在第三章已經學到關於兩種類型的概念：指稱某個固定現象的概念（例如，科層制度的理想型），以及在數量、深度、和程度上會變化的概念（例如，受教育的年數）。第二類型的概念以及這些概念的測量就是變項。變項具有兩個或兩個以上的值，一旦你開始去尋找變項，你將會發現變項俯拾即是。例如，性別是一個變項；它有兩個值：男性或女性。婚姻狀況也是一個變項；它的值可以是未婚單身、已婚、離婚、或鰥寡者。犯罪類型也是一個變項；它的值有搶劫、強盜、偷竊、殺人，以及其他。家庭收入也是個變項；它的值可以從身無分文到擁有十億元。一個人對墮胎的態度也是個變項；它的值可以從強烈贊成合法墮胎到抱持強烈的反墮胎信仰。

變項的值或類別稱爲它的屬性（attributes）。一般很容易將變項與屬性混爲一談。變項與屬性是有關聯的，但是它們各有不同的目的。造成混淆的原因是因爲只要在定義上稍微做些變動，一個變項的屬性本身就可以成爲另一個獨立的變項。兩者的差異在於一個是概念之間的變化，而另一個是概念之內狀況的變化。例如，「男性」不是一個變項；它描述一個性別種類，因此是變項「性別」的一個屬性。然而，一個相關觀念「男子氣概的程度（degree of masculinity）」是一個變項。它描述在一種文化中，與男子氣概這個概念相關的態度、信仰、與行爲的程度或強度。「已婚」不是一個變項；它是變項「婚姻狀況」的一個屬性。相關的概念例如，「結婚年數」或「對婚姻忠誠的深度」則是變項。同樣的，「搶劫」不是一個變項；它是變項「犯罪類型」的一個屬性。「搶劫次數」、「搶劫率」、「搶劫所獲得的財物」、和「搶劫類型」都是變項，這是因爲他們會變化或是具有某些範圍內的值。

量化研究中，你需要以變項的語言重新界定你感興趣的概念。如同變項與屬性的例子所顯示的，定義上的些微變動會把一個非變項的概念轉變成一個變項的概念。就如你在第三章所見到的，概念是理論建構的基石；概念把人們對社會世界的思考模式給組織起來。謹慎界定的清楚概念對理論來說，是極爲根本的。

變項的類型：以因果關係爲研究焦點的研究者通常會從某項結果開始，然後回頭去尋找造成這個結果的原因。根據在因果關係中的位置，變項被分爲三種基本類型。原因變項── 亦即對其它事物發生作用的力量或條件的那個變項── 稱爲自變項（independent variable）。結果變項或是做爲另一個變項的效果或結果的變項，稱爲依變項（dependent variable）。自變項「獨立於」對它發生作用的前因，依變項則「依賴」那個原因的作用。

要決定一個變項是自變項還是依變項，並不總是件容易的事。不過有兩個問題可以幫助你去辨識自變項。第一，在時間上該變項是出現在其他變項之前嗎？自變項出現在任何其他類型的變項之前。第二，如果變項是同時發生，作者有指出某個變項會對另一個變項產生作用力嗎？自變項會影響其它變項的發生。研究主題經常是根據依變項來加以敘述，因爲依變項是要解釋的現象。舉例來說，假設一位研究者要檢視德州達拉斯市犯罪率增加的原因；依變項就是犯罪率。

一個基本的因果關係需要的不只是自變項與依變項。第三類變項── 中介變項（intervening variable）── 也會出現在較爲複雜的因果關係之中。發生在自變項和依變項之間，顯示它們之間的關聯或機制。知識的進展不僅繫之於對因果關係的記載，也繫之於對解釋因果關係機制的確實說明。就某一方面來說，中介變項是自變項的依變項，也是依變項的自變項。

舉例來說，法國社會學家愛彌爾．涂爾幹發展一套自殺理論，明確指出婚姻狀況與自殺率之間存在一個因果關係。涂爾幹發現的證據是已婚者比單身者較不會去自殺。他相信已婚者有較大的社會整合（即歸屬於某個團體或家庭的感覺），也認爲有一類自殺的主要原因是人們缺乏歸屬於某個團體的感覺。因此，可以把他的理論重新述說爲一種三個變項的關係：婚姻狀況（自變項）造成社會整合的程度（中介變項），而社會整合的程度影響到自殺（依變項）。明確指出因果的鎖鍊，會使理論的環節更加清楚，也幫助研究者檢定複雜的解釋[1]。

簡單的理論有一個依變項與一個自變項，而複雜的理論可能包含數打的變項，其中有多重的自變項、中介變項、與依變項。例如，一個犯罪行爲（依變項）的理論指出四個自變項：個人經濟拮据的狀況、易於犯罪的機會、身爲社會中某個不反對犯罪行爲的偏差次團體的成員，以及缺乏對犯罪行爲的制裁。一個多重原因的解釋經常會明確地指出發揮最大因果作用的自變項。

一個複雜的理論解釋包括一連串數個互相關聯的中介變項。例如，家庭破裂造成兒童在與同伴相處時表現出較低的自尊，較低的自尊又造成兒童的悶悶不樂，悶悶不樂又造成兒童學校成績的低落、學業成績的低落又降低兒童對得到好工作的期望、進而又造成長大成人後賺取到較低的收入。一連串的變項有：家庭破裂（自變項）、童年時的自尊（中介變項）、悶悶不樂（中介變項）、學校成績（中介變項）、工作期望（中介變項）、成年時的收入（依變項）。

就相同主題提出解釋的兩個理論，可能有不同的自變項，或是對自變項的重要性做出不同的預測。此外，兩個理論可能對自變項與依變項持有相同的看法，但是對於中介變項或因果機制則有不同的意見。例如，兩個理論都說家庭破裂會造成兒童長大成人後賺得較低的收入，但是提出的確是不同的原因。一個理論堅持家庭破裂會鼓勵孩童加入偏差同輩團體，而這類團體不接受努力工作的社會化規範。另一個理論強調家庭破裂造成孩童悶悶不樂的心情與低落的學業成績表現，而後者直接影響到工作上的表現。

單一的研究計畫通常只檢定一個完整因果鍊中的一小部分。例如，一個檢視六個變項的研究計畫可能是從一個更大的、更爲複雜的、內含二十四個變項的理論中，擷取六個變項的研究。明確陳述與較大理論之間的關聯有助於增強、並且釐清一個研究計畫。這不但適用於大部分的研究，而且對於爲大部分量化研究典範的解釋性基礎研究而言，更是如此。

因果關係與假設

假設與因果關係：假設是個有待檢定的命題，或是一個關於兩

方塊6.1

因果假設的五大特徵

1.因果假設至少要有兩個變項。
2.因果假設表示變項之間存有一種因果或原因一結果的關係。
3.因果假設的表示可以透過一個預測項或一個未來結果的被預測項來達成。
4.在邏輯上，因果假設連結某個研究問題與某個理論的關聯。
5.因果假設是可以推翻的；也就是說，能夠使用經驗證據來加以檢定，並且顯示假設內容的眞假。

變項之間關係的暫時性陳述。假設是關於社會世界如何運作的猜測；以價值中立的形式被敘述出來。科林格（Kerlinger, 1979:35）指出：

> 假設在科學研究中，比光是知道它們是什麼以及它們是如何被建構起來的來得重要許多。可以這麼說，它們具有將人抽離他本身關聯性的一個更為深層與重大的目的…假設是增進知識的有力工具，因為假設雖然是由人所形成的，但是它們可以不受人類價值與信仰的左右，而接受真偽正確的檢定。

一個因果假設有五大特性（參閱方塊6.1）。最前面的兩個特性界定了一個假設最低限度的要件。第三個特性將假設重新加以陳述。例如，參加宗教禮拜會降低離婚可能性的假設，可以重新被陳述爲一項預測：參加宗教禮拜的夫妻經常會比很少參加宗教禮拜的夫妻有較低的離婚率。這項預測可以用經驗證據來加以檢定。第四個特性敘述假設不應該被孤立起來看。應該合乎邏輯地將之與某個研究問題與某個理論相連結。研究者不是藉著檢定假設以解答研究問題，就是爲理論

方塊6.2

陳述因果解釋的方式

1.參加宗教禮拜是減少離婚的原因。
2.參加宗教禮拜致使減少離婚。
3.參加宗教禮拜與減少離婚有關。
4.參加宗教禮拜影響到離婚減少。
5.參加宗教禮拜與減低離婚下降有所關聯。
6.參加宗教禮拜產生離婚可能性下降。
7.參加宗教禮拜導致離婚可能性下降。
8.如果人們參加宗教禮拜，那麼離婚的可能性就會降低。
9.參加宗教禮拜的次數越多，離婚的可能性越低。
10.參加宗教禮拜減少離婚的可能性。

找尋經驗支持。最後一個特性要求研究者用經驗資料來檢定假設。在邏輯結果下必然爲眞的陳述，或是無法經由科學觀察而解答的問題（什麼是「好的生活」？上帝存在嗎？）都不能成爲科學的假設。

因果假設可以用許多方式加以陳述。有時候會用到「原因」這個詞，但是並不必然如此。例如，一個關於宗教禮拜與離婚可能性減低的因果假設，可以有十種不同的陳述方式（參閱方塊6.2）。

進行假設檢定時，研究者避免使用已證實的說法。你可能聽過證據這個詞被用在報章雜誌、法院、或者廣告上，但是你很少會聽到科學研究者使用這個概念。陪審團會說證據「證明」某人有罪，或一個電視廣告說，「研究證明我們的阿斯匹靈能夠最快治癒頭痛」。這都不是科學研究的語言。在科學的語言中，知識是暫時性的，知識的創造是個不斷進展的過程，要避免不成熟的驟下斷語。

科學家不會說他們已經證實了一個假設，或是該假設所表示的因果關係。證據意味著終結、絕對肯定、或是不需要在進一步探究的事物。證據對謹愼自持的科學界來說是一個太過強烈的用語。證據支持或肯定假設，但是無法證明假設。即使有數以百計的研究顯示同樣的結果，就如同抽煙和肺癌之間的關聯所受到的無數支持一樣，科學家也不會說他們已經掌握有絕對的證據。

科學最多能夠說的是有極多的證據，或是到今天所有的研究都支持某個假設，或都與某個假設預測的一致。科學家不可能會關閉任何找出與過去發現不一致的新證據的機會，他們也不想切斷未來探究或停止探索干預機制的機會。歷史上有的是許多曾經被認爲是已被證實的關係，但是後來卻發現是錯誤的例子。證明是用在推論邏輯或數學關係上，如一道數學證明，但是不會用在討論經驗研究上。

檢定與提煉假設：雖然研究者可能在一個研究計畫中只檢定一個假設，不過知識很少會在對單一假設作一次檢定的這個基礎上，而能有所進展。事實上，如果集中於檢定一個假設的單一研究計畫，一般得到的很容易會是對研究過程的一個扭曲了的圖像。隨著時間的進展，整個科學社群的研究者檢定了許多的假設，知識也因此而得以發展。在許多假設的變換與篩選中，知識也隨之成長。每一個假設都代表著對依變項的一種解釋。如果證據不能支持某個假設，他們就會逐步被排除在思考範圍之外，而那些得到支持的假設則留在爭論之中。理論家與研究者不斷創造新的假設以挑戰那些獲得支持的假設。

圖6.1代表隨著時間變化，假設也隨之改變的過程的一個例子。在某個起始點（1960年），有八個相持不下的假設存在。隨著時間的過去，這些假設受到不同研究者的檢定，到了2000年，只剩下兩個假設還有存在的可能性。沒有任何一個假設是一開始就已經發展出來的；其他的是隨著研究者過濾既有的證據與發展新的理論而被創造出來的。這個過程將一直持續到未來，所有假設都要受到經驗證據的檢定。

科學家是一個抱持懷疑論的團體。獲得某個研究計畫支持的一

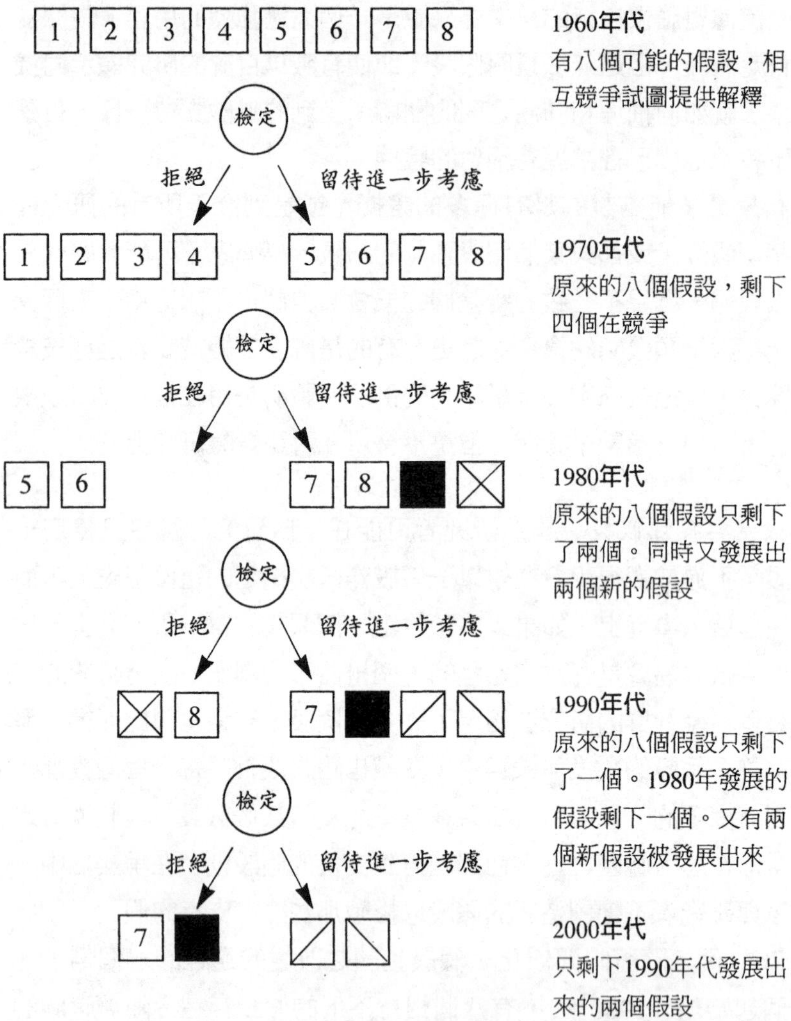

圖6.1 假設檢定過程如何創造出新的知識與相持不下的假設

個假設，不足以使科學家就此便接受它。複製的原則指出，一個假設需要數次檢定都獲得一致與反覆再三的支持，方能獲得普遍的接受。另一種增強對假設信心的方法是檢定假設所來自的理論中相關的因果關聯。

最強勢的競爭者、或是擁有最多經驗支持的假設，常被視爲一時之間最好的解釋。邏輯指出受到我們用愈多其它解釋來檢定的假設，我們對其的信心也愈強。有些假設檢定被稱做關鍵實驗（crucial experiment）或關鍵研究。那是一種研究的類型，其中：

> 對於某個現象有兩個或數個他類解釋，而每一個又都有經驗資料的驗證；關鍵實驗就被設計出來，以便從中能夠產生唯一的一個可以說明那個結果的解釋，就此這個解釋便顯示出它是「最正確的解釋」（Kaplan, 1964:151-152）。

因此，不常見到的關鍵實驗或研究計畫，是非常重要的理論檢定。來自兩種不同理論的假設在關鍵實驗中正面相逢，而且其中一個會被另一個擊敗出局。很少會出現這個局面，不過一旦發生，則影響極爲深遠。

假設的類型：假設是理論因果鍊中的環節，可以用不同的形式來加以呈現。研究者用它們來檢定變項間關係的方向與強度。當某個假設擊敗它的競爭對手，或對某個因果關係提供另類解釋，等於間接對研究者所提出的解釋，給予支持。假設檢定有個關鍵性的層面，那就是研究者對支持假設的證據的處理手法，並不同於處理否定假設的證據。他們給予負面的證據較多的重要性。評估假設時認爲負面證據比較具有關鍵性的看法，是源自於假設否證的邏輯（logic of disconfirming hypotheses）[2]。這與卡爾·帕波爾（Karl Popper）的謬化概念（falsification）（參見第四章）以及虛無假設的使用（參閱本節後面的討論）有關。

回想前面關於證明的討論，我們不可能完全證明某個假設，但是我們能夠否定它。掌握住支持假設之證據的研究者只能說這個假設有出現的可能性，或是說這個假設目前仍然有效。負面證據比較顯眼的理由，是因爲如果無法獲得證據的支持，假設就好像「失去了光澤」或「蒙上了塵埃」。這是因爲假設是要做預測用的，負面與不一致的證據顯示出預測錯誤。假設的正面或一致性的證據比較不具關鍵性，是因爲其它的假設可能也在做相同的預測。發現肯定某項預測證據的研究者並不能就此提高某個解釋相對於其它解釋的可信度。

舉例來說，有一個人拿著一把雨傘站在街角，宣告說他的雨傘保護他免於被落下的大象壓到。他的假設—— 雨傘提供保護－有證據支持。從他打開雨傘之後的任何時間裡，他都沒有被一隻大象壓到過。然而，這類支持性的證據很是薄弱；同時也符合另一個假設——大象不會從天上掉下來。這兩個假設都預測天上掉下來的大象不會危害到這個人的安全。對這個假設的負面證據—— 有隻大象跌落在他和他雨傘上，而且把兩者都壓扁——就可以徹底摧毀這個假設。

研究者檢定假設有兩種方式：直截了當的方式與使用虛無假設（null hypothesis）的方式。許多量化研究者，特別是實驗者，根據假設否證的邏輯，使用虛無假設的詞語來建構假設。他們進行假設檢定的方法是透過找出使他們能夠接受或拒絕虛無假設的證據。大多數的人說到假設是把它當成預測某個關係的方式，而虛無假設做的則是相反的事。它預測沒有關係存在。例如，莎拉相信住在校內宿舍的住校生成績會比住在校外的通勤生來得高。她的虛無假設是居住地與成績之間沒有關係。研究者使用虛無假設與相對應的對立假設（alternative hypothesis）或實驗假設。對立假設是說這個關係存在。莎拉的對立假設是居住在校內對學生成績有正向影響。

對大部分的人而言，虛無假設法是一種倒退式的假設檢定法。虛無假設的思考是建立在研究者想要發現一種關係的假定上，所以假設檢定應該被設計成使發現一個關係更加無可抗拒。使用虛無假設法的研究者只能直接檢定虛無假設，如果證據支持、或引導研究者去接受虛無假設，他便會做出接受檢定的關係不存在的結論。這意味著對立假設是錯誤的。另一方面，如果研究者能夠找到拒絕虛無假設的證據，那麼對立假設就有存在的可能性。研究者無法證明對立假設爲眞；相反的，藉著檢定虛無假設，研究者可以把對立假設留在爭論之中。當虛無假設的檢定累積愈來愈多的肯定證據，主張對立假設爲眞的論點的聲勢便愈來愈強。

許多人覺得虛無假設困惑難解。另一種思索方式是想一想科學社群是個非常謹愼小心的團體。除非有堆積如山的證據顯示某項因果關係是正確的，否則在此之前，科學社群寧願認爲這個因果關係是錯誤的。這相當近似於英裔美國人認爲除非證明有罪，否則都是清白的的法律觀念。研究者假定或據此判定虛無假設是正確的，直到有正當理由懷疑（reasonable doubt）會出現相反的意見。採用虛無假設法的研究者一般將之與特殊的統計檢定技術（例如，t-檢定或F-檢定）一併使用。因此，如果統計檢定指出虛無假設爲否的可能性在一百次中有九十九次，那麼研究者就可以宣稱有正當理由懷疑虛無假設成立的可能性。這就是當研究者說統計檢定使他「在 .01的顯著水準下拒絕虛無假設」時，他所表達的含意。（在第九章與第十二章中，會對推論統計有番簡短的討論）。

另一種類型的假設是雙重負載的假設（double-barreled hypothesis）[3]。研究者應該避免使用它；這類假設顯示研究者思路不清、製造混淆。所謂雙重負載的假設是指把兩個獨立的關係擺進一個假設之中。例如，研究者敘述一個假設：一個地區的貧窮與青少年人口的高度集中，會竊盜財物犯罪的增加，這就是一種雙重負載的假設。它的意思可能是下面兩種狀況中的一種：貧窮或青少年人口的高度集中會導致竊盜犯罪，或者是只有貧窮與青少年人口的高度集中所產生的聯合效應會造成竊盜犯罪。如果是那個「非甲即乙」的假設是研究者想要檢定的，也就是說只有一個自變項會產生效果，那麼假設檢定的結果就會十分不清楚。舉例來說，如果證據顯示貧窮會導致犯罪，但是青少年人口的高度集中不會，那麼這個假設獲得支持了嗎？

如果研究者要的是聯合效應的假設，那麼他眞正的意思是貧窮與青少年人口的高度集中必須一起發生── 而不是其中的任何一個── 會導致竊盜犯罪。如果這位研究者所想的這種聯合效果，那就不是雙重負載的假設了。研究者應該要清楚地陳述這個聯合效果的假設，如此特殊形態的變項關係是指變項必須一併出現，還是聯合出現，獲得清楚的說明。這通常被稱爲互動效應（interaction effect）（稍後將會討論互動效應）。

解釋的其它面向

分析單位與層次的釐清：一般說來，一開始時很容易對分析單位與層次的觀念感到困惑。然而，它們對清楚構想與籌劃研究計畫是相當重要的觀念。所有研究都有分析單位與層次，但是只有少數的研究者會對此做出明確的交代。分析層次與單位會受到主題與研究問題的限制。換句話說，在主題或研究問題與分析的單位或層次之間，存在著粗略的對應關係。

分析層次是理論解釋所論及之社會實相的層次。社會實相的層次是在一個連續體上變動，從微觀層次(例如，小團體或個體的過程)到鉅觀層次（例如，文明或社會的結構層面)。層次包括：人數、空間範圍、活動種類、和時間長度等的混合。舉例來說，非常微觀層次的分析可能涉及在同一個小房間內兩個人之間數秒鐘的交動。非常鉅觀層次的分析可能涉及橫跨數世紀、在好幾個大陸上的數十億人。大部分的社會研究所使用的是介於這兩個極端之間的分析層次。

分析層次圈畫出研究者使用的假設、概念、與理論的類型。例如，我想要研究大學生約會這個主題。我使用微觀層次的分析，並且使用像是人際接觸、彼此之間的友誼、與共同興趣等概念所發展出的一種解釋。我的假設是學生比較會和那些因爲和他們一起上過課、有過人際接觸的人、擁有共同的朋友的人，以及擁有共同興趣的人約會。這個主題與焦點符合微觀層次的解釋，因爲是乙個體之間面對的互動層次做爲研究標的。另一個例子的主題是不平等如何影響一個社會暴力行爲的形式。就此，由於主題及其所運作的社會實相層次，所以我選擇一個比較鉅觀層次的解釋。我感興趣的是在整個社會不平等的程度（即金錢、財富、收入、和其它資源的分配狀況）；與社會暴力的類型（例如，對其它團體的攻擊、性傷害、家庭之間的仇恨)。這個主題與研究問題暗示鉅觀層次的概念和理論。

分析單位是指研究者在測量變項時所使用的單位類型。社會學中常見的單位有個人、團體（例如，家庭、友伴團體)、組織（例如，公司、大學)、社會類屬（例如，社會階級、性別、種族)、社會制度（例如，宗教、教育、家庭)，以及社會（例如，國家、部落)。雖然個人是最常使用的分析單位，但是它絕不是唯一的一個單位。不同的理論強調某一種或另一種分析單位，不同的研究技術也和某一種分析單位相結合。例如，個人通常是調查研究與實驗研究的分析單位。

舉一個例子來看，個人是一項要求一百五十位學生評估他們最喜歡的足球隊員的調查所使用的分析單位。個人是分析單位，因爲每一位學生的回答都會被列入記錄。另一方面，一項比較各大學在足球訓練計畫上所花費用的研究，則是以組織（大學）爲分析單位，因爲比較的是費用，因而每所大學的花費都被列入記錄。

研究者也可能使用個人、團體、組織、社會類別、制度、與社會之外的分析單位。例如，研究者想要決定是否兩位美國總統候選人的演講包含某些特定的主題。研究者使用內容分析法，測量每位候選人在每場演講中的主題。這時每場演講的內容是分析單位。研究者也可能使用地理的分析單位。有興趣探究青少年人口數量較高的都市是否破壞公物的比例也高的研究者，會以都市爲分析單位。這是因爲研究者測量的是每個都市中青少年人口的百分比與破壞公物的程度。

分析單位決定了研究者測量變項的方式，也大略相應於解釋時的分析層次。因此，社會心理或微觀層次的分析適合以個人爲分析單位，而鉅觀層次的分析適合以社會類屬或制度爲分析單位。微觀層次的理論與解釋通常是指個體的特性或個體之間的互動。鉅觀層次的理論與解釋則是指在整個社會發揮作用的社會力、或是社會整體主要部分之間的關係。

研究者使用分析層次和單位來設計研究計畫，瞭解這些概念有助於研究者避免建構因果關係時，犯下邏輯上的錯誤（參閱下一節）。例如，一份檢視北部大學是否比南部大學花較多的經費在他們的足球隊上的研究，意指研究者蒐集的資訊是有關於大學的花費與大學所在的位置。分析單位——組織，或更明確地說就是大學——乃源自於研究問題，並且指示研究者要從每所大學蒐集資料。

對於相近似的主題或研究問題，研究者從不同的分析單位或層次中，做選擇。這個選擇是根據被檢視的理論與研究者所關切的問題。例如，研究者可能執行一項與父權社會以及暴力主題有關的研究計畫，而以社會做爲研究問題「父權社會比較暴力嗎？」的分析單位。他可以蒐集不同社會的資料，並且就暴力層次將每個社會加以分類。另一方面，如果研究的問題是「家庭的父權程度與對配偶施暴之間有關聯嗎？」，則分析單位可能就是團體或家庭，採取比較微觀層次的分析會比較適當。研究者可以就家庭來蒐集資料，測量不同家庭的父權程度以及在這些家庭中配偶間的暴力水準。同樣的主題可以用不同的分析層次與單位來加以探討，因爲父權可以是一個描述整個社會的變項，它也可以是描述家庭中社會關係的變項。相同的，暴力可以界定爲整個社會的一般行爲，也可以被界定爲是夫妻一方對另一方的人際行動。

因果解釋中的潛在錯誤：發展好的解釋需要研究者留意表面上看起來像是、但實際上卻不是的因果假設。下面討論五種謬誤或誤導的陳述。

◎生態謬誤

生態謬誤（ecological fallacy）源自於分析單位的錯誤配對，是指研究者握有經驗證據的單位，與他想要發表論述的單位之間出現不相稱的狀況。這是由於推理不當，以及通則化超過證據所保證的範圍之外的緣故。發生在研究者蒐集的資料是一組較高層次的或聚集的分析單位，但是卻想要對一個較低層次的、非聚集的單位提出論述之時。這之所以是一種謬誤錯誤，乃是因爲在某個分析單位上發生的狀況，並不總會發生在另一個分析單位之上[4]。因此，如果研究者蒐集到較大集體（例如，組織、整個國家）的資料，然後根據這些資料提出關於個體行爲的結論，他就犯下了生態謬誤。確定你用作解釋的分析單位等同於，或是接近於你蒐集的資料的單位屬性，你就可以避免落入這種錯誤（參閱方塊6.3）。

◎例子

湯姆鎮（Tomsville）與瓊安鎮（Joansville）大約都住有四萬五千人。湯姆村中有較高比例的高收入人口，在這個鎮上有半數家庭的家庭收入超過十六萬美元。這個鎮上所登記的機車數也比任何其他與它大小相近的市鎮爲多。瓊安鎮則住有許多窮人，半數的家庭生活在貧窮線之下，它所登記的機車數也比任何其他與它大小相近的市鎮爲少。但是只根據這些資料就說有錢人比較可能擁有機車，或說證據顯示家庭收入與擁有機車之間有關，就是個謬誤。原因是我們並不知道在湯姆鎮與瓊安鎮中哪種家庭擁有機車，就整個鎮來看，我們只知道兩個變項——平均收入與機車數量。觀察變項的分析單位是整個城鎮。或許湯姆鎮中所有中、低收入的家庭都加入一個機車俱樂部，但沒有一家高收入的家庭加入這個俱樂部。或許瓊安鎮的每個富有家庭以及每五個窮人家庭都擁有一輛機車。要做出關於家庭擁有機車的狀況與家庭收入之間有關係的陳述，必須就家戶蒐集資料，而不是就整個城鎮。

方塊6.3

生態謬誤的範例

高頂大學有五班西洋史的課程，每班有五十位學生。去年校長發現班上有作弊的情形，並且查出每班性別組成資料如下。校長計算出作弊與性別之間有非常高的相關。相關表的圖形見圖A。

班級	a	b	c	d	e
作弊人數	2	4	6	8	10
女同學百分比	80	60	40	30	20

在對生態謬誤毫無所悉的情況下，校長做出男同學比較可能作弊的結論，並且進而訂出一個監督男同學的政策。你對生態謬誤有所研究，知道校長有的是全部班級特性的資料，並不能做爲個人作弊行爲的證據。你要求提供有關個人作弊行爲的性別資料，所得如下：

班級	a	b	c	d	e
男同學作弊人數	1	2	3	4	5
女同學作弊人數	1	2	3	4	5
總作弊人數	2	4	6	8	10

你馬上就注意到在所有的班級中，有半數作弊者是女生。各班女生人數比例與男生作弊人數之間沒有關係。然後你向校長解釋說，男生和女生一樣有作弊的可能，在作弊上沒有性別的差異。你觀察到的資料，其圖形像圖B。

校長的圖並沒有錯，也是資料的反映。問題是，它所顯示的不是關於個別學生行爲性別差異的資料。或許另一個未加測量的因素，可以解釋這個模式（換句話說，這是個虛假相關），或許是女生人數比較少的班級創造出一種教室氣氛，使男女同學之間出現一致支持作弊的規範。不過，這些都是另外的研究議題。

續方塊6.3

儘管在圖A中的觀察值中存有某種明確的模式，但是卻不是支持男生比女生更可能作弊這個結論的證據。吾人必須掌握正確的證據類型（以個人單位的證據），方能對個別作弊者的行為，做出確實的結論。

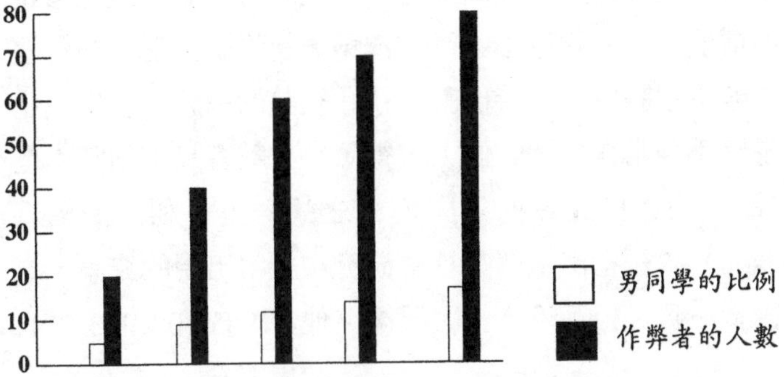

圖A 西洋史五班學生作弊人數與班上男同學的百分比

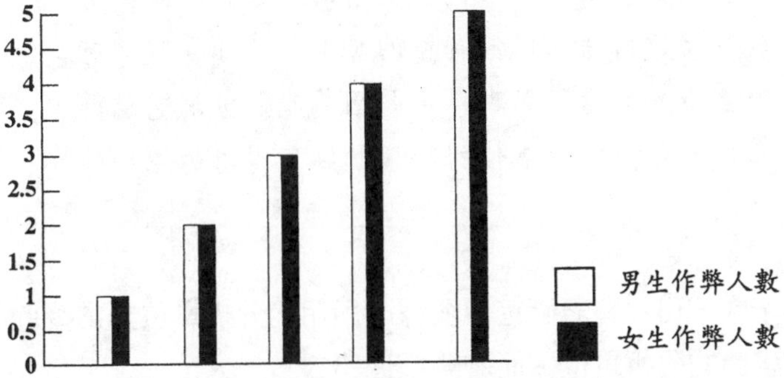

圖B 西洋史五班學生作弊人數按性別分

◎化約論

另一個牽涉到分析單位的配對錯誤以及對證據做出不當推論的問題是化約論（reductionism），也稱爲不對等謬誤（參閱方塊6.4）。這個錯誤是發生在研究者解釋鉅觀層次的事件時，但有的只是關於數個特定個人的證據。發生在研究者觀察的是較低或個別的分析單位，卻對較高或聚集單位的運作狀況做出論述的情況之時。這是生態謬誤錯誤配對的逆向情況。握有關於個人行爲決策資料的研究者，卻對鉅觀層次單位的動態提出論述，這時他就犯了化約論的謬誤。會出現化約論的謬誤，是因爲通常從具體的個人取得資料比較容易；同時也是因爲鉅觀層次單位的運作比較抽象與模糊之故。史丹利・黎柏森（Stanley Lieberson）曾經指出這個在社會研究中經常出現的錯誤，導致眾多論點前後不一致、相互矛盾、與混淆。他（1985:108, 113-114）強力指出：

> 較低層次的關係在決定某個較高層次過程之命題的效度上，是毫不相關的。事實上，從較低層次的分析，是不可能得到對較高層次的結構任何有益的瞭解。…如果我們有興趣的是較高層次的過程與事件，是因為我們瞭解它們具有不同於單純地把所有次單位的特質加總所得出的總和性質之故。

就和生態謬誤一樣，可以藉著確定你解釋時所用的分析單位非常接近於你所掌有之證據的分析單位，而避開這個錯誤。

未能對分析單位做出正確思考的研究者與掌握有不相稱的理論與資料的研究者，是比較可能犯下生態謬誤或化約論的謬誤。他們不是對適合於研究問題的資料做出錯誤的判斷，就是過度通則化他們的資料。

你可以對你經驗研究以外的分析單位做出若干假設。據此，有

方塊6.4

化約論的錯誤

假設你拿起一本書，讀到下文：

> 在1960年代民權時期美國社會的種族關係發生劇烈的變化。隨著全國各地法令與法庭判決的改變，大多數白人的態度也變得比較包容。長期以來，立法上與官方制度只開放給白人的機會——例如，住宅、工會、學校、投票權 等——從那時起便開放給所有的族群。從1955年布朗與教育部爭議案的判決，到1964年的民權法案，到1966與1968年之間的打擊貧窮之戰，一個嶄新的、戲劇性的風貌席捲全國。這正是美國最偉大的民權領袖馬丁·路得· 金恩有遠見、有決心，以及行動的結果。

這是說依變項＝過去十、十三年以來美國種族關係的主要變遷；自變項＝金恩的遠見與行動。

如果你對民權運動時代知之甚詳，你會看出一個問題：這整個民權運動及其成就被歸功於一個單獨的個人。是的，某一個人的作爲的確會造成不同，有助於一個運動的開創與領導，但是運動本身卻不見了。社會政治運動做爲一個原因動力的想法被化約爲一位主要領導者的行動。那個獨特的社會現象——運動本身——卻被模糊化了。被捲進開發一個共享目標的成千上萬民衆的行動（遊行、法庭訴訟、演講、禱告會、靜

關個人的研究是建立在個人是在一組社會制度下活動的假設之上。社會制度的研究則是根據有關個人行爲的假設。我們知道許多微觀層次的分析單位形成鉅觀層次的分析單位。其中的一種危險是，很容易不知不覺地使用微觀單位——例如，個人——的原因或行爲去解釋鉅觀單位——例如，社會制度——的行動。在某個層次單位之間所發生的關係，並不必然在不同的分析層次上也會出現。社會學這門學科，是建立在相信超越個人之外尚存有一個獨特層次的社會實體的基本信念

續方塊6.4

坐、示威、暴動、請願、械鬥），卻遭遺忘。運動的意識型態、群眾動員、政治行動、組織，以及策略運用都不見了。鉅觀層次可能影響運動方向的相關歷史事件與趨勢（例如，反越戰的抗議行動、約翰·甘乃迪的被刺事件所造成的心態轉變、黑人分裂主義的政治活動、黑人遷徙到都市化的北方等等），都遭忽略。

這項錯誤不是歷史解釋獨有的錯誤。許多人只站在個人行動的基礎上來思考問題，犯下了個人主義的偏差。有時這被稱爲方法論上的個人主義（methodological individualism）。這個現象在極端個人主義的美國文化下尤其眞切。錯誤是在它完全不理會分析單位、甚至強行做出超過個人的結論。化約論的錯誤在於把解釋轉變成更低層次的分析單位，再把個人行爲降低成個人的生物過程，再將之化約爲微觀的神經化學活動，甚或某種次原子層次的活動。

大多數的人住在「社會世界」，以地方性的、立即的環境，以及與其互動的少數人爲生活的焦點，所以他們對日常生活實相的體會，常促使他們以個人的行動或心理過程來觀察社會的趨勢或事件。常常，他們對更爲抽象的鉅觀實相——像是社會力、過程、組織、制度、運動、或是結構——視若無睹。不可以把社會行動化約爲個人行動的這個觀念，是社會學的核心，涂爾幹在其古典大作《自殺論》中力戰方法論的個人主義，並且彰顯較大的、不爲個人所察覺的社會力解釋極爲個人的私人行動能力。

之上。這個層次的解釋需要超越單獨個人的資料與理論。存在於鉅觀單位的原因、勢力、結構、或過程，是不能化約成個人行爲的。

◎例子

爲什麼會發生第一次世界大戰？你可能聽說過那是因爲在1914年有一位塞爾維亞人槍殺奧匈帝國的太子，這就是化約論。是的，刺殺是一個因素，但是國家之間的鉅觀政治事件——戰爭——不能被化約爲某個個人的特定行爲。如果可以這樣做，我們就也可以說這次戰爭的發生是因爲那天早上刺客的鬧鐘響了把他叫醒。如果鬧鐘沒有響，就不會有刺殺事件，所以是鬧鐘造成戰爭！這整個事件——第一次世界大戰——複雜多了，是因爲許多社會、政治、與經濟勢力在歷史的某一點上一起發揮作用的結果。某個特定個人的行爲固然有其作用，但是相對於這些鉅觀力量而言，則只居次要地位。個人影響事件，而事件最後再結合較大規模的社會勢力與組織而影響其他人並且牽動國家。但是單獨的個人行爲並不是原因，因此，很有可能即使在那個時點前後沒有發生刺殺事件，還是會爆發一場戰爭。

◎套套邏輯

套套邏輯（tautology）是循環論證——發生在當某些事「就定義來說是正確」之時。套套邏輯看似是一個因果關係，其實不是。它的發生是由於語言上失誤，因而在定義和因果關係之間造成的混淆。科學假設必須能夠被經驗證據證明爲假，套套邏輯不是無法接受經驗檢定，就是無法透過經驗檢定而顯示爲假，因爲套套邏輯敘述的是一個邏輯或語意關係，而非經驗、因果的關係。你可以試看看用某個假設是否可以重新被說成一個定義的方式，來避免這種錯誤。如果用等號可以取代在自變項與依變項之間的因果箭頭，你有的可能就是個套套邏輯。

◎例子

保守主義者是個帶有某種態度、信仰、和價值（希望較少的政府管制、不對較高所得者課稅、維持強大軍隊、主張公立學校教授宗教課程、廢除反歧視法）的人。指出想要較少的政府管制、維持強大的軍隊等等會造成保守主義的說法，就是套套邏輯。在鬆垮的日常用語中，我們可能會說「莎莉是個保守主義者，因爲她相信應該減少政府的管制。」這看起來像是一個因果陳述，但它並不是一個因果解釋。這組態度是指出莎莉爲保守主義者的理由，但是這些態度不是造成莎莉保守主義的原因。她的態度是保守主義，所以這個陳述就定義來說是正確的。就此要想舉出顯示這些態度與保守主義無關的證據是不可能的。

◎目的論

這是指某些事看似因果關係，但是其實不是的另一個情況，因爲它無法接受經驗檢定。目的論（teleology）起自於語言上的失誤，發生在使用一個模糊的未來狀況，或是用一個關於「世界本質」的抽象、廣泛觀念來解釋某些特定事物之時。它是無法檢定的，而且違反因果解釋的時間順序。你可以仔細檢定一個解釋中的自變項或原因，以避免犯下這個錯誤。

◎例子

「核心家庭是西方工業社會盛行的家庭型態，因爲它具有維繫社會的功能」——這個陳述是源自結構功能論的一個無法驗證的目的論陳述。它是說「社會維繫」是「家庭型態發展」的原因。然而，我們可以觀察一個社會是否維繫的唯一方式是在事實發生之後，或者是在它已經有了一種家庭型態之後的結果。下面是另一個目的論陳述的例子：「因爲成爲世界主要強權是美國的命運，所以我們發現在十九世紀早期有數以千計的移民進入西部疆域。」這是說「成爲一個世界主要的強權國家」——是從1920年到1945年所發生的事——造成「向西部移民」，而這則發生在1850年到1890年之間。它使用「命運」這個曖昧模糊的字眼，就像其他類似名詞（例如，「根據神的計畫」）一樣，是無法在因果關係中觀察得到。

◎虛假相關

稱變項間的關係爲虛假相關，意味著這個關係是錯誤的，是種

方塊6.5

虛假關係的範例

紐曼、喬瑟、克里格勒（Neuman, Jusr & Crigler, 1992）在其新聞媒體的研究中，發現新聞來源的類型與知識之間的相關性。那些偏好從電視上獲得新聞來源的人，比起從報紙上取得新聞來源的人，擁有較少的知識。這項相關通常被詮釋為資訊的「消音」。換句話說，電視新聞造成民眾的知識減少。

作者發現這項關係是虛假相關，不過他們說，「我們能夠顯示偏好收看電視新聞與知識水準低之間的整個關係是虛假的」（第一一三頁）。他們發現一個開始時未被發覺的第三個變項，同時可以解釋偏好收看電視新聞以及對時事的知識水準。他們指出，「我們發現，眞正造成電視這個問題效應的，是認知能力較低的民眾偏好從電視上獲得新聞知識。」錯失或隱藏的變項是「認知能力」。這些作者把認知能力界定為個人使用理智與操弄抽象觀念的能力。換句話說，有困難處理抽象、複雜知識的人轉而收看新聞報導。其他人可能也觀看衝擊力大、娛樂性高的電視新聞，不過他們可能看電視新聞的次數較少，同時也會閱讀以其它需求性高、資訊儲量豐富的平面資訊。資訊閱讀能力較弱的民眾常是缺乏時事知識，以及其它需要抽象思考、主題較為複雜的知識的那群民眾。

幻覺。如果研究者認為發現一個虛假關係，他們會因此而感到興奮，因為他們可以證明這個世界要比表面上所顯現的複雜得多。由於兩個變項間任何關聯都有可能是虛假的，所以當研究者發現兩個變項有所關聯時就得特別提高警覺；因為進一步探究之後，可能構不成因果關係的基礎。可能會是個幻覺，就好像在大熱天，路面上看似出現一灘水的景象。

虛假相關發生在兩個變項有所關聯，但不是因果關聯之時，因為實際上尚有未被察覺的第三個因素，才可能是造成這個關係的眞正原因（參閱方塊6.5）。第三個變項同時是看似明顯的自變項與依變項的原因，它說明了觀察到的關聯。以因果關係的條件來說，未被察覺的第三個因素代表另外一個強而有力的解釋。

你可能會說，「好的，我應該留意所有的相關或關聯，但是我如何能夠分辨某個關係是還是不是虛假的呢？而我又如何才能找出神秘的第三個因素是什麼呢？」你將需要用到統計技術（本書後面會有所討論）來驗證一個關聯是否是虛假的。要使用它們，你需要一個理論，或至少需要根據你認爲這個世界是如何運作的，對可能的第三個因素做個猜測。實際上虛假相關是根據某些你已經使用過的常識邏輯。例如，你已經知道在冷氣機的使用與冰淇淋甜筒的消耗量之間有所關聯。如果你測量使用中的冷氣機數量和冰淇淋捲筒每天賣出的數量，你將爲發現兩者間有很強的相關，當有較多冷氣機在使用的日子裡，就會賣出較多的冰淇淋甜筒。但是你知道吃冰淇淋甜筒並不會促使人們打開冷氣機。相反的，這兩個變項是由第三個因素——天氣炎熱——造成的。第三個因素沒有被察覺，直到你運用邏輯思考才找出來。你可以透過統計來檢驗相同的事物，測量每天的溫度，以及冰淇淋的消耗量與冷氣機使用量。社會研究中，相互對立的理論對許多主題都能夠幫助吾人找出哪一個第三個因素是有關的（例如，犯罪的原因，或戰爭或虐待兒童的原因）。

◎例子

長得比較高的十五歲孩子似乎比較喜歡橄欖球與運動，而比較不喜歡購物買衣服。再者，身高與喜愛橄欖球之間有很強的相關。這並非意味著身高造成對橄欖球的偏好；這個關係是虛假的，因爲第三個因素——性別——會發生作用。十五歲的男孩比十五歲的女孩高，而男孩比較喜歡橄欖球。因此，身高本身可能和喜歡橄欖球並沒有什麼關係。相反的，是性別產生了身高上的差異，也是性別和喜歡橄欖球與其他運動的社會化有所關聯。事實上，很可能是在男孩子之間，長得比較高者實際上不是比較喜歡籃球，就是追著橄欖球跑。如果研

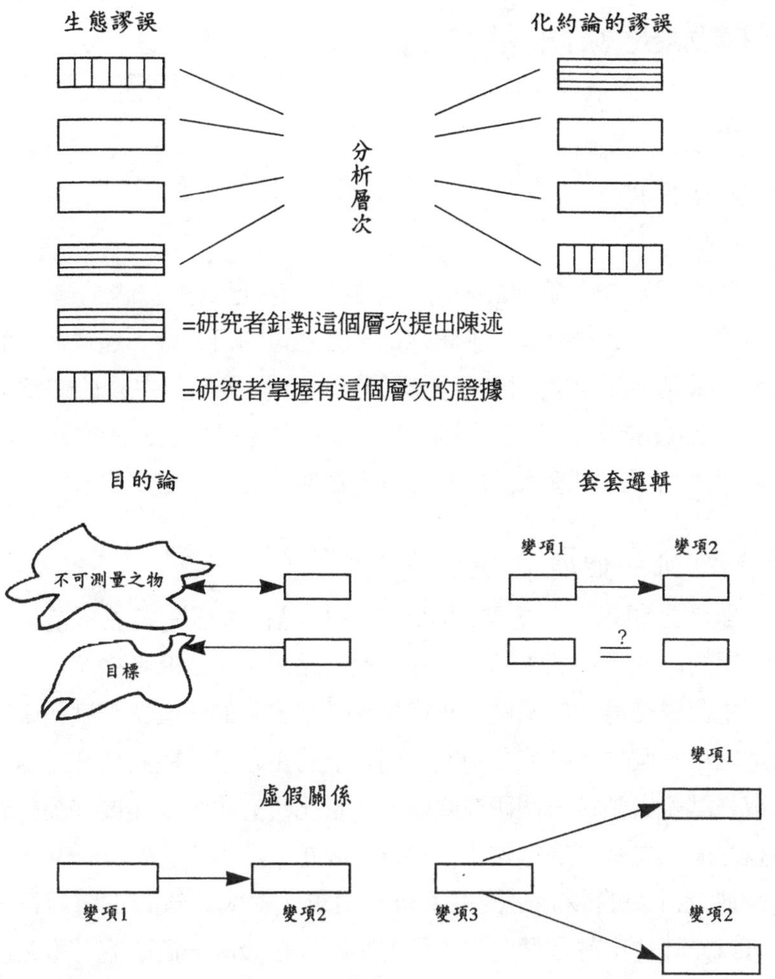

圖6.2 解釋時須避免的五大錯誤

究者只觀察身高與對橄欖球的偏好，而忽略性別差異，他勢必會被誤導。

圖6.2提供五大錯誤詳細的敘述。

選擇與提煉研究主題

主題的選擇

當你開始一個研究計畫時，你的第一步是選擇一個主題[5]。選擇主題並沒有一定的公式。不論你是經驗老道的研究者，還是初學的入門者，最佳方針就是對你感興趣的某事進行研究。主題的來源非常多，方塊6.6指出一些選擇主題的方法。這些選擇主題的方法並不限於量化研究，它們適用於所有的研究類型。

從主題到一個特定的研究問題

雖然主題是一個重要的開始點，但是社會研究者並不是執行某個主題的研究。一個主題也只是一個起點罷了。研究者精煉、並且把一個主題濃縮爲一個問題。研究生手經常會犯的一個錯誤就是未能有效地縮小一個主題，或是想從一個廣泛的主題直接跳到研究計畫，而沒有先試著去創造一個研究問題。在量化研究中，你需要在設計研究計畫之前，先有一個焦點集中的研究問題。

研究計畫的設計是圍繞著研究問題。對大部分的主題而言，或許可以先陳述出許多個潛在的研究問題。在設計一個研究計畫之前，先從廣泛主題之內，鎖定一個特定的研究問題爲焦點。例如，方塊6.6中，個人經驗的例子建議以工會做爲主題。但是「工會」是一個主題，而不是一個研究問題。在任何一個大型圖書館，你將會發現由社會學家、歷史學家、經濟學家、管理專家、政治科學家、與其他人針對工會這個主題所寫的上百本書籍與上千篇的論文。這些書籍與論文以這個主題的不同面向爲焦點，也從許多不同觀點對之加以探究。在進入設計一個研究計畫之前，你必須縮小主題、找出焦點。一個研

方塊6.6

選擇主題的方式

1.**個人經驗**：你可以根據發生在你身上、或是從你所知道的某些事物中，選擇研究的主題。舉例來說，暑假時你在一間工廠打工，地方工會發動一場罷工，你對當時狀況沒有強烈的情緒反應，但是迫於情勢，你必須表明立場支持其中一方。你注意到緊張氣氛的出現，經理與勞工變得相互仇視對方，這個經驗使你選擇工會或是組織化的勞工做爲你研究的主題。

2.**出於對媒體報導事件的好奇心**：有時候你讀到報章雜誌上的文章，或是看了某個電視節目，結果令你頗感困惑。你讀到的消息使你提出質疑，甚或促使你去複製別人的研究，看看會不會得到相同的結果。舉例來說，你讀到《新聞週刊》上一則有關無家可歸遊民的報導，但是你對於哪些人是遊民所知不多，爲何他們會無家可歸、這個問題是否長期以來一直存在等等，也不甚瞭解。這促使你選擇遊民做爲你研究的主題。

3.**某個領域內的知識狀況**：基礎研究通常都是被新的研究發現以及拓展知識疆域的理論所驅策。隨著理論發展的愈發詳盡、周延，勢必要尋求某些議題的解答，該學門領域方能向前邁進。你讀到有關民眾對死刑態度的報導，瞭解到大部分的研究指出，支持死刑的人士多抱持著罪犯都是天生邪惡之徒的基本信念。你注意到目前尚未有人檢視是否信仰

究問題的範例是「在後第二次世界大戰期間，美國工會設置了阻止非裔美國人進入專門技術工作領域的障礙，這對助長種族不平等發揮多大的效果？」

剛開始進行某個主題研究時，問自己一個問題：就這個主題而言，最令你感興趣的是什麼？對一個你所知甚少的主題，先以閱讀開始，建立你對這個主題背景知識的瞭解。研究問題是指一組少數變項之間的關係。確認出數個的變項，並且對這些變項之間的關係做清楚的說明。

續方塊6.6

某種宗教的人多支持死刑的處分，因爲他們的宗教灌輸這種天生邪惡之徒的觀念；也沒有任何研究描述這些宗教團體分佈的地理位置。這個領域的知識引導你選擇對死刑的看法與不同地區的宗教信仰做爲研究計畫的主題。

4.**基於解決問題**：應用研究的主題常始於某個需要解決的問題。舉例來說，你的工作是校內諮詢員。你想要幫助大學新生建立彼此之間的友誼。你的問題建議你選擇大學新生的交友過程做爲你的主題。

5.**社會獎勵**：這個術語是由辛格頓（Singleton, 1988:68）及其同事所創造的。意指某些主題相當「熱門」，開放某些研究機會。舉例來說，你讀到某則消息，說有一大筆經費提供給從事安養之家的研究，但是很少有人對這個題目感興趣。你需要一份工作，所以你選擇安養之家做爲研究主題。

6.**個人價值**：有些人對某套宗教信仰、政治或社會價值，全然信守、死心塌地。舉例來說，你強烈信仰種族平等，每當聽到種族歧視，你馬上就會義憤塡膺，異常憤怒。你強烈的個人信仰促使你選擇種族歧視爲研究主題。

7.**日常生活**：日常生活中的古老諺語、小說、歌謠、統計數字，以及道聽塗說（特別是從那些與你意見不同的人的言論中），都可以找到潛在的話題。舉例來說，你聽說過地主優勢在籃球比賽來說非常重要。這個陳述促使你以「地主優勢」做爲研究主題。

一個研究問題包括一個或數個因果關係。方塊6.7列出數個從一個主題中鎖出焦點，並且將之轉化成研究問題的方法。舉例來說，「什麼原因會造成離婚？」這個問題就不是一個好的研究問題。一個比較好的研究問題是「結婚年齡與離婚有關係嗎？」第二個問題指出了兩個變項：結婚年齡與離婚。

另外一個鎖定研究問題的技術是明確指出你可以把研究問題的解答，通則化到的那個全體（universe）。所有的研究問題、假設、與研究都適用於某些團體或類屬的人、組織、或其他單位，全體是指研

方塊6.7

將主題窄化成一個研究問題的技巧

1.**文獻檢索**：已發表的論文是發覺研究問題點子的極佳來源。這些論文通常具有某種適當的明晰程度，建議以下述事項爲焦點的研究問題：

a.完整地複製先前的研究計畫，或是只做些微的改變。
b.探討先前研究中所發現的非預期結果。
c.遵照作者在其論文結束時所提出的未來研究建議。
d.延伸既有的解釋或理論到新的主題或情境。
e.挑戰某些研究發現，或企圖駁斥某項關係。
f.清楚說明干預的過程，考量關係形成的環節。

2.與他人討論你的想法

a.向對某個主題知之甚詳的人，請教他們你曾經思索過的問題。
b.找出那些不同於你的意見，並且討論對於這些見解可能的研究問題。

3.應用到某個特定的情境

a.把焦點集中在某個主題的某段特定的歷史時期或時間段落
b.把某個主題縮小到研究某個特定的社會或地理單位。
c.思索那些次團體或群眾類屬涉及其中，是否其中有所差異。

4.界定研究的目標與期望的結果

a.研究問題是屬於探索性的、解釋性的、或是描述性的研究？
b.研究問題會是個應用的還是個基礎的研究？

究者想要解釋的那組單位。舉例來說，你的研究問題是關於新缺勤政策對高中學生學習效果的影響。這時的全體就是所有的高中學生。我們在第九章將會再度討論這個觀念。

當主題提煉成一個研究問題、當設計一個研究計畫、和當形成假設之時，你也需要考慮實務上的限制。設計一個完美的研究計畫是個有趣的學術作業，但是如果你想要實際執行一個研究計畫，實務操作上的限制將會影響你對整個計畫的設計。

主要的限制包括：時間、費用、取得資源的管道、主管機關的許可、倫理道德的考慮、以及專業知識。如果你有五個星期，每個星期有十個小時可以用來從事研究計畫，但是這個研究問題的答案需要花費五年的時間才能取得，那麼你就得重新規劃焦點更小的研究問題。估計回答一個研究問題所需的時間數量不是件易事。明確假設的提出、研究方法的使用、與蒐集的資料類型，都扮演非常重要的角色。經驗老道的研究者是請教精確估計的最佳對象。

成本是另外一個限制。就如時間一樣，在有限的條件下回答一個問題，有各種創意的方法，但是由於所涉及的費用可能使回答某些問題成爲不可能的事。舉例來說，一個關於所有球迷對他們球隊的吉祥物抱持什麼態度的研究問題，可能只有在投下大量的時間與金錢後，才能得到答案。把研究問題縮小到探討兩所不同大學學生對他們球隊吉祥物的感覺如何，可能使整個研究變得比較能夠掌握。

接近資源的管道是一個常見的限制。資源可以包括：別人的專業、特殊器材設備、或是資訊。舉例來說，一個關於不同國家的竊盜率與家庭收入的研究問題，幾乎就是無法回答的問題，因爲無法蒐集到各國竊盜與收入的資訊，或是根本沒有管道取得這些資料。某些問題的研究需要主管機關的同意（例如，查閱醫療記錄），或是牽扯到違反基本的倫理道德原則（例如，把一個人打成重傷，看他有何反應）。研究者的專業背景也是一個限制。回答某些研究問題涉及到使用資料蒐集的技術、統計方法、外國語文的知識、甚或研究者可能沒有的技能。除非研究者可以獲得必要的訓練，或者花錢雇用另一個人藉助他的服務，否則這個研究問題可能就不切實際了。

從研究問題到假設

從廣泛的主題平順地邁向一個假設是頗為困難的工程，但是從妥當擬定的研究問題到假設的跳躍則只要一小步。好的研究問題之中包藏著相關假設的提示。此外，假設其實是對研究問題所提出的暫時性解答（參閱方塊6.8）。

試想一個研究問題的例子：「結婚年齡與離婚有關係嗎？」這個問題包含兩個變項：「結婚年齡」與「離婚」。要發展一個假設，研究者要問「哪一個是自變項？」。因為婚姻在邏輯上必然先於離婚，所以自變項是結婚年齡。研究者也要問「關係的方向為何？」這時的假設可以是：「結婚的年齡愈小，婚姻會以離婚結束的機會愈大。」這個假設回答了研究問題，也做出預測。注意，研究問題可以重新加以整理，然後提出一個焦點更為集中的陳述：「早婚的夫妻比較容易離婚。」

從一個研究問題可以發展出來數個假設。從上述同一個研究問題可以產生的另一個假設是：「結婚時配偶的年齡差異愈小，婚姻較不可能會以離婚收場。」在這個例子裡，研究者以另一種的形式界定「結婚年齡」這個變項。

假設可以明確地指出，一個關係存在於某些情況、卻不存在於其他情況。如同黎柏森（1985:198）的評論，「為了評鑑某項因果命題的功效，清楚地陳述出這個因果命題運作的情境，是極為重要的」。舉例來說，一個假設指出：「結婚時雙方的年齡愈小，婚姻會以離婚結束的機會愈大，除非這個婚姻是發生在一個組織嚴密、並以早婚為常態的傳統宗教社群的成員之間。」

形成一個研究問題與發展出一個假設，並不需要遵循某種固定的步驟。研究者可以形成一個暫時性的研究問題，進而發展出可能的

方塊6.8

好與不好的研究問題範例

不好的研究問題	好的問題
1.無法經驗檢定、非科學的問題 —墮胎應該合法化嗎？ —死刑是正確的嗎？ 2一般性的主題，不是研究問題 —酗酒與吸毒的處理 —性與老化 3是組變項，而不是問題 —死刑與種族歧視 —都市衰敗與幫派 4.太過模糊、模稜兩可的問題 —警力影響不良行爲嗎？ —我們可以做些什麼來防治虐待兒童？ 5.需要再進一步明確化的問題 —虐待兒童事件有升高的情形嗎？ —貧窮如何對兒童產生影響？ —什麼是生長在貧窮環境中的小孩經驗到，而其他小孩沒有經驗到的問題？	1.探索性的問題 —威斯康新州實際虐待兒童的事件，在過去十年來，是否有所改變？ 2描述性的問題 —虐待兒童，不論是毒打還是性虐待，在父母離異的家庭，是否比在一般完好如初、未受離婚波及的家庭，更加是司空見慣的事？ —在貧窮家庭中長大的小孩，比非貧窮家庭的小孩，比較可能有醫療、學習、社會情緒適應上的困難嗎？ 3解釋性的問題 —離婚經驗創造出來的情緒不穩定會增強離婚父母毒打虐待小孩的機會嗎？ —缺乏足夠的金錢接受預防治療是貧窮家庭小孩遭遇到比較嚴重醫療問題的主要原因嗎？

假設。發展假設的過程幫助研究者更清楚地陳述研究問題。這個過程是互動的，涉及創造力的發揮。

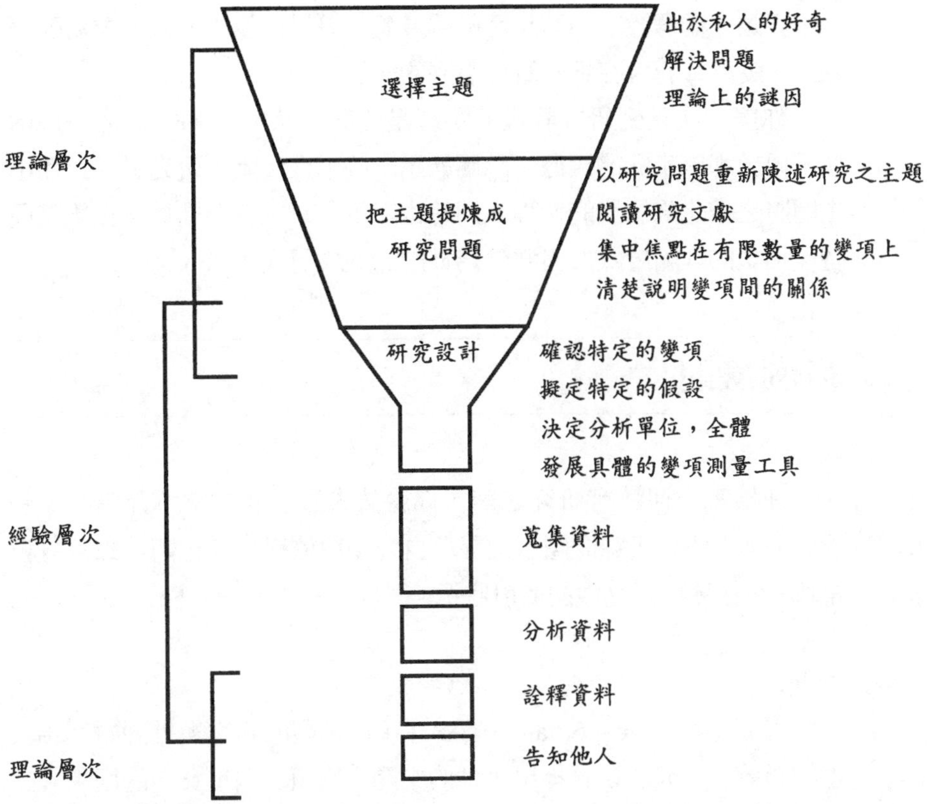

圖6.3 研究修訂的步驟

理論在哪裡？

你可能會想：從一個主題發展到我可以檢定的假設的這段過程中，理論在那裡切入？回想第三章，理論有許多種形式。研究者從一般的理論議題與謎題中找出主題的來源。理論與理論架構提供研究者一些概念與觀念，然後再將之轉換爲變項。理論提供推理或機制，幫助研究者把變項連結成研究問題。一個假設可以同時是研究問題的答案以及源自於理論的未經檢證的命題。研究者可以在抽象的概念層次上來表達一個假設，也可以用較爲具體、可以測量的形式，重新陳述假設，就如你將會在下一章中看到的一般。

你第一次見到研究計畫的步驟是在第一章中。圖6.3給你一個稍微不同於那些步驟的圖像。該圖顯示一些中介步驟，研究者用以縮小主題將之轉化爲假設的過程。同時也顯示當研究者邁進資料蒐集階段時，抽象的理論層次如何轉化爲具體的經驗層次。

範例檢討

在檢視如何執行研究之前，你應該先看一看本章所介紹的一些觀念──主題、研究問題、假設、自變項與依變項、全體，以及分析單位──在實際研究中的使用狀況。

實驗

尼波里坦（Neapolitan, 1988）「不同類型的讚賞與批評對行爲表現的影響」研究題目就指出了他的主題，使用正向或負向的回饋（讚賞或批評）來影響行爲表現。作者藉由增強（reinforcement）與歸因（attribution）這兩個概念的使用，透露他所應用的理論傳統。這些概念源自於社會心理學的歸因與行爲修正理論。

研究問題是：在四種讚賞與批評類型中，哪一種對改進人們的行爲表現產生最大的影響力？列入考慮的四種讚賞或批評類型是：針對特定產品的讚賞（例如，你的報告寫得很好）、針對一般角色的讚賞（例如，你是一位好學生）、針對特定產品的批評，以及針對一般角色的批評。這四大類主要是取自於另一位研究者所發展的類型。作者並沒有指明行爲表現的類型，而是照一般的模式使用這個概念。

主要的假設是針對特定產品的讚賞會對行爲表現產生正向效應。在討論方法的章節中所描述的研究計畫，涉及兩百四十位選讀社會學導論課程的七個班級中的一般大學生。學生們接到指示在課堂時間內，寫出一個段落的文字來總結他對某段文章的觀感。一個星期之後，這些學生所寫的文字被隨機地給予四種不同評鑑中的一種。相同人數的學生（六十位）得到某種類型評鑑。四種評鑑（假設來自於英文教授）相對於四種讚賞或批評類型（例如，這個段落結構清楚、你是一位很好的寫作者、段落的結構很糟糕、你是一位差勁的寫作者）。

自變項是評鑑中的讚賞或批評的類型。研究者對學生的寫作給予評鑑，並且佯稱這些評鑑是來自一位英文教授。然後要求學生寫第二篇觀感。第二篇觀感相對於第一篇觀感的改進程度代表依變項，或者說是行爲表現。改進的測量是由兩位評鑑者對這兩篇觀感給予從一分（非常差）到十分（非常好）的分數，然後察看這兩個分數之間的差異而得。

尼波里坦研究討論結果的一章中，顯示這四種團體中分數下降、不變，以及分數進步的學生人數的百分比。作者發現得到針對特定產品讚賞的學生有百分之七十有所改進；這比得到其他三種讚賞或批評類型的學生表現出較多的進步。對於得到一般角色讚賞或特定產品批評的學生，只有很小的進步。出人意料之外的是，得到一般角色批評的學生中，有超過一半的學生有所改進。

在討論的那章中，作者對這些發現提出總結。他不確定爲什麼一般角色批評會產生這種結果，他推測產生這個結果的原因，是因爲學生將批評歸因於評鑑者，而不認爲它眞實反映他們的行爲表現。

這個結果適用的全體包括所有的人。大部分實驗研究在沒有指明特定團體時，通常是可以通則化到每一個人身上。分析單位是個人或學生，因爲變項和測量的是個人的特性。這是一個解釋性研究，嘗試去進展基本知識，但是也具有應用的意涵。

調查研究

班克斯頓與湯普森（Bankston & Thompson, 1989）的論文主題明顯地表現在論文的題目上《為自衛而帶槍》。研究者討論關於美國槍械的研究，這類研究大部分是檢視槍械的所有權問題。他們發展出一個焦點集中的研究問題：「攜帶槍械外出的人中，有多少是出於對犯罪的恐懼？」。

作者寄出問卷給路易斯安那州超過四千名的受訪者，除了詢問他們是否有攜帶槍械外，也詢問他們的態度與背景特性。最後作者將這個研究的對象限定為白人，得到稍微超過一千名受訪者的完整資料。他們檢證的主要假設是，對犯罪最是懼怕的人與相信槍械可以保護他們的人是否是最有可能攜帶槍械的人。主要的自變項是對犯罪的恐懼，不過作者也指出一個中介變項：相信槍械提供有效的保護。依變項是個人外出時，多常會攜帶槍械。作者發現大約有三分之一的回答者，至少在某些時候會攜帶槍械。

在討論結果的那章中，作者檢視變項對個人多常會攜帶槍械所產生的效果。他們發現對犯罪的恐懼不會直接影響到一個人多常會攜帶槍械，但是對相信攜帶槍械能夠提供有效保護的人，則發揮很大的作用。認為攜帶槍械會提供保護的人傾向於年紀比較輕、教育程度比較低的鄉村男性，他們認為犯罪是一個嚴重的問題，而且對犯罪也十分恐懼。

作者指出路易斯安那州是南方對購買或攜帶槍械，制定最少法律限制的一州。這個結果所適用的全體可能僅限於美國南方其他地區的白人。這個研究的分析單元是個人。

內容分析

巴羅、巴羅、齊里可斯（Barlow, Barlow & Chiricos, 1995）的《經濟狀況與媒體中的犯罪意識》使用的是內容分析法。這個研究的主題是媒體如何描繪犯罪與犯人。假設是媒體賦予犯罪一種扭曲的圖像，這種扭曲與經濟狀況的變化有關。特別是作者預測對犯罪與犯人的負面形象，通常是發生在失業較高或經濟衰退之時。因此，自變項是失業率，而依變項是負面呈現罪犯形象的程度。作者也從犯罪統計與受到媒體注意的犯罪之間的落差，察看犯罪狀況受到扭曲的普通程度。研究問題是「新聞媒體呈現扭曲的犯罪圖像嗎？這種扭曲是基於一種價値和信仰系統，在經濟狀況惡劣時，對罪犯的譴責最爲嚴厲。」

研究的資料來自於《時代雜誌》。作者抽樣經濟狀況不同的年份（1953年、1958年、1975年、與1982年），然後察看那一年中所有處理犯罪、犯罪審判、或犯人的文章，他們找到一百七十五篇文章。分析單位是文章，研究的適用全體是從1950年代到1980年代所有出現在美國主要大量發行的新聞雜誌上與犯罪有關的文章。

作者也察看這些選出來的年份中的犯罪率、犯罪率的變化、罪犯的特性以及如暴力或非暴力等犯罪類型。他們將每篇文章處理罪犯的形象，依據正面或負面呈現的程度排出順序。負面的形象顯示罪犯爲沒有悔意、缺乏犯罪的理由、沒有道德感或是說謊、或不可能接受行爲矯正。正面的形象顯示罪犯是一時的迷惘並且願意悔改、出污泥而不染、受環境所迫而犯下罪行、或在犯罪審判下俯首認罪。

作者發現負面形象在高失業期間出現頻率較高。確切地說，在高失業期間，有百分之六十二的形象是屬於負面的；而在低失業期間，負面形象則爲百分之三十二。此外也發現到其他的扭曲形式。例如，作者發現到有百分之七十三的文章集中在暴力犯罪上，而這個比例只相當於這些年份中爲警察所知的犯罪案件的百分之十。有百分之七十四提到罪犯種族的文章中述及罪犯不是白人，然而在這些年份中涉及非白人逮捕事件的百分比是百分之二十八。最後，雖然就業狀況與犯罪之間有高度的關聯性，但是只有百分之三的文章提到罪犯是否有工作或是失業的訊息。

現成的統計資料

史戴克（Stack, 1987）的《名人和自殺：一個分類和分析》（1948-1983）使用現成的統計資訊。如同題目所指，主題涉及名人和自殺。在前言中，作者指出論及媒體對暴力所造成的影響的兩千五百份研究報告中，大部分都是實驗研究。他說他的研究計畫是查閱「眞實世界中，報紙的自殺報導所產生的作用（第四〇一頁）」。他發展一個效法自殺的理論，並且以名人爲研究焦點。因此，在第一頁中，作者便把主題縮小、評論先前的研究、並且陳述他想要發展檢證這個理論的目標。

史戴克指出解釋自殺故事與模仿性自殺之間的關聯，有三種理論。他引述法國社會學家塔德（Gabriel Tarde, 1843-1904）的著作，做爲探究模仿行爲的一個來源，並且概要敘述差別認同理論。該理論指出人們總是效法他們覺得比他們優秀的人的行爲。在現代社會，大眾媒體塑造民意。此外，人們會認同菁英與名人，因爲他們代表優秀的一群。研究問題是「那一類型的名人—菁英份子最會觸發效法性自殺？」（第四〇三頁）。史戴克指出一些菁英名人的類型：政治、娛樂、藝術、壞人（例如，著名的恐怖份子）、與經濟菁英。他並且提出一種說法來解釋爲什麼上述團體成員的自殺會增加自殺率。

史戴克報導說從1948年到1983年之間美國自殺死亡次數的資料，是來自於美國公共健康服部門的資料。他把自殺的次數轉換爲自殺率，成爲依變項，這個值是把自殺人數除以美國的人口數。

關鍵的自變項是「舉國皆知的名人自殺故事」。自殺的確認是得自於查閱一本書名爲《檔案事實（*Facts on File*）》的出版品。一位名人是任何「在去世前五年內名字至少出現在《紐約時報》年度索引中兩次」的人（第四〇四頁）。作者假設一個自殺故事會在它出版的兩週內產生最大的影響。每一個月都做下記錄，看是個出現還是沒出現名人自殺故事的月份。出現在一個月的23日之後的故事，算做下一個月的事件。

另外兩個自變項的測量值是衡量「知名的程度」：報導自殺故事的新聞篇數以及以頭版方式刊登自殺故事的全國性報紙份數。該文附錄中列有數大類型的名人範例以及發生在1948年到1983年的三十八位自殺名人錄。

作者說分析單位是月份，因爲自殺率是根據1948年到1983年的每個月份所計算的。其它的變項也都是根據月份來加以測量的。因此，資料包括四百三十二個月的訊息（36年×12月／年）。

史戴克在研究中論及分析的那章中，描述了使用的統計方法，並且以一個顯示每種名人類型與每月自殺率相關性的表格來呈現結果。不過，只有娛樂界名人自殺的故事和整體的自殺率有很大的相關性。

史戴克檢視兩個對自變項的精細測量：頭版上的多則新聞報導與新聞的篇幅大小。他問的是，「在各類名人中，我們可以預期媒體對故事投入的關注愈多，自殺率增加也愈大嗎？」（第四〇七頁）再次，結果顯示頭版報導及整體新聞所佔篇幅數量與一般自殺率的增加幅度之間存在著一種正向關係。

這個研究的弱點是作者並沒有顯示自殺者實際上閱讀自殺報導（例如，他們有訂購報紙）的資料。要做到這點不但使研究計畫更難完成，並且花費更高。

研究結果可以通則化到三個潛在的全體。第一，可以是其它的國家，因爲這個研究只涉及到美國。第二，它可以通則化到研究者所檢定的1948-1983年期間以外的其它年份。第三，它可以通則化到名人自殺之外的其它新聞報導。這些結果可以通則化到超越全國性報紙對舉國知名人物的報導對全國自殺率的影響，而延展到任何對當地著名人士的自殺報導對該地自殺率的影響之上。這是個基礎研究的範例：目的在透過確認影響自殺率的一個原因因素來解釋自殺率的變化，進而擴展這方面的知識。

結論

本章中，你學到了根據實證主義研究取向的量化研究的各種成分。量化研究技術分享了實證主義的語言與邏輯，這使它們不同於根據其它研究取向的研究技術。

你學到了量化研究的語言是一種包含變項、因果關係、和假設的語言。量化研究設計使用演繹邏輯。使用量化研究時，你開始於一個一般性的主題，然後把它縮小成研究問題與假設，最後以經驗證據來檢定假設。

你看到理論解釋與概念是研究設計的關鍵部分，解釋與概念是變項與變項間相互關係的基礎。

你也學到了建構因果解釋時所涉及的危險。數項邏輯錯誤類型（生態謬誤、化約論、套套邏輯、目的論、與虛假相關）可能使因果解釋爲之癱瘓。如同我們在第四章所見，實證主義科學強調理論解釋中邏輯嚴謹、前後連貫，以及沒有矛盾存在的重要性。努力避免在因果解釋中發生邏輯錯誤便呼應了這項強調。

一旦你把主題、解釋、與研究縮小成假設與變項，下一步是測量變項，以經驗證據來檢定假設。實證主義的研究取向特別重視精確測量的重要性，它們要求對經驗世界做謹愼細心與客觀的測量。

只要情況許可，就當對變項做精確的量化測量。在接下來的兩章中，我們將檢討在量化研究中的測量。它們延續對變項的討論，遵循相似的邏輯。在我們檢視四種量化研究技術是如何測量變項與蒐集資料，以幫助你進行假設檢定之前，先知道一般性的測量問題是很重要的。

關鍵術語

對立假設	自變項	套套邏輯
屬性	中介變項	目的論
關鍵實驗	分析層次	分析單位
依變項	假設否證的邏輯	全體
雙重負載的假設	虛無假設	變項
生態謬誤	化約論	
假設	虛假相關	

複習測驗

1.描述自變項、依變項、和中介變項的差異。

2.為何在社會研究中我們不講證明某項結果？

3.分析單位和分析層次之間彼此有何關聯？

4.如果研究者使用假設否證的邏輯，他會使用哪兩種假設？為什麼負面證據比較強勢？

5.使用帶有自變項與依變項的假設，重新敘述下面這個句子：「個人一年中開車的里程數會影響他進入加油站的次數，而且這兩變項間存在一個正面單向　的關係。」

6.第五題假設中的分析單位是什麼？

7.虛假相關中變項的關係圖看起來會像什麼樣子？

8.你如何決定某項解釋是個套套邏輯？

9.生態謬誤與化約論是以什麼方式在分析單位上引爆問題？

10.主題、研究問題、與假設之間的關係為何？

註釋

1.有關一組因果關聯中基本與浮面變項的討論，參閱黎柏森（1985:185-187）。戴維斯（Davis, 1985）與史丁奇康（1968）就建立社會理論中的變項關聯，有番不錯的入門導論。

2.辛格頓、史翠斯、麥克阿力斯特（Singleton, Straits & McAllister, 1988:56-60）的著作中對於否證假設的邏輯，有番討論。

3.參閱貝里（Bailey, 1987:43）有關這個術語的討論。

4.布雷拉克（Blalock, 1982:237-263）與哈南（Hannan, 1985）在他們的著作中，採用帶有技術性的名詞，針對聚集觀察資料與從事因果推論的一般性問題，進行討論。歐布藍（O'Brien, 1992）指出生態謬誤是所有涉及到分析層次與單位夾雜不清、過度通則化的邏輯謬誤中的一種。

5.問題選擇與主題篩選在康貝爾、戴夫特、與胡林（1982）以及查克曼（1978）等人的論著中皆有所討論。

第7章

量化社會科學的測量

要知，測量本身並不是目的。它的科學價值只有從工具論的角度才能夠欣賞，這個時候我們會問，測量想要達成的是什麼目的、它在科學情境中扮演的是什麼角色、在調查探究中它執行的是什麼功能。

亞伯拉罕・開普蘭（Abraham Kaplan）

《調查探究（*The Conduct of Inquiry*）》，第一七一頁。

引言

當社會研究者說要測量像是情感、自尊、意識型態、政治權力、或疏離感等怪異、不可見的事物時，許多人都擺出一副訝異的表情。你將在本章中學習到社會研究者如何進行測量。量化社會科學中，測量的地位至屬關鍵。我們將檢視量化測量的首要原則、複習信度與效度的概念、檢討測量理論的基礎、並且探討執行測量的技術。前面一章提供你量化測量的背景知識，本章從兩個層面擴展對研究設計的討論。第一，研究設計與測量享有共同的實證主義假設與原則。第二，擴大測量的過程，將資料蒐集之前有關研究計畫的設計、安排、與規劃，都一併納入。研究者在能夠使用測量工具進行資料蒐集之前，必須先對涉及到的變項有番清楚的思考。

量化研究中，測量過程在研究者形成研究問題、決定研究計畫所要用到的變項與分析單位之後，便開始了。發展測量工具時，研究者主要關心的並不是變項在假設中的地位是自變項還是依變項，相反的，他最關心的是，發展清楚的定義以及製造能夠產生精準正確發現的測量工具。

量化測量是個演繹過程，涉及選取一個概念、建構（construct）[1]、或觀念，接著發展出一個測量工具（一套設備、程序、或工具），對之進行經驗觀察。這個過程從概念出發，以完成特定具體的指標爲結束。然後研究者使用測量工具產生數字形式的資料。實際上，這個過程是互動的，因爲隨著研究者爲這些概念製作測量工具，這些概念的定義也將變得愈來清楚明確。

為什麼要測量？

在日常生活中我們使用許多測量工具。舉例來說，今天早上我醒來，一躍而起跳上浴室的體重計，看看我的減肥計畫進行得如何。我瞄一眼溫度計，看看需不需要穿外套。然後我坐進汽車、察看油表、確定我可以順利開到學校。開車時，我會注意車速表，這樣我才不至收到超速罰單。早上不到八點，我已經測量了體重、氣溫、油量、與車速──這些都是對自然世界的測量工具。日常生活中我們常用的、諸如此類精確、發展良好的測量工具，是自然科學的根本基石。

日常生活中我們也測量非物理世界，但是通常是以較不精確的術語敘述。當我們說某家餐廳很不錯、巴布羅真得很聰明、凱倫對生活的態度很消極、強森確實有偏見、或是昨晚的電影充滿暴力時，我們就是在測量。然而，平日所做的像是「確實有偏見」或「充滿暴力」之類判斷是不夠精確、充滿模糊、甚至是直覺的測量。但不必然全都如此。社會測量可以是有系統的、能夠複製的，以及產生精確結果的測量。精確意指以精準的程度或正確無誤的方式來加以表達。例如，測量身高時，說「我大約有六英呎高」，就不如說「我赤腳時的身高為兩公尺四公分兩公釐」來得精確。

測量擴展我們的感覺

測量延展我們的感官。例如，天文學家、生物學家使用望遠鏡、或顯微鏡使我們自然的視力得到延展。科學測量不同於我們的感官能力，比較敏感、比較不會隨特定觀察者而變化、能夠得到比較精確的量化資訊。你知道溫度計比我們的皮膚感覺，得出更特定、精確的溫度資訊；同樣地，以一位五歲女童的體重來說，一個良好的體重計是比把她舉起來，然後評斷她「是重」或「是輕」，更能提供你更加明確、肯定、與精確的資訊。社會測量工具提供你關於社會實相的精確資訊。

除了增加精確性與客觀性之外，科學的測量幫助人們看到別的方法觀察不到的事物。測量擴展人們的感官。它使我們能夠觀察到曾經是不可見與不可知，只能靠理論預測的事物。

在你能夠進行測量之前，你需要先對你所感到興趣的事物有個清楚的概念。舉例來說，你不可能用你天生自然的感覺，來看到或感覺到磁力。磁力來自於物理世界的理論。你只能間接觀察到它的效果——例如，金屬片朝向磁鐵移動。磁鐵使你「看到」或測量到理論告訴你存在的磁場。自然科學家發明數以千計的測量工具，幫助我們「看到」在正常情況下感官看不到的、非常微小的事物（分子或昆蟲器官），或是非常大的事物（廣大的地質地塊、或行星）。除此以外，研究者仍然持續不斷地創造新的測量工具。[2]

社會研究者有興趣測量的事物中，有些很容易觀察（例如，年齡、性別、膚色），但是大部分是無法直接觀察得到（例如，態度、意識型態、離婚率、偏差、性別角色）。就像自然科學家，發明間接的測量工具來測量「不可見」物體以及物理界的影響力，社會研究者也設計測量工具來測量社會世界中不易觀察的層面。舉例來說，假設你耳聞校長抱怨教師士氣低落，你可能會針對教師士氣建構一個測量工具。測量士氣的工具應該要有系統、產生其他人也可複製的精確量化資料。

測量過程的構成部分

在你能夠進行測量之前，你需要從一個概念開始下手。你也需要區別你所感興趣的與其他事物的差異。首先，對你要測量之物，你需要有個建構或概念。除非你知道你尋找的是什麼，要不然你如何進行觀察或測量呢？舉例來說，一位生物學家是無法觀察細胞的，除非他事先知道什麼叫做細胞，而且有個顯微鏡、並且已經學會如何在顯微鏡下區別細胞與其他不是細胞的那些「東西」或「垃圾」。測量過程所涉及的不僅是擁有測量工具（例如，顯微鏡）。爲了進行測量，研究者要有三樣東西：一個建構、一個測量工具，以及辨識他要找的東西的能力。[3]

舉例來說，我想要測量教師士氣。我首先要爲教師士氣下個定義。士氣這個建構具有什麼意義？作爲一個變項建構，它可以有不同的值——高與低，或好與壞。然後，對於這個建構，我製作了一個測量工具。它所展現的形式可以是調查問卷、查閱學校記錄、或是觀察教師的行爲。最後，我從調查問卷的答案、學校記錄、或觀察結果中，將士氣與其它事物區別開來。

社會研究者的工作要比自然科學家困難一些，這是因爲社會測量涉及到與人的交談、或觀察他們的行爲。不像自然科學家測量的行星、細胞、或化學物質，人們所提供的答案、甚或他們的行爲，都可能相當模糊。人們可能純粹對他們被問到的問題或被觀察的這項事實，做出反應。因此，社會研究者肩負雙重困難。第一，他必須有清楚的建構、良好的測量工具、辨識他要找的東西的能力。第二，他必須嘗試測量社會生活中變動不定、令人困惑的各個層面——這些層面極有可能因爲察覺到研究者在研究他們，而改變了原有的面貌。

測量與研究設計

研究者需要測量工具來檢定假設與蒐集資料。研究者選擇一個一般性的主題，然後把它焠煉成一個焦點集中的研究問題。接著再進一步將之提煉成可以檢定的、由因果關係所構成的假設或命題，其中至少含有兩個變項。在研究者認明假設中的變項之後，就可以準備進行測量的工作了，而測量的過程始於概念化。

概念化

測量過程開始之初，研究者針對假設中的每個變項進行概念化與操作化。概念化（conceptualization）是指捕捉一個建構或概念，並且藉由下概念或理論定義的方式，來提煉建構。概念定義（conceptual definition）是以抽象的理論術語所下的定義。上例中，當我問到「士氣的意義所指為何？」，就是開啓了這個步驟。沒有任何神奇的手法可以把建構，轉變成精確的概念定義，這需要仔細的思考、直接的觀察、與其他人交換意見、閱讀其他人所思所言，以及試試看各種可能的定義。

好的定義有個清楚、明晰、與特定的意義，其中沒有令人困惑或模糊不清之處。有些學術論文一直致力於將關鍵術語給概念化。梅爾賓（Melbin, 1978）將黑夜概念化為一個邊界，傑克・吉布斯（Jack Gibbs, 1989）分析恐怖主義這個概念的意義，而包爾與科里（Ball & Curry, 1995）討論概念化街頭幫派意義的方法。除了是建構高品質測量工具的先決條件之外，誠如你在第三章論理論中所讀到的，對於概念，研究者也需要有個清楚、沒有模稜兩可的定義，才能發展健全的解釋。

單獨的一個建構可能同時有數個定義，人們對於這些定義不一定會有完全相同的看法。概念定義連結理論架構，也帶有價值觀點。舉例來說，衝突論者可能把社會階級界定為社會中擁有或缺乏的權力與財產的一群人。結構功能論者則把階級界定為共享某個社會地位、生活模式、或主觀認同的個人。對於這些定義雖然各有各的看法，但是說明清楚使用的是哪個定義，始終是非常重要的事。

有些建構總是比其它的建構要抽象得多。舉例來說，某些建構（例如，疏離）就是個非常抽象與複雜的建構。它們之內又含有數個低層次的概念（像是無力感），而這些低層次的概念又可以更加特定化（例如，對於住在那裡，感覺不到有多少決定權）。其他的建構則比較具體與簡單（例如，年齡）。發展定義時，你必須對該建構到底有多複雜與抽象，有所瞭解。例如，像年齡這樣具體的建構，就比像士氣那種複雜抽象的概念，要容易界定（例如，自出生後，已經活過的年數）。

我該怎麼發展教師士氣的概念定義呢？至少一個暫時性的運作定義，使我可以就此下手研究呢？我從平日對士氣這個觀念的瞭解開始，模模糊糊地士氣好像是指「人們對事物的感覺」。我跑去問些朋友看看他們如何定義士氣這個概念，我也去找本完整的字典與百科全書來查查看。他們提出的定義有「信心、精神狀態、熱誠、開朗、團隊精神、朝向某種事物的心理狀態」。我上圖書館去找有關士氣或教師士氣的研究文獻，看看別人是如何界定教師士氣的。如果某些人已經為教師士氣下了一個很好的定義，我可能就直接借用這個定義（當然要註明來源）。如果我沒有找到符合我目的的定義，我就會到團體行為、個人精神狀態，以及其它的理論中去尋找這個概念。當我蒐集到不同的定義、不同層面的定義，與相關的概念之後，我就可以看到這個核心觀念的界限範圍了。

到目前為止，我已經有了一大堆的定義，需要對它們做些篩選了。大部分的人說士氣是一種精神狀態、感覺、對某些事物的心理狀況、或是一種團體的感覺。我把這個建構分出兩個端點，這有助於我把概念轉化成變項。高士氣是指充滿信心、樂觀、誠意、一體感，以及禍福與共的意願。低士氣則相反：缺乏信心、悲觀、抑鬱、孤立自私、並且不願意與人為善。

我感興趣的是教師士氣，所以我向教師請教，把這個概念建構對他們的意義，具體明確地陳述出來。一種策略是把所有顯示教師士氣高低的例子，列出一份名單。高昂的教師士氣包括：說學校的好話、對額外的工作不發怨言、或樂於與學生相處。教師士氣低落包括經常抱怨、除非校方要求否則不參與學校活動、或尋找其它工作。

士氣涉及的是對某種事物的感覺；人是對某種事物有士氣。我列出各種不同的、教師會對之有感覺的「事物」（例如，學生、家長、薪資、學校行政、其他教師、教書這門專業)。這就引起了經常出現在發展定義時的一項議題。教師士氣是有數個不同的種類呢？還是說這些不同的「各種事物」是屬於一個建構的不同層面呢？這個問題沒有絕對的答案。我必須決定士氣是意味著一個單獨的、具有不同部分或層面的一般性感覺，還是數個獨特的感覺。

我的建構是用什麼分析單位：團體還是個人？士氣是一個人的特質、一個團體（例如，一所學校）的特質、還是兩者皆有？就我的目的而言，我決定士氣只用在團體上。這等於告訴我說，我研究計畫的分析單位將是一個團體：一所學校的全體教師。

研究者要將感興趣的建構與其他相關的建構，區別開來。教師士氣的建構與相關概念有何相似或相異之處？舉例來說，士氣不同於心情嗎？我決定心情是比士氣更爲個人性與暫時性的概念。同樣的，士氣不同於樂觀與悲觀，那是個人對未來所抱持的看法。士氣是種團體的感覺，包括對未來的正負面感受，以及其它的信念與感覺。

如你所見，概念化是個徹底想通、想透建構意義的過程。到目前爲止，我知道教師士氣是一種心理狀態或感覺，涵括範圍自高（樂觀、開朗）到低（悲觀、抑鬱）；它具有許多不同的層面（關於學生的士氣、關於其他教師的士氣）；它是一種團體的特性；而且它會持續數月之久。對於我想要測量之物，現在的我有了一個比剛開始時，更爲特定的心理圖像。如果我沒有進行概念化的工作，我可能試圖去測量我一開始時所下的定義──「人們對於事物的感覺」。

一旦你發展出一個定義，先在腦海裡檢測這個概念，思考與你的建構有關的環境，看看他們是否包含在那個定義之內、還是被排除在外。這要求你熟悉建構存在於社會世界中的情境。研究者要想從自己一無所知的社會生活領域中，發展出妥善的建構定義，不會是件容易的事。

由於你們中只有少數人對教師士氣的細節有所瞭解，所以讓我們轉到另一個你們可能多少有些個人經驗的例子：家人向心力

(family unity)。我把家人向心力界定爲家庭中家人之間的親密感情，共享許多日常生活與休閒活動。它結合了三個觀念：共享的情感、共享的活動、與家庭。我定義中有個關鍵成分，那就是家庭。什麼是家庭呢？傳統上，家庭被界定爲兩個合法結爲夫妻的成年人，同時擁有親生或收養的小孩。這似乎是個簡單的定義，但是這個定義製造了不少問題。舉例來說，我知道有兩個合法結爲夫妻的人，但是他們已經有五年沒有生活在一起了，將來可能也不會合法離婚。他們是個家庭嗎？下面所有的關係都不符合家庭的標準定義，那要怎麼辦呢？

◇一對結婚的夫妻，他們有扶養小孩，但是那既不是他們自己生的，也不是合法收養的。
◇一對沒有任何孩子的已婚夫妻。
◇一位離婚婦女，和她的兩個小孩一起生活。
◇一對男女已經生活了六年，而且育有三個小孩，但是他們沒有舉行合法結婚的儀式。
◇一對穩定的同性戀者，就像正常的夫妻一樣在一起生活了十年。
◇兩位年老的鄰居搬進一間房子住在一起，以便彼此有個照應、相互扶持，並且共享他們的養老金與所有的生活物質。

大部分官方或法定的家庭定義，是出於保險、繼承，以及其它的目的，在這些定義下，上述關係都算不上是個家庭，雖然其中有些頗受爭議。然而，如果你有機會與上述關係的人談談話、看看他們的生活、並且深入瞭解他們對於彼此的感覺，你將會發現他們與傳統家庭中的社會關係沒有太大的差異。

重點是概念定義需要符合你的建構所具有的意義。我的家庭建構包括此處所列的所有關係，其中有許多部分別人並不稱做家庭。據此，我的定義包括了我的建構之下的所有關係。如果不是這樣，我所測量的就不是我眞正感興趣的建構。

操作化

有了運作定義之後（稱爲「運作」是因爲研究者可以隨時修正這個定義），你就可以準備進行操作化（operationalization）的工作了對建構發展出操作型定義的過程。操作型定義（operational definition）是根據特定的操作方法、測量工具、或程序而下的定義。有時也被稱爲一個建構的指標或測量方法。

測量一個建構經常會有很多種方法，其中有的比較好、比較實用，有的比較差、比較不切實際。關鍵在於使你的測量工具符合你所下的那個概念定義；配合你必須遷就的實際限制（例如，時間、金錢、獲得的受試者人數）；以及你所知道的、或你能夠學會的研究技術。你可以無中生有地發展出一個新的測量工具，也可以採用別的研究者已經用過的測量工具（參見方塊7.1）。

操作化連接理論語言與經驗測量工具所使用的語言。理論充滿著抽象概念、假設、關係、定義、與因果關係。經驗測量工具描述人們具體測量特定變項的方式程序，是指特定的操作方式或器具，人們用來標示某個建構確實存在於可觀察的實相之中。

指標與建構之間的關聯是量化測量的核心議題。在操作化的過程中，研究者連結觀念世界與可觀察的實相。對應法則或輔助理論，把建構的概念定義與具體的測量工具、或測量建構的操作方式，連結起來。[4]對應法則是關於指標與抽象建構如何相稱的邏輯陳述。舉例來說，有個對應法則指出，如果某個人對一組十題陳述句表示同意，就代表了那個人持有相當強烈的反女性主義的信念與價值。同樣的，輔助理論解釋指標如何與爲何與建構有所關聯。這些理論在研究中扮演至爲關鍵的角色，卡敏斯與哲勒（Carmines & Zeller, 1979:11）就說過，「對概念與指標間的關係提出清楚說明的輔助理論，與連接概念與概念間關聯性的實質理論，其實對社會研究而言，是同樣重要

方塊7.1

建構一個測量工具的五大建議

1.**熟記清楚概念的定義**。創造所有的測量工具的基本原則是使之符合研究建構所要用的概念定義。

2.**維持思路的開放**。不要把自己鎖進某個單一的測量工具或測量類型，發揮創造性，並且不斷尋找更好的測量工具。避免開普蘭（1964:28）所謂的「工具法則」，意指陷入使用一種測量工具來解決所有問題的狀況。

3.**借用他人的發明**。無須害怕借用其他研究者的測量工具，只要你在研究中承認他人的貢獻即可。在別人的研究中可以找到、或是從修正他人的測量工具中，可以發展出好的測量點子。

4.**預期會遭遇困難**。試圖測量自己感興趣的變項時，經常會遇到邏輯與實務上的問題。有時某些問題的出現是在意料之中的，可以因事先有謹慎的思量與計畫，而避免的。

5.**不要忘了你的分析單位**。你的測量工具應該與研究的分析單位相吻合，如此方能使你將結果通則化到你感興趣的全體。

的」。例如，研究者想要測量疏離感。有個輔助理論指出這個建構包括四個部分，每個部分分屬於生活中的不同領域：家庭關係、工作關係、社區關係，以及朋友關係。這個理論進一步清楚地說明每個生活領域中的某些行爲或感覺，傳達出疏離的感受。例如，在工作領域中，一個疏離指標是：人們覺得他到對工作的時間、地點、同事、工作時該做些什麼事、甚或工作速度的快慢等，都完全沒有控制力。

圖7.1示範一個理論與假設中，關於兩個牽連在一起的變項的測量過程。有三個層次需要考慮：概念層次、操作層次，以及經驗層次。[5]在最抽象的層次，令研究者感興趣的是，兩個建構之間的因果關係，或稱爲概念假設（conceptual hypothesis）。在操作型定義的層次上，令研究者感興趣的是檢定經驗假設（empirical hypothesis），從

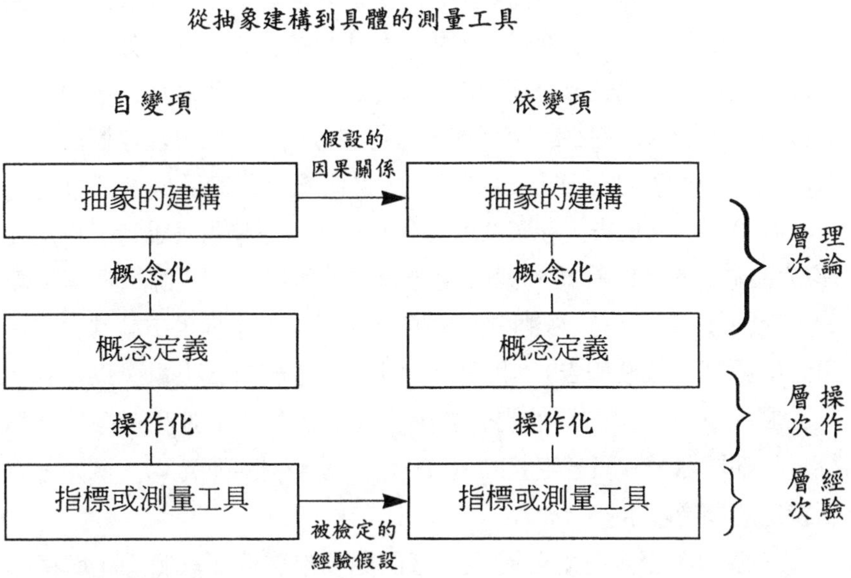

圖7.1 概念化與操作化

而判斷指標間的關聯程度。這個層次會用到相關、統計、問卷，以及其他等等的工具。第三個層次是具體的經驗世界，如果變項的操作型指標（例如，問卷）與建構（例如，種族歧視）存在合乎邏輯的關聯性，那麼變項的指標將會捕捉到實際發生在經驗社會世界中的事物，並且將這些事件連結到概念層次。

測量過程結合這三個層次，以演繹的方式從抽象進展到具體。研究者先概念化一個變項、賦予它一個清楚的概念定義。然後進行操作化，發展出一個操作型定義、或一組指標。最後使用這些指標，把這些指標用到經驗世界之上。抽象建構與經驗實相的結合，使研究者可以檢定經驗假設。順著邏輯，這些經驗檢定回過頭關聯到理論世界中的概念假設與因果關係。

我如何爲教師士氣這個建構下一個操作型定義呢？首先，我閱讀他人的研究報告，察看是否已經有個很好的指標存在。如果沒有現成的指標存在，我就要憑空發明一個。士氣是種心理狀態或感覺，因此我只能透過人們的談話與行爲，進行間接測量。我可能發展出一份教師問卷，詢問他們在我的定義下，他們對士氣的各個層面有何感覺。我可能到學校去，觀察在教室休息室中、與學生互動時，以及在學校活動中的教師行爲。我可能透過學校所保存的教師行爲人事記錄，查閱顯示士氣的一些陳述（例如，缺席、要求提供申請其它工作用的推薦信、考績報告）。我可能對學生、學校行政人員，以及其他人士展開調查，以瞭解他們對教師士氣的想法。不論我選擇哪個指標，我都要隨著我概念定義的發展，進一步焠煉這個定義（例如，寫下特定的問卷項目）。

一個假設至少有兩個變項，每個變項都需要加以概念化與操作化。前面的例子中，士氣不是個假設，而是個變項。它可以是由別的事物所造成的依變項，也可以是造成其它事物的自變項。不過究竟是哪個情形，端視我的理論解釋與假設而定。

下面是另一個測量概念的例子。希曼與安德森（Seeman & Anderson, 1983）檢定疏離的人酒喝得比較多的這類假設。他們使用一系列的問項來探究「飲酒行爲」這個建構的各個層面，從而測量酒精的飲用。他們界定這個建構具有三個次層面：喝酒頻率、每次喝酒時飲用的量、因爲酒後所造成的行爲傷害。他們進行操作化，把每個層面轉變成數個問卷項目，然後把所有問項的答案合併成爲一個飲酒測量的總分。舉例來說，研究者以六道問項來測量酒後行爲傷害這個層面：回答者有多少次因飲酒而失去工作、爲了要喝酒而發愁、工作時喝酒、在中午前喝酒、獨自喝酒、或因爲喝酒而導致夫妻吵架。經由這個方法，作者製作了一個關於飲酒行爲的具體量化指標。

信度與效度

信度與效度是所有科學測量的核心議題。兩者關心的是如何發展測量建構的具體工具或指標。信度與效度在社會研究中更顯重要，因爲社會理論中的建構經常是模糊、含混、與無法直接觀察到的。完美的信度與效度事實上是無法達到的，然而，它們是研究者努力追求的理想，研究者盡其所能使指標具有最大的信度與效度。信度（reliability）告訴我們關於一個指標的可信賴程度與一致程度，效度（validity）告訴我們一個指標實際上是否掌握到我們感興趣的建構所具有的意義。如果指標的信度或效度都很低，那麼最後的結果定將受人質疑。

信度

定義：信度是指一個指標的可信賴程度。如果你有可信賴的指標或測量，它會在每次測量相同事物時給你相同的結果（只要你所測量的事物不會改變）。信度意味著由指標（例如，問卷）所提供的資訊不會因爲指標、工具、或測量設計本身的特性而發生變化。舉例來說，我站在浴室的體重計上察看我的體重。我一次又一次地走上走下，如果它每次都給我相同的體重值——當然要假設這時我並沒有吃東西、喝東西、或改變身上的衣服等等，我有的就是個有信度的體重計。一個不具信度的體重計每次會顯示不同的體重值，即使我「眞正」的體重並沒有改變。另一個例子是我的車速表。如果我以緩慢的車速在平坦的路面上開車，但是車速表指針卻從一端跳到另一端，我的車速表就不是個能夠告訴我，我開得有多快的可以信賴的指標。事實上，有三種類型的信度[6]。

三種信度類型：

◎穩定性信度

穩定性信度（stability reliability）是跨越時間的信度。它觸及的問題是：如果在不同的時間下使用同一個測量工具或指標進行測量，會獲得相同的答案嗎？上面提到的體重計的例子就是這種類型的信度。你可以利用一測再測的方法（test-retest method）來檢視指標具有穩定性信度的程度。這是指你使用相同的指標對同一組人再次施測或再做一次測量。如果你所測量的事物是穩定的，指標也具有穩定性信度，那麼你每次施測都會得到相同的結果。把一測再測法稍加變化的另一種形式是使用一個與原本測驗卷極爲近似的測驗卷。例如，我對性別與大學咖啡廳中就座模式之間的關係有個假設。我測量依變項（就座模式）的方式是在三個小時內觀察、記錄每張桌子的男女學生人數，並且留意誰是第一位、第二位、第三位等等就座的人。如果觀察時，我感到疲倦、或分了心，或是在三小時快結束時，我忘了記錄、漏掉了某些人，那麼我的指標的穩定性信度就不會很高。

◎代表性信度

代表性信度（representative reliability）是跨越次母群或次團體的信度。它觸及的問題是：如果使用同一個測量工具或指標對不同團體進行測量，會獲得相同的答案嗎？一個指標如果被用來測量不同的次母群（例如，不同階級、種族、性別、年齡團體）時，都會得到該群體在那個建構上的相同結果。舉例來說，我的問題是關於一個人的年齡，如果二十歲的人會給我超過他們眞實年齡的答案，而五十歲的人又會告訴我低於他們眞實年齡的答案，那麼這個指標所具有的代表性信度就很低。要具有代表性信度，該測量工具需要能夠測出每個年齡團體的正確資訊。

次母群分析（subpopulation analysis）可以幫我們判定一個指標

是否具有這種信度。這個分析涉及對指標進行不同次母群或次團體的比較，並且使用關於次母群的獨立知識。舉例來說，我想檢定一題詢問回答者教育程度的問卷問項是否具有代表性效度。我建立一個次母群分析察看這個問項在問男生與女生時，是否一樣有效。先用這個問項來問男生與女生的教育程度。然後我再取得獨立的資訊（例如，查閱學校的記錄），核對在這題上答錯的數目男女生人數是否相同。如果男生與女生在錯誤率上並沒有差異，就顯示這個問項具有代表性信度。

◎等值信度

等值信度（equivalence reliability）用在研究者使用多重指標（multiple indicators）之時——也就是說，在操作化某個建構時，使用多個特定的測量工具（例如，問卷中有數個問項全都是測量同一個建構）。它觸及的問題是：不同的指標會得出一致的結果嗎？如果數個不同的指標測量的是相同的建構，那麼只要是有信度的指標，都會得出相同的結果。

研究者使用折半法（split-half method）來檢視試題與長篇問卷的等值信度。這涉及將同一個建構的指標分成兩組——通常分組是採取隨機的過程——然後再行判斷這兩半指標是否得出相同的結果。舉例來說，我有一份十四道題目的問卷，所有的題目都是測量大學生的政治保守主義。如果我的指標（亦即問卷題目）具有等值信度，那麼我可以隨機將它們分爲各有七題的兩組問卷，進而以這兩份問卷進行施測，並且得到相同的結果。例如，我使用前七題的問卷時，發現一班主修商學的五十位學生要比另一班主修教育的學生，保守兩倍。我使用後七題的問卷也得到相同的結果。也有特殊的統計測量值（例如，孔巴阿爾發值（Cronbach's α）可以判斷這種類型的信度。

一種特殊類型的等值信度是評價者、或登錄者間的交互信度（intercoder reliability）。這是發生在同時使用數個資訊觀察者、評鑑者、或登錄者之時。從某方面來說，每個進行觀察的人都是個指標，因此如果觀察者、評鑑者、或登錄者的意見都一致，那麼這個測量就是具有信度。這是在內容分析研究時，經常報導的信度類型。但是任何研究只要涉及到使用多個的評鑑者或登錄者，就可以進行交互登錄者信度的檢視。舉例來說，如果我雇用六位學生來觀察學生在自助餐廳的就座模式。如果這六位同學都擅於觀察與記錄，我可以把這六位同學所觀察到的資訊合併成單獨一個具有信度的測量值。但是如果其中有一、兩位學生偷懶、粗心、或隨便，那麼我得到的測量值就會有比較低的信度。登錄者間的交互信度可以透過使數個登錄者測量完全相同的事物，然後比較他們得到的測量值進而從事檢定的工作。例如，我讓三位登錄者在三個不同日子中的同一個時間內，獨立登錄就座模式，然後比較他們所記錄的觀察結果。如果他們的結果都一致，我就有信心說我的測量值具有登錄者間交互信度。特殊的統計技術可以測量登錄者間具有交互信度的程度。

如何增進信度：完美的信度是很罕見的。但是如欲增進測量工具的信度，可取法四大原則：清楚地概念化所有的建構；使用精確的測量等級；使用多重指標；以及進行試測。

◎清楚地概念化所有建構

如果是對單獨的一個建構、或建構的某個次面向進行測量，那會提高信度。這意味著研究者當努力發展沒有任何模糊不清之處的理論定義。建構應該要有清楚明確的定義，以消除來自其它建構的「雜音（noise）」（例如，令人分心、或干擾思考的資訊）。每個測量工具應該顯示的都是一個，而且是唯一的一個概念，否則就無法決定被「指出來的」是究竟哪一個概念。舉例來說，純粹化學化合物的指標就比混合有其它物質或雜質的化學產品，具有信度。要從後者中，把「雜質」從其它純化學產品中分離出來，是件相當困難的事。

讓我們回頭來看教師士氣這個問題。我應該確定要把士氣與其它相關的概念（例如，心情、人格、精神、工作態度）給區別開來。如果我做不到，我可能無法確知我實際測量到的是什麼。我可能會發展一個士氣的指標，但是這個指標同時也顯示人格；這是說人格建構污染了士氣建構，因此產生的是一個較不具信度的指標。不好的測量就是發生在用同一個指標來操作化不同建構的情況（即用同一份問卷的項目同時顯示士氣與人格這兩個完全不同的建構）。

◎增加測量等級

下節會對測量等級做番比較詳細的討論。測量等級比較高、或比較精確的指標，會比測量等級較不精確的指標，可能具有較高的信度，這是因為後者所獲得資訊較不詳細之故。如果要測量的是比較特定的資訊，那麼就不太可能會測到那個建構以外的其它事物。一般的原則是：儘可能以最精確的等級來測量建構。然而，以較高的測量等級進行測量是比較困難的事。例如，我有兩個測量士氣的工具可選，一個有高或低兩個值，另一個則從非常低到非常高有十個類別可選，在這情況下，選擇以十個精確的類別來進行測量，會比較好。

◎使用多重指標來測量一個變項

第三個增進信度的方式是使用多重指標（multiple indicators），因為對同一個建構，使用兩個（或多個）指標，會比只用一個來得好。[7]圖7.2彰顯使用多重指標進行假設檢定的例子。某個自變項建構的三個指標被合併成一個整體測量工具A，而一個依變項的兩個指標被合併成一個測量工具B。例如，關於教師士氣A，我有三個特定的測量工具：學校態度調查的問項答案、病假、要求調職之外的缺席次數，以及其他同事聽到該位教師發出的抱怨次數。對於依變項——給予學生額外的關注B——有兩個測量工具：課後教師留下來會見個別學生的時數，以及教師在其它的課堂上是否經常詢問某位學生進步的

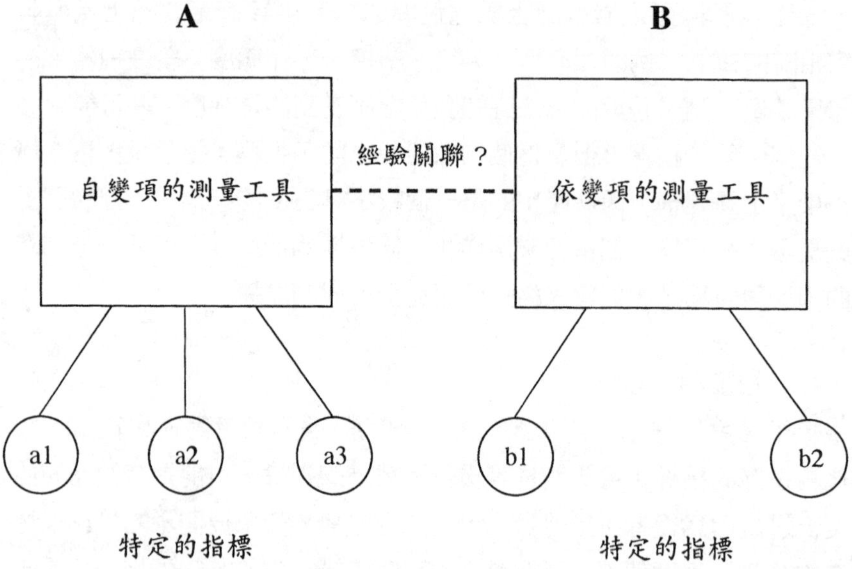

圖7.2 使用多重指標的測量

情形。

多重指標有兩項功能。第一，允許研究者對一個概念定義的內容進行廣泛的測量。某些作者稱這個作法爲從概念範疇中抽樣（sampling from the conceptual domain）。可以對建構的不同層面進行測量，每個層面都有自己的指標。第二，一個指標（例如，問卷上的一個問項）可能不夠完美，但是數個測量工具就比較不可能犯下同樣（系統）的錯誤。多重指標測量工具會比單獨一個項目的測量工具更爲穩定。

◎使用前測、試測研究、與複製

增進信度的第四個原則是先行使用前測、或測試版的測量工具。在正式使用最終版本進行假設檢定之前，先就某個測量工具發展

表7.1 測量信度與效度類型的摘要表

信度 可信賴的測量工具	效度 眞正的測量工具
穩定性：經得起時間的考驗	表面效度：根據他人的判斷
代表性：普遍適用於各個次團體	內容效度：捕捉到整個意義
等值性：普遍適用於各個指標	校標效度：與某個外在來源的結果一致 ─同時效標效度：與早先存在的測量值一致 ─預測校標效度：與未來的行爲一致
	建構效度：多個指標間的一致性 ─趨同效度：相同者所得之結果相同 ─區別效度：不同者所得之結果不同

出一個或多個草案、或測試版。這比較消耗時間與精力，但是能夠產生具有信度的測量工具。舉例來說，我那個教師士氣調查就歷經數份草稿，最後才敲定完稿。我也拿這份測試卷進行調查、察看題目是否清楚明白等方式，檢測早期的問卷版本。

使用試測的這個原則尚包括複製其他研究者使用過的測量工具。例如，我查閱文獻、尋找過去研究曾經用來測量士氣的工具。如果先前的測量工具是個好工具，我可能會想要以該測量工具爲基礎並且使用它，我會註明來源、表示適當的肯定。此外，我可能想要添加若干新的指標，比較它們與先前的測量工具之間的差別。透過這種方式，只要使用的是相同的定義，這個測量工具的品質將有機會歷久而彌新。參閱表7.1該表提供你一份信度類型的摘要表。

效度

定義：效度（validity）是個被濫用的名詞，經常與其它相關的概念胡攪蠻纏、糾結不清。有時人們用這個詞來代表「眞實」或「正確」的意義。效度有數個一般類型。這裡我們談的是測量效度（measurement validity）。測量效度也有數種類型。非測量類型的效度，我會在討論信度與效度這兩個詞的其它用途的那節中，將做簡短的敘述。

當研究者說某個指標具有效度時，是指這個指標所具有的效度，只適用於某個特定目的與定義的情況之下。同一個指標可能對某個目的（例如，某個問題的分析單位與全體）來說，是具有效度的，但是對另一個目的來說，則不具有任何效度。舉例來說，此處所討論的測量士氣的工具（例如，關於對學校感覺的問項）可能只對測量教師之間的士氣具有效度，但是對測量警察人員之間的士氣，則不具任何效度。[8]

就其核心，測量效度是建構與其指標間的吻合程度，觸及的是概念與操作型定義兩者間有多契合的問題。契合程度愈高，測量效度就愈大。獲得效度要比獲得信度更加困難。對於效度，我們難有絕對的信心，但是某些測量工具會比其它的測量工具更具有效度。我們永遠無法得到絕對效度的原因，是因爲建構都是抽象的概念，而指標則是具體的觀察。在我們對於這個世界的精神圖畫與我們在特定時空下所做的特定事物之間，是存在著一段距離的。伯斯戴特（Bohrnsted, 1992b:2217）曾經主張：效度是程度問題；無法直接加以判定。效度是動態過程的一部分，會隨著證據的累積與時俱增。如果沒有了效度，所有的測量都會變得毫無意義。

有些研究者使用對應法則來縮短抽象概念與特定指標之間的差距（對應法則已於前文中討論過）。這些法則是關於指標與定義間吻合程度的邏輯陳述。例如，某條對應法則指出：如果有位教師同意「過去五年來，這所學校的大小事情變得愈來愈糟」、「沒有任何改善的希望」的陳述句，這就顯示這位教師的士氣很低。另一種討論測量效度的方法是認識論相關（epistemic correlation）。這是指存在於特定指標與指標所測量的建構本體之間的一種假想的或假設性的相關。

我們無法直接測量這種相關，因為測量值與抽象概念間的相關根本無從計算，不過可透過高等統計技術加以估計。[9]

四種測量效度的類別

◎表面效度

最容易做到的、也是最基本的效度類型是表面效度（face validity）。這是科學社群所做的判斷，認為某個指標確實能夠測量到某個建構。換句話說，它所觸及的問題是：從表面來看，人們相信定義與測量方法相符嗎？這是一種測量效度的共識法。舉例來說，很少人會接受可用2 + 2 = ？這種問題來測量大學生的數學能力。從表面上來看，這並不是個對大學程度數學能力的有效測量工具。回想一下，科學社群所遵奉的組織化懷疑論那個原則便要求研究的各個層面，都要受到其他人仔細的審查。[10] （參閱表7.1），該表提供你一份各種類型測量效度的摘要表，（圖7.3）以圖形的方式呈現這些類型。

◎內容效度

內容效度（content validity）實際上是表面效度的特殊型態。內容效度觸及的問題是：測量工具將定義下的所有內容都代表出來了嗎？一個概念定義含有數個觀念；它是包含觀念與概念的一個「空間」，測量工具應該是概念空間中所有觀念或區域的樣本或代表。內容效度涉及三個步驟。第一，明確指出某個建構定義的內容。然後從該定義涵蓋的所有區域內抽取樣本。最後，發展一個涵蓋該定義下所有不同部分的指標。

一個內容效度的例子是，我把女性主義界定成個人對一組創造兩性在藝術、智能發展、家庭、工作、政治、與權威關係等領域上完全平等的信仰，全心投入的程度。我製作了一個測量女性主義的工具，透過這個測量工具我問兩個調查問題：男性與女性應該同工同酬嗎？以及男性與女性應該分享家務工作嗎？因為這兩個問題只問到關

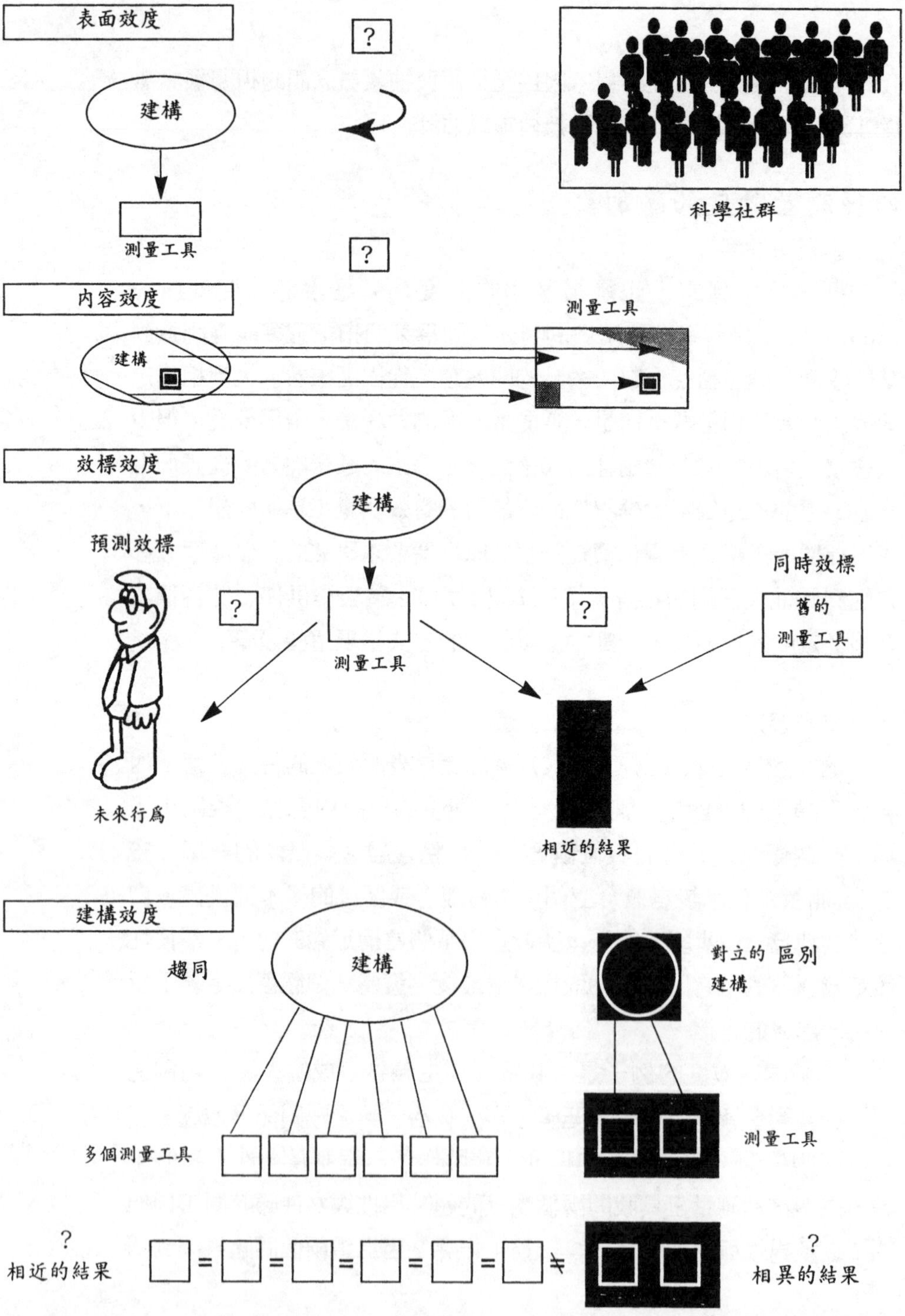
表面效度
?
建構
科學社群
測量工具
?
內容效度
測量工具
建構
效標效度
建構
預測效標
同時效標
?
?
舊的
測量工具
測量工具
未來行爲
相近的結果
建構效度
趨同
建構
對立的 區別
建構
多個測量工具
測量工具
?
相近的結果
?
相異的結果

圖7.3 效度的類型

於薪資與家務工作的事，所以我的測量工具只具有相當低的內容效度，忽略了其它領域（智能發展的追求、政治、權威關係，以及工作與家庭的其它層面）。如果我想製作一個具有內容效度的測量工具，我不是得擴大測量工具，就是得縮小定義。[11]

◎校標效度

校標效度（criterion validity）是指使用某些大家都知道能夠精確指出某個建構的標準或校標。換句話說，檢定這種效度的方法是把該指標，與測量同一個建構卻深獲研究者信心的另一個工具，做個比較。這種類型的效度有兩個次類型[12]。

◎同時效標效度

具有同時效標效度（concurrent validity）的指標，必須要與一個已經存在的、而且被斷定具有效度的（例如，具有表面效度）指標有關聯。舉例來說，你想製作一個新的測驗來測量智力。這個測驗若想具有同時效度，就必須與既存的智力測驗有高相關（假定對智力採用的是相同的定義）。這意味著在舊測驗上得高分的人大多在新測驗上也會獲得高分，反過來，舊測驗上得低分的，在新測驗上得到的也是低分。這兩種測量可能並沒有完全的關聯，但是如果它們測量的是相同或相似的建構，邏輯上他們應該會得到相似的結果。

◎預測校標效度

校標效度如果能夠使某個指標藉此而預測到邏輯上與某個建構有關的未來事件，那被稱爲校標預測效度（predictive validity）。並不是所有的測量工具都具有這個效度。測量工具與被預測的行動必須要有所區隔，但指示的都是同一個建構。不該把預測測量效度與假設檢定中的預測相混淆，後者是指某個變項預測另一個不同變項。例如，許多美國高中學生參加測量學術性向── 讀大學的能力── 的學術性向測驗（Scholastic Aptitude Test, SAT）。如果學術性向測驗具有校標預測效度，那麼學術性向測驗得分高的學生，在進入大學後會表現得很好。如果高分的學生表現平平或與低分的學生一樣，那麼學術性向測驗的預測效度就很低。

另一種檢定校標預測效度的方式是選擇一群有特定性質的人，然後預測他們在某個建構上會得到什麼樣的分數（很高或很低）。舉例來說，我有一個政治保守主義的測量工具，我預測保守派團體的成員〔例如，「約翰柏屆社（John Birch Society）」、「保守者黨幹部會議（Conservative Caucus）」、「美國革命之女社（Daughters of the American Revolution）」、「道德多數人組織（Moral Majority）」〕在這個測驗上會得高分，而自由派團體成員〔例如，「民主社會黨員」、「美式生活擁戴者（People for the American Way）」、「民主行動的美國人（Americans for Democratic Action）」〕在這個測驗上則會得低分。我用這些團體來「驗證」這個測量工具——也就是說，我先用這個測量工具對這些團體成員進行試測，然後再將它用作測量一般社會大眾政治保守主義的測量工具。

◎建構效度

建構效度（construct validity）針對的是多重指標的測量工具。它論及的問題是：如果這個測量工具有效度，不同指標會產生一致的結果嗎？建構效度需要有個把概念界線交代得清清楚楚的定義。

◎趨同效度

這種類型的效度應用在多重指標產生趨同的結果、或彼此相關的情況下。趨同效度（convergent validity）是指同一個建構的多個測量工具都產生相同的結果，或是都以近似的模式運作。舉例來說，我採用直接詢問人們關於他們受過多少教育的問題、查閱學校記錄，以及請他們填分學校知識測驗卷等方式來測量「教育程度」這個建構。

如果這些測量值並沒有趨同（比方說，回答他們受過大學教育的人沒有大學的入學記錄，或者說有大學文憑的人在測驗卷上的表現比高中輟學生還要差），那麼我的測量有個非常低的趨同效度，而且我也不可以把這三個指標合併成單獨一個測量工具。

◎區別效度

區別效度（discriminant validity），也稱為歧異效度，與趨同效度正好相反。它是指同一個建構的數個指標不但都產生一致的結果或趨同，而且測量相反的建構時，全部都得出相異的結果或負相關。它是說如果兩個建構A與B完全不同，那麼A與B這兩個測量工具就不應該有所關聯。舉例來說，我有十個測量政治保守主義的問項，人們對這十題問項的回答方式都近似。但是我在同一份問卷中，又加入五題測量政治自由主義的問項。如果這十題保守主義的問項會得到一致的結果，並且和那五題自由主義的問項都呈負相關，那麼我的保守主義的測量工具便具有區別效度。

信度與效度的其它用法

很多字眼都有多個不同的定義，信度與效度也一樣。除非我們清楚辨識同一個字的各種不同用法，否則很容易造成混淆。

信度：日常語言中我們也用到信度這個詞。一位有信度的人就是個可以依賴、穩定、與有責任感的人；一輛有信度的車是輛可以依賴與值得信任的車。這意味著那個人在不同時間與情況下，會做出相似、可以預測的反應；車子也是一樣。除了測量信度之外，研究者有時候也會說某個研究、或該研究結果具有信度（例如，Yin, 1988），這時他的意思是說，進行研究的方法或從而得到的結果，別的研究者同樣也可以產生、或是進行複製。

內在效度：內在效度（internal validity）是指研究計畫的設計沒

有內部的錯誤存在。[13]主要是用在實驗研究，是指儘管研究者盡力執行控制，但是結果還是可能有誤、或者還是可能有其它的解釋存在。內在效度高意味著這類的錯誤很少，內在效度低則指很可能存在有這類錯誤。

外在效度：外在效度（external validity）主要用在實驗研究，是指把某個特定情境與小團體得到的發現，通則化到涵蓋範圍極廣的情境與人群的能力。它論及的問題是：如果某些發現是發生在實驗室裡、或某個特定的受試者團體之中（例如，大學生），可以把這些發現通則化到「眞實」（非實驗室的）世界、或一般社會大眾（非學生）身上嗎？外在效度高是指結果可以通則化到許多不同的情境與許多不同的人類群體身上；外在效度低則指結果只能通則化到某個非常特定的情境。

統計效度：統計效度（statistical validity）是指選擇正確的統計程序，並且滿足它所有的假設。不同的統計檢定或程序適用於不同的情況，描述統計程序的教科書，對於這類問題都有所討論。

所有的統計都是建立在對使用的數字所具有的數學屬性所做的假設之上。如果違反統計方法所賴以建立的主要假設，那麼就此所獲得的統計值，將不具效度；而就此所獲得的結果，也將毫無意義。舉例來說，要計算平均值（實際上是指均數，後面將會討論），就不能使用名目測量等級的資訊（後面將會討論）。例如，假定我要測量某班學生的種族。我給予每個種族一個數字：白人= 1、黑人= 2、亞洲人= 3、其他民族= 4。這時說某班學生的「平均」種族爲1.9（幾乎全部都是黑人嗎？）將是毫無意義的事。這是對統計程序的誤用，即使計算過程正確，結果也不具有效度。研究者可以違反、或扭曲統計假定的程度〔專有名詞是韌度（robustness）〕，是專業統計學家非常感興趣的一個主題。

信度和效度的關係

信度是效度的必要條件，也比效度更容易得到。雖然要成爲某個概念的有效測量工具之前，必須先要具有信度，但是有了信度並不保證該測量工具一定具有效度。信度不是效度的充分條件。測量工具可以每次都產生相同的結果（具有信度），但是它測量的東西可能完全不符合建構的定義（即效度）。

測量工具有可能只具有信度，卻不具有效度。舉例來說，我站到體重計上量體重。我每次站上站下，體重計上所顯示的體重都一樣，但是當我站上另一個體重計——測量眞正體重的「正式」體重計時，它卻顯示我的體重是原先的兩倍多。第一個體重計得到具有信度的結果（即可信賴的與一致的結果），但是它對我的體重卻沒有給予一個有效的測量值。

有個圖形或許能夠幫助你瞭解信度與效度的關係。圖7.4用箭靶

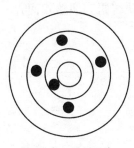

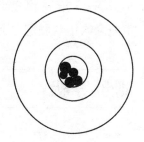

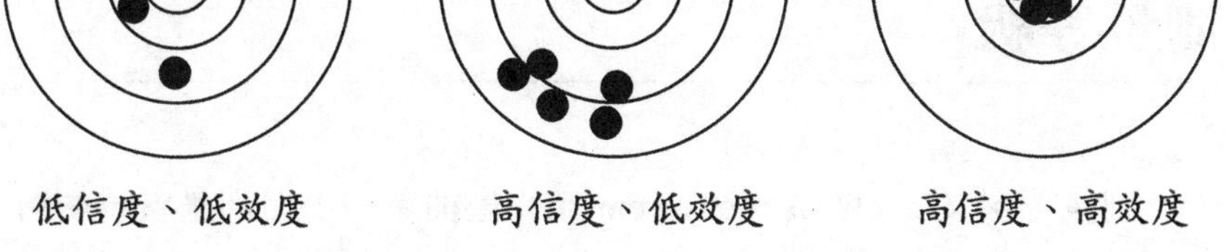

來源：摘錄巴比（1995:128）

圖7.4 信度與效度關係圖示

的類比來顯示這兩個概念之間的關係。靶心代表測量值與建構定義完全相符的情況。

效度與信度經常是互補的概念，但在某些特殊的情況下它們也會互相抵觸。有些時候當效度增加時，會比較難以確保信度；反之，有些時候當信度增加時，效度會變得難以掌握。這是發生在當某個建構過於抽象、缺乏容易觀察的定義之時。當測量值相當明確、便於觀察時，信度最容易達到。因此，在極抽象的建構的眞實本相與用具體方式測量它之間，是存在一種緊張關係的。例如，「疏離」是個非常抽象、高度主觀的建構，經常被界定成一種深層的、喪失人之所以爲人的內在感受，而且這個感受經常擴散到個人生活的許多層面（例如，社會關係、自我的感覺、對自然的取向）。問卷中十分明確的問項可能得出具有信度的測量值，但是也有捕捉不到該概念主觀本相的風險。

某些堅定的實證主義研究者主張這意味著疏離以及以個人感覺與經驗爲基礎的建構，不是好的概念，應該避免之。其他的學者——尤其是接受比較詮釋取向或批判觀點的科學研究——則主張應該保留這些概念。他們指出，必須使用質化方法進行測量、務求彈性、不要那麼講究精確。測量議題最後終歸是回到該如何執行研究與該如何界定概念的這類假定之上。

測量等級

測量等級（levels of measurement）是抽象的、但卻是廣爲使用的重要概念。基本上，它道出了研究者測量建構的某些方式是屬於較高或較精細的等級，而其它的方式則較爲粗略或較不明確。測量等級取決於建構被概念化的方式——也就是，這個建構是否具有特定性質的假設。測量等級會影響到選取指標的類型，也與建構定義中的基本假設密切相關。研究者概念化變項的方式限制了他可以使用的測量等級，也影響到執行測量與統計分析的方式。

連續與間斷變項

變項不是連續的（continuous）就是間斷的（discrete）。連續變項有無限個沿著一個連續體分佈的值或屬性。這些值可以分成許多較小的區段；在數學理論中，這些區段的數目有無限多個。連續變項的例子包括：溫度、年齡、收入、犯罪率、與就學年數。間斷變項有一組數目相對固定、各自分離的值或變項屬性。間斷變項的值並未構成一個平滑的連續體，相反的，包含的是明顯不同的類別。間斷變項的例子包括有：性別（男性或女性）、宗教（基督教、天主教、猶太教、回教、無神論），以及婚姻狀態（未婚、已婚、離婚或分居、鰥寡）。一個變項是連續的還是間斷的，將會影響到它的測量等級。

四種層次

精確與等級：測量等級的觀念詳細說明了連續與間斷變項之間的差異，並且就他們在統計上的用途，而分派變項的類型。四種測量等級區別測量的精確程度。[14]

決定一個建構的適當測量等級，常會製造混淆。一個變項的適當測量等級取決於兩件事：這個建構被概念化的方式；以及研究者所用的指標或測量的類型。

建構本身限制了精確程度。研究者概念化建構的方式本身，可能就限制了它可以被測量的精確程度。舉例來說，某些前面被列為連續變項的變項，可以被重新概念化成間斷變項。溫度可以是個連續變項（例如，幾度），也可以粗略地以間斷的類別加以測量（例如，熱或冷）。同樣的，年齡可以是連續性的（以幾年、幾月、幾日、幾小時、幾分鐘來敘述一個人的歲數），也可以將之視為間斷的類別（嬰兒、孩童、青少年、青年、中年、老年）。然而，大部分間斷變項則

表7.2 四大測量等級的特徵

層次	不同的類型	排列等級	受測類屬間的距離	眞正的零點
名目	是			
順序	是	是		
等距	是	是	是	
比	是	是	是	是

無法被概念化成連續變項，例如，性別、宗教、與婚姻狀態，就無法被概念化成連續變項；然而，相關的建構還是可以被概念化爲連續性的（例如，女性氣質、宗教信仰虔誠的程度、對婚姻關係的承諾）。

測量等級限制了可用的統計測量值。對於較高的測量等級，有較多有檢定力的統計程序可供使用，但是可以用在最低等級上的統計類型就非常有限。

以較高的測量等級來概念化與測量變項，有實用上的理由。你可以將較高的測量等級降低成較低的層次，但是反過來卻辦不到。換句話說，是可以先以非常精確的等級來測量一個建構、蒐集非常明確的資訊、然後再略過或放棄某些細節。但是卻無法以較不精確的等級、或較不明確的資訊來測量一個建構，然後再設法把它變得精確。

四種等級的差異：從最不到最精確的程度，可排列出四種等級，依次爲名目（nominal）、順序（ordinal）、等距（interval）、與比率（ratio）。每個等級給予研究者不同類型的資訊（參閱表7.2）。名目測量值顯示的只是類別間的差異（例如，宗教：基督教、天主教、猶太教、回教；種族：非洲人、亞洲人、高加索人、西班牙人、其他）。順序測量顯示差異外，還把類別排出順序或名次（例如，字母分數：A、B、C、D、E；意見測量值：非常同意、同意、不同意、非常不同意）。等距測量值除了涵蓋前面兩個功能外，還指出了類別之間差距的數量（例如，華氏或攝氏溫度：5℃、45℃、90℃；IQ分數：95、110、125）。等距測量值可以使用任何一個原點；它們的作用只在幫助計分。比率測量值包含所有其他等級所能做到的事，此外它還有個眞正的原點，這使它可以用比例或比率的形式，來陳述關係（例如，金錢收入：$10、$100、$500；正式就學年數：一年、十年、十三年）。在大多數實際的情形下，等距與比率等級的區別沒有多大的差異。某些等距測量值的任意原點可能令人困惑。例如，溫度從三十度升高到六十度，並不是指溫度眞正增加了一倍，雖然數字確是兩倍，這是因爲零度時，不是一點溫度都沒有。

間斷變項是名目與順序等級的變項，而連續變項可以由等距或比率等級加以測量。一個比率等級的測量值可以轉化爲等距、順序、或名目等級。等距層次也常被轉換爲順序或名目等級。但是這種轉換不可逆轉！

一般來說，如果必須用到順序測量值，至少要使用五個順序類別，並且要取得許多觀察值，因爲把連續建構分解成較小數量的順序類別時所產生的扭曲，會隨類別數目和觀察數目的增多而減少。[15]

社會科學很少用到比率等級的測量。就大部分的用處來說，它與等距測量並不容易區分。唯一的差異是比率測量有個「眞正的」零點。這可能會令人難以理解，因爲某些測量值，例如，溫度，也有零點，只不過那不是眞正的零點。溫度可以是零度，或零度以下，但是零度是任意指派給某個溫度的數字。這可以從比較攝氏零度與華氏零度，而有所瞭解── 它們是不同的溫度值。此外，將某個系統的溫度值加倍，並不會使另一個系統的溫度值同時加倍。相同的，如果溫度從兩度上升到四度、從十五度升高到三十度、或從四十度升高爲八十度，就說後者溫暖「兩倍」，也是毫無意義的。但是這種說法用在比率測量時，則是可以的。另一個任意── 非眞正── 零點的例子，是發生在測量態度之時，這個情況是把數字派給一些陳述句（-1=不同意、0=無意見、+1=同意）。眞正的零點存在於像是收入、年齡、或

表7.3 測量等級舉例

變項（測量等級）	如何測量變項
宗教（名目）	不同的宗教派系（猶太教、天主教、路德會、浸信會是無法排名的、只是彼此不同（除非信仰被概念化成哪個比較接近天國）
出席狀況（順序）	「你多久做一次禮拜？（0）從不；（1）一年到一次；（3）一年數次；（4）大約一個月一次；（5）一個星期兩、三次；或是（8）一個星期數次？」如果問的是個人實際做禮拜的次數，那麼這題就是用比例層次的測量。
智商分數（等距）	大多數的智力測驗是以一百分爲平均數、中位數、或正常。分數的高低指出與平均數的距離。得115 分的人高於做這個測驗的人的平均智力，而得90分則稍微低平均智力。低於 65分或高於140分的人較爲罕見。
年齡（比）	年齡以歲數加以測量。有個絕對的眞正零點（出生）。注意四十歲的人活得歲數是二十歲的人的兩倍。

教育年數等變項之中。表7.3例舉四種測量等級的例子。

測量理論概述

測量理論是一套有關信度、效度，以及相關主題的數學理論與方法論的總稱[16]。測量理論相當技術性，但是摘要簡述它的核心假設有助於你瞭解好的測量的基本原理。測量理論是建立在一個概念的經驗測量要反映三種成分的那個觀念上：（1）眞實的建構或是對這個建構絕對完美的測量；（2）系統誤差（systematic error）；（3）隨機誤差（randon error）。人們只可能看到經驗測量；這三種成分是無法觀察到的、但卻是關於測量涉及些什麼東西的假設觀念。測量的這些部分可用符號表達如下：

X　　觀察值：經驗指標或觀察
T　　真值：理想、純粹的建構
S　　系統誤差：偏見；任何非隨機的誤差
R　　隨機誤差：非系統、無法避免、機會的誤差

因此，測量理論假定某個特定的觀察值是由建構與被稱爲誤差的這兩個成分所構成的，誤差代表的是與眞正建構偏離的部分。如果將上面的陳述寫成爲方程式，就將是：

$$X = T + S + R$$

這個方程式是測量理論的核心。用文字來說，它是指由研究者所做的經驗觀察，實際上具有三個看不到的來源：建構加上兩種潛在的誤差，或者說兩種偏離眞正建構的可能來源。

前一節中，你看到了完美的測量效度是經驗指標與其代表的建構（或它的理論定義）之間非常完美的吻合。測量理論方程式是說，在沒有測量誤差的情況下——這是說代表潛在誤差的兩個成分等於零時——經驗觀察值等於建構。因此，利用方程式與測量理論，我們可以重新陳述完美測量效度的定義爲X = T。研究者利用這個方程式進行思考改進效度的方法，將注意力集中在兩個可能的誤差類型，S與R，以及如何使它們等於零。

讓我們先把注意力擺在方程式中R的部分，即隨機誤差。數學中

的機率理論指出，長期來看，在有足夠多的個案之下，R會變成零，因此可以把它從方程式中消去。用統計理論的語言來說，隨機誤差有一個等於零的期望值（expected value）。不必套用複雜的機率理論，我們也可以瞭解這個道理，因爲眞正隨機的誤差在長期狀況下會彼此抵銷。各種數學與經驗檢定證明在非常大量的個別事件（例如，數百萬個）之後，眞正的隨機過程會穩定地在眞值附近跳動，誤差也將變爲零。舉例來說，我用眞正隨機的方式投擲一個完美均勻的硬幣一千萬次，則「誤差」── 或就這個情況而言，得到較多正面、較少背面，或者相反的情況── 將會消失。我可以非常確定投擲的結果將會是百分之五十的正面與百分之五十的背面。另一個例子是以一個固定的速度開車。假定我有的是個有效度與信度的速度表，而我想要準確地，不多不少，就以時速五十公里來開車。在某個時候我的車速會略比這個速度快，另些時候會略比這個速度慢。如果我的誤差眞正隨機，則超過或不到時速五十公里的速度會彼此抵銷，或者偏離這個速度上下的期望值將會等於零，而我的車速就是時速五十公里。研究者並不會太過擔心隨機誤差的問題，他們假定始終會有某種的隨機誤差，但是在有了足個數量的複製或個案之後，我們大可放心不必在意隨機誤差。

一旦我們不管隨機誤差，觀察值（X）就會等於眞實建構（T）加上系統── 或稱爲非隨機── 誤差（S）。系統誤差是種會有系統扭曲觀察結果的誤差，不過是潛在可以避免的。有些系統誤差的例子是由於用詞不當，以致大多數的回答者都以某種特殊方式作答，或者是出於訪談者有意想要回答者以某種特定的方式作答。系統誤差是影響效度與信度的主因，它使指標無法測量到它們想要測量的事物（也就是眞實建構）。因此，思考改善測量的另一種方式就是估計系統誤差或偏誤（bias）[17]。

系統誤差顯示得自於經驗資料的因果推論可能會發生什麼誤差。前面有關測量效度的敘述可以重新陳述爲當觀察值（X）等於眞值（T）下的效度。當系統誤差（S）等於零時，X = T。

系統誤差有許多可能的來源。例如，缺乏穩定性信度就是一種系統誤差類型。我浴室的體重計由於內部彈簧已經鬆弛，所以缺乏穩定性信度，因此我每次測量體重時，似乎變得越來越輕。在我測量體重時所發生的誤差是種系統誤差類型，而且會干擾到效度。在那個我以每小時五十公里的車速開車的例子中，隨機誤差可能會互相抵銷，但是如果時速表是有系統顯示較低的時速，我的觀察結果將會是個無效的測量值。測量理論方程式是種告訴你測量偏誤或偏差（即不等於零的系統誤差）會降低測量效度的方式。

異質觀察的原則

做到良好量化測量的另一個原則是異質觀察（heterogeneous observation）。這個原則簡單說來就是指，在所有的情形都相等的情況下，各種不同的或異質的觀察會比一個或許多相近的觀察，能夠提供比較強而有力的證據。兩項應用可以彰顯這個原則：複製與三角校正法。

複製

複製（replication）原則是你所熟悉的。它簡單的意思就是重做同樣的事、期待相同的結果。理想上，複製是由一個完全不同的研究者獨立執行的。一個建構的測量工具、一項特定的發現、或是一份完整的研究，都可以複製。複製一個建構的測量能增強它的效度，而複製一項發現可以增強對原始發現的信心。

複製的邏輯是建立在不同的研究者不太可能犯相同的錯誤的那個概念上。因此得到的如果是相同的發現，那麼就不太可能有系統誤差。如果無法獲得相同的發現，那麼原來的發現可能就問題。

方塊7.2

複製失敗的理由

1.原始的因果關係確實存在，但是複製的情況卻有所不同，原始的關係只存在於某個特定的、未明說的情況。因此必須要找出原始關係存在的情況。舉例來說，不同類型的兔子對我的花園頗感興趣，或是我栽種的蔬菜，兔子愛吃但是我的鄰居不感興趣。

2.原始的關係存在的，不過由於第二次檢定時所採用的程序不同，所以並不是個眞正的複製。這發生在描述原始研究的程序不夠具體清楚；或是進行複製的研究者不夠謹愼仔細。舉例來說，我貪圖便宜，沒有種夠多的金盞草，或是我鄰居忘了告訴我何時該種金盞草，或是在兔子發現我花園的美食之後，我才種金盞草。

3.原始的因果關係是虛假相關，實際上，是因爲在原始情況下某個不同的、獨立的變項——在剛開始並不明顯的變項——所造成的結果。舉例來說，我的鄰居有隻狗而我沒有，所以是他的狗的叫聲趕走了兔子而不是金盞草。

4.原始的因果關係根本不存在。不是報告錯誤，就是出於隨機的結果。舉例來說，我的鄰居說謊，其實他的花園裡也有兔子；或是我鄰居種的金盞草的那年，兔子正好錯過了他的花園。

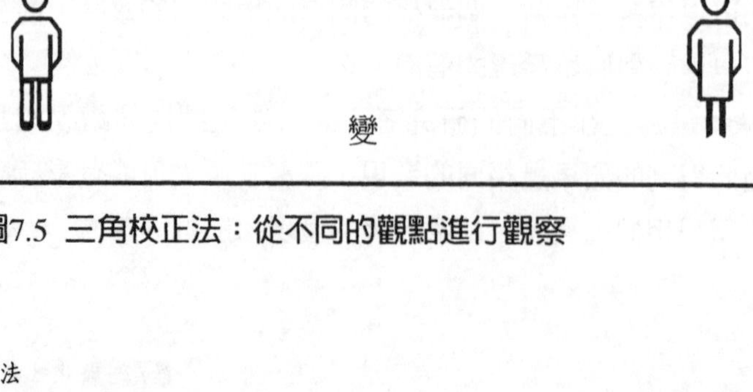

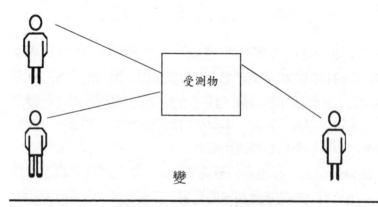

圖7.5 三角校正法：從不同的觀點進行觀察

雖然複製是實證主義科學的一項基本原則，但是在實務上並不常用。許多研究不是沒有被複製，就是複製的過程沒有被發表出來。

複製的原因可以用一個日常生活的例子來加以說明。我想把兔子趕出我的菜園，我向鄰居請教一些建議。他說他趕走兔子的方式，是沿著菜園周圍種植金盞草。我嘗試同樣的方法——我複製他所做過的事——沿著我的菜園周圍種植金盞草。如果這有效，我就會對他的建議產生信心，或是對金盞草與兔子間的因果關係產生信心。如果這麼做沒效，我就會懷疑那個辦法是否眞的是趕走兔子的有效方法。我也會覺得奇怪爲什麼我沒有辦法複製那個結果；這也將會成爲未來研究的基礎。

不論你處理的是不是菜園中的兔子問題，還是在解決一個社會研究問題，複製失敗通常脫離不了下述四種原因之一，或是其中某些原因的共同效應（參閱方塊7.2）。

三角校正法

調查員在測量兩物體間的距離與測察地形時，是從不同的角度觀看各個景點——這種過程稱爲三角校正法（triangulation）。他們從不同的角度或觀點去察看事物，以便確實掌握它的眞正位置（參閱圖7.5）。社會研究中，三角校正法意味著使用不同類型的測量工具來檢視相同的變項或是執行資料蒐集的技術。這是種多重指標法的特殊應用[18]。使用三角校正法測量某人心理健康的一個例子是，找位專家對他進行訪談、訪談他的朋友與家人對他的行爲的看法，讓他做一次複選人格測驗，以及找五位觀察者對他進行數小時的行爲觀察。

使用這個方法的基本觀念是，如果我們使用各種不同的指標，測量將會改善。指標的異質性愈高，我們對測量的信心也就愈大，這是因爲高度異質的方法能夠得到完全一致的測量結果，會比只用單獨一個或類似的方法而得到相同的結果，有較大的效度。

想想看剛剛才討論過的心理健康的例子。你做了十道有關心理健康的複選測驗題，然後獲知你「有心理疾病」。你難道不會希望在你被送到精神病院之前，有兩位訓練有素的獨立觀察者對你的行爲進行爲期一個星期的觀察，並且有位精神分析科的醫師與你進行一次四個小時的晤談嗎？如果測驗結果、獨立觀察者、與精神分析科的醫師都做出同樣的結論，你才比較能夠接受他們的判定吧？這三種不同類型的評鑑會比再多做兩個複選測驗給你較大的信心吧？

專門化的測量工具：量表與指數

在本章最後一節中，我們來看看一些專門化的測量工具，包括量表與指數。研究者建立數以千計各種不同的量表與指數來測量社會變項[19]。例如，已經發展出一些量表與指數來測量科層組織正式化的程度、職業聲望、人們對婚姻的調適、團體互動的強度、社區社會活動的層次、州性犯罪法反映女性主義價值的程度，以及國家社會經濟發展的程度。我無法討論這些數以千計的量表和指數。相反的，我將集中討論量表與指數建構的原則，並且探究某些主要的類型。

記住兩件事，第一，差不多每個社會現象都可以測量。某些建構可以直接測量並得到準確的數值（例如，家庭收入）。其他建構則需要使用代替品或代理物，才能間接地對一個變項進行測量，而且可能不會非常準確（例如，犯罪傾向）。第二，可以從其他研究者所使用的測量工具中學到很多。你很幸運可以從數以千計的研究者作品中學習，並不總是需要無中生有。你可以使用過去的量表或指數，或者你可以根據自己的目的而加以改良。格羅索夫與沙弟（Grosof & Sardy, 1985:163）曾經警告說，創造評量表與態度測量工具「是種特別困難與精細的事業，需要極爲細心的思考。」就像一般知識創造的過程，創造一個建構的測量工具是個與時俱進的過程。測量是個不斷變化的持續過程；新的概念被發展出來、理論定義不斷被陶冶焠鍊、

方塊7.3

量表與指數：有何不同？

在大部分的情況下，量表與指數是可以交換使用的。社會研究者沒有使用一致的專有名詞來區別這兩個概念。

量表是個測工具，研究者用以測量某個建構的強度、方向、層次、與強勢，以一個連續體的方式來安排回答值或觀察值。一份量表可以使用單獨一個指標，也可以同時使用數個指標。大多數的量表屬於順序層次的測量。

指數是個測量工具，是以累加或合併的方式，將某個建構的數個指標，變成一個分數。這個合成分數，通常是一個多指標分數的簡單總和，做內容效度與趨同效度之用。指數通常是等距層次或比層次的測量。

研究者有時同時結合量表與指數的特徵，來建構一個測量工具。常見於研究者擁有數個稱爲量表的指標（用來測量強度或方向）之時。然後研究者把這些指標的分數加在一起，得到一個總分，於是就創造了一個指數。

測量舊或新建構的量表或指數不斷被改進。

指數與量表

你可能會覺得指數與量表這兩個名詞頗令人困惑，因爲它們常被交替使用。某位研究者的量表是另一位研究者的指數。這兩者都能產生順序或等距等級的變項測量工具。令人更加困惑的是量表與指數技術可以合併在一個測量工具之中。量表與指數給予研究者更多有關變項的資訊，並且可以用來評估測量的品質。量表與指數增加信度與效度，它們也有助於減化資料；也就是說，他們能夠濃縮與簡化蒐集到的資訊（參閱方塊7.3）。

互斥與窮盡的屬性

在討論量表和指數之前，先回顧一下好測量有哪些特質很是重要。所有測量工具的屬性—— 包括名目等級的測量工具在內—— 都應該是互斥與窮盡。

互斥屬性（mutually exclusive attributes）的意思是，個人或分析單元必須符合而且只能符合變項的某個屬性。舉例來說，一個測量宗教類型的變項，如果它有基督教、非基督教、與猶太教等屬性，那麼它就不是互斥的。猶太教徒的宗教類型既是非基督教又是猶太教，意即猶太教徒既符合非基督教的屬性，也符合猶太教的屬性。同樣地，一個測量城市類型的變項，如果它的屬性是河岸港口都市、州政府首府都市、與州際交口都市，也不具有互斥屬性。一個都市可以同時兼具這三者（一個位在州際交口、河岸港口的州政府首府都市）、三者其中任何一個、或者三者都不是。

窮盡屬性（exhaustive attributes）的意思是指所有的個案都必須符合變項全部屬性中的某一個。當測量宗教時，一個只有基督教、天主教、和猶太教屬性的測量工具就不具有窮盡屬性。佛教徒、回教徒、或無神論者就不符合其中任何一項。屬性應該要發展到能夠涵蓋每一個可能的情況，例如，基督教、天主教、猶太教、或其它，就是窮盡與互斥的一組屬性。

單向性

除了互斥與窮盡之外，量表與指數也應該是單向的，或說應該具有單向性。單向性的意思是指，在量表或指數中所有的項目應該搭配得宜，或是測量單獨的一個建構。單向性在前面討論建構與內容效度時，已經有所觸及。單向性是說：如果你要把數筆特定的資料結合成單獨的一個分數或測量工具，所有的這些資訊都應該是測量同樣的一件事物。其中一種最先進的技術——因素分析（本章後面將會討論）——就經常被用來檢定資料的單向性。

一個明顯的矛盾似乎存在於使用量表或指數把建構的各個部分或次部分結合起來的這個做法，與單向性這個標準之間。不過這只是表面上的矛盾罷了。因爲建構在不同抽象層次之間可有不同的理論定義。一般性的、高層次的、或較抽象的建構，所具有的定義可能包含數個次部分，而每個次向度都是建構整體內容的一部分。

舉例來說，我把「女性意識」這個建構界定爲關於社會上性別的總體意識型態。女性意識是一個高度抽象與一般性的建構，它涵蓋了對社會、經濟、政治、家庭、與性別關係的特定信仰與態度。這個意識型態的五個信仰領域是那個單一總體建構的次部分。這些次部分互相增強、共同形成關於女性的尊嚴、力量、與權力的信仰體系。

如果女性意識是單向性，那麼就會是一個統一的信仰體系，而其變化範圍橫跨非常反女性主義到非常親女性主義。我們可以藉由檢測包含多重指標的測量工具的趨同效度，來察看這些部分是否屬於某個單一建構。這些多重指標觸及建構的各個次部分。如果某個信仰領域（例如，性別關係）在經驗檢定時始終獨立於其它的領域，那麼我們會質疑這個測量工具的建構效度及其單向性。

容易令人困惑的是：一個特定的測量工具在某個情況下可以是某個單向建構的一個指標，但是在另一個情況下卻指出另外一個不同建構的某個次部分。這是有可能發生的事，因爲我們所使用的建構可能分屬於不同的抽象層次。

舉例來說，一個人對兩性平等在薪資方面的態度就比女性意識（就比對整個社會中性別關係的信仰）來得特定，比較不抽象。對同工同酬的態度就其本身而言是個單向性的建構，同時也可以是更爲總體與抽象的單向性建構——性別關係的意識型態——的一個次部分。

指數的建構

目的

你三不五時地會聽到指數這個詞。例如，美國報紙報導聯邦調查局的犯罪指數與消費者物價指數。聯邦調查局的指數是警方對七個所謂指標犯罪（殺人、重傷害、強姦、搶劫、強盜、五十元以上的偷竊、與汽車竊盜）報告的總和，開始用於1930年起的統一犯罪報告（參閱羅森Rosen, 1995）。消費者物價指數是種通貨膨脹的測量工具，該值的求法是購買一系列產品與勞務（例如，食品、租賃、公用物品）所需成本的總和，與前一年購買同系列物品所花費用之比較。消費者物價指數從1919年起就一直被美國勞工統計部使用；薪資增加、工會契約、與社會安全給付都是根據這個值來決定的。指數是將一些問項結合成一個分數，分別測量一個建構的各種不同成分或次部分，然後將他們合併成一個測量工具。

指數有許多種類。舉例來說，如果你的試卷上有二十五道題，分別出自於一門課的各個不同單元，你答對的總題數是一種類型的指數。那是種綜合測量，每題測量那門課上的一小部分知識，而把所有答對或答錯題目的分數加起來就得出單獨的一個測量值。

指數能測量出最希望居住的地區（根據失業率、通勤時間、犯罪率、休閒場所、氣候，以及其它）、犯罪程度（根據綜合不同類型犯罪發生的狀況）、個人的心理健康狀態（根據個人生活中對不同領域的適應性），以及其它。

示範指數不會非常複雜的一種方法就是使用它。根據職業特性，以是或否回答下面七個問題。作答時請根據你對這四大職業的想法：長程貨車司機、醫學博士、會計師、電話接線生。對答是的題目給一分，答否的題目給零分。

1.這個工作的待遇很高嗎？
2.這個工作安全嗎？不必擔心會被裁員或失業？
3.這個工作有趣、有挑戰性嗎？
4.這個工作的勞動條件（例如，工時、安全、跑外務時間）好嗎？
5.這個工作有發展與升遷的機會嗎？
6.這個工作有聲望、會受人尊敬嗎？
7.這個工作有自我作主與做決策的空間嗎？

分別加總那四種職業在上面七題的得分。哪種職業的得分最高，哪種職業的分數最低？這七個問題是我對好職業這個建構的操作型定義，每題代表我理論定義的一個次部分。不同的理論定義將會產生不同的問題，或許多於這七個題目。

建立指數很容易，因此要特別注意的是要使指數中的每個題目都要有表面效度。沒有表面效度的題目應該被刪除，建構的每個部分都應該至少以一個指標來加以測量。當然，最好用多重指標來測量一個建構的所有部分。

另一個指數的例子是大學品質指數（參閱方塊7.4）。我的理論定義是說，一所高品質的大學應該有六個獨特的性質：較低的師生比；高學歷的師資陣容；圖書館有豐富的藏書；較少的退學生；較多學生繼續深造、求取高學位；較多教師出版書籍或學術報告。我依據這些項目，對一百所大學進行評鑑，然後計算各所大學在這些項目上的總得分，最後得到一個可以用來比較各所大學的大學品質指標分數。

指數可以互相合併。舉例來說，爲了增強大學品質的指數，我在這個指數上再加入教學品質的次指數。這個指數包含八個項目：各班平均人數；課堂中花在討論上的時間百分比；每位教師教導不同班級的數目；課後學生找得到教師向他請益的可能性；指定閱讀書籍的流通程度與數量；指定作業增進學習的程度；教師認識每位學生的程

方塊7.4

指數舉例

大學品質指數是根據下列六大項目所製作而成的：

1.系所每位教師分擔的學生人數
2.系所教師擁有博士學位的比例
3.每位學生擁有圖書館藏書的數量
4.入學新生為了取得學位的比例
5.繼續追求高等學位的學生比例
6.系所教師出版的書籍與學術論文數量

用符號表示，則如：

Q＝大學整體的品質
R＝系所每位教師分擔的學生人數
F＝系所教師擁有博士學位的比例
B＝每位學生擁有圖書館藏書的數量
D＝入學新生為了取得學位的比例
A＝繼續追求高等學位的學生比例
P＝系所教師出版的書籍與學術論文數量

未加權公式：（-1）R+（1）F+（1）B+（-1）D+（1）A+（1）P＝Q
加權公式：（-2）R+（2）F+（1）B+（-3）D+（1）A+（3）P＝Q

舊長春藤聯盟
未加權：（-1）13+（1）80+（1）334+（-1）14+（1）28+（1）4＝419
加權：（-2）13+（2）80+（1）334+（-3）14+（1）28+（3）4＝466

地方大學
未加權：（-1）20+（1）82+（1）365+（-1）25+（1）15+（1）2＝419
加權：（-2）20+（2）82+（1）365+（-3）25+（1）15+（3）2＝435

大型大學
未加權：（-1）38+（1）95+（1）380+（-1）48+（1）24+（1）6＝419
加權：（-2）38+（2）95+（1）380+（-3）48+（1）24+（3）6＝392

度；學生對教學的評量。相類似的次指數測量工具的製作方法也可以應用到大學品質指數的其它部分，然後它們可以結合成一個更具整體性的大學品質測量工具。這樣就能夠進一步發展出「大學品質」這個建構的詳盡定義。

加權

指數製作上有個重要的議題，那就是如何加權各個項目。除非有特別說明，否則一般都假定指數並沒有做任何的加權。同樣地，除非你在理論上有充分的理由進行不同的加權，不然就該採用相等的權數。一個未加權的指數是指該指數中的每個項目都有相同的權數，它只是把每個項目的分數加起來，而不做任何的修改，就好像把每個問項都乘上1（對負向的項目則乘上-1）。

就加權指數來說，研究者對該指數中的某些問項給予高於其它問項的評價或權衡。權數的大小來自於理論假設、某個理論定義、或像是因素分析（後面將會討論）之類的統計技術。權數改變了建構的理論定義。

舉例來說，我決定把大學品質指數的理論定義做更加詳盡的界定。我決定師生比與有博士學位的教師人數，要比每位學生擁有的圖書館書量或追求較高學位的學生百分比，重要兩倍。同樣地，新生退學百分比與每位教師出版著作的數量，要比圖書館藏書或追求較高學位學生的百分比，重要三倍。如果用條公式來表示，將更容易明白。

每位教師對應的學生人數與退學人數百分比的權數值爲負號，這是因爲當這些數值越大時，大學的品質反而會越低。加權與未加權指數可能會產生不同的結果。看看長春藤學院、地區學院、與大型大學。這三種大學有完全相等的未加權指數分數，但是加權之後這三種大學會有完全不同的品質分數。

加權會產生不同的指數分數，不過大多數的情況下，加權與未加權的指數會得到相近似的結果。研究者關心的是變項間的關係，而

方塊7.5

漏失資料的處理方式

1.**刪除任何一筆帶有漏失資料的個案**。如果芬蘭被排除於研究之外，指數將會對有資料可考的國家才有效。如果其它的國家有漏失資料，那麼這就會構成問題。一份研究五十個國家的研究案可能變成了一個研究二十個國家的研究案。同時，帶有漏失資料的個案可能在某些方面具有相似性（例如，都出現在東歐，或是都是第三世界的國家），這就限制了該研究發現的可通則性。

2.**用平均數來替代那些沒有資料的個案**。以其它國家平均識字率的分數來代替。這個「解決之道」把芬蘭留在研究之中，但是給他一個不正確的值。對一個只有少數數個項目的指數來說，或是一個不是「平均數」的個案來說，這個作法製造了嚴重的效度問題。

3.**根據非量化的資訊輸入資料**。有關芬蘭的其它資訊（例如，十三歲到十八歲在高中就學人數的比例）可用做推測識字率的一個比較好的猜測值。這項「解決之道」在這個情況下差強人意、勉強可以接受。它不如測量芬蘭的識字率來得好，並且全憑一個未加檢定的假設——可以根據他國高中學生就學率來預測識字率。

4.**輸入一個隨機的值**。對於這個發展指數的例子來說，不是明智之舉。如果該指數有非常大量的項目，而且個案的數量也非常多。如果是這種情況的話，那麼刪除漏失資料或許是一個比較好的、能夠產生更具有信度測量值的「解決之道」。

加權以及未加權指數在變項關係的檢討上，得到的經常是相似的結果。[20]

漏失資料

建立一個指數時，漏失資料可能會構成一個嚴重的問題。如果某些個案的資料漏失，效度與信度便會受到影響。有四種方式可以用來解決這個問題（參閱方塊7.5），但是沒有一種能夠將這個問題徹底解決。

舉例來說，1975年製作一個適用五十個國家的社會發展程度的指數。這個指數包括四個項目：生活期望、有室內水管的家庭百分比、受教育人口的百分比，以及每百人擁有的電話數量。我以聯合國統計資料作爲我的資訊來源。比利時的數值爲68+87+97+28；土耳其的分數是55+36+49+3；不過我發現芬蘭沒有受教育人口的資料。我尋求其它的資訊來源，但是沒有一個機構有，因爲芬蘭根本沒有蒐集這筆資料。

比率與標準化

你已經聽過犯罪率、人口成長率、或失業率。某些指數以及單一指標測量值是以比率來表示的。比率涉及到把項目的值加以標準化（standardization），以便進行比較。指數中的項目在可以合併之前，經常需要先加以標準化。

標準化涉及的程序，是先選擇一個基數，然後再將原始測量分數除以這個基數。舉例來說，在同一年中，城市A發生十件殺人案，而城市B發生三十件殺人案。爲了要比較這兩個城市的殺人案件數量。原始的殺人案件數需要先以城市人口加以標準化。如果這些城市的人口相同，則城市B就比較危險。但是如果城市B的人口多很多，那麼它可能比較安全。如果說，城市A有十萬人，城市B有六十萬人，則每十萬人的犯罪率在城市A爲十件，在城市B則爲五件。

標準化使不同單元可以在共同基礎上做比較。標準化過程——也稱爲常態化（norming）——排除相關但是不同特性的影響力，而使重要變項上的差異能夠顯現出來。舉例來說，如果有兩班學生，藝術班有十二位學生抽煙，生物班有二十二位學生抽煙。研究者可以透過班級大小而將抽煙學生人數加以標準化，進而比較抽煙者比率或出現率。藝術班有三十二位學生，而生物班有一百四十三位學生。一種你已經知道的標準化方法是使用百分比。測量百分比時，是在一百的共

方塊7.6

標準化

1988年南韓漢城奧林匹克運動會十五個國家贏得的獎牌數

名次	國家	金牌	銀牌	銅牌	總計	加權總和*
1	蘇聯	56	31	46	132	82
2	東德	37	35	30	102	62
3	美國	36	31	27	94	59
4	西德	11	14	15	40	22
5	南韓	12	10	11	33	20
6	匈牙利	11	6	6	23	15
7	法國	6	4	6	16	9
8	日本	4	3	7	14	8
9	紐西蘭	3	2	8	13	6
10	瑞典	0	4	7	11	4
11	加拿大	3	2	5	10	5
12	肯亞	5	2	2	9	6.5
13	巴西	1	2	3	6	3
14	挪威	2	3	0	5	3.5
15	芬蘭	1	1	2	4	2

國家名次是根據贏得的獎牌數排列。注意：國家排名會隨每種獎牌給予的權數，而產生稍微不同的排序。

同基礎上進行標準化。透過百分比，很容易就可看出藝術班抽煙同學的比率（百分之三十七點五）比生物班（百分之十五點四）多兩倍以上。

標準化的一個關鍵問題在於決定使用哪個基數。在上例中，我們何以知道要使用城市大小還是班級大小作爲基數呢？這個選擇並不

續方塊7.6

名次	國家	每百個百萬人口的總獎牌數
1	東德	600
2	紐西蘭	405
3	匈牙利	210
4	挪威	165
5	瑞典	140
6	南韓	85
7	芬蘭	80
8	西德	65
9	肯亞	55
10	蘇聯	50
12	美國	40
13	加拿大	40
14	巴西	25
15	日本	12

一旦我們根據每個國家的總人口數將贏得的獎牌數加以標準化之後，各國的排名就出現巨幅的改變。舉例來說挪威從十四名跳到第四名。美國則從第三名落到第十二名。排列國家名次時，無視於有些國家有五十倍更多的人口可從中挑選選手的這項事實，而把所有國家等量齊觀，豈是公平？舉例來說，挪威的人口大約與美國威斯康新州的人口一樣多。哪個值能夠給你有關國人民運動才能與訓練水準比較好的資訊── 未標準化還是標準化的排名？

加權總和：金牌＝1；銀牌＝0.5；銅牌＝0.25

來源：改編自洪恩（Horn, 1993:45）。

總是那麼明顯的；是由建構的理論定義來決定的。

不同的基數會產生不同的比率。例如，失業率可以被界定爲勞動人口中沒有工作的人數。整體的失業率將是：

失業率 =（失業人數）/（具有工作能力者）

我們可以把總人口分成一些次團體，然後得到每種次團體人數佔總人口的比率。例如，男性白人、黑人女性、年齡介於十八歲到二十八歲間的黑人男性、或有大學學歷的人。這些次團體的比率可能對理論定義或研究問題有比較高的關聯性。譬如研究者相信失業是影響整個家戶、或家庭事件，因此採用的基數應該是家庭而非個人。此時失業率將是：

失業率 =（至少有一人失業的家庭數）/（家庭總數）

不同的概念化過程建議採用不同的標準化基礎與不同的標準化方法。當合併數個項目爲一個指數時，最好是用共同的基數將這些項目標準化（參閱方塊7.6）。

量表

目的

量表如同指數的建構一樣，在創造以順序、等距、比率形式測量變項的數字分數。量表常用在研究者想要測量一個人如何感覺、或思考某事的情況之下。有些人稱它爲感覺的硬度或效能。

量表的使用有兩個相關目的。第一，量表有助於概念化與操作化過程。量表顯示一組指標與某個單一建構之間的符合程度。舉例來說，研究者相信人們對某些特定政策(例如，居住、教育、外交事務）所做判斷的背後必然存在一個單一的意識型態面向。量表有助於決定人們在某些特定政策上所採的立場是否根據某個單一建構—— 比方說「保守主義／自由主義的意識型態」。

第二，量表產生量化測量，並且可以和其它變項一塊被用來檢定假設。這個量表的第二個目的是我們主要的焦點，因爲在這個目的下，量表成爲測量變項的一項技術。

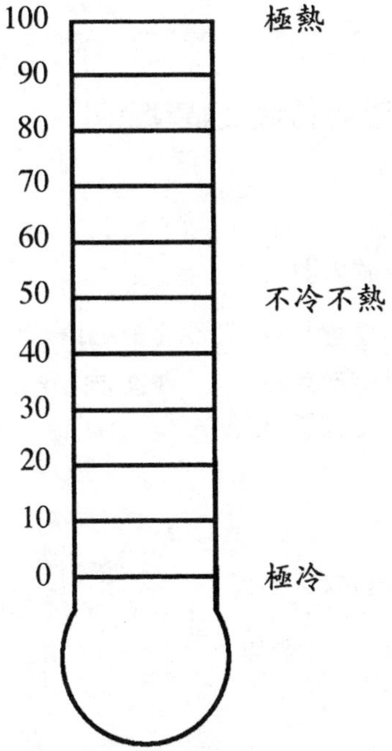

圖7.6 「感覺溫度計」圖形評量表

量表的邏輯

如前所述，量表是建立在測量變項的強度、硬度、或效能的觀念之上。

圖形評量表是量表的基本形式。人們從一個極點延展到另一個極點的直線中，指出適當的一點來顯示評定結果。這種量表類型很容易建立和使用，它傳達一個連續體的觀念，而數字的指派有助人們從事量化思考。量表假定有相同主觀感覺的人會在圖形量表的相同地方標示出他們的評定。

圖7.6就是個「感覺溫度計」量表的例子，研究者用它來找出人們對社會中不同團體（例如，全國婦女組織、三K黨、工會、醫生）

方塊7.7

李克特量表類型範例

羅森柏格的自尊量表

整體而言，我常覺得我是個失敗者：

1.總是這麼認爲　　4.很少這麼認爲
2.常常這麼認爲　　5.從未這麼認爲
3.有時這麼認爲

學生評鑑教學量表

整體來說，我評定這門課的教學品質：

極佳　很好　普通　還可以　很差

市場研究漱口水評量表

品牌	完全不喜歡	有點不喜歡	一點不喜歡	一點喜歡	有點喜歡	完全喜歡
X	____	____	____	____	____	____
Y	____	____	____	____	____	____

工作團體督導員評量表

我的督導員	從不	很少	偶爾	時常	總是
讓成員知道他期望他們做些什麼	1	2	3	4	5
友善、和藹可親	1	2	3	4	5
對單位成員都一視同仁	1	2	3	4	5

的感覺。這種類型的測量工具從1964年以來，就一直被全國選舉研究的政治科學家用來測量人們對候選人、社會團體，以及各種議題的態度[21]。

常用的量表

李克特量表：你可能已經使用過李克特量表；它們的使用相當普遍，在調查研究中極為常見。李克特量表在1930年代由任西斯·李克特（Rensis Likert）發展出來，提供有關個人態度順序等級的測量工具[22]。李克特量表也被稱為總加評定（summated-rating）或總和量表（additive scales），因為一個人在量表上的分數是以加總這個人回答的每個答案所具有的分數，所計算而得的。李克特量表經常要求人們表示他們同意、還是不同意某個陳述。除此之外，也有其它可能的修定版本：可能要求人們回答他們贊成、還是不贊成、或者他們是否相信某件事「幾乎一直都是眞的」。方塊7.7提供你一些李克特量表的例子。

李克特量表至少需要兩個類別，像是「同意」與「不同意」。使用兩個選項只能創造一個粗略的測量工具，並且強迫只做兩種類型的區別。通常使用四到八個類別會比較好。研究者可以在資料蒐集之後，再進行類別的結合或合併，但是以粗略類別所蒐集的資料，日後就無法變得更加精確。

你可以加上像是「非常同意」、「有點同意」、「非常同意」等等的類別，來增加量表類別的數量。使選擇數最多維持八或九個，多於這個數目的差異沒有多大意義，反而會使人感到困惑。選項應該要維持偶數平衡（例如，如果有「非常同意」、「同意」就要有「非常不同意」、「不同意」）。奴安里（Nunnally, 1978:521）說過：

> 當量表選項數目從兩個增加到二十個時，剛開始時信度會增加得很快，不過大約到七個左右時，信度就持平了，大約到十一個之後，增加選項個數對信度的增加不會有多少貢獻。

關於是否要在顯示方向的類別（例如，「不同意」、「同意」）

之外，再提供中性類別（例如，「不知道」、「未決定」、「沒意見」），研究者之間有很大的爭議。有一個中性類別意味著類別數目變成奇數個，我將會在第十章中討論這個議題。

如果所有項目都是測量同一個建構概念，研究者可以將一系列李克特量表的問項合併成一個合成指數。仔細看看方塊7.8中李克特量表範例。東尼贊成大企業，反對工會。他回答十個李克特量表問項的答案是：非常不同意、非常不同意、非常同意、同意、不同意、非常同意、不同意、非常同意、非常同意、同意。芭芭拉反對大企業，贊成工會。她的答案是：同意、非常同意、不同意、不同意、非常同意、非常不同意、同意、非常不同意、同意、非常不同意。在這個例子中，1到4是分配給每一個李克特量表答案的分數，因此就可以得到一個贊成工會的指數。問項1、2、5、與7顯示贊成工會的態度，給分方式是非常同意= 4、同意= 3、不同意= 2、非常不同意= 1，而問項3、4、6、8、9、與10的給分方式正好相反：非常同意= 1、同意= 2、不同意= 3、非常不同意= 4。東尼得到的分數是1 + 1 + 1 + 2 + 2 + 1 + 2 + 1 + 1 + 2 = 14，而芭芭拉的分數是3 + 4 + 3 + 3 + 4 + 4 + 3 + 4 + 3 + 4 = 35。

注意對某些問項而言，同意是指贊成企業的意見，而其它的問項，同意顯示的是反企業的意見。採用這種更動問項方向的原因是在避免遇上回答組（response set）的問題。回答組，又稱爲回答型態與回答偏誤，是指某些人在面對眾多數量的問項時，可能會因爲懶惰或某種心理傾向，而出現以相同模式（通常是同意）作答的趨勢。舉例來說，如果問項的排列模式都是以回答「非常同意」爲顯示支持工會的態度，我們可能不知道一個總是回答非常同意的人，是眞的具有強烈支持工會的態度，還是表現出的只是一種朝一致方向作答的趨勢。人們有可能回答「非常同意」只是出於有回答同意的習慣或趨勢。如果研究者交替以不同方向陳述問項，那麼任何一位始終以同意作答的人似乎就會做出不一致的回答、要不然就會表現出相互矛盾的意見。

方塊7.8

用李克特量表創造指數的範例

下面是關於企業與工會的十道陳述句。圈選出你的意見是非常同意、同意、不同意、還是非常不同意。

	非常同意	同意	不同意	非常不同意
1.今日大型企業擁有太多的權力。	SA (4)	A (3)	D (2)	SD (1)
2.勞工所贏得的好處主要是告工會。	SA (4)	A (3)	D (2)	SD (1)
3.大企業獲利對每個人都有好處。	SA (1)	A (2)	D (3)	SD (4)
4.大企業是國家強大的基石。	SA (1)	A (2)	D (3)	SD (4)
5.勞工需要工會的保護。	SA (4)	A (3)	D (2)	SD (1)
6.工會所贏得的好處是以犧牲他人爲代價的。	SA (1)	A (2)	D (3)	SD (4)
7.如果大企業能夠打散成小企業我們的國家會更好。	SA (4)	A (3)	D (2)	SD (1)
8.工會太大、力量太強，對國家不利。	SA (1)	A (2)	D (3)	SD (4)
9.政府管制減緩了經濟成長與企業創新。	SA (1)	A (2)	D (3)	SD (4)
10.大多數的工會是掌握在一小撮腐敗的老闆手中。	SA (1)	A (2)	D (3)	SD (4)

注意：括弧（）中的值不會呈現在問卷中給回答者看，事後才由研究者加上。

研究者經常把許多個李克特量表態度的指標合併成一個指數。量表與指數都具有與改進信度與效度有關的屬性。使用多重指標的指數，就可以改進信度。使用測量一個建構或意見的數個層面的多重指標，就可以改善內容效度。最後，對個人意見的測量來說，指數分數提供一個更爲精確的量化測量工具。舉例來說，每個人的意見可以用從十分到四十分的數字，而不是只用四種類別（「非常同意」、「同意」、「不同意」、「非常不同意」）來加以測量。

並不一定要像前面的例子一樣，使用一到四的數字來分配李克特問項的分數，也可以使用負二、負一、正一、正二這樣的分數。這種分數有一種優點，那就是，零分意指中立或完全不明確的態度，而負面高分意味著回答者的態度是反對由正面高分所代表的意見。

分派給回答類屬的數字是任意的。要記得的是，零分的使用並不會使量表或指數變成一種比率等級的測量。李克特量表的測量是屬於順序等級的測量，因爲答案顯示的只是一種排名而已。除了用一分到四分或負二分到正二分之外，用一百分、七十分、五十分、與五分，也同樣可以。其次，不要傻到因爲用的是數字，就誤以爲存在順序類別之間的距離是等距的。雖然數字系統有很好的數學性質，不過這個時候使用數字完全是出於方便。基本的測量不過是順序罷了[23]。

簡單與容易使用是李克特量表的眞正長處。把數個問項加以合併之後，就可以產生更具全面性的多重指標測量。這類量表有兩個限制：以不同的方式合併數個量表問項，可能會產生相同的整體分數或結果；以及回答組會是個潛在的危險因子。

舍史東量表：研究者有時候想要一個帶有連續數字的測量工具，但是他們有興趣的態度變項，卻有數個特徵或層面。舉例來說，一家乾洗店——「速潔公司」——想要瞭解相對於它的主要競爭對手《友善乾洗公司》，它在格林市的形象。替「速潔公司」工作的研究者把一個人對企業態度概念化成四個次部分或者說四個層面—對地點、營業時間、服務，以及對收費的看法。一般認為「速潔公司」有較便利的服務時間與地點，但是收費較高，而且服務不夠有禮貌。相反的，認為「友善乾洗公司」收費較低、服務比較有禮貌，但是服務時間和地點都不夠方便。除非研究者知道這四個層面與核心態度——乾洗店的形象——之間的關聯為何，不然他就無法明確地說民眾比較喜歡哪一家商店。在1920年代後期，路易斯·舍史東（Louis Thurstone）發展出一種能夠在這種狀況下指派分數的量表。這些方法現在被稱為舍史東量表、或相等間隔法（equal-appearing intervals）[24]。

舍史東量表是根據比較判斷法則（law of comparative judgment）。這個法則論及當每個人都做出獨立的判斷時，如何測量或比較態度的這個議題。換句話說，它是在每個人做出主觀判斷後，定出或固定某個人的態度相對於其他人的位置。

比較判斷法則是說，對於每個接受判斷的物體或概念，是有可能辨識出單獨一個「最常見的答案」。雖然不同的人多少會做出一些不同的判斷，但是個別判斷通常會落在單獨一個最常見答案的附近。個別判斷圍繞常見答案的散佈情形遵照一般稱為常態分配的統計模式。根據這個法則，如果許多人同意兩個物體互不相同，那麼對這兩個物體最常見的答案將會分隔很遠。相反地，如果許多人對這兩個物體感到困惑、或不同意這兩個物體有所不同，對這兩個物體的常見答案就會非常接近。

在舍史東量表中，研究者對其感興趣的物體，發展很多的陳述（例如，超過一百個），然後使用多位評審（例如，一百個）消去一些模糊的陳述，把陳述的數目減少到一小撮（例如，二十個）。每位評審根據一個連續體（例如，從贊成到不贊成），來評比這些陳述。研究者檢視這些評比，並且根據兩個因素來整理這些陳述：評審間的一致性，與陳述在可能數值範圍中的位置。最後出現的一組陳述句便被用來構成涵蓋某個數值範圍的一個測量量表。

舍史東量表開始於為數眾多的評價陳述句，這些陳述句應該要窮盡，涵蓋所有層面的意見。每個陳述句都該清楚明確，而且應該只表達單獨的一個意見。好的陳述句指稱的是現在，也不會被解釋成事實，不可能每個人都贊同，是以簡單句呈現，避免出現像總是與絕不之類的詞。研究者從回顧文獻、大眾媒體、個人經驗、與詢問他人中得到編寫這些陳述句的點子。舉例來說，關於乾洗商店的陳述句可能包括上面所列出的四個層面，再加上下面的這些：

◇我認爲X家乾洗店迅速與準時。
◇就我的觀點，X家乾洗店的店面看起來整潔、有吸引力。
◇我不認爲X家乾洗店在清除衣服上的污垢做得很好。
◇我相信X家乾洗店清洗大衣的收費合理。
◇我相信X家乾洗店送回來的衣服都很乾淨，而且燙得很整齊。
◇我認爲X家乾洗店的接送服務不好。

研究者然後尋找五十位到三百位評審。這些評審不必是那個主題的專家，但是他們應該對陳述句中的物體或概念相當熟悉。每位評審會收到一組陳述卡片與說明，每張卡片上都有一個陳述句，評審將所有的卡片分成數堆。堆的數目經常是七、九、十一、或十三。這些堆的數目代表著被評鑑的物體或概念的數值範圍（例如，從贊成到中立、到不贊成）。每位評審獨自進行卡片的等級分類，不受其他評審的影響。

在評審都將所有卡片分進各堆之後，研究者就建立一個結合各堆與陳述句的交叉圖表。例如，一百個陳述句與十一堆卡片就會產生一個11×100的圖表，也就是說有11×100 = 1100個方格。對某個陳述句給相同等級的評審人數寫入圖中的每個方格內，然後再使用統計測量（超過本書的討論範圍）計算出每個陳述句的平均分數以及評審同意或不同意的程度。

研究者保留獲得評審間評分一致度最高的，即評審間信度最高的陳述句，以及代表整個數值範圍的所有陳述句。舉例來說，假定有一百個陳述句接受評鑑，研究者計算每個陳述句的平均分數，然後再檢視那些一致度高的陳述句在這個十一個值的連續體上的位置（非常不贊成、中立、非常贊成）。研究者將評審使用的類別縮併爲少數的幾個類別，然後從五個類別中每個都選出一致度最高的四個陳述句，最後總共得出二十個陳述句。

研究者有了這二十個陳述句，即對每一個數值量表範圍都有四個陳述句。然後把這些陳述句隨機地混雜在一起。然後再用這二十個陳述句來詢問回答者同意還是不同意這些陳述句。方塊7.9提供另一個範例。

用舍史東量表，研究者就可建構一個態度量表、或是從一大堆的態度陳述句中選出適當的陳述句。這個方法現在很少有人使用，因爲它有下面的這些限制：

1.它只測量對陳述句的同意或不同意，沒有涉及到同意或不同意的程度。
2.它假設評審與其他人對陳述句在評分系統中的位置，沒有不同的意見。
3.很消耗時間、成本也很高。
4.數種不同的方式，都有可能得出完全一樣的總分，因爲對於同意或不同意的陳述句各種組合可能會產生相同的平均分數。

不過，舍史東量表選出的是相對來說比較不模糊的態度問項。可以將之與李克特量表或其它方法結合，以產生順序等級的測量工具。

波加德社會距離量表：波加德社會距離量表測量分隔民族或其它團體的社會距離。它是用來測量一個團體，從而決定這個團體對某

方塊7.9

舍史東量表範例

測量之變項：對死刑的看法。

步驟1：根據個人經驗、通俗的與專業的文獻，以及他人的看法，發展出120個關於死刑的陳述句。

範例句：

1.我認爲死刑是個殘忍而且不必要的處罰。
2.若沒有死刑，會出現更多的暴力犯罪。
3.我相信只有少數極端暴力的犯罪，才要用死刑。
4.我不認爲死刑會阻止任何人犯下謀殺罪。
5.我不認爲即使犯下謀殺罪的人有精神失常的問題，就可以免除死刑。
6.我相信聖經對使用死刑，提出合理的解釋。
7.對我來說，死刑本身不是問題但是我相信以電擊處死是殘忍的手法。

步驟2：把每個陳述句分別寫在一張小卡片上，作成一百組的120個陳述句。

步驟3：找來一位樂意當評審的人士。發給每位評審一組陳述句以及評審規則，要求他們把每個陳述句擺進十一堆中的任一堆中，1代表非常不贊成的陳述句，而11則代表非常贊同的陳述句。

步驟4：評審把每個陳述句放進十一堆中的一個，例如，一號評審把一號陳述句放進第二堆中；二號評審把同一個陳述句放進第一堆中；三號評審也把它放進第二堆中，四號評審把它放進第四堆中等。

個目標或「外團體」（outgroup）所感覺的距離。在1920年代波加德社會距離量表由愛莫利．波加德（Emory Bogardus）發展出來的，用以測量不同民族團體成員願意與其他民族結合的意願。也可以用來察

續方塊7.9

步驟5：評審那裡回收擺進各堆中的陳述句，然後將他們的答案畫出摘要表。參閱下述圖表。

每個陳述獲得評審認可數量圖

	不贊成					中立			贊成		
陳述句	1	2	3	4	5	6	7	8	9	10	11	總計
1	23	60	12	5	0	0	0	0	0	0	0	100
2	0	0	0	0	2	12	18	41	19	8	0	100
3	2	8	7	13	31	19	12	6	2	0	0	100
4	9	11	62	10	4	4	0	0	0	0	0	100

步驟6：計算評審同意程度的評分。舉例來說，第一題的平均分數大約是兩分，所以是一個高贊同題；第三題的平均分數接近五分，贊同程度較低。

步驟7：選出最後二十題做為死刑意見量表的題目。選擇評審顯示一致性高（大多數評審都將這題放進同一堆中）的題目，以及能夠反映整個意見範圍——從贊成到中立以至於不贊同——的題目。

步驟8：準備一份二十道陳述句的問卷、進行研究，詢問民眾他們同意還是不同意這些句子。

看人們對某些其它團體（例如，宗教少數團體或偏差團體）感覺到的親疏程度[25]。

這種量表的邏輯很簡單。人們回答一系列帶有順序的陳述句；

最具威脅性或有最大社會距離的陳述句位在一端，最沒有威脅性或社會親密度最高的陳述句則在另一端。這種量表的邏輯是假設會拒絕接觸或會對社會距離較遠感到不舒服的人，將會拒絕社會親密較高的問項。

研究者使用這種量表的方式有數種。例如，先給人一系列的陳述句：團體X的人進入你的國家、進到你的城鎮、在你的公司工作、住在你隔壁、成爲你的私人朋友、和你的兄弟姊妹結婚。然後詢問他是否對這些陳述句中的狀況感到自在舒服，或者問他是否這些接觸是可以接受的，也可能問他是否會對這些關係感到不自在。研究者常要求人們回答這些陳述句，或者讓他們繼續閱讀這些陳述句，直到他們對某種關係覺得不舒服爲止。沒有規定陳述句的固定數目；陳述句的數目通常是五個到九個。

研究者可用波加德量表來觀察人們對某個外團體所感覺到的距離，與對另一個外團體的距離有何差異（參閱方塊7.10）。社會距離的測量值可以做爲自變項，也可以做爲依變項。舉例來說，研究者相信具有某些特性的人會對某個團體有最大的社會距離。有個假設或許可能是，白人對越南蜑民的社會距離感與教育程度呈負相關；也就是說，教育程度越低的人所感覺到的距離最大。這時，對越南蜑民的社會距離是依變項，而教育程度是自變項。

社會距離量表是個判斷回答者感覺某個社會團體親密程度的便捷方法。但是它有兩個潛在限制。第一，研究者需要爲某個外團體與社會背景製作專門的回答類屬。第二，對研究者而言，比較回答者對數個不同團體的感覺不是件很容易的事，除非回答者在相同的時間內完成對所有外團體的社會距離量表。當然，回答者如何答完量表與回答者在特定社會情境下的實際行爲可能有所不同。

語意差異法：歐思古德（Osgood）的語意差異法是在1950年代發展出來的，提供測量人們如何感覺某個概念、物體、或其他人的一

方塊7.10

波加德社會距離量表

研究者想要發現大學新生對來自兩個不同國家——奈及利亞與德國——的交換學生的社會距離有何不同。她想要看看學生對來自黑人非洲的交換學生有比較大的社會距離，還是對來自歐洲的交換學生有比較大的社會距離。在訪談中，她問到下列問題：

請你給我你最直接的反應——是與否。你個人是否覺得自在，如果有一個來自（某個國家）的交換學生：

1.到你學校做一個星期的訪客？□是□否
2.在你學校註冊入學，做全職學生？□是□否
3.與你選修相同的數門課程？□是□否
4.在課堂上坐在你的旁邊，和你一起準備考試？□是□否
5.和你住在宿舍的同一層樓隔壁幾間的房間內？□是□否
6.和你一起住在學校宿舍，成爲同性室友？□是□否
7.要和你約會的異性朋友？□是□否

假設結果

表示感覺自在的新生比例

	奈及利亞	德國
訪客	100%	100%
註冊入學	98%	100%
同一個班級	95%	98%
一起讀書研究	82%	88%
住在同一個宿舍	71%	83%
室友	50%	76%
和你約會	42%	64%

這項結果顯示大學新生對來自奈及利亞的學生，比對來自德國的學生，有較多的社會距離。幾乎所有的新生對有國際學生來訪、和他們一起註冊入學、以及修同一門課，都感覺到頗爲自在，不以爲意。距離感隨著人際接觸的增加而增加，特別是當這些接觸涉及到個人生活環境或不直接與課堂活動有關之時尤甚。

種間接測量工具。這種技術是利用形容詞來測量對某些事物的主觀感受。這是因爲人們總是透過口頭上的或文字上的形容詞來表達他對事物的評價。由於大部分的形容詞都是對立的詞兒（例如，亮與暗、硬與軟、慢與快），所以使用這些對立形容詞就可以建構出一個評量工具或量表。語意差異能夠掌握與被評鑑事物相結合的含意，也提供了對這個含意的間接測量。

使用語意差異法的目的有很多。市場研究中，語意差異法提供消費者對某種產品感覺的訊息；政治顧問用它來發現選民對某個候選人或某個議題的想法；而精神治療師用它來研判病人如何理解他自己。

使用語意差異法時，研究者先把一系列成對的對立形容詞拿給受試者看，每對形容詞之間有七到十一個連續點，然後受試者在對立形容詞之間的連續點上標示出可以表達他感覺的位置。這些形容詞可能會非常不一樣，而且應該充分混合（例如，正向詞不應該絕大多數的時候都位在右側或左側）。對英文各種不同形容詞的研究發現，這些形容詞可以分成三種主要的意義類別──評價（好與壞）、程度（強與弱）、與活動（主動與被動）。這三種意義類別中，評價通常最爲顯著。研究結果的分析不是件容易的事，研究者需要用到統計程序來分析受試者那個概念的感覺。

語意差異法所得到的結果告訴研究者人是如何知覺不同的概念，或是不同的人是如何看待相同的概念。舉例來說，政治分析家可能會發現年輕的選民認爲他們的候選人比較傳統、軟弱、遲鈍，好壞差半。年長的選民則偏向於認爲這位候選人比較強勢、動作快、優秀，並且介於傳統與現代之間。方塊7.11的範例顯示某人對兩個概念的評價。對每個概念的回答模式顯示出這個人對這些概念的感覺，他對這兩個概念的看法是不同的，而且對於離婚這個觀念似乎有比較負面的感覺。

有些技術可用三度空間圖形來表現研究結果[26]。可以在三度「語

方塊7.11

語意差異的範例

請閱讀下列成對的形容詞，然後在空白處圈出你第一印象的感覺。沒有所謂對或錯的答案。

你對離婚的看法如何？

不好的		x								好的
深刻的								x		膚淺的
脆弱的			x							強烈的
公平的								x		不公平的
安靜的									x	吵鬧的
現代的	x									傳統的
簡單的						x				複雜的
快速的		x								緩慢的
骯髒的		x								乾淨的

你對結婚的看法如何？

不好的									x	好的
深刻的		x								膚淺的
脆弱的								x		強烈的
公平的		x								不公平的
安靜的			x							吵鬧的
現代的									x	傳統的
簡單的						x				複雜的
快速的								x		緩慢的
骯髒的							x			乾淨

意」空間上畫出三個語意層面。這個圖形中，「好」在上而「壞」在下、「主動」在左而「被動」在右、「強」指向遠方而「弱」指向自己。

古特曼量表：古特曼量表，或稱爲累加量表（cumulative scaling），不同於前面的那些量表或指數，因爲它是研究者在蒐集資料之後用來評價資料的方法。這意味著研究者必須以古特曼量表的技術來設計他的研究。路易斯·古特曼（Louis Guttman）在1940年代發展出這種量表，用它來判斷一組指標或測量問項之間是否有關係存在。他使用多重指標來記載埋藏在建構概念中隱而不彰的單一向度或累積強度[27]。

古特曼量表開始於測量一組指標或問項，這些可以是問卷問項、選票、或觀察到某些的特性。古特曼量表測量許多不同的現象（例如，犯罪或藥物使用的類型、社會或組織的特性、投票或政治參與、心理異常），這些指標的測量經常以簡單的是與否或存在與不存在的方式進行，使用的指標可以從三個到二十個。研究者之所以會選擇這些問項，是因爲研究者認爲在這些問項之間有一種邏輯關係存在。然後研究者把這些結果放入古特曼量表中，據以判斷這些問項是否會形成對應於那個關係的某種模式。

當一組問項接受測量之後，研究者接著就會思考這些問項答案的所有可能組合。舉例來說，三個問項接受：孩童是否知道自己的年齡、是否知道家裡的電話號碼、和是否知道三個當地選出的政治官員。小女孩可能會知道自己的年齡，但是不知道其它兩個問項的答案，或者三個都知道、或是只知道年齡與電話號碼。事實上，對這三個問項而言，答案或回答模式——從什麼都不知道到三個都知道——總共有八種可能的組合。有個數學方法可以計算出組合的數目（例如，2^3），但是你也可以寫下所有對這三個問項的是或否的組合，然後就可以看到這八種可能性。

古特曼量表中問項間的邏輯關係是有層級性的。大多數的人或個案不是具有較低層級問項所問的知識、就是同意較低層級問項所問的意見。層級較高的個案不但數目少，而且涵括階層較低的問項，但是反之不然。換句話說，層級較高的問項是建立在層級較低的問項之上，較低層級的問項是較高層級問項存在的必要條件。

量表圖形分析（scalogram analysis）爲古特曼量表的一個應用，可以使研究者檢視問項之間是否存在一種層級關係。舉例來說，對孩童而言，知道自己的年齡要比記得電話號碼較爲容易，而記得電話號碼又比知道政治領導人物的姓名來得容易。如果問項之間存在一種層級模式，那麼這些問項就被稱爲可量表化的問項（scalable），或者說他們具有可形成古特曼量表的性質。

答案模式可以分爲兩個部分：可量表化的以及誤差（或不可量表化）的部分。在兒童知識的那個例子中的可量表化模式即是：一個答案都不知道、只知道年齡、只知道年齡與電話號碼，以及三個答案都知道。其它的答案組合（例如，知道政治領導人物，但是不知道自己的年齡）也有可能，但是屬於不可量表化的部分。如果問項之間存在有層級關係，那麼大多數的答案會符合可量表化的模式。

問項可被量表化的強度或程度，是利用答案是否可以根據某個層級模式加以複製的統計法，加以測量的。大部分情形是介於零到百分之一百的範圍內。零分代表一種隨機模式，或是沒有層級的模式。百分之一百的分數代表所有的答案都符合層級或可量表化的模式。還有其他的統計方法可以用來測量具不具有可量表化的屬性[28]。

（參閱方塊7.12）用古特曼量表進行高中生使用藥物的研究範例。研究結果指出這些都爲古特曼可量表化的問項；也就是說在高中生使用藥物的情形中有層級模式存在。吸食「硬藥」或非法藥物的學生也比較可能會吸食「軟藥」或合法藥物。很少使用非法藥物的學生不使用合法的藥物，但是某些學生只用合法藥物，不用非法藥物。

克羅格與索伊爾（Clogg & Sawyer, 1981）使用古特曼量表來研究美國人的墮胎態度。他們檢視人們接受墮胎的各種不同情況（例如，危及母親的健康、因強暴而造成的懷孕）。他們發現有百分之八十四點二的答案符合一種可以量表化的答案模式。另一個使用古特曼量表的例子是麥克伊弗與卡敏斯（McIver & Carmines, 1981:55-58）。

方塊7.12

古特曼量表範例

研究者想要知道一群八十名高中學生吸毒的模式。你感興趣的是四種主要的毒品：抽煙、喝酒、大麻、以及海洛因。這群學生被問到四個分開的題目（以及問卷上的其它問題）他們的答案可以分成五大類：

回答模式	抽煙	喝酒	大麻	海洛因	學生人數
1	否	否	否	否	8
2	是	否	否	否	15
3	是	是	否	否	25
4	是	是	是	否	13
5	是	是	是	是	7
6	否	是	是	是	1
7	否	否	是	是	2
8	否	否	否	是	1
9	否	否	是	否	2
10	否	是	否	否	5
11	否	是	否	是	0
12	否	是	是	否	0
13	是	否	是	否	0
14	是	否	是	是	0
15	是	是	否	是	1
16	是	否	否	是	0
				總計	80

回答模式1至5構成量表，6至16則不是。
（注意，通常「是」與「否」常分別以符號「+」與「－」取代）。

他們研究1975年美國國會議員對成立聯邦消費者保護機關法所進行的逐項法條投票。他們檢視對這個法令十二個實質修正案的投票，結果發現國會議員的投票行爲中有百分之九十二符合古特曼的可量表化模式。

社會指標

1960年代某些對決策制定者掌有的資訊感到不滿意的社會科學家，發起了「社會指標運動」。這個運動的目的在於發展社會福祉指標。很多人希望有關社會福祉的資訊，可以和已經廣泛使用的經濟成就指標（例如，國民生產毛額）結合起來，以便提供政府和其它的政策制訂官員比較完整的資訊。因此，社會指標研究者想要測量社會生活的品質，以使這些資訊能夠影響公共政策的制定[29]。

今日已經有許多關於社會指標的書籍、文章、與報告，甚至有一份學術期刊，──《社會指標研究（*Social Indicators Research*）》──完全投入在社會指標的建構與評鑑。美國人口調查局出版過一份報告《社會指標》，而聯合國已經對不同國家進行了許多社會福祉的測量。

社會指標是指所有政策上關於社會福祉的測量工具。許多特定指標是對福祉這個概念的操作化。例如，在下列領域內的社會指標已經被發展出來了：人口、家庭、居住、社會安全與福利、健康與營養、公共安全、教育與訓練、工作、收入、文化與休閒、社會流動、與參與。

比較特殊的一個社會指標範例是聯邦調查局的總和犯罪指數。它顯示的是美國社會的犯罪數量。社會指標可以測量社會生活中的負面性質，例如，嬰兒死亡率（嬰兒在初生一年內死亡的比率）或酗酒，也可以顯示正面性質，例如，工作滿意或具有室內管線住家單位的百分比。社會指標經常涉及到隱藏的價值判斷（例如，哪一種犯罪比較嚴重，或什麼構成了良好的生活品質）。

研究者從污染、人口密度、食物，以及物質生活水準的測量工具中，發展生活品質指數。舉例來說，研究者可以根據一百五十個生活品質指標的加權指數來評比六十五個大型都會地區。這些指標可能包括每一千人的報紙銷售數（顯示資訊）、有一輛或一輛以上汽車的家庭百分比（顯示流動力），以及二十五歲以上完成四年高中的人口百分比。也可能會測量環境、經濟、政治、健康，以及社會狀況。過去，像波特蘭（Portland）、奧瑞岡（Oregon）等城市，獲得最高分的評價，而澤西市（Jersey City）、紐澤西（New Jersey）的分數最低。

建立指數與量表的特殊技術

本節將討論社會研究者用來建構、或評鑑量表或指數的三種較爲複雜的統計技術。並不是只有這三種技術而已，可以使用的類似方法有數十種之多。本節之所以介紹這三個技術主要是因爲他們是專業研究者經常使用的有效技術。在你能夠使用這些技術之前，你需要具備一些統計學的背景知識，並且學會使用電腦程式。

把這些技術介紹給你，有兩個目的。第一，你可能會在學術期刊論文的那些關於方法、分析、或結果的章節中見到它們。這節簡介可以幫助你瞭解爲什麼它們會被使用。第二，這些技術的邏輯可以增強你已經學到的，有關測量與指數或量表建構的基本原理。這個邏輯彰顯那些原則是如何被擴展成更爲複雜精密的應用。雖然這三種技術會用到高等統計學，但是它們的邏輯符合基本的測量原理。

因素分析

因素分析（factor analysis）是一組複雜的統計技術，需要靠電腦來執行[30]。要能正確地使用因素分析，必須要有統計學的訓練。如果使用不當，就無法產生有意義的結果。因素分析可以幫助研究者建立指數、檢定量表的單向性、對指數中各個問項進行加權、並且使用統計方法將數量龐大的指標縮減成少數幾個。雖然因素分析所根據的統計與代數理論超過本書的層次，但是它的概念原則並不難瞭解。因素分析的基本邏輯是根據一個觀念，那就是我們可以利用統計方法來操弄一些指標之間的經驗關係，進而顯示某個共同的、我們卻沒有觀察到的因素或假設建構。

進行因素分析時，研究者開始於數個他認為測量某個單一建構時必定會用到的問項。一般建議是至少要有五個指標。這些指標應該以順序、等距、或比率等級加以測量。等距或比率等級比較好，使用順序等級的測量，則需更加謹慎。研究者將變項的特性與操作技術方面的資訊放入因素分析的電腦程式，然後得出來的因素分析結果就會告訴研究者那些問項或指標，和某個隱藏的因素或假設建構的關聯程度。例如，因素分析的結果能夠告訴研究者這些問項是否都承載著一個或一個以上的因素，或是這些問項和這個（些）因素的關聯。

因素分析也會產生因素分數，這些分數可以用作建立指數時的權數。這些分數代表每個指標與沒被察覺到的因素之間的關聯強度。舉例來說，我對澳洲人進行一次調查，其中有十六個問項是澳洲人對日本人態度的李克特量表問項。我利用因素分析使我瞭解這十六個問項是否可以由兩個因素來解釋。例如，有五個態度問項承載一個因素顯示恐懼會發生軍事衝突的建構，其它十一個問項承載著另一個顯示對不同民族團體懷有敵對的態度。因素的意義可從承載它的那些問項看出來。我可以將這兩組問項合併成兩個獨立的測量澳洲人對日本人的態度指數。

Q分類分析

Q分類分析（Q-sort analysis）與因素分析有很密切的關聯[31]。和因素分析一樣，這個技術也需要本書以外的統計學背景。本節只示範一個有趣的量表邏輯。

Q分類的方法論使用的是排他計分（ipsative scoring），不同於大部分量表或指數技術中所使用的常態計分（normative scoring）。使用常態計分時，對指數或量表中每個問項的評定是獨立進行的。使用排他計分時，則強迫個人在問項間做決定，因此對某個問項的決定便會影響到對其它問項的評定。

舉例來說，我要對電影明星做排名。當我選擇某位明星為第一名時，就意味著沒有其他的明星可以成為第一名了。對某個問項的決定（即第一名的演員）會影響到或限制住我對其它問項的決定。這就是排他計分。相反的，如果是使用常態計分，我對一系列的演員是根據從「最喜歡」到「最不喜歡」的李克特量表來評分。我可以將一些演員都評為「最喜歡」，我對一位演員的評價不會限制我對其他人作何評價的決定。

Q分類分析開始於對某個概念或物體的陳述句進行評價。以一種近似於舍史東量表的方法，給回答者數量眾多的陳述句（例如，三十到五十個），然後要求他們將這些陳述句加以分類。這些陳述句是從有關某個主題的通俗文章、日常談話、電視節目、與其它來源中選取出來的，而且應該儘可能地代表人們對於這個主題廣泛不同的思考路線。

Q分類技術並不是要求回答者將這些陳述句沿著一個連續體來分類，而是放入沿著兩個連續體變化的網狀方格內。網狀方格數與陳述句的數目一樣多，每個陳述句恰好放入一個方格內。其中一個方向的連續體（例如，從右到左）指示一個人對這個陳述句的感覺是正面的還是負面的，另一個方向的連續體（例如，從上到下）指示對這個陳述句正面或負面感覺的強度。將某個陳述句放入到某個方格的決定就排除了將任何其它的陳述句放進相同方格的機會。Q分類的原始資料就是各陳述句被安置在網狀方格中的位置分佈。

因素分析中，研究者輸入許多指標的資料，電腦程式產生少數幾個因素。在Q分類分析中，研究者輸入陳述句在網狀方格中的位置，電腦程式辨識出群聚或回答者的組群。據此，Q分類分析顯示哪些回答者是以相似方式組織陳述句。

Q分類分析是根據回答者在網狀方格中組織陳述句的方式，辨識回答者如何組織他們對某個主題的思考模式。它提供研究者一張圖表，顯示回答者對某個議題上所採取的主要立場。舉例來說，令二十位回答者將有關阿拉伯與以色列關係的四十五個陳述句放進一個網狀的方格中，Q分類分析的結果可以使研究者看出這二十名回答者對阿拉伯與以色列關係，所抱持的想法是三種主要模式中的一種：關心以色列安全、懼怕阿拉伯；不滿美國支持以色列、仇視以色列；或覺得世界權力的平衡端視以色列與它的鄰居之間發生了什麼變化。

群聚分析

和因素分析與Q分類分析一樣，群聚分析（cluster analysis）也是一種複雜的統計技術，因此本節對這個技術，只做簡短概略性的描述[32]。

群聚分析是一種組織測量某個變項的資訊或問項的技術。它利用統計的方法組織爲數眾多的問項之間的關係，然後將它們分成數個群體。分群或分類的程序則是使用像因素分析、或Q分類分析所用的統計技術，這種技術是利用相似性與相異性將問項分群。

因素分析的結果告訴研究者每個問項與某個、或是多個未被察覺因素之間的關聯。那個結果看起來像一整列的問項，每個問項後面都跟著一個數字；這個數字就是問項與因素之間的相關值。Q分類分析的結果告訴研究者回答者是組織陳述句的模式，並且顯示回答者是以少數幾種方式來組織陳述句的。那個結果包括一份回答者名單，每個回答者後面也跟著數字，這個數字代表在少數幾種組織陳述句模式中，回答者遵循某個模式的程度。

相反的，群聚分析的結果是以圖形或圖畫的方式來呈現。它類似於樹狀圖，因爲它看起來很像一棵樹的許多樹枝。從樹幹伸展的線條先成爲大的樹枝、再到較小的樹枝、再繼續成爲小樹條。在這之中有數個不同分支層級。分支圖使研究者可以看到哪些問項是較爲接近的，哪些問項是比較不同的。在群聚分析中每個問項是以一個小樹枝來代表，彼此連接的模式說明了相似處或相異處，共同連接到某個相近樹枝的兩個問項，要比在到達主幹之前都沒有共享相連樹枝的兩個項目，更爲近似。

舉例來說，研究者以一個有五百五十六個對錯題的人格測驗對精神病患做調查。群聚分析將這五百五十六個對錯題安排成一個樹狀圖的「枝條」。其中有四個主要的分支層級：連接到小樹枝上的枝條、連接到中等樹枝上的小樹枝、連接到大樹枝上的中等樹枝、和連接到樹幹上的大樹枝。每個層級上，分支顯示的是代表心理異常的各組題目，或是各種類型的心理異常如何構成常見的不同類型的精神病徵。研究者檢視分支的型態、察看這些題目的答案是如何形成各種不同的組別，以及各個不同的組別進一步又可以如何再加以分組。

結論

本章中，你學會了量化、演繹測量的過程。你歷經了從理論建構進入到概念化與操作化變項的過程、最後到特定、具體的指標。你也學到了測量中的兩個關鍵概念：信度與效度。此外，你還看到研究者在建立指數與量表時，是應用測量原則的方式。你也讀到了一些他們常用的主要量表。

你現在不只具備了信度與效度的核心觀念，也知道執行良好測量的原則：替概念建立清楚的定義、使用多重指標、採用異質觀察，以及適當地使用加權與標準化的資料。這些原則適用所有的研究領域（例如，家庭、犯罪、不平等、種族關係）與許多種類的量化研究技術（例如，實驗、調查）。

一旦你瞭解了如何測量變項或將變項轉化爲數字，你就可以去找些能夠測量這些變項的人或單位。下一章討論的是實驗研究，實驗設計將顯示如何使用因果關係與測量的原則。

你可能已經開始瞭解到一個健全的研究計畫涉及到在每個研究步驟上，都克盡職守。在任何一個階段上如果發生嚴重的錯誤或稍不留神，即使研究計畫的其它步驟都進行得完美無缺，都有可能對結果造成無可挽回的傷害。

關鍵術語

輔助理論	外在效度	操作化
偏誤	表面效度	預測效標
社會距離量表	因素分析	Q分類分析
群聚分析	古特曼量表	比率測量等級
概念定義	異質觀察	信度
概念假設	指標	代表信度
概念化	指數	對應法則
同時效標效度	交互信度	語意差異
建構效度	內在效度	社會指標
內容效度	等距測量等級	折半法
連續變項	比較判斷法則	穩定性信度
趨同效度	測量等級	標準化
效標效度	李克特量表	統計效度
間斷變項	測量效度	次母群分析
區別效度	多重指標	一測再測法
經驗假設	互斥屬性	舍史東量表
認識論相關	名目測量等級	三角校正法
等值信度	順序測量等級	單項性
窮盡屬性	操作型定義	效度

複習測驗

1.什麼是測量的三個基本部分，它們要如何彼此配合？
2.信度和效度的差別爲何，它們如何彼此互補？
3.有哪些方法可以改進一個測量的效度？
4.各種測量等級的差異爲何？
5.趨同、內容、與同時效標效度的差異爲何？你可以同時滿足這三者嗎？爲什麼？
6.爲什麼多重指標總是比單一指標要好呢？
7.量表的邏輯和指數的邏輯有什麼差別呢？
8.單向性爲什麼是一個量表的重要特性呢？
9.加權指數有何優點和缺點？
10.標準化如何能使比較變得更爲容易呢？

註釋

1.概念、建構、與觀念通常被研究者交替使用，但在意義上，這三個術語多少仍有些差距。觀念是任何一個心智圖像，信仰計畫、或印象，用指任何一種模糊的印象、意見、與想法。概念是一種想法，一般性的看法，或是一個對於某類事物的概略觀念。建構則是一個經過系統化處理的，把觀念、事實、與印象加以有秩序排列的想法。這裡用到建構這個術語是因爲這個詞強調把模糊的概念，轉化成有系統的有組織的想法。
2.鄧肯（Duncan, 1984:220-239）從實證主義的觀點，對測量提出數項頗有價值的警告。
3.進一步的討論，參閱格林奈（Grinnell, 1987:5-18）的著作。

4.關於連結抽象概念與經驗指標的對應法與輔助理論的討論，參閱布雷拉克（Blalock, 1987:25-27）與寇斯特納（Costner, 1985）的大作。也可參閱哲勒與卡敏斯（Zeller & Carmines, 1980:5）的論著，他們提供你一份圖表彰顯這些規則在測量過程中的地位。布雷拉克在1979年他擔任美國社會學會會長的就職演講中，說過「我相信最嚴重的、也是最重要的，需要我們大家馬上注意的問題是，概念化與測量的問題」。

5.關於三個等級的討論，參閱貝里（Bailey, 1984; 1986）的論述。

6.關於信度與不同類型信度的討論，參閱波恩史戴特（Bohrnstedt, 1992a）與卡敏斯與哲勒（1979）的著作。

7.關於多元指標，參閱蘇利文與菲爾德曼（Sullivan & Feldman, 1979）。更技術性的討論，參閱賀廷（Herting, 1985）、賀廷與寇斯特納（Herting & Costner, 1985），以及史考特（Scott, 1968）。

8.參閱卡敏斯與哲勒（1979:17）。關於許多不同類型的效度，參閱布林柏格與麥克葛雷斯（Brinberg & McGrath, 1982）的討論。

9.寇斯特納（1985）以及哲勒與卡敏斯（1980:50-51）的著作中，都有針對認識論相關，進行討論。

10.奇德（Kidder, 1982）曾對表面效度看法不一致的問題做過一番討論，譬如，科學社群接受某個測量工具的意義，但是這個意義卻不被受試者所接受。

11.改寫自卡敏斯與哲勒（1979:20-21）。

12.關於校標效度的類型，參閱卡敏斯與哲勒（1979:17-19）以及費斯克（Fiske, 1982）的討論。

13.更詳盡的解釋，參閱庫克與康貝爾（Cook & Campbell, 1979）。

14.關於測量等級這個主題的討論與批判，參閱波加塔與波恩史戴特（Borgatta & Bohrnstedt, 1980）以及鄧肯（1984:119-155）的著作。

15.強生與克里奇（Johnson & Creech, 1983）檢視出現在被概念化成連續變項，並以一系列順序類別加以操作化時，所發生的測量誤差。他們指出使用的類別如果超過四個，而且樣本數量夠多，那麼造成的誤差就不會太過嚴重。

16.更深入地討論社會科學的測量理論，參閱布雷拉克（1982）以及哲勒與卡敏斯（1980）。

17.參閱卡敏斯與哲勒（Carmines & Zeller, 1979:13-15）以及奴納里（Nunally, 1978）的論著。

18.更多有關多元指標的討論，參閱布雷拉克（1982:76-85）與蘇利文和菲爾德曼（1979）的論著。

19.關於社會科學所用的指數與量表彙編，參閱布若德斯基與史密舍曼（Brodsky & Smitherman, 1983）、密勒（Miller, 1991）、羅賓森、盧斯克、與賀德（Robinson, Rusk & Head, 1972）、羅賓森與沙佛（Robinson & Shaver, 1969），以及舒史勒（Schuessler, 1982）。

20.關於加權與爲加權指數分數的討論，參閱奴納里（1967:534）。

21.威爾克斯、席格曼、與庫克（Wilcox, Sigelman & Cook, 1989）對感覺溫度計做過一番討論。

22.更多關於李克特量表的資訊，參閱安德森、巴斯勒維斯基、與胡姆（Anderson, Basilevsky & Hum, 1983:252-255），康維斯（Converse, 1987:72-75）、麥克伊佛與卡敏斯（McIver & Carmines, 1981:22-38），以及史貝克特（1992）。

23.有些學者把李克特量表當作等距尺度的測量工具，但是關於這點學界並未達成共識。統計學上來說，如果李克特量表只少有五個回答類屬，而且回答每個答案類屬的人數相當平均，那麼就沒有多大的差別。

24.麥克伊佛與卡敏斯（1981:16-21）對舍史東量表有篇非常精彩的討論。相關的討論，也參閱安德森等（Anderson et al., 1983:248-252）、康維斯（1987:66-77）、與愛德華（Edwards, 1957）等多位學者的論著。本文所引用的例子部分轉借自邱吉爾（Churchill, 1983:249-254）的著作，他對計算舍史東量表分數的公式，有番描述。

25.康維斯（1987:62-69）的著作中對社會距離量表有番描述。最完整的討論，見諸於波加德（1959）。

26.奴納里（1978:535-543）的論著中對語意差異法有番討論。也參閱黑斯（Heise, 1965; 1970）對分析量表化資料所做的討論。

27.參閱古特曼（1950）。

28.關於決定可量表性的改良方法，參閱貝里（1987:349-351）的討論。該改良法稱為最小邊際複製率（Mininal Marginal Reproducibility，引自愛德華，1957），對於可量表性提供精確的測量值。他也是引述麥可納菲（McConaghy）討論改善最小邊際複製率的測量工具時，所提出的的看法。古特曼量表可以採用比是與否還要多個的選項，以及數量更多的問項，不過複雜度立即增加，而且也需要用到電腦來做古特曼量表的圖形分析。關於古特曼量表更加詳盡與複雜的討論，可參閱安德森等（1983:256-260）、康維斯（1987:189-195）、麥克伊佛與卡敏斯（1981:40-71），以及奴納里（1978:63-66）。克羅格與索伊爾（Clogg & Sawyer, 1981）提出有別於古特曼量表的測量法。

29.關於社會指標的討論可參閱卡里（Carley, 1981）。也參閱鄧肯（1984:233-235）、包爾（Bauer, 1966）、賈斯特與蘭德（Juster & Land, 1981）、蘭德（1992）、羅西與吉爾馬丁（Rossi & Gilmartin, 1980）、與泰勒（Taylor, 1980）的論述。關於用於規劃與社會預測的社會指標，則參閱菲里斯（Ferriss, 1988）。

30.金姆與慕勒（Kim & Mueller, 1978）對因素分析有番討論。更多關於技術層面的討論，參閱波恩史戴特與波軋特（Bohrnstedt & Borgatta, 1981）以及傑克森與波軋特（Jackson & Borgatta, 1981）的著作。鄧肯則對因素分析有番評述。

31.布朗（Blown, 1980; 1986）、奴納里（1967:544-558）、與麥吉龍（McKeown, 1988）的著作中對Q分析，皆有番討論。

32.亞丹德佛與布拉希菲爾德（Aldenderfer & Blashfield, 1984）的著作對叢集分析有番介紹。也參閱貝里（1975; 1983）與洛爾（1983）有關社會科學應用的討論。

第8章

實驗研究

實驗，此處所要強調的一種最主要的科學方法，以簡單的話來說，是指對擺在不同的環境下的團體或個人，進行比較。

彼諾・薩克斯與麥可・范恩（Leonard Saxe & Michelle Fine）
《社會實驗（*Social Experiments*）》，第四十五頁。

引言與簡史

在前面的章節中，你學到了量化社會研究的基礎。在本章中你將學習如何執行一種特殊類型的量化研究。我們從實驗研究開始，它最容易掌握，也是廣爲其它科學領域所採用的方法。

實驗研究比其他的研究技術更直接建立在實證主義的原則上。[1] 自然科學（例如，化學與物理）、相關的應用領域（例如，農業、工程、醫學），以及社會科學的研究者都會執行實驗。那套指導生物學上操作植物生長，或工程學上檢驗某種金屬的實驗邏輯，被用來執行人類社會行爲研究的實驗。雖然實驗在心理學上使用得非常廣泛，但是也可以看到它被用在教育、刑法判決、新聞學、市場學、護理學、政治科學、社會工作、與社會學上。本章焦點首先擺在實驗室控制情境下所執行的實驗，然後再探討在田野中執行的實驗。

實驗的基本邏輯擴展常識思考。常識實驗不如有科學基礎的實驗，來得仔細、有系統。用常識的語言來說，實驗是指修正一個情境下的某種事物，然後將其結果與未做任何修正的情境下所得的結果，做個比較。舉例來說，我想要發動我的車，但是出乎我的意料之外，它無法啓動。我做清理電池通路的「實驗」，然後試著再發動它。我修正某種事物（清理電池通路），然後將結果（車子是否可以啓動）和先前狀況（它無法啓動）做個比較。我從一個內隱的「假設」開始下手── 電池通路上所形成的障礙，是造成車子無法啓動的原因，一旦清除了這個障礙，車子就可以啓動了。以上敘述說明了研究者在實驗中所做的三件事：以一個假設開始、修正情境下的某種事物、比較有做這項修正與沒有做這項修正的結果。

與其它的社會研究技術相較，實驗研究在檢驗因果關係上最具功力，這是因爲實驗設計清清楚楚地滿足了因果關係的三個條件（時間次序、關聯性、除此之外沒有其它足以替代的解釋）。

適合實驗的研究問題

關於適當技術的議題：由於某些研究問題只能使用某種技術加以探究，而不適用其它的技術，所以研究者使用不同的研究技術（例如，實驗法、調查法）。初出茅廬的研究者經常會問哪個研究技術最適合研究哪種問題。這不是個容易回答的問題，因為研究問題與技術之間並不存在有一對一的固定配對。因此，答案是：做好充分瞭解之後，再做判斷。

話說如此，仍有些大原則存在，方便技術與問題的配對。除了這些大原則之外，你可以透過閱讀研究報告、瞭解不同技術的優劣長短、多為有經驗的研究者做些助理的工作、實地操作獲取經驗等等方式，來培養自我判斷的能力。

實驗研究的研究問題：實驗設計的邏輯指出最適用實驗法的研究問題類型。實驗設計的一個關鍵因素是，研究者主動改變情境並且控制引進改變的情境。只有那些可以讓研究者操弄情境的研究問題，才適合實驗研究。舉例來說，實驗研究無法回答的問題有：完成大學教育的人會增加他們年平均收入嗎？研究者不能隨機指定全國上下數以萬計的民眾某些人進入上過大學的團體而另一些人未上過大學的團體。即使沒有涉及倒整個國家，許多情境也是無法控制的。例如，有弟弟妹妹的人會比獨生子有比較好的領導手腕嗎？研究者不可能為了檢視領導手腕，指派夫妻進入不同的團體，然後強迫他們生或不生小孩。

與自然科學家相比，社會科學者能夠基於研究目的而從事干預的程度，更加有限。社會研究者在自變項處理的創造上（例如，被迫順從的壓力、焦慮、合作、高自尊），相當富有創造力，但是有許多自變項，他們是不可能加以操弄或創造的（像是性別、婚姻狀態、年齡、宗教信仰、所得水準、父母政黨屬性、或是生長的社區大小）。在現實與倫理的限制下，研究者必須決定哪個變項最能有效地回答某個特定的問題。舉例來說，有個研究問題是：對犯罪的恐懼會刺激老年人尋求自我保護與安全的行爲嗎？實驗研究者在老人受試者之間，創造出不同程度對犯罪的恐懼感。爲了製造對犯罪的恐懼感，研究者讓受試者閱讀犯罪的報導、觀看關於犯罪的錄影帶、或把他們安置在會引起恐懼感的環境下（比如和一位看起來具有危險性的人物一起關在一間房間內，而且該危險人物頻頻發出威脅性的話語）然後研究者測量受試者是否會表現出自我保護的行爲（比如說，按下按鈕使他們與該危險人物之間出現的物理障礙），或是測量受試者回答涉及自身安全的假設性情境問題時，是否都出現某種模式的答案（例如，計畫買個新鎖）。

其它的技術（像是調查研究）也能夠探索同樣的議題。調查研究者詢問老年人他們有多害怕犯罪，以及他們會採取什麼措施來保護自身安全之類的問題。研究者可以藉由要求受試者根據他們以前的經驗，說出他們已有的犯罪恐懼感，來測量恐懼。

其中一個引起困惑的來源是，研究者可能使用先前固定的情境（像是年齡或性別）做爲實驗的一個變項。例如，史畢勒斯（Spillers, 1982）探究年齡是否會影響兒童與殘障小孩玩耍的決定。她的受試者是三十二位學齡前兒童與三十二位就讀三年級的學童。她向每位受試者顯示四對照片，每對照片都有一個坐輪椅的小孩和一個站著的小孩。照片中的小孩混合各種生理特性、年齡、和性別。每位受試者被問及，「你比較喜歡和哪個小孩一起玩耍？」。史畢勒斯發現三年級的學童與學齡前的孩童相較，有比較多的人接受殘障小孩，史畢勒斯並沒有修正自變項——性別——從而發現它對依變項——選擇玩伴——的效應，但是她操弄了決策過程與控制它所發生的情境。

社會研究中實驗研究簡史

實驗法是社會科學從自然科學那兒借來的，而此創舉始於心理學。但是在1900年之前，實驗法並未普遍被心理學界所接受。[2]

德國心理學家與生理學家威爾漢·溫特（Wilhelm M. Wundt, 1832-1920）將實驗法引進心理學界。1800年代後期，德國是研究所教育的中心，許多來自世界各地的傑出社會科學家都前來德國從事研究。溫特建立了一個進行心理學實驗的實驗室，後來這個實驗室就成了許多其他社會研究者的一個典範。到了1900年，美國與其他國家有許多大學研究者都建立起心理學實驗室來進行社會研究的實驗。實驗取代了比較接近詮釋社會科學所使用的、比較傾向於哲學、內省、與整合的研究取向。例如，美國在1890年代最著名的哲學家與心理學家威廉·詹姆斯（William James, 1842-1910）就沒有使用或接受實驗方法。

從世紀轉換之交到第二次世界大戰期間，實驗法又有了進一步的發展，並且深入社會研究的每個領域。這個方法所向披靡的吸引力乃在於，在社會生活的科學研究才剛開始為世人接受的年代裡，它提供了一個客觀、無偏差，以及科學的方式來研究人類的精神與社會生活。

四大趨勢加速了這個時期中實驗法的擴展：行為主義的興起、量化研究的普及、研究受試者的多樣化，以及實務上的應用。

行為主義（behaviorsim）是心理學的一個派別，由美國人約翰·華生（John B. Watson, 1878-1958）創立、由史金納（B. F. Skinner, 1904-1990）擴大發揚。行為主義強調可觀察的行為或精神生活的結果，並且提倡以實驗法對假設進行嚴格的經驗檢定。在美國心理學界，行為主義即使不是最盛行的、也是具影響力的一個學派。

量化研究、或是用數字來測量社會現象的風氣，也是在1900年到1940年之間成長起來的。研究者重新把社會建構概念化，使這個建構能夠被量化，而其他的建構（例如，精神、意識、意願）則被摒棄於經驗研究之外。其中一個例子是用智力測驗（IQ）來測量心智能力。智力測驗最早是由法國人阿弗列德·畢內特（Alfred Binet, 1857-1911）發展出來的，後來被翻譯成英文，並於1916年獲得修正。智力測驗使用非常普遍，把這樣以一個分數來表達像心智能力這麼主觀的東西的能力，做爲篩選人群、把人類分出等級名次的客觀方法，極具號召力。事實上，從1921到1936年間，發表的論文中就有超過五千篇討論智力測驗的問題。[3]許多量表與指標的技術就是在這段期間發展出來的，並且社會研究者開始了應用統計的使用。

經驗社會研究的早期報告附上參與研究人員的姓名，而且最早的受試者是專業研究者。二十世紀的前半葉，報告以匿名方式交代受試者，只報導他們的行爲結果。後來愈來愈多的受試者是大學生或學校學童，這些改變反映出研究者與被研究者之間的關係愈來愈客觀、距離也愈來愈大。

人們日益出於應用的目的而採用實驗方法。例如，第一次世界大戰期間，美國陸軍利用智力測驗對數以萬計的男性進行篩選與職位分派。「科學管理」運動的領導者佛列德立克．泰勒（Frederick W. Taylor, 1856-1915）提倡把實驗法引進工廠，與經營管理結合，以改善工廠的工作環境進而增加工人的生產率。

經過1950年代與1960年代，研究者繼續使用實驗方法。他們開始關切人爲因素，那些輕易溜進實驗設計、造成替代性解釋的來源。他們發現新的人爲因素，並且設想新的研究設計與統計程序，以減低這些可能產生實驗系統誤差的來源。實驗法也變得愈來愈講求邏輯上的嚴謹性，到了1970年代，更是日益採用方法學上的標準來評鑑研究。一個開始於1960年代的相關趨勢是欺騙手法的普遍增加，以及對倫理議題的關切。舉例來說，現在常見的執行報告制度（debriefing）在1960年代中期以前，根本聞所未聞。[4]由於邏輯的嚴謹與簡明易懂、完全吻合實證主義的假設，以及相對低廉的成本，使實驗法迄今仍被廣泛使用。

隨機指派

社會研究者經常想要進行比較。例如，研究者有兩組學生，各爲十五人，他想要在這兩組之間的一項關鍵差異（例如，其中一組修過一門課程），來比較這兩個團體的差異。或是研究者有五組消費者，而他想要根據某個特性（例如，地理位置）來比較這五組消費者的差異。有一句老話「要拿蘋果與蘋果比，不要拿橘子和蘋果比」。這並不是在說水果：它是在談比較，而它的意思是說一個有效的比較必須是比較基本上爲相似的事物。隨機指派（random assignment）就可以產生相似的組別而促進實驗的比較。

做比較時，研究者想要比較的是，在提供其它替代解釋的變項上沒有差異的那些個案。舉例來說，研究者比較兩組學生以便決定修過某一門課程的效果。爲了要能夠進行比較，這兩組學生，除了是否修過那門課之外，在大部分層面必須是相似的。比方說，如果修過那門課的那組學生比沒有修過另一組學生年紀比較大，那麼研究者就無法決定解釋組別間差異的是修過那門課、還是年紀比較大。

爲什麼要隨機指派？

隨機指派是爲了比較的目的，而指派個案（例如，個人、組織）到不同實驗組別的方法。它是基於增加研究者對各組之間沒有系統性差異的信心，而將一群個案分隔成、或篩選出兩個或多個組別的作法。這是種機械性的方法；指派是自動進行的，研究者進行指派時，不可以隨意根據自己的偏好、或特定個案的特性。

隨機指派的隨機是指統計上或數學上的觀點而言，而不是一般日常生活下的含意。日常的談話中，隨機是指無計畫、偶然、或碰巧，但是隨機在數學上有特定的意義。根據機率理論，隨機描述的是種過程，其中每個個案被選取的機會都是已知的。隨機選取使研究者可以計算出某個特定個案被選到某個組別（團體），而不是另一個組別的機率。據此，選取過程遵循的是使精確計算成爲可能的數學法則。例如，隨機過程就是指，所有的個案有完全相等的機會，不是被選入這個組、就是被選入另一個組的一種過程。

隨機過程的美妙之處是在，經過許多次個別的隨機事件之後，可以預測的狀況就會出現。雖然這個過程完全是出於機會，也無法預測某個特定情況下的特定結果。不過經過許多次的情形之後，就有可能得到非常精確的預測。

隨機指派或隨機化是無偏誤的（unbiased），因爲研究者想要肯定某個假設的欲望、或是受試者的私人利益都不會進入這個選取過程。無偏誤並不是指在每一次隨機指派的情況下，都會選取出性質完全相同的團體。相反的，它是說非常接近這個狀況的結果：數學可以算出選取某個個案的機會；而且從長期來看，這些團體會完全相同。

如何隨機指派

隨機指派的實際操作非常簡單。研究者從一群個案（個人、組織、或任何的分析單位）開始，然後用隨機的過程──比如說要求受試者報數、投擲錢幣、或丟擲骰子──把這個集合中的個案分成兩個組、或多個團體。舉例來說，研究者想要把三十二人分成兩個各有十六人的團體。隨機的方法是在紙條上寫下每個人的姓名，將紙條放進帽子裡，閉著眼睛將紙條混合均勻，然後抽出前十六人爲第一組，後十六人爲第二組。

由於隨機指派到某個特定的情境靠的全是機率，所以可能會出現某個極不尋常的情境，而團體間也可能有所差異。例如，雖然是極端不可能的事，但是仍然有可能發生具有某個相同特性的所有個案，都被分到同一組當中的情況（參閱方塊8.1的例子）。

方塊8.1

範例：三種隨機指派到兩個團體的方法

步驟1：始於一個帶有各種不同特徵的個案所構成的集合：
這裡有三十個分別帶有A,B,C,特徵（A,B,C,代表任何一種特徵，例如，眼睛的顏色、宗教、種族）的個案，以隨機的方式排列：
ABBCACABCACBACABCABCACAABBCABC
步驟2：設計一種機械性的程序，藉由隨機過程，指派同等數量的個案到每一個團體之中。
隨機選取法＃1：每隔一位指派到不同的團體
AB BC AC ABCA CBACABCABCACAABBCABC
1 2 1 2 1 2 1 2 1 2 1 2 1 2 1 2 1 2 1 2 1 2 1 2 1 2 1 2 1 2
方法＃1的結果

組一	組二	
特徵A	7個	4個
特徵B	3個	6個
特徵C	5個	5個

隨機選取法＃2：前半段指派的一個團體，後半段指派到第二個團體。
AB BC ACABCA CBACABCABCACAABBCABC
1 1 1 1 1 1 1 1 1 1 1 1 1 1 1 2 2 2 2 2 2 2 2 2 2 22 2 2 2 2
方法＃2的結果

組一	組二	
特徵A	6個	5個
特徵B	4個	5個
特徵C	5個	5個

隨機選取法＃3：擲銅板，正面到組一，反面到組二。
ABBCACABCACBACABCABCACAABBCABC
HHTHTTTHHTHTTTHTTHTHHHHTHTTHTTH
方法＃3的結果

組一	組二	
特徵A	5個	6個
特徵B	3個	6個
特徵C	7個	3個

注意：組一與組二是任意指定的，可以把派到組一與組二的秩序到過來，還是會得到同樣的結果。

配對與隨機指派

如果隨機指派的目的是要得到兩個（或更多個）完全相等的團體，那麼配對每個團體中個案的特性，不是比較容易嗎？有些研究者的確根據某些特性，像是年齡與性別，對個案進行配對。配對是隨機指派之外的另一種方式，但它並不是個常用的方法。

配對引出一個問題：什麼是要加以配對的相關特性？有可能做到完全的配對嗎？個案間的差異有上萬種之多，研究者不可能知道哪些是有關的特徵。舉例來說，研究者要比較兩個各有十五名學生的團體，其中一組有八位男生，這意味著在另外一組也應該有八位男生。第一組中有兩位男生是獨子；一位來自於父母離異的家庭，另一位則來自完整的家庭。前者較高、較瘦、而且是猶太人；後者較矮、較胖、是衛理公會教徒。為了要配對這兩個團體，難道研究者必須從夫妻離異的家庭中找到一位高高瘦瘦的、身為獨生子的猶太男性，並且從完整家庭中找到一位矮矮胖胖的獨生子，而且是衛理公會教徒？那位高高瘦瘦的獨生子猶太人是二十二歲，正在求學準備將來成為一位內科醫生，那位矮矮胖胖衛理公會教徒的男性是二十歲，想要成為一位會計師。研究者也需要配對這兩位男性的年齡與事業抱負嗎？真正的配對很快就會成為一項不可能的任務。

實驗設計的邏輯

實驗用語

實驗研究有屬於它自己的一套語言、或一組名詞與概念。你已經見過一些基本觀念：隨機指派、自變項與依變項。實驗研究中，研究計畫中所用的以及接受變項測量的個案或個人，我們稱之為受試者（subjects）。

實驗的構成部分：我們可以將實驗分爲七個部分，但是並不是所有實驗全部都有這些部分，而某些實驗除了這七個部分之外，還包括其他部分。下面即將要討論的七個部分，構成一個眞正的實驗：

1.處理或自變項。
2.依變項。
3.前測。
4.後測。
5.實驗組。
6.控制組。
7.隨機指派。

大部分實驗中，研究者創造一個情境或是進入一個正在發生的情境，然後稍加修正。處理（或稱刺激、或操弄）是研究者修正的情境。這個名詞來自於醫學，醫師對病人施以某種處理；醫師干預病人的生理、或心理狀態，對其做出某種改變。這就構成了一個自變項、或一組的自變項。前面討論測量的例子中，研究者發展出一個測量工具或指標（例如，一題調查問項），然後把它用到個人或個案上。在實驗中，研究者藉著創造一個條件或情境來「測量」自變項。例如，自變項是「恐懼或焦慮的程度」；程度是高恐懼與低恐懼。不去詢問受試者是否感到恐懼，相反的，研究者把受試者放置在高恐懼或低恐懼的情境中，他們操弄情境使某些受試者感到非常害怕，使另一些受試者感到不怎麼恐懼，據此對自變項進行測量。

研究者花很大的工夫來創造處理。有些細微到給予不同組的受試者不同的指示。其他的可能複雜到把受試者擺進有精巧儀器、舞臺實物佈置的情境、或虛構的社會情境之中，從而操弄受試者眼見與感覺的事物。研究者希望處理能夠發揮效果，能夠產生特定的反應、感覺、或行爲。

舉例來說，模擬法官判決就是種處理類型。強生(Johnson, 1985)播放一部審判虐待兒童的影片，影片內容陳述一位父親抱著頭骨破裂的兩歲兒子衝到急診室急救。影片的內容大致相同，除了其中一部片中，父親的律師聲稱這位父親是位宗教信仰非常虔誠的人，他在所有家庭事務上都遵照聖經中上帝的話來做。在另一部影片中則沒有這一段陳述。依變項是有罪或清白的判決，以及有罪判決的建議刑期。不同於常識判斷，強生發現受試者多認為有宗教信仰的被告有罪，並且建議較長的刑期。

依變項或實驗研究的結果是受試者的身體狀況、社會行為、態度、感覺、或信仰，在受到處理之後所產生的變化。依變項可以透過紙筆作答的指標、觀察、晤談、或生理反應（例如，心跳、流汗的手掌），而加以測量。史蒂芬斯、古柏、與金帝（Stephens, Cooper & Kinney, 1985）對協助殘障人士的研究就是一個例子。這個實驗中，受試者是從大學校園的一端走到另一端的四十位男生與四十位女生，他們不是會遇到一位坐在輪椅上肢體極度殘障的女子，就是一位健健康康沒有任何殘障的女子。這名女子會請求受試者協助她尋找一只遺失在走廊上的耳環。依變項是受試者花在幫忙尋找耳環的分鐘數，由一位坐在相隔不遠的地方、假裝在看書的觀察者，來加以測量。

在實驗期間，常常研究者對依變項做不只一次的測量。前測是在採用處理之前對依變項所做的測量，後測是實驗情境加入處理之後，對依變項所做的測量。

實驗研究者經常會為了比較的目的，而將受試者分為兩個或數個組，一個簡單的實驗有兩個組別，其中只有一個會受到處理。實驗組是受到處理、或有處理出現的那個組，而沒有處理的組稱為控制組。當自變項具有許多不同的值時，就會有一個以上的實驗組。

進行實驗的步驟：遵照研究過程的基本步驟，實驗者依序要決定主題、縮小到可以檢定的研究問題、然後發展出帶有變項的假設。

方塊8.2

執行實驗的步驟

1.以一個直截了當、適合於實驗研究的假設著手開始。
2.決定在實際限制下，檢定該假設的實驗設計。
3.決定如何安排處理、或創造自變項的情境。
4.發展一個具有信度與效度的測量依變項的方法。
5.建立實驗的狀況，針對處理變項與依變項的測量工具進行試測。
6.找出適當的受試者。
7.隨機指派受試者到各實驗組別（如果研究設計是選用隨機指派的話），並給予清楚的指示說明。
8.對依變項施以前測（如果使用前測的話），記錄測量結果。
9.只對實驗組進行處理（或是對相關的組如果有多個實驗組的話），監控各組的狀況。
10.進行後測，記錄依變項上的測量結果。
11.執行簡報，告知受試者實驗的眞正目的與理由，詢問受試者對實驗的解讀。執行簡報相當重要，特別是當實驗的某些層面未曾對受試者據實以告時，尤然。
12.檢視蒐集到的資料，比較各組實驗的結果。適當處，以統計值與圖表來顯示假設是否獲得支持。

一旦研究者有了假設，實驗研究的步驟就變得很清楚了。

早期的關鍵步驟是計畫一個特定的研究設計（下面將會討論）。研究者需要決定實驗的組數、如何與何時建立處理情境、測量依變項的次數，以及受試者從頭到尾會經驗到什麼。他也需要發展依變項的測量工具，進行實驗的測試（參閱方塊8.2）。

當研究者把受試者找來，隨機把他們指派到不同的組別之後，實驗便開始了。受試者接到明確、預先計畫好的指示。接下來，研究者執行前測，即在實驗處理之前，先測量依變項。然後，其中一組會接受處理，最後研究者進行後測，再次測量依變項。研究者也會在受試者離開之前，針對實驗對他們進行訪談。研究者記錄受試者在依變項上的測量值，檢視每組的結果，察看假設是否得到支持。

實驗中的控制：控制在實驗研究中有很重要地位。[5]研究者想要控制實驗情境的所有面向，藉此孤立處理的效果、並且消除其它替代性的解釋，實驗情境中那些未被研究者控制的面向，都可能成爲實驗處理之外，造成依變項變化的替代因素，因此會破壞他想要建立因果關係的努力。

實驗研究者會使用欺騙手法來控制實驗情境。欺騙出現在研究者藉由書面或口頭的指示、其他人的行動、或背景情境中的一些面向，有意誤導受試者的情況。這可能涉及到使用共謀者（confederates）或副手——假裝成受試者或路人，但是實際上是替研究者工作，巧妙地誤導受試者的實驗執行者。藉由欺騙，研究者設法對受試者所見、所聞、所信之事進行控制。舉例來說，研究者的指示使受試者誤以爲他們正在參與一個關於團體合作的研究，事實上那是個研究兩性口語互動的實驗，而受試者所說的話都被秘密地用錄音帶錄下來。欺騙使研究者能夠控制受試者對情境的定義。正因爲受試者不知道眞正的研究主題，所以也就防止他們改變跨性別的說話行爲。正因爲把他們的注意力導向錯誤的主題，研究者可以誘使這些不知情的受試者做出「自然的」行動。至於寫實主義的欺騙，研究者可能要發明假的處理與依變項的測量工具，才能使受試者無法分辨眞假。實驗中使用欺騙會引發道德議題的爭論（將於後討論）。

實驗設計的符號表示

設計實驗有許多種方式。設計類型的符號表示（design notation）是種以符號來表示實驗設計各個部分的速記系統。[6]一旦你學會了設計類型的表示符號，你將發現思考與比較設計類型變得輕而易舉。例如，設計類型的表示符號是以兩行內五或六個符號，來表示對實驗各個部分長篇大論式的繁複描述。它使用下列符號：O = 依變項的觀察值；X = 處理；R = 隨機指派。帶有下標的O排列自左至右的排列方式是根據時間順序，前測爲O_1，後測是O_2。當自變項有多於兩個等級的值時，也可以用X的下標來做區分。表示符號的排序是根據時間順序，由左向右排列，R是最先出現，接著是前測、處理、然後是後測。符號以行來排列，每一行代表一組受試者。例如，一個有三個組的實驗的符號表示爲有一個R（如果使用的是隨機指派）、接著是三行的O和X。每一行都彼此對齊，這是因爲每一組的前測、處理、後測發生的時間都大致相同。表8.1顯示許多標準實驗設計的符號表示。

實驗設計的類型

研究者把實驗的各部分（例如，前測、控制組）結合起來，構成一個實驗設計（experimental design）。舉例來說，有些設計缺乏前測，有些沒有控制組，其它的設計則有許多實驗組。一些廣泛使用的標準設計都有特定的名稱。

你應該學習標準設計。這有兩個理由。第一，研究者在其研究報告中，只會提到標準設計的名稱，而不會對之做任何的描述。你如果知道這些標準設計，閱讀報告時才能夠瞭解實驗的設計。第二，標準設計告訴你結合設計各個部分的常用方法，你可以採用這些方法來執行你自己的實驗，或建立你自己的變異模式。

就用兩個例子爲你示範這些設計。第一個例子，研究者想要發現如果有古典輕音樂、或安靜的環境爲伴，學習的速度是否會比較快。實驗是讓老鼠走迷宮，處理是輕音樂，依變項是完成走迷宮的速度。第二個例子，研究者想要瞭解學生在看完恐怖電影後，對暴力的接受程度是否更高。處理是暴力與血腥的電影，依變項是研究對象對暴力的態度。

表8.1 符號表示實驗設計的摘要表

實驗設計名稱															
古典實驗設計					○			×					○		
	R														
					○								○		
前實驗設計															
單純一組研究								×					○		
一個團體前測後測					○			×					○		
靜態組別比較								×					○		
準實驗設計															
兩組單純後測				×							○				
	R										○				
間斷時間序列			○		○		○		○		×	○	○	○	
相等時間序列			○		×		○		×		○	×	○	×	○
拉丁方格設計	R	○		X_a		○	X_b		○		X_c	○			
		○		X_b		○	X_a		○		X_c	○			
		○		X_c		○	X_b		○		X_a	○			
		○		X_a		○	X_c		○		X_b	○			
		○		X_b		○	X_c		○		X_a	○			
		○		X_c		○	X_a		○		X_b	○			
所羅門四格因素設計				○				×				○			
				○								○			
	R							×				○			
												○			
因素設計			X_1				Z_1			○					
	R		X_1				Z_2			○					
			X_2				Z_1			○					
			X_2				Z_2			○					

符號表示

古典實驗設計：所有設計都是古典實驗設計（classical experimental design）的變化形式，也是到目前為止我們所討論的設計類型。它包括：隨機指派、前測、後測、一個實驗組、與一個控制組。以第一個例子而言，研究者隨機地把老鼠分成兩組，然後測量它們的速度。老鼠在迷宮中奔跑，研究者記錄它們的速度；一組會聽到音樂，另一組則不會。對第二個例子來說，研究者隨機把學生分爲兩組，然後以問卷來測量他們的態度。其中一組收看一齣暴力恐怖電影，另一組收看的不是恐怖片；之後研究者再次測量學生對暴力的態度。

前實驗設計：某些設計沒有用到隨機指派，是妥協或抄捷徑下的產物。這些前實驗設計（preexperimental design）是用在那些很難應用典型設計的情境。這項設計的缺點是，難以做因果推論。

◎單純一組設計

也被稱爲一個團體單純後測設計（one-group posttest-only design）。單純一組研究設計（one-shot case study design）只有一組受試者、一個處理、和一個後測。因爲只有一個組，當然就沒有隨機指派。就前面第一個例子來說，研究者將一組老鼠放進迷宮，並且播放古典音樂，然後記錄它們的速度。就第二個例子而言，研究者給一組學生觀看一部恐怖電影，然後用問卷來測量他們的態度。這種設計有一個缺點，我們很難肯定處理是導致依變項變化的原因。研究者也無法知道受試者在處理前後的態度是否相同。

◎一個團體前測後測設計

這種設計只有一組受試者、一個前測、一個處理、與一個後測，不但少了個控制組，而且沒有隨機指派。以第一個例子來說，研究者測量一組老鼠的速度，讓它們走迷宮，同時播放音樂，然後再次測量它們的速度。以第二個例子來說，研究者先讓一組學生填答一份態度問卷，然後播放一部恐怖片，最後再讓他們填寫另一份問卷。這是針對第一個個案研究的改進，因爲研究者在處理之前與之後都對依變項進行測量，但是它沒有控制組。研究者無法知道在前測與後測之間是否有某些處理以外的事情發生，才產生了最後的結果。

◎靜態組別比較

靜態組別比較也被稱爲不等組單純後測設計（posttest-only nonequivalent group design），它有兩個組、一個後測、與一個處理，但是少了個前測，而且沒有隨機指派。以第一個例子來說，研究者有兩組老鼠，一組在走迷宮時有音樂播放，另一組則沒有播放音樂。然後測量每一組老鼠跑步的速度。在第二個例子中，研究者讓學生自行組成兩組，讓一組觀看恐怖電影，另一組看的不是恐怖片，然後兩組學生都填答一份問卷。這個設計有個缺點，那是任何兩組間後測結果上的差異都有可能不是由於處理，而是來自於實驗之前兩組間的差異。

施維里（Shively）對美國原住民與英裔美國人對西部片觀感的研究，就是個靜態組別比較的實驗。她假設一個人的民族文化背景，會影響觀賞這類主題的電影時，所看到的與欣賞的情節內容。施維里建立二十位美國原住民男子與二十位英裔美國男子（歐洲人後裔）的配對樣本。這些受試者住在美國西部印地安保留區一個大約有一千兩百人的鎮上。兩組受試者在收入、教育、就業狀況、職業、和年齡上經過配對，們的年齡分佈爲三十六歲到六十四歲。讓兩組受試者都觀賞《搜尋者（*The Searchers*）》，一部1956年由約翰韋恩主演的的西部片，是1950年代奪得電影排行榜首的一部片。演的是標準的「西部牛仔與印地安人」間的衝突。影片是在家中一次播放給五位相同種族的男性朋友觀賞的。

施維里使用書面問卷與團體訪談來測量對電影的觀感（依變項）。她發現兩組受試者都喜歡這部電影，欣賞其中的「動作」，最認同其中一位演牛仔的主角。沒有人喜歡美國原住民，在電影中把他們描繪成充滿暴力野蠻的刻板印象。美國原住民受試者認同電影中的牛仔，覺得他們類似當代的美國原住民。其間有個差異是，美國原住民受試者欣賞原野風光，以及電影中所描繪的被理想化了的牛仔生活方式，他們認為那好像是種神話或夢想。相反的，英裔美國人認為電影演的是眞實的歷史；他們認為它是事實的眞相。另一個差異是美國原住民受試者認為要做西部英雄應該要勇敢堅毅。英裔美國人並不太看重這些特質，而對誠實與智慧給予比較高的評價。施維里間接操弄自變項，這是指受試者的族群類別，加上觀賞電影。他使用兩個組，但是沒有前測，並且以配對代替了隨機化。

準實驗與特殊設計：這些設計如同典型的實驗設計，比前實驗設計更能夠肯定地確認出因果關係。準實驗設計（quasi-experimental designs）可以幫助研究者在很難做到典型設計、或不適用典型設計的那些情況下，能夠用它來檢定因果關係。被稱為準實驗是因為這個設計是典型實驗設計的變化。有些有用到隨機化，但是沒做前測，有些使用兩個以上的組別，其它的設計則針對一組受試者在不同時點上，進行多次觀察的方式，取代控制組。一般來說，研究者對這些設計中自變項的控制能力，要比在典型的實驗設計中為弱。

◎兩組單純後測設計

這個設計與靜態組別比較大致相同，只有一點差異：受試者所在的組別是隨機指派的。它有所有典型實驗設計有的部分，除了少了個前測。隨機指派降低了組與組之間在處理前有所差異的機會，但是因為沒有前測，研究者無法肯定組與組之間在依變項上從一開始時就是等同的。例如，強生（Johnson & Johnson, 1985）就是兩組單純後測設計。那個實驗中，六年級學生被隨機指派到兩個情境中的一個：團隊的積分是根據全班同學學習成果而決定的，或是團體互相競爭來爭取分數的方式得到的。各組的受試者都混合有不同種族、性別、與能力的學生。有數個依變項受到測量，包括：學業成績、種族間的合作，以及對他人的態度。依變項在團隊經過十天相處學習一個教學單元之後，才加以測量。主要的結果是合作的團隊比較會促進超越種族界線的合作與友誼。

◎間斷時間序列

間斷時間序列設計（interrupted time series），研究者使用一組受試者，並且在處理前後做多次的前測測量。例如，在維持許多年的平穩之後，香菸稅在1979年跳升了百分之三十五，然後在接下來的十年中，這個稅又維持相對穩定。假設稅率的升高會降低香菸的消耗量。研究者畫出從1970年到1990年的香菸消耗率，他指出香菸消耗率在新稅實施之前的九年間，是平穩的，然後於1979年時下跌，而後在接下來的十年裡，又停留在大約相等的位置上。

◎相等時間序列

相等時間序列（equivalent time series）是另一種具有時間延展性的單組設計。不是用一個處理，相反的，這個設計包括一個前測、然後一個處理並進行後測，然後再給予處理並進行後測、再施以處理並進行後測，依此類推。例如，1975年以前並沒有要求摩托車騎士要戴安全帽，這年通過要求戴安全帽的法律。在1981年，這個法律受到來自摩托車團體的壓力而遭廢除，但在1989年又恢復了。研究者的假設是戴保護性的安全帽促使車禍中，因頭部受傷而死亡的人數降低。研究者畫出歷年來，摩托車車禍中因頭部受傷而死亡的比率變化。他發現1975年之前這個比率很高，在1975年到1981年之間急遽下降，然後在1981到1989年間又上升到1975年以前的水準，自1989年到現在又再度下降。

◎拉丁方格設計

對數個實驗處理以不同順序或時間次序呈現，會對依變項產生何種影響感興趣的研究者，可以使用拉丁方格設計（Latin square design）。舉例來說，一位地理教師要教給學生三個單元的課程：如何閱讀地圖、使用指南針，以及經緯度系統。這些單元的教授可以按照任何一種順序，但是教師想要知道哪種順序最能幫助學生學習。某個班級的學生首先學習閱讀地圖，然後是如何使用指南針，最後是經緯度系統。另一個班級則先教導使用指南針，然後是閱讀地圖，最後是經緯度系統。在第三個班級則先教經緯度系統，然後是指南針的使用，最後是閱讀地圖。教師在每個單元之後都舉行測驗，在學期結束後學生還要參加一個綜合測驗。學生是以隨機的方式被指派到不同的班級，因此教師可以清楚看見以某種順序或其它順序來教導課程單元是否會增進學習效果。

◎所羅門四格因素設計

研究者可能認爲進行前測會影響到處理或依變項。前測有時候可能會使受試者對處理有所感知，或使他們在後測時改進他們的表現（參見下文對測驗效果所做的討論）。理查・所羅門（Richard L. Soloman）發展的所羅門四組設計（Solomon four-group design）就在解決前測效應的問題。他結合古典實驗設計與兩組單純後測設計，並且隨機指派受試者進入四個實驗情境中的一組。舉例來說，心理衛生員想要決定一種新訓練方法是否能夠改善病人面對問題的能力。心理衛生員以一個爲時二十分鐘的壓力事件反應測驗，做爲病人面對問題能力的測量。由於病人可能從參與測驗本身學習到對付問題的能力，便使用所羅門四組設計。心理健康員隨機將病人分成四組，兩組進行前測；其中一組獲得新訓練方法，另一組接受舊方法。另外兩組不進行前測；其中之一獲得新訓練方法，另一組接受舊方法。所有這四組都接受相同的後測，然後比較各組後測的結果。如果兩個處理組（新方法）得到類似的結果，而兩個控制組（舊方法）得到相近的結果，那麼心理健康員就知道前測對學習不構成一個問題。如果有前測的兩組（一個處理組，一個控制組）和另外沒有前測的兩組得到不同的結果，那麼心理衛生員就可以得出前測本身可能會影響到依變項的結論。

◎因素設計

研究問題有時候建議看的是一個以上的自變項的同時效應。因素設計（factorial design）聯合使用兩個或多個自變項，而且對變項（有時候稱為因素）之間各個類別的組合，都要加以檢視。當每個變項都包括數個類別時，組合的數目會變得非常大。處理或操弄不是個別的自變項，相反的，而是每一種類別的組合。舉例來說，研究者要檢視各工作小組的生產力。他研究的問題是：在不同的團體合作與壓力組合下，生產力會有變化嗎？自變項是「合作的等級」和「壓力的程度」，依變項是「生產力」。合作等級有兩個類別，合作與不合作；壓力程度有三個類別：高、中、低。對這兩個變項而言，這時就有六種類型的組合（參閱方塊8.3）。

因素設計中的處理對依變項有兩種類型的作用：主效應（main effect）與互動效應（interaction effect）。一個因素或一個處理的設計只有主效應。因素設計中，自變項各個類別的特殊組合也會發揮作用。被稱為互動效應是因為一個組合中的各個類型會產生互動，因而得出超過每個變項單獨造成的效應。例如，巴達克與麥克安德魯（Bardack & McAndrew, 1985）想要決定外型上的吸引力與適當的穿著，影響雇用決定的效應。他們有六張分別是非常具有吸引力、普通、沒有什麼吸引力，以及穿著得體與不得體的女子照片。研究者拿給受試者看其中的一張照片以及一份完全相同的自傳，然後要求他們決定是否雇用相片中的女子擔任一家大公司的初級主管。這兩個變項都會影響雇用的決定；這是說受試者比較會雇用有吸引力與穿著得體的人。除了這些主效應之外，實驗者發現數個互動效應；有吸引力與穿著得體的女性被雇用的可能性，大於原來預期的穿著得體或外貌姣好單獨所造成的效果。這兩個因素結合之後，又額外爲雇用決策加了把勁，其中以外貌上的吸引力作用較強。

這些效應在一個合作與壓力如何影響五人工作小組生產力的例子中，表露無遺。研究者以在兩個小時內完成複雜拼圖的百分比，做爲生產力的測量值。每種組合是爲一個組，因此研究者把每個變項中的等級數或類別數乘起來，就得到組數。壓力變項有三個等級，合作變項有兩個等級，因此研究者要用六個組，每個組代表一種組合（參閱方塊8.3）。

研究者把獎勵分爲五份，平均分給合作組的受試者。獎勵競爭組受試者的方式則是根據每個人正確放置拼圖的數目，將獎金依比例分給每個人。低壓力情境是指在兩小時內，小組每完成一塊拼圖就得到研究者一元的獎勵，最多可得到一百元。在中度壓力的情境下，使用相同的獎勵系統，但是如果拼圖是在一個小時之內完成，就加給五十元獎金。高壓力情境是如果小組完成拼圖，研究者就給予一百元的獎金，但是如果沒有完成就沒有獎金，另外如果小組在一個小時之內完成拼圖，獎金將加倍爲兩百元。

合作因素的主效應是合作組（不論壓力層次爲何），會比競爭組有較高的生產力。壓力因素的主效應是生產力會隨著壓力的增加而提高，不論該組是不是合作組。方塊8.3的左圖即顯示主效應，它指出對每種壓力等級而言，合作組都要比競爭組表現得好，而對這兩組而言，壓力等級升高時會有比較高的生產力。

研究者假設有互動效應存在── 這是說，兩個因素的特定組合會對依變項產生特定的作用。比方說，研究者發現合作組在高壓力情境下表現得最好，競爭組在低壓力情境下表現得最好，而這兩組在中等壓力等級時，表現一樣好（參考方塊8.3的右圖）。

研究者以速記方式討論因素設計。一個「二乘三因素設計」寫成爲2×3。這個意思是說這個實驗有兩個處理，其中一個有兩個類型，另一個有三個類型。一個2×3×3的實驗設計是指有三個自變項，一個有兩個類別，另外兩個各有三個類別。

華樂坦—法蘭西與拉德克（Valentine-French & Radtke, 1989）使用2×3×3因素設計研究受害者對性騷擾指責之回應所產生的效果。受試者是卡加利大學的自願參與實驗的大學生，有一百二十位男生與一百二十位女生。研究者操作自變項，播放一卷錄音帶，帶中顯示一位教授向學生保證會讓他（她）高分過關，只要他（她）願意合作、讓教授撫摸他（她）的肩膀、親吻他（她）的臉頰。實驗者把情境稍微做些改變，使受害學生有男生、也有女生，並且使用三種結尾：受害者譴責自己在這個事件中的行爲、譴責教授，以及沒反應。因此，這個實驗就有受害者性別與故事收尾所形成的六種不同組合。

受試者並不知道這個研究的目的，只聽見錄音帶裡的故事。實驗者用問卷測量受試者不同背景特徵，以及那個主要依變項的值—譴責對象的歸因，或者說是誰的錯。他們以八題問項所構成的指數操作變項，並以七點李克特量表進行測量。華樂坦— 法蘭西與拉德克發現女性比較會把這個事件看成性騷擾，並且譴責教授。男女性受試者都比較會譴責女性被害人。當受害者做出自我譴責的陳述時，在人數上，有比女性受試者更多的男性受試者做出譴責受害人的舉動。這是一個2×2×3的因素設計，因爲有三個自變項接受檢視：受試者的性別、受害人的性別，以及受害人的反應。

內在與外在效度

內在效度的邏輯

內在效度（internal validilty）是指去除其它替代變項對依變項的

能力。除了實驗處理之外，還存在有其它會對依變項產生影響的變項，將威脅到實驗的內在效度。這些變項威脅到研究者說造成依變項上出現變化的眞正原因是源自於處理的能力。因此內在效度的邏輯是透過實驗情境的控制與實驗設計，來排除處理以外的變項。接下來我們將檢視威脅內在效度的主要因素。

對內在效度的威脅

下面是十種常見的威脅內在效度的狀況。[7]

選擇偏差：選擇偏差（selection bias）是受試者未能形成相等組別所產生的威脅。這個問題之所以發生是因爲設計時沒有做好隨機指派，也就是說實驗組中的受試者帶有會影響依變項的特性。例如，在關於肢體攻擊性的實驗中，如果處理組不經意地包含了橄欖球員、美式足球員、與曲棍球員，而控制組的組成份子則是音樂家、下棋好手，以及畫家。另一個例子是關於人們逃避交通擁塞能力的實驗。所有被分配到同一組的受試者全是來自於鄉村地區，而在另一組的所有受試者則都是在都市中長大的人。前測分數的檢驗可以幫助研究者偵測到這類威脅，因爲期望見到的是組別間不存在有任何差異。

歷史效應：這是實驗當中出現了與處理無關的事件，因而影響到依變項的一種威脅。歷史效應（history effect）比較會發生在持續一段長期間的實驗，例如，評估受試者對太空旅行所持態度的爲期兩週的實驗，才進行到一半，太空船在發射台上爆炸，所有人員都亡故了。這種歷史效應也可能會發生在前面討論過的香菸稅的例子中（參閱間斷時間序列設計的討論），如果民間反吸煙運動、或香菸廣告減少也始於1979年，我們就很難說是提高香菸稅導致吸煙數量減少。

成熟效應：這項威脅是指有別於實驗處理的，源自於受試者本身的生理、心理、或情感歷程，隨時間變化而產生改變所致。成熟效應（maturation）經常出現於爲期較長的實驗之中。例如，在進行理解力的實驗期間，受試者變得煩躁想睡，因此得到的分數就會比較低。另一個例子是關於一年級與六年級孩童遊戲型態的實驗，隨著學童長大所產生的生理、情感、與成熟度的改變會影響到遊戲型態，而不是由處理造成的，或者除了處理之外，還有其它因素的作用。具有前測與控制組的設計有助於研究者斷定成熟度或歷史效應是否存在，因爲這時實驗組與控制組都會隨時間的變化而出現類似的變化。

測驗效應：有時候執行前測本身會對實驗造成影響。這種測驗效應（testing effect）會威脅到內在效度，是因爲這時影響依變項變化的不光是只有實驗處理了。所羅門四組設計有助於研究者偵測測驗效應。例如，研究者在第一天上課時對學生做一次測驗，這時上課是處理，然後他在上課的最後一天再以相同的試卷來檢驗學生的學習效果。如果受試者因爲記得前測的問題，而影響他們的學習（即提高注意力）、或是影響到他們在後測時回答問題的方式，這就出現了測驗效應。如果出現測驗效應，研究者就不能說是處理單獨影響依變項的了。

工具效應：這項威脅與穩定性信度有關，是實驗的過程中發生儀器或依變項的測量工具改變的狀況。例如，減肥實驗中，體重計的彈簧在實驗期間變鬆了，這就會造成後測時得到較小的數值。另一個例子可能在龐德與安德森（Bond & Anderson, 1987）所做的關於不情願傳送壞消息的實驗中發生過。實驗者要求受試者告訴另外一個人他智力測驗的結果，並且操弄測驗結果的分數使之不是高於平均值很多、就是比平均分數差很多。這時的依變項是受試者要經過多久的時間才會把他智力測驗的分數告訴別人。某些受試者還被告知整個過程會被錄影。實驗中錄影器材壞了，因此有一位受試者的表現並沒有被錄到。如果因爲這些器材損壞而沒有錄製到一個以上受試者的行爲，或者是它只錄到整個實驗過程中的一部分，這個實驗就有工具效應的問題。（此外，受試者只有在認爲他們是在公開的情況下做這件事時——也就是被錄影時——會在比較久的時間之後，才去告訴別人不好的消息。）

參與者損耗：參與者損耗（mortality）是發生在某些受試者不再繼續參與實驗的情形之下。雖然耗損意味著已故，但是並不必然指受試者已經亡故。如果有一組受試者半途離開，不繼續參與實驗，研究者就無法知道最後的結果，與他們留下的情況是否有所不同。舉例來說。研究者在減肥計畫開始時有五十位受試者，在計畫結束時只剩下三十位，他們每一位的體重都減少了五磅，而且也沒有任何副作用。離開的二十位與留下的三十位有相當大的差異，那就會改變最後的實驗結果。這個計畫對離開的人可能也有效，因此他們在體重減少二十五磅後就離開了。或者也許這個計畫會使受試者病了，因此那些人被迫離開。研究者應該留意並且記錄下每組中前測與後測時受試者的人數，以便偵測它對內在效度的影響。

統計回歸：統計回歸並不容易從直覺上來瞭解，它是極端值的問題，或是隨機誤差具有使各組結果接近平均值的趨勢。它出現在兩種情況下。

一種情況是發生在受試者就依變項而言，是不尋常的。由於受試者從一開始就不尋常、或者是個極端，所以他們的反應就不可能繼續朝那個方向發展下去。例如，研究者想要檢視暴力電影是否會使觀賞者的行動變得比較暴力，他從警戒深嚴的監獄中選取一組暴力犯、對他們進行前測、接著播映暴力電影給他們看、然後執行後測。出乎研究者意料之外，這些犯人的暴力程度要比看電影前略微減少，而沒有看那部暴力片的非犯人控制組的暴力程度卻比以前要高。因爲暴力犯一開始就是個極端值，所以不太可能會有能使他們變得更加暴力的處理；由於隨機的緣故，他們在第二次測驗時，就顯出較低的極端值。[8]

第二種情況涉及到測量工具的問題。如果許多受試者在某個變項上的分數不是非常高（例如，高到碰天），就是非常低（例如，低到貼地），那麼光是隨機就會造成前測與後測結果的變化。例如，研究者對八十位受試者進行一項測驗，其中七十五人得到很好的分數。然後他再做一種處理以提高分數。這時因爲受試者已經有了很高的分數，所以那些得到高分數的人可能會隨機只朝一個方向移動——答錯某些題目，因此隨機誤差就會降低這組的平均值。檢視前測的分數將有助研究者探知這種對內在效度的威脅。

處理或污染擴散：處理擴散（diffusion of treatment）是指種因不同組的受試者互相溝通、獲知其他受試者受到的處理而帶來的威脅。研究者可以藉由孤立各組的受試者、或要求受試者承諾不向將會成爲受試者的其他人，透露關於實驗的任何訊息，來避免這個問題。例如，受試者參與爲期一日的關於記憶生字新方法的實驗，在休息時間，處理組的受試者告訴控制組的受試者那些增進記憶生字的新方法，然後控制組的受試者就使用這個方法。研究者需要局外的資訊，像是實驗後與受試者晤談，以偵測出這種威脅。

犒賞行爲：某些實驗提供有價值的東西給一組受試者，而不給另一組的受試者，並且公開這種差別待遇。這種不平等可能會醞釀出減低差異的壓力、讓兩組成爲競爭對手、或心懷不滿打擊士氣。所有的這類犒賞行爲可能會成爲處理之外，影響依變項的因素。例如，一所學校接受一種處理（較長的午餐休息時間）以提高學習效果。一旦這種不平等被公開之後，控制組中的受試者可能會要求相同的處理，並且會更加努力學習以克服這種不平等。史密斯與格拉斯（Smith & Glass, 1987:136）稱此爲約翰亨利效應（John Henry effect）。另一組

方塊8.3

兩個變項因素設計的範例

合作的等級	壓力的程度：低	中	高
合作	組一	組二	組三
競爭	組四	組五	組六

組別	實驗設計的符號表示			
組一		X_1	Z_1	O
組二		X_1	Z_2	O
組三	R	X_1	Z3	O
組四		X_2	Z_1	O
組五		X_2	Z_2	O
組六		X_2	Z_3	O

X_1 =不合作組。X_2=合作組。

Z_1 =低等壓力。Z_2=中等壓力。Z_3=高等壓力。

假設結果之圖示

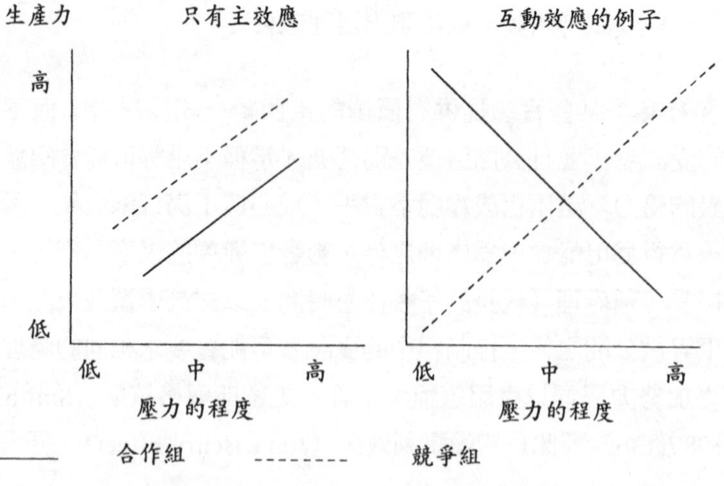

則可能會因為不平等處理而感到挫折，結果放棄學習。這種威脅不容易偵測，除非使用局外的資訊（參考前面討論的處理擴散）。

實驗者的期望：雖然實驗者的行為並不會總被認為是項傳統內在效度的問題，但是實驗者行為確實也會威脅到因果邏輯。[9]研究者威脅到內在效度，並不是出於別有用心的不道德行為，而是間接地把實驗者的期望（experimenter expectancy）告訴了受試者。研究者可能非常相信某個假設，並且間接地把這個假設或想要看到的結果傳遞給了受試者。舉例來說，研究殘障者反應的研究者深信女性要比男性對殘障者來得慈善。藉由目光接觸、談話語調、姿勢，以及其它非語言溝通，研究者不知不覺地鼓勵女性受試者表示她們對殘障者有正面感覺；研究者的非語言行為對男性受試者，則傳遞正好相反的訊息。

有個方法可以偵測實驗者的期望。研究者雇用助手，教會他們實驗技術。再由助手訓練受試者、檢定他們的學習能力。研究者提供助手假的成績單與記錄，其中顯示一組受試者比較優秀，另一組則不及格，事實上兩組受試者的表現並無不同。如果整組假的優秀學生確實表現得比整組假的不及格學生要好，就表示有實驗者期望存在。

雙面障眼法實驗（double-blind experiment）就是設計來控制研究者期望。這時與受試者直接接觸的人並不知道關於假設或處理的細節，這種方法稱為雙面障眼法，是因為受試者與和他接觸的人雙方都不知道實驗的細節（參閱圖8.1）。例如，研究者想要檢視一種新藥是否有效，他使用三種顏色的藥丸──綠色、黃色、與粉紅色，然後將新藥放入黃色藥丸內，將舊藥放入粉紅色藥丸之內，將安撫劑（placebo）──看似眞實的假處理（例如，不會產生任何生理作用的糖丸）──作成綠色藥丸。發藥丸與記錄效應的助手並不知道哪種藥丸內含有新藥，只有不直接對受試者進行處理的第三者知道哪種顏色的藥丸包含哪種藥，也由他來檢視研究結果。

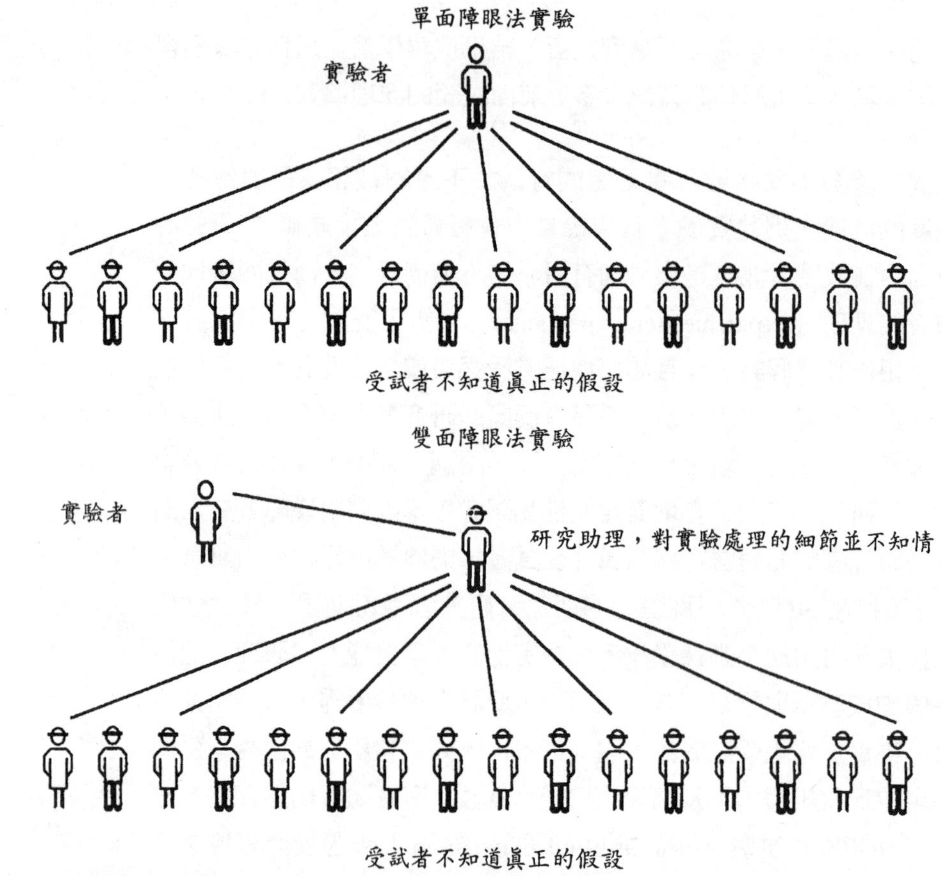

圖8.1　雙面障眼法實驗：單面障眼法與雙面障眼法的範例

外在效度與田野實驗

即使實驗者去除所有影響內在效度的因素，但是還有外在效度（external validity）的問題。外在效度是將實驗發現類推到實驗本身以外的事件或情境的能力。如果研究缺乏外在效度，它的發現就只對自己的實驗有效，這使它們無論是對基礎科學、或是應用科學都沒有什麼用處。在這節中，我們將檢視外在效度的類型以及會影響它的一些因素。

實在：實驗是實在的嗎？有兩類實在有待討論。[10]實驗實在（experimental realism）是某個實驗處理或情境對受試者的影響；它發生在當受試者被帶進實驗、並且確實受到它的影響之時。如果受試者並沒有受到處理的影響，則實驗實在將會很弱，這就是爲什麼研究者會盡一切努力來建立眞實的情境。如同阿諾森與卡爾史密斯（Aronson & Carlsmith, 1968:25）所指出的：

> 所有實驗程序是「人為設計的」，這是說它們都是被發明出來的。事實上，我們可以說實驗藝術主要建立在探究者判斷那個實驗程序較能精確地實現其概念變項、對受試者產生最大的影響、獲得受試者最大的信任的能力上。

俗世實在（mundane realism）問的是：實驗像眞實世界嗎？舉例來說，研究學習的研究者讓受試者記住毫無意義的、由四個字母組成的字。如果他讓受試者學習眞實生活中使用的事實資訊，而不是爲了實驗而創造的字，那麼會有較高的俗世實在。

俗世實在最直接影響到外在效度——把實驗通則化到眞實世界的能力。[11]實驗有兩個面向可以通則化。一個是從受試者類推到其他人。如果受試者是大學生，研究者可以將結果通則化到所有人嗎？當然其中絕大部分不是大學生。另一個面向是從人爲處理類推到日常生活。例如，我們可以從一般看兩小時恐怖電影的受試者身上所得到的結果，通則化到觀看多年暴力電視節目所產生的影響嗎？

反應效應：受試者在實驗中可能會做出不同於他們在眞實生活中的反應，因爲他們知道他們是研究的一部分；這被稱爲反應效應（reactivity）。霍桑效應（Hawthorne effect）就是一種特殊類型的反應效應。[12]這個名稱來自於艾爾頓·梅歐（Elton Mayo）在1920與1930

年代間在伊利諾州霍桑市的西屋電子工廠所進行的一系列實驗。研究者改變了許多層面的工作條件（例如，照明、休息時間），然後測量生產力。他們發現生產力在每一次修改工作條件後都有所提高，不論做了些什麼改變。發生這種奇特的結果是因爲勞工回應的並不是處理，而是對他們成爲實驗一部分，以及知道有人在觀察他們而表現出的反應。雖然後來的研究懷疑是否確實出現這個現象，但是這個名稱仍被沿用，做爲標示受到研究者注意所產生的影響。另一個相關的效應是新奇事物的影響，這則是會隨著時間而淡化。史密斯與格拉斯（Smith & Glass, 1987:148）稱此效應爲新奇效應（novelty effect）。

想要特質（demand characteristics）是另一種類型的反應效應。受試者可能會發現關於實驗目的或假設的線索，而且他們可能會爲了取悅研究者，而改變他們的表現以符合他們認爲研究者想要他們表現的行爲（例如，支持假設）。例如，茄巴特與皮查德（Chebat & Picard, 1988）想要檢視單向廣告（只顯示正面特性）是否比雙向廣告（同時顯示正面特性和限制）更容易說服民眾。他們製作新肥皂與汽車的專業廣告，兩者都包括單向與雙向的廣告。他們將廣告播給蒙特婁市魁北克大學四百三十四位大學生觀賞，然後要求他們塡答一份關於廣告訊息接受程度的問卷，問卷包括八題李克特類型的問項。他們表示（1988:356）「爲了避免任何可能因研究者出現而引起的潛在偏差、或出現實驗「想要特質」…，問卷施測是由協助研究的研究生來進行。」

最後一種反應效應是安撫效應（placebo effect），這是指當受試者收到的是安撫劑，卻出現似乎接受到眞正處理的反應時所發生的狀況。例如，一個戒煙的實驗中，受試者不是接受藥物處理以降低他們對尼古丁的依賴，就是收到安撫劑，如果接受到安撫劑的受試者也停止吸煙，這意味著參與實驗與接受某種受試者相信會幫助他戒煙的藥物，就能產生這種效果。光是受試者對安撫劑的想法，就會影響到依變項上的變化。

田野實驗：本章的焦點集中在受到高度控制的實驗室裡所進行的實驗。但是實驗也有可能在眞實的生活中、或田野情境下進行。這時研究者對實驗情境的控制能力就比較小。控制程度的變化像是個連續體，一端是高度控制的實驗室實驗（laboratory experiment），發生在一個特定情境之下、或實驗室之內；另一端則是田野實驗（field experiment），發生在「田野上」——例如，地下鐵火車上、酒店裡、或公共人行道上等自然情境之中。田野實驗中的受試者經常不知道他們正涉入到一個實驗，因此會以很自然的方式做出反應。例如，研究者讓實驗的同謀假裝在地下鐵火車內突然心臟病發作，以觀察四周人士的反應。[13]

一個戲劇性的田野實驗例子出自於哈拉里、哈拉里、與懷特（Harari, Harari & White, 1985）的手筆。這是關於男性路人是否會設法阻止一樁蓄意的強暴案。這個實驗是在聖地牙哥州立大學中進行的，蓄意強暴事件被安排發生在夜晚、某條比較孤立的校園道路上。安排好的攻擊事件刻意讓沒有起疑的、獨自經過、或三兩成行的男性受試者能夠清楚地看到。在攻擊事件中，一位女學生被躲在樹叢中的一位高大男生襲擊，當該名男子拉走她，想要堵住她的嘴巴時，女學生手上的書掉落在地上。她努力掙脫，並且大叫「不要，不要，救救我，救救我，請救救我！」和「強暴啊！」躲在暗處的觀察者告訴這些演出者，什麼時候開始表演攻擊行動，並且注意受試者的反應。救援行爲的測量包括：跑向攻擊地點、或跑向在附近停車場旁看到的警察。這個研究發現三兩成行的男生有百分之八十五會做出可辨識的行動來協助該名女生，而獨自行走的男子則有百分之六十五會這樣做。

實驗者的控制程度和內在與外在效度有關。實驗室實驗傾向於有較高的內在效度，但是外在效度則比較低；也就說它們的邏輯較爲嚴謹，也做到較好的控制，但是比較不能類推。田野實驗傾向於有較高的外在效度，但是內在效度較低；這是說，他們較可以做類推，但是比較無法進行控制。準實驗設計更爲常見。例如：在涉及安排蓄意強暴的實驗中，實驗者重新創造一個具有高外在效度、非常逼眞的情境，這會比把一些人放在實驗情境中，然後問他們假設發生那個狀況，他們會怎麼做，要有比較高的外在效度。然而，這時沒有辦法對受試者進行隨機指派，任何碰巧路過的男生都成了受試者。實驗者無法精確控制受試者聽到、或看到什麼，而且對受試者反應的測量是由躲在暗處的觀察者所執行，他可能會漏掉某些受試者的反應。

實務考慮

每一種研究技術都有一些非正式的技巧，它們完全是實用的、根據常識研判而來的，但它們正是解釋造成有經驗研究者有的是成功的研究計畫，而初學者處處面臨困難，這層天壤之別的原因。下面我們將討論三種。

計畫與前測

所有社會研究都需要計畫，而大多數的量化研究者會使用前測。研究者在實驗研究的計畫階段，會思索其它的替代解釋或威脅內在效度的因素，以及避免它們的方法。研究者也會發展出簡潔俐落、組織完善的資料編碼系統。此外，他應該投入相當多的心力對任何在處理情境中可能要用到的設施（例如，電腦、攝影機、錄音機）進行測試。他也必須訓練實驗同謀者，並且對他們展開初步的試測。試測後，研究者應該與試測對象晤談，以便找出實驗中需要修正的部分。

對受試者所下的指示

大部分實驗涉及給予受試者某些說明指示，以利實驗的進行。研究者應該仔細講解指示，遵照準備好的腳本，使所有的受試者都聽到相同的指示。這個步驟確保的是信度。當用到欺騙時，指示也對建立眞實的開頭故事很是重要。阿諾森與卡爾史密斯（Aronson & Carlsmith, 1968:46）指出「初出茅廬的實驗者最常犯的一項錯誤就是把指示說得太過簡略了。」

實驗後的訪談

在實驗結束時，研究者應該和受試者晤談，這有三個原因。第一，如果研究用到欺騙，研究者必須向受試者做執行報告（debrief），告訴他們實驗的眞正目的、並且回答受試者問的問題。第二，他可以藉著這個機會瞭解受試者在想什麼，以及受試者對情境的界定如何影響到他們的行爲。最後，他可以向受試者解釋不把實驗眞實面目透露給其他潛在受試者的重要性。

實驗研究的結果：進行比較

比較是所有研究的重點。經過仔細比較實驗研究的結果，研究者會學到許多威脅到內在效度的因素，並且知道處理對依變項是否有所影響。例如，前面討論過的龐德與阿諾森（Bond & Anderson, 1987）對傳遞壞消息的實驗就得出在私下或公開的情境中，傳佈較好成績的平均時間分別爲89.6與73.1秒，而傳佈較差測驗成績的時間則分別是72.5或147.2秒。經過比較後顯示在公開場合下傳佈壞消息會等待的時間最久，而傳送好消息則以私下情境需要等久一點的時間。

表8.2顯示較爲複雜的比較情況。該表是使用古典實驗設計，進行一系列五個減肥實驗所得到的結果。這個例子中，艾略克瘦身診所的三十位實驗組受試者平均減少了五十磅，而在控制組的三十位受試者的體重則幾乎沒有減少；在實驗中只有一人中途離開。蘇珊科學減肥計畫也有同樣的戲劇性結果，但是她的實驗組有十一人中途退出，這顯示有參與者耗損的問題。弗若德肥胖營實驗組人員的體重減少了

表8.2 結果的比較——古典實驗設計：減肥實驗

	艾略克瘦身診所			巴柏的脂肪控制計畫	
	實驗前	實驗後		實驗前	實驗後
實驗組	190(30)	140(29)	實驗組	190(30)	188(29)
控制組	189(30)	189(30)	控制組	192(29)	189(28)

	蘇珊科學減肥計畫			寶林的減肥計畫	
	實驗前	實驗後		實驗前	實驗後
實驗組	190(30)	141(19)	實驗組	190(30)	158(30)
控制組	189(30)	189(28)	控制組	191(29)	159(28)

	弗列德肥胖營			比較用之符號	
	實驗前	實驗後		實驗前	實驗後
實驗組	160(30)	159(29)	實驗組	A(A)	C(C)
控制組	191(29)	189(29)	控制組	B(B)	D(D)

比較

	A-B	C-D	A-C	B-D	(A)-(C)	(B)-(D)
艾略克瘦身診所	1	49	-50	0	-1	0
蘇珊科學減肥計畫	1	48	-49	0	-11	0
弗列德肥胖營	31	37	-8	-2	-1	0
巴柏的脂肪控制計畫	2	1	-2	-3	-1	-1
寶林的減肥計畫	1	1	-32	-32	0	-1

A-B這兩組一開始就相同嗎？若果不然，那麼可能就有選擇性偏誤。

C-D這兩組結束時結果一樣嗎？若果不然，那麼有可能實驗處理無效，或者可能出現了強大的歷史、成熟、或處理擴散效應。

A-C實驗組有發生改變嗎？如果沒有，處理可能沒有發揮效果。

(A)-(C)與(B)-(D)實驗組與控制組的受試者人數是否發生變化？如果出現人數大量減少，實驗耗損可能威脅到內在效度。

詮釋

艾略克瘦身診所：很明顯沒有內在效度的威脅，產生處理效果。

蘇珊科學減肥計畫：實驗耗損的威脅可能構成問題。

弗列德肥胖營：選擇性偏誤可能構成問題。

巴柏的脂肪控制計畫：很明顯沒有內在效度的威脅，但是沒有處理效果。

寶林的減肥計畫：歷史、成熟、處理擴散等威脅都可能構成問題。

注意：數字爲平均磅數。括弧內的數字爲每組的受試者人數，以隨機指派的方式分派到實驗組或控制組。

八磅，控制組爲兩磅，但是兩組的平均體重在開始時就有三十一磅的差異，這意味有選擇偏差的問題。巴柏的脂肪控制計畫沒有參與者耗損、或選擇偏差的問題，但是他實驗組的受試者並沒有比控制組受試者減少較多的體重，這似乎是指這個處理沒有效果。寶林的減肥計畫也避免了選擇偏差以及參與者耗損問題，他實驗組的受試者減少了三十二磅的體重，但是控制組的結果也一樣，這似乎意味可能發生了成熟效應、歷史效應、或處理擴散效應。據此，似乎艾略克瘦身診所的處理是最有效的。

關於實驗倫理

由於實驗研究是種冒犯（即它干擾涉入），所以倫理考量在實驗研究中是項重要的議題。處理可能涉及把人放進人爲設計的社會情境中，操弄他們的感覺或行爲，依變項可能是受試者所說的話或所做的事。侵犯的程度與類型要受到倫理標準的限制，如果研究者要把受試者放進有生命危險、或令人困窘、或會導致焦慮的情境時，就必須非常謹慎小心。他們必須盡心盡力監督事件、控制發生的狀況。

第二，欺騙在社會實驗中是司空見慣，但是它涉及到誤導、或對受試者說謊。這種不誠實行爲不會被原諒，只有在其它方法都不可能達到目標的情況下，才被接受。即使是出於一個值得這麼做的目的，欺騙的使用也要受到一些限制。然而，欺騙的程度與類型不應該超過最低的必要範圍。應該徵詢受試者、並且告知他研究的眞正目的。

最後一章會對倫理問題做詳細的討論。重要的、要記得的是對於受試者因參與研究的結果而直接或間接所受到的傷害，研究者都要肩負起主要的責任。社會研究者總是應該尊敬受試者、並以維持其尊嚴的態度來對待受試者。不該對他人失去了他們應有的體貼，也絕對不應該視受試者爲無生命的物體，或一些只是爲了滿足研究者需求而存在的白老鼠。

結論

本章中，你學到了隨機指派與實驗研究的方法。隨機指派是種建立可以被視爲相等的、因而可以進行比較的兩個（或多個）團體的有效方法。一般來說，實驗研究能提供精確、相對不模糊的因果關係證據。它遵從實證主義的研究取向，產生可以進行統計分析的量化結果。

本章也檢視了一個實驗的各個部分，以及各種結合這些部分以產生不同的實驗設計的作法。除了古典實驗設計之外，你還學到了前實驗設計與準實驗設計。你也學到了如何使用符號來表示這些設計。

你知道內在效度——實驗內在邏輯的嚴謹程度——是實驗研究的一個關鍵觀念。威脅內在效度的因素是處理以外的其它可能替代解釋。你也學到了外在效度，以及田野實驗如何才獲得最大的外在效度。

實驗研究的眞正長處在於它建立了因果證據所需要的控制與邏輯嚴謹性。通常實驗法比其它技術容易重製、花費較少的金錢與時間。實驗研究當然也有一些限制。第一，某些問題是無法用實驗法來解決的，這是因爲在那種情況下，是不可能進行控制與實驗操作。另一個限制是實驗經常一次只檢驗一個或數個假設，這會打散知識，因此必須要綜合許多研究報告的結果。外在效度是另一個潛在問題，因爲許多實驗依賴少數幾個非隨機的大學生樣本。[14]

你學到了仔細檢視與比較結果，會使你對研究設計的潛在問題，提高警覺。最後，你讀到一些關於實驗實務上與倫理上的考慮。實驗設計中，欺騙是個特別重要的議題。

下一章中，你將會檢視調查研究與其它研究技術。非實驗方法的邏輯不同於實驗方法，實驗法把焦點縮小集中在某些假設上，經常只有一個或兩個自變項、一個單獨的依變項、數組受試者，以及一個由研究誘發的自變項。相反地，其它社會研究者一次同時檢驗許多個假設，他們測量相當大數量的自變項與依變項，使用隨機抽樣抽取到數目相當大的受試者。自變項常是在實驗之前受試者就已經有的情況。

關鍵術語

古典實驗設計
犒賞行爲
控制組
執行報告
欺騙
想要特質
依變項
設計類型的符號表示
處理擴散
雙面障眼法實驗
相等時間序列
實驗設計
實驗組
實驗實在
實驗者期望
外在效度
因素設計
田野實驗
霍桑效應
歷史效應
內在效度
間斷時間序列
實驗室實驗
拉丁方格設計
成熟效應
受試者耗損
俗世實在
新奇效應
單純一組研究
安撫劑
安撫效應
後測
前實驗設計
前測
準實驗設計
隨機指派
反應效應
選擇偏差
所羅門四格因素設計
靜態組別比較
受試者
處理

複習測驗

1.什麼是實驗的七個成分或部分？

2.前實驗設計和傳統設計的區別爲何？

3.哪一種設計允許對各種不同的處理順序做檢驗？

4.有位研究者說，「這是一個三乘二的設計，以恐懼程度（低、中、高）和逃脫的容易程度（容易或困難）爲自變項，以焦慮爲依變項。」這是什麼意思？假設只使用後測來做隨機指派時，設計的符號是什麼？

5.間斷時間序列與相等時間序列設計的差異是什麼？

6.內在效度的邏輯爲何，控制組的使用如何能符合這種邏輯？

7.所羅門四格因素設計如何證明測驗的作用？

8.什麼是雙面障眼實驗？爲什麼要用它？

9.田野或實驗室實驗有比較高的內在效度嗎？外在效度呢？解釋你的原因。

10.實驗和俗世實在之間有些什麼差異呢？

註釋

1.庫克與康貝爾（Cook & Campbell, 1979:9-36; 91-94）極力主張修正實驗研究原本較爲嚴謹的實證主義取向的因果律。「批判取向的唯實主義（critical-realist）」具有第四章所陳述的批判研究取向的若干特質，他們建議以這個方法取而代之。

2.關於實驗法的歷史，可參閱丹茲格（Danziger, 1988）、吉勒斯比（Gillespie, 1988）、宏斯坦（Hornstein, 1988）、歐唐諾（O'Donnell, 1985）、與薛比（Scheibe, 1988）等學者的討論。

3.參閱宏斯坦（1988:11）。

4.關於第二次世界大戰後的事件，參閱哈里斯（Harris, 1988）、與素爾斯和羅斯諾（Suls & Rosnow, 1988）。關於用到欺騙次數愈來愈多的討論，參閱雷諾斯（Reynolds, 1979:60）。

5.關於實驗中控制的討論，參閱庫克與康貝爾（1979:7-9）與史貝克特（Spector, 1981:15-16）。

6.有關研究設計的表示符號在庫克與康貝爾（1979:95-96）、杜里（Dooley, 1984:132-137）、與史貝克特（1981:27-28）的著作中都有論及。

7.更多針對威脅到內在效度的因素所做的討論，參閱庫克與康貝爾（1979:51-68）、可奇（Kercher, 1992）、史貝克特（1981:24-27）、史密斯與格拉斯（1987），以及素爾斯和羅斯諾（1988）的大作。

8.這個例子轉借自密契爾與裘里（Mitchell & Jolley, 1988:97）。

9.實驗期望在阿諾森與卡爾史密斯（1968:66-70）、杜里（1984:151-153），以及密契爾與裘里（1988:327-329）的著作中，都有論及。

10.也參閱阿諾森與卡爾史密斯（1968:22-25）。

11.關於外在效度的討論，參閱庫克與康貝爾（1979:70-80）。

12.霍桑效應在羅斯里斯柏格與狄克生（Roethlisberger & Dickenson, 1939）、法蘭克與考爾（Franke & Kaul, 1978）、與賴格（Laig, 1992）的著作中，都有所描述。也可參閱庫克與康貝爾（1979:123-125）以及杜里（1984:155-156）論著中的討論。吉勒斯比（1988; 1991）對於實驗的政治脈絡，以及如何受到政治脈絡的模塑，都有所討論。

13.參閱皮利文、羅丹、與皮利文的著作（Piliavin, Rodin & Piliavin, 1969）。

14.參閱葛蘭（Graham, 1992）。

第9章

抽樣

在本世紀開始時，統計學者就在爭論是否存在有任何小於完整列舉母群中每一個構成要素，就夠用的數量…從那時候起，抽樣就廣被接受，而且有一系列的抽樣方法被發明出來，希望能從各種實際情況中抽取出既有效又經濟的樣本。

葛蘭．卡頓（Graham Kalton）

《調查抽樣概論（*Introduction to Survey Sampling*）》，第六頁。

引言

在本章中，你將會學到抽樣。抽樣是建立在一些統計理論上，但是對於這些統計理論此處並不會做深入的探究。相反的，我的重點擺在使你對抽樣概念和實際上如何使用它有所瞭解。抽樣是有力的技術，除了社會研究之外，也廣泛地應用在其他方面。它可以使用在如會計學、天文學、化學、製造學、和動物學等領域。在社會研究中，它主要被用在調查研究、內容分析、和非反應研究上── 我們將會在接下來的各章中分別檢視這三種量化研究技術。

抽樣的類型

為什麼要抽樣？

抽樣，如同隨機指派，是指有系統地選擇一個研究計畫所要包含的個案的一種過程。當研究者進行隨機指派時，他是使用隨機過程將一群個案分為兩個或以上的團體。相反的，在隨機抽樣中，他是從較大的個案群中選出一個較小的個案組（例如，圖9.1）。研究者可以同時使用抽樣和隨機指派，他可以先用抽樣得到一組較小的個案群（例如，從兩萬人中取出一百五十人），然後再使用隨機指派來將這個較小群體分成一些團體（例如，將一百五十人分為三個五十人的團體）。

研究者使用抽樣得到一組個案，或一組樣本，這和對所有個案群進行研究比較起來，是個較易處理和花費較省的工作。例如，對一百五十人進行變項測量可能要比對兩萬人花費較少的金錢和時間。使用較小的次集合而非所有群體的難處，在於研究者有興趣的並不是這

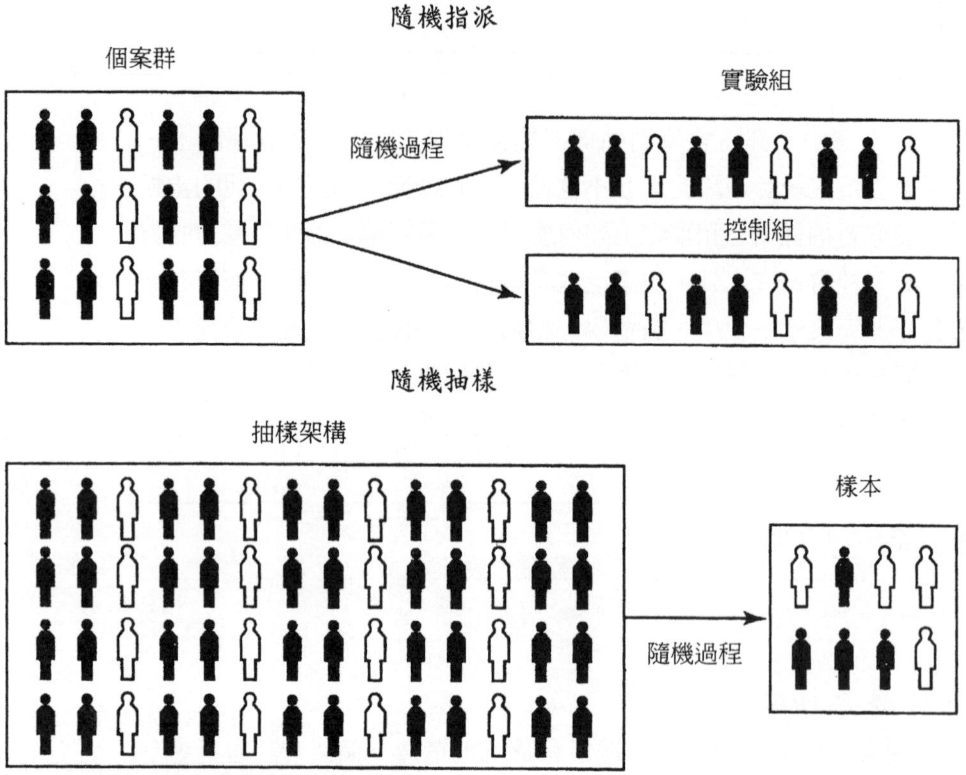

圖9.1 隨機指派與隨機抽樣

個小的次集合，他想要推論到整個群體上。如果做得不錯，抽樣可以使研究者就較小的個案組進行變項測量，但是可以正確地將結果推論到所有的個案上。

你對研究者能夠使用較小的次集合，正確地推論到更大的個案群的這項說法的第一個反應，可能是不相信。這聽起來太完美而不像是眞的，但是抽樣確實是有這個能力，而且也有這個功效。如果有妥當選出的樣本，研究者可以對兩千個個案進行變項測量，然後推論到兩億個個案，而且和眞正使用所有兩億個個案所得到的結果之間不會

方塊9.1

母群的例子

1.1989年12月2日，澳洲年齡在十六歲或以上沒被拘留在監獄、收容所，以及其它相似的機構中的所有民眾。
2.1991年7月加拿大安大略省雇用一百人以上的企業。
3.1988年8月1日到1993年7月31日之間在紐澤西州公立與私立醫院看過病的人。
4.在1996年11月1日與11月25日之間，美國三大電視台於東方標準時間早上七點到晚上十一點之間所播放的所有電視廣告。
5.從1950年1月迄今的這段時間內獲得醫學學位，並且現在在美國執業的所有醫生。
6.1992年間在溫哥華、英屬哥倫比亞、西雅圖、華盛頓等都會地區染有海洛英毒癮的所有黑人男子。

有多於百分之二到四的誤差。

用這麼少的個案，正確地做出對那麼多個案的推論，是如何辦得到的呢？這不是利用什麼騙術或魔術，而是根據經驗證據重複檢正的統計推理邏輯。再者，研究者不是使用任何一組樣本就得出正確的通則，樣本必須根據正確的程序抽取出來，同時據此所做出的陳述也受到若干限制。

母群、構成要素、與抽樣架構

研究者從一個龐大的個案群，或構成要素（element）中抽取出樣本。抽樣要素（sampling element）是分析的單位或母群（population）中的個案，他可以是任何一個將被測量的個人、團體、組織、書面文件或符號訊息，或者甚至是社會行動（例如，一次被捕記錄、一件離婚、一個親吻）。大的群體稱爲母群，它在抽樣過程中扮演一個重要的角色。有時候全體（例如，第六章的定義）和母群常會互相交換使用。所謂定義母群是指研究者指明將被抽樣的單位、地理位置、和母群在時間上的範圍。考慮方塊9.1所示的母群例子，所有例子都包括將要被抽樣的要素(人、企業、醫院掛號證、商業廣告）以及地理上與時間上的範疇。

研究者從母群的觀念（例如，某個城市中的所有人）開始，但是必須對它提出更精確的定義。標的母群（target population）一詞就是指一個研究者想要研究的特定個案群。樣本數與標的母群總數間的比率稱爲抽樣比率。例如，母群爲五萬人，研究者想要從其中抽取一百五十人，因此抽樣比率就是150 / 50,000 = 0.003，或百分之零點三。如果母群爲五百人而研究者要抽取一百人，則抽樣比率就是100 / 500 = 0.20或百分之二十。

母群是一個抽象概念。某個固定時間下某個固定的人數，母群怎麼會是一個的抽象概念呢？除非是特定的小母群，我們根本不可能凍結一個母群來測量。例如，在一個城市的某一時刻中，某些人死去，某些人抵達或坐飛機離開、某些人坐車經過城市邊界。研究者必須明確地決定要將哪些人計數在內，他應該要把在那個時間碰巧在旅行中的城市居民計算在內嗎？他應該要將在監牢、醫院中的成人、小孩的這些人計算在內嗎？一個母群，即使是指1996年3月1日早上12時1分威斯康辛州密瓦克市內所有18歲以上的民眾，都是一個抽象概念，它只存在於心中，不可能具體明確地指出來。

由於母群是一個抽象概念，除非是數量小的特定母群（例如，在教室中的所有學生），所以研究者需要去估計母群的大小。作爲一個抽象概念，母群需要一個操作型定義，這個過程與發展受測概念的操作型定義是相類似的。

研究者對母群下操作型定義時，會發展一個相當近似母群中所有構成要素的特定名單。這個名單稱爲抽樣架構（sampling frame）。他可以選擇一種抽樣架構類型：電話簿、稅單記錄、駕駛執照記錄等等與其它。列出母群的構成要素聽起來似乎很簡單，其實是項相當困難的工作，因爲母群可能並沒有很好的構成要素名單。

好的抽樣架構是達到好的抽樣的關鍵。抽樣架構與概念界定下的母群之間的不吻合，可能是偏誤的主要來源。正如同在變項的理論定義和操作定義之間的不搭配，會產生缺乏效度的測量，因此在抽樣架構和母群之間的不搭配也會產生無效的抽樣。研究者要盡力減少這種不搭配的情形。舉例來說，你想要在美國的某個地區選取一些民衆做調查，所以你決定使用一份列出全國擁有駕駛執照者的名單。但是某些人並沒有駕駛執照，而且這些有駕駛執照的人的名單即使經常更新，也很快就過時了。然後你想到了繳納所得稅的記錄。但是並不是每一個人都繳稅；有些人舞弊不納稅，另外有些人沒有收入，因此沒有申報，還有一些人不是已經過世了就是還不必開始納稅，再有一些人在最近一次繳納稅款後才進入或離開這個地區。你可能再想到了電話簿，但是它也沒有好到那裡去；有些人並沒有被登錄在電話簿上，某些人有的是沒有登記的電話號碼，還有一些人最近搬走了。除了一些例外的情形之外（例如，在一所大學註冊的所有學生名單），抽樣架構幾乎總是不正確。抽樣架構可能包含在標的母群之外的某些人（例如，電話簿上列有已經搬走的人）或可能遺漏其中的某些人（例如，沒有電話的人）。

一個母群的任何特性（例如，都市居民中抽煙的百分比，所有超過21歲的婦女的平均身高、對幽浮的信仰）稱爲母群的參數（parameter）。這是母群的眞正特性。當母群中所有的構成要素都被測量之後，參數就決定了。對大母群（例如，一國的人口）而言，絕對無法正確知道母群的參數，因此研究者必須根據樣本來估計它。研究者使用從樣本來的資訊稱爲統計值來估計母群參數。

抽樣歷史中有一個著名的個案說明了這個技術的限制。一本美國的主要雜誌，《文摘（*Literary Digest*）》，在1920、1924、1928、和1932年的美國總統選舉時寄給一些人選舉意向調查的明信片，這家雜誌是從車主登記簿和電話簿這兩個抽樣架構中，挑選出作爲樣本的這些人的名字。人們把表達他們會投票給誰的明信片寄回，這家雜誌正確地預測出這四次選舉的結果。大家都知道這家雜誌的預測很成功，而它在1936年時將樣本增加到一千萬人。這家雜誌預測藍頓（Alf Landon）會大勝羅斯福（Franklin D. Roosevelt），但是結果顯示《文摘》的預測是錯的；羅斯福獲得壓倒性的勝利。造成這次預測錯誤原因有很多，但是最重要的是抽樣的錯誤。雖然雜誌抽取了數量相當多的民眾，但是它的抽樣架構並沒有正確地代表標的母群（即所有選民）。它排除了沒有電話或汽車的人，在1936年這部分的選民在母群中佔有相當高的百分比，而這個時候是1930年代經濟大恐慌最嚴重的時期。這個架構排除將近母群百分之六十五的構成要素，以及傾向於偏好羅斯福的選民（低收入者）[1]。這家雜誌在前幾次選舉的預測上一直都很正確，這是因爲高所得和低所得的人們的投票對象沒有太大差異。同樣的，在以前的選舉中，即在經濟大恐慌之前，較多的低所得者可能也買得起電話和汽車。

你從《文摘》所犯的錯誤中可以學到兩個重要的教訓。第一，抽樣架構非常重要。第二，樣本的大小和它是否能夠正確地代表母群比較起來，是一項較不重要的因素。一組具有代表性的兩千五百人的樣本，可以比一組一千萬人或五千萬人所構成的不具代表性的樣本，能對美國民眾做出較爲正確的預測。

非機率抽樣

樣本可以分爲兩種：基於機率理論隨機原理所得到的那種以及不是根據機率理論所得到的那種（參閱表9.1的摘要）。根據機率理論的抽樣可以使研究者精確地描述關於抽樣的事項，並且可以使用有力的統計工具。不是根據機率理論所得來的樣本則有更多的限制。研究者不是由於無知、時間不夠，就是因爲某些特殊狀況，而使用非機率樣本。除了那些特殊情況之外，量化研究者偏好使用機率樣本。

表9.1 樣本的類型

非機率	機率
隨意抽樣：隨便找個很好找到的人來	**簡單**：根據眞正的隨機程序抽取樣本
配額抽樣：從事先定好的團體中隨便找一個人來	**系統**：選擇每個第K號的人（准隨機）
立意抽樣：從難找的標的母群中隨便找一個人來	**分層**：從事先決定的團體中隨機抽取
雪球抽樣：選擇相互關聯的人 採取多階段隨機樣本	**叢集**：在數個層級中的每一個都

隨意、臨時、或方便抽樣：隨意抽樣（haphazard sampling）可能產生無效的、非常不具代表性的樣本，因此不建議你使用。研究者隨意選擇很方便就可取得的個案，這時他可能會很輕易就得到一組相當不代表母群的樣本，這種樣本很便宜而且很快到手；然而，很容易發生的偏差和系統誤差會使它們比完全沒有樣本更糟[2]。電視節目上進行的街頭訪問就是一個隨意樣本的例子。電視訪問者帶著攝影機和麥克風，走到街上去看哪些人方便接受訪問。這些在一天當中進入到電視鏡頭裡面的人不代表任何人（例如，家庭主婦、鄉村地區的人）。同樣的，電視訪問者經常選擇那些從他們看起來是「正常」的人物，而避免選擇沒有吸引力、貧窮、非常老、或不擅言詞的人。

另外一個隨意樣本的例子是報社要求讀者從報上剪下一則問卷，填完後寄回去。並不是每一個人都看報紙，也不是每一個人都對那個主題有興趣，或者會花時間把問卷剪下來寄回去。有些人會，這種人的數目可能很多（例如，五千人），但是不可能用這個樣本對母群做正確的推論。這種隨意樣本可能頗具娛樂價值，但是它可能得到的是扭曲的觀點，而且嚴重地代表錯誤的母群。

配額抽樣：配額抽樣（quota sampling）是對隨意抽樣的一種改進，但是它也是一種不好的抽樣類型[3]。在配額抽樣中，研究者首先明白定出人們的類別（例如，男性和女性；或是30歲以下、30到60歲之間、60歲以上），然後決定在每一個類別中要抽取多少人。因此，在樣本中的不同類別人數都是固定的。例如，研究者決定要選取30歲以下5位男性和5位女性，30到60歲之間10位男性和10位女性，和60歲以上5位男性和5位女性，做爲一個爲數40人的樣本。就和隨機指派中的配對一樣，選取出來的樣本很難精確地把母群的所有特性都表現出來。

配額抽樣是一種改進，因爲研究者可以確定母群的某些差異，樣本會表現出來。在隨意抽樣中，所有的受訪者可能有相同的年齡、性別、或種族。然而，一旦配額抽樣者固定了要抽取的類別和每一個類別要抽取的個案數目，他便使用了隨意抽樣。例如，研究者訪談他最先碰到的五位30歲以下的男性，即使這五位可能正好從一位政治候選人的競選總部走出來。這時不只因爲在這個類別中使用隨意抽樣，而可能發生無法正確代表母群，而且沒有任何方法能夠保證研究者不會選到「假意友善的」、或那些想要接受訪問的人。

抽樣史中的另一個例子說明了配額抽樣的限制。喬治蓋洛普的美國民意機構使用配額抽樣正確地預測1936、1940、和1944年的美國總統選舉結果。但是在1948年，蓋洛普預測出錯誤的候選人。造成這項錯誤預測有許多原因（例如，許多投票者當時還沒有決定要投票給誰、訪談結束過早），但是其中一個主要的原因是配額類別並沒有正確地代表所有地理區域和所有實際去投票的選民。

儘管配額抽樣有它的問題，但是它比機率抽樣更爲簡單、便宜、和快速。在機率抽樣中，研究者必須建立一個抽樣架構，然後從這個架構中選出特定的人。那些特定的人可能無法找到，或者要很努力使用各種方法才能聯絡上他們，但是聯絡到的人仍然可能會拒絕接受調查。

立意抽樣或判斷抽樣：嚴格的量化研究者避免上述所提到的非機率樣本，立意抽樣（purposive sampling）是一種在特殊情況下被接受的抽樣種類。它使用專家的判斷來選擇個案，或者是以心中特定的目的來選擇個案。如果它是用來挑選「一般的家庭主婦」或「典型的學校」就不大適合，使用立意抽樣的研究者並不知道被選出的個案是否會代表母群。這種方法常用在探索性研究或田野研究[4]。

立意抽樣適用於下列三種情況。第一，研究者使用它來選擇特別能提供訊息的獨特個案。例如，研究者想要使用內容分析法來研究雜誌內容，以發掘文化主題，他選擇某本流行的女性雜誌來做研究，因為該本雜誌領導潮流。

第二，研究者可能使用立意抽樣來選取很難以接近、屬性特殊的母群中的成員。例如，研究者想要研究娼妓，要列出所有娼妓的名單，然後從這份名單中進行隨機抽樣，這都是不可能的。相反的，他使用主觀的資訊(例如，娼妓吸引人的地區、與娼妓結合的社會團體)和專家（例如，在罪惡地區工作的警察、其他娼妓）來界定研究計畫所要包含的娼妓樣本。研究者使用許多不同方法來確認這些個案，因為他的目的是要儘可能找出較多的個案。例如，哈波（Harper, 1982）在其1970年代美國乞丐與遊民的田野研究中，所得到的樣本就是靠著與「專家」（例如，乞丐）為友，和他們一起在火車和貧民區中生活而得來的。這種特殊母群不一定是從事非法的活動，例如，麥寇（McCall, 1980）確認出三十一位聖路易市的女藝術家，也是靠著向一位朋友詢問關於其他藝術家的事情，以及透過加入當地藝術組織的方式才能到了。

另一種立意抽樣的情況是發生在當研究者想要確認特殊個案類型，以便進行深入探究。這種目的不是要推論到較大的母群上，而是要獲得對這種類型的深入瞭解。例如，侯奇柴德（Hochschild）深入訪談二十八位民眾的信仰，她選擇其中的某些人是因為他們收入較低，而選擇另外一些人是因為他們有較高的收入。某些人是男人，另一些人是女人。

> 顯然，我們無法安心地將這類樣本結果通則化到全國：對我來說，指出我的樣本中有多少百分比的人想要獲得多一點或少一點的政府服務將毫無價值可言。…深入訪談是一種產生見解、異例、和矛盾的方式，這些後來都可能形成可以使用量化社會科學方法驗證的假設（1981:23-24）。

優森（Useem, 1984）在其企業菁英的政治影響力研究中，使用一種結合配額與立意的抽樣類型。他訪談七十二位英國重要企業的經理和五十七位來自大型美國公司的官員。他選擇的樣本同時包括有美國的和英國的公司，也包括某些身爲一家以上公司董事的人士。此外，爲了減低旅費，他依據產業與規模，以及公司所在的地理位置來選取他訪問的工廠。

甘姆森（Gamson, 1992）在一個關於勞工階級如何看政治的焦點團體研究中，使用立意抽樣（第十章會討論焦點團體）。甘姆森總共想要有一百八十八名勞工階級人士參與三十七個焦點團體。他挑選沒有讀完大學，但是在年齡、種族、宗教、政治興趣、和職業型態上互不相同的受訪者。他從參加慶典活動、郊遊野餐、市集展覽會場、跳蚤市場，以及在許多公共告示板上張貼公告等方式，在波士頓地區的三十五個鄰里找來了受訪者。除了向受訪者解釋研究外，他還付給受訪者酬勞，以吸引那些傳統上不會參與研究的人。

雪球抽樣：社會研究者常對相互關聯的人或者組織網絡感到興趣[5]。這種網絡可以是全世界探討相同問題的科學家、在一個中等大小城市中的菁英份子、從事組織化犯罪家庭的成員、出任重要銀行和企業董事會的董事、或在大學校園中彼此有性關係的人。其中的關鍵特徵是每一個人、或單位都和其它部分透過直接或間接的聯繫而連結

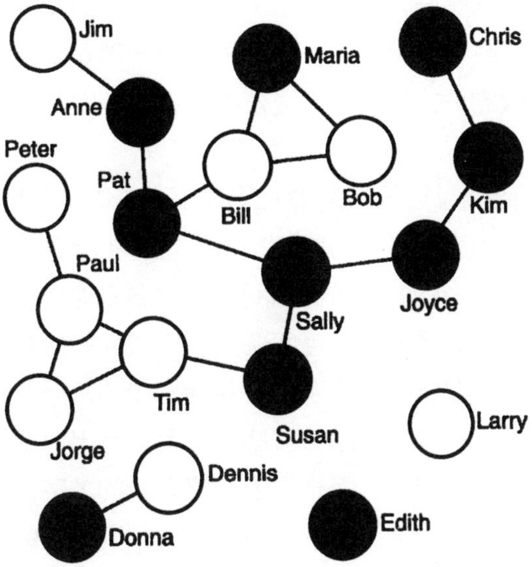

圖9.2　友誼關係的社會關係圖

起來。這並不意味著網絡中每一個人會直接認識彼此、甚或相互交往、或是受對方的影響。相反的，這意味著以整體來看，大部分的人事物都會因直接或間接的關係，而置身於一個具有相互關聯的網絡中。

例如，莎莉和提姆並沒有直接認識對方，但是他們兩人都有一位好朋友，蘇珊，因此他們之間存在一種間接的連結，這三個人都是相同友誼網絡的一部分。研究者以描繪社會關係圖（sociogram）來表達這種網路——社會關係圖是一些由線段連接起來的圓圈所組合的圖形。圓圈代表每一個人或個案，而線段代表友誼或其它聯繫（參閱圖9.2）。

雪球抽樣（snowball sampling，也稱爲網絡、關係鎖鍊、或聲望抽樣）是一種辨識和抽取（或選擇）網絡中個案的方法。是建立在雪球的類比之上，雪球開始的時候很小，但是當它在潮濕的雪地上滾動而增加額外的雪片時就愈變愈大。雪球抽樣是一種多階段的技術，它開始於一個或少數的人或個案，然後根據和初始個案的連結而擴展開來。

例如，一位研究者要檢視某個社區中青少年之間的友誼關係網絡。他從三個互不相識的青少男開始。每一位青少年說出四位親密的朋友名字，然後研究者就去找這四個朋友，再要求他們說出四個經常往來的朋友名字，研究者再去找這四個朋友，做同樣的事，依此類推下去。不會很久，就會牽扯進許多人。在樣本中的每一個人都直接或間接地和原始三位青少年有關聯，有些人也可能寫出同樣的名字。研究者最後終於停止不再問了，這不是因爲沒有新的名字被提出來，表示封閉網絡已經出現，就是因爲網路變得太大，到了研究者能夠研究的極限。而樣本中所包含的人，至少都是被網絡中的某一個人指出來是他的親密朋友。歐斯川德（Ostrander）在研究三十六位上層階級婦女時，就是使用雪球抽樣。

> 在每一次訪談終了時，我請這位婦女提出「在她的社會團體中，具有和她類似的背景，而且也願意和我談話的另一位婦女。」這種取得受訪對象的實際作法具有理論和方法上的優點…她們告訴我在她們階級同輩中，誰被認為能夠代表這個階級；因此，我就不會訪談到明顯不屬於上層階級的婦女。但是我最感興趣的是那些被認為是「可以算是」的人，因為我想要瞭解既有的規範和可以算是的定義（1984:9;11）。

關於研究菁英份子的特殊問題將在第十三章中討論。

機率抽樣

爲什麼要隨機？被稱爲機率理論的應用數學領域，靠的就是隨機過程。隨機（random）一詞在數學上有其特殊的意義，它是指產生一種數學上所謂隨機結果的過程；這就是說，選擇過程是講求眞正隨機的方法（例如，不照任何模式），而且研究者能夠計算出結果出現的機率。在眞正的隨機歷程中，每一個構成要素都有同等的被選取的機率。

依靠隨機過程所得到的機率樣本，要比靠非隨機過程而得到的樣本，耗費更多的工夫。研究者必須辨識樣本中所必須要包含的特定抽樣要素（例如，人）。例如，進行一項電話調查的研究者，爲了得到正確的隨機樣本，必須設法聯絡四或五次，才能找到被抽到的那些人[6]。

隨機抽樣最可能得到眞正代表母群的樣本。此外，隨機抽樣可以使研究者能夠透過統計來計算樣本和母群之間的關係——即抽樣誤差（sampling error）的大小。抽樣誤差有個非統計定義，就是由於隨機過程造成樣本結果和母群參數之間的偏差。

本章並未涵蓋隨機抽樣有關技術上與統計上的細節。相反的，它著重於如何進行抽樣、好與不好的樣本之間的差異、抽取樣本的方法等基礎課題，以及社會研究所使用的基本抽樣原理。這並不是說隨機抽樣不重要，相反的，隨機抽樣非常重要，而且它是學習基礎課程的必要部分。如果你盤算追求一個要用到量化研究的職業生涯，你應該要努力學習比本書篇幅所允許的更多的統計背景。

機率樣本的類型：

◎簡單隨機

簡單隨機樣本（simple random sample）是最容易瞭解的隨機樣本，也是其它類型據以模仿的一種。在簡單隨機抽樣中，研究者發展一個正確的抽樣架構，根據數學上的隨機過程從抽樣架構中選取構成要素，然後確實找出那些被選出來要包含在樣本中的構成要素。

在把抽樣架構的所有成分編號之後，研究者使用亂數名單來決定要選出哪些構成要素。他需要與將被抽出的構成要素的數目一樣多的亂數；例如，就數量爲一百的樣本而言，就需要一百個亂數。研究者可以從亂數表（random-number table）中獲得亂數，亂數表中的數字是以數學隨機方式選取出來的。亂數表在大部分統計和研究方法的書中都可以看到，包括本書在內（參閱附錄B）。這些數字都是透過純粹隨機過程而產生的，因此任何一個數字出現在任何一個位置上的機率都是相同的。電腦程式也可以產生亂數表。

你可能會問，一旦我從抽樣架構中選擇一個成分時，我要把它放回到抽樣架構中，還是要把它留下來？常用的答案是不要放回。無限制的隨機抽樣是抽到後再放回的隨機抽樣——這是指一個成分被抽樣後會再被放回，因此它可以再被選取。在不放回的簡單隨機抽樣中，研究者不考慮已經被選進樣本中的構成要素。

簡單隨機抽樣的邏輯，可以用一個基本的例子來加以說明——從瓶子裡抽取彈珠。我有一個大瓶子，裡面有五千顆紅彈珠和白彈珠。這五千顆彈珠是我的母群，而我想要估計的參數是紅彈珠在瓶子裡的百分比。我隨機選取了一百顆彈珠（我閉上眼睛、搖一搖瓶子、拿出一顆彈珠、再重複這個過程一百遍）。我現在有一個彈珠的隨機樣本，我可以在我的樣本中數算紅彈珠的數目來估計在母群中紅彈珠和白彈珠的百分比。這要比數所有五千顆彈珠容易得許多，我的樣本中有五十二顆白彈珠和四十八顆紅彈珠。

這是否意味母群參數就是紅彈珠佔百分之四十八呢？可能不是。因爲隨機的機會，我選出的樣本可能有些偏誤。我可以將這一百個彈珠放回瓶子裡、搖一搖彈珠、然後選取第二組一百顆彈珠的樣本來檢查我的結果。在這第二次嘗試中，我的樣本有四十九顆白彈珠和五十一顆紅彈珠。我現在有一個問題，那一組是正確的呢？如果從相同的母群中得到不同樣本可能產生不同的結果，那麼這種隨機抽樣工作有什麼用呢？我一次又一次地重複這些過程，直到我選取了一百三十組不同的樣本，每一組都包含一百顆彈珠（參閱方塊9.2的結果）。大部分的人可能會倒光瓶子、計數所有的五千顆彈珠，但是我想要看的是會發生了狀況。我的一百三十組不同樣本的結果展現出一套清楚的模式，紅和白彈珠最常見的混合組成是50/50，接近這種分配模式的樣本比那些較不平均分配的樣本較常出現。母群參數似乎就是有百分之五十的白彈珠和百分之五十的紅彈珠。

數學證明和經驗驗證彰顯方塊9.2所發現的模式常會出現。許多不同樣本的組合是我的抽樣分配，它是一組一組不同的樣本所形成的分配，顯示許多抽取個數不同的獨立隨機樣本，所得之樣本結果的出現頻率。如果樣本數是一千而非一百；如果那裡有十顆有色彈珠而不是兩顆；如果母群有一百顆彈珠或一千萬顆彈珠，而不是五千顆；如果母群是人、汽車、或大學，而不是彈珠時，這種模式都會出現。事實上，這種模式當愈來愈多組的獨立隨機樣本從母群中抽取出來時，變得更爲清楚。

抽樣分配的模式指出，再抽取許多組獨立的樣本之後，眞正的母群參數（即在前面例子中的50/50的分配）會比任何其它任何一種結果更常出現。有些樣本偏離母群參數，但它們較爲少見。當把更多的獨立隨機樣本結果畫成圖形，如方塊9.2所示，那麼抽樣分配看起來會像一條常態或鐘形曲線。這種曲線具有理論上的重要性，而且在統計學上應用得非常普遍。

數學的中央極限定理（central limit theorem）告訴我們，在抽樣分配中不同的隨機樣本會隨著組數的增加，乃至於增加到無限大時，樣本的模式和母群參數將變得越來越可以預測。在相當相當多組的隨機樣本下，抽樣分配會呈現出一條常態曲線，而且這個曲線的中點，隨著抽出的樣本組數的增加，就會越發接近母群的參數。

或許你只想要一組樣本，因爲你沒有時間或能力去選取許多不

方塊9.2

抽樣分配舉例

紅	白	樣本數
42	58	1
43	57	1
45	55	2
46	54	4
47	53	8
48	52	12
49	51	21
50	50	31
51	49	20
52	48	13
53	47	9
54	46	5
55	45	2
57	43	1
	總計	130

紅白彈珠的數目是隨機從一個內有五千顆彈珠的瓶子中抽出，一次抽取一百顆，重複抽取一百三十次，得出一百三十組的隨機樣本。

樣本數

31 *
30 *
29 *
28 *
27 *
26 *

同組的樣本。你並不是唯一有這個想法的人。研究者很少會選取許多組樣本，他通常只會抽取一組隨機樣本，但是中央極限定理可以使他從一組樣本的結果推論到母群。這個理論是針對許多組的樣本而言

續方塊9.2

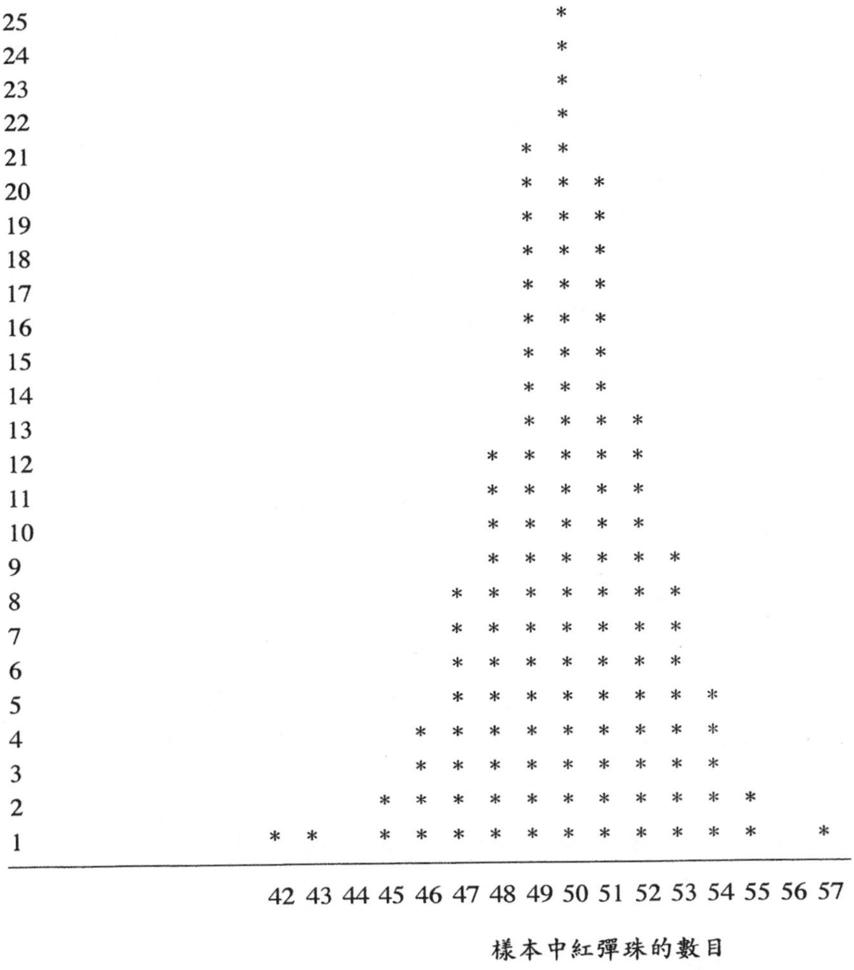

的，但是可以使研究者計算出一組特定的樣本偏離母群參數的機率。

隨機抽樣並不保證每一組隨機樣本都能完美地代表母群。相反的，它是指大部分的隨機樣本在大多數的情況下，都相當接近母群；

因而可以計算出某組特定樣本不正確的機率。研究者使用從這組樣本得來的資訊來估計抽樣分配，進而估計這組樣本的偏離或不具代表（即抽樣誤差的大小）的機會。同時，他把這些資訊與中央極限定理的知識結合起來，從而建構信賴區間（confidence intervals）。

信賴區間是一個相當簡單、但是非常有力的概念。你可能會聽到有些電視或報紙民意測驗的報導說，某些調查的誤差範圍是正負百分之二的訊息。這是種信賴區間的表示法。信賴區間是環繞某個特定點的範圍，用來估計母群的參數。用範圍表示主要是因爲隨機過程的統計，並不能使研究者預測到某個絕對的點，但是可以使研究者在高信賴水準（例如，百分之九十五）下，陳述母群參數的眞値會落在某個固定範圍之內。

抽樣誤差或信賴區間的計算超過本書的討論層次。抽樣分配是使研究者計算抽樣誤差與信賴區間的關鍵觀念。因此，研究者不能說，「這個樣本給予我們一個關於母群參數的完美測量値」，但是他可以說，「我百分之九十五肯定，母群參數的眞値不會和我樣本所發現的值，相差超過百分之二。」

例如，我不會說，「由一組隨機樣本得知，瓶中確實有兩千五百顆彈珠。」我會說，「我百分之九十五肯定，母群參數介於兩千四百五十顆到兩千五百五十顆之間」。我可以結合樣本特性（例如，它的大小、其中的變異）和中央極限定理，以高度的信心來預測參數所在的特定範圍。

◎系統抽樣

系統抽樣（systematic sampling）是個利用隨機抽取捷進的簡單隨機抽樣。同樣，第一步是把抽樣架構中的每一個構成要素都編上號碼。研究者這個時候使用的不是一個亂數表，而是要計算抽樣間距（sampling interval）。這個間距將成爲他的準隨機（quasi-random）抽取方法。抽樣間距（例如，k個中選取1個，這時k是指某個個數）告訴研究者如何從抽樣架構中選取構成要素——即在他選出某個要素成爲樣本之前，得先跳過架構中的另一些要素。

舉例來說，我想要從九百個姓名當中抽出三百個。隨機的起始點選出之後，我在九百個姓名中每隔兩個選出第三個姓名，總共得到三百個樣本。我的抽樣間距是3。抽樣間距很容易計算，我只需要樣本大小和母群大小（或者以樣本架構大小作爲最好的估計）。你可以將抽樣間距想做是抽樣比率的倒數，從九百個姓名當中，選取三百個的抽樣比率是300/900=.333=33.3%，因此抽樣間距就是900/300=3。

大部分的情況下，簡單隨機樣本與系統隨機樣本產生的是幾乎完全相同的結果。有一個重要的情況，是不能用系統抽樣來取代簡單隨機抽樣的，那是樣本中的構成要素是根據某種循環或模式而組織起來的。例如，研究者的抽樣架構是由已婚夫妻所構成的，並且男生排在前面，女生排在後面（參閱表9.2）。這種情況下，如果使用系統抽樣，該資料模式會使研究者得到一組不具代表性的樣本。由於個案排列整理的方式，他的系統樣本可能不具代表性，而且可能只抽到太太。當他的樣本架構是以成對方式組織而成的，偶數的抽樣間距會產生所有的樣本不是都是丈夫、就是都是太太的一組樣本。

表9.3示範簡單隨機抽樣與系統抽樣的程序。注意這兩個樣本抽到的是不同的名字。例如，亞當斯（H. Adams）在兩個樣本中都有，但是卓拉德（C. Droullard）只出現在簡單隨機樣本。這是因爲很少很少會抽出兩個完全一樣的隨機樣本。

抽樣架構包含二十位男性和二十位女性（性別註明在每一個名字後面的括號內）。結果，簡單隨機樣本得到三位男性和七位女性，系統樣本得到五位男性和五位女性。這是否意味著系統抽樣比較精確呢？不是的。要查證這種說法，使用不同的亂數抽取一組新樣本；試取前兩位數字，並且從最後一個數字開始選（譬如說，從82752選82，然後從23912選23）。同樣的，也從不同的隨機起始碼開始選取一組新的系統樣本。上一次的隨機起始碼是18，做一次以11爲隨機抽

表9.2 系統抽樣用在循環資料的問題

個案	
1[a]	先生
2	太太
3	先生
4	太太
5	先生
6[a]	太太
7	先生
8	太太
9	先生
10[a]	太太
11	先生
12	太太

隨機起始碼 = 2；抽樣間距 = 4。
a選中的樣本。

取開始處（前半部第二欄最後一個畫底線的數字）。你發現到什麼？每一種性別的人數各有多少[7]？

◎分層抽樣

在分層抽樣（stratified sampling）中，研究者首先根據補充資訊把將母群分爲若干個次母群（層）[8]。將母群分層之後，研究者從每一個次母群中選取隨機樣本。他可以在各層中以簡單隨機抽樣法或系統抽樣法隨機抽取樣本。在分層抽樣中，研究者控制每一個層的相對大小，而不是任由隨機過程控制各層抽到的個數。這不是確保了代表性、就是固定一組樣本中各層抽取的比例。當然，關於各層的必要補充資訊並不總是都能事先獲得的。

如果分層的資訊是精確的話，通常分層抽樣產生的樣本會比簡

表9.3 如何抽取簡單隨機與系統隨機樣本

1.把抽樣架構中的每個個案按先後順序編上號碼。一份四十個人名的名單，按姓氏字母順序排列，編上1至40號。

2.決定抽樣大小。我們將抽取兩組百分之二十五（十個人名）的樣本。

3.就簡單隨機樣本而言，先找一份亂數表（參閱摘錄；完整的表列在附錄B）。使用亂數表之前，先算出需要抽取最大樣本數的位數（譬如說，要抽出四十個人名，那麼兩位數就夠了；若要抽出100到999個，那麼要三位數；1,000到9,999，則需要四位數）。你可以從亂數表中任何一個地方開始（我們將從左上方開始），然後選取一組數字（我們將選取後兩位數字）。在抽樣架構上圈出與選中之亂數相同的號碼，藉此表示該個案已被選中爲樣本。如果選中的亂數太大（超過40），就放棄不用。如果選出的亂數出現一次以上（例如，本例中10與21出現兩次），忽略第二次抽中的不用。繼續這個程序直到抽到所需的樣本數（本例中爲十個）。

4.就系統樣本而言，從一個隨機的起始碼開始。最簡單的作法是盲目地從亂數表中抽出一個數字，然後從抽樣架構中找出最接近這個數字的號碼。本例中，我們抽到18。從這個亂數開始計算抽樣間距——在我們這個例子是4，結果得出22。把它從抽樣架構中圈出來，然後從它開始計算抽樣間距得出下一個號碼，持續這個程序直到整份名單結束。繼續數算抽樣間距，好像這份名單的開頭是附在名單結束之後（好像一個循環）。繼續數算，直到非常接近開頭的那個數字，或是正好是開頭的那個數字。如果抽樣間距把整份抽樣架構的名單分隔得很平均的話，就會得到這個結果。

編號	姓名（性別）	簡單隨機	系統	編號	姓名（性別）	簡單隨機	系統
01	Abrams, J. 男			18	Green, C.男		起始碼
02	Adams, H. 女	是	是（6）				是（10）
03	Aderson, H.男			19	Goodwanda, T.女	是	
04	Arminond, L. 男			20	Harris, B.男		
05	Boorstein, A. 男			21	Hjelmhaug, N.男	是*	

單隨機抽樣具有較高的母群代表性。一個簡單的例子可以顯示何以如此。想像一個母群有百分之五十一的女性與百分之四十九的男性；這

續表9.3

06	Breitsprecher, P. 男	是	是（7）	22	Huang, J.女	是	是（1）
07	Brown, D. 女			23	Ivono, V.女		
08	Cattelino, J. 女			24	Jaquees, J.男		
09	Cidoni, S. 男			25	Johnson, A.女		
10	Davis, L. 女	是*	是（8）	26	Kennedy, M.女		是（2）
11	Droullard, C. 男	是		27	Koschoreck, L.女		
12	Durette, R. 女			28	Koykkar, J.女		
13	Elsnau, K. 女	是		29	Kozlowski, C.女	是	
14	Falconer, T. 男		是（9）	30	Laurent, J.男		是（3）
15	Fuerstenberg, J. 男			31	Lee, R.女		
16	Fulton, P. 女			32	Ling, C.男		
17	Gnewuch, S. 女			33	McKinnon, K.女		
34	Min, H. 女	是	是（4）	38	Oh, J.男		是（5）
35	Moini, A. 女						
36	Navarre, H. 男			39	Olson, J.男		
37	O'Sullivan, C. 男			40	Ortizy Garcia, L.女		

摘錄自亂數表（以供抽取單隨機樣本之用）

15010	18590	00102	94174	22099	42210
90122	38221	21529	04734	60457	00013
67256	13887	94119	01061	27779	11007
13761	23390	12947	44506	36457	21210
81994	66611	16597	07621	51949	44417
79180	25992	46178	62108	43232	23912
07984	47169	88094	15318	01921	82752

*亂數抽取中出現兩次的數字。

個母群參數——性比率——是51比49。使用分層抽樣時，研究者分別從女性與男性中抽取隨機樣本，因此樣本也保持51比49的性比率。如果研究者使用簡單隨機抽樣，就很可能在一個隨機樣本中出現不同於眞實母群的性比率。因此，在使用分層抽樣時，在母群代表性上犯下的錯誤會比較少，產生的抽樣誤差也會比較小。

當研究者感興趣的層佔母群的比例很小，而隨機過程可能會漏失該層資料的時候，研究者就會使用分層抽樣。例如，研究者從兩萬名大學生中選取兩百人的樣本。他從大學註冊組得到的資訊顯示在這兩萬名大學生中有百分之二，也就是四百人是離婚女性，而且有5歲以下的小孩。這是個很重要的需要包括在樣本之中的團體。一組具代表性的樣本中應該要有四位（兩百名中的百分之二）這種類型的學生。但是如果選取的是一組簡單隨機樣本，研究者可能會漏失掉她們。透過分層抽樣法，他從註冊組獲得這四百位學生的名單，並且從其中隨機抽取四位。這樣就可以保證樣本在這個重要的層上，能夠代表母群（參閱方塊9.3）。

在某些特殊的情況下，研究者可能想使樣本中某層的比例不同於它在母群中的眞正比例。例如，母群包含有百分之0.5的愛斯基摩人，但是研究者想要特別檢視愛斯基摩人。他就會抽樣較多的愛斯基摩人，使他們佔樣本總數的百分之十。使用這種類型的不等比分層樣本的研究者，若不做特殊的調整，是不能直接根據樣本對母群做推論。

在某些情況下，研究者會使某個層或次團體的比例不同於它在母群中的眞正比例。例如，戴維斯與史密斯（Davis & Smith, 1992）的報告指出，1987年社會普查（第十一章會解釋）就超額抽取非裔美國人。抽取一組美國人口的隨機樣本會得到一百九十一位黑人，戴維斯與史密斯抽取非裔美國人的單獨樣本，使得黑人的總數增加到五百四十四人。一百九十一位黑人回答者約佔隨機樣本的百分之十三，大致上和黑人在美國人口中的比例相等，五百四十四位黑人則佔這個不等比例樣本的百分之三十。想要運用這整組樣本的研究者，在通則化到美國人口之前，必須做些調整，才能降低抽到的非裔美國人的數

方塊9.3

分層抽樣示範

大型醫院一百名醫職人員的樣本：以職位分層

職位	人數簡單 個數	百分比	隨機樣本 （個數）	分層隨機樣本 （個數）	比較人數誤差
行政人員	15	2.88	1	3	-2
院內醫師	25	4.81	2	5	-3
院際醫師	25	4.81	6	5	+1
登記護士	100	19.23	22	19	+3
助理護士	100	19.23	21	19	+2
藥劑師	75	14.42	9	14	+5
值班人員	50	9.62	8	10	-2
出納人員	75	14.42	5	14	+1
維修人員	30	5.77	3	6	-3
清潔人員	25	4.81	3	5	-2
總計	520	100.00	100	100	

隨機在十五個行政人員中抽出三人，從二十五名院內醫師中抽出五名等等。

注意：傳統上，N代表母群總數，n代表樣本總數。

簡單隨機樣本超額代表護士、護士助理、藥劑師，但是低度代表行政人員、院內醫師、清潔維修人員。分層樣本對每種職位的人員都提供精確的代表性。

量。不等比抽樣幫助想要集中研究那些與某個次母群利害關係最深的議題的研究者。在這個情況下，使用五百四十四位比使用一百九十一位回答者，可以使研究者對非裔美國人做出更精確的通則。一組較大的樣本更能夠反映非裔美國人這個次母群完整的多樣性。

◎叢集（部落）抽樣

叢集抽樣（cluster sampling，也有譯爲部落抽樣）觸及兩個問題：研究者面對的是一個分散的母群，缺少一個理想的抽樣架構，取得樣本的成本極其昂貴[9]。舉例來說，這個國家沒有單獨的一份北美全部汽車技工的名冊。即使我取得了一份正確的抽樣架構，其中有許多抽到的技師天南地北分散四處，要耗費極大的成本才能接觸到他們。這時研究者與其使用某一份的抽樣架構，還不如使用一種多階段的叢集抽樣設計。

一個叢集是個包含最後抽樣要素的單位，但是它本身可以暫時被當做一個抽樣要素。研究者首先抽出數個叢集，每個叢集都包含一些要素，然後再從第一個抽樣階段選出的叢集中再抽出第二組樣本。換句話說，研究者隨機抽樣叢集，然後從被抽出的叢集中隨機抽取要素。這種方法有個很大的實務特長。即使無法獲得要素的樣本架構，但是研究者仍然可以得到一個關於叢集的抽樣架構。一旦選出了一些叢集，就可以就抽到之叢集的構成要素建構抽樣架構。第二個長處是在每個叢集中的要素彼此都很接近，因此在取得這些要素時可能會省下許多經費。

研究者會在叢集抽樣的各階段中分別選取一些樣本。在一組從三階段中抽出的樣本中，階段一是隨機抽取較大的叢集；階段二是在每個大叢集中隨機抽出小叢集；最後一個階段是從被抽出的小叢集中再抽出要素。舉例來說，研究者想要一組楓樹鎮（Mapleville）民眾的樣本。首先他隨機抽取該市鎮的街道巷弄，然後在從街道巷弄裡抽出家戶，然後再從家戶中抽取個人（參閱方塊9.4）。雖然沒有一份所謂的楓樹鎮中所有居民的正確名單，但是這個市鎮卻有一份所有街道巷弄的精確名單。在抽出一組隨機街道巷弄的樣本之後，研究者計算被抽出的街道巷弄中所包括的全部家戶，藉此建立每個街道巷弄的抽樣架構，然後在這個家戶抽樣階段中，他使用這份家戶名單抽取家戶隨機樣本。最後研究者在每個被抽到的家戶中再抽取特定的個人。

方塊9.4

叢集抽樣舉例

目標：從楓樹鎮中抽取一組兩百四十人的隨機樣本。

步驟1：楓樹鎮有五十五個區。隨機選出六個區。

1 2 3* 4 5 6 7 8 9 10 11 12 13 14 15* 16 17 18 19 20 21 22 23 24 25 26 27* 28 29 30 31* 32 33 34 35 36 37 38 39 40* 41 42 43 44 45 46 47 48 49 50 51 52 53 54* 55

* = 隨機選出的區

步驟2：把選出的區分出街道巷弄。每個區包括二十個街道巷弄。隨機從個區中選出四條街道巷弄。

1 2 3 4* 5 6 7 8 9 10* 11 12 13*14 15 16 17* 18 19 20

* = 隨機選出的街道巷弄

步驟3：把每條街道巷弄分出家戶。隨機抽取家戶。

比如說選出來的第三區第四條街道巷弄（步驟二選出來的）第四條街道巷弄混合含有單親戶、雙拼，以及每層四戶的公寓大樓。是由榆樹街（Oak Street）、濱河路（River Road）、南巷（South Avenue）、與綠景道（Greenview Drive）環繞而成。這條街坊共住有四十五戶人家，從這四十五戶中隨機抽取十戶。

叢集抽樣經常會比簡單隨機抽樣花費較少，但是它也比較不精確。叢集抽樣中的每個階段都會帶進抽樣誤差，因此多階段的叢集樣本會比單階段的隨機樣本帶有較多的抽樣誤差[10]。

續方塊9.4

1 #榆樹街1號
2 #榆樹街3號
3* #榆樹街5號
4 ″
5 ″
6 ″
7 #榆樹街7號
8 ″
9* #濱河街150路
10 ″ *
11 ″
12 ″
13 #濱河路152號
14 ″
15 ″
16 ″
17* #濱河路154號
18 #濱河路156號
19* #濱河路158號
20* ″
21 #南巷13號
22 ″
23 #南巷11號
24 #南巷9號
25 #南巷7號
26 #南巷5號
27 #南巷3號
28 #南巷1號
29 ″
30 #綠景路13號
31 ″ *
32 ″ *
33 ″
34 #綠景路156號
35 ″ *
36 ″
37 ″
38 ″
39 #綠景路158號
40 ″
41 ″
42 ″
43 #綠景路160號
44 ″
45 ″

* = 隨機抽出的家戶

步驟4：從每個家戶中選出一位回答者。

叢集抽樣摘要敘述：

從每戶中隨機抽出一人
從每條街道巷弄中抽出十戶
從每個區中抽出四條街道巷弄
從每個城市中抽出四個區
樣本有1×10×4×6＝240人

使用叢集抽樣的研究者必須決定叢集的數目以及每個叢集中要素的數目。例如，在兩階段叢集抽樣中取得一組兩百四十位楓樹鎮民眾的樣本中，研究者可能是隨機選取一百二十個叢集，再從每個叢集中選取兩個要素，也可能是隨機選取兩個叢集，再從每個叢集中選取一百二十個要素。哪種最好呢？一般的答案是有較多叢集的設計會比較好。這是因爲在同一叢集內的構成要素（例如，住在同一個街道巷弄中的人）傾向於彼此近似（例如，住在同一條街道巷弄上的人，傾向於比住在不同街道巷弄上的人彼此相近）。如果選取較少的叢集，就將會選到許多相似的要素，這些可能就不是整個母群的良好代表。例如，研究者可以選取到兩個住有許多有錢人的街道巷弄，再從中分別選取一百二十人。這會比從一百二十個不同街道巷弄中，分別選取兩個人所產生的樣本比較不具有代表性。

當研究者從較大地理區域中進行抽樣並且必須前往每一個成分進行施測時，叢集抽樣會顯著地降低交通的費用。通常這時必須在正確性與成本之間做個折衷。

例如，愛倫、里卡多、巴巴拉每個人都計畫親自訪談代表北美所有大學生這個母群中的一千五百位學生樣本。愛倫取得一份包含所有學生的正確抽樣架構，並且使用簡單隨機抽樣法。他前往一千個不同的地點，在每個地點訪談一或二名學生。里卡多從全部三千所大學的名單中取得三所大學的隨機樣本，然後親赴這三所大學，從每所大學中抽取五百名學生進行訪談。巴巴拉則抽出三百所大學的隨機樣本，她親赴這三百所大學，再從每所大學中抽出五位學生進行訪談。如果前往每個地區的差旅費平均是兩百五十美元，那麼愛倫的差旅費是二十五萬美元，里卡多是七百五十美元，巴巴拉是七萬五千美元。愛倫的樣本是最正確的，但是巴巴拉卻能以三分之一的花費得到稍微低一點的正確性，里卡多的樣本是最便宜的，但是它也是最沒有代表性的樣本。

户中抽樣法：當研究者在叢集抽樣下抽出一個家戶或類似的單位（例如，家庭或住戶）時，這時出現了一個問題：研究者應該選取誰？如果選取第一位回答電話、應門、或回信的人爲樣本，那麼就帶進了潛在的偏差來源。第一位回答的人應該只有在選到由他來回答眞

的是出於隨機過程時，才能回答，但是實際情形很少眞的是這樣。某些人不太可能在家，而某些家庭中，某個人（例如，丈夫）可能比其他人較會去接電話或應門。研究者使用戶中抽樣是爲了確保隨機抽出某個家戶之後，家戶中的個人也是隨機抽出的。

有數個方法，研究者可從一個家戶中隨機抽出一個人[11]。最常用的方法是在知道了該戶的家庭人數與組成份子之後，使用說明該選出誰（例如，最老的男性、最年輕的女性）的抽取表（參閱表9.4）。這個方法排除了任何可能源自於選取第一位應門者或接電話者，或是訪談者總是選取看起來最友善的人來接受訪談而產生的偏差。

比例抽樣法：有兩種抽取叢集樣本的方法。上述的方法是比例或未加權的叢集抽樣。說它是比例的，那是因爲每個叢集的大小（或每階段的要素數量）都是相同。不幸的是，比較常見的情況是每個叢集群的大小不同。當發生這種狀況時，研究者必須在抽樣的不同階段，調整機率或抽樣比率。

前述關於愛倫、巴巴拉、與里查多等人所執行的叢集抽樣抽樣法的例子，說明了未加權叢集抽樣的問題。巴巴拉從所有三千所大學的名單中，抽取一組三百所大學的簡單隨機樣本，但是她犯了一個錯誤——除非每一所大學都有相同的學生人數。她的方法給予每所大學相同的被選取的機會——300/3,000或者說是百分之十的機會。但是每所大學的學生人數不同，因此每一位學生被抽進她樣本中的機會並不相同。

巴巴拉列出每一所大學，然後從這份名單中抽樣。一所有四萬學生的大學校與具有四百名學生的小學校有相同的被選取機會。但是如果她選出大學校，那麼該校某個學生被抽到的機會是四萬分之五（5/40,000=0.0125%），然而小學校的學生被選取的機會，則是四百分之五（5/400=1.25%）。因此，小學校學生成爲她樣本的機率要多出一百倍。一位來自大學校的學生被選出的總機率是百分之0.125（10×

表9.4 戶外抽樣法

從抽中的家戶中選取個人，選出的號碼是方塊9.4中所抽到的家戶。

號碼	姓名	成人數（超過十八歲）	抽出的回答者
3	Able	1男1女	女性
9	Bharadwaj	2女	年紀最輕的女性
10	DiPiazza	1男2女	年紀最大的女性
17	Wucivic	2男1女	年紀最輕的男性
19	Cseri	2女	年紀最輕的女性
20	Taylor	1男3女	年紀次大的女性
29	Velu	2男2女	年紀最大的男性
31	Wong	1男1女	女性
32	Gray	1男	男性
35	Mall-Krinke	1男2女	年紀最大的男性

抽取表範例（只計算成人數）

男性	女性	選取者	男性	女性	選取者
1	0	男性	2	2	年紀最大的男性
2	0	年紀最大的男性	2	3	年紀最輕的女性
3	0	年紀最輕的男性	3	2	年紀次大的男性
4+	0	年紀次大的男性	3	3	年紀次大的女性
0	1	女性	3	4	年紀第三大的女性
0	2	年紀最輕的女性	4	3	年紀次大的男性
0	3	年紀次大的女性	4	4	年紀第三大的男性
0	4+	年紀最大的女性	4	5+	年紀最輕的女性
1	1	女性	5+	4	年紀次大的男性
1	2	年紀最大的女性	5+	5+	年紀第四大的女性
1	3	年紀次大的女性			
2	1	年紀最輕的男性			
3	1	年紀次大的男性			

+表示以上。

0.0125)，而小學的學生的機率則是百分之12.5（10×1.25）。

巴巴拉違反了一條隨機抽樣的原則——每個要素被選爲樣本的機會應該相同。

如果，巴巴拉使用比例抽樣法（probability proportionate to size, PPS），正確地抽取樣本，那麼每個最終抽樣要素或學生將有相同的被選取機率。她只要在抽樣的第一階段，調整大學被選取的機會，就可做到這點。她必須給予有較多學生的大學校較高的被選取機會，較小的學校較低的被選取機會。她根據所有學生在母群中所佔的比例，來調整選取某一所大學的機率，因此一所有四萬名學生的大學將會比一所有四百名學生的大學，有多出一百倍的被選取機會（方塊9.5提供你另一個例子）。

隨機撥號法：隨機撥號法（Random-digit Dialing, RDD）是一種特殊的抽樣技術，使用於電話訪問一般民眾的研究計畫[12]。它不同於傳統電話訪問的抽樣方法，因爲不是以公開發行的電話簿爲抽樣架構。

以電話簿做抽樣架構時，會有三種人被漏失掉：沒有電話的人、最近搬家的人，以及沒有登錄電話號碼的人。所有電話訪問的研究，都漏掉了那些沒有電話的人（窮人、沒受教育者、過客）。但是在先進工業國家，一般大眾有電話的比例都成長到幾近百分之九十五。隨著有電話人口的比例愈來愈多時，沒有登錄電話號碼的比例也同時在增加之中。許多種類的人都有沒登錄電話號碼：想要避免代收欠款公司的人、非常有錢的人，以及想要維持隱私與避免色情電話、推銷員、和打惡作劇電話的人。在某些都市地區，沒登錄電話號碼的比例高達百分之四十。此外，人們會改變他們的住所，因此需要等候一年或更長時間才會更新的電話簿上，常會有已經搬走了的用戶的電話，而最近搬來這個地方的人則尚未登錄在上面。使用隨機撥號法隨機抽取電話號碼的研究者，可以避免電話簿的那些問題。母群是電話

方塊9.5

比例抽樣法

唐克特大學有八千五百名學生，全都住在三十六棟宿舍中的一棟。南茜想要親自對學生進行訪談，也想要縮減花在交通上的時間。她使用兩階段的叢集抽樣，先抽出宿舍，然後再抽出宿舍中的學生。她從宿舍中抽出四分之一（百分之二十五）的樣本，然後從每棟宿舍中抽出十分之一（百分之十）的學生樣本。全部的抽樣率是0.25×0.01＝0.025，或爲母群的百分之二點五。樣本數是（0.025×8500＝212.5），或是兩百一十二或兩百一十三名學生。每一位學生在一百次中有二點五次被抽爲樣本的機會。宿舍包括容納兩千名學生的大樓、容納兩百五十名學生的小樓，以及容納二十名學生的小屋。

建築物型態	建築物數目	每棟建築物的學生人數	每類建築物內的學生人數
大樓	3	2,000	6,000
小樓	8	250	2,000
小屋	25	20	500
總計	36		8,500

如果南茜採用非加權叢集抽樣，她將從三時六棟宿舍中逢四抽一，或抽出36/4 = 9棟宿舍。不過，這個抽法會把住有二十名學生的小屋與住有兩千名學生的大樓當成一樣的抽樣要素。所以南茜使用比例抽樣法，在每一棟宿舍中分成學生人數相同的組別——叢集中數量相等的抽樣要素。她決定使每個組的學生人數與最小叢集單位中要素個數相等（也就是都等於小屋中的二十名學生）。

大樓中有2,000/20=100倍的小屋學生人數。
小樓中有250/20=12.5倍的小屋學生人數。
宿舍的棟數×每棟二十名學生的組數：

3×100=300
8×12.5=100
25×1=25
425個由二十名學生構成的組

續方塊9.5

南茜的第一階段抽出了一組百分之二十五的樣本；四百二十五個組的百分之二十五 = 106.25（大約有一百零六個組被抽取出來）。

南茜從宿舍建築物中每個包含二十名學生的四百二十五個組別中，隨機抽出一百零六個組。爲了達成目標，她重複在每一棟宿舍中抽出二十名學生的組別數（例如，大樓中抽出一百次）。

1. 一號大樓	7. 一號大樓	421. 二十一號小屋
2. 一號大樓	8. 一號大樓	422. 二十二號小屋
3. 一號大樓	9. 一號大樓	423. 二十三號小屋
4. 一號大樓	10. 一號大樓	424. 二十四號小屋
5. 一號大樓	11. 一號大樓	425. 二十五號小屋
6. 一號大樓	等等	

南茜抽出的一百零六個組的結果如下：

從一號大樓中抽出24組	24×20＝從一號大樓中抽出480位學生
從二號大樓中抽出24組	24×20＝從二號大樓中抽出480位學生
從三號大樓中抽出25組	25×20＝從三號大樓中抽出500位學生
從一號小樓中抽出 0組	0×20＝從一號小樓中抽出 0位學生
從二號小樓中抽出 6組	6×20＝從二號小樓中抽出120位學生
從三號小樓中抽出 3組	3×20＝從三號小樓中抽出 60位學生
從四號小樓中抽出 4組	4×20＝從四號小樓中抽出 80位學生
從五號小樓中抽出 3組	3×20＝從五號小樓中抽出 60位學生
從六號小樓中抽出 4組	4×20＝從六號小樓中抽出 80位學生
從七號小樓中抽出 3組	3×20＝從七號小樓中抽出 60位學生
從八號小樓中抽出 4組	4×20＝從八號小樓中抽出 80位學生
從小屋中抽出6組（1,3,7,15,21,24）	6×20＝從小屋中抽出120位學生
總共有106組	總共2,120名學生

南茜想要一組兩百一十二位學生的樣本，或是第一階段抽樣選出的兩千一百二十位學生的百分之十。她從抽中的宿舍中使用簡單隨機抽樣的技術與每棟宿舍的學生名單中，每隔十位學生中抽出一位。例如，從一號大樓中抽出四十八位學生（480/10=48），從四號小樓中隨機抽出八位學生（80/10=8），以及從一號小屋中抽出兩位學生（20/10=2）。

號碼，而不是有電話的人。隨機撥號法並不困難，但是它比較花時間，而且可能使打電話的人有挫折感。

下面是隨機撥號法在美國的運作描述。電話號碼有三個部分：三個數字的區域碼、三個數字的交換碼或中央機關碼，以及一個四位數的號碼。例如，我住的地方的區域碼是608，在這個區域碼之下有許多交換碼（例如，221, 993, 767, 455）；但是並不是所有999個可能的三位數交換碼（從001到999）同時都被使用。同樣的，並不是所有在交換碼之下的9999個可能的四位數號碼（從0000到9999）都在使用當中。某些數字被保留下來以備未來擴充之用、或是在斷線中、或是因某人搬走而暫時被撤銷。因此，一個可用的美國電話號碼必須包括一個有效的區域碼、一個使用中的交換碼，以及一個四位數字碼。

使用隨機撥號法，研究者先確認能用的區域碼與交換碼，然後隨機抽出四位數字碼。問題是研究者可能抽到任何號碼，這意味著某些被抽出來的號碼目前不在使用中，或是被切斷了、或是公用電話、甚至可能是商業用電話；只有某些號碼才是研究者想要的——能用的住宅用戶電話號碼。只有在研究者打通電話之後，他才會知道這個號碼是、還是不是住宅用戶的電話號碼。這表示相當多的時間是花在撥那些被剪線的、商業用的，以及其它的電話號碼。例如，葛羅夫斯與肯恩（Groves & Kahn, 1979:45）發現所有撥通的電話號碼中，大約只有百分之二十二是有效住宅用戶的電話號碼。研究機構經常使用電腦抽出隨機數字，然後自動撥號，以加速這個過程。但是仍然必須要有一個人在旁邊接聽，進而確定那個號碼是否爲有效的住宅用戶電話號碼。

記住隨機撥號法的抽樣要素是電話號碼，而不是個人或住戶。數個家庭或個人可能共享一個電話號碼，而另一種情況是每個人可能都有自己的電話號碼，或一個以上的電話號碼。這意味獲得有效的用戶電話號碼之後，還需要做第二階段的抽樣工作——從家戶中，再抽取受訪者。

方塊9.6提供你一個例子，顯示在眞實生活的特定情境中，如何能夠一併使用這麼多種的抽樣術語與概念。

讓我們思考馬丁與狄恩（Martin & Dean, 1993）所面對的抽樣問題。在一份對愛滋傳染病的反應調查中，他們想要從紐約市中抽取七百名男同性戀的樣本。這些男性必須住在紐約市、超過十八歲、沒有被診斷出患有愛滋病、並且和其他男性有過性行爲。這個樣本要代表紐約市內所有的地區、各式各樣的生活型態，以及不同的種族背景。作者從五種不同來源得到兩百九十一位回答者所構成的立意樣本開始下手。他們首先接觸紐約市內一百五十個以同性戀、或雙性戀爲主要成員的組織，然後從中過濾出九十個內部成員適合這個研究的組織。他們再從這九十個組織中，他們再以會員人數進行分層隨機抽樣，抽出五十二個組織的樣本，然後再從每個組織中隨機抽出五位會員。當地新聞報紙刊登馬丁與狄恩的研究報告，引來了不少電話，從中他們又得到了四十一位非隨機抽樣的自願回答者。另外三十二位男性是來自於早先參與試測研究的回答者所介紹來的。此外，還有七十二位男性是在紐約市一年一度的同性戀大遊行中挑出來的。還有十五位合格的男性是在一家紐約市立診所中所接觸過便順道請他們來參與研究的。

研究者接下來使用雪球抽樣。他們要求所有兩百九十一位回答者提供三位男同性戀朋友的招募名單。同時研究者也要求參與研究的每一位朋友，提供一份三位朋友的名單。一直持續這個過程，直到從原先的兩百九十一位男性向外招募五層之後，方才停止。最後，這個研究總共吸納了七百四十六位男性樣本。馬丁與狄恩拿他們的樣本與舊金山男同性戀的兩組隨機樣本做查對——那兩個樣本中有一組是五百人的隨機撥號樣本，另一組是使用舊金山戶政記錄所得到的八百二十三人的叢集樣本。他們的樣本與舊金山的兩組樣本在種族、年齡，以及「見不得光」的比例上，都非常接近。

方塊9.6

樣本範例

抽樣對於樣本的不同部分或不同類型的樣本，是有許多不同的名稱。一組複雜的樣本顯示出研究者使用不同的抽樣方法。讓我們看看在美國社會學界最著名的全國性調查——社會普查（將於第十一章中加以討論）——1980年的樣本。

母群被界定爲所有居住在美國的成年人（年滿十八歲及以上），是由所有美國人所構成的全體。標的母群是由所有說英語的、住在家中的成年人所構成，排除所有住在機構——像是住在大學宿舍、安養中心、或軍營中——的人口。據研究者估計，所有住宅戶的成年人口中有百分之九十七點三住在家裡，而且家戶母群中有百分之九十七說英語，能夠接受訪談。

研究者使用一組複雜的多階段機率樣本，同時是叢集與分層樣本。首先，他們製作一個全國性的抽樣架構，包括：全美各縣市、獨立都市、與標準都會統計地區（SMSAs, Standard Metropolitan Statistical Areas）——一個戶政局對大型都市與周邊地區的設計。在第一階段每個抽樣要素大約有四千戶的家庭。他們把這些要素在分出層。各層是戶政局所界定的四個主要地理區域，區分爲都會地區與非都會地區。然後應

我的樣本應該要有多大？

學生與新進研究者經常會問「我的樣本應該要有多大？」。最好的答案是「看情形」。這個問題端視研究者計畫進行資料分析的種類；就研究者的目的而言，樣本必須要做到多精確；以及母群特性而定。誠如你前面所見，比較大的一組樣本並不保證是具有代表性的樣本。不是用隨機抽樣法所得到的大樣本、或是根據差勁的抽樣架構所得到的大樣本，會比用隨機抽樣與妥當的抽樣架構所得到的小樣本還不具有代表性。

續方塊9.6

用比例抽樣法，根據每個縣市或者標準都會統計地區中的家戶數，從每個層中抽出樣本。結果他們抽出了一組四十八個縣市或標準都會統計地區。

在第二階段，研究者標示出每個縣市或標準都會統計地區中的市區街道巷弄、戶政調查單位、或是鄉村中的等值區域。每個抽樣要素（例如，市區街道）最少要有五十戶住家。爲了取得某些縣市精確的家戶數，研究者甚至計算一區的地址數。研究者使用比例抽樣法，從每個縣市或標準都會統計地區中，抽出六個以上的街道巷弄，總共得到五百六十二條街道巷弄。

在第三階段，研究者把家戶當成抽樣要素。他們根據街道巷弄上的住址隨機抽取家戶。在抽到住址之後，訪員與該家戶取得聯絡，從中抽取合格的回答者。訪員查閱選取表找出可能的回答者，並且根據選取表訪談其中某一類型的回答者（例如，年紀次大）。總共聯絡上一千九百三十四人，並對他們展開訪談，結果完成了百分之七十五點九。這使最終樣本數爲一千四百六十八人。我們可以把一千四百六十八除以全部家戶中的總成人數求出抽樣率，在1980年時這個數字大約是一億五千萬人，所以抽樣率爲百分之0.01。研究者也可以比較樣本特徵與戶政調查結果，從而檢查他們樣本的代表性（參閱戴維斯與史密斯，1992:31-44）。

樣本大小的問題可以從兩方面加以討論。一是就母群所做的假設，不然就是根據隨機抽樣過程所使用統計方程式。採用這種方法來計算樣本大小需要用到統計學的討論，因此超過本書的層次[13]。研究者必須對可以接受的信賴水準（或錯誤的數量）以及母群的變異程度，做出假定。

第二種比較常用的方法是經驗法則——一種習慣上或通常接受的數量。研究者使用這個方法是因爲這很少需要用到使用統計方法所需要的資訊，也因爲這個方法所得出的樣本大小很接近統計方法所計算出來的結果。經驗法則並不是隨意的，而是基於過去抽取滿足統計方法要求之樣本所累積下來的經驗。

其中一項關於樣本大小的原則是，母群愈小，要得到精確樣本（也就是說，有較高機率得出與整個母群相同結果的樣本）的抽樣比率，就要愈大。較大的母群能夠使較小的抽樣比率，得出同樣好的樣本。這是因為隨著母群人數的成長，樣本大小回報的精確性隨之遞減。

對於小母群（小於一千），研究者需要比較大的抽樣比率（大約百分之三十）。例如，為了要有較高的精確性，樣本大小大約需要有三百個。對於中等大小的母群（一萬）而言，要達到同樣的正確性，較小的抽樣比率（大約百分之十），或大約一千個的樣本大小，就可以了。就大母群（超過十五萬）而言，小額抽樣比率（百分之一）就可以了，大約一千五百個的樣本就可以得到很正確的結果。如果是對非常大的母群（超過一千萬）抽樣，我們可以使用極小的抽樣比率（百分之零點零二五）或是大約兩千五百個的樣本就能夠得到正確的結果。當抽樣比率變得非常小時，母群大小的影響力，就不那麼關切了。對一個二億人口的母群而言，用一組人數大約在兩千五百左右的樣本進行瞭解，與用同樣人數的一組樣本對一個一千萬人口的母群進行研究，所得的結果是一樣正確的。這些都是近似的數字，實務上的限制（例如，經費）也對研究者的決定，扮演一定的角色。

相關的原則是對小樣本而言，在樣本數上的些微增加，會在精確性上產生相當大的回收。在樣本數上同樣程度的增加，對小樣本會比對大樣本在精確性上獲得更多的改善。舉例來說，樣本數從五十個增加到一百個可以使誤差從百分之7.1降低到百分之2.1。但是如果樣本數從一千個增加到兩千個，則只能使誤差從百分之1.6降低到百分之1.1（Sudman, 1976a:99）。

研究者對於最佳樣本數的決定是根據三件事情：其一，需要達到的精確程度；其二，母群的變異性或多樣性；其三，資料分析時，同時檢視不同的變項個數。在其它的因素不變下，如果母群變異性較大或異質性較高，或者想要在資料分析時同時檢視很多個變項，則需要較大的樣本。當可以接受較低的精確性、或母群的同質性較高、或是一次只檢視數個變項時，小一點的樣本就夠了。

分析次團體的資料也會影響到研究者關於樣本大小的決定。如果研究者想要分析母群中的次團體，他需要有個比較大的樣本。例如，我想分析在四個變項上，三十歲與四十歲的男性有何差異。如果這組樣本是來自一般大眾，那麼大概只有少部分（例如，百分之十）的個案會是來自這個年齡層的男性。一個經驗法則是對每個要進行分析的次團體最好大約都要有五十個個案左右。因此，如果我想要分析某個團體，而它只佔母群的百分之十，那麼我應該要有10 ×50，即五百個個案的樣本，以確保有足夠的個案進行次團體的分析。

做推論

研究者進行抽樣，以便他能夠根據這組樣本對母群進行推論。事實上，統計資料分析有個次領域，是以研究如何做出正確的推論爲主要旨趣，通稱爲推論統計（inferential statistics，將在第十二章加以討論）。研究者使用樣本中的單位直接對變項進行觀察。這個樣本代表母群。研究者感興趣的並不是樣本本身；他們想要對母群做推論。因此，在研究者實際所擁有的（樣本）與他眞正興趣所在的（母群）之間，是有段差距存在的（參閱圖9.3）。

前面各章中，你讀到如何可以利用抽象建構與具體指標之間的差距來陳述測量邏輯。具體可觀察資料的測量工具，是抽象建構的近似物，研究者透過這種近似物來估計他眞正感興趣的事物（也就是建構與因果法則）。概念化與操作化接合了測量中的落差，就如同抽樣架構、抽樣過程，以及推論接合了抽樣中的落差。

研究者經由直接觀察建構的測量工具以及樣本中的經驗關係，

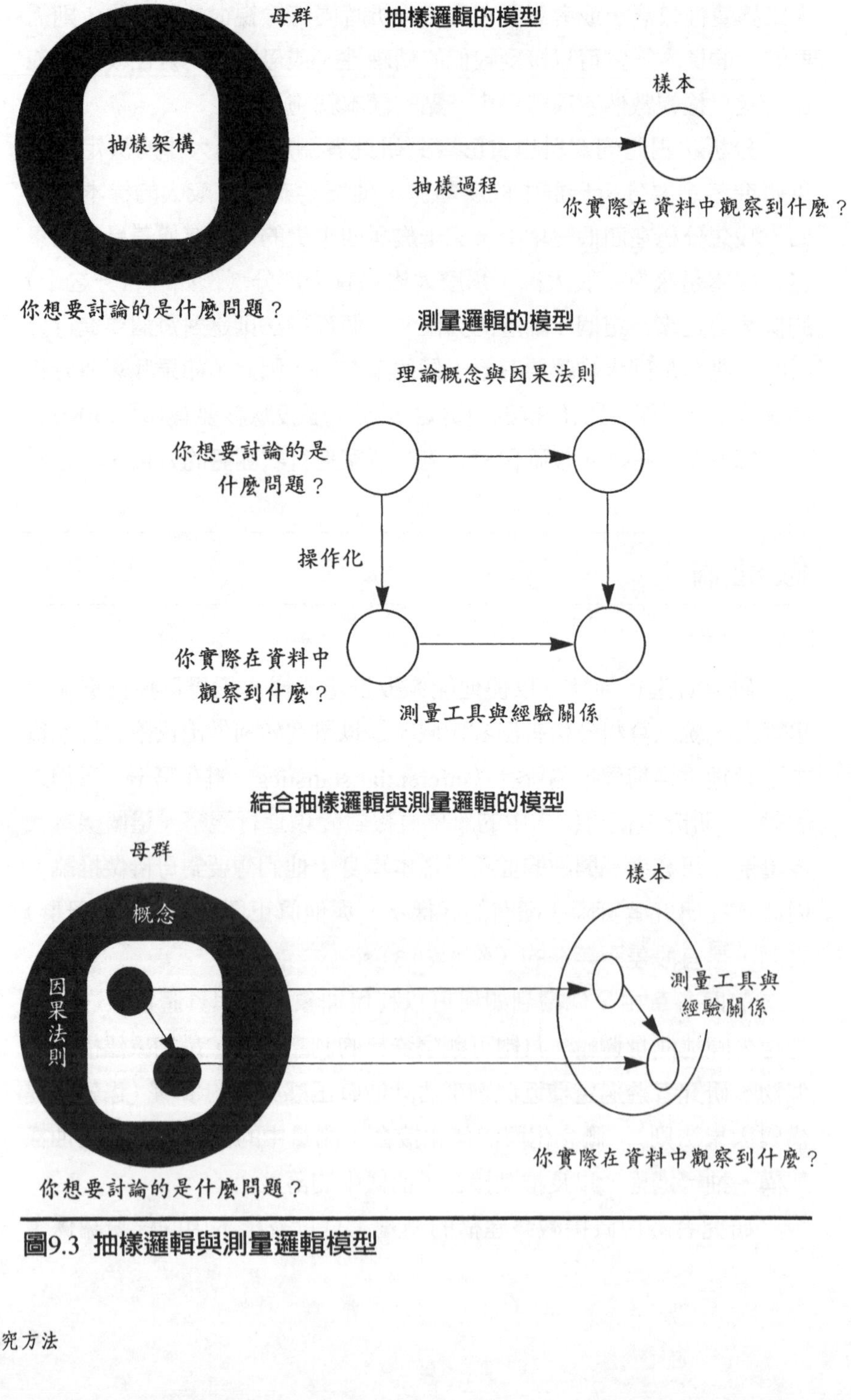

圖9.3 抽樣邏輯與測量邏輯模型

把抽樣邏輯與測量邏輯結合起來（參閱圖9.3）。他們從樣本中所觀察到的經驗事物對母群中的抽象因果法則與建構，進行推論或通則化。

效度與抽樣誤差具有相類似的功能，我們可以透過抽樣邏輯與測量邏輯——亦即對所觀察到的與所討論過的——之間的類比，而加以闡述。在測量過程中，研究者想要得到建構的有效指標——這是說正確代表抽象建構的具體指標。在抽樣過程中，他想要得到的是幾乎沒有抽樣誤差的樣本——正確代表看不見的以及抽象母群的具體個案集合。有效的測量工具是指得到不會偏離它所代表的建構多遠的測量值，而沒有多少抽樣誤差的樣本，可以得到與母群參數差異不大的估計值。

研究者努力降低抽樣誤差。這裡並不討論抽樣誤差的計算，它是根據兩個因素決定的：樣本大小與樣本的異質程度。在其它的因素不變下，樣本愈大，樣本誤差愈小。同樣的，樣本的同質性愈高（或歧異性愈小），樣本的誤差也就愈小。

樣本誤差也和信賴區間有關。如果兩組樣本幾乎完全一樣，除了一組比較大之外，則個案較多的樣本將會有比較小的抽樣誤差以及比較窄的信賴區間。同樣的，如果兩組樣本的差異只是某組樣本中的個案彼此之間比較相近的話，那麼有比較高同質性的樣本將會有比較小的抽樣誤差與比較窄的信賴區間。比較窄的信賴區間意味著在某個信賴水準下，它對母群參數會有比較正確的估計。例如，研究者想要估計家庭平均年收入。他有兩組樣本，從樣本一得到的母群參數估計值爲三萬三千元，在百分之八十信賴水準下的信賴區間是三萬元到三萬六千元，在百分之九十五信賴水準下的信賴區間是兩萬三千元到四萬三千元。而有比較小樣本誤差的樣本（因爲它的個數比較多或同質性比較高）可能在百分之九十五信賴水準下的信賴區間是三萬元到三萬六千元。

結論

你已經從本章中學到了抽樣。抽樣在社會研究中使用得非常廣泛，特別是調查研究與非反應類的研究技術。你學到了四種不是根據隨機程序的抽樣類型：隨意、配額、雪球、與立意抽樣。這四種中只有最後兩種可以接受。即使如此，它們的使用也視特殊情況而定[14]。一般而言，研究者比較偏好使用機率抽樣，因爲它能夠產生可以代表母群的樣本，而且能夠使研究者應用有力的統計技術。除了簡單隨機抽樣之外，你還學到了系統、分層、與叢集抽樣。雖然本書並沒有涵蓋隨機抽樣所採用的統計理論，但是從對抽樣誤差、中央極限定理，以及樣本大小的討論中，你應該對隨機抽樣能夠產生比較精確與正確的樣本有清楚的瞭解。

在進入下一章之前，重新陳述一條社會研究的基本原則，可能對你會有些幫助：不要過分區隔研究歷程中的每一個步驟；而是去學習這些步驟之間的關聯性。研究設計、測量、抽樣，以及特殊的研究技術都是互相關聯的。不幸的是，在一門課程或一本教科書的格局下，呈現資訊的模式必然受限於依序個別呈現的方式。實務上，研究者在設計研究與發展變項測量工具的同時，也思考資料蒐集的方法；同樣的，抽樣議題也會影響到研究設計、變項測量，以及資料蒐集的策略。你在後面數章中會看到，好的社會研究會在一些不同的步驟中——研究設計、概念化、測量、抽樣，以及資料蒐集與處理上，同時進行品質的控制。在任何一個步驟上犯下重大錯誤的研究者，都可能使整個研究計畫變得一文不值[15]。

關鍵術語

中央極限定理	配額抽樣	抽樣比率
叢集抽樣	隨機撥號法	簡單隨機樣本
信賴區間	亂數表	雪球抽樣
隨意抽樣	樣本	社會關係圖
推論統計	抽樣分佈	統計
參數	抽樣要素	分層抽樣
母群	抽樣誤差	系統抽樣
比例抽樣法	抽樣架構	標的母群
立意抽樣	抽樣間距	

複習測驗

1.何時可用立意抽樣？
2.雪球抽樣適用於什麼情況？
3.什麼是抽樣架構，為什麼它很重要？
4.當母群中有數個不同的團體，若研究者想要確定樣本中會包括來自每個團體的構成要素，那麼哪一種抽樣方法最好？
5.你如何可以從抽樣比率中得到抽樣間距？
6.何時研究者應該考慮使用比例抽樣法？
7.亂數表中的母群為何？躲掉了抽樣架構的問題了嗎？解釋你的原因。
8.研究者如何決定要使用多大的樣本？
9.抽樣邏輯與測量邏輯有何關聯？
10.隨機撥號法用於何時？它有何優點與缺點？

註釋

1.有關《文摘》抽樣錯誤的討論，參閱巴比（Babbie, 1995:188-190），狄爾曼（Dillman, 1978:9-10），弗瑞（Frey, 1983:18-19），以及辛勒頓等（Singleton et al., 1988:132-133）的論文。

2.參閱史登（Stern, 1979:77-81）論偏差樣本一文。他也討論辨識已發表報告的樣本問題。

3.關於配額抽樣的討論參閱卡頓（1983:91-93）與沙德曼（Sudman, 1976a:191-200）的論著。

4.關於立意抽樣的進一步討論，參閱葛羅索夫與沙弟（Grosof & Sardy, 1985:172-173），以及辛勒頓等學者（1988:153-154; 306）的論文。貝里（Bailey, 1987:94-95）描述「向度（dimensional）」抽樣，此乃立意抽樣的一種變形。

5.關於雪球抽樣，參閱巴比（1995:287）、貝里（1987:97），以及沙德曼（1976a:210-211）等等學者的論著。關於社會測量法與社會關係圖也可參閱貝里（1987:366-367）、杜里（Dooley, 1984:86-87），吉德與居德（Kidder & Judd, 1986:240-241）、林德茲與拜恩（Lindzey & Byrne, 1968:452-525），辛勒頓等學者（1988:372-373）的論著。哥拉斯基維茲（Galaskiewicz, 1985）、葛雷諾維特（Granovetter, 1976）與何夫曼—藍奇（Hoffmann-Lange, 1987）等多位學者的論著中，亦討論到網絡抽樣的議題。

6.參閱特勞格特（Traugott, 1987）討論堅持找到抽到的受訪者對獲得具有代表性的樣本的重要性。也參閱卡爾頓（Kalton, 1983:63-69）論未回覆的重要性。

7.只有一個名字同時出現在兩個方法當中。分層樣本中有六男四女；簡單隨機樣本中有五男五女（完成下半部的數字之後，再從上方最右邊開始抽起）。

8.分層隨機抽樣的計數在法蘭科（Frankel, 1983:37-46）、卡爾頓（1983:19-28）、曼登豪、奧圖、與施佛（Mendenhall, Ott & Scheaffer, 1971:53-88）、沙德曼（1976a:107-130）、與威廉斯（1978:162-175）的大作中，有更詳盡的討論。

9.叢集抽樣在法蘭科（1983:47-57）、卡爾頓（1983:28-38）、齊許（Kish, 1965）、曼登豪、奧圖、與施佛（1971:121-141）、沙德曼（1976a:69-84）、與威廉斯（1978:144-161）的大作中，有更詳盡的討論。

10.關於這方面的討論，參閱法蘭科（1983:57-62）、卡爾頓（1983:38-47）、沙德曼（1976a:131-170）、與威廉斯（1978:239-141）。

11.戶中抽樣在查加、布賴爾、與賽貝斯提克（Czaja, Blair & Sebestik, 1982）以及葛羅夫斯與肯恩（1979:32-36）的著作中，都有討論。

12.更多關於隨機撥號的問題，參閱狄爾曼（1978:238-242）、弗瑞（1983:69-77）、葛拉賽與梅茲格（Glasser & Metzger, 1972），葛羅夫斯與肯恩（1979:20-21）、卡爾頓（1983:86-90）、與瓦克斯柏格（Waksberg, 1978）。克維茲（Kviz, 1984）在報告中指出，電話簿在鄉村地區可以產生相當精確的抽樣架構，至少對郵寄問卷調查是如此。也參閱吉特（Keeter, 1995）。

13.關於選擇樣本大小技術面的討論，參閱克拉馬與崔曼（Kraemer & Thiemann, 1987）。

14.博克（Berk, 1983）主張說，非隨機的抽樣，或是排除非隨機個案集合的抽樣過程，對於因果關係的推估，可能會造成非常嚴重的不精確。

15.更進一步有關計算樣本大小的問題，參閱葛羅索夫與撒迪（1985:181-185）、卡爾頓（1983:82-90）、沙德曼（1976a:85-105）、與威廉斯（1978:211-227）。

第10章

調查研究

每一種資料蒐集的方法，包括調查在內，都只能接近知識。每種方法提供對於實相不同的一瞥，單獨使用時各自都有他們的極限。在著手進行調查之前，如果能夠先想想看這是否是處理這個問題最適當、最有效果的方法，研究者將會做得更好。調查法在研究某些問題時，像是民意，是非常有價值的工具，但是對其它問題可能一點價值也沒有。

華威克與林寧格（Warwick & Lininger）

《抽樣調查（*The Sample Survey*）》，第五至六頁。

引言

有人交給你滿佈問題的一張紙。第一行寫到「我想知道你對紐曼研究方法這本教科書的意見，你認爲它是：組織架構良好、組織架構適當，還是組織架構很糟？」你也許不會被這個現象嚇到。這是調查的一種形式，而且到我們長大成人時，大多對調查都已經習以爲常了。

調查研究是社會學最常使用的資料蒐集方法，也是許多其它領域常用的研究方法。社會研究者或其他人士使用調查法的目的有很多。事實上，調查法幾乎是最普遍使用的研究法。人們有時會說，「做個調查」來得到關於這個社會世界的資料，這時他應該問的是「什麼是最恰當的研究設計呢？」。儘管調查法廣受歡迎，但很容易便做出一個結果錯誤或毫無價值的調查。好的調查是需要動腦筋思考、痛下功夫的。「調查研究，就像其它科學與技術的工具，可以是個製作完善、也可以是個製作不良的工具；可能獲得適當的運用、也可能被不當使用。」（Bradburn & Sudman, 1988:37）

本章的焦點集中在社會研究中的調查法，這是因爲所有的調查都是以專業社會研究的調查爲基礎。本章中，你將學到好的調查有哪些主要的構成要素，以及調查法的極限。

適合調查研究的問題

調查研究是在社會科學實證主義下所發展的研究方式。[1]調查產生關於社會世界的量化資訊，描述人或社會世界的特徵。常被用來解釋或描述。調查法詢問很多人〔通常這些人被稱爲回答者（respondents）〕關於他們的信仰、意見、特徵，以及過去或現在的行爲。

調查法適用的研究問題是有關於自我填答（self-reported）的信

念或行爲。在人們回答問題的答案是用來測量變項之時，發揮最強大的功效。研究者經常在一次單獨的調查中，同時問許多事情、測量許多變數（常用多種指標）、檢定數個假設。

下面數個類屬雖有重疊但是全都可以在一次調查時加以詢問：

◎行爲

你多常刷一次牙？上一次縣市選舉時你有沒有去投票？你最後一次拜訪近親時，是什麼時候？

◎態度／信仰／意見

你認爲市長做的是什麼工作？你認爲別人在你背後說了很多你的壞話嗎？最近國家遇到的最大問題是什麼？

◎特徵

你是已婚、未婚單身、離婚、或鰥寡？你有沒有加入工會？你幾歲？

◎期望

你計畫在未來十二個月內買新車嗎？你認爲你的子女應該接受多少教育？你認爲這個鎮上的人口會成長、減少、還是維持不變？

◎自我分類

你認爲你是自由派、中立人士、還是保守派？你認爲你的家庭屬於何種社會階級？你會說你是虔誠的教徒，還是沒有宗教信仰？

◎知識

上一屆選出的市長是誰？這個都市中有多少比例的人是非白人？在這個國家中，擁有卡爾・馬克思（Karl Marx）的共產黨宣言合法嗎？

調查研究簡史

現代的調查可以追溯到古時候各種形式的人口調查。[2]人口調查的資訊包括某個地理區域內全部人口的特徵，不是根據民眾告訴政府官員，就是政府官員自己觀察到的訊息。例如土地清丈簿（Domesday Book）就是1085年至1086年間征服者威廉（William the Conqueror）所執行的，舉世著名的英格蘭人口調查。早期的人口調查不是評估可以徵稅的財產，就是評估可以徵召服役的年輕人口。隨著代議民主政治的出現，政府官員利用人口調查的資料，以區域內的人口為基礎，分配應選民意代表的席次。

調查有一段漫長與充滿變化的歷史，調查法在英美兩國被用作社會研究始於社會改革運動，以及社會服務專業記錄早期工業化所帶來的都市貧窮狀況。最初，調查法透過問卷以及其它資料來獲得某個地區的整體概況，並沒有用到科學化的抽樣與統計分析。例如，在1851年與1864年之間，亨利・梅修（Henry Mayhew）根據與市井小民的談話而對他們日常生活進行觀察，出版了四卷的《倫敦勞工與倫敦貧民（*London Labour and London Poor*）》。查爾斯・布斯（Charles Booth）十七卷的《倫敦居民的勞動與生活（*Labour and Life of the People in London*, 1889-1902）》，以及席本・容特里（B. Seebohm Rowntree）的《貧窮：城鎮生活研究（*Poverty：A Study of Town Life*, 1906）》也在檢證都市貧窮的程度。同樣的研究亦見諸於美國《1895年賀爾之家的地圖與報告（*Hull House Maps and Papers of 1895*）》與杜波伊斯（W. E. B. DuBois）的《費城的黑人（*Philadelphia Negro*, 1899）》等作品之中。

社會調查（social survey），同時發展成為現代量化調查研究與質化田野研究。從1890年代到1930年代，社會調查成了加拿大、英國、與美國社會調查運動中的主要方法。社會調查運動使用系統化的經驗調查，來支持社會政治的改革目標。今日，這類社會調查被稱為行動導向的社區調查。在1940年代中期，這類社會調查已大多被現代量化調查所取代了。

早期的社會調查是根據許多量化與質化資料來源，針對某個特定地區所進行的詳細經驗研究。大部分是探索性與描述性的。研究者想要告知社會大眾關於工業主義的問題、並且提供社區民眾制訂民主決策所需要的資訊。有些早期社會調查的領導者──從事賀爾之家與殖民運動研究的佛羅倫斯・凱利與珍・亞當斯（Florence Kelly & Jane Adams）以及非洲裔的美國人杜波伊斯──由於種族與性別歧視，無法保有大學內的正常工作。社會研究提供令人印象深刻的社區日常生活圖像。舉例來說，1914年出版的六卷《匹茲堡調查（*Pittsburgh Survey*）》便是依據面對面的訪談、現成的有關健康、犯罪、以及工業傷害的統計資料，以及直接觀察記錄所撰寫成書的。

從1920年代到第二次世界大戰，美國出現四種力量把社會調查重塑成現代的量化研究。第一，特別是在《自由文摘（*Liberty Digest*）》停刊之後（見第九章），研究者把根據統計原理的抽樣技術與精確測量應用到調查之上。第二，研究者發明了量表與指數，藉此蒐集態度、意見，以及社會生活主觀層面有系統的量化資料。第三，很多其它領域的人士發現了調查的用途，將之稍做改變後用到不同的應用領域。市場研究另立門戶，將調查稍做調整之後，用來研究消費者行為。新聞記者使用調查法來測量民意與廣播的影響力。宗教組織與慈善事業藉助調查法找出需要救助的地區。政府機關使用調查法以求改進農業與社會計畫所提供的服務。同時，更多的社會科學家也開始使用調查，為其基礎研究蒐集經驗資料。

此外，大多數實證主義的研究取向也出現主要的變動，特別是調查法，脫離非學院派人士混用多種方法，而全心全力集中在當地社會問題的探究。這種取向的轉變創造出取法於自然科學的、人人尊敬的「科學」方法。社會研究於是變成了最為專業的、最為客觀的，以及最不帶政治色彩的活動。這種取向上的轉變主要是受到下列的刺激：研究者與大學之間爭相競爭地位、聲望、與經費；美國政治史上，所謂進步的時代結束之後，研究者轉而揚棄社會改革的理想；以及主要的私人基金會〔卡內基（Carnegia）、洛克菲勒（Rockefeller）、賽吉（Sage）〕出錢支持擴大量化的實證主義社會研究方案。[3]

調查研究在第二次世界大戰期間，特別是在美國本土，大幅擴張並且發展成熟。學院派社會研究者與產業界的實務工作者匯集在首府華盛頓特區，爲大戰做研究。調查研究者研究士氣、消費者需求、生產產能、對敵宣傳、與轟炸的效果。學院派研究者幫助實務工作者認識準確測量、抽樣、與統計分析的重要性，而實務研究者幫助研究者瞭解組織與進行大規模調查時實務層面的事宜。

第二次世界大戰後，許多的政府調查研究機構都遭裁撤。這有部分是出於縮減成本的動作。再者，美國國會有些成員也擔心其他人士會可能利用調查結果進行社會政策建議，像是協助失業者、或是促進居住在種族隔離南部各洲的美國黑人也能享有的平等權利。

許多研究者回到大學，成立新的社會研究組織。起初，大學對擁抱已大爲擴張的調查研究，遲疑不前。調查研究不但費用過高，而且需要許多的人力。此外，傳統的社會研究者對於量化研究相當謹慎，而且對這種私人產業所使用的技術，頗不信任。應用研究者與商業取向民調操作者的文化卯上了缺乏統計訓練的傳統基礎研究者。可是，調查研究的使用卻成長了。這股成長並不僅限於美國。第二次世界大戰結束後的三年內，法國、德國、挪威、義大利、荷蘭、捷克、與英國都先後設立了全國調查研究機構（Scheuch, 1990）。

除了起初的不確定之外，整個1970年代調查研究都在成長之中。舉例來說，在1939-1940年間，發表在社會學期刊上的論文大約有百分之十八是使用調查法；這個數字到了1964-1965年間已上升到百分之五十五。在1960年代美國高等教育與社會科學領域的快速擴張，也刺激了調查研究的成長。更多人學做調查研究，這個方法也日受歡迎。有五個因素造成了戰後調查研究的成長：[4]

◎電腦

到了1960年代，社會科學家都已經可以使用到的電腦科技，第一次使對大規模的調查資料進行複雜的統計分析成為可能的事。今日，電腦已經成為分析大部分調查資料不可或缺的工具。

◎組織

美國大學專門以量化研究為旨趣的新社會研究中心在美國各大學紛紛成立。1960年以後，成立了大約五十個左右的這類研究中心。

◎資料儲存

到了1970年代，大量資料檔案已經建立起來，儲存可作次級分析（將在第十一章中加以討論）之用的大規模調查資料，並且開放資料共享。蒐集、儲存、並且共享數以萬計的回答者在數百個變項上的資料，更加擴大了調查的用途。

◎經費

將近有十年的時間（從1960年代後期到1970年代後期），美國聯邦政府擴充社會科學研究的基金。從1960年到1970年代中期數字下降以前，聯邦政府花在社會科學研究與發展上的總經費增長了將近十倍。

◎方法論

到了1970年代，做過數目可觀的研究以求改善調查的效度。隨著錯誤的指出與更正，調查技術也得以一再翻新進步。[5]此外，研究者發明改良用以分析量化資料的統計技術，並且將這些方法教授給新一代的研究者。

今日，量化調查研究在學院內外都是一項主要的產業。有許多從事調查的組織。這個專業調查業光在美國可能就雇用了超過六萬的勞動力。大部分是從事部分工時的工人、助理、或是半專業人員。大約有六千名全職的專業調查研究者負責調查的設計與分析。[6]

大學與研究中心的研究者大多是爲了從事基礎研究而進行調查。許多領域的研究者（大眾傳播、教育、經濟、政治科學、社會心理學）都在進行與分析調查結果。許多美國的大學有調查研究中心。主要的研究中心包括了：加州柏克萊大學的調查研究中心、芝加哥大學的「全國民意調查中心（National Opinion Research Center, NORC）」、密西根大學的「社會科學中心（Institute for Social Research, ISR）」。

數個應用領域也高度仰賴調查：政府部門、行銷、私人部門的政策研究，以及大眾傳播媒體。世界各地的中央與地方政府定期舉行調查以提供政策決定所需要的資訊。私人部門的調查研究可分爲三種類型的組織：民意調查組織〔像是蓋洛普（Gallup）、哈里斯（Harris）、羅普（Roper）、揚克羅維奇（Yankelovich）等〕、市場調查公司〔像是尼爾森（Nielsen）、市場眞相（Market Facts）、市場研究公司（Market Research Corporation），以及非營利的研究機構〔例如，馬塞馬地卡政策研究中心（Mathematica Policy Research）、榮德公司（Rand Corporation）〕。[7]

主要的電視台與報社定期舉行調查。發現媒體贊助一百七十四次民意調查的羅西、懷特、與安德森（Rossi, Wright & Anderson）指出（1983:14），「民意調查就像漫畫與占星術一樣，是媒體的一項特色」。此外，還有許多特別的與內部的調查。企業、學校、與其它組織都會針對特定的應用問題，對員工、顧客、學生等等進行小規模的調查。

調查研究者亦有成立各自獨立的專業組織。1947年成立的「美國民意研究協會（American Association for Public Opinion Research）」贊助出版一份從事調查研究的學術期刊《民意季刊（*Public Opinion Quarterly*）》。「美國調查研究組織總會（Council of American Survey Research Organization）」是從事商業性民意調查公司所組成的一個組織。也有一個國際性的調查研究組織——「世界民意調查研究協會（World Association of Public Opinion Research）」。[8]

在過去三十年中，無論是在學院之內還是之外，量化調查已成爲社會研究中廣泛使用的技術。雖然關於如何進行一項好調查的知識快速顯著驚人，但是調查應用的爆炸已經超過了調查技術做爲一個以量化方式測量人類社會生活方法，所該有的發展。

調查研究的邏輯

什麼是調查研究？

使用實驗法時，研究者把人安排在數個小團體之中，然後檢定數個帶有若干變項的假設。受試者回應研究者所創造出來的處理狀況，因果關係的顯示是透過實驗處理的時間、觀察實驗處理與依變項的關聯性，以及控制其它可能的解釋等程序來完成的。

相對的，使用調查法的研究者抽取許多回答相同問題的回答者。他們同時測量許多變項，檢定多種假設、然後從有關過去行爲、經驗、與性格等問題中推論出時間先後的順序。舉例來說，受教育年數或回答者的種族是發生在現在態度之前。變項間的關聯性則使用統計技術加以測量。

實驗者則對其它可能的原因進行控制。調查研究者測量代表其它可能原因的變項〔亦即控制變項（control variables）〕，然後用統計分析檢定這些變項的效果，以排除其它可能的解釋。他們在規劃一項調查之時，便思索可能出現的替代解釋，並且對這些帶有控制變項的替代解釋加以測量。

調查研究通常被稱爲相關研究（correlational）。調查研究者使用控制變項以及統計學中的相關分析。這種作法相當近似實驗研究者實際控制時間順序以及其它可能的替代解釋，以求對因果關係的嚴格檢定。

進行調查的步驟

調查研究者遵循演繹取向，以某個理論或應用的研究問題為始，而以進行經驗測量與資料分析為終。一旦研究者決定調查法是適當的方法，便可如表10.1將研究計畫區分出兩個基本的步驟：研究設計與資料蒐集。

在第一階段，研究者先發展出一個測量工具── 調查問卷與訪談項目表。回答者自行閱讀問卷（questionnaire）中的問項，據以作答；訪談項目表是一組由訪員讀給回答者聽的問題，訪員根據回答者提供的答案加以記錄。為簡化討論，我將只使用問卷這一個名詞來代表。

調查研究者將變項加以概念化與操作化使之成為問項。研究者寫出問項，並且不斷加以改寫，以求清晰、完整，並且根據研究問題、回答者、與調查的類型，從而組織問卷上出現問項的先後順序。(調查的類型將於後文討論)。

準備一份問卷時，研究者事先需要考慮他準備如何記錄、組織資料，以利分析之進行。研究者先以一小組相近於最後調查將調查的回答者，進行問卷試測。如果會用到訪談者，研究者要訓練他們如何使用問卷。在試測中，研究者詢問回答者問項是否清晰，並探索他們對問項的詮釋，就此判斷設計的問項含意是否明確清楚。在這個階段，研究者也會進行抽樣。

計畫階段完成之後，研究者便準備好去蒐集資料。這個階段通常比計畫階段來得短。他們透過電話或郵寄，找出被抽中的個別回答者，提供回答者完成這份問卷或訪談所需要的說明。問題採用簡單的刺激／反應或問項／答項的型態。研究者在回答者提出答案或回答時，馬上將之準確地記錄下來。在所有回答者都完成問卷、研究者同

表10.1 調查研究中兩大研究階段的細節項目

設計與計劃階段

1.決定調查的型態（例如，用郵寄、還是電話訪問），回答者的類型，與母群。
2.發展調查工具／問卷：

a.製作問卷以測量變項。
b.決定答案的類型。
c.組織問題順序 。
d.設計問卷版面排列。

3.規劃記錄答案的系統
4.如果需要，進行問卷預測與訪員訓練。
5.抽取樣本：

a界定目標母群。
b決定樣本類型。
c發展抽樣架構。
d決定樣本大小。
e選取樣本。

資料蒐集階段

1.找出並聯絡回答者。
2.做開場說明並提供填答指導。
3.詢問問題並記錄答案。
4.向回答者致謝並繼續找下一個回答者作答。
5.結束資料蒐集，組織所蒐集到的資料。

時也表達了他的謝意之後，這些資料就被組織起來，以便進行統計分析。

調查研究可以是相當複雜並且動用到相當龐大的經費，也可能牽涉到許多人與事、各個不同階段的協調。調查研究的行政業務要求有良好的組織與精確的資料保存。[9]研究者保有每個回答者、每份問卷、與每位訪員的記錄。舉例來說，研究者給每位抽到的回答者一個編號，並且在他的問卷上記註好這個號碼。然後根據抽到的回答者名單來檢閱填答完畢的問卷。接著，研究者再檢視個別問卷上的答案，把原始的問卷儲存起來，並且將問卷上的訊息轉變成可用作統計分析的格式。精細的簿記與標識是最基本的工作。否則，研究者可能會發現在漫不經心中失去了許多珍貴的資料、白費力氣。

建構問卷

優質問項製作的原則

良好的問卷形成的是個完整的整體。研究者對問項加以組織編輯，使他們閱讀起來十分流暢，並且加上開場引言，以及清楚的說明，同時以一個或者多個調查問項來測量每個變項。

評斷調查問項的好壞，有兩個關鍵原則：避免混淆、記住回答者的觀點。好的調查問項提供研究者具有信度與效度的測量工具。也使回答者覺得他們瞭解這個問項，覺得他們的回答言之有物。一個無法與回答者觀點契合、或使回答者感到混淆的問項不是好的測量工具。如果回答者是異質的、或來自與研究者不同的生活情況，那麼研究者在製作問項時，就要有特別謹慎。

研究者面臨一個兩難的情況。他們希望呈現給每個回答者的是完全相同的問項，但是每個問項對所有的回答者來說都會是同樣的清楚、相關、與之有物嗎？如果回答者來自不同背景，有不同的參考架構，那麼相同的字眼可能不會帶有相同的意義。可是，爲個別回答者量身定做問項，幾乎是不可能的事。研究者無法知道的問項用字、回答者的差異，有可能爲答案上的差異提供了解釋。

問項的撰寫與其說是門科學，還不如說更像是門藝術。要有技巧、練習、耐心，與創造力。問項撰寫的原則，在此將以編製調查問項當避免的十件事，加以示範說明。這份名單並未包括所有可能的錯誤情況，只是提及較常出現的問題。[10]

◎避免行話、俚語、和簡寫。

行話與技術名詞有許多形式。水管工談「蛇（snakes）」，心理學家則大談「奧狄帕斯情結（Oedipus complex）」。俚語是某個次文化所使用的行話。例如，都市陋巷中流浪漢所說的「雪鳥（snowbird）」，以及滑雪者所說的「熱狗（hotdog）」。也要避免縮寫。NATO意指北大西洋公約組織（North Atlantic Treaty Organization），但是對某個回答者而言，可能意旨不同的事物〔諸如：「全國汽車遊客組織（National Auto Tourist Organization）」、「阿拉斯加當地貿易圈（Native Alaskan Trade Orbit）」、「北非茶葉司（North African Tea Office）」〕。除非調查的是某個特殊的群體，否則應該避免使用行話與俚語。應該使用回答者的字彙與文法。對一般大眾而言，這是指電視與報紙上所使用的語言（約八年級所用的閱讀字彙）。

◎避免模稜兩可、混淆、與模糊不清

模稜兩可與模糊不清使大部分的問項製作人頭痛不已。研究者可能做了潛在的假定，而沒有考慮到回答者的想法。舉例來說，「你有多少收入？」這個問項可以指週薪、月薪、或年薪；稅前或是稅後的收入；今年或是去年的收入；光指薪水還是指所有的收入來源。這種混淆形成了不同回答者各自對問項出現不同的解釋，因而也提出了不同的答案。如果研究者要的資料是去年的稅前家庭收入，則應該照實詢問之。[11]

另一個模稜兩可的狀況是使用不明確的字眼、或答案選項。舉例來說，對於這個問題「你定期慢跑嗎？是___否__」的答案繫之於「定期」這個詞的含意。有些回答者把「定期」界定爲每天，其他人的定義可能是一週一次。爲了減少回答者搞不清楚狀況的情形，並從而得到更多的資訊，應該儘可能使用明確的字眼──是否大約一天慢跑一次，一星期數次、一週一次等等。

◎避免情緒性的言語，以及聲望所產生的偏見

文字有表面的意義，也有內含的意義。同樣的，社會上的頭銜和職位（例如，總統、專家）帶有聲望或地位。帶有強烈情緒性含意的字眼，以及高社會地位的人在相關的議題上所持的立場，都會影響到回答者聽取與回答問項的方式。

使用中立的語言。避免使用帶有情感「包袱」的字眼，因爲會引起回答者答案的可能是這個帶有情感的字眼，而不是議題本身。舉例來說，「對那些主張用錢安撫窮凶惡極、威脅要竊取愛好和平人士自由的恐怖份子的政策，你有何看法？」這個問題充滿了情緒性的用字──像是窮凶惡極、自由、竊取、與和平。

也要避免聲望偏誤（prestige bias）──存在於某項陳述與某個有名望的個人或團體之間的連結。回答者可能會根據他們對這個人或團體的感覺，而不是根據那個議題來作答。舉例來說，「大部分的醫生說，香煙的煙霧會使吸煙者周圍的人產生肺病。你同意嗎？」就會影響那些同意醫生看法的回答者的作答模式。同樣的，諸如：「你贊同總統對Zanozui的政策嗎？」之類的問題，對於那些聽都沒聽過Zanozui的人來說，將會根據他們對總統的看法來作答。

◎避免雙重負載問題

使每個問項只問一個主題。一個雙重負載（double-barreled）的問項把兩個或者更多個問項合成一個問項。這使回答者的答案模稜兩可。舉例來說，如果回答者被問道：「這家公司有年金與健康保險的

福利嗎？」，而回答者所在的公司如果只有健康保險的福利制度，他可能回答有，也可能回答沒有。這個答案的意義有點模稜兩可，研究者無法確定回答者的意向。拉寶（Labaw, 1980:154）指出，「或許問項措辭的最基本原則，也是常被忽略的原則，就是一個問項中應該只包括一個概念、主題、或意義」。研究者如果想要詢問兩件一同發生的事」——如同時提供年金福利與健康保險福利的公司——應該以兩個分開來的問題來詢問回答者。

再者，也不要把回答者相信兩個變項間是否有關係存在的想法，和實際測量某個關係的變項，給混爲一談。舉例來說，研究者想要發現學生對課堂上講比較多笑話的老師，是否給予較高的評價。這兩個變項是「老師講笑話」與「給老師的評價」。切入這個主題時，錯誤的作法是詢問學生：「如果老師講很多笑話，你會給這個老師很高的評價嗎？」。這個問項測量的是，學生是否相信他們對老師的評價是根據講笑話的多寡，而不是測量變項間的關係。正確的問法是問兩個獨立的問題「你如何評價老師？」以及「老師在課堂上說了多少個笑話？」。然後研究者可以檢視這兩個問題的答案，察看兩者間是否有所關聯。相信某個關係存在與這個關係是否實際存在是兩碼子的事。

◎避免誘導性的問題

使回答者感覺，所有答案都是正當的。不要使回答者意識到研究者想要的是某個答案。誘導性的問項（或另有所指的問項）是透過措辭用字，引導回答者選擇某個答案而不是其它答案的問項。誘導性問項有許多種形式。舉例來說，「你不抽煙，是吧？」這個問項就有誘導回答者回答他們不抽煙的傾向。

別有所指的問項依其陳述的方式，可以得出正面或負面的答案。舉例來說，「市長應該花更多納稅人的錢，而使道路保持最佳狀態嗎？」會誘導回答者回答不同意，而「市長應該修護我們城市中坑坑洞洞的危險街道嗎？」會誘使回答者回答同意。

◎避免問超過回答者能力的問題

問一些只有少數回答者知道的問題，會使回答者有挫折感，而且會得到劣質的答案。回答者並不是總是能夠記得起過去事情的細節，而且他們有可能根本不知道許多某些特定的事實資訊。舉例來說，詢問某個成年人「當你六歲時，你對你兄弟有何感覺？」可能毫無意義。要求回答者對其毫無所知的事物做選擇（例如，外交事務上的某個技術問題、或是某個組織的內部政策），是可以得到某個答案，但卻是個不可靠與毫無意義的答案。如果可能遇到有許多回答者對某個議題毫無所知，可以使用一個全過濾題（full-filter）的問項（隨後討論）。

透過回答者思考事物的模式來製作問項。例如，很少回答者能夠回答「去年你的車加了多少加侖的汽油？」。但是回答者可能可以回答正常情況下，他一週加了多少加侖汽油的問項。有了這個答案，研究者只要把它乘上五十二，就可以估算出一年的購買量。

◎避免錯誤的前提

問題不要以一個回答者可能會不同意的前提開始，然後再問回答者對於這個問題的答案。不同意這個前提的回答者可能會感到挫折，而且不知道該如何回答。舉例來說，問項「郵局營業的時間太長。你要它每天晚四個小時開門、還是早四個小時關門呢？」使反對這個前提、或反對這兩個方案的回答者，找不到一個有意義的選項可答。

比較好的問項是直接要求回答者認定某個前提爲眞，然後再問回答者偏好哪個選項。例如，「假定郵局要縮減營業時間，你認爲下列何者對你較方便？每天晚四個小時開門，還是早四個小時關門？」。對某個假設狀況的答案不是非常可靠，但是語意明確可以減少挫折。

◎避免詢問有關未來的意向

避免詢問人們在假設的情況下，他們可能會做的事情或決定。即使有答案也是相當差勁的行爲指標。諸如「假如街尾開了一家雜貨店，你會到那裡去買東西嗎？」之類的問項，是白浪費時間的。最好是詢問現在的態度與行爲。一般而言，回答者對與其經驗有關的特定問題所提供的答案，比回答那些不是他們可以直接經驗到的抽象事物來得可靠。

◎避免雙重的否定

雙重否定在一般用語中，不是文法錯誤就是易於引起混淆的。例如，「我並沒有一個工作都沒得到」，邏輯上意指回答者沒有工作，第二個否定是做爲強調用的。這種赤裸裸的錯誤是頂少見的，但是更複雜的雙重否定形式也把人搞得糊里糊塗。它們發生在要求回答者回答同意或不同意之時。舉例來說，不同意以下敘述的回答者，「不應該要求學生參加考過所有的科目才能畢業」，在邏輯上則表達一種雙重否定，他們對不做某件事情，表示不同意的意見。

◎避免重疊和不平衡的選項分類

使回答類屬或選項，互斥、窮盡、且達到平衡。互斥（mutually exclusive）是指回答類屬不會重疊。數字重疊的答項（例如，5-10, 10-20, 20-30）很容易就可加以矯正（例如，5-9, 10-19, 20-29）。文字選項的模稜兩可是另一種類型的答項重疊——舉例來說，「你滿足重疊選項分類的另一種形式，例如，「你對你現在的工作感到滿意嗎？還是有些令你不盡如意之處？」。窮盡（exhaustive）是指每個回答者有一個選項可以作答。例如，問回答者「你在工作，還是正在失業當中？」使沒有工作但不認爲自己是失業的回答者，無答案可選（像是全職的家庭主婦、渡假中的人、學生、殘障，以及退休的人）。研究者先思考他要測量什麼，再思索回答者可能的狀況。舉例來說，當詢問回答者有關就業問題時，研究者要的是關於第一個工作、還是所有做過的工作的資訊呢？是要一份全職工作、還是全職與部分工時工作的資訊都要呢？要的是有工資的工作、還是義務自願性的工作呢？

使答項保持平衡。答項選擇不平衡的例子，例如，這個問項：「市長工作做得如何？傑出的、出色的、很好的、令人滿意的？」。另外一種類型的不平衡問項是刻意把某些資訊刪除例如，「五個市長選舉參選人中你最喜歡那一個？尤金．歐斯維果（Eugene Oswego），還是其餘的任何一位？」。

幫助回答者回想

調查研究者最近已經檢定了回答者在回答調查問項時，準確地回想過去行爲與事件的能力。[12]這始終是歷史研究中口述歷史與回憶錄的關鍵議題（參閱第十五章），但是對於調查有關最近發生事件的問項上，也是一項重大議題。準確的回想要消耗回答者比三兩分鐘填答一份調查問卷更多的時間與精力。再者，一個人準確回想的能力隨著時間的增長而減弱。有關住院治療與犯罪受害經驗的研究顯示，雖然大部分的回答者能夠回想起過去數週內發生的重要事件，但要他們回想一年前的事件，有一半是不準確的。

調查研究者承認，記憶是比我們假定的更不可靠。人的記憶受到許多因素的影響—主題（帶有威脅性的，或是社會可欲的）、同時發生的或是後來發生事件、該事件對個人的重要性、情境狀況（問題的用字措辭、與訪談的型態），以及回答者覺得需要維持內在一致性。「現在所累積的証據指出，要求回答者回想某事是否發生與何時發生的工作，還不如調查研究者直接假定某個狀況存在。眞實世界所發生的事件顯然很快就被遺忘」（Turner and Martin, 1984:296）。

告訴你要求回答者回想涉及到許多複雜問題，並不等於說調查研究者不可以問及過去的事件；相反的，是指他們必須小心謹慎地設計問項與解釋結果。研究者應該給予回答者更多的說明與更多的時間思考。他們也應幫助回答者進行回想，例如，一段確定的時間架構、或是地點提示。而不是問「你去年冬天多久去看一場球賽？」，而應該問「我想知道你去年冬天多久去看一場球賽，我們一個月一個月的回想。回想十二月，去年十二月你是否購票去看任何一場球賽？現在回想一月，你是否有去看過一場球賽？」。

慕尼與葛蘭姆林（Mooney & Gramling, 1991）的研究彰顯使用輔助回想工具的重要性。他問學生兩類有關喝酒的題目，進而發現，標準題像是「平均說來，一個月中你有幾天有過喝酒（酒、啤酒、含酒精飲料）？」與「平均來說，你喝酒時，大概喝多少？」得到的結果，遠低於問他們同樣問題，但是加上十二個地點（例如，酒吧、親戚家、兄弟／姊妹聚會）所得到的答案。這類幫助回想的作法不但可以減少遺漏、增加準確度，而且不會產生高估。有許多回答者會出現微縮的動作（telescope）：當被問及次數時，他們會壓縮時間、多報最近發生的事件。有兩種技術可以減低微縮的現象：提供情境架構（例如，要求回答者回想某個特定的事件，然後再詢問有關的問題）與解構（decomposition，例如，詢問許多個特定的事件，然後再把每個事件的答案加總起來——像是問回答者每週喝多少酒，然後加總出一年的飲酒量）。問及過去行爲或事件的調查研究者，就算問的是去年才發生的事件，處理時都得額外小心謹慎。

問項與答項的類型

帶有壓迫感與不帶有威脅性的問項：研究者有時會詢問敏感性的議題，或是對回答者來說覺得有壓迫感的議題。[13]許多回答者覺得像是性行爲、吸毒或酗酒、偏差行爲、心理健康、或是有爭論性的公共議題都是帶有壓迫感的問題。問這類問題的研究者必須格外留意。

造成壓迫感的問項（threatening questions）是一個較爲廣泛主題

表10.2 帶有壓迫感的問項與過於敏感的議題

主題	令人不安的百分比
手淫	56
性行為	42
使用大麻	42
使用興奮劑或鎮靜劑	31
喝醉酒	29
愛撫與親吻	20
收入	12
和朋友賭博	10
酗酒	10
快樂和幸福	4
教育	3
職業	3
社會活動	2
一般休閒	2
體育活動	1

資料來源：摘錄自Bradburn and Sudman(1980:68)

的一部分。回答者可能會試圖把自己較正面的形象呈現給訪員或研究者，而不是據實回答。回答者可能會因羞愧、不好意思、或害怕，而未能提供眞實的答案。相反的，他們會給予他們相信是比較合乎規則與社會期望的答案。這構成了社會可欲性偏誤（social desirability bias）。這種社會壓力造成對事實情況不是高報，就是低報（參閱表10.2）。舉例來說，一位仍爲處男之身的成年男子，如果相信有性行爲是正常的，那麼他可能會說他與人有過性行爲；而在某個保守小鎮上眞正有過性行爲的青少年，可能不會說他和別人發生過性行爲。

人們可能高報自己是個好國民（例如，投票、知道某些議題）、

表10.3 調查中出現高報與低報的行為

	扭曲或不實答案的百分比		
	面對面	電話訪問	自行填答
低壓迫感／規範性的			
註冊投票	+15	+17	+12
參與初選投票	+39	+31	+36
擁有圖書證	+19	+21	+18
高壓迫感			
破產	-32	-29	-32
酒醉駕車	-47	-46	-54

資料來源：摘錄自Bradburn and Sudman(1980:8)

消息靈通與有文化涵養（例如，閱讀、參加文化活動）、實現道德責任（例如，有工作做、捐錢給慈善機構）、或是有好的家庭生活（例如，有快樂的婚姻生活與良好親子關係）。舉例來說，一份調查丹佛市的回答者是否有捐錢給慈善機構的研究，結果發生在查閱慈善機構的捐款記錄之後，有百分之三十四回答有的人，實際上根本沒有捐款。[14]

因爲大部分的人想要表現出正面的自我形象，而且是融合規範期望的自我感覺。「不實地宣稱或誇大自己有社會可欲的行爲，出現的次數遠多於不實的否認、宣告、減少、或誇大自己有社會不可欲的行爲」（Wentworth, 1993:181）。研究者如果懷疑可能會出現社會可欲效果，可以詢問數個特定的問項，並且使用幫助回答者回想的輔助技術。

人們可能會低報感染某種疾病或失能（例如，癌症、心理疾病、性病）、涉及違法或偏差的行爲（例如，漏稅、吸毒、喝酒、從事不正常的性行為)、或是財務狀況（例如，收入、存款、債務）（參閱表10.3）。

研究者可以透過明確保證保密、告知回答者需要他們據實回答、任何答案都是可接受的等等的方式，增加答案的眞實性。對於敏感議題的詢問，應該在回答者對訪員產生信任之後，也可以等到一些較不具壓迫感的問項問完熱身之後，或是在提供回答者一個有意義的故事脈絡之後，再加以詢問。他們透過問項的措辭用字，讓回答者比較容易承認做過某個令人有威脅感的行為。舉例來說，不直接詢問回答者是否有手淫，而問「你大約多久會有手淫？一星期一次、一個月一次、每天、或從來沒有」。另外一個方法是加上開場白，說許多人都有這種行為。同時，也可以把帶有威脅性的答項藏在更為嚴重的活動中，使之看起來不會那麼越軌。例如，如果一開始就問回答者在商店中是否有過偷竊的行為，他作答時必有所遲疑；但是在問過他有關持械搶劫，以及闖入民宅行竊之後，他可能比較會承認在商店中有過偷竊行為，因為比較起來這算是個比較不嚴重的行為。

調查法給予較多的匿名性，是探究帶有壓迫感問題的較好方法。因此，最好是使用郵寄或回答者自行塡答的問卷。在面對面的訪談情境中，可以發給回答者一張有答案選項的卡片，讓他自行寫下一個代表他答案的字母或數字。

調查敏感行為的技術可能需要因應社會上團體的不同，而隨機制宜。例如，阿逵里諾與羅斯秋託（Aquilino & Losciuto, 1990）使用隨機撥號（random digit dialing, RDD）的電話訪問，和以特殊程序保護匿名性的自行塡答問卷（例如，把答案放入未做任何記號的信封）兩種方法，來檢視年齡在十八歲至三十四歲的人合法與非法使用藥物的狀況。他們發現，在白人回答者之間，這兩種方法所得到的結果並沒有多大的差異。至於黑人回答者，自我塡答的問卷似乎比較能夠表現出非法使用藥物的清況（也可參閱Johnson, Hougland & Clayton, 1989）。

處理面對面訪談情況中，詢問具有威脅性問項的一項複雜發明是，採用答案隨機化的技術（randomized response technique, RRT）。這項技術所使用的統計超過了本書的層次，但其基本概念是使用已知的可能性去估計未知的比例。答案隨機化技術的操作法是：訪員問回答者兩個題目；一個是帶有壓迫感的（例如，你吸食海洛因嗎？），另一個是不具壓迫感的（例如，你是九月生的嗎？）。用隨機的方法（例如，擲硬幣）來選擇要他回答的題目。訪員並不知道選出的是那個題目，只是記下回答者的答案。研究者使用有關隨機結果的機率知識，以及不具壓迫感行為出現的次數，來推估敏感行為出現的次數。

知識性問題：研究指出，大多數的民眾無法正確地回答出基本的地理問題，或是確認重要的政治文獻（例如，獨立宣言）。研究者有時想要知道回答者對某個議題或話題是否瞭解，但是知識性問題有時可能帶給回答者壓迫感，因為回答者不願表現出無知的樣子。[15]

調查時若先行詢問有關事實的資訊，可使意見測量得到比較好的效果，因為許多人擁有的可能是不正確的事實知識。舉例來說，拿狄憂、麥耶米、與列文（Nadeau, Miemi & Levine, 1993）發現，大部分的美國人嚴重高估了少數民族佔總人口的比例。只有百分之十五的美國成年人準確的答出（大約在正負六個百分點之內）在美國總人口中有百分之十二點一是非洲裔的美國人。有超過一半的人認為這個比例超過百分之三十。同樣的，猶太人佔美國總人口的百分之三，但是大多數的美國人（百分之六十）相信這個比例是百分之十。其它研究發現美國人反對外援支出。反對的成因是根據他們對這項外援方案成本的過度高估。當被問及希望花多少經費在援助外國時，大多數人所給的數字遠高過於現今實際花在這個方面的數字。研究者或許可以檢視看看哪種民眾通常會做出這類高估，以及為什麼許多人持有的是錯得如此離譜的想法。

首先，研究者進行問項的試測，使所有的問項具有適當的難度水準。如果有百分之九十九的回答者無法塡答，那他根本得不到多少資料。在製作知識性題目時，可採用那種使回答者能夠坦然回答他們不知道的措辭：例如，「你聽到—— 如果你有聽到的話—— 多少有關…」。

回答者可能誇大他對某個人或某件事的知識與瞭解。有個檢查這個問題的方法是使用臥車題（sleeper question），即提供給回答者一個他不可能知道的問題答案或選項。例如，測量回答者認識那一個美國民權領袖的研究中，加入一個杜撰的人名。這個人有百分之十五的回答者回答「認識」。這意味著只被百分之十五的人認識的實際領袖，事實上可能是民眾所不認識的。另外一個方法是，在回答者說他們認識名單上的某個人之後，請他們「說說有關這個人的事蹟」。

跳躍題或列聯題：研究者當避免詢問與回答者無關的問項。可是，有些問項只適用於特定的回答者。列聯題（contingency question）是一個有兩個（或兩個以上）部分的題目。[16]這個問題第一部分的答案決定研究者接著將要回答的不同題目。列聯題篩選出適合回答第二個問題的回答者。有時候，這類題目也被稱爲過篩題或跳答題。根據第一個問題的答案，回答者或訪員依照指示跳到另一個題目、或跳過特定的題目。

下面是個列聯題的例子摘錄自渥斯（de VAUS, 1986:79）。

1.你生在澳洲嗎？
〔〕是（跳答第2題）
〔〕否＿＿＿＿＿＿＿＿
(a) 你出生在那個國家？＿＿＿＿＿＿
(b) 你在澳洲住了多久？＿＿＿＿＿＿
(c) 你是澳洲公民嗎？＿＿＿＿＿＿
〔〕是　〔〕否

現在續答第2題

開放式與封閉式問項

調查研究中對於開放式（open-ended）與封閉式（closed-ended）問項的爭論，已經有段漫長的歷史了。[17]開放式問項（無結構性、自由填答）問的問題（例如，你最喜歡那一個電視節目？），回答者可以回答任何一個答案。封閉式問項（結構化、有固定答案的）同時問一個問題，並且給予固定的答項，讓回答者從中選答（例如，「照你看來，總統的表現很好、好、普通、不好？）。

這兩種問項形式各有利弊。在此關鍵的議題不是哪種問項形式最好，而是在某個情況下哪種問項形式最適用。研究者選用開放或封閉問項的決定，取決於研究計畫的目的與實際的限制。使用開放式問項需要訪員逐字記錄，然後還要耗費大量時間加以編碼登錄，這對於某個特定的研究計畫來說，可能根本不切實際。

大規模的調查使用封閉式的問項，因爲對回答者與研究者來說，執行起來都較爲快速也較容易處理。當吾人被迫用研究者所創造的寥寥數個答項來表達他的信念時，很多重要的訊息可能因此而遺漏。要想知道回答者如何思考、發現對回答者來說眞正重要的事物、得到某個有很多可能答案的問題（例如，年齡）的確實答案，開放式問項可能是最好的題型。此外，敏感的主題（例如，性行爲，飲酒消費量）用封閉式問項或許能夠得到比較準確的測量。

在問卷中混合使用開放式與封閉式問項可以降低只用一種問項類型的缺點。混合使用兩種類型的問項也可以改變訪談步調，有助於訪員建立與受訪者間的熱絡關係。三不五時地對封閉式的問項加以深入探問（亦即，訪員追問某些問題的答案），可以顯露回答者的推理模式。研究者也可以使用半開放式的問項（即在一系列的固定選項之後，加上一個「其他」的開放性選項），這可以讓回答者塡寫研究者所沒有列出來的答案。

完全依賴封閉式的問項可能會得到扭曲的結果。舉例來說，一份研究比較開放式版本與封閉式版本的問項──「什麼是國家現在面臨的主要問題？」發現，回答者對國家面臨的重大問題的排列先後順序，端視問項的類型而定。誠如許曼與普瑞塞（Schuman & Presser, 1979:86）所說，「幾乎所有的回答者都是就調查者所提供的優先排序架構做排列組合，無論這個架構是否符合回答者本人的優先排序」。另一個研究分別以開放式與封閉式問項，來詢問回答者有關工作中什麼是最重要的事物。有半數回答開放式版本的回答者，所給予的答案完全不在封閉式問項所列出的選項之中。

研究的早期或探索階段，開放式問項特別有價值。對大規模的研究而言，研究者在試測時使用開放式問卷，之後便依照所得到的答案發展封閉式的問項。葛羅克（Glock, 1987:50）指出：

> 調查研究中主要的資料來源，是在研究計畫規劃期間所執行的質化訪談。這類訪談，再加上一小撮粗略代表隨後將要調查之母體的樣本，構成一個獲知變異屬性以及如何動手進行操作化的最不可少的方法。

研究者製作封閉式問項時，要做許多決定。應該給予多少個選項？應該提供一個中間的或中立的選項嗎？選項的先後順序應該如何排列？該如何測量某個答案的方向？

回答上述問題並不容易。舉例來說，兩個答項太少了，多於五個選項也沒什麼好處。研究者要測量有意義的區別，而不是消滅這種差異。給予更多數量的明確答案可以得到更多的資訊，但是答項的數量太多則會產生混淆。例如，把「你對你的牙醫滿意嗎？」（有個是與否的答項）改寫成「你對你的牙醫有多滿意──非常滿意、有些滿意、有些不滿意、與不滿意？」，給予研究者更多的資訊，也給予回答者更多的選擇。

沒有態度與中立立場（nonattitudes and the middle position）：調查研究者針對是否加入中立、中間、與沒有態度的選項（例如，「不確定」、「不知道」、或「無意見」），有過不少爭議。[18]其中可能涉及兩種類型的錯誤：回答者持有的是非中立的立場、但卻選擇一個中間或無態度的答案，以及強迫對這個主題沒意見的回答者在該問項上做出有立場的選擇。研究者也要避免不實的正面意見（回答者並不瞭解這個主題，卻不實地陳述某個意見）以及不實的反面意見（回答者實際上持有某個意見，但卻選擇「不知道」的答項），不過對於不實的正面意見應更加留意（Gilljam and Granberg, 1993）。

許多研究者擔心回答者會選擇沒有態度的選項來規避做任何選擇。但是最好還是提供一個沒有態度的選項，因爲人們是會對假想的議題、物體、與事件，表示他的想法。提供沒有態度的選項（「中立」或「無意見」），研究者可以辨識出採取中間立場或無意見的人。

沒有態度這個議題可以從區別三種類型的態度問題來加以處理（參閱方塊10.1）：標準題（standard-format）、半過濾題（quasi-filter）、與全過濾題。標準題不提供「不知道」這個選擇；回答者要自動想到。半過濾題提供了「不知道」這個選項。全過濾題是一種特殊類型的列聯題。先問回答者是否有某個意見，然後再要求那些表示有意見的回答者說明他們的意見。

如果沒有列出「沒意見」的選項，很多回答者還是會回答，但是他們會選擇「不知道」的選項，如果有這個答項的話，或是如果直接問他們的話，他們會說他們沒有意見。這種回答者被稱爲游離份子（floater），因爲他們游離在有答案與不知道之間。文字稍微變動都會影響到他們的答案，所以研究者用半過濾題或全過濾題將他們篩選出來。過濾題不會消除對不存在議題的答案，但是可以減低這個問題的嚴重性。過濾出來，使用全過濾或半過濾的問題。過濾的問題並不能消除對不存在議題的答案，但可減少之。

中間選項的游離份子在有中間答項時，就選中間答項，如果沒

方塊10.1

標準題、半過濾題、與全過濾題

標準題

這裡有幾題關於其它國家的問項，你是否同意這個說法？「俄羅斯的領導人士基本上是想要與美國和睦相處。」

半過濾題

這裡有個關於另一個國家的陳述：「俄羅斯領導人基本上是想要與美國和睦相處。」你同意、不同意、還是沒有意見？

全過濾題

這裡有個關於另一個國家的陳述。並不是每個人對這個問題都有他自己的意見。如果你沒有意見，儘管說出來。這個陳述是：「俄羅斯領導人士基本上是想要與美國和睦相處。」你對這個說法有意見嗎？若有，你同不同意？

不同問項形式的結果

	標準題	半過濾題	全過濾題
同意	48.2	27.7	22.9
不同意	38.2	29.5	20.9
沒意見	13.6*	42.8	56.3

*是自願回答

來源：摘錄自Schuman and Presser (1981:116-125)。標準題得自1978年秋季；半過濾題與全過濾題得自1977年2月。

有中間答項，就選擇另一個替代答案。他們對於議題沒有強烈的感情。還涉及一點輕微的近因效果（recency effect），也就是說，回答者比較可能選擇研究者所提供的最後一個選項。近因效果指出，最好以連續體的方式呈現答項，帶有一個中間的答案，或是把中立的立場擺在中間。

研究者有兩個選擇：爲立場模稜兩可或中立者列出中間選項，或者不加入中間選項強迫回答者選擇其中一個立場，但是需要接著詢問他們對他們選出的答項感覺有多強烈。這兩個方法中後者是研究者比較愛用的，因爲態度有兩個面項：方向（贊成或反對）以及強度（強烈地或微弱地支持某個態度）。舉例來說，兩位回答者都反對墮胎，但有其中一位持有強烈的態度、全心全意投入，另一個只有微弱的支持。

同意／不同意，從等級答項中選出答案還是評定問項等級：測量態度與價值的調查研究者長久來一直爭論著兩個有關提供答案的議題。[19]問卷題目是否應該先做段陳述，然後問回答者同不同意，還是應該提供回答者特定的選項？問卷應該包括一份題目，要求回答者加以評定（例如，同意、不同意），還是應該給回答者一份題目，強迫回答者排出這些題目的名次順序（例如，從最同意到最不同意）？

最好提供回答者一個明確的選項。舉例來說，不問「你同意還是不同意這項陳述：男人比較適合…？」，而問「你認爲男人比較適合、還是女人比較適合、或是兩者同樣適合？」。教育程度較低的回答者比較可能同意一個陳述，而強迫他從選項中做選擇，可以鼓勵他動動腦筋、避免回答組（response set）偏誤：有些回答者有答同意的傾向，但是實際上並未決定。

如果問項的措辭用字引導回答者選某個答案，研究者就製造了偏誤。舉例來說，回答者被問道，他們是否支持或反對能源節約法。如果回答者聽到「你支持這個法律嗎？還是因爲這個法律難以落實而反對它呢？」，而不是「你是否贊成或同意這個法律？」，結果會有所不同。

要求回答者根據假想的連續體來評定問項，不如要求回答者從等級排名的選項中選出答案。回答者可能把數個問項評爲相同等級，但是如果要求他們將問項排出順序，則會排出上下等級順序。[20]

史瓦茲、卡納柏、希柏、諾利紐曼、與克拉克（Schwartz, Knauper, Hippler, Noelle-Nenmann & Clark, 1991）發現，回答者使用指派給選項尺度的數字，做爲回答研究問題的線索。他們建議只有在根據明顯的兩極概念來建構一個變項時，才給予回答類屬正負分數（例如 ，-5分到 +5分），如果是根據某個單項的連續體，那就使用正向分數（例如，0到10分）。對於「你對國防支出有何看法？」這個問項，正負分數皆適用，但是像「你認爲你有多成功？」這類問項，只適用正向分數。

用字措辭的問題

調查研究者面臨兩大用字的議題。第一種在前面已經討論過了，是用簡單的字彙與文法，以便把混淆減至最低。第二個問題是關於特定字眼與片語的效應。這是個更爲詭異的問題，因爲不太可能事先知道某個字或詞是否會影響回答。[21]

文獻記載最爲詳盡的、有關於使用禁止（forbid）與不可以（not allow）之間差異的討論，彰顯出用字差異的問題。這兩個詞有相同的意義，但是更多的人比較願意接受不可以做某件事，而不是禁止做某件事。一般而言，教育程度較低的回答者最容易受到極微小的用字差異的影響。

某些字眼似乎會觸發情緒反應，而這類問題不久前才被研究者注意到。例如，史密斯（Smith, 1987）發現，出現在美國調查問卷答案上的重大差異（例如，多出兩倍的支持），端視問項詢問的是「幫助窮人」還是「提供福利」的支出。他指出「福利」一詞對美國人而言，帶有強烈的負面含意（懶惰的人、浪費、與昂貴的計畫），最好避免使用。

可能出現的用字效應（wording effects），可用一個看似毫無爭議的問項，做個示範。彼德森（Peterson, 1984）檢視四種詢問年齡的方式：「你多大？」、「你幾歲？」、「你那一年出生？」、以及「你是18-24歲、25-34歲…？」。他用出生證明記錄來檢驗答案，結果發現有百分之九十八點七到百分之九十五點一的回答者端視問項的形式來決定是否給予正確的答案。他也發現得到最少錯誤答案的問項形式，有最高的拒答率，而得到最多錯誤答案的問項形式，有最低的拒答率。這個例子顯示，一個無爭議的事實問項回答的錯誤數量，隨著些微用字上的差異，而有不同的變化。增加回答者願意回答的問項形式，可能使錯誤的答案增加了。

有時候問項的用字與文字的含意令許多回答者大惑不解。例如，回答者被問到，他們認爲電視新聞是否公正不偏私。事後研究者才發覺，大多數的回答者都忽略公正不偏私——一個中產階級、受過高等教育的研究者認爲大家都知道的詞兒。不到一半的回答者對這個詞的解釋，是照這個詞原本正確的含意。超過四分之一的回答者不是完全不理會這個詞，就是根本不知道這個詞的意義。其他的人賦予這個詞相當不尋常的意義，其中有十分之一的回答者對這個詞的解釋與原意完全相反（Foddy, 1993）。普列塞（Presser, 1990）發現，調查研究的用字效應不會隨時間改變。他分別在1976年與1986年兩年中比較過濾題、用字變化（例如，禁止與不可以），以及開放式與封閉式答案的效果。結果發現，在這十年之間答案改變了，但不同題目形式之間的差異仍然相同。舉例來說，在1976年的調查中，以標準題來問，則有百分之五十九的美國人說政府力量太大；用過濾題來問，則有百分之五十表示相同的看法。在1986年的調查中，標準題所得到的答案是百分之五十，而過濾題所得到的答案是百分之四十。

問卷設計的問題

調查或問卷的長度：一份問卷應要有多長？一次的訪談應該要

持續多久？[22]研究者偏好長的問卷與訪談，因爲比較具有成本效率。追問額外問項的成本——一旦回答者被抽出、聯絡上了，以及完成了其它的問項——並不大。對問卷來說，沒有絕對的適當長度。問卷的長短取決於調查的形式（隨後討論）以及回答者的特徵。一份十分鐘的電話訪問很少會有什麼問題，而且通常可以延長到二十分鐘。很少研究者會延長到三十分鐘以上。郵寄問卷則變化頗大。一份簡短的問卷（三到四頁）適用於一般社會大衆的調查。有些研究者針對一般社會大衆，成功地完成一份長達十頁（大約一百題）的問卷，但較長問卷的回覆數有顯著的減少。對受過高等教育的回答者進行施測以及調查的是熱門的話題，使用十五頁的問卷也許依然可行。持續一個小時的面對面訪談並不罕見。在特別的情況下，也有進行了三到五個小時的面對面訪談。

問項出現的先後順序或序列：調查研究者面臨兩個問項排列順序的問題。[23]第一是關於如何組織整份問卷內的所有問項的問題。第二是關涉到在回答其它問項之前先回答某個特定問項所可能產生的上下文脈絡效應的問題。

一般而言，你應該以將回答者閱讀時可能遇到的不舒適與混淆，減至最低的態度，來安排問項出現的先後順序。一份問卷有開場、中間、與結束的問題。在對這次調查做過簡要的解釋之後，最好使開場的問項讀起來愉快、有趣、而且容易回答，使回答者對這份問卷感到自在舒適。避免開始就問一些令人感到厭煩與有壓迫感的問題。問卷的中間部分安排與共同主題有關的問項。交雜不同主題的問項會令回答者困惑。將相同主題的問項擺在一起，並且在這個部分的開頭做個簡短的陳述說明（例如，「現在我想問你有關住宅的問題」）可幫助回答者釐清方向。流暢合乎邏輯地呈現問項的主題，有系統地組織問項，以協助回答者運用記憶力、舒適自在地作答。不要以非常具有壓迫感的問項來結束一份問卷，總是以「謝謝你的合作」做爲問

方塊10.2

問項的順序效果

問題1

「你認爲美國應該讓來自其他國家共產主義報紙的記者進入美國，並且讓他們把觀察到的新聞發送回他們的報社嗎？」

問題2

「你認爲像俄羅斯之流的共產國家應該讓美國記者進入其國內，並且將他們的報導送回美國嗎？」

答「是」的百分比

	問題1答「是」(共產國家記者)	問題2答「是」(美國記者)
先聽到問題1	54%	75%
先聽到問題2	64%	82%

回答第一個問題所創造出來的脈絡影響到第二個問題的答案。

資料來源：摘錄自Schuman & Presser (1981:29)。

卷的結尾。

研究者關心問卷中問項出現的先後順序可能會影響到回答者的作答。這些順序效果（order effect）對缺乏強烈意見與教育程度較低的回答者影響最大。這類回答者把先出現的問項變成協助他們回答後出現問項的脈絡（參閱方塊10.2）。你可以做兩件事來處理特殊問項的順序效果：使用漏斗序列（funnel sequence）來安排問項出現的先後——順序——也就是說，在問特殊問項之前先問較爲一般性的問題（例如，在問及特殊疾病之前，先問一般健康狀況）。或者，將回答者分成兩部分，給其中一半的問卷是根據某種序列的安排，給另一半的則根據另一種序列安排。然後檢視結果察看問項的序列是否發揮作用。如果發現順序效果，那個順序是告訴你回答者眞正的想法呢？答案是你無法明確知道的。

舉例來說，數年前，我班上的學生進行了兩個主題的電話訪問：對犯罪的關切以及對反酒醉駕車新法令的態度。有一半隨機抽出的回答者先聽到有關酒醉駕車法的問項；另一半先聽到有關犯罪的問項。我檢視所得到的結果察看是否出現任何脈絡效果（context effect）——因主題出現順序而產生的差異。我發現，先被問到有關酒醉駕車法的回答者，比先被問到犯罪問項的回答者，對犯罪所顯現的恐懼感較低。回答者回答第一個主題時所產生的脈絡，影響到回答者對第二個主題的作答。在回答者被問到一般犯罪問題、思考過暴力犯罪之後，酒醉駕車似乎成了較不重要的主題。相對的，當回答者被問到酒醉駕車並且把這個行爲視爲犯罪之後，他們對一般犯罪問題可能就表現得較不關切。

不作答，拒答、與回收率：你曾經拒絕回答一項調查嗎？同樣的，人們是否答應做完一份問卷的要求，隨著接觸型態的不同而有所不同。慈善機構（charity）期望有百分之一的回答率，而人口調查則預期有百分之九十五的回答率。回答率是調查研究極爲關切的問題。如果樣本中有很高比例的回答者沒有作答，研究者在進行結果通則化時，就得十分小心謹慎。如果未作答者不同於回答者（例如，教育程度較低），那麼就會製造偏誤並且削弱調查的效度。

無法獲得選取的回答者作答，有數種情況：無法聯繫到回答者、已聯繫到但無法完成調查（例如，回答者說別種語言、沒有時間、生病了）、拒絕完成一份問卷或拒絕接受訪談、或是拒絕回答某些題目。[24]

在美國特別是都市地區，從1950年代開始民眾參與調查研究的

方塊10.3

回答率問題範例

假定有百分之七十的回答者作答，那麼觀察到的結果與實際母群眞值的差距可能有多大呢？下面顯示可能出現的狀況：

問項答案	有作答回答者的比例	假設那些未作答者的答案	整個母群眞正的答案（母數）a
贊成	50（35）b	60（18）	53%
反對	50（35）	40（12）	47%
贊成	50（35）	90（27）	62%
反對	50（35）	10（3）	38%
贊成	20（14）	60（18）	32%
反對	80（56）	40（12）	68%
贊成	20（14）	90（27）	41%
反對	80（56）	10（3）	59%
贊成	45（31.5）	60（18）	49.5%
反對	55（38.5）	40（12）	50.5%
贊成	45（31.5）	90（27）	58.5%
反對	55（38.5）	10（3）	41.5%

a這假定一個完美的抽樣架構，沒有抽樣誤差或測量誤差。任何這類錯誤可能增加，也可能減少觀察到的調查結果與母數之間的差距。

b括弧內的數字是母群選擇該答案的眞實比例。舉例來說，百分之五十選擇某個答案在百分之七十的回答率之下，等於母群中選擇該答案的有50%×70%＝35%。母數估計值的計算是把觀察到的與假想未作答者的答案加總後所得的結果。

情況就不斷下降。某份報告指出，有百分之三十八的美國人拒絕參與調查。[25]這是個頗令調查研究者頭痛的趨勢。可能是由於許多種原因──害怕陌生人與犯罪、社會孤立、調查研究氾濫、與最重要的是，

拒絕參與調查的人似乎對調查都持有較負面的態度、在他

們所處的社會環境下顯得較為退縮、孤立、更關心維護他們的隱私不受陌生人的打擾（Sudman & Bradburn, 1983:11）。

除了對穩私權的關切之外，過去對調查有過不好的經驗是不作答的主要原因。正當的調查研究受到調查技術的誤用、不體貼的訪員、拙劣的問卷設計，以及對回答者做了不適當的解釋，而陷於停滯。

調查研究者對什麼是適當的回答率，並沒有一致的看法。適當（adequate）的判斷端視對母群、實際限制、主題，以及個別研究者感到滿意的回收數而定。大部分的研究者認為低於百分之五十相當糟糕，而百分之九十以上是相當不錯的結果。

如果回答率低於百分之七十五，調查出來的結果可能會和全部做答的情況，大相逕庭。例如，一份調查指出，大部分的回答者喜好某個產品或某項新政策，事實上母群中大多數的人是持反對意見的。這相當可能出現在回答率很低，那些未作答的人持有與作答者完全不同的意見之時（參閱方塊10.3）。

研究者有數種不同計算回答率的方法，於是這個問題變得更加複雜。同樣的調查因計算公式的不同，而有百分之五十到百分之七十不等的回答率。舉例來說，電話訪問與面對面訪談的回答率，常根據研究者所找到的與聯絡上的回答者來計算，而不是根據抽出的所有樣本人數來加以計算。

自行填答問卷的回答率接近百分之百（例如，發給課堂學生填寫的問卷），而且多半不會有什麼問題。面對面訪談的回答率高至百分之九十。再來是電話訪問，大約有百分之八十。回答率是郵寄問卷最關切的問題。郵寄問卷常見的回答率是介於百分之十到百分之五十之間。

研究者有數種方法可以增加回答率。電訪調查中，研究者或許可以聯絡回答者五次之後仍然沒辦法聯絡上，才決定放棄這位回答者。可以保留每次打電話的記錄，避免每次都是在同一個時間聯絡回答者。理想的打電話時間並不一定，星期日至星期四早上六點到晚上九點都是好時段。

即使聯繫多次，仍有百分之二十聯絡不上，是常見的狀況。一旦訪員聯繫到回答者，他必須說服他與他合作。進行電話訪問時有百分之二十的拒訪率是常見的。雖然使用隨機撥號是不可能做到這點，但是電訪合作率通常會提高，如果研究者能夠在三到五天前先寄信通知回答者等候這通電話。訪員當告知回答者他的姓名、進行調查的機構、主題，以及大約需要花多少時間進行電訪：例如，「我的名字是賴利．紐曼，我爲調查研究公司進行電訪。我想請問你一些有關你收視習慣的問題。這個訪問應該不會超過十分鐘，而你的回答我們也會保密。」

進行面對面訪談訪員的第一個任務是要找到回答者。事先寫信通知或電話安排訪談時間是明智之舉，但是再三登門拜訪可能是必要的。甚至已經約好了時間，回答者仍然猶豫不決，甚或拒答。訪員應該帶著貼有照片的身份識別證，並且告知受訪者他是誰，以及爲何會來做訪問。一旦聯繫上回答者，又見到一位受過良好訓練與和藹可親的訪員來到門口時，大部分的回答者是會合作的。

要讓某些群體來回答你的問卷，像是低收入者、內環都市的少數民族，的確是一大挑戰。波提克與勒曼（Pottick & Lerman, 1991）使用新聞報導風格的信函介紹這個調查，並且事先打通私人電話提醒回答者將會登門拜訪，進行訪談。他們將這個方法，和標準作法——使用學術風格的信函與追訪信——做一比較。結果發現他們的方法獲得更爲快速的回覆以及更多的回答者樂意參與。例如，他們的技巧獲得百分之六十五的人參與合作，而標準法只有百分之三十九的人願意作答。他們的方法也吸引了一般說來比較消極的回答者，以及那些認爲政府與社會服務機構較不瞭解他們的回答者參與作答。

方塊10.4

增加郵寄問卷回收率的十個方法

1.指明問卷是寄給某某人填寫，而不是貴住戶，以限時信寄出。
2.附上一封印有機構單位、謹愼措辭、註明日期的說明信。信中，請求回答者惠予合作、保證保密、解釋調查目的、並且告知訪員的姓名與電話。
3.始終都附上郵資已付、寫好地址的回郵信封。
4.問卷版面應該非常整齊、有吸引力，搭配合理的問卷頁數。
5.問卷應是專業印刷、易於閱讀，並且有清楚的說明。
6.對未回覆者寄發兩封催詢函。第一封於寄出問卷後一個星期寄到，第二封在寄出第一封後一星期寄達。溫和婉轉要求對方的合作，並表示願意再次寄上問卷請其作答。
7.不要在重要假日期間寄發問卷。
8.不要把問項印在問卷的背面。相反的，留出空白請回答者表示意見。
9.地區性的以及被視爲合法的贊助者（例如，政府機構、大學、大企業）會得到比較高的回答率。
10. 如果可能的話，附上一筆小額酬金以爲誘因（一元美金）。

有一大籮筐的文獻討論如何增加郵寄問卷回答率的問題（參閱方塊10.4）。[26]何柏連與包姆卡特納（Heberlein & Baumgartner, 1978）報導了七十一個影響郵寄問卷回答率的因素。

對1940年到1988年間出版的二十五本期刊中有關郵寄調查的一百一十五篇論文，進行後設分析（meta-analysis）發現附有說明信、少於四頁的問卷、郵資已付的回郵信封，以及提供一小筆酬金，都有助於問卷的回覆（Yammarino, Skiner & Childers, 1991）。遵照整體設計法（ Total Design Method, TDM）所建議的許多技術（隨後討論）有助於使回答者更輕鬆地作答，並且增加作答的興趣。

格式和排版設計：有兩個關於格式與排版設計的問題：問卷整體的排列設計，以及問項與答項的格式。

◎問卷的排版設計

無論是對訪員還是對回答者來說，排版設計都是相當重要的一項工作。[27]問卷應該是清楚、整齊、與容易閱讀的。給予每道問項一個題號，並且在問卷中加入辨識的資訊（例如，機構的名稱）。不要把所有問項擠在一起，也不要讓問卷看起來令人摸不著頭腦。在郵資與印刷上省下一點小錢，可能要你付出因低回答率、把訪員與回答者弄得糊里糊塗，而造成低效度的慘痛代價。爲每一次的訪談製作一張封面（cover sheet）或首頁，以利行政業務的處理。在這頁上列出訪談的時間與日期、訪員與回答者的識別編號，以及訪員的意見與觀察心得。帶有高品質圖表、問項間距，以及優美排版的專業問卷外觀不但可提高調查的準確度與完成率，而且有助於問卷閱讀的流暢度。

在問卷上寫下對回答者與訪員的指示說明。用不同的形式印製說明文字（例如，用不同字體、顏色、或是都用大寫字母），做爲區別的標誌。這對訪談來說是非常重要的，藉此訪員可以區別出哪些是問回答者的問項，哪些是給訪員的說明指示。

對郵寄問卷來說，版面設計更是關鍵，因爲這時沒有一位友善的訪員會與回答者互動。相反的，全靠問卷的外觀說服回答者作答。郵寄調查中，需附上一封印有機構單位、溫文有禮的專業說明信，交代研究者是誰，並且提供回答者遇上問題隨時可來電詢問的電話號碼。執行的細節至爲關鍵。如果回答者收到一大包鉅額郵資的黃色信封指明給貴住戶，或是問卷大小不符合回郵信封時，他們將不會作答。在問卷結尾，總是記得寫上「謝謝你的參與」。訪員與問卷都應該讓回答者對這次調查留下正面的感覺，以及非常感謝他們的參與的印象。

◎問項格式

調查研究者要決定題項與答案的格式。應該讓回答者圈出答案、圈選空格、或在空白處打「X」？原則是使答案明確易於辨識即可。選出方格或括弧，以及圈出數字是最清楚的方法。將答案垂直列出，比將答案水平列出來得容易閱讀（參閱方塊10.5）。如前所述，遇到列聯題時，使用箭頭與說明文字。利用視覺輔助工具也頗有用處。舉例來說，用溫度計樣式的圖形，來問回答者對某人的感覺是溫暖還是冷漠。矩陣問項（或譯爲矩陣題，matrix question）（或稱方格問項、方格題） 是呈現一系列使用相同答案分類的問項的簡便方法（參閱方塊10.5），不但節省空間，還可以使訪員或回答者在劃記同一類答案時，比較容易下筆。

山奇茲（Sanchez, 1992）檢視由兩位經驗豐富的訪員訪談兩份不同的排版設計對宗教問項所產生的效果。她發現，清楚的排版設計使選答「不確定」選項的比率，由百分之八點八減少到百分之二點零四。此外，當她把列聯題的格式變得更加清楚時，使用深入探問挖掘特定宗教教派的訪員時，作答比例由百分之九十一增加到超過百分之九十九。

整體設計法：狄爾曼（Dillman, 1987）發展整體設計法改善電話與郵寄調查。這個方法分理論與實務兩個部分。理論部分是說，調查是個社會互動，在這個互動中，回答者以他們期望收到之物做爲給予合作的交換。當社會成本低、當預期的利益大於所知覺的成本時，以及當研究者建立起信任感時，回答者會合作。實務部分重複了此處有關良好的用字措辭與問卷設計的忠告。因此，一個好的調查設計有試測、將回答者要付出的個人成本減至最低，以及只要回答者付出最少的時間與精力。這創造出無形的報酬，像是產生一種做了一件有價值的事，或是產生一種覺得自己頗爲重要的感受。經由看起來相當專業的問卷、合法贊助者的証明、與事先付上回郵等等的工作，也可藉此建立起回答者與訪員或調查機構之間的信任感。

方塊10.5

問項格式的範例

水平式與垂直式答案選項的例子

你認爲離婚是很容易、很難、或是還好？
〔〕很容易〔〕很難〔〕還好

你認爲離婚是很容易、很難、或是還好？
〔〕很容易
〔〕很難
〔〕還好

矩陣式問項範例

	非常同意	同意	不同意	非常不同意	不知道
老師說話速度太快	〔〕	〔〕	〔〕	〔〕	〔〕
這門課我學到很多	〔〕	〔〕	〔〕	〔〕	〔〕
考試非常容易	〔〕	〔〕	〔〕	〔〕	〔〕
老師說了許多笑話	〔〕	〔〕	〔〕	〔〕	〔〕
老師講課很有條理	〔〕	〔〕	〔〕	〔〕	〔〕

若干答項選擇的範例

很好、好、普通、不好
贊成／不贊成
贊成／反對
非常同意、同意、部分同意、部分不同意、不同意、非常不同意
太多、太少、剛剛好
較好、較差、差不多
定期、常常、不常、從來沒有
一直都是、大部分時候是、有些時候是、很少、從不
很可能、較不可能、沒有差別
非常感興趣、感興趣、不感興趣

調查的類型：優缺點

郵寄和自我填答的問卷

優點：研究者可將問卷直接交給回答者，或是用郵寄的方式寄給回答者，由他們自己閱讀問卷上的說明指示與問項，然後寫下他們的答案。這種調查類型顯然是最便宜的，而且只要一個研究者單獨就可以完成。研究者可將問卷寄到廣大的地理區域之內。回答者可利用自己方便的時間完成問卷，而且如果有必要回答者也可以查閱他個人的資料。郵寄問卷提供匿名性，並且避免了訪員偏誤。它們是非常有效的調查工具。如果標的母群是受過高等教育、或是對研究主題或調查機構相當感興趣時，回答率可能會很高。

缺點：由於人們不會總是把問卷填完然後寄回，所以郵寄問卷最大的問題就是回答率低。大部分的問卷在兩週內會獲得回覆，其它的會在兩個月之後慢慢寄回來。研究者可以透過寄給未回覆者提醒信來提高回答率，但這也增加了蒐集資料的時間與成本。

研究者無法控制郵寄問卷是在何種情況下完成。一封在飲酒宴會上，在眾多嬉笑怒罵的人潮中完成的問卷，可能會和一位熱心的回答者完成的問卷一塊寄回。再者，當回答者給予不完整的答案時，沒有人在旁爲其釐清問項的含意或是深入探問多挖掘一些資訊。除了被抽到的回答者之外可能有其他人（例如，配偶、新住戶）在研究者不知情的情況下，拆閱郵件並完成問卷。不同的回答者可能在前後分隔數週的時間內完成問卷，或者以和研究者原先規劃不同的順序來填答問卷。填答不完整的問卷也可能是一項嚴重的問題。

研究者無法直接觀察回答者的身體特徵、對問項的反應，以及填答的環境。舉例來說，一位七十歲一貧如洗的白種老女人，獨自居住在農場上，可能謊稱她是位富裕的、年約四十歲的亞裔男性醫師，住在不遠的鎮上，還有三個小孩。諸如此類極端刻意的謊言非常罕見，但是很多嚴重的錯誤卻非研究者所能察覺。

郵寄問卷形式限制了研究者可使用的題目種類。需要視覺輔助的問項（例如，看這張圖片，告訴我你看到了什麼）、開放式問項、很多列聯題，以及複雜的問項，用郵寄問卷所得到的效果都很差。同樣的，把問卷寄給不識字者、或近似文盲者是不可能獲得回覆的，即使這些問卷被填答完畢而且被寄回，問項極有可能被誤解了，因此提供的答案也不具多少意義（參閱表10.4）。

電話訪問

優點：電話訪問是種非常受歡迎的調查方法，因爲大約有百分之九十五的人口可以透過電話聯絡上。訪員打電話給回答者（通常是在家裡）、問問題、然後記下答案。研究者由名單、電話簿、或使用隨機撥號來抽取回答者，並且能夠快速聯絡上許多距離極爲遙遠的民眾。一組電話訪員能夠在幾天之內訪談全國一千五百位回答者、而且經過數次聯絡之後，回答率可達百分之九十。雖然這個方法比郵寄問卷法耗費金錢，但是特殊優惠的長途電話費率不無小補。一般而言，電話訪問是種有彈性的方法，有大部分面對面訪談的優點，但是成本只是它的一半。訪員可以控制問問題的順序，而且可以多少做些深入探問。一個特定的回答者被選出之後，極可能會回答完所有的題目。研究者知道問卷是什麼時候回答的，也可以有效地使用列聯題，特別是電腦輔助的電話訪談（Computer-assisted telephone interview, CATI）（隨後討論）。

缺點：相對較高的成本與有限的訪談時間是電話訪問的缺點。此外，不可能接觸到沒有電話的回答者，而且打去的時間，也可能遇上回答者沒空的時候。使用電話訪員減少了匿名性，同時也帶來了訪

表10.4 調查的種類及其特色

	調查的種類		
特色	郵寄問卷	電話訪談	面對面訪談
行政議題			
成本	最便宜	中等	昂貴
速度	最慢	最快	緩慢到中等
長度（問項的題數）	中等	最短	最長
回答率	最低	中等	最高
研究控制			
深入探問的可能性	沒有	有	有
特定的回答者	沒有	有	有
問項出現的先後順序	沒有	有	有
只有一位回答者	沒有	有	有
視覺觀察	沒有	沒有	有
不同問項的成功機會			
視覺輔助工具	有限	無	有
開放式問項	有限	有限	有
列聯題	有限	有	有
複雜問項	有限	有限	有
敏感問項	有些	有些	有些
偏誤來源			
社會可欲性	沒有	有點	很糟
訪員偏誤	沒有	有點	很糟
回答者閱讀能力	有	有	沒有

員偏誤。難以使用開放式問項、需要視覺輔助的問項也不可能使用。訪員可能只能記錄下嚴重的干擾（例如，背景噪音）與回答者的語氣（例如，生氣、輕率）或遲疑。

面對面訪談

優點：面對面訪談有最高的回答率並且能夠使用最長的問卷。它有電話訪問的好處，訪員可以觀察環境、使用非語言的溝通，以及視覺輔助工具。良好訓練的訪員可以問所有類型的問項，可以問複雜的問題、並且可以廣泛地進行深入的探問。

缺點：高額的成本是面對面訪談最大的缺點。訪員的訓練、交通費、監督，以及人事成本可能會非常驚人。訪員偏誤在面對面訪談中也是最高的。訪員的外貌、語氣、問題措辭用字等等都可能會影響到回答者。此外，能夠對訪員進行監督的能力也不及於電話訪問，在電訪中督導員可利用監聽的方式進行監督。[28]

特殊情況

有許多種特殊的調查。一種是機構調查（例如，企業、學校）。通常是使用郵寄問卷，但也可用其它的方法。研究者製作問項詢問關於機構的若干問題。他知道在機構中誰有必要的資訊，因爲這必須要由機構中有能力回答的人士來作答。然後研究者必須把調查的重要性交代清楚，因爲負責人會收到許多來自四面八方索討資訊的要求，他不可能一一答覆。

菁英調查需要特別的技術。[29]在企業、政府部門，以及其它種種機構中有權有勢的領導者，不是那麼容易就可以接近的。他們的助手會攔截郵寄問卷，而有限的聯絡管道，不論是對面對面的訪談，還是電話訪問，都可能構成難以克服的障礙。如果能找到一位有名望的人士打電話進去或寄封推薦信的話，接近他們的機會就會大增。一旦研究者約好了見面時間，是由研究者而不是訪員，執行這次的訪談。使用高比例開放式問項的私人性訪談，通常會比全部都是封閉式問項的訪談，來得成功。保密是關鍵議題，應該獲得保證，因爲菁英常有其他人所沒有的資訊。

焦點團體（focus group）是一種特殊的、大多爲非量化的訪談情況。[30]在焦點團體中，研究者聚集六到十二個人在一間房間中，由一個主持人主持，針對一個或更多的主題，進行一個或二個小時的討論。主題可以是某個大眾關心的事物、某個產品、某個電視節目、某位政治候選人、或某個政策。主持人介紹議題、注意不讓某人支配整個討論。主持人要有彈性的、使討論不致脫離主題、並鼓勵參與者加入討論。回答由錄音帶錄下，由協助主持人的秘書加以整理記錄。團體成員的同質性要夠，以減少衝突的情況，但是不可以包括朋友或親戚。焦點團體在探索性研究，或產生新的假設點子、問卷項目，以及詮釋結果時，頗爲有用。

成本

如果把所有的成本都考慮進來，那麼專業水準的調查研究會是非常昂貴的。依使用調查類型的不同，成本高低也不一致。有個簡單的公式如果郵寄問卷要花一美元，電話訪問就要花五上美元，面對面訪談則要花到十五美元。舉例來說，據狄爾曼（1983）的估計，一份四百五十名回答者、十二頁的郵寄問卷，以1980年的幣值來算，成本大概超過三千美元。這個估計值爲低估，因爲並未納入發展計畫與執行試測問項的人力，以及資料分析的成本。葛羅夫與卡恩（Groves & Kahn, 1979:188-212）估計，以全國爲範圍，對一千五百位回答者進行半小時電話訪問的成本，用1980年的幣值來算，要花十四萬美元。專業的訪談公司每完成二十分鐘的訪問，光是電話費與訪員時間費就要收取五十美元。根據貝克史東與賀虛凱撒（Backstrom & Hursh-Cesar, 1981:42）的估計，以1980年的幣值來算，一份專業調查計畫的全部成本是六萬美元。他們的計畫是對鄰近區域六百名回答者進行二十分鐘的面對面訪談。大部分的成本與人事有關。就專業研究來說，這個數字並不高，今天相同的計畫可能會超過十五萬美元。

另一方面，使用自行塡答問卷調查，對某個範圍不大應用的問題進行調查的研究者，能夠儘量壓低成本。如果研究者獨自作業、只有小數目的回答者，唯一的成本就是研究者的時間、問卷的印製、與資料處理。例如，一位高中老師想要瞭解學生如何利用寫作室，一份兩頁的問卷由其他的老師分發給一組一百二十位同學所構成的樣本作答，由老師用筆算來進行資料分析。全部成本——不包括老師的時間在內——可能不到十五美元。

訪談

訪談者的角色

使用訪談法來蒐集資料的情況很多。雇主面談未來的員工、醫療人員問診病人、心理健康專業人員面談病人、社會服務工作者面談貧民、記者面談政治人物與其他人、警察面談目擊者與罪犯、脫口秀主持人面談名人（參閱方塊10.6）。調查研究者的面談是種專門化的訪談型態。與所有訪談者一樣，目標在於從他人處得到正確的資訊。[31]

調查訪談是一種社會關係。就和其它的社會關係一樣，包括了社會角色、規範、與期望。訪談是發生在兩個陌生人之間爲時短暫的次級社會互動，其中一人有明確的目的，想要從對方處得到某些特定的資訊。這個互動中的社會角色包括有訪談者與受訪者或回答者。資訊的取得來自於一場結構化的交談。在這場交談中，訪談者詢問事先準備好的問題、記錄答案，而回答者回答。這場談話在數個方面，不同於一般的對話（參閱表10.5）。

對訪員來說重要問題是，很多回答者對調查回答者的角色並不熟悉，而且「回答者對他們被期望做什麼，常沒有清楚的概念」（Turner & Martin, 1984:282）。結果，他們以另一種角色取而代之，因而可能會影響到他們的作答。有些人認爲訪談是一種親密的對話、

表10.5 結構化的調查訪問和一般訪談的差異

一般訪談

1.各方所問的題目數很平均。
2.有感覺和意見的公開交換。
3.有做評論且試圖說服其他人接受某一觀點。
4.人們可表達內在的深層感覺以獲取同情，或當作治療性的放鬆。
5.儀式的回答是常見的（例如：「是、是」、搖頭、「你好嗎？」，「很好」）。
6.參與者交換意見，而且如果他們發現錯誤時可修正。
7.主題不斷變換、每個人都可提出新主題。討論焦點可轉移至較不相關的主題。
8.語調的情緒可由幽默轉變成快樂、感動、悲傷、生氣等等。
9.人們可閃避或忽略問題，而且可以提供輕率與言不由衷的答覆。

調查訪談

1.訪談者問問題，大部分時間是回答者在答覆。
2.只有回答者可以表現感覺和情緒。
3.訪員是不做判斷、而且不會試著改變回答者的意見和信念。
4.訪員欲得到問題的直接答案。
5.訪員避免回答者儀式性的回答，且尋求誠實的答案。
6.回答者提供所有的資訊，訪員不改正回答者的錯誤。
7.訪員控制了主題、方向、和步調。他們使回答者保持在「無任務」狀態，可容忍無關的話題轉換。
8.訪員試著保持討論的熱度，但從頭到尾都要保持嚴肅和客觀。
9.回答者不應迴避問題，應給予經過思考和眞誠的答案。

資料來源：摘錄自Gorden（1980:19-25）與Sudman & Bradburn（1983:5-10）。

或是一堂治療課（therapy session），有些人視之爲完成表格的官僚程序，有些人視之爲對政策選擇的一種公民投票，有些人把它看成一次測驗、還有些把它看成一種詭詐的玩意兒，訪員藉此套出回答者的話

方塊10.6

研究訪談以外的訪談類型

1.**工作面談**：雇主詢問開放式的問題，蒐集應徵者對工作看法的資料，並且觀察應徵者如何表現自己。應徵者（回答者）先發制人，努力表現出正面的自我形象。雇主（面談者）努力找出應徵者眞正的聰明才智與缺點。由於雇主有權接受或拒絕應徵者，所以面談中充斥著嚴肅、判斷的口氣。這個情形經常造成緊張與有限的信任。當事雙方可能有相互衝突的目標，各自可能使用些欺騙的手段。結果也不用保密。

2.**協助談話**：以助人爲業的專業人員（例如，顧問、律師、社工員、醫生等）尋求有關客戶問題的資訊、包括：背景與現在情況。這類專業人員（面談者）使用資訊來瞭解客戶，並且將客戶（回答者）的問題轉化爲問題解決的專業名詞。語氣是充滿了嚴肅與關切之情。關係通常較不緊張、而且具有高度的互信。當事雙方共享解決客戶問題這個的共同目標，甚少涉及欺騙。面談結果通常是保密的。

3.**新聞採訪**：記者從名人、製造新聞的人物、目擊者，以及幕後人物那裡蒐集資料，做爲日後建構有新聞價值的故事之用。記者（面談者）使用不同的手法試圖挖到新奇的資訊，其中有些可能不是輕易便能透露的，並且試圖從新聞來源挖到「値得引述的引文」。記者結合其他資訊來源，選擇性地使用所獲得的資訊，通常超過回答者所能控制的範圍。語氣、信任、與緊張隨採訪的狀況而有很大的變化。當事雙方的目標可能

（Turner & Martin, 1984:262-269）。對於有些良好設計的專業調查，在進行追蹤研究之後竟然發現，大約只有半數的回答者確實是以研究者當初設計問項的原意來瞭解這些問項。回答者不是對問項重新加以詮釋使之合乎個人的特殊狀況，就是把問項理解成比較容易回答的形式（Turner & Martin, 1984:282）。

訪員的角色也難以拿捏。他們取得回答者的合作，建立熱絡的關係，但是還要記得保持中立與客觀。他們佔用回答者的時間與隱私，取得對回答者可能不會帶來直接好處的資訊。他們努力減少尷

續方塊10.6

不大相同，各方多少都使用些欺騙的手段。面談結果不用保密，可能還獲得不少宣傳。

4.**質問與調查審問**：犯罪司法官、查帳員、或其他主管嚴厲地偵訊某個被指控的犯人或其他相關人士，從中蒐集犯罪過失的資訊。官員（面談者）會將這類資訊視爲證據，做爲建立起訴某人的檔案（很可能是回答者）。由於相互不信任，充滿著極爲緊張的關係。當事雙方的目標南轅北轍，經常耍詐欺騙。面談結果很少是保密的，而且可能成爲官方公開記錄的一部分。

5.**娛樂訪問**：節目主持人提出他自己的看法，向名人或其他來賓提出開放式的問題，而來賓可能偏離主題，或自個兒獨白了一陣子。主要的目標是在激發觀眾的興趣與愉快的感覺。通常各人展現的風格遠較其所透露的資料更引人注意。主持人（面談者）尋求觀眾的立即反應與回應，而來賓（回答者）則努力猛打知名度。語氣輕快、不緊張、充滿蠻高的信任感。雙方有相同的目標。他們可能互相欺騙或聯合起來欺騙觀眾。通常是不保密的。

人們可以混合使用各種不同類型的面談，而且常常同時使用數種類型。舉例來說，執掌社會控制角色而不是助人角色的社工員，可能會執行一項調查性的訪談。或者一位幫助犯罪受害人的警察，可能使用協助談話，而不是審問。

尬、恐懼、與懷疑，如此回答者才能自在適意地透露訊息。他們可能會解釋調查研究的性質，或許在訪談中會對社會角色提供某些暗示。好的訪員掌控社會互動的步調與方向，以及答案的內容與回答者的行爲。

在訪談中，無論是口頭的或非口頭的（例如，驚訝的眼神），調查訪員不做任何評斷，不表示他們個人的意見。如果遇上回答者詢問訪員的意見，他們有禮貌地把回答者帶回原來的問題，並且告訴回答者說這個行爲是不適當的。例如，如果回答者問「你有什麼看法？」，訪員可以回答說「這裡我們是對你的看法感興趣；我怎麼想並不重要」。同樣的，如果回答者給你一個驚人的答案（例如，我被捕過三次，因爲我打我的小女孩，並且香煙燙她），訪員也不可表現出驚訝的表情、或是輕蔑他，而以處理一件事實的態度來記錄答案。訪員幫助回答者讓他們感覺可以提供任何眞實的答案。

你也許會問，「如果要調查訪員保持中立與客觀，爲什麼不乾脆使用機器或機器人呢？」。機器訪問並不成功，因爲它缺乏訪員所創造的人情溫暖、信任、與忠誠。訪員有助於情況的界定，並且確保回答者有他要的資訊、使回答者瞭解訪談中期待他做些什麼、提供與題目有關的答案、受到鼓勵樂意合作、並且認眞提供答案。訪談是個社會互動，在其中「訪員與回答者雙方的行動來自他們的態度、動機、期望、與知覺」（Cannell & Kahn, 1968:538）。

訪員的工作不只是訪談而已。舉例來說，摩舍與卡爾頓（Moser & Kalton, 1972:273）指出，面對面的訪員大約有百分之三十五的時間是花在訪談上。有百分之四十的時間是花在找出正確的回答者、百分之十五的時間花在來去訪談的路上，以及有百分之十的時間是花在閱讀調查資料與處理行政和記錄的細節工作上。

訪談的階段

訪談歷經各種不同的階段，以自我介紹然後進門開始。訪員進入門內、出示授權文件、確認回答者的合作。準備好應付諸如此類反應，像是：「爲什麼選上我？」，「這有什麼用處？」、「我不知道這件事」、「總而言之，這是怎麼一回事？」。訪員要能解釋爲什麼是回答者，而不是其他人。

訪談的主要部分是由問問題與記錄答案所構成的。訪員完全根據問卷上的文字——不增一字、不減一字、而且也不改用另一種說詞。他們按照順序問問題，不會回到某一題或是跳過某一題，除非問卷上有特別註明。他們用令人舒適的步調進行訪談，給予非指導性的回饋以維持回答者作答的興致。

除了問問題之外，訪員要準確記下答案。對封閉式問項而言，這是相當容易的，訪員只要選出正確的方格。但是對封閉式問項來說，這就不是件容易的工作。他們要仔細地傾聽、寫下讓人看得懂的筆記、而且要逐字照回答者所說的記錄，不能更改文法或俚語。更重要的是，訪員絕對不可以只記錄摘要，因爲可能會因此而漏掉某些資訊、或扭曲了答案。例如，回答者說「我眞的關心我女兒的心臟問題，她才十歲爬樓梯就爬得很辛苦。我不知道她老了要怎麼辦。做心臟手術太危險了而要花很多錢，她必須學著和心臟病一塊過活」。如果訪員只記下「關心女兒的健康」，那麼就失掉了很多資料。

訪員知道如何與何時使用深入探問（probe，或譯爲旁敲側擊）。深入探問是個中立的要求，請回答者釐清某個模糊的答案、或完成某個未完成的答案，或是求得某個相關的答案。訪員認出不相關的或不正確的答案，遇到需要的狀況，就採用深入探問。[32]有許多種類型的深入探問。三到五秒的暫停常很是有效的策略。非口語的溝通（例如，頭稍微傾斜、目光接觸）也頗爲有用。訪員可重複一道題目、或覆述回答者的答案後停頓一下。可以問一道中立的問題，例如，「有其它原因嗎？」、「你能告訴我更多關於那件事的事嗎？」、「你能爲我再多解釋些嗎？」（參閱方塊10.7）。

最後一個階段是離開，這是指訪員答謝回答者並且離去。然後他們去到一個安靜的、私人處所，彙整編輯問卷，趁記憶猶新之時，記錄下其它的細節。其它細節包括：訪談的日期、時間、與地點；回答者的態度（例如，嚴肅、生氣、或高興）；任何不尋常的情況（例如，在第二十七題時電話響了，回答者講了四分鐘的電話）。他們記下訪談時遭遇到任何的中斷情況（例如，回答者小孩進來、年約十三、四歲，坐在另一端、打開電視、聲音開得很大、觀賞一場棒球賽。）訪員也應該記下個人的感覺以及任何可疑的事項（例如，當問到婚姻問題時，回答者變得緊張與慌亂）。康維斯與許曼（Converse

方塊10.7

使用深入探問（旁敲側擊）以及對封閉式問項記錄完整答案的例子

訪員問：你從事什麼職業？

回答者回答：我在通用汽車公司工作。

深入探問：你是從事什麼工作？在那裡你是做那一類型的工作？

訪員問：你失業多久了？

回答者回答：很久了。

深入探問：你能更明確地告訴我，你這次是什麼時候開始失業的？

訪員問：從整體來思考這個國家的前途，你認爲明年我們會有好日子過呢？還是日子難過？還是你有其他的看法？

回答者回答：可能好、可能壞、無法確定，誰知道呢？

深入探問：你認爲會發生什麼事？

封閉式問項記錄完整的答案

訪員問：在1-7的等級中，你如何看待極刑或是死刑？1代表最爲贊成、7代表最爲反對

（贊成）1__ 2__ 3__ 4__ 5__ 6__ 7__（反對）

回答者回答：大概是4。我想所有的殺人犯、強暴犯、與暴力犯都該被槍斃，但是我不贊成用在偷車這種小罪上。

& Schuman, 1974）根據這類架構，舉出不少面對面訪談時所出現精彩有趣的例子。

訪員訓練

大規模的調查需要雇用數位訪員。[33]除了專業研究者之外，很少數人能夠體會訪員工作的困難。進行專業的質化訪談需要慎選訪員並

且給予他們良好的訓練。與任何雇用條件並無不同，適當的工資與良好的督導，對獲得一致高品質的工作表現而言，很是重要。

不幸的，專業訪談並不是每次都能給予很好的酬勞與穩定的雇用機會。過去，訪員大部分是從那些願意接受不規律部分工時工作的中年婦女中，挑選出來的。良好的訪員是和藹可親的、誠實的、準確的、成熟的、有責任感的、中等資質、穩定的、與有動機的。他們沒有嚇人的外表、有和很多種類型的人相處的經驗、並且沈穩機智。如果調查涉及進入高犯罪地區從事訪談，訪員還需要額外的保護。研究者會考慮到訪員的外表、年齡、性別、種族、所講的語言、甚至訪員的聲音。舉例來說，在一次使用受過良好訓練、有同質社會背景女性電話訪員的研究中，奧肯柏格、柯爾曼、肯奈爾（Okenberg, Coleman & Cannell, 1986）發現，比較少的回答者會拒絕接受音調高、變化多、講話大聲、速度快，帶有清楚抑揚頓挫、並且聲音聽起來很愉快可人的訪員的訪談。

研究者利用一到兩週的訓練課程，培訓專業訪員。這類課程通常包括了：講課與閱讀、觀察專業訪員進行訪談、在辦公室或田野進行模擬訪談，並且將之錄影、進行批評檢討、實際的進行訪談，以及角色扮演。訪員需要學習調查研究的相關事宜與訪員的角色。他們開始熟悉問卷、問題的目的，儘管不知道該期待些什麼答案。

雖然訪員大部分是獨自工作，但是針對大規模調查，研究者會在數個訪員中分派一個督導員。督導員對這個領域相當熟悉，協助訪員解決問題、監督訪員，並且確保訪談工作在時間內完成。對電話訪問而言，督導員的工作是協助打電話、記錄在訪員到達與離開的時刻、監控訪談電話。面對面的訪談中，督導員的工作是檢查訪員是否真的有執行訪談。這意指打電話確認或是寄發確認明信片。他們也可以檢查回答率與未完成的問卷，以瞭解訪員是否得到回答者的合作、而且他們會從中再抽出一些樣本進行親訪、分析答案、或觀察訪談過程，以察看訪員是否正確地問問題與記錄答案。

訪員偏差

調查研究者限制訪員的行爲，以減少偏誤。理想上，如果答案本是如此，某位特定訪員的行動是不會影響回答者如何作答的，換由其他訪員來問，答案也不會改變。這絕不是訪員一字不差地宣讀每個題目就能辦到的：「嚴格說來，任何時候只要訪員在擷取或記錄答案時偏離了『眞正』的答案（這視研究目的而定），就出現了訪員扭曲」（Hyman, 1975:226）。

訪談偏誤分別落入下列六大類：

1. 回答者的錯誤：忘記、尷尬、誤解，或是因某人在附近出現而說謊。
2. 不是刻意的錯誤與訪員的疏忽：聯絡到不正確的回答者、讀錯問題、漏掉該問的問題、按照錯誤的順序問問題、記錄一個錯誤的答案、或是誤解回答者的意思。
3. 訪員有意的破壞：有意地更改答案、刪掉問題或用不同措詞來問問題、選擇另外的回答者。
4. 訪員因爲回答者的外貌、生活狀況、或是其它的答案，而對回答者的答案產生某種期待，於是影響了答案。
5. 訪員未能深入探問，或者深入探問不當。
6. 由於訪員的外表、語氣、態度、對答案的反應、或是在訪談之外所做的評論，影響到回答者的答案。

調查研究者仍在對影響調查訪談的因素進行瞭解。他們知道訪員期望會產生嚴重的偏誤，預期訪談很難搞定的訪員就會遇上很難搞定的訪談，期望會得到某種答案的訪員很可能就會得到那種答案（參閱方塊10.8）。適當的訪員行爲與準確的宣讀問題可能很難做到，但是這個議題分外重要。

訪問進行的社會環境也會影響作答，這包括其他人的出現在

方塊10.8

影響作答的訪員特徵

訪員期望效果的例子

執行訪問的女性訪員本身	女性回答者回答：大部分的家具是先生買的
大部分的家具是她先生買的	89%
大部分的家具不是她先生買的	15%

來源：摘錄自Hyman（1975:115）。

訪員的種族或民族外貌影響作答的例子

	回答「是」的百分比	
	你認爲政府員工中有太多猶太人嗎？	你認爲猶太人有太多權力嗎？
訪員		
看起來像猶太人而且說話帶有猶太口音	11.7	5.8
只是看起像猶太人	15.4	15.6
看起來不像猶太人	21.2	24.3
看起來不像猶太人而且不是猶太人	19.5	21.4

來源：摘錄自Hyman（1975:115）。

內。舉例來說，學生會對同一個問題給予不同的答案，端視這個問題他們是在家裡被問到、還是在學校裡被問到（Zane & Matsoukas, 1979）。一般而言，調查研究者不希望訪談時有其他人在場，因爲他們會影響回答者作答。然而，有其他人在場也不總是會產生影響，特別其他人是小孩的時候。[34]舉例來說，威廉．阿逵里諾（William Aquilino, 1993）發現，當配偶在場時，回答者比較可能說離婚或分居會使他們生活變得更糟。當先生在場時，老婆會說先生做比較多的家事。如果配偶在場，回答者也比較會譴責打架與婚前同居。

訪員的種族和性別也會影響訪談。如布拉德本（Bradburn, 1983:314）所說：

> 從現有訪員——回答者特徵研究中，可得出一項主要的結論，那就是，被回答者清楚感覺到的訪員特徵，像是性別與種族，會在回答者回答與這些特徵有關的態度問題時，造成實質的差異。

訪員的種族或民族團體會影響到回答者如何回答種族或民族團體的問題。[35]舉例來說，相對於接受黑裔美籍訪員的訪談，非裔美國人在接受白人訪員訪談時，會說對白人有較高的親密感。訪員的種族也會影響對政策議題的答案，諸如支持民權運動領袖與政府計畫。例如，德州西班牙裔與北歐裔的回答者在回答雙語政策與西班牙文化的問題時，端視電話訪員是西班牙裔還是北歐裔的人（Reese et al., 1986）。

由於社會距離、權力差異、以及內／外團體關係，種族或民族因素會影響到對有關態度與行為問項的自我回答。一般而言，訪員與回答者屬相同的種族或文化傳統，在問敏感問題時，比較可能得到正確的答案。在多元文化的社會，研究者總是應該記錄下訪員與回答者之間的種族或民族傳承。

性別也會影響訪談答案。例如，坎恩與麥克奧來（Kane & MacAulay, 1993）發現，男性回答者在接受女性訪員的訪談時，比較支持與工作有關的性別平等；而女性回答者在接受女性訪員訪談時，比較可能支持與性別有關的集體行動與團體政策。如果同一個訪員問同一個問題，會因他的性別而得到不同的答案，訪談的信度便受到威脅。

文化意義和調查訪問

深入探討調查錯誤與訪談偏誤的研究，已經開啓學界對人們如何創造社會意義與獲得文化瞭解這類較大議題的思考。[36]當同樣的字因社會情境、說這些字的人、說這些字的方式，以及說者與聽者間的社會距離，而有不同的意義與含意時，著實令調查研究者困惑。同樣的，回答者並不總是瞭解調查研究的社會情境、也可能誤解了社會研究的本質、而且也可能努力想從問題的措辭或訪員微妙的行動中找出線索。再者，「很重要的是，不要忽略這項事實，那就是訪談環境本身不同於其它表達態度的環境，因此我們不應該期望訪談中所表達的態度會與在其它社會脈絡下所表現的態度，完全吻合」（Tuner & Martin, 1984:276）。

剛開始時，調查研究是建立在「天眞的假定模型（native assumption model）」這個基礎之上（Foddy, 1993:13）。研究者想藉著縮短進行調查的實際經驗與模型假定所表現的理想調查之間的差距，來改善調查研究。該模型的假定如下：

1.研究者已將所有要測量的變項，做好清楚的概念化。
2.問卷沒有用字、題目順序、或相關的效果。
3.回答者受到鼓勵、意願回答所有被問及的問題。
4.回答者擁有完整的資訊，可以準確地回想過去的事件。
5.回答者對每道問題的瞭解與研究者的想法並無二致。
6.如果回答者對假設一無所知，他們會提供更多眞實的答案。
7.如果回答者沒有收到任何的提示與建議，他們會提供更多眞實的答案。
8.訪談情況與特定的訪員對作答不會有任何影響。
9.訪談的過程對回答者的信仰或態度，不會有任何影響。
10.回答者的行爲完全符合其在訪談時所提供的答案。

方塊10.9

訪談：實證主義與女性主義的取向

本章中你學到了實證主義取向的調查研究訪談法。理想的調查訪談中，訪員壓抑本身的感覺與信念。訪員應該客觀和中立，使得就算換一個訪員也會得到相同的答案。

女性主義研究者切入訪談的取向，大不相同。女性主義的訪談比較近似質化的訪談（將於第十四章中討論）。奧克里（Oakley, 1981）批評實證主義的調查訪談是男性範型的一部分。乃是一種社會情境，情境中的訪員在壓制個人情感表達的同時，運用控制與宰制，充滿操縱與工具性格。訪員與回答者都成了獲得客觀資料的媒介。

女性主義研究的目標各有不同，但有兩個共同的目標：給予女性主觀經驗較大的能見度，以及增加回答者對研究過程的參與。女性主義訪談的特徵如下：

- 偏好無結構的與開放式的格式。
- 偏好對一個人進行多次以上的訪談。
- 創造社會關聯、建立値得信賴的社會關係。
- 訪員透露個人的經驗。
- 仰賴女性開放、貼心、與體諒的技巧。
- 低調處理專業地位，避免控制、促進平等。
- 小心傾聽，訪員與回答者產生情感的交流。
- 訪談方向以回答者爲導向，而不是研究者導向、或問卷導向。
- 鼓勵回答者用她覺得舒適的方法表現自我，例如，說故事。
- 創造獲得權力的感覺、在女性之中創造同仇敵愾的精神。

有些調查研究者質疑這個模型的假定。例如，當訪員努力做到更爲中立與劃一時，他們減少了因個別訪員行爲所造成的缺乏信度的偏誤型態。但是，這種想要減少偏誤的企圖，就詮釋或批判社會科學研究者看來，則引起了其它的問題（參閱方塊10.9；也可參閱Devault, 1990）。[37]有研究者主張，意義是在社會脈絡中被創造出來的，因此

標準的用字措辭對所有回答者都不會產生相同的意義。例如，有些回答者以說故事的方法來表達他們的價值與感覺，而不是直接用某些固定的答案來回答單刀直入的問題。事實上，標準的訪員行為可能會減低效度，對於來自大部分調查研究者中產階級世界之外的社會群體的回答者而言，更是如此。

複雜的人際互動中，人們常在簡單的問題上添加些自行詮釋的意義。例如，我的鄰居問我一個簡單的問題，「你多久割一次你的草地？」我可能用下列方式解讀他的問題：

◇我多久親自割一次草地（或我多久找人來割一次草地）？
◇我多久割一次草地以清除雜草（或我多久用我的割草機來清除樹葉）？
◇我多久割一次整個草皮（或我多久割一次草長得比較快的部份）？
◇我一季中、一個月、一週中、多久割一次草？
◇大多數的季節裡，我多久割一次草？（或去年我的割草機壞了許多次，而且天氣很乾燥，草長得比較慢，所以我沒有常常割草。

在短短的幾秒之內，我對問題做了個詮釋，並且給了它一個答案。但是我與我鄰居之間開放與持續的互動，使我可以要求澄清、接著問數個問題，以幫助我們達到相互的瞭解。

兩難的問題是，日常的對話含有特別設計來偵測與矯正誤解與建立相互瞭解的組織特性。這些特性有許多在調查訪談的情況中，為了確保每個回答者都受到標準化的方式處理，而被控制住了。標準化的用字措辭並不會自動產生標準化的意義。弔詭的是，「為了獲得信度而對社會互動下的禁令，卻在不知不覺中動搖了調查資料的效度」

（Suchman & Jordan, 1992:242）。

社會意義並不僅僅存在於文字當中，也存在於人們生活的社會脈絡、人際互動，以及文化架構當中（有時受到性別、種族、地區的隔離）。例如，男人與女人對他們健康有不同看法，他們會用不同的說法來表示同樣的健康狀況（Groves, Fultz & Martin, 1992）。難道這意味著身體狀況極佳的男性遠多過於女性嗎？甚至調查研究中被稱爲客觀的分類，像是種族或民族，在回答者主觀地思考與回答下，也會有很大的變異（Smith, 1984）。訪談中人們的回答，遠比天眞的假定模型中所條列出來的，更加複雜而且會隨情境的不同而有更多的變異。舉例來說，「不正確的報告不見得是一種回答趨勢，或是不想據實以告的傾向。而是在某種場合會據實以告、或在回答某些特殊問題時會據實回答的人，在其它的時刻、或是在回答其它的問題時，可能不會據實作答」（Wentworth, 1993:130）。

就問題的複雜性與可能的扭曲，用心的調查研究者該怎麼辦呢？這類社會意義的議題指出了，調查研究者至少應該以開放式問項來補封閉式問項的不足，並且進行深入探問。這麼做會消耗比較多的時間、需要良好訓練的訪員，而且會產生比較不標準化的答案、更加難以量化。依據天眞假定模型所設計的固定答項問卷，蘊含了一個比許多情況下更爲簡單的、更加機械式的作答模式。深入探討訪員偏誤、文化意義，以及視訪談爲一個社會情況的調查，提供我們一個教訓，那就是，量化與質化型態的社會研究可以相互匡正、互補闕遺。正因爲量化調查研究者努力想要消除訪員偏誤與回答者混淆的來源，他們發現了質化研究者對於人們如何在不同社會環境下建構意義，提供極富價值的洞識。

電腦輔助的電話訪問

電腦科技的進步與電腦價格的降低，使許多專業調查研究機構引進了電腦輔助電話訪問系統（簡稱電訪系統）。[38]有了電訪系統，訪員就可坐在電腦終端機前（帶有鍵盤的螢幕），逕自進行人工撥號或由電腦自動撥號。戴上收話器與麥克風，訪員看著電子螢幕，對已接通的回答者唸出問題，再透過鍵盤鍵入答案。一旦輸入一題的答案之後，螢幕就會顯示出下一題。

電訪系統加快訪問速度並且減少訪員的錯誤。它也省下了把蒐集到的資料輸入電腦這個原本獨立的步驟，因而加快了資料處理的速度。當然，使用電訪系統需要對電腦設備有所投資並且具有一些電腦的知識。電訪系統對列聯題特別有價值，因爲電腦可顯示出適當的問題，訪員不必翻頁尋找下一個題目。此外，當訪員把資料輸入電腦後，電腦會直接檢查資料。例如，如果某位訪員輸入一個不清楚或不可能出現的答案〔例如，將H寫成代表「男性」（male）的M〕，電腦會發出響聲要求訪員輸入另一個答案。

數個公司已經爲個人電腦發展出，協助研究者發展問卷與分析調查資料的軟體。四種這種類型的軟體調查程式（Survey Pro®）、調查系統（The Survey System®）、調查分析師（Survey Analyst ®）、與調查大師（Survey Master® ）。這種軟體在問卷撰寫、記錄答案、分析資料、以及製作報告方面，提供協助。這些軟體可以加快處理調查研究中較機械層面的作業，像是問卷打字、組織版面、與答案記錄，但是它們無法取代對調查方法的深入瞭解與對其適用限制的體認。研究者仍要清楚地把變項給概念化、準備措辭妥當的問項、設計問項與答項的出現順序，以及對問卷進行試測。與回答者清楚溝通、擷取可信的答案，仍是調查研究最重要的部分。（參閱方塊10.10）提供的一個調查研究的範例。

調查倫理

就像所有社會研究，人們可以用合乎倫理或不講倫理的方法來

方塊10.10

調查範例

約翰・哈根（John Hagan, 1990）調查加拿大律師之間的性別歧視與收入不平等的現象。他對多倫多的律師，依雇用的類型（大企業、中小型企業、自行開業）與性別，進行分層抽樣。1985年他寄出了一千六百零九封問卷，之後又寄出兩次的催收信。總共回收一千零五十一份問卷，回答率是百分之六十五點三。問卷要求回答者將其1984年的稅前收入放進二十六個分類中的一個，範圍是不到一萬美元至五十萬美元以上。就回答這題的律師中，四百四十五位女性律師的平均收入是四萬四千兩百一十美元，三百六十九位男性律師的收入是八萬六千七百五十六美元。問卷中也包括了控制變項，是性別之外另一個可能造成收入差異的原因。這些變項包括了職位類型（例如，經營夥伴、自行開業）、宗教背景、專業領域（例如，稅法、家庭法、犯罪法）、工作年資，以及畢業學校的聲望。哈根又對五十位律師進行追蹤訪談，以瞭解其職業生涯的模式。對其他變項做過詳細的統計分析之後，他總結說，男女性律師收入上的差距大約有四分之一——平均一年大約是一萬零六百三十六美元——是因性別歧視所引起的。過去相比，女性律師的所得是有增加，但是男性律師的收入卻有大幅的成長。擁有生涯優勢的男律師，像是受過菁英教育、或是多年的工作經驗，比擁有相同優勢的女律師，更能夠把這些優勢轉變成收入。舉例來說，成為中大型企業經營夥伴的男性律師，所得是八萬四千美元。相較之下，成為中大型企業經營夥伴的女性律師，所得是兩萬四千美元比小企業經營夥伴的女性律師的收入為多。

進行調查。調查研究中主要的倫理議題，是對隱私權的侵犯。[39]調查研究者會因問及親密的行動或是個人的信仰而侵犯到回答者的隱私。人人都有隱私權。回答者有權決定在何時或是向誰透露私人資訊。如果是在一個舒適自在而且互相信任的情境下，被問到這類問題，或是當為了正當的研究目的而需要認真的答案、並且相信他們的答案會受到保密，回答者可能會提供這些訊息。研究者應該以尊重的態度對待所有的回答者，減少他們的焦慮或不適。他們也有責任維護資料的機密性。

第二個議題涉及到回答者自願的參與。回答者同意回答問題，而且可於任何時間退出。回答者出示「知會同意（informed consent）」（見第17章）來參與研究。研究者依賴回答者的自願合作，所以研究者需要以細心敏感的心，詢問製作妥當的問題、以尊敬的態度對待回答者、並且積極保密。

第三個倫理議題是調查的運用與冒牌調查。由於調查廣泛流行，有些人便利用調查來誤導他人。冒牌調查（pseudosurvey）是出現在某人使用調查的形式試圖說服他人去做某事，而對瞭解回答者所提供的訊息，其實並無眞正的興趣。冒牌者假借進行調查來侵犯個人隱私，取得進入他人屋內，或「糾纏（suggle）」（名爲調查實爲推銷東西）。一項冒牌調查的案例發生在1994年美國選舉期間以「打擊對手爲目的民意調查（suppression polls）」。這個案例中，一個不爲人所知的調查機構打電話給潛在投票者，問他們是否支持某位候選人。如果投票者支持這位候選人，訪員接著問他們是否還會支持這位候選人，如果他們知道這位候選人有不良的人格特質（例如，曾因酒醉駕車被捕、使用非法藥物、提高定罪下獄犯人的工資）。這此訪談的目的，不在於測量候選人的支持傾向，相反的，目的在確認出某位候選人的支持者之後，試圖以負面的資訊改變他們的支持方向。我接到一通這類的電話，而某位正是這個打擊對手民調目標的市長競選落選人也接到這樣的一通電話。沒有人因爲使用這項選舉花招，而遭到起訴。

另一個倫理議題發生在人們誤用調查結果，或使用劣質的、或進行別有用心的調查。人們會要求調查提供它無法提供的答案，或者對於調查的極限不甚瞭解。設計與準備調查的人員可能缺乏進行合法調查的足夠的訓練。依據不用心或設計不良的調查所得出的政策決定，可能會造成浪費並爲民眾帶來痛苦。這類誤用使合法的研究者更

表10.6 報導調查結果實應包括的項目

1. 所使用的抽樣架構（例如，電話簿）。
2. 調查執行的日期。
3. 樣本所代表的母群（例如，美個成年人、澳洲的大學生）
4. 實際從之取得資料的樣本人數。
5. 抽樣方法（例如，隨機）。
6. 問問題時確實的用字與措辭。
7. 使用的調查方法（例如，面對面訪談、電話訪問）。
8. 贊助這次調查的機構（有人出錢贊助、或是自己進行）。
9. 回答率或是實際聯絡上而且完成問卷的人數比例。
10. 報導某個問項的結果時，說明漏失資料與「不知道」選項。

有必要進行方法嚴格的調查研究。研究者應該知道並且說明調查結果的限制。「以一點錯誤都沒有的態度去面對調查資料，是自欺欺人的作法」(Alwin, 1997:132)。研究者也需要對付無所不用其極的政客、生意人、以及其他造假調查產生騙人結果的人士。

大眾媒體對調查結果的報導及其所報導調查的品質，助長了調查的濫用。[40]讀過研究結果的人很少會感念這項調查，但是研究者應該包括調查相關的所有細節（參閱表10.6），以便減少調查結果的誤用、並且增進社會大眾對那些未提供這類資訊的調查的質疑。研究者大力勸導媒體報導調查的細節，但是事實上很少報導涵蓋這些細節。媒體報導的調查中，有超過百分之八十八沒有透露執行這項研究的是誰，只有百分之十八提供調查是如何進行的細節（Singer, 1988）。在媒體報導調查的次數遠多於其它類型的社會研究之時，竟然還會發生這種狀況。

現在，仍然沒有任何品質控制的標準來規範美國媒體所報導的民意調查、或調查研究。自第二次世界大戰起，有心做好適當的抽樣、訪員訓練與督導、令人滿意的問卷設計、大眾都取閱的調查結果，以及控制調查機構的誠信的研究者，數次的嘗試都未能成功

（Turner & Martin, 1984:62）。因此，大眾媒體在報導偏誤的、誤導人心的調查結果時，與報導嚴謹與專業的調查結果，並無差別。媒體報導說，「通常引述的邊際誤差…促使對調查估計值產生過度的信心。這些數字通常只能說明抽樣變異，並未將調查估計值的其它變異來源納入考慮」（Turner & Martin, 1984:107）。無怪乎會發生大眾的混淆以及對所有調查都不信任的結果。

結論

本章中，你學到調查研究。調查研究是最廣爲使用的社會科學技術。它有段相當漫長的歷史，但是過去三十年來調查研究歷經戲劇化的擴張，以臻成熟。你也學到了若干撰寫良好調查問題的原則。撰寫問題時，有許多事項必須避免、也有許多項目必須納入。你也學到了三種類型調查研究的優缺點：郵寄、電話訪問、與面對面的訪談。你也看到了訪談，特別是面對面訪談，可能不是那麼容易做的。

雖然本章的焦點集中在調查法，研究者在其它量化研究中（例如，實驗法）也會用到問卷來測量變項。調查法是一門獨特的技術，常被稱爲樣本調查，因爲這個方法經常伴隨著隨機抽樣法一併使用，是個同時問很多人同樣的問題，進而檢視他們答案的一個過程。

調查是一個過程，研究者把研究問題轉變成問卷，然後將之用在回答者身上，以創造資料。調查研究者把其他人──回答者──牽扯進來，要他們回答問題。從回答者提供的答案中，研究者創造出量化的資料，再就分析的資料討論研究的問題。調查研究者努力使誤差減到最小，但是調查資料常帶有誤差。舉例來說，誤差可能來自於抽樣架構、來自沒有作答、來自問題的措辭用字與出現的先後順序，以及來自訪員的偏誤。不要讓誤差的存在打消了你使用調查法的念頭。相反地，應該學習設計調查研究時當小心謹慎，在通則化調查結果時，也當戒慎恐懼。

關鍵術語

人口調查
封閉式問項
電腦輔助的電話訪談
脈絡效果
列聯題
封面
雙重負載的問項
游離份子
焦點團體
全過濾題
漏斗序列
訪談卷
矩陣題
開放式問項
順序效果
半開放問項
聲望偏誤
深入探
半過濾題
問卷
答案隨機化的技術
近因效果
回答者
答案組
臥車題
社會可欲性偏誤
標準題
微縮效果
造成壓迫感的問項
整體設計法
用字效應

複習測驗

1.什麼是調查研究經常詢問的六類事項？每類各舉一個不同於本書所提供的例子。

2.爲何調查研究被稱爲相關研究，他們與實驗研究有何不同？

3.1960年代與1970年代發生哪五大變遷，使調查研究產生重大的改變？

4.問項製作時，有十大應該避免的事項，請寫出五項。

5.什麼主題會讓回答者感到威脅壓力？研究者該如何問這些問題呢？

6.開放式與封閉式問項各有何優缺點？

7.什麼是半過濾題、標準題？他們與游離份子的關係爲何？

8.日常觀察與調查訪談有何不同？

9.郵寄、電訪、或面對面的訪談各在什麼情況下是最好的方法？

10什麼是電腦輔助的電話訪問？這個方法在什麼時候最有用？

註釋

1.使用嚴格的實證主義取向從事調查研究，成爲選擇詮釋研究取向研究者的批評對象。關於這類批評，參閱柏利格斯（Biggs, 1986）、丹辛（Denzin, 1989）、密許勒（Mishler, 1986），以及菲利普斯（Phillips, 1971）的論著。來自批判社會科學研究取向的類似批評，則參閱卡希爾（Carr-Hill, 1984b）。

2.關於調查研究史在康維斯（Converse, 1987）、海曼（Hyman, 1991）、羅西等（Rossi et al., 1983）、馬許（Marsh, 1982:9-47）、密勒（Miller, 1983:19-125）、摩塞與卡爾頓（Moser & Kalton, 1972:6-

15）、蘇德曼（sudman, 1976b），以及蘇德曼與布拉德朋（Sudman & Bradburn, 1987）的著作中，都有所討論。

3.參閱布魯默（Blumer, 1991a; 1991b）、布魯默、貝爾斯、與史卡拉（Blumer, Bales & Sklar, 1991）、班尼斯特（Bannister, 1987）、卡密克與謝（Camic & Xie, 1994）、科恩（Cohen, 1991）、迪根（Deegan 1988）、羅斯（Ross, 1991）、史卡拉（Sklar, 1991）、藤納（Turner, 1991）、與約爾（Yeo, 1991）的著作。

4.參閱康維斯（1987:383-385）、《美國統計學摘要》，以及羅西等學者（Rossi et al., 1983:8）的論述。

5.誠如海曼（1975:4）所說，「就讓標示科學往前進了一個階段的錯誤示範，留下記錄吧！所有的科學調查都可能犯錯，寧可知道錯在那裡、努力研究錯誤的來源以減少之，進而評估研究發現中錯誤的多寡，也不該對潛藏在資料中的錯誤，視若無睹」。關於調查方法論的研究範例，可參考畢盧普、歐登迪克、與塔屈法柏（Bishop, Oldendick & Tuchfarber, 1983; 1984; 1985）、布拉德朋（1983）、布拉德朋與蘇德曼（1980）、肯乃爾、密樂、與歐克森柏格（Cannell, Miller & Olksenberg, 1981）、康維斯與普列塞（Converse & Presser, 1986）、葛若夫斯與卡恩（Groves & Kahn, 1979）、海曼（Hyman, 1991）、蘇曼與普列塞（Schuman & Presser, 1981）、史密斯與馬丁（Smith & Martin, 1984）、蘇德曼與布拉德朋（1983），以及塔奴爾（Tanur, 1992）。

6.參閱羅西、萊特，以及安德森（Rossi, Wright & Anderson, 1983:10）的著作。

7.參閱貝列斯（Bayless, 1981）有關研究三角機構的討論。

8.關於調查組織的名單，參閱布拉德朋與蘇德曼（1988）。

9.關於執行調查研究的行政事務，參閱貝克史東與賀許凱撒（Backstrom & Hursh-Cesar, 1981:38-45）、狄爾曼（Dillman, 1978:200-281; 1983）、弗瑞（Frey, 1983:129-169）、葛若夫斯與卡

恩（Groves & Kahn, 1979:40-78）、普瑞威特（Prewitt, 1983）、塔奴爾（1983）以及華威克與林尼格（Warwick & Lininger, 1975:20-45; 220-264）的著作。

10.類似的禁止事項，可參閱巴比（Babbie, 1990:127-132）、貝克史東與賀許凱撒（1981:140-153）、貝里（Bailey, 1987:110-115）、布拉德朋與蘇德曼（1988:145-153）、康維斯與普列塞（1986:13-31）、德瓦斯（deVaus, 1986:71-74）、狄爾曼（1978:95-117）、弗瑞（1983:116-127）、弗勒（Fowler, 1984:75-86）、摩塞與卡爾頓（Moser & Kalton, 1972:318-341）、敘慈里（Sheatsley, 1983:216-217）、蘇德曼與布拉德朋（1983:132-136），以及華威克與林尼格（1975:140-148）的論述。

11.蘇德曼與布拉德朋（1983:39）建議說，即使很簡單的問項（例如，你通常買的是哪種牌子的飲料？）也可能帶來問題。對某個傳統的汽水蘇打品牌有相當高忠誠度的回答者很輕鬆地就能回答這個問題。但是其他的回答者在回答這個問題時，必然想到下面這幾個問題：是指那一段期間：上個月、去年、還是近十年來？是指什麼地方——家裡、飯店、還是打球時？自己喝還是買給家人喝？什麼算是「飲料」？檸檬汽水、冰紅茶、礦泉水、水果汁，算嗎？「通常」是指購買某個品牌的次數佔總次數的百分之五十一以上嗎？還是只要購買次數多過其它品牌就可以了？回答者很少停下來，要求研究者澄清這些模糊處。他們直接對研究者的含意做出他們的假定。

12.參考亞柏森等（Abelson et al., 1992）、歐里特（Auriat, 1993）、巴納德等（Bernard et al., 1984）、克洛伊爾與羅夫特斯（Croyle & Loftus, 1992）、克羅斯尼克與亞柏森（Krosnick & Abelson, 1992）、羅夫特斯等（Loftus et al., 1990; 1992），以及皮爾森與道斯（pearson & Dawes, 1992）。

13.關於威脅性的或敏感的問項，參考布拉德朋（1983）、布拉德朋與蘇德曼（1980），以及蘇德曼與布拉德朋（1983）的著作。貝克史東與賀許凱撒（1981:219）以及華威克與林尼格（1975:150-151）也提出相當有用的建議。福克斯與崔西（Fox & Tracy, 1986）討論過把答項做隨機化處理的技術。關於使用調查研究來測量性行爲的討論，參閱迪拉馬特與麥克科戴爾（DeLamater & MacCorquodale, 1975）的論著。檢視敏感主題的一般設計上的問題，可參閱賀茲柏格（Herzberger, 1993）。

14. 參閱狄馬里歐（DeMario, 1984）以及蘇德曼與布拉德朋（1983:59）的著作。

15. 關於知識的問題，參閱康維斯與普列塞（1986:24-31）、貝克史東與賀許凱撒（1981:124-126）、蘇德曼與貝克史東（1983:88-118），以及華威克與林尼格（1975:158-160）的著作。

16. 列聯問項在巴比（1990:136-138）、貝里（1987:135-137）、德瓦斯（1986:78-80）、狄爾曼（1978:144-146），以及蘇德曼與布拉德朋（1983:250-251）。

17. 關於開放式與封閉式問項更進一步的討論，參閱貝里（1987:117-122）、康維斯（1984）、康維斯與普列塞（1986:33-34）、德瓦斯（1986:74-75）、吉爾（1988）、摩塞與卡爾頓（1972:341-345）、蘇德曼與布拉德朋（1983:149-155）、蘇曼與普列塞（1979; 1981:79-111），以及華威克與林尼格（1975:132-140）的論述。

18. 關於「不知道」、「沒意見」，以及中間位置的回答項的討論，參閱貝克史東與賀許凱撒（1981:148-149）、畢盧普（1987）、布拉德朋與蘇德曼（1988:154）、布羅迪（Brody, 1986）、康維斯與普列塞（1986:35-37）、鄧肯與史單貝克（Duncan & Stenbeck, 1988）、波伊等（Poe et al., 1988），以及蘇德曼與布拉德朋（1983:140-141）的著作。最詳盡的討論見諸於蘇曼與普列塞（1981:113-178）的論述中。更多關於過濾題的討論，參閱畢盧普、歐登迪克、與塔屈法柏（1983; 1984）以及畢盧普、塔屈法柏、與歐登迪克（1986）的論著。

19.關於同意／不同意還是給予特定的另外選項的爭議，在布拉德朋與蘇德曼（1988:149-151）、康維斯與普列塞（1986:38-39）、蘇曼與普列塞（1981:179-223），以及蘇德曼與布拉德朋（1983:119-140）的論著都有討論到。貝克史東與賀許凱撒（1981:136-140）還討論過問李克特類型的同意不同意問項該採取的形式問題。

20.關於要求回答者從等級答項中選出答案來，還是要求他們評定問項的等級這方面的討論，參閱艾爾文與克羅斯尼克（Alwin & Krosnick, 1985）、克羅斯尼克與艾爾文（1988），以及普列塞（1984）。關於建構這兩類問項的格式，可參閱貝克史東與賀許凱撒（1981:132-134）以及蘇德曼與布拉德朋（1983:156-165）的討論。

21.關於問卷用字影響的討論，參閱布拉德朋與麥爾斯（Bradburn & Miles, 1979）、彼得森（Peterson, 1984）、蘇曼與普列塞（1981:275-296）、敘慈里（1983），以及史密斯（1987）。希普勒與史瓦茲發現存在於「禁止」與「不准」間的差異也出現於德國，這指出這項區別不是指存在於英文之中。

22.關於問卷的長度，在狄爾曼（1978:51-57; 1983）、弗瑞（1983:48-49）、賀左格與巴奇曼（Herzog & Bachman, 1981），以及蘇德曼與布拉德朋（1983:226-227）的著作中都有論及。

23.關於問項的先後秩序或問項的順序效果，參閱貝克史東與賀許凱撒（1981:154-176）；畢盧普、歐登迪克、與塔屈法柏（1985）、布拉德朋（1983:302-304）、布拉德朋與蘇德曼（1988:153-154）、康維斯與普列塞（1986:39-40）、狄爾曼（1978:218-220）、麥克法蘭（McFarland, 1981）、麥吉與歐布蘭（McKee & O'Brien, 1988）、摩塞與卡爾頓（1972:346-347）、蘇曼與陸德威格（Schuman & Ludwig, 1983）、蘇曼與普列塞（1981:23-74）、蘇德曼與布拉德朋（1983:207-226），以及史瓦茲與希普勒（Schwartz

& Hippler, 1995）的著作。

24.更多有關沒有回答與拒答率的討論，參閱貝克史東與賀許凱撒（1981:140-141, 274-275）、狄梅歐（DeMaio, 1980）、弗瑞（1983:38-41）、葛羅夫斯與卡恩（1979:218-223）、馬丁（1985:701-706）、尼德何夫（Nederhof, 1986）、歐克森柏格等（Oksenberg et al., 1986）、蘇曼與普列塞（1981:331-336）、席格曼（Sigelman, 1982）、史狄（Steeh, 1981）、蘇德曼與布拉德朋（1983）、余與古柏（Yu & Cooper, 1983）。也參閱弗勒（1984:46-52）對計算回答率以及由於沒有回覆所造成的偏誤，所做的討論。關於計算回答率的方法，參閱貝里（1987:169）、狄爾曼（1978:49-51）、弗瑞（1983:38）的著作。貝拉與藍法爾（Bailar & Lanphier, 1978:13）指出，不正確地計算回答率並不常見，綜合回顧調查研究發現沒有回答的比率介於百分之四到百分之七十五。

25.參閱《紐約時報》1990年10月5日一版（調查琳瑯滿目、回答意願每況愈下）的論文，以及《首都時報》1986年1月31日五版的「只有少數的美國人會理睬調查研究公司」一篇文章（麥迪遜，西印第安那州）。蘇德曼（1976b:114-116）也討論過拒答率成長的問題。

26.關於如何提高郵寄問卷的回收率，在貝里（1987:153-168）、邱奇（Church, 1993）、狄爾曼（1978; 1983）、福克斯、克瑞斯克、與金姆（Fox, Crask & Kim, 1988）、高以德（Goyder, 1982）、何柏連與包姆卡特納（1978; 1981）、胡巴德與里特（Hubbard & Little, 1988）、瓊斯（1979），以及威里麥克等（Willimack et al., 1995）的著作。貝里（1987）已經對相關的回覆率實驗整理出一份非常有用的摘要。狄爾曼（1978）對於寄出一份郵寄問卷應該注意的事項，包括催詢信與折疊信件與問卷的方式，都提出過相當實際的建議。

27.關於問卷的一般格式與版面安排，參閱巴比（1990）、貝克史東與賀許凱撒（1981:187-236）、狄爾曼（1978; 1983）、美爾與派普（Mayer & Piper, 1982）、蘇德曼與布拉德朋（1983:229-260），以及華威克與林尼格（1975:151-157）。也參閱調查研究中心的檢討（1976）。

28. 更多有關調查類型的比較，參閱貝克史東與賀許凱撒（1981:16-23）、貝克史東與蘇德曼（1988:94-110）、狄爾曼（1978:39-78）、弗勒（1984:61-73），以及弗瑞（1983:27-55）的論述。關於電話訪談的特定細節，參閱布蘭肯席普（Blankenship, 1977）、弗瑞（1983）、以及葛羅夫斯與卡恩（1979）。

29. 關於菁英訪談，參閱戴克特（Dexter, 1970）的討論。也參閱憂希姆（Ussem, 1984）、卡拉斯基維茲（Galaskiewicz, 1987）、維巴與歐閏（Verba & Orren, 1985）、以及祝克曼（Zuckerman, 1972）的論著。也可參閱第十三章。

30. 更多有關焦點團體的討論，參閱邱吉爾（1983:179-184）、克魯格（Krueger, 1988），以及拉寶（Labaw, 1980:54-58）的著作。

31. 更多有關調查研究訪談的討論，參閱布蘭納、布朗、與坎特（Brenner, Brown & Canter, 1985）、肯乃爾與卡恩（1968）、康維斯與蘇曼（1974）、狄克斯查與樊德佐文（Dijkstra & van der Zouwen, 1982）、弗迪（1993）、高登（Gorden, 1980）、海曼（1975）、摩塞與卡爾頓（1972:270-302），以及調查訪問中心（1976）。關於專門針對電話訪問的討論，參閱弗瑞（1983）、葛羅夫斯與馬西歐維茲（Groves & Mathiowetz, 1984），約旦、馬庫絲、與瑞德（Jordan, marcus & Reeder, 1980）以及塔克（Tucker, 1983）。

32. 關於深入探問（旁敲側擊），在貝克史東與賀許凱撒（1981:266-273）、高登（1980:368-390）、與海曼（1975:236-241）的論著中都有討論到。

33. 關於訪員訓練與訪談期望，參閱貝克史東與賀許凱撒（1981:237-

307）、比利特與路斯維特（Billiet & Loosveldt, 1988）、布拉德朋與蘇德曼（1980）、歐克森柏格、柯爾曼、與肯乃爾（Oksenberg, Coleman & Cannell, 1986）、新格與孔科阿逵瑞（Singer & Kohnke-Aguirre, 1979），以及塔克（1983）的論著。蘇德曼（1976b:115）指出今天的中產階級的婦女比較不可能想要當訪員。

34.參閱布拉德朋與蘇德曼（1980）。

35.訪員的種族或族群的問題，在安德森、希維爾、與阿布拉姆森（Anderson, Silver & Abramson, 1988）、喀特等（Cotter et al., 1982）、芬可、古特波克與波格（Finkel, Guterbock & Borg, 1991）、高登（1980:168-172）、里斯等（Reese et al., 1986）、沙福爾（Schaffer, 1980）、蘇曼與康維斯（1971），以及魏克斯與摩爾（Weeks & Moore, 1981）的論述。

36.參閱貝特森（Bateson, 1984）、客拉克與索柏（Clark & Schober, 1992）、弗迪（1993）、列斯勒（Lessler, 1984）、與藤納（1984）。

37.關於調查研究訪談的批評，參閱希克羅（Cicourel, 1982）、柏利格斯（1986）、密希勒（Mishler, 1986）。

38.電腦輔助電話訪問系統的討論，參閱貝里（1987:201-202）、布拉德朋與蘇德曼（1988:100-101）、弗瑞（1983:24-25, 143-149）、葛羅夫斯與卡恩（1979:226）、葛羅夫斯與馬西歐維茲（Groves & Mathiowetz, 1984），以及卡威特與美爾斯（Karweit & meyers, 1983）。也可參閱弗利曼與梅里爾（Freeman & Merrill, 1983）。

39.關於特屬調查研究的倫理問題，參閱貝克史東與賀許凱撒（1981:46-50）、弗勒（1984:135-144）、弗瑞（1983:177-185）、凱爾曼（Kelman, 1982:79-81），以及雷諾斯（Reynolds, 1982:48-57）。馬許（Marsh, 1982:125-146）與米勒對於贊成與反對調查研究的使用，有番非常有用的討論。知會同意的使用，再席格與法蘭科（1982）以及索波（1984）的論著中都有所討論。

40.關於媒體對調查結果的報導，參閱錢諾斯（Channels, 1993）與麥克昆（MacKeun, 1984）的討論。

第11章

非反應類的研究與資料取得

有一些研究情境，單獨使用訪談法或問卷法是無法解開對立解釋的正誤。此處強調的這些比較不受歡迎的測量課程的目的，是在補救這些弱點，提供智慧以解除效度受到威脅的問題。使用這些測量工具的回報很高，但是這個研究取向也要求調查者付出很多心力。

尤金．韋布等位學者（Eugene Webb et al.,）

《社會科學非反應類的測量（*Nonreactive Measures in the Social Sciences*）》，

第三一五至三一六頁。

引言

實驗與調查研究都是反應類的（reactive）研究，也就是說，被研究的人知道他們在被研究的這項事實。本章中的技術觸及的是反應類研究的極限。你將學到四種非反應類的量化研究技術，亦即，被研究的人並不知道他們是某個研究計畫的一部分。非反應類的技術大部分是根據實證主義的原則，但卻常被詮釋與批判研究者所使用。

你將學到的第一個技術不眞的是個獨特的技術，而是一群創造性的非反應類測量方法的鬆散集合。接下來是內容分析（content analysis），建立在量化研究設計的基礎上，在社會科學上是個發展良好的研究技術。最後兩種技術是現成統計資料與次級資料分析（existing statistics & secondary analysis），是指從政府文獻或以前的調查中蒐集現成的資訊。研究者用新的方法來檢驗那些資料，進而探討新的問題。雖然資料在第一次蒐集時是反應的，但是研究者可以討論新的問題而不至受到反應的影響。

非反應類的測量

非反應類研究的邏輯

當研究者注意到某個事物指出他感興趣的變項時，便揭開了非反應類研究的序幕。非反應類與無干擾測量方法（unobtrusive measures）（也就是說，測量工具不會對研究者造成干擾或是侵犯）的關鍵特性是，被研究的人不知道有人在研究他們，而是「自然地」留下他們社會行爲或行動的證據。觀察研究者在不打擾被研究者的情形下，就觀察到的行爲或態度證據，進行推論。未被覺察的觀察也算非反應類的測量方法。例如，麥克維與夏默（McKelvie & Schamer, 1988）在不打擾被研究者的情形下，觀察開車者是否會在停止標誌前停下來。他們白天與晚上都安排有觀察活動。觀察者記下開車的人是男的還是女的，是否一個人開車還是有乘客、是否還有其它車同時在場，以及車子是完全停了下來、慢慢停下來、還是根本沒有停下來。

各種類型的非反應類或無干擾觀察

非反應類的測量法有很多種，而研究者在發明間接測量社會行為上一直非常富有創造力（參閱方塊11.1中的舉例）。由於這些測量方法除了都屬於非反應類之外，沒有多少共同性，所以最好是透過例子來學習。有些是耗損測量法（erosion measures），以選擇性耗損做為測量值；有些是增值測量法（accretion measures），測量值是過去事物留下的痕跡。[1]

研究者曾經檢驗不同歷史時期的家庭畫像，進而觀察在畫像中家人就座的模式所反映出的性別關係。都市人類學家曾經檢視垃圾的內容，試圖從人們所丟出來的東西中瞭解人們的生活方式（例如，酒瓶數指出了酒的消費量）。根據垃圾檢視，民眾低報酒類消費量約在百分之四十到六十之間（Rathje & Murphy, 1992:71）。研究者曾經藉著檢視汽車送修前收聽的電台頻道，來研究開車者的收聽習慣。他們也曾觀察博物館不同展示間內磁磚磨損情形，以瞭解人們對不同展覽的興趣。他們研究高中男校與女校廁所內的鬼畫符，從而顯示圖畫主題的性別差異。有些研究者曾經檢查高中年鑑，從而比較後來有心理問題的學生與沒有心理問題學生的在校活動的情形。研究者曾經記下汽車保險桿上標示支持不同政治候選人的貼紙，從而觀察某位候選人的支持者是否比另一位候選人的支持者，比較可能遵守交通規則。有些研究者甚至記錄電視廣告時因上廁所而帶動的水壓變化，來研究電視收視習慣。[2]

你在本書前面幾章也讀過非反應類的測量。當拉奇曼

方塊11.1

非反應測量的例子

實物追蹤

耗損：磨損代表使用次數較多。

例子：研究者檢視日間托兒中心某些同一時間購買的兒童玩具。磨損較多的玩具表示小孩對這個玩具有比較大的興趣。

增值：實物證據的累積表示行爲的存在。

例子：研究者檢查男女宿舍裡垃圾桶與資源回收桶內的飲料鋁罐廠牌。這個結果指出兩性個別喜歡的飲料種類與廠牌。

檔案

定期記錄：定期出版的公開記錄會透露很多資訊。

例子：研究者檢查婚姻登記上新郎新娘的年齡資料。地區性的差異指出，國內某些地區的男性，比較偏好與比他年輕的女性結婚。

其他記錄：不定期或私人的記錄也會透露不少情報。

例子：研究者發現十年內某學院的院長辦公室，學生註冊量穩定時所採購紙張數。用量的大增顯示院內文書工作量的增加。

觀察

外觀：人出現的模樣可能指出某些社會因素。

例子：研究者觀察學生從而瞭解他們在校隊打贏還是打敗之後，比較可能穿戴校服與校徽。

計算行爲：計算有多少人在做某事，有助於瞭解狀況。

例子：研究者計算看到停止標誌時，把車完全停下來、還是慢慢停下來的男女性人數。這些數字指出兩性駕駛行爲的差異。

持續時間：人們花在做某件事上的時間，可能指出他們注意力的所在。

例子：研究者測量男人與女人在一幅裸體男像或裸體女像圖畫前停留的時間。時間長短可能顯示兩性對同性或異性裸體畫的興趣與困窘。

（Lachman, 1988）研究紐約市的街頭鬼畫符（見第三章）、以及當史密斯（Smith, 1955）研究亞洲移民遷入紐約福拉興市（Flushing）時（見第二章），他們不是走在街上觀察牆壁上的鬼畫符，就是觀察商店內的亞洲語言符號，兩人進行的都是非反應類的資料蒐集。

記錄與歸檔

雖然質化研究者也使用非反應類測量方法，但是創造非反應類測量工具遵循的卻是量化測量的邏輯。研究者首先把一個建構給概念化，然後使這個建構與非反應的經驗實證—— 也就是該建構的測量值—— 相結合。變項的操作型定義包括研究者如何有系統地標示與記錄觀察值。

由於非反應類測量法是間接指出一個建構，研究者必須排除這個建構以外其它原因的作用。比方說，研究者想測量某間商店的消費者流量。他的測量值是地板上的泥土與磨損痕跡。他先界定消費者流量的意義（例如，這層樓是通往另一個部門的通道嗎？還是這個值標示的是這個地點是陳列商品的好地方呢？）。然後，他有系統地測量地磚上的泥土與磨損痕跡，並將之與其它地點的狀況做比較，定期記錄結果（例如，每個月做一次記錄）。最後，研究者排除影響這項觀察結果的其它原因（例如，地磚的品質不好、磨損快速，或是這個地點離大門出入口很近）。

內容分析

何謂內容分析？

內容分析是一種蒐集與分析文章內容的技術。內容（content）是指文字、意義、圖片、符號、主題、或任何用來溝通的訊息。文案

（text）是指任何書面的、可讀的、與口述的，作爲溝通媒介的東西，書籍、報紙、雜誌文章、廣告、演講、官方文件、影片、或錄影帶，樂譜、照片、衣物、或藝術作品。例如，塞如樓（Cerulo, 1989）對各國國歌的研究。

內容分析的使用接近有一世紀之久，而且廣泛用在許多不同的領域——文學、歷史、新聞學、政治科學、教育、心理學等等。1910年德國社會學會（German Sociological Society）的首屆年會中，麥克斯・韋伯建議使用內容分析法來研究新聞報紙。[3]

你在本書中已經讀到有關內容分析的研究。羅夫達（Lovdal, 1989）的性別角色刻板印象研究（第二章），以及巴羅、巴羅、與齊利可（Barlow, Barlow & Chirico, 1995）的犯罪新聞研究（第六章）用的都是內容分析法。

內容分析中，研究者使用客觀與系統化的計數與記錄程序，藉此得出對文句的符號內容的一種量化描述。[4]事實上，馬可夫、沙匹羅、與衛特曼（Markoff, Shapiro & Weitman, 1974）建議，「文案內容的編碼登錄（textual coding）」可能是比內容分析還要好的名稱。也有質化或詮釋版的內容分析法。本章的重點在於文句內容的的量化資料。

大多數實證主義研究者對質化內容分析法並不特別推崇。儘管如此，女性主義研究者與其它採用比較批判或詮釋研究取向的社會科學研究者，偏好此道。相關之批評大抵反映第四章所討論的社會科學研究取向間的差異。量化內容分析研究者有時會基於探索的目的，而包括一部分對內容所做的質化評估，或是出於對質化研究取向的認同，或是出於提高對他們量化測量工具效度的信心。

內容分析是非反應的，因爲分析內容的研究者不可能影響到原作者透過文句中文字、訊息、符號的安排運用與讀者或接收者溝通的過程。例如，我——本書的作者——撰寫文句、提出範例圖表，向你——學生——傳遞研究方法的內容。本書的寫作方法與你閱讀本書的方法，都不知道會被內容分析，也沒有意思這麼做。

內容分析讓研究者揭露某個溝通來源（亦即一本書、一篇文章、電影）的內容（亦即訊息、意義、符號）。讓研究者以不同於一般閱讀一本書或觀賞一部電視節目的方式，深入探索、發掘文案內容。

使用內容分析，研究者可以比較許多不同文案的內容，並且使用量化技術（例如，圖表）進行分析。此外，研究者還可以揭露文案內容中難以一眼洞悉的內容。例如，你看電視廣告時可能有個感覺，好像非白種人很少出現在推銷昂貴消費品（例如，名車、皮草、珠寶、香水）的廣告中。內容分析可以出示證明（document）── 用客觀、量化的術語── 你得自無系統觀察的模糊感覺是否眞實。它可以產出可複製的、關於這個文案的精確結果。

內容分析使用隨機抽樣、準確測量，以及對抽象的建構下操作型定義。編碼登錄將代表變項的內容層面轉換成數字。經過內容分析後，研究者完成資料蒐集，接著他們把這些資料鍵入電腦，然後使用與實驗者或調查研究者相同的方法，對這些資料進行統計分析。

適合做內容分析的主題

研究者使用內容分析的目的很多：研究流行歌曲的主題、詩歌中的宗教表徵、報紙標題的走向、社論帶有的意識型態色彩、教科書或電影中性別角色的刻板印象、電視商業廣告與電視節目中不同膚色種族人群出現的方式、開放式調查問卷的答案、戰爭時期敵方的宣傳品、流行雜誌的封面、自殺遺言的人格特質、廣告詞中的主題、談話時的性別差異等等。塞德（Seider, 1974）內容分析美國企業高級主管的公開演說。他發現這些高級主管或多或少會強調跟他們公司所屬產業有關的五個意識型態的主題。伍德倫（Woodrum, 1984:1）指出：

內容分析仍停留是個為研究者低度使用的研究方法，對於信仰、組織、態度、與人際關係的研究，這個方法尚有相當大的潛力。內容分析在應用上與發展上仍然十分有限，主要是由於各界對這個方法上尚不熟悉，以及這個方法的發展有史以來就孤立於社會科學主流之外，而不是因為這個方法的內在限制所致。

研究者根據內容分析的結果所做出的通則命題，受限於文化溝通本身。內容分析不能決定某個斷語的眞假、或是評估文學作品的美感。內容分析可以揭露文案的內容，但不能分析內容的重要性。研究者應該直接檢視文案。侯斯提（Holsti, 1968:602）警告說，「內容分析可以做爲主觀檢視文獻的輔助，但不能取其而代之」。

內容分析法對三種類型的研究問題相當管用。第一，內容分析法有助於處理數量相當龐大的文案。研究者可能想要用抽樣或多個編碼登錄者來測量數量眾多的文案（例如，歷年的報紙論文）。第二，內容分析有助於研究那些發生在「千里之外」的主題。例如，內容分析可以用在研究歷史文獻，過世人物的作品、或是某個不友善國家的廣播。最後，內容分析能夠揭露隨意觀察文案時很難發掘的訊息。不論是文案的撰寫者，還是文案的閱讀者，可能都不盡然知道文案中所涉及的所有主題、偏差、甚或角色。舉例來說，學前圖畫書的作者或許沒有意識到他以傳統的性別刻板印象來刻畫小男孩與小女孩，但是經過內容分析之後，顯示極高比例的性別刻板印象。[5]內容分析男人團體與女人團體的談話是另一個例子。人們或許沒有注意，同性團體之中，女人們談的話題比較多是人際關係與社會關係的事務，相反的男人們談的大多是關於個人成就與攻擊性的話題。[6]

測量與編碼登錄

一般議題：進行內容分析時，做到仔細的測量至爲關鍵，因爲這時研究者做的是將分散不具體的符號溝通轉變爲具體、客觀、量化的資料。研究者謹愼地設計並且詳細記錄編碼登錄的程序以便使研究複製成爲可能。舉例來說，研究者想要確定電視劇從負面刻板印象去描繪老人角色的頻率。他或她會發展一個測量「負面的老人刻板印象」的建構。這個概念化的過程或許會產生一份並不能精確地反映老年人形象的刻板印象、或關於老人負面通性（譬如，老邁、健忘、精神錯亂、體弱、重聽、行動遲緩、病痛纏身、住在托老中心、不良於行、保守）的名單。舉例來說，如果有百分之五年齡超過六十五歲的老人是住在老人之家，但是電視上出現的老人卻有百分之五十被描繪成住在老人之家中，這便就是很明顯的負面刻板印象。[7]

內容分析使用的建構是根據編碼登錄系統（coding system）——即一組關於如何觀察文案並且執行內容記錄的指示或規則—— 而加以操作化。根據文案與溝通媒介的類型（例如，電視劇、小說、雜誌上廣告的照片），研究者製作出一個適當的編碼登錄系統，不過這個編碼登錄系統的形式也受到研究者所選取的分析單位的影響。

單位：進行內容分析時，所採用的分析單位相差很大、變化很多。可以是一個單字、一個成語、一個主題、一個劇情、一篇新聞評論、一個角色等。除了分析單位之外，研究者也使用其它與分析單位相同甚至不相同的單位來進行研究，記錄單位、內容單位、數量單位。這些單位之間有些許差異，而且容易混淆，但是每一種單位都有獨特的角色。只有在簡單的計畫中，這三種被單位視爲同一個。

測量什麼？內容分析時所做的測量，屬於結構化觀察法（structured observation）：根據一套書面的規則，進行有系統、仔細的觀察。這套規則解釋如何歸類與分類觀察到的事物。與其它測量程序一樣，分類用的類別務必互斥與窮盡。書面規則的製作有助於複製與信度的改善。雖然研究者開始進行內容分析時，常以藉助編碼登錄規則，不過研究者大多會執行試測，並根據試測的結果修改編碼登錄系統。

編碼登錄系統是用來辨識文件內容的四項特性：次數、方向、強度、與版面。在一次內容分析的研究中，研究者有可能只測量其中一種特性，或者同時四種特性都測量。下面將簡單說明這四項特性。

◎次數

次數單純是指某件事物發生與否的計算，與如果有發生的話，那麼是多常發生。例如，在某個星期中都多少年紀大的人物出現在電視節目上？他們出現的角色，個別的百分比有多少？他們出現的節目所佔的百分比又是多少？

◎方向

方向是指內容中訊息在一個連續體中的方向（例如，正面或負面的、支持或反對）。例如，研究者設計一份高齡電視角色行動模式名單。有些是正面的（友善的、明智的、體貼的），有些是負面的（例如，討人厭的、語言無味的、自私的）。

◎強度

強度是指訊息以某個方向表現的力量、力道。例如，健忘這個特性可以是輕微的（例如，出門是忘了帶鑰匙，要花些時間才想起某位多年不見友人的名字），或是比較嚴重的（例如，連自己叫什麼名字都記不得，連自己的小孩都不認得）。

◎篇幅

研究者可以記錄下某篇文案訊息的大小、或篇幅的數量、卷數。書面文案的篇幅可以透過字數、句子、段落、或一頁上的篇幅（例如，幾平方公分）等方式加以計算。錄影帶或錄音帶之類的文案則可以播放時間的長度來加以測量。例如，一部兩個小時的節目中，

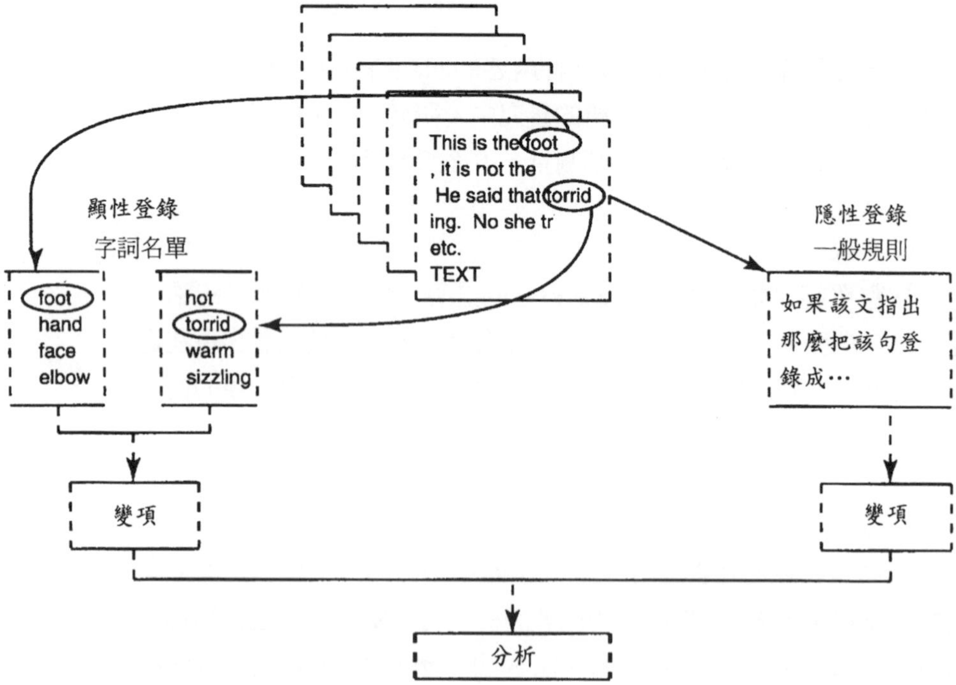

圖11.1 顯性與隱性編碼登錄

某個角色或許只出現幾秒鐘，還是連續在每一個鏡頭中都出現。

編碼登錄、效度、與信度

顯性編碼登錄：編碼登錄一篇文案中看得見的、表面的內容，稱爲顯性編碼登錄（manifest coding）。例如，研究者計算某個成語或單字（例如，紅色）在一篇書面文案中出現的次數，或者某個特定的動作（接吻）是否出現在一張相片或錄影帶的場景之中。這個編碼登錄系統列出在文案中可以找到的字詞或者動作。研究者可以使用電腦軟體，來收尋文案中的單字與成語，並且使用電腦來做統計的工作。如果準備這麼做，研究者需學會電腦軟體，建立一份相當完整詳盡的單字與成語名單，並且將文案轉變成電腦能夠讀的形式。[8]

顯性編碼登錄具有高度的信度，因爲要編碼登錄的成語或單字不是有就是沒有。可惜，顯性編碼登錄並不考慮出現的單字或成語在文句中的含意。相同的字可能因上下文而具有不同的意義。對於那些具有多種含意的單字便限制了顯性編碼登錄的測量效度（參閱圖11.1）。

舉例來說，我在讀一本紅色封面（red cover）的書，封面上有條紅色的鯡魚（red herring）。不幸的，這個出版者卻氣得乾瞪眼、喝紅墨水了（drown in red ink），因爲當書正走紅（red hot）時，編輯者根本不甩官樣作風（red tape）。該書提到一個有關紅色（red）消防車的故事，該車只有在樹葉轉紅（red）後，才會在紅燈（red light）前停下來。書中也提到一群紅色共產黨徒（Reds）帶著紅旗（red flag）到一間紅色校舍（red schoolhouse）。他們遭到吃紅肉（red meat）、崇尚紅（red）、白、藍顏三色的熱血（red-blood）鄉巴佬（rednecks）的反對。主角是個紅鼻子（red-nosed）的鬥牛士，他身著紅色披肩（red cape）力戰紅狐狸（red foxes），而不是公牛。紅唇小紅帽（red-lipped little Red Riding Hood）也出現在這本書中。她在紅燈區（red light district）吃了很多紅辣椒後，眼睛變紅了（red eyes），臉也是紅通通的（red-faced）。結果被她紅頭髮（redhead）的母親打紅了屁股（red backside）。

隱性編碼登錄：使用隱性編碼登錄〔也稱爲語意分析（semantic analysis）〕的研究者尋找文案中潛藏的、隱含的意義。例如，研究者閱讀一段文章之後，決定該文是否帶有色情還是浪漫的表現。研究者的編碼登錄系統的是一般性的規則，藉此之助研究者詮釋文案內容的含意，決定文案中出現的主題與心情（參閱圖11.1）。

隱性編碼登錄和顯性編碼登錄比較起來，較不具有信度，因其仰賴編碼登錄者對於語言與社會意義所掌有的知識。[9]練習、實地操作、製作編碼登錄規則書面化都有助於信度的改善，但是想要前後連貫地確認主題、心情仍有其困難。然而，隱性編碼登錄的效度超過顯性編碼登錄，因爲人與人之間的意義溝通在很多情況下是以隱性的方式表現，端視溝通時的前後文義，而不是靠特定的文字。

研究者可以同時使用顯性與隱性編碼登錄。如果兩個方法得到的結果呈現高度的一致性，那麼最後發現的結果便獲得強大的支持，如果兩種方法得到的結果並不吻合，那麼研究者可能需要重新檢視所使用的操作型定義與理論定義。

編碼登錄員的交互信度：內容分析經常涉及從數量相當眾多的單位中編碼登錄資料。某個研究計畫可能涉及到觀察成打的書籍、上百個小時的電視節目、或上千篇報紙上的文章。除了親自編碼登錄這些訊息之外，研究者可以雇用助手來協助編碼登錄。研究者教導編碼登錄者如何使用編碼登錄系統，訓練他們如何塡寫記錄紙。編碼登錄者應該瞭解有哪些變項、遵守編碼登錄系統的規則、詢問如何處理不很清楚的狀況。研究者記錄下他對如何處理任何一個新編碼登錄狀況所做出的決定，待正式開始編碼登錄時，他可以維持前後一致。

使用數個編碼登錄員的研究者一定要查驗編碼登錄員之間的一致性。研究者可以要求登錄員獨立編碼登錄相同的題目，再查驗他們編碼登錄的結果是否具有一致性。研究者測量編碼登錄員之間的交互信度（intercoder reliability），是種等本信度，告知登錄者之間一致性的統計係數。[10]這個統計係數總是與內容分析的研究結果一併列出。

當編碼登錄過程歷經相當長的時間才完成（比如說超過三個月），研究者也要查驗穩定性信度，讓每位編碼登錄員獨立編碼登錄以前做過的數份文案樣本。研究者然後檢查登錄系統是維持穩定不變，還是有所改變。舉例來說，一部六個小時的電視單元劇在四月已經完成編碼登錄，在不讓編碼登錄員翻閱以前的登錄記錄之下，要求他再編碼登錄一次。如果兩者差異過大，那麼就需要重新訓練編碼登錄員，並且整個編碼登錄作業必須重頭來過。

如何進行內容分析

問題規劃：和大多數的研究並無不同，進行內容分析的研究者從一個研究問題入手。若問題涉及到的是訊息或符號之類的變項時，進行內容分析似乎比較適當。例如，我想要研究報紙報導某項競選活動。我建構出「篇幅內容（coverage）」這個概念，來包括報導的數量、醒目程度，以及報導的內容是否比較偏袒某個候選人。我可以調查民眾對於報紙報導的看法，但是直接使用內容分析法檢閱報紙會是一個比較好的方法。

分析單位：研究者決定分析的單位總數（例如，研究者編上號碼的文章數量）。以某項競選活動來說，每份報紙就構成了一個分析單位。

抽樣：進行內容分析時，研究經常使用隨機抽樣的方式。首先，他們先界定母群與抽樣要素。例如，母群可能是某段期間內，某種類型的文獻中所有的文字、句子、段落、或論文。同樣的，它可以是某段期間內，某種類型的電視節目中的每段對話、場景、情節、劇情、季節。例如，我想知道美國的新聞週刊中如何描繪女性與少數民族的形象。我的分析單位是這類文章。我的母群是包括了從1976年到1995年間刊登在《時代雜誌》、《新聞週刊》、《美國新聞與世界報導》中的文章。我先確認這三種雜誌在這些年中有發行，並且精確界定文章的定義。例如，電影評論算不算是篇文章？文章有最小篇幅（兩個句子）的限制嗎？有數個部分的文章是做一篇文章計算，還是多篇文章計算呢？

接著我檢視這三種雜誌，結果發現雜誌每期平均有四十五篇文章，每年有五十二期。以一個二十年的時間架構來說，我的母群超過十四萬篇文章（3×45×52×20=140400）。我的抽樣架構是所有文章的名單。接下來，我要決定樣本的數目與抽樣的方法。考量我的預算與時間之後，我決定將樣本數限制在一千四百篇文章。因此，抽樣比率是百分之一。我也選好了一個抽樣設計：不用系統化的抽樣，因爲雜誌的期數是隨年曆定期出刊，週而復始（例如，一份五十二期的雜誌，每年是會在相同的一週出刊）。由於每本雜誌的每一期都很重要，所以我使用分層抽樣。我以雜誌爲層，從每種雜誌中抽取1400 / 3=467篇文章。我想要文章能夠代表這二十年中的每一年，所以我又按照年份進行分層。結果造成每本雜誌每年大約要抽出二十三篇文章。

最後，我使用亂數表（random-number table）來執行隨機抽樣。我從表中選出了二十三個數字，然後根據這二十三個數字，選取每年中每種雜誌的二十三篇文章。我建構了一張抽樣架構表，記錄我的抽樣程序。表11.1是抽樣架構表，該表顯示從十四萬零四百零一篇論文中，隨機抽出的一千三百九十八篇樣本文章。

變項與建構編碼登錄類別：以我自己的例子來說，我對非裔美國女人或西班牙女人被描繪成重要的領導者角色的這個建構十分感興趣。我必須先爲「重要的領導者角色」下一個操作型定義，然後列出書面原則來歸類書報論文中所提到的人物。舉例來說，如果有篇文章討論到某位已故人物的成就，這位已故的人物是否有個重要的角色？什麼樣的重要角色——是地方上的一位女童軍領袖，還是一家公司的大老闆？

然後我必須決定文章中提到的人物的種族與性別。如果文章中或附帶的圖片中，並沒有明顯地提到種族與性別，那我該如何決定那個人的種族與性別？

由於我有興趣的是正面的領導者角色，我的測量工具指出該角

表11.1 抽樣架構表

雜誌	卷數	論文	編號	文章 是否爲樣本？[a]	抽中的論文 論文編號
時代雜誌	1976年1月1-7日	第2-3頁	000001	否	
時代雜誌	"	第4頁 下面	000002	否	
時代雜誌	"	第4頁上面	000003	是-1	0001
.					
.					
.					
時代雜誌	1975年3月1-7日	第2-5頁	002101	是-10	0454
時代雜誌	"	第6頁 右欄	002102	否	
時代雜誌	"	第6頁 左欄	002103	否	
時代雜誌	"	p.7	002104	否	
.					
.					
.					
時代雜誌	1995年12月 24-31日	第4-5頁	002201	是-22	0467
時代雜誌	"	第5頁 下面	002202	否	
時代雜誌	"	第5頁上面	002203	是-23	0468
新聞週刊	1976年1月1-7日	第1-2頁	010030	否	
新聞週刊	"	第3頁	010031	是-1	0469
.					
.					
.					
美國新聞與 世界報導	1995年 12月25-31日 1995	第62頁	140401	是-23	1389

a.「是」意旨從亂數表中選出的數字。破折號後面的數字是指該年選出的文章數。

方塊11.2

隱性編碼登錄問題的實例，雜誌論文、領導者角色研究

1.**論文的特性**：這是本什麼樣的雜誌？論文出版的日期是哪天？論文有多長？論文所屬是那個領域？論文出現在該雜誌哪一期？有沒有用到照片？

2.**論文中的人物**：該論文提到哪些人物？在這些人物當中，有幾個是重要人物？每一個被提到的人物的種族與性別各如何？

3.**領導者的角色**：論文中所提到的重要角色中，哪幾個是具有領導者的角色？領導者的專業領域爲何？

4.**正面還是負面的角色**：對每一個領導者或專業者的角色，評鑑其展現的是正面還是負面的特質。例如，五分=高度正面，四分=正面，三分=居中，兩分=負面，一分=高度負面，零分=難以分辨

色是正面還是負面的。我可以用隱性或顯性編碼登錄的方式處理這個問題。若採用顯性編碼登錄，我會建立一份形容詞與成語名單。如果樣本文章中的某個人被其中一個形容詞描述到，那麼方向也就此決定了。例如，出色的或頂尖的演員之類的名詞是正面的，而毒品王與未受啓發的則是負面的。採用隱性編碼登錄，我建立引導判斷的規則。例如，我把一篇外交官解決國際危機、一篇企業主官無法使公司賺錢、一篇律師打贏一場官司的故事，做正面或負面的歸類（關於編碼登錄每篇文章的問題，參閱方塊11.2）。

除了建構編碼登錄的書面規則之外，內容分析研究者製作記錄表（recording sheet，也稱爲編碼登錄表，或計分表），將資料記錄其上（參閱方塊11.3）。每個分析單位應該有個別的記錄表。這張表不一定必須是一張紙，也可以是一個3×5或4×6的檔案卡片，或是電腦檔案中的數行字。如果每個記錄單位都有了很多資料要記時，可能不只使用一張表或只有一張紙。在規劃一個計畫時，研究者計算需要做的

方塊11.3

範例：空白編碼登錄紙

鈕曼教授，社會學系　　　　　　　　　　　　編碼登錄者：_______

新聞性雜誌中少數／多數團體代表

論文#_______ 雜誌_______ 日期_______ 篇幅大小_______

有提到名字的人物個數_______　　　　　　照片張數_______
重要角色的人數_______　　　　　　　　　論文主題_______

人物____ 種族____ 性別____ 領導者？____ 領域____ 評分____
人物____ 種族____ 性別____ 領導者？____ 領域____ 評分____
人物____ 種族____ 性別____ 領導者？____ 領域____ 評分____
人物____ 種族____ 性別____ 領導者？____ 領域____ 評分____
人物____ 種族____ 性別____ 領導者？____ 領域____ 評分____
人物____ 種族____ 性別____ 領導者？____ 領域____ 評分____

範例：關於某偏論文完成填寫後的編碼登錄紙

鈕曼教授，社會學系　　　　　　　　　　　　編碼登錄者：蘇珊

新聞性雜誌中少數/多數團體代表

論文#045　雜誌時代　日期1995/3/1-7　篇幅大小14吋專欄

有提到名字的人物個數5　　　　　　照片張數0
重要角色的人數4　　　　　　　　　論文主題外交

人物 1 種族 白人 性別 男 領導者？是 領域 銀行
人物 5
人物 2 種族 白人 性別 男 領導者？否 領域 政府 評分 無
人物 3 種族 黑人 性別 女 領導者？是 領域 民權 評分 2
人物 4 種族 白人 性別 女 領導者？是 領域 政府 評分 0
人物____ 種族____ 性別____ 領導者？____ 領域____ 評分____

工作量。例如，在測試時期，我發現平均要花十五分鐘來閱讀與編碼登錄一篇文章。這尚不包括抽樣與找出文章的時間。有近一千四百篇文章，要花三百五十個小時來編碼登錄，尚不包括檢查編碼登錄是否正確的時間。三百五十個小時大約是九個星期不眠不休的工作，因此應該考慮雇用助理做編碼登錄員的工作。

每張記錄表都有一個欄位用來記下分析單位的編號，並且留有足夠的空間來記錄每個變項的資料。我也會在記錄表上註明這個研究的識別號碼，以免我把這張表擺錯地方，或是和其它相似的記錄表混在一起。最後，如果我使用多個編碼登錄員，那麼必須在表上記下登錄者的名字或代號，以便檢定交互編碼登錄者信度。而且，如果有必要，把記錄表設計得即使遇上不精確的登錄者仍可重新編碼登錄。完成所有的記錄表、檢查過正確性之後，便可以開始進行資料分析了。

推論

就內容分析而言，研究者可以根據、或不可以根據研究結果做的推論，至為關鍵。內容分析是描述在文案中有些什麼的方法。它不可能顯露那些創作這些文案的人內心的意圖，也無法顯示接收到這些文案訊息的人會受到什麼影響。例如，內容分析顯示，兒童圖書中含有性別刻板印象。這並不必然意指兒童的信仰與行為會受到那些刻板印象的影響；這種影響會不會發生，需要另一個獨立的、探討兒童知覺的研究計畫，來進行研究。

有個內容分析研究計畫的例子（另外一個例子可參閱方塊11.4）。馬歇爾（Marshall, 1986）研究女性在二十世紀初抵制給予婦女選舉權的反對運動中所扮演的角色。反對運動（countermovement）是個反對社會變遷的保守運動。有些人主張反對運動是出於地位與生活方式的衝突。其他人則認為反對運動是種階級衝突。過去的研究載明了女性有支持，也有反對這個爭取投票權的運動。馬歇爾的研究問題是：反對讓婦女也有選舉權的主張有階級或地位的差異嗎？

方塊11.4

新聞中的社會科學

文斯、克里本多夫、雍恩、波斯盧茲妮、與湯瑪斯（Evans, Krippendorf, Yoon, Posluszny & Thomas, 1990）對發表於平面媒體上的科學結果進行內容分析。他們檢閱1987年9月《紐約時報（*New York Times*）》、《費城調查員（*Philadelphia Inquirer*）》、《全國調查員（*National Enquirer*）》、與《行星（*Star*）》所出版的每一份刊物。前兩者是著名的都市日報，後兩者是全國每週出版的小型報紙，專門報導醜聞八卦。作者找出行爲科學、生物學、化學、心理學、或社會研究範圍內，帶有應用或基礎研究發現的所有文章。他們只包括主要焦點是在報導研究發現的文章。因此，只提到科學家名字，是不夠的。研究者編碼登錄下列項目：研究領域、研究者服務機關（例如，大學、政府、私人企業）、研究者的姓名、研究報告的原始形式（例如，書籍、文章、會議論文）、所使用的研究方法、研究的脈絡（也就是早先研究的脈絡、研究結果的限制），以及文章的長度。他們找出兩百九十一篇科學研究論文。每篇文章都由一組訓練有素的編碼登錄員中的一位成員，加以登錄。此外，隨機從全部文章中選出百分之十由全體編碼登錄員，進行編碼登錄。編碼登錄員間的信度是百分之八十二。

研究者發現，報紙刊載比較多的研究（報紙中有一百八十五篇文章，八卦小報中有一百零六篇文章）。兩者所刊出的社會研究，都多過於其他類型的研究（佔百分之三十九與四十四）。有名的報紙刊載政府機構進行的研究比較多，而每週出版的八卦小報則刊登比較多大學的研究——與八卦小報百分之六十五比較，報紙大約有百分之九十。兩種媒體都集中報導研究的發現。只有稍微超過三分之一描述或討論到那些研究的執行經過。這兩種刊物都很少把研究擺進其他研究發現的脈絡中，進行綜合性的討論。幾乎沒有刊物會告訴讀者研究發現的限制（研究通則性上的限制）。

馬歐爾首先參考有關反對運動的文獻與歷史研究。反對運動的全盛期是在1911年與1916年之間，由上層與中產階級白人婦女所主

導。她也對六十八期的《女人的抗議（*The Women's Protest*）》這本刊物進行內容分析，該刊是「反對賦予婦女投票權全國大會（National Association Opposed to Woman Suffrage）」在1912與1918年間每月出版的刊物。每篇文章、信件、與報告〔記錄或「主題單位（theme unit）」〕都被編碼登錄。所有主題中有百分之五十七論及反對婦女投票權的道理。總計，馬歇爾分析了兩千零七十八個單位，發現了二十一種不同的反對給婦女投票權的「修辭主題（rhetorical theme）」。她將這些主題分做四類：對社會、對婦女、對男性會產生負面結果，以及不需要給婦女投票權的原因。

馬歇爾發現，害怕地位喪失與階級衝突在反對給予婦女投票權的主張中，都非常顯眼，而且還有相互增強的作用。地位喪失在指出給予婦女投票權會摧毀社會所安排的有教養的、高尚的女性場域——那個地方是在家裡、以家人與子女爲中心——的主題中，分外明顯。這個反對運動想要使以家庭爲基地的女人場域遠離骯髒、污穢、粗俗的男性政治世界。階級衝突的主題則表現在對貧窮、移民，以及勞動階級婦女必須要在家庭之外討生活的現象，大肆抨擊。高層與中產階級的女性擔心，女性投票人可能會贊成勞工立法、社會福利計畫、提高非白種人與移入者的權利、以及全面性的平權主義。

馬歇爾的研究使文案的意義變得能夠分析，但她不能下結論說，這些文章就代表這個議題的整個思考範圍，甚或說讀過這本雜誌的人的意見都是他們所讀之物塑造出來的結果。她的研究只揭露了某個特殊政治活躍團體對於這個議題所發表之看法的內容。她可以把這個結果與其它資料相結合，進而探討更大的研究問題。

現成的統計／文件和次級分析

適合現成統計研究的主題

許多有關社會世界的資訊已經有人蒐集好，等著研究者取用。有些資料是包括數字資訊的統計文獻（例如，書籍、報告等）。其它的資料是各種類型的出版品，可在圖書館或電腦記錄中找到。不論是統計文獻還是其它出版品，研究者可以透過研究問題、或變項進行資料庫搜尋，將資料重新整理，從而以新的方式進行探討。

如果由於統計資料太過分歧，那就很難訂出合適現成統計研究的主題。任何主題── 只要資料蒐集已經完成，並且對外公開── 研究者都可以研究。事實上，使用現成統計資料的研究計畫可能不完全符合演繹的研究設計模型。相反的，研究者在發現有那些資料可用後，便發揮創造力，把現成的資料重新加以組織，轉變成某個研究問題的變項。

你知道最適合實驗法的是研究者可以控制情境、操弄自變項的主題。你也讀到最適合調查研究的是研究者提出問題，然後從塡答者答覆的態度或行爲中，尋求瞭解。上一節中，你發現適合內容分析的主題是那些牽涉到文化溝通中的訊息內容。

最適合現成統計資料研究的主題是那些會用到大型科層組織已經完成蒐集的資訊。公家機關或私人組織有系統地蒐集了許多類型的資料。蒐集這類資訊主要的目的不是出於制定政策的需要，就是做爲一項公共服務的項目。很少直接是爲了某個特定的研究問題而蒐集的。因此，當研究者想要檢定假設中涉及官方報告中有的社會、經濟、政治情況的變項時，就適用現成統計資料研究。這些資料包括了對組織或組織內成員的描述。通常，這些資料是經過長期的蒐集。舉例來說，現成的統計資料對想要瞭解二十年來，失業率與犯罪率在一百五十個城市中是否相關的研究者來說，就是相當有用的資料。

前幾章中，你已經讀到數個現成統計資料的研究。現成統計資料供養了沙頓（Sutton, 1991）收容所數量成長的研究（第一章）、史密斯（Smith, 1995）亞洲移民的研究（第二章）、以及馬維爾與慕迪（Marvell & Moody, 1995）使用武器案件的判決研究（第二章）。史戴克（Stack, 1987; 1990）在他兩個自殺研究中，都是使用現成的統計資料（第二和第六章）。

現成統計資料不論是就時間性或跨國性研究，都是相當珍貴的資料。范爾包與陳（Firebaugh & Chen, 1995）研究美國憲法第十九號修正案的遺響。這號修正案給予婦女投票權。他們想要檢視長期來投票行爲上的性別落差是否有世代效果（cohort effect）（參閱第二章中的討論）。察看現成統計資料中在時間序列上兩性的投票率，他們發現在1952年與1988年之間，在這個修正案通過前的時代裡長大的女性比較少去投票。換句話說，在第十九號修正案前長大的世代，不像在第十九號修正案後長大的女性，那麼常去投票。

布林頓等三位學者（Brinton, Lee & Parish, 1995）使用現成的跨國政府統計資料（見第十五章），檢證快速工業化國家已婚女性進入給薪勞動市場的模式。他們比較韓國與台灣，結果發現許多相似之處。兩國都有強大的父權文化價値、婦女的教育程度也都近似。但是，兩國婦女在勞動力的比例上有相當大的差異。韓國婦女比台灣婦女更不可能離家外出工作。作者發現這個現象起因於政府採行不同的工業化政策，以及兩國工業成長的模式不同所致。

找出資料

找出現成的統計資料：現成統計資料的主要來源是政府、國際機構、或私人來源。有爲數眾多、各種類型的資料存在。如果你計畫進行現成統計資料研究，先與資訊專業人員討論你感興趣的主題，會是個明智之舉。比方說，對你所需要資料的可能來源，參考室圖書館專員就可以指點你一個方向。

許多現成的文獻是免費的——也就是說，都是公開陳列在圖書館裡的——但是花在找尋某個特定資訊上所需耗費的時間與精力，卻相當可觀。進行現成統計資料分析的研究者很多時間是花在圖書館上。在找到資訊後，立即將之記錄在卡片、圖表、或記錄表上，以便日後進行分析。而且，目前已經常常能找到現成的電腦可以讀取的檔案資料。例如，研究者大可以使用儲存於密西根大學全國社會科學資料檔中的資料，而不必從書本中記錄投票資料（稍後討論）。

這類資料來源其實很多，此處只就一小部分樣本，稍做討論。關於美國社會最有價值的一本統計資料來源是《美國統計摘要（*Statistical Abstract of the United States*）》，該書自1878年起每年定期出版（除了少數幾年例外）。這本《統計摘要》全國各地的公立圖書館都有收藏，還可以向美國文獻部（U.S. Superintendent of Documents）購買。它是本美國政府各機關產生的官方報告與統計圖表的彙編，該書從數百份相當詳細的政府報告中蒐集重要統計資料。或許你想要檢視更特定的政府文獻。（找出政府文獻中哪些有可用的詳細資料，是相當傷神的。例如，你或許你會查到1980年新墨西哥州的杜肯卡里市（Tucumcari City）有兩位超過七十五歲的女性的黑人市民。

《統計摘要》內蒐集有得自於超過兩百個政府與私人機構出版的一千四百張圖表、與統計資料名單。如果手邊有本摘要，除非你坐下，從頭到尾瀏覽過書中的表格，否則很難對其包括的內容有所掌握（參閱表11.2）。另外有上下兩冊合訂本也對橫跨數十年的相似史料，提出摘要整理，那就是《美國歷史統計：從殖民時代到1970年》。

大部分的國家出版相似的統計資料年報。澳洲的統計處（Bureau of Statistics）出版《澳洲年鑑（*Yearbook Australia*）》、加拿大統計處（Statistics Canada）出版《加拿大年鑑（*Canada Yearbook*）》、紐西蘭的統計處出版的《紐西蘭政府年鑑（*New Zealand Official*

表11.2 《美國統計摘要》一書中的資料類型

州歷年的離婚率	各州死亡率（按族群分）
竊盜案破案件數	歷年各州判處死刑人數（按族群分）
死於機車事故的人數	國庫收入花在電視網路上的費用（單位：百萬）
州政府在控制水污染上的支出	阿肯色州食用豬仔的頭數
總人口數超過五萬人的都市，每月平均氣溫	不同年份一打雞蛋的平均成本
各州政治候選人得票數	法國或其它國家有的潛水艇數
各州採鹽數	匈牙利與其它國家生產的電量
農業機械業的受雇員工人數	歷年每千人中青少年犯罪人數
聯邦政府在執行法令上所支出的金額	不同規模的公司稅後平均淨獲利金額
被驅逐出境的外國人數	市政府稅收平均得自酒類販賣的稅額
歷年凍結或破產的銀行家數	所有香菸產品零售的百分比
各州教師的平均薪資與花在每位學生上的經費	各州供水平均英哩數
歷年合法進口的手槍數	各州聯邦政府擁有土地的甲數
各族群家中沒有鋪設室內鉛管的戶數	有彩色電視機的百分比（按家庭收入分）
歷年進出口的夾板尺數（單位：百萬）	各州農地平均大小與農作產值
歷年第一百七十大企業獲利額（單位：十億）	歷年房地產公司花在刊登報紙廣告的金額
年中歷史性新書出版冊數	不同年份中，每天當地電話通數
南達科塔州或其它各州領有狩獵執照人數	歷年吸塵器的總銷售數
美國歷年各州立法院政黨派系組成	數大都市住宅區平均房租金額
機車業每位員工平均銷售金額	各國每一千人中的醫生人數
優聖美地國家公園露營過夜的人數	美國歷年自加拿大進口的原油桶數
年中獲得社會碩士的人數（按性別分）	美國與蘇聯自1957年來歷年發射太空船的成功與失敗次數
不同年份軍事幕僚的薪資總額	

Yearbook)》、英國的中央統計局（Central Statistic Office）出版《年度統計摘要（*Annual Abstract of Statistics*)》。許多國家出版歷史統計叢書。[11]

找出政府統計文獻本身就是一門藝術。有些出版品的編纂純粹是爲了協助研究者找尋資料。例如，《美國統計索引：美國政府統計出版品總索引目錄》與《統計來源：美國與世界之工商社會教育金融暨其它主題之主題索引》是美國國內兩本相當有用的參考書籍。[12]美國政府和國際機構，例如，世界銀行、有其對不同國家的自己出版的統計資料（例如，讀寫能力比率、農業勞動力的比例、出生率）——例如，《人口年鑑（*Demographic Yearbook*)》。《聯合國經濟社會合作組織統計年鑑（*UNESCO Statistical Yearbook*)》，以及《聯合國統計年鑑（*United Nations Statistical Yearbook*)》。

除了政府統計文獻之外，還有成打的其它類型的出版品。其中有不少純粹是出於商業目的而出版的，要花極高的成本才能取得。這包括有消費者支出、高收入地區的分佈位置、經濟的動態趨勢、與其它相近似的項目。[13]

有成打的刊物彙編企業及其行政主管特性的資料，這些都可以在大型的圖書館中找到。三種這類的出版品有：

《唐與布列德街首要產業名錄（*Dun and Bradstreet Principal Industrial Business*)》是本提供一百三十五個國家將近五萬一千家企業的索引指南，蒐集有銷售數量、員工人數、管理者、與產品名單等資訊。

《產業實錄（*Who Owns Whom*)》依國別與地區別（例如，北美、英國、愛爾蘭、澳洲）分別編輯成冊，內部登錄有母公司、子公司、相關企業的資料。

《企業、董事與行政主管全錄（*Standard and Poor's Register of Corporations, Directors and Executives*）》登錄有大約三萬七千家美國與加拿大的公司，包括：公司、產品、管理者、產業、與銷售數字等資訊。

許多傳記來源列出名人的名單，並且提供他們的背景資料。當研究者想要知道這些名人的社會背景、職業生涯、或其它特徵時，這些資料是相當有用的。這種出版品的編輯，是透過寄發問卷給那些就某些標準來說算是「重要」人物的人。它們是大眾資訊的來源，但是得靠選出來的名人的合作與提供確實的資料。參閱方塊11.5所提供的關於美國名人傳記資料來源的範例。

方塊11.5的出版品只包括美國名人，但是諸如此類的傳記性刊物許多國家都有。舉例來說，對英國銀行行政主管感興趣的研究者，會想看看像是《企業傳記辭典（*Dictionary of Business Biography*）》與《英國金融界名人錄（*Who's Who in British Finance*）》；而關於加拿大名人的資訊，則可查閱《加拿大名人大全（*Candian Who's Who*）》、《加拿大名人錄（*Who's Who in Canada*）》，與《加拿大傳記辭典（*Dictionary of Canada Biography*）》。

政治學有它自己特有的出版品。可分爲兩種基本類型：一爲有關當代政治人物的傳記性資訊。另一類是有關於投票、通過施行的法令等等之類的資訊。下述是三類美國政治資訊出版品的例子：

《美國政治年鑑（*Almanac of American Politics*）》是一份兩年出版一次的刊物，內有美國政府官員的相片與簡短的傳記。

「美國選情（America Votes）」：《美國當代選舉統計彙編（*A Handbook of Contemporary American Election Statistics*）》包括了全國上下大多數的州與國家辦公室的選舉資料，詳細到以縣

方塊11.5

自傳資料的公共來源

《美國名人錄（*Who's Who in America*）》從1908年開始出版，是本非常受歡迎的傳記資料。書中列出該出版社所蒐集的名人的姓名、出生日期、職業、光榮事蹟、作品、所屬組織、教育、職位，以及配偶與子女的姓名。也有針對美國各個地區（例如，《美東名人錄（*Who's Who in East*）》、或依特定的職業（例如，《金融界與工業界名人錄（*Who's Who in Finance and Industry*）》，以及依特定的次群體（例如，女性、猶太人、非裔美國人）所編製的專門版。

《美國人物傳記辭典（*Dictionary of American Biography*）》列出的人物比《美國名人錄》來的少，但是對每位名人則提供比較詳盡的資料。自1928年開始編撰，並且出版增訂版更新資料。例如，增訂版第七冊列有五百七十二位名人，每人都有一頁的篇幅，提供有關該名人的生涯、旅行、出版作品的名稱，及其與其他名人關係的詳盡資料。

《名人傳記索引總目（*Biographical Dictionary Master Index*）》是本所有名人錄以及其他傳記類出版品（例如，《匈牙利名人錄（*Who's Who in Hockey*）》中名人目錄的彙編索引。如果研究者知道某位名人的名字，這本索引會告訴你何處可以找到這爲名人的傳記資訊。

為基本的統計單位。就連初選資料都有登錄，詳細到縣的層級。

「美國重大政治統計資料（Vital Statistics on American Politics）」提供了大量的政治行為的表格，像是每位國會議員候選人的競選花費、他們初選與最後開票時的得票數、各政治組織在意識型態上的分數，以及各州選舉人登記規則的摘要。

另外一種大眾資訊來源是由組織（例如，企業、教育）名單所構成，這類資料的編製是為了提供一般的資訊。研究者有時可以取得某個組織的成員名單。也有收錄名人公開演講的出版品。

研究者在一個研究計畫中，可以結合數個現成資訊來源。舉例來說，弗列塔格（Freitag, 1983）探究一個有關於美國常備機構軍官背景的研究問題。他檢視登錄1887年到1975年服務於七個機構的政府軍官名單的政府文獻，然後將這些軍官姓名與六本自傳參考書籍進行核對。弗列塔格結合這兩種類型的資料，進一步對服務於不同機構中的人是否有特殊的職業生涯，做出判斷。

次級調查資料：次級資料分析是現成統計資料分析的特例，是對以前蒐集的調查資料或其它資訊再做一次分析。這些調查資料最初是別人蒐集的。相對於初級研究（例如，實驗、調查、內容分析），這次的焦點是在分析而不是在蒐集資料。研究者使用次級資料分析的次數愈來愈多。次級資料分析相對來說花費較少；使研究者能夠進行跨團體、跨國、或跨時間的比較；便於複製；使研究者能夠問一些原作者未曾想過的問題。有幾個問題是有興趣從事次級研究的研究者，應該深思的（Dale, Arber & Procter, 1988:27-31; Parcel, 1992）：次級資料適用於探討這個研究問題嗎？有什麼理論與假設，研究者可以用在這筆資料上呢？對於這個實質領域，研究者已經相當熟悉了嗎？研究者瞭解這筆資料原來是怎麼蒐集與編碼登錄的嗎？

依照典型的研究流程（見第一章），為了要探討某個研究問題的研究者都是先行設計研究計畫、然後蒐集資料。但是大規模的資料蒐集不但成本高昂、而且難度很高。使用嚴謹技術的重大全國性調查所需耗費的成本常令大多數的研究望之卻步。好在，大型調查資料的整理、收藏、與傳播已大有改善。時至今日，過去調查的檔案，都已開放給研究者取閱。

位於密西根大學的「政治與社會研究校際資料庫（Inter-University Consortium for Political and Social Research, ICPSR）」收

藏有全世界主要的社會科學資料檔案。該機構保存有超過一萬七千筆的調查研究資料與相關的資訊，研究者可用適度的成本取得這些資料。在美國與其它國家都還有不少其他的研究中心收藏調查資料。[14]

美國有個使用得相當普遍的調查資料來源，就是「全國性社會調查（ General Social Survey, GSS)」。那是大多數年代裡，芝加哥大學的「全國民意研究中心（National Opinion Research Center)」每年都會舉行的調查。近年來，這個調查已經擴及到其它國家。這筆資料是開放的，所有想要進行次級分析的研究者都可以很低的價格取得[15]（參閱方塊11.6)。

舉例來說，泰勒（Taylor, 1995）利用全國性社會調查的次級資料，對一個回馬槍假設（backlash hypothesis）——在制定有肯定行動政策公司工作的白人男性勞工，對援助少數民族的計畫深惡痛絕——進行檢定。他分析在全國性社會調查上男性白人的資料，檢視他們在工作場所是否實施有肯定行動政策這個問項上的答案，並且檢視他們對援助少數民族計畫所持的態度。結果與上述回馬槍假設正好相反，泰勒發現，這類男性事實上是比其他男性，更爲支持援助少數民族的計畫。

信度與效度

不會因爲原始資料是由政府機關或其它來源所蒐集的，現成的統計資料與次級資料就不會有任何問題。研究者必須關心資料的信度與效度的問題，以及這類研究技術所特有的問題。麥爾（Maier, 1991）著有一整本書，探討社會研究中的現成統計資料以及這些資料在使用時，可能會遇上潛在的問題。

誤置精確的謬誤（fallacy of misplaced concreteness）是常見的錯誤。這種謬誤出現在大量而詳盡地引用統計數字以及相關的細節，而未求證這筆資料蒐集的方式是否保證可以這樣應用，以至於讓人產生一種資料相當精確的錯誤印象（Horn, 1993:18)。例如，爲了加深觀

方塊11.6

全國性社會調查

全國性社會調查是最爲人所熟知的、常被社會研究者用作次級資料分析的調查資料形式。全國性社會調查的任務是「取得方便整個社會科學研究社群使用的即時、高品質、並且具有科學關聯性的資料」（Davis & Smith, 1992）。這些資料以許多電腦可以讀取的檔案形式儲存，並且可以用低廉的成本購得。資料檔與編碼登錄手冊都沒有版權。使用者不必取得許可，就可複製或流傳資料。你可能會發現有超過兩千篇研究論文與書籍的研究結果，引用了全國性社會調查的資料。

自1972年起，全國民意研究中心（National Opinion Research Center, NORC）幾乎每年都進行全國性的社會調查。典型的年度調查包含了大約有一千五百名美國成人居民的隨機抽樣樣本。研究小組選出要納入研究的問題，而個別研究者可以對要調查的問題提出建議。有些問題與主題每年都會重複詢問，另一些主題則是每隔四年或六年循環問一次；或是在某些特定的年份中，加入一些額外的主題。例如，1988年的特定主題是宗教；1990年的特定主題是團體間的相互關係。

訪員是透過面對面的訪談來蒐集資料。全國民意研究中心的人員謹慎選擇訪員、並且提供他們社會科學方法論與調查訪談的訓練。每年大約有一百二十到一百四十位訪員受雇從事全國性社會調查。其中有百分之九十五是女性，而且絕大多數是中年人。全國民意研究中心招募會說雙語的以及少數民族訪員。使用與受訪者族群相同的訪員。訪談通常持續九十分鐘，大約有五百個問題。回答率向來在百分之七十一到七十九之間。拒絕參與調查是沒有回答的主要原因。

國際社會調查中心（The International Social Survey Program）在其他國家也從事相類似的調查研究。開始時有德國的全國大調查（German ALLBUS）與英國社會態度調查（British Social Attitude Survey）參與，後來參與者增加，包括：澳洲、奧地利、義大利、匈牙利、愛爾蘭、以色列、荷蘭、瑞士、與波蘭。該中心的目標是定期舉行全國性的普查，所有參與調查的國家都會問某些相同的問題。

眾對他掌握特殊細節的能力的印象，政治家當他應該說南非人口大約是三千六百萬時，他可能會說南非有三千六百零七萬五千八百六十一的人口。

分析單位與變項屬性：現成統計資料常有的問題是，找出適當的分析單位。許多統計數字是聚集的，不是個人的。例如，政府文獻表格中的資料是以州爲單位的統計資料（例如，失業率、犯罪率），但是研究問題的分析單位是個人（例如，「失業的人比較可能觸犯財產方面的罪嗎？」）。這類情況下，相當可能會犯生態謬誤。這對次級調查資料分析來說，比較不是個問題，因爲研究者可以從檔案中取得每位回答者的原始資料。

一個相關的問題是，是關於現成文獻或調查問項中變項屬性的類別問題。如果蒐集的原始資料具有許多極爲精細的類別，那這就不是個問題。但是如果蒐集的原始資料是較爲廣泛的類別，或是不符合研究者的需要，那麼問題就來了。舉例來說，如果研究者有興趣的是有亞洲傳統的人，而文獻中族群傳統的類別是「白人」、「黑人」、或「其他」時，研究者就面臨問題了。亞洲人與其他族群都被包括在「其他」項之內。還有的時候，資料是照精細類別蒐集的，但是出版時只提供粗略的類別。所以需要花更多的力氣，尋訪是否該機構有蒐集更精細的資訊、或是那裡可以得到更精細的資訊。

效度：使用現成資料時會產生效度的問題。其中一類問題是發生在研究者的理論定義，與蒐集資料的政府機構或組織的理論定義不相符的情況。官方政策與程序清楚說明了官方統計的定義。舉例來說，研究者工作傷害的定義包括了工作中的小割傷、瘀傷、挫傷，但於政府報告中的官方定義只包括需要上醫院、或看醫生治療的傷害。許多研究者界定的工作傷害定義，不會出現在官方文獻當中。另外一例子是，研究者認爲如果有好的工作機會，就會工作；如果想要全職工作，卻被迫從事部分工時的工作；如果放棄尋找工作的動機，都算失業。但是官方的失業定義，則只包括那些現在正積極找工作（不論是全職還是兼職）的人。官方的統計資料不包括那些已經停止找工作、不得不從事部分工時工作、或是那些相信找不到工作而放棄尋找的人。在這兩個例子中，研究者的定義皆不同於官方的定義（參閱方塊11.7）。

另一個效度問題出現在官方統計被當成研究者眞正感興趣的建構的替代品、或取代物之時。這是必然會發生的情況，因爲研究者無法蒐集到原始資料。例如，研究者想要知道有多少人曾經被搶劫過，但是他用警方搶劫逮捕案件的統計資料做爲替代値。但是這個測量値並非完全有效，因爲許多搶劫案並沒有向警方報案，就算報案了也未必會把犯人逮捕到。

另一個例子是，研究者想要測量因婚前懷孕而被迫結婚的案子。研究者使用官方記錄中的結婚日期與小孩出生日期的資料，來評估這樁婚姻是否爲婚前懷孕不得不結婚的案例。但是這些資料並不能告訴研究者說，懷孕是結婚的動機。一對情侶大有可能已經計畫好要結婚，與懷孕毫無關係；或是結婚時尚不知道已懷有身孕。同樣的，有些沒有記錄小孩出生日期的婚姻可能被誤判爲婚前受孕的婚事，或是其實眞的有懷孕，但是可能因流產或墮胎，而沒有將小孩生下來。此外，也有可能是婚後才受孕的，但小孩是個早產兒。如果是以小孩在結婚日期之後不到九個月出生的，來做爲一樁婚姻爲奉兒女之命而結婚的婚事，那麼會有不少誤認，因而降低了效度。

由於研究者無法控制蒐集資料的方法，所以就產生了第三個效度問題。所有的資料，即使是官方政府報告中的資料也是一樣，最初都是科層制度下的行政人員蒐集的，那是他們工作內容的一部分。研究者全靠這些人進行精確的資料蒐集、組織、報告、與出版的工作。蒐集原始資料時所產生的系統誤差（例如，人口調查員避免貧窮地區、假造資料；或是在駕駛執照上塡寫錯誤的年齡）；整理與報告資

方塊11.7

失業率與非就業率

大部分國家官方的失業率只測量總勞動人口中失業者（見下文）所佔的比例。如果加入另外兩類非就業人口——非自願性的部分工時勞工與喪志勞工（見下文），那麼失業率的數字會提高百分之五十。有些國家（像是瑞典、美國），如果加入這類人口，那麼失業率會增加一倍。這還是尚未考量其他非勞動人口、過渡期自雇者、或低度就業者（見下文）。每個國家所測量的都涉及到一個理論與概念的定義問題：失業率應該測量的個什麼建構？以及爲何要測量這個建構？

經濟政策或勞動市場的觀點指出，失業率應該是測量那些準備好立刻進入勞動市場的人。這個觀點把勞動人口界定爲高品質勞動力的貨源，是經濟體系中的輸入，隨時等待雇主的雇用。相對的，社會政策或人力資源的觀點則指出，所以失業率應該測量那些現在雖然有工作做，但是沒有完全發揮他們潛力的人。失業率應該代表那些有工作，卻沒有或無法完全使用其智慧、技術、或時間的人數。這個觀點把非勞動人口界定成社會問題，因爲這些人無法實現他們的能力，爲社會其他成員從事生產、或有所貢獻。

無就業／未充分使用人力的類別

失業人口	符合下列三個條件的人：在自家外沒有給薪工作；積極尋找工作的人：如果有工作機會，會立即上班的人。
非自願性的部分工時勞工	有工作做，但是比他們能夠與願意工作的時數少、或缺乏固定工作的人。
喪志勞工	有能力工作，並且積極尋找工作一段時間後，仍無法找到工作做，目前已經放棄再去找工作。
其它非勞動人口	因已經退休、休假中、暫時性解雇、半殘廢、家庭主婦、全職學生、或在旅行中，而沒有在工作的人。
過渡期自雇者	沒有全時工作的自雇者，因爲他們才剛剛開業、或剛經歷破產。
低度就業者	從事他們資格能力遠超過目前工作需求的暫時性全時工作者，尋找能夠充分發揮他們的能力與經驗的永久性工作。

資料來源：轉錄自《經濟學人》，1995年7月22日，頁四十七。

訊時的偏誤（例如，警察部門對犯罪報告檔案整理漫不經心，以致漏失一些資料）；出版資料時所產生的錯誤（例如，打錯表格中的數字），都會減低測量的效度。

信度：信度問題也令現成的統計資料研究者深感頭疼。當官方的定義或是蒐集資訊的方法因不同的時期而有所改變時，穩定性信度的問題旋即產生。官方對工作傷害、殘障失能、失業等等的定義，會做定期的修改。就算研究者瞭解這種變遷，也無法進行一致的測量。舉例來說，在1980年代的早期，計算美國失業率的方法有了改變。之前，失業率的計算，是把失業的人數除上所有的民間勞動力。新的方法是把失業人口除以民間勞動力與服役人數的總和。同樣的，當警政單位把他們的資料電腦化，呈報的犯罪案件數目有明顯的增加，這不是因為犯罪率增加了，而是因為記錄保存的方法改善了。

等本信度可能也會是個問題。例如，全國犯罪數量的測量值取決於各警政單位提供正確的資訊。如果該國某個地區的警政單位記錄保存的亂無章法，那麼這個測量值便不具有等本信度。同樣的，警政單位的研究提出，要求提高逮捕率的政治壓力與逮捕數字之間有密切的關聯。舉例來說，某個城市的政治壓力可能會增加逮捕率（例如，痛擊犯罪），而另一個城市的壓力卻可能是減少逮捕率（例如，為了要讓政府官員們看起來比較能幹，選舉前的犯罪數字可能會出現短暫的減少）。

代表性信度也是官方統計資料的問題。舉例來說，如果衣冠不整、非白人的觸法者比較可能會遭到逮捕，那麼犯罪統計資料便不是具有信度的次母群估計值。其它類型的統計數字可能也會受到波及。低收入民眾要解除婚約，是比較不可能透過昂貴的離婚訴訟程序。

漏失資料：令使用現成統計資料與文獻的研究者頭疼不已的一項問題是漏失資料（missing data）。有的情況是，資料確實有蒐集到，但是卻遺失了。更常見的是，根本沒有辦法蒐集到。蒐集官方資料的決策是政府機構訂定的。在一份資料日後將公諸大眾的調查中，要問哪些問題的決策，則掌握在一群研究者的手裡。這兩個情形下，那些決定要蒐集什麼資料的人，可能不會蒐集其他研究者想要探討某個研究問題的資料。政府機構會因為政治、預算、或其它的理由，而開始或停止資料的蒐集。例如，1980年代初期，美國聯邦政府為了縮減成本，而停止社會研究者視為極為珍貴的資料。當研究者從事的研究涵蓋的時期很長時，漏失資料特別是個問題。舉例來說，對美國停工數與罷工數感興趣的研究者，能夠取得1890年代迄今的資料，除了1911年之後的五年以外，那段時間聯邦政府並沒有蒐集這筆資料。

現成的統計資料／文件研究實例

舉個實例，讓你看看如何使用現成的統計數字與文獻資料，探討一個源自於性別不平等理論的研究問題。

狄卡麥爾（Tickamyer, 1981）比較兩個解釋美國社會在財富與權力上，所呈現的性別差異的性別不平等理論。她的研究是非反應類研究，根據公開取得的資料。過去的研究發現美國社會在財富與財產所有權的分配上相當不平均，非常富有的人形成一個特殊的、握有實權的社會團體。其中一個理論主張自1920年代以來，新的科技與社會組織已經排除了男性控制財富與權力的管道。女性的權力與時遽增，時至今日，造成不平等的主要來源是社會階級，而不是性別。另一個理論則主張，性別是最重要的因素。父權的規範與結構是比階級不平等更為優先的因素。與男性相比，只有少數的女性是富有的，她們財產擁有的形式也不同於男性，而且她們比較沒有辦法使用她的財富來換取權力。狄卡麥爾的假設是，富有的女性是少數，她們的財富多半是來自繼承與別人的贈予。她們控制財富的能力比較小（更常是由銀行代為管理她們的財富），而且她們使用財富的方法也有所不同（比較常用於藝術、公共事務、與非商業的活動）。

狄卡麥爾採取兩種做法。第一，她利用一條公式，根據美國國稅局登記的價值在六萬美元以上的房地產統計資料，估計全國民眾的財富。第二，她蒐集富豪人家的傳記資料。她發現，自1920年代至1970年代之間，所有頂尖富豪當中，超過一半是男性。頂尖富豪中女性的比例與時遽增。女性的財富可能是以信託與私人財產（珠寶、汽車）的形式存在。男性的財產則多屬於不動產與抵押貸款。於是她總結說，女性擁有的是「被動性」的財富，不必做很多的決定，而男性擁有的是「主動性」的財產，財富的產生與生意交易有直接的關係。

她的第二個方法是檢視商業出版品（例如，《財星（*Fortune*）》雜誌），找出擁有至少一百萬美元的人。她找到了十八位女性百萬富翁，並且從男性百萬富翁中抽出了一組二十位的樣本。然後，她從六本人物傳記參考書（例如，《美國名人錄》）中一一查出這些人的名字。至少有一處來源列有這十八位女性中的六位，以及全部二十位的男性富豪。與富有的男性相比，女性富豪的教育程度較低，而且在政府、企業、或慈善組織中的職位也都很低。此外，狄卡麥爾檢查了美國最大的二十五家企業的董事會會員名單，發現百分之九十三的董事是男性。

狄卡麥爾總結說，雖然有錢人中女性的比例與時遽增，但是男性仍居於主宰的地位。再者，和女性相比，男性會利用他們的財富主動影響政府、企業、與社會其它部門的決策。

推論與理論檢定的問題

根據非反應類資料作推論

研究者根據非反應類的資料，進行因果關係推論、或驗證理論的能力，是相當有限的。很難使用無干擾測量法建立時間秩序、剔除替代性的原因。就內容分析而言，研究者無法就內容類推這篇文案內容對其讀者所可能產生的效果，只能使用調查研究的相關邏輯來顯示變項間的關係。不像調查研究那般容易，研究者不是透過直接問回答者問題的方式來測量變項，而是靠文案中所提供的資訊。

倫理上的問題

對倫理問題的關心不是大部分非反應類研究第一線的問題，因爲被研究者並沒有直接參與在研究之中。主要的道德問題是使用別人蒐集資料，卻秘而不宣。另外一個倫理議題是，官方統計資料是社會與政治的產物。指導資訊蒐集與用以蒐集資訊的類別建構，自有其隱含的理論與價值假定。被視爲官方的測量工具或定期蒐集的統計數字，不僅是政治衝突的來源，而且也是政策走向的指導。某個測量工具被界定爲官方之後，就會制定出創造那個結果的公共政策，如果用的是另一個具有相同效度的指標，結果又是另一番景象。舉例來說，許多表示社會狀況（例如，在公立精神病院死亡的病人數）的統計數字的蒐集，就是1930年代經濟大恐慌時期政治活動所帶來的結果。在此之前，這個情況從未被視爲重要到值得大眾注視。同樣的，不同年齡非白人學生在美國各級學校註冊率的統計資料也只有在1953年之後才存在，還有不少非白人種族的資料只有在1970年代才有。較早的時候，這筆資料對公共政策來說，沒多大意義。

官方統計資料的蒐集使民眾對於某個問題有了新的注意力，而民眾對這個問題的關切，又再度刺激新資料的蒐集。舉例來說，一旦交通事故的統計數字，以及是否酒精是造成事故之因素的資料蒐集齊全之後，酒醉駕車就成了一項議題。

政治與社會價值影響那些現成統計資料需要蒐集的決策。大部分的官方統計資料是爲了由上而下（top-down）的科層組織或行政計畫的目的而設計的，不一定符合研究者的目的，也無法滿足那些反對科層決策者人士的需求。例如，政府機構測量生產出來的鋼鐵噸數、鋪了多少英哩的公路，以及每戶平均的人口數。其它社會狀況的統計數字，像是飲用水的品質、通勤所需的時間、工作相關的壓力、或需要托兒照顧的兒童人數，可能都沒有蒐集，因爲官員說那是不重要的資訊。許多國家中，國民生產毛額被當作測量社會進步的關鍵指標，但是國民生產毛額忽略了社會生活的非經濟面向（例如，花在陪伴小孩嬉戲上的時間）以及無酬的工作類型（例如，家庭主婦）的資料。可取得的資料不但反映了政治爭議的結果，也反映了決定什麼資料需要蒐集的那些官員的價值。[16]

結論

本章中，你學到有關數種非反應類的研究技術。它們在不影響被研究者的情況下，進行觀察或測量社會生活面向的方法；得出客觀的、能夠加以分析說明研究問題的數字資料。這類技術可以與其它類型的量化或質化社會研究結合，同時探討很多個研究問題。

就像任何一種量化資料，研究者需要把測量議題納入考慮。雖然很容易就可從某項調查或政府文獻中取得資料，但是這並不意味著那些資料測量的是研究者感興趣的建構。

你應該曉得非反應類研究有兩個潛在問題。第一，現成資料的可取得性限制了研究者能夠提出的研究問題。第二，非反應類變項的效度通常比較弱，因爲它們測量的不是研究者感興趣的變項。雖然現成資料與第二手資料的分析是低成本的研究技術，但是研究者對於資料蒐集過程卻不具有控制力，也缺乏實質的瞭解。這些潛在的錯誤來源，意味者研究者必須特別提高警覺、謹慎小心。

下一章中，我們從設計研究計畫與蒐集資料，轉進資料分析。分析的技術適用於你在前面幾章中所學到的量化資料。到目前爲止，你已經看到如何從一個主題，發展出研究設計與測量工具，然後著手資料蒐集。接下來，你將學習如何讀取資料，從而瞭解對於某個假設或研究問題，它們能告訴你些什麼訊息。

關鍵術語

增值測量法	交互信度	結構化觀察法
編碼登錄系統	隱性編碼登錄	文案
內容	顯性編碼登錄	無干擾測量法
耗損測量法	非反應類	
誤置精確的謬誤	編碼登錄表	
全國性社會調查（GSS）	美國統計摘要	

複習測驗

1.什麼類型的研究問題適合做內容分析？
2.什麼是內容的四大特性，在編碼登錄時要被觀察與記錄的？
3.研究者在使用現有的統計資料時，需要留意的是哪些信度問題？
4.次級資料分析有哪些優點與缺點？
5.從事內容分析的研究者爲何使用多個編碼登錄者，這種作法可能會遇到哪些問題？
6.內容分析法在進行推論，會受到哪些限制？
7.進行內容分析時，會用到哪些分析單位？
8.現成的統計會有哪些聚集資料的問題？
9.內容分析有哪三項效度問題？
10.使用現成統計資料時，研究者應該注意到哪些限制？

註釋

1.參閱韋布等學者的著作（Webb et al., 1981:7-11）。

2.關於非反應類測量工具的詳細目錄，參閱波查德（Bouchard, 1976）與韋布等學者的著作（1981）。

3.參閱克里芬朵夫的著作（Krippendorff, 1980:13）。

4.關於內容分析的定義參閱侯斯提（Holsti, 1968:597）、克里芬朵夫（1980:21-24）、馬可夫等（Markoff et al., 1974:5-6）、史東與韋伯（Stone & Weber, 1992），以及韋布（1985: 81, 註1）的著作。

5.威茲曼等（Weitzman ed al., 1972）的著作是這類研究中的經典之作。

6.關於範例，參閱阿里斯（Aries, 1977）的著作。

7.有關於內容分析研究的例子，可以在貝里森（Berelson, 1952）、卡內（Carney, 1972）、麥克代爾密（McDiarmid）、麥爾斯與馬哥維歐（Myers & Margavio, 1983）、納曼維斯（Namenwirth, 1970）、賽普斯楚普（Sepstrup, 1981）、史丹佩爾（Stempel, 1983）、史都華（Stewart, 1983）、與史東等學者（Stone et al., 1966）的著作中找到。關於內容分析測量問題的討論，也可參閱韋伯的論著（1983）。

8.韋伯的著作（1984; 1985）以及史東與韋伯（1992）的論文對用電腦來處理內容分析資料的技述，有個不錯的摘要。

9.關於信度與隱性或語意分析的討論，參閱安德倫（Andren, 1981:58-66）。關於編碼登錄的分類法，何爾斯提（1969:94-126）在其論著中有所討論。

10.關於測量交互編碼登錄者信度的方法，參閱克里芬朵夫的著作（1980）。關於趨同效度的相關議題，也可參閱費斯科（Fiske, 1982）的著作。

11.也有不少非英文版的年鑑；例如，德國政府所出版的《*Statistiches Jahrbuch*》、法國政府出版的《*Annuaire Statistique de la France*》、丹麥政府出版的《*Statiskisk Ti arsoversigt*》。日本政府編印有英文版的《日本統計手冊（*Statistical Handbook of Japan*）》。

12.有不少政府部門出版品書目索引──例如，《英國政府出版品書目索引》、《澳洲官方出版品目錄》、或是《愛爾蘭官方出版品書目》。這類的出版品大多數的國家都有編印，像是《聯合王國國會手冊》以及《澳大利亞聯邦國會手冊》，都是與《美國政治年鑑》同類型的參考書。

13.關於商業資訊來源的名冊，可參閱邱吉爾（Churchill, 1983:140-167）與史都華（1984）的著作。

14.美國其它主要的調查資料檔案包括有：芝加哥大學的全國民意研究中心、加州柏克萊大學的調查研究中心；辛辛納提大學的行爲科學實驗室；威斯康辛大學麥迪遜校區的資料與計畫圖書服務中心；康乃狄克史多斯大學的羅柏中心（Roper Center）；以及北卡羅萊納大學教會山校區（Chapel Hill）的社會科學研究所。也參閱吉寇特和納森（Kiecolt & Nathan, 1985）與帕索爾（Parcel, 1992）的著作。

15.關於全國性社會調查，在亞文（Alwin, 1988）與戴維斯和史密斯（Davis & Smith, 1986）的著作中都有所描述。

16.參閱布拉克與柏恩斯（Block & Burns, 1986）、卡希爾（Carr-Hill, 1984a）、辛帝斯（Hindess, 1973）、洪恩（Horn, 1993）、麥爾（Maier, 1991）、與馮柏格和馮維爾（Van den Berg & Van der Veer, 1985）。諾里斯（Norris, 1981）與史塔特（Starr, 1987）的討論，也會使你受益良多。

第12章
量化資料分析

統計可以看做是一種處理資料的方法。此定義強調統計是一種關心蒐集、組織、和分析數字化事實或觀察的工具的觀點。…描述統計的主要任務是將資訊以一種便利、可使用、和易瞭解的方式呈現出來。

里查·榮雍與奧莉·哈柏（Richard Runyon & Audry Haber）
《基礎行爲統計學（*Fumdamentals of Behavioral Statistics*）》，第六頁。

引言

如果你閱讀的是一篇根據量化資料的研究報告或論文，你可能會發現其中充滿了數字的表格與圖形。不要被它嚇到。研究者提供圖表是想給讀者一個濃縮的資料圖像。圖形與表格使你察看研究者蒐集的證據，也使你可以自行瞭解證據的含意。當你蒐集你自己的量化資料時，你一定也得使用類似的技術來幫助你察看資料中蘊含的意義。你需要組織與操弄這些量化資料，使它們顯露社會世界中有趣的事物。量化資料分析是個複雜的知識領域，它的份量和其餘研究方法加總起來一樣龐大。本章並不能取代一門社會統計的課程，它只涵蓋了基本的統計概念與瞭解社會研究所必須的資料處理技術。

使用前面數章介紹的技術所蒐集到的資料，都是數字形式。這些數字代表測量受試者、回答者、或其它個案特性等變項的數值。這些數字以原始的型態出現在問卷、筆記本、登錄紙、或報告之中。

爲了察看這筆原始資料對研究問題與假設會提供些什麼訊息，研究者會對這筆資料做數項處理：重新把它組織成適合電腦讀取的格式、用圖形表格摘要整筆資料的特性、並且對結果提出詮釋或賦予理論意義。

資料的處理

資料編碼登錄

研究者在檢視量化資料從事假設檢定之前，他需要先把它們轉換成另一種形式。上一章中，你已經接觸過資料編碼登錄的概念。這裡，資料編碼登錄（coding）意指有系統地把原始資料重新組織成爲機器可以讀取（即是便於電腦分析）的格式。如同內容分析中的編碼登錄，研究者創造並且前後一致地應用這個規則，以把資訊從一種格式轉換成另一種格式[1]。

如果資料是已經以數字的形式被記錄在井井有條的登錄紙上時，編碼登錄可能是項極爲簡單的抄寫工作。但是當研究者想要，舉例來說，把調查研究中開放問項的回答登錄成數字，就像隱性內容分析所經歷的過程那樣，那會是高難度的工作。

研究者是使用編碼登錄程序（coding procedure）與編碼登錄簿（codebook），進行資料編碼登錄的工作。編碼登錄程序是一套說明用某些數字來代表變項屬性的規則。例如，研究者把男性編碼爲1，把女性編碼爲2。變項的各個特徵與漏失資料都需要一個代碼。編碼登錄簿是一份（一或多頁的）文件，以電腦可以讀取的格式來描述編碼程序以及變項資料的位置。

當你要編碼登錄資料時，先製作一份結構完整與詳盡完善的編碼簿，並且多準備幾份副本，是非常重要的工作。如果你沒有寫下編碼程序的細節，或者是你忘記把編碼登錄簿放在哪兒了，你會失去打開這筆資料的鎖鑰，必須重新再把原始資料登錄一次。

研究者在蒐集資料之前，就要開始思考編碼登錄程序與編碼登錄簿。舉例來說，調查研究者在蒐集資料之前，會預先對問卷進行編碼。預先編碼（precoding）是指將代碼類別（例如，1是男性，2是女性）編進問卷。有時候爲了降低對編碼簿的依賴，研究者也會將把電腦處理格式直接放在問卷上頭。

如果研究者不預先編碼，他在蒐集資料後的第一個工作將是製作一個編碼登錄簿，他也必須給予每個個案一個識別碼以做追蹤之用。然後研究者再將每份問卷上的資訊轉換爲電腦可以讀取的格式。

資料輸入

大部分設計來進行資料分析的電腦程式，都要求把資料製作成網狀格式。在網格中，每一列代表一個回答者、受試者、或個案。用電腦的術語來說，它們被稱爲資料記錄（data records）。每一列都是某個個案的資料記錄。一個欄位或一組欄位則代表某個特定的變項。從列與欄的交會點（例如，第七列第五欄）可以反推得資料的原始來源（例如，第八位回答者在問卷項目婚姻狀況上的答案）。被指定給變項的欄或欄位組稱爲資料欄組（field），或簡稱爲欄組。

舉例來說，研究者把三位回答者的調查資料，編碼成電腦格式，例如，表12.1所示。這不是那麼容易讀得懂的，而且少了編碼登錄簿，將毫無意義。它把三位回答者對五十個調查問題的答案縮在三行或三列之中。許多研究計畫的原始資料看起來就像這樣，除了可能超過一千行之外，每行可能又超過一百個欄位。舉例來說，一份十五分鐘、對兩百五十位學生作的電話調查，將會產生兩百四十欄與兩百五十列的資料網格。

表12.1編碼登錄簿中的前兩個數字標示的是識別碼，因此這些範例資料是來自於第一位（01）、第二位（02）、與第三位（03）的回答者。注意，研究者用0來佔據一個欄位以減少1與01的混淆。1是在第二欄；10則是在第一欄。編碼登錄簿說明第五欄爲性別變項：個案一與個案二是男性，個案三則是女性。第四欄告訴我們個案一與個案二是由卡羅斯訪談的。索菲亞訪談的是個案三。

有四種方式研究者可以把問卷、記錄表、或類似的原始資料形式轉換爲電腦可讀取的格式：編碼登錄表格（code sheet）、直接輸入、光學掃瞄卡（optical scan sheet），以及電腦輔助電話訪談系統。首先研究者可以用圖紙、或電腦用的特殊網格紙（稱爲切換紙、或編碼登錄表格）將列與欄交會點所對應的代碼寫在方格內，然後再輸入電腦內。第二，研究者可以坐在電腦前面，直接輸入資料。這種直接輸入法（direct-entry method）用在資訊已經是以類似形式存在的情況下——像是內容分析的記錄表時，最爲容易處理。否則，它可能會非常耗時，而且容易出錯。第三，研究者可以將資料放在光學掃瞄卡

表12.1 三個個案的登錄資料與編碼登錄簿

摘錄自登錄資料摘錄

欄位

000000000111111111122222222223333333333444…等等（以十爲單位）
123456789012345678901234567890123456789012…等等（以一爲單位）
01 212736302 182738274 10239 18.82 3947461…等
02 213334821 124988154 21242 18.21 3984123…等
03 420123982 113727263 12345 17.36 1487645…等
等等
前三個個案，第一欄到第四十二欄的原始資料。

摘錄自編碼登錄簿

欄位	變項名稱	描述
1-2	編號	回答者的識別編號
3	空格	
4	訪員	蒐集資料的訪員 1=蘇珊 2=卡羅斯 3=瓊安 4=索菲亞 5=克來倫斯
5	性別	1=男性， 2=女性
6	總統表現	美國總統的表現實在太棒了 1=非常同意 2=同意 3=沒意見 4=不同意 5=非常不同意 空白=漏失資料

上，然後由光學掃描器這類特殊機器，從卡上讀取資料傳給電腦。你可能已經用過光學掃瞄卡，是用在計算複選題的分數。它們有特殊的印刷格式，受試者用鉛筆把方塊或圓圈塗滿的方式來表示他的答案。如果研究者的計畫涉及到電話訪談，他就可以使用最後一種方法。電腦輔助電話訪談系統在第十章中已經討論過。戴著電話耳機的訪員坐在電腦鍵盤前面，將訪談中回答者提供的答案直接鍵入資料。

資料清查

資料編碼登錄過程中，最重要的事就是正確性（參閱方塊12.1的範例）。編碼登錄或把資料鍵入電腦時所發生的錯誤，會威脅到測量的效度，造成錯誤的結果。一個有完美的樣本、測量工具、蒐集資料時絲毫沒有錯誤的研究者，但是在編碼程序或把資料資料鍵入電腦時卻發生了錯誤，整個研究計畫可能會因此而毀於一旦。

小心翼翼地編碼登錄之後，研究者要檢查登錄的正確性，也就是清查資料。研究者可以隨機抽取百分之十到十五的資料做二次登錄。如果沒有出現任何登錄錯誤，研究者就可以繼續進行。但是如果發現錯誤，就必須重新檢查所有登錄好的資料。

在把資料資料鍵入電腦之後，研究者有兩種檢驗登錄的方法。概略登錄清查（possible code cleaning）（或稱爲原始登錄清查）是指全面檢查所有變項的類別，察看是否出現不可能存在的代碼。例如，回答者的性別編碼爲1=男性，2=女性。因此如果發現有任何一個個案在性別變項上的代碼爲4，那就表示編碼錯誤。第二種方法爲列聯清查（contingency cleaning）（或稱爲一致性清查），是指交叉分類兩個變項，然後尋找邏輯上不可能存在的組合。例如，交叉檢查教育與職業分類時，如果某位回答者的記錄是從來沒有通過八年級的考試，但同時也被記錄爲是位合法的醫學博士，這時研究者就檢查出一項登錄上的錯誤。

資料被鍵入電腦之後，研究者還是可以進行修正。雖然他不可

方塊12.1

處理資料舉例

沒有比親自處理資料更好的替代品。這裡有個資料準備的例子，取材自我帶領我學生執行的一項研究。我任教的大學調查三分之一的大學生，想從中知道校園內大學生對性騷擾的想法與經驗。一隊研究人員抽取了一組隨機樣本，並且發展出自我塡答的問卷，分給大學生塡答。回答者把答案劃在光學掃瞄卡上，就像複選測驗所用的那種答案紙。這個故事始於發出超過三千餘份的光學掃瞄卡。

卡片回收後，我們目光掃過每張卡片，察看有沒有明顯的錯誤。儘管告訴回答者要用鉛筆清楚塗黑每個圓圈，但是仍然發現有兩百位回答者使用鉛筆，另外有兩百位用很淡的鉛筆塗得不清不楚。我們清理這些卡片，重新用鉛筆再劃一次。同時，我們也發現了有二十五張不能用的卡片，這些卡片不是被損毀了，就是弄得面目全非，要不然就是塡答得不完全（譬如說：七十題中只答了前兩題）。

接下來，我們把那些可用的光學掃瞄卡片讀進電腦。讓電腦來產生每個變項各個屬性出現的數字，也就是次數。查閱這些數字，我們發現數種錯誤。有些回答者一題塡了兩個答案，而題目只要求塡一個答案，或是只可能有一個答案。有些則塡下不可能出現的答案編碼（譬如，性別的答案上塡寫4，而實際上可能的答案只有1爲男性，2爲女性），還有人在每個題目上都圈劃相同的答案，顯示他們並沒有認眞作答。對每個有錯誤的案例，我們回頭找出原來的那張光學掃瞄卡片，看看是否能找

以使用比蒐集到的原始資料更加細微的分類，但是他仍然可以把資料合併、或重新分組。例如，研究者可以將比尺度的收入資料分成五個順序尺度的資料。同樣地，他也可以把數個指標的資料結合成一個新的變項，或是把數個問項的答案加總起來，變成指數分數。

出任何線索。如果不能，我們重新把這些案例歸類爲非答案模式，或將之記錄爲漏失資料。

這份問卷有兩個列聯問項。對於這兩題，只要回答者答案是「否」的，都跳過接下來的五題不必回答。每一題我們都製作一個表格。我們仔細察看是否所有第一題答「否」的，都跳過接下來的五題，或是接下來的五格都是空格。我們發現大約有三十五個回答「否」的，接著回答下面五個題目。我們回頭察看每張卡片，設法弄清楚回答者眞正的意向。大部分的情形是，回答者確實是說「否」，顯示沒有看清楚請他們跳答的說明。

最後，我們檢視每個變項各個屬性的次數分配，看看是否合理。結果令我們非常訝異的是，大約有六百位回答者圈選「本土美國人」做爲種族問項的答案。此外，大約超過半數提供這種答案是大一新鮮人。查對校方記錄之後，顯示校方註冊名單上只有大約二十位是本土美國人，亦即美國印地安人，超過百分之九十的學生是白人、非西班牙高加索人。回答者圈選爲黑人、非裔美國人、或美籍墨西哥人的百分比與校方記錄相吻合。據此我們得出一個結論，某些高加索白人回答者並不知道「本土美國人」這個詞是指「美國印地安人」。顯然，他們誤把它當成「白人、高加索人」，而沒有圈選「白人高加索人」的答案。由於我們只期望樣本中有七位本土美國人，所以我們就把「本土美國人」的答案記錄爲「白人、高加索人」。這等於說我們重新把樣本中的本土美國人歸類爲高加索人。到此，我們可以分析資料了。

一個變項的結果

次數分配

「統計（statistics）」這個名詞有數個意義。它可以指一筆蒐集到的數字（像是告知某個都市有多少人口的數字），也可以是應用數學的一支，用在操弄與總結數字所代表的特性。社會研究者同時使用這兩種類型的統計，但是這裡我們把焦點集中在第二種類型——操弄與總結代表研究計畫所得之數字資料的方法。

描述統計（descriptive statistics）描述數字資料。可以根據所涉及的變項個數而做不同的分類：單變項（univariate）、雙變項（bivariate）、與多變項（multivariate，指一個、兩個，以及三個或以上的變項）。單變項統計描述一個變項。描述一個變項的數字資料最簡單的方法就是次數分配（frequency distribution）。這個方法可以用在名目、順序、等距、或比率資料，而且有很多種不同的形式。舉例來說，如果我有四百位回答者的資料。我可以用原始計數或百分比次數分配的方式，摘要列出回答者的性別資訊（參閱圖12.1）。同一筆資料也可以用圖形來呈現。一些常見的圖示法有直方圖（histogram）、長條圖（bar chart）、與餅圖（pie chart）。大多數的人都見過這些圖形。術語並不十分貼切，例如，直方圖通常就是用在等距或比率資料，表示筆直而下的長條圖[2]。

對等距或比率資料而言，研究者經常把資料分成不同的組。分組後的類別應該是互斥的。等距或比率資料常被畫成次數多邊圖（frequency polygon）。圖上個案的數目或稱爲次數，是沿著縱軸標示，而變項的值或稱爲分數，則沿著横軸標示。把各點資料連起來後，就成爲次數多邊圖。

集中趨勢的測量

研究者經常想把一個變項的資料摘要成單獨的一個數字。他們使用三種集中趨勢的測量值，或稱爲次數分配中心點的量數：均數（mean）、中數（median）、與眾數（mode），經常統稱爲平均值（average，是種比較不精確、不清楚的表達方式，指涉的是同一件事）。

眾數最容易使用，而且不論是名目、順序、等距、還是比率資

原始次數分配		百分比次數分配	
性別	次數	性別	百分比
男性	100	男性	25%
女性	300	女性	75%
總計	400	總計	100%

同一筆資訊的長條圖

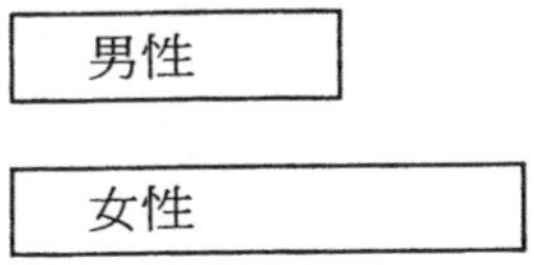

分組資料的次數分配

第一份工作的年收入	次數
$5,000以下	25
$5,000～$9,999	50
$10,000～$15,999	100
$16,000～$19,999	150
$20,000～$29,999	50
$30,000以上	25
總計	400

次數多邊圖範例

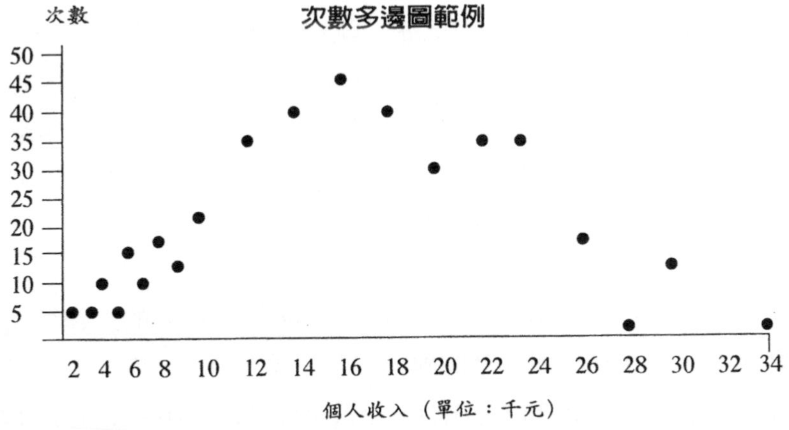

圖12.1 單變項統計舉例

料，都用得上。它就是最常出現的數字。舉例來說，6,5,7,10,9,5,3,5這個數列的眾數就是5。一個次數分配可能有一個以上的眾數。例如，數列5,6,1,2,5,7,4,7的眾數是5和7。如果數列很長，那麼很容易就可從次數分配表上找出眾數——只要找出出現次數最多的那個分數就是了。至少總會有一個個案的分數會等於眾數。

中數是位居中央的那一點。它也是第五十個百分位數（percentile），也就是說，有一半的個案在該值之前，而另一半的個案在該值之後的那一點。它可以用於順序、等距、或比率資料（但是不能用於名目資料）。你用目測就可以找出眾數，但是算出中數則需要一些工夫。最簡單的方法是先將分數從高至低排列，然後數出中間的那個點。如果分數的個數是奇數，這就很簡單。有七人在等公車，他們的年齡是12,17,20,27,30,55,80。年齡中數就是27歲。要注意中數並不容易改變，如果55歲和80歲的兩人上了公車，換了兩位31歲的人加入等車行列，則中數仍然沒有改變。如果分數的個數是偶數，那麼事情就有點複雜了。例如，在公車站牌處的六個人年齡分別是17,20,26,30.50,70。中數就落在26與30中間的某處。計算中數的方法是把這兩個位在中間的分數加起來除以2，即26 + 30 = 56，56 / 2 =28。年齡中數即爲28歲，但是其實沒有一個人是28歲。注意在這六個年齡的數列中沒有眾數，因爲每一個人的年齡都不一樣。

均數，也稱爲算術平均數，是最常使用的集中趨勢量數。它只能用於等距或比率資料[3]。計算平均是將所有分數加總起來，再除以分數的總個數。例如，上例的平均年齡是17 + 20 + 26 + 30 + 50 + 70 = 213，213 / 6 = 35.5。在這個數列中沒有一個人的年齡是35.5，而且平均並不等於中數。

均數會受到極端值（非常大或非常小的值）改變的影響很大。舉例來說，如果50歲與70歲的兩人離開，換上兩位31歲的人。這個時候的新數列是17,20,26,30,31,31。均數將會是17 + 20 + 26 + 30 + 31 + 31 = 155，155 / 6 = 25.8。因此，當若干極大值移去時，均數就會

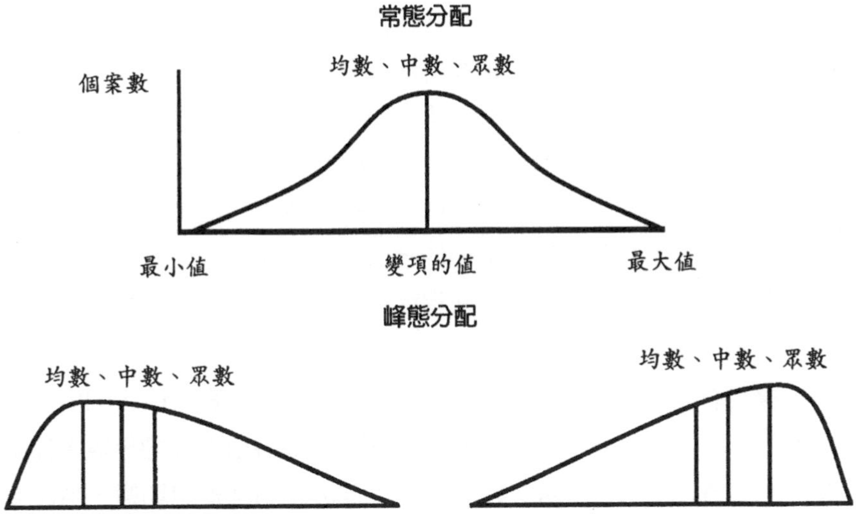

圖12.2 集中趨勢的測量值

下降很多。

如果次數分配形成一個「常態」或鐘形曲線，那麼這三個集中趨勢量數的值都會相等。如果分配是一種偏態分配（Skewed distribution，即有較多的個案集中在分數較高或較低的那一端），那麼這三個數值就不會相等。如果大部分個案的分數較低，但其中有些個案的分數極高，那麼均數值會最大，中數居中，眾數最小。如果大部分個案的分數較高，但有些個案的分數極低，那麼均數會最小，中數居中，眾數最大。一般而言，中數最適合用於偏態分配上，雖然其他大部分的統計分配用的是均數（參閱圖12.2）。

變異量的測量

集中趨勢量數是用一個數字來摘述一個分配。然而，它們提供的只是分配的中心點。分配的另一種特性是它環繞著中心點向外散佈、離散、或變異的程度。兩個分配可能有完全相同的集中趨勢量數，但是各自距中心的離散程度可能完全不同。舉例來說，一家酒店門前的公車站牌邊有七個人，他們的年齡爲分別是25,26,27,30,33,34,35。他們的中數與均數都是30歲。在一家冰淇淋店前的公車站牌邊也有七個人，他們的年齡則是5,10,20,30,40,50,55，這七個人年齡的中數與均數和前面的七個人完全相同。但是冰淇淋店前七個人的年齡分配離中心的分散程度較遠，或者說這個分配有比較大的變異。

變異有重要的社會意義。例如，在城市X，家庭年收入的中數與均數是每年25,600元，變異爲0。變異爲0是指每個家庭的年收入完全等於25,600元。城市Y的家庭年收入也有相同的中數與均數，但是有百分之九十五的家庭年收入是8,000元，百分之五的家庭年收入是300,000元。城市X有完全相等的家庭年收入，城市Y的家庭收入則有很大的不同。研究者如果不知道這兩個城市家庭收入的變異程度，可能就會漏掉很重要的訊息。

研究者有三種方法測量變異量：全距（range）、百分位數，以及標準差（standard deviation）。全距是最簡單，包括最大的與最小的分數。例如，酒店前公車站牌邊人群的年齡全距是從25歲到35歲，即是35 - 25 = 10（歲）。如果35歲的人上了車，另外來了一位60歲的人，那麼全距就變成60 - 25 = 35（歲）。全距有其限制。例如，下面兩個六人團體的年齡全距都是35歲：30,30,30,30,30,65與20,45,46,48,50,55。

百分位數告知在分配中某個特定位置上的分數值。你已經學過的一個百分位數是中數，即第五十個百分位數。有時候第二十五個與第七十五個百分位數，或第十個與第九十個百分位數也會被用來描述一個分配。例如，第二十五個百分位數是指在一個分配中有百分之二十五的分數不是等於該值就是小於該值。計算百分位數的過程和計算中數的方法是一樣的。如果我有100個人，想要找出第二十五個百分位數，我就先把分數排列出來，然後從下往上數，算到第二十五位爲止。如果總數不是100，我只要把分配調整成百分比就可以了。

標準差是最難計算的離散量數，但是它也是最有意義與最常用的量數。全距與百分位數適用於順序、等距、與比率資料，而標準差只能用於等距或比率資料。要利用到均數，也就是計算所有分數與均數的「平均距離」。如果個案數目多於10個，一般人就很少會動手計算標準差，因爲電腦與計算機幾秒鐘就可以完成這項任務了。

讓我們看看表12.2所列的標準差計算過程。如果你把每個分數和均數之間的差異（也就是把分數減去均數）加起來，你將得到0。這是因爲均數位於所有分數的正中間。同時也要注意，與均數差別最大的分數對平方和與標準差都會造成最大的影響。

標準差本身的用處有限。主要是用在比較的目的。例如，A班學生家長受教育年數的標準差是3.317年；B班是0.812年；C班則是6.239年。這些標準差可以告訴研究者B班學生家長有非常近似的受教育年數，但是C班學生家長在受教育年數上則有很大的差異。事實上，在B班中，一位「尋常」學生家長的受教育年數只多於、或少於該班所有家長受教育年數的均數不到一年的差距，因此這班同學家長的同質性非常高。然而在C班中，一位「尋常」學生家長的受教育年數都多於或少於均數六年以上，因此這班同學的家長有比較高的異質性。

標準差與均數可以被用來創造z分數（z-score）。z分數使研究者可以比較兩個或兩個以上的分配或團體。z分數又稱爲標準分數，是以與均數相差幾個標準差的數目來表示在次數分配上的各個點或各個分數。分數表示的是他們在分配中的相對位置，而不是絕對的數值。

舉例來說，A廠的銷售經理凱弟每年賺50,000元，而B廠的麥可則賺38,000元。雖然他們兩人在絕對薪資上有所差距，但是在每家工廠中，給付經理相對於其他員工的水準，則是相同的。凱弟的薪資比她工廠中其他三分之二的員工爲多，而麥可的薪資也比他工廠中其他

表12.2 標準差

計算標準差的步驟：

1.計算均數。
2.均數減去每個分數。
3.把均數與每個分數的差，加以平方。
4.把這些差的平方加起來，得出平方和。
5.把平方和除以總個案數，得出變異數。
6.求出變異數的平方根，這就是標準差。

計算標準差的實例

（八位回答者，變項＝受教育的年數）

分數	分數－均數	（分數－均數的）平方
15	15 - 12.5 = 2.5	6.25
12	12 - 12.5 = -0.5	.25
12	12 - 12.5 = -0.5	.25
10	10 - 12.5 = -2.5	6.25
16	16 - 12.5 = 3.5	12.25
18	18 - 12.5 = 5.5	30.25
8	8 - 12.5 = 4.5	20.25
9	9 - 12.5 = -3.5	12.25

均數 = 15+12+12+10+16+18+8+9 = 100，100/8 = 12.5
平方和 = 6.25+.25+.25+6.25+12.25+30.25+20.25+12.25 = 88
變異數 = 平方和 / 總個案數 = 88 / 8 =11
標準差 = 變異數的平方根 = $\sqrt{11}$ = 3.317年
下面是標準差的公式符號。

符號：

X =個案分數　　Σ = 希臘文的總和符號，把所有分數加總
$\overline{X}$ =均數　　N = 個案總數
公式：[a]

$$\text{標準差} = \sqrt{\frac{\Sigma(X-\overline{X})^2}{N}}$$

a.公式中出現的些微的差異，端視研究者用的是母體的資料，還是樣本的資料或母體的估計值。

三分之二的員工爲多。

下面介紹如何使用z分數的另一個例子。漢斯與赫弟是一對雙胞胎兄妹，但是漢斯比赫弟矮。和其他同年齡的女孩相比，赫弟的身高等於均數；所以她的z分數爲0。同樣地，漢斯有的也是同年齡男孩的平均身高。因此，在這兩個比較團體中，這對雙胞胎有相同的z分數，這就是說他們有相同的相對身高。

根據均數與標準差，很容易就可計算出z分數（參閱方塊12.2）。例如，有位雇主對來自國王學院（Kings College）與皇后學院（Queens College）的學生，進行訪談。她獲知這兩所學院很類似，而且採用的成績等第都是4.0量表。然而，國王學院的平均成績等第是2.62，標準差爲 .50；而皇后學院的平均成績等第是3.24，標準差爲 .40。因此雇主就懷疑皇后學院的成績比較寬鬆。從國王學院畢業的蘇澤特的平均成績等第是3.62，而從皇后學院畢業的喬奇的平均成績等第是3.64。兩位學生都修習同樣的課程，因此雇主就想根據兩所學院的實際成績分配來調整兩位學生的成績（即算出標準分數）。他先分別把兩位學生的成績減去均數，再除以標準差來算出z分數。蘇澤特的z分數是3.62 - 2.62 = 1.00，1.00 / .50 = 2；喬奇的z分數是3.64 - 3.24 = .40，.40 / .40 = 1。因此，這位雇主得到蘇澤特的成績是比她學院平均成績高兩個標準差，而喬奇的成績則只比他學院平均分數高一個標準差。雖然蘇澤特的絕對成績等第比喬奇低，但是相對於他們自己學院的學生，蘇澤特的成績則要比喬奇來得高。

兩個變項的結果

兩個變項的關係

單變項統計只單獨描述一個變項。雙變項統計比較有價值得

方塊12.2

計算Z分數

我個人並不喜歡z分數的公式，該公式爲：

Z分數＝（分數－均數）／標準差 ，或用符號表示：

$$Z= \frac{X- \overline{Y}}{\delta}$$

其中X=分數，$\overline{X}$=均數，δ =標準差

我通常利用簡單的概念圖來幫我完成這項計算，而這個概念圖還會顯示z分數的功能。試想一筆學童年齡的資料，均數爲7歲，標準差爲2歲。我該如何計算一位五歲兒童米高的z分數呢？或是如果我知道亞修達的z分數爲+2，而我想知道她的實際年齡，那我該怎麼做呢？我先在+3與-3之間畫出一條線，以0爲中點。我把均數值放在中點0的地方，因爲0的z分數爲均數，並且z分數測量的是離均數遠或近的距離。超過3我就不畫了，因爲從目測可知大多數的情況下，所有的個案都會落在距離均數三個標準差之內。

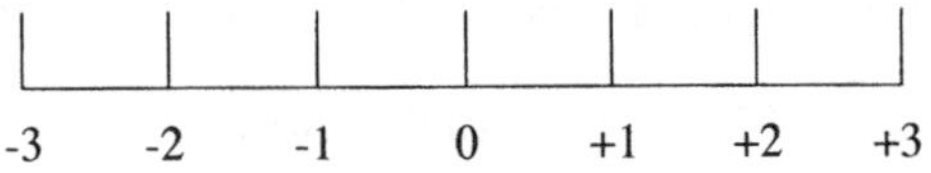

現在，我標示出均數的值，並將之加上或檢去標準差。當均數爲7，標準差爲2歲時，多於均數+1個標準差的值爲7+2，或說9歲。就一個值爲-2的z分數而言，我寫下3歲。這是因爲它等於比均數7歲小兩個標準差，每個標準差等於兩歲（共四歲）。我的圖現在看起來像這樣：

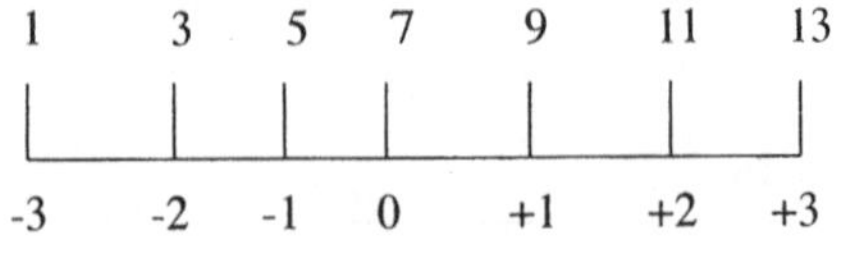

現在很容易看出來五歲的米高有個-1的標準差，而亞修達的z分數是+2，相當於11歲。我可以從z分數讀出年齡，也可以從年齡讀出z分數。至於分數，像是-1.5的z分數，我只要應用相同的原理把它轉化爲年齡，就得到4歲。同樣的，年齡爲12歲的z分數爲2.5。

多。它可以使研究者同時考慮兩個變項，並且描述這兩個變項間的關係。即使是簡單的假設都需要兩個變項。

雙變項統計分析告訴我們變項間的統計關係——這是指同時出現的事物。例如，河水污染與飲用這水的人染病的事實之間就存在著一種關係。這是一種兩變項間的統計關係：河水污染與飲水者的健康。

統計關係是建立在兩個概念——共變（covariation）與獨立（independence）——之上。共變是指事情一併發生或有所關聯。共變意指一起發生變化；在某個變項上有某個特定值的個案，在另一個變項上很可能也有某個特定值。例如，在收入變項上有較高值的人，很可能在生活期望的變項上也會有較高的值。同樣地，收入較低的人生活期望也低。通常是以比較簡短的方式來描述這個現象——收入與生活期望互相有關聯，或說收入與生活期望共變。我們也可以說，瞭解一個人的收入就可以告訴我們這個人可能的生活期望，或者說生活期望端視收入而定。

獨立是共變的相反，是指變項間沒有關聯或沒有關係。如果兩個變項是獨立的，在某個變項上有某個特定值的個案，在另一個變項上並不會有任何特定值。例如，麗塔想要知道兄弟姊妹的數目是否和生活期望有關聯。如果這兩個變項是獨立的，則有較多兄弟姊妹的人將會和只是一個小孩的人有同樣的生活期望。換句話說，知道一個人的兄弟姊妹數目並不能使麗塔瞭解到關於那一個人的生活期望。

大部分研究者是以因果關係、或期望共變的方式來陳述假設。他們使用虛無假設，這是假設變項間的關係是獨立的。它用在正式的假設檢定上，並且常見諸於推論統計（將於下節討論）。

有三種方法可以幫助研究者決定兩變項之間是否有關係存在：其一，散佈圖（scattergram）或關係圖；其二，交叉表或百分比表；其三，相關量數或是用單獨一個數字來表示共變量的統計值（例如，相關係數）。可以（參閱方塊12.3）的圖形資料。

方塊12.3

精確製作圖形

A圖的模式顯示劇烈的變遷。1980年筆直下跌後緊接著快速的復甦與不穩定。B圖的模式相當恆定，1979到1980年平穩下跌，其它年份的情況相當持平。這兩張圖都是同一筆資料──1975年至1992年美國企業失敗率。X軸（底邊）是相同的年份單位。A圖Y軸的量值是從60到160，而B圖Y軸的量值是0到400。A圖的模式看起來變動比較劇烈，只是因為Y軸量值的關係。閱讀圖表時，當留意查對度量單位。有些人刻意選擇某個度量單位，以縮小或加重資料中訊息的模式。

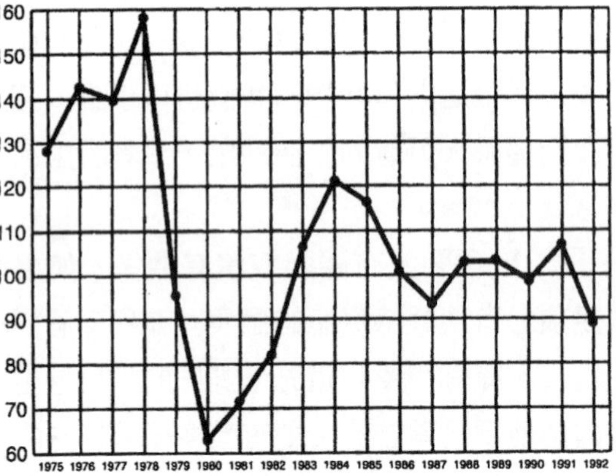

圖A

圖B

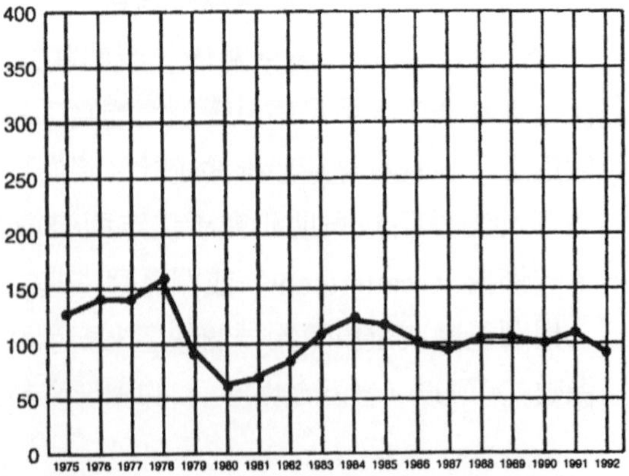

察看關係：散佈圖

什麼是散佈圖？散佈圖是研究者將每一個個案，或觀察值描繪出來後，所得到的圖形，其中兩個座標軸代表的都是變項的值，是用在以等距或比率資料來測量的變項。很少用在順序變項，而且只要有任何一個變項爲名目變項，就不能使用。並沒有固定的規則規定哪種變項（自變項或依變項）要位在橫座標或縱座標上，但是通常自變項（以字母X代表）是被放在橫座標上，依變項（以字母Y表示）則被放在縱座標上。每個座標軸的最小值都在左下角，最大值的位置則在上方或右方。

如何製作散佈圖？從兩個變項的全距開始，畫出標示各變項數值的座標軸，再在座標軸上寫上數值（用方格紙寫會比較好）。然後在兩個座標軸上註明變項名稱，並在圖的上方寫上標題。

你現在已經準備好劃上資料了吧。找出每個個案的兩個變項值，然後在圖中對應於這兩個數值的位置上畫出記號。例如，研究者要製作一個關於受教育年數與子女數的散佈圖。他先看第一個個案的受教育年數（例如，12年）與子女數（例如，3個）。然後就在圖上找出「受教育年數」變項的值爲12與「子女數」變項的值爲3的交會點，最後在這個地方劃上一點來代表這個個案資料。

圖12.3的散佈圖是根據三十三位婦女的資料所畫出的圖形。它顯示婦女受教育的年數與她生育的子女數之間呈現負向關係（negative relationship）。

當所有個案資料都畫在圖上後，散佈圖就完成了。如果個案數目很多的話，這可能要花上一點時間。當然，有些電腦軟體在資料輸入電腦之後，就能畫出散佈圖來。

從散佈圖中你可以學到什麼？研究者從散佈圖中可以看到雙變

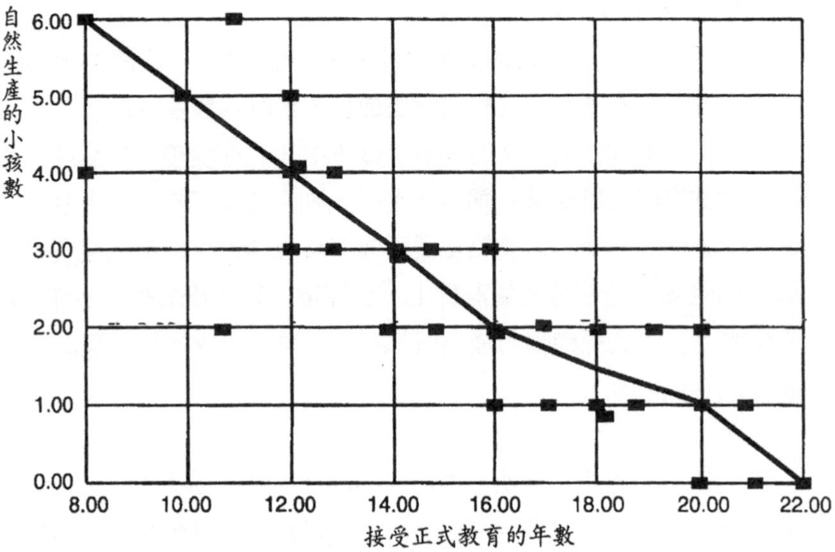

圖12.3 散佈圖的範例：三十三位婦女的受教育年數與自然生產的小孩數

項關係的三個層面：形式、方向、和精確度。

◎形式

變項關係有三種形式：獨立、直線、與曲線。獨立或沒有關係是最容易辨識的。看起來就像毫無任何模式的隨機散佈，或者是完全平行於橫座標、或縱座標的一條垂直線。直線關係是指可以從個案的迷陣中，看出一條從某個角落伸展至另一個角落的直線。曲線關係是指個案的迷陣中央會形成像是U形、倒U形、或S形的曲線。

◎方向

直線關係可以是正向或負向。正向關係的圖形大致上是從左下角往右上角延伸的對角線，較高的X值傾向於與較高的Y值一塊發生，反之較低的X值與較低的Y值一併出現。收入與生活期望的例子描述的就是正向的直線關係。

負向關係的圖形大致上是從左上角往右下角延伸的直線。這意味著一個變項出現較高的值，會伴隨著另一個變項出現較低的值。例如，學歷較高的人比較不可能被捕。如果我們拿到一張散佈圖，其內容是一群男性的受教育的年數（X軸）與被捕次數（Y軸）的資料，就會看到大部分被捕次數較多的個案（或男子）出現在圖中的左上方，因爲大部分被捕的人受教育的年數比較短；而大部分被捕次數較少的個案則出現在途中的右下方，因爲他們大部分受教育的年數比較長。對於這個關係的假想線可能比較平坦、也可能必較陡峭。高等統計學提供有關於這條直線斜率精確數值的測量法。

◎精確程度

雙變項的關係因精確程度不同而不同。精確程度是圖形上各點的散佈程度。高精確度發生在各點位在描述變項關係的直線附近，而低精確度則發生在各點廣泛分佈於這條直線的四處。研究者用目測就可以看出精確度的高低，他們也可以使用高等統計學，即以一種類似於計算單變項標準差的方式，來測量變項關係的精確度。

雙變項表

什麼是雙變項表？雙變項百分比表使用得相當廣泛。它和散佈圖展現的是相同的一筆資料，但是以更爲濃縮精簡的方式呈現。資料可以是任何一種測量等級的資料，但是如果是有許多不同的值的等距與比率資料，就要事先分組。這個表是根據交叉表製作而成的；這是說在表中的個案是根據發生在同一時間的兩個變項所組成的。雙變項表內的數字通常是百分比。

製作百分比表：製作一個百分比表很容易，但是要使它看起來具有專業性，則需要一些方法。我們先回顧一下親手製作一個表所需經過的步驟，因爲電腦製表也是應用相同的原則。我們從原始資料下手，這些資料可以被組織成電腦可以讀取的格式。它們看起來就像方塊12.4中一份假想調查的資料。

下一步就是建立合成次數分配表（Compound Frequency Distribution, CFD）。這個表類似次數分配，只是它是兩變項各個值的配對組合。例如研究者想要察看年齡與態度間的關係。年齡是一種比率量數，因此必須先把它分組，以使比率變項能被當成順序變項來處理。比率或等距資料在百分比表中，必須被轉換爲順序資料，否則一個變項可能會有五十個類型，這樣的表根本無法閱讀。

合成次數分配表有每一種類別的組合。年齡有四種類別，態度有三種類別，因此就有3×4 =12格。建立合成次數分配表的步驟如下：

1.寫出所有變項類別的可能組合。

2.將符合各組合類別的個案註記在該格之內。

3.計算各組合類別的個案數目。

如果沒有遺失資料的問題，那麼就把各類別內的個數加起來（例如，所有「同意」的個數、或所有「61歲以上」的個數）。在範例中，漏失資料構成一個問題。在合成次數分配表中的四個「同意」類別加起來爲37（20 + 10 + 4 + 3），而不是單變項次數分配時的38，這是因爲38個個案中有一筆漏掉了年齡的資料。

合成次數分配表是一個使表格建構更爲簡便的中介步驟。電腦程式馬上就可以給你完整的表。

下一個步驟是建構表格的各個部分，標明列與欄的名稱（參閱表12.3）。自變項通常放在橫欄中，但也不一定要遵守這個習慣。然後將合成次數分配表中的每個數字塡入表中相對應於變項類別的方格內。例如，在合成次數分配表中顯示小於30歲而且回答同意者爲20（最上面的數字），表12.3相對應的方格內也塡入一樣的數字（左上方格）。

方塊12.4

原始資料與次數分配

原始資料範例

個案	年齡	性別	受教育年數	態度	政黨等…
01	21	女	14	1	民主黨
02	36	男	8	1	共和黨
03	77	女	12	2	共和黨
04	41	女	20	2	獨立黨
05	29	男	22	3	民主社會黨
06	45	女	12	3	民主黨
07	19	男	13	2	漏失資料
08	64	男	12	3	民主黨
09	53	女	10	3	民主黨
10	44	男	21	1	保守黨

等等…

（態度分數，1=同意，2=沒意見，3=不同意）

兩個次數分配：年齡與對改變飲酒年齡的態度

年齡別	個案數	態度	個案數
30歲以下	26		
30-45歲	30	同意	38
46-60歲	35	沒意見	26
61歲以上	15	不同意	40
漏失資料	3	漏失資料	5
總計	109	總計	109

表12.3是原始計數或次數表。每個方格內的是個案的數目。這很容易製作，但是要解釋原始計數表卻很困難，因爲各列或各欄有不同

續方塊12.4

合成次數分配表：年齡別與對改變飲酒年齡的態度

年齡別	態度	個案數
30歲以下	同意	20
30歲以下	沒意見	3
30歲以下	不同意	3
30-45歲	同意	10
30-45歲	沒意見	10
30-45歲	不同意	5
46-60歲	同意	4
46-60歲	沒意見	10
46-60歲	不同意	21
61歲以上	同意	3
61歲以上	沒意見	2
61歲以上	不同意	10
	小計	101
任一變項的漏失資料		8
總計		109

的總計值，而眞正有意義的是，與其它方格比較之後，每個方格的相對大小。

研究者將原始計數表轉換爲百分比表，藉此察看雙變項間的關係。形成百分比表有三種方式：按列、按欄、與按總數。使用較多的是前面兩種，並且能夠顯示出關係。

是按列還是按欄求得百分比，會比較好呢？每一種都很適當。讓我們先來看看把一個表百分比化的機制。計算各欄位的百分比時，先算出每個方格相對於欄總和的百分比，這也包括欄變項的總和欄與邊格欄。例如，第一欄的總和是26（在30歲以下的有26人），而該欄

表12.3 不同年齡群對改變飲酒年齡的看法，原始計數表(a)

（原始計數表）

年齡組（2）

態度(b)	30歲以下	31-45歲	46-60歲	61歲以上	總計(c)
同意	20	10	4	3	37
沒意見	3(d)	10	10	2	25
不同意	3	5	21	10	39
總計(c)	26	25	35	15	101

(e)

漏失資料(f)=8

表格的構成部分

(a)給每個表格一個表名，以變項的名稱爲命名，提供背景訊息

(b)標示列與欄變項的名稱，寫上變項每個類別的名稱

(c)列入欄與列的總計。這些爲邊格總和，等於該變項的單變項次數分配

(d) 每個數字或位置，相應於每個變項值的交會點，稱爲方格

(e)變項類別內個數以及總計數值共稱爲表格的主體

(f)如果有漏失資料（回答者拒絕回答、結束訪談、或是說「不知道」等等的個案），在表格附近列上漏失個案的個數，說明原來的個數總值。

第一個方格是20（在30歲以下且同意者有20人）。所以百分比就是20 / 26 = 0.769或百分之76.9。或者邊格欄的第一個數值是37 / 101 = 0.366 = 36.6%（參閱表12.4）。除了四捨五入之外，總計應該會等於100%。

計算各列百分比的方式也是類一樣。計算每個方格的數值爲列總和的百分比。例如，同樣用數值爲20的方格，我們現在想要知道它

表12.4 不同年齡群對改變飲酒年齡的看法

欄百分比表

年齡組					
態度	30歲以下	30-45歲	46-60歲	61歲以上	總計
同意	76.9%	40%	11.4%	20%	36.6%
沒意見	11.5	40	28.6	13.3	24.8
不同意	11.5	20	60	66.7	38.6
總計	99.9	100	100	100	100
(總個數)	(26)*	(25)*	(35)*	(15)*	(101)*

漏失個案數 = 8.

列百分比表

年齡組						
態度	30歲以下	30-45歲	46-60歲	61歲以上	總計	總個數
同意	54.1%	27	10.8	8.1	100	37*
沒意見	12%	40	40	8	100	25*
不同意	7.7%	12.8	53.8	25.6	99.9	39*
總計	25.7	24.8	34.7	14.9	100.1	101*

漏失個案數 = 8.

*對百分比表來說，必須提供個案總數，百分比就是根據括弧內的個案總數計算的，總和接近100%。這樣才能從百分比表轉換成原始計數表，然後再轉換回來。

對列總數37的百分比，那麼應該是20 / 37 = .541 = 54.1%。對同一個方格而言，按列或按欄計算出來的百分比並不會一樣，除非邊格欄的數值相等。

列與欄的百分比使研究者可以討論不同的問題，列百分比表可以回答一些像是具有某種態度的人群中，每一種年齡群各佔多少百分比的問題。前面算得的資料說，在同意的回答者中，有百分之54.1來自年齡在30歲以下的團體。欄百分比表也論及一些問題。在每一種年齡群中，不同態度的人各有多少百分比？由前面資料可知，在30歲以下的那一組中，有百分之76.9是持同意的態度。從列百分比表中，研究者瞭解到在同意的人當中有約略多於半數的人年齡是在30歲以下。從欄百分比表中，研究者瞭解到在30歲以下的人當中，超過三分之一是持同意態度的。其中一種把表格百分比化的方式，告訴我們具有某種態度的人的資料；另一種把表格百分比化的方式，則告訴我們某個特定年齡群的資料。

研究者的假設可能暗示需要察看列或欄的百分比。開始時，計算每一種百分比，並且練習解釋或指出每個表的含意。舉例來說，我的假設是年齡會影響態度，因此欄百分比會比較有用。然而如果我的興趣是在於描述不同態度的人的年齡組成，那麼列百分比就比較合適。如澤索（Zeisel, 1985:34）曾經指出，只要交叉表中的任何一個因素能夠被視爲是另一個因素的原因，如果又是根據那個原因因素的方向計算各格的百分比，那麼百分比將最具有說明性。

閱讀百分比表：一旦你瞭解表是如何製作的，閱讀與弄懂它的意義就會是件非常容易的事了。閱讀一個表，首先要看清它的標題、變項名稱，以及任何相關的背景資訊來源。接下來要察看百分表計算的方向——按列還是按欄。注意表12.4的百分比表都有相同的標題，這是因爲使用的是相同的變項。注意標題中的資料是如何被計算成百分比的將會有所幫助，只是很少會有這方面的說明。有時候研究者呈現的是更爲簡化的表，省略掉100%的總和值或邊格值，這也會增加閱讀上的困擾。最好包括表的所有部分，並且清楚地列出方格的名稱。

研究者研讀百分比表，以便進行比較。比較的方向是與百分比計算的方向相反。一種經驗法則是如果表是向下求得百分比的（即按欄計算的），就跨列比較；如果表是橫向求得百分比（即按列計算的），就比較上下欄的差異。

例如，表12.4按列計算百分比的部分，就進行各欄或年齡群的比較。同意的人中大部分屬於年輕群，而且百分比隨著年齡的增加而減少。大部分沒有意見的人是中年齡層的人，而不同意的人則出現在歲數較高的年齡層中，特別是46到60歲的群體。當閱讀表12.4按欄計算百分比的部分，要做跨列比較。例如，年齡最輕的群體大部分持同意的態度，而且他們是唯一同意態度佔大部分的團體。相較於另外兩個年齡最老的團體，這個年齡群的不同意百分比只有百分之11.5。

看穿百分比表中的關係需要練習。如果表中沒有任何關係，各列或各欄方格中的百分比看起來會相當接近。當有直線關係存在時，對角線上會有比較大的百分比。如果有曲線性關係，最大百分比值會在各方格中顯示出一種圖形。例如，有最大值的方格可能在右上角、下方中央、和左上角。從中等大小的表（即有9個到16個方格），其中大部分的方格都有一些個案（至少要有五個個案），而且關係很明顯精確時，是最容易看出關係的。

閱讀散佈圖的原則可以幫助你看出百分比表中的關係。想像有個被分成12個大小相等區域的散佈圖。每一個區域內個案數相對於覆蓋在散佈圖上表格中方格內的個案數。這個表相當於散佈圖的濃縮簡化形式。散佈圖中雙變項關係線相對應於百分比表中對角線上的方格。因此，察看顯著關係的簡單方法就是圈出每一列中最大百分比的方格（對按列計算百分比的表而言），或每一欄中最大百分比值的方格（對按欄計算百分比的表而言），然後再看看是否有直線出現。

挑出最大百分比方格的法則很有效——但是有一項重要的警告。在百分比表中的類別必須是順序或等距的，並且要和散佈圖中的順序一樣。在散佈圖中，變項類別的最小值開始於左下方。如果表中類別的順序不一樣，這個法則就沒有用了。

舉例來說，表12.5a看起來像是有正向關係，表12.5b看起來像是有負向關係。這兩個表使用的都是相同的資料，也都是按列來計算百分比的。眞正的關係是負向的。再仔細地看一遍——只有表12.5b年齡類別的順序才和散佈圖一樣。如果還有疑問，回想一下正向關係與負向關係的基本差異。正向關係意指當一個變項增加時，另一個變項也跟著增加。負向關係是指當一個變項增加時，另一個變項則會減少。

沒有百分比的雙變項表：研究者可以利用集中趨勢量值（通常是均數）而不是百分比，把資料濃縮精簡成另一種類型的雙變項表。用在其中有一個變項是名目或順序變項，而另一個變項則以等距或比率尺度加以測量。在名目或順序變項的每個類別中列出等距或比率變項的均數（或類似的量數）。這種類型的表不是利用合成次數分配表來製作的，相反地，所有個案要先分爲順序或名目變項，然後在每個變項的類別中，根據原始資料計算出所有個案的均數。

表12.6顯示在每個態度類別中回答者的平均年齡。結果指出不同意的回答者的平均年齡要比同意或沒有意見的那些回答者的平均年齡高得多。

關聯的測量

關聯的測量值是描述一個關係的強度，更常是描述方向的單一數字。它把一個雙變項關係的資訊濃縮簡化成單獨的一個數字。

關聯的測量值有很多種。哪種正確則視測量等級而定。許多測量值是用希臘字母來命名的。λ、γ、τ、χ、ρ 是最常使用的關聯測量值。這裡要強調的是對它們的詮釋，而不是計算過程。要瞭解每一個測量值，你需要完成一門初級統計的課程。（參閱方塊12.5）對相關量數的介紹。

這裡所討論的大部分基礎測量值，遵循的是比例降低錯誤（Proportionate Reduction in Error, PRE）的邏輯。這個邏輯問的問題是：對某個變項的知識會降低多少在猜測第二個變項時所造成的誤差？獨立是指對一個變項的知識並不會降低在另一個變項上的誤差機

表12.5a 各年齡層接受學校教育的人數

	接受學校教育的年數				
年齡	0-11	12	13-14	16+	總計
30歲以下	5%	25	30	40	100
30-45歲	15	25	40	20	100
46-60歲	35	45	12	8	100
61歲以上	45	35	15	5	100

表12.5b 各年齡層接受學校教育的人數

	接受學校教育的年數				
年齡	0-11	12	13-14	16+	總計
60歲以上	45%	35	15	5	100
46-60歲	35	45	12	8	100
30-45歲	15	25	40	20	100
30歲以上	5	25	30	40	100

表12.6 關於改變飲酒年齡的態度：按回答者年齡均數分

對飲酒年齡的態度	年齡均數	個數
同意	26.2	（37）
沒意見	44.5	（25）
不同意	61.9	（39）

漏失個案數＝8。

會。如果變項間是獨立的，則測量關聯的量值會等於0。

如果有強烈的關聯或關係存在，那麼根據第一個變項的知識來預測第二個變項時，只會出現很少的誤差，或者說降低誤差的比例會很大。猜測正確的次數多到數不勝數，意味著如果變項間有關聯存在的話，關聯的測量值會是個非零的數值。表12.7描述五種常用的測量雙變項關聯的量值。注意，大部分的值是介於-1到+1之間，負數是指負向關係，正數是指正向關係。測量結果爲1.0的意義是誤差降低程度爲100%，也就是說完美的預測。

兩個以上的變項

統計控制

顯示兩變項間有關聯或有關係，並不足以構成說是自變項造成了依變項。除了時間順序與關聯之外，研究者還必須去除其它的替代解釋——那些會使假設關係變成虛假不實的解釋。實驗研究者之所以能辦到，是選擇一種研究設計，藉此實際控制對結果會產生作用的其它潛在性替代解釋（例如，威脅內部效度）。

在非實驗研究中，研究者是透過統計方法而對其它的替代解釋進行控制。透過控制變項（control variables）來測量可能的替代解釋，然後再用多變項表與統計來檢視控制變項，協助他決定某個雙變項關係是否爲假。也能顯示各個自變項對依變項影響的相對大小。

藉著引進第三個變項（有時候或許有第四個或第五個），研究者得以應用多變項分析（多於兩個變項）控制其它的替代解釋。舉例來說，雙變項表顯示身高較高的青少年比身高較矮者更喜歡棒球。但是存在於身高與對棒球態度之間的這種雙變項關係可能是虛假的，因爲青少男比青少女來得高，青少年本來就比青少女喜歡棒球。要檢定這

方塊12.5

相關

對大多數的人來說，相關係數（rho）的公式看起來有點嚇人。特別是當資料有好幾位數之時，用手計算可能是件非常漫長辛苦的工作。今日，我們靠電腦完成這項工作，它的速度非常快而且異常精確。仰賴電腦來處理這項作業的問題是，研究者可能並不瞭解這個係數的意義。這兒有個簡短、扼要的例子，告訴你相關係數是怎麼來的。

相關係數的目的是在告訴我們兩個變項一起發生或共變的強度。理想上，變項是比率等級的測量值（有些人使用等距尺度的變項）。計算這個係數時，我們先把每個變項上的分數轉化爲z分數。這個動作根據變項的均數與標準差而把所有的變項給「標準化」了。接下來，我們把每個個案的z分數乘起來。這告訴我們變項在每個個案上共變的程度—— 在兩個變項上都有高z分數的個案會變得更大，而兩個變項上z分數都低的個案會變得更小。最後，我們把z分數的乘積加總起來再除以總個案數。結果產生的是一種標準化的平均共變數。簡言之，相關係數就是z分數乘積的總和，然後除以總個案數。它的值總是介於+1.0與-1.0之間，把散佈圖上一個關係的資訊摘要成單獨的一個數字。

讓我們看看年齡與五種小瓶紅酒價格之間的相關。首先，任何夠勇敢以及沒有數學符號恐懼症的人，可以看一看其中一個常用的相關係數計算公式：

（Σ【z分數$_1$】【z分數$_2$】）／N

Σ＝總和；z分數$_1$＝第一個變項的z分數；z分數$_2$ ＝ 第二個變項的z分數；N＝總個案數

續方塊12.5

下面是如何不直接使用公式，計算相關係數的過程

酒類	年齡	價格	均數差		平方差		Z分數		Z分數
			年齡	價格	年齡	價格	年齡	價格	乘積
A	2	$10	-2	- 5	4	25	-1.43	-.70	1.0
B	3	$ 5	-1	-10	1	100	-.71	-1.41	1.0
C	5	$20	+1	+5	1	25	.71	-.70	.50
D	6	$25	+2	+10	4	100	+1.43	+1.41	2.0
E	4	$15	0	0	0	0	0	0	0
總計	20	$75			10	250			4.50

均數：　年齡 = 4；價格 = $15

變異數：年齡 = 10 / 5 =2；價格 = 250 / 5 = 50 。

標準差：年齡 = 2的平方根 = 1.4；價格 = 50的平方根 = 7.1 。

相關：4。50 / 5 = .90

步驟1：計算每個變項的均數與標準差。（標準差的計算，先把每個分數減去均數，然後將所得的差加以平方，現在把各個差的平方加總起來，然後除以總個數，得出變異數，然後求該變異數的平方根。）

步驟2：把變項的每個分數轉化成z分數。（也就是說，即把每個分數減去均數，然後除以標準差）。

步驟3：求每個個案z分數的乘積。

步驟4：把z分數的乘積加總起來，然後除以總個案數。

表12.7 關於改變飲酒年齡的態度：按回答者年齡均數分

λ 用於名目等級的資料，是建立在縮減以眾數為基礎的誤差上，全距在0（獨立）與1（完美的預測或最強的可能關係）之間。

γ 用於順序等級的資料，建立在比較成對變項類別的基礎之上，察看個案是否在每個類別上都有相同的順序。γ 的全距介於-1與+1之間，0表示沒有關係。

τ 也是用於順序等級的資料。是根據不同於計算 γ 的另一種方法，處理一些可能會發生在 γ 計算上的問題。實際上，有數個統計值皆稱為 τ（是一個非常受歡迎的希臘字母），這裡用的是肯道爾 τ 值（Kendall's tau）。肯道爾 τ 值的全距介於-1與+1之間，0表示沒有關係。

ρ 也稱為皮爾森積差相關係數（是以著名的統計學家卡爾・皮爾森之名命名的，它的計算是根據一種積差統計程序）。是最常使用的相關測量值，也是人們使用相關這個詞而沒有提供進一步的說明時所用的相關係數。相關只可以用在以等距或比率等級測量的資料。ρ 用在變項的均數與標準差上，告知個案離散佈圖上某條關係（或回歸）線的距離有多遠。ρ 的全距為-1.0到+1.0之間，0代表沒有關聯。如果把 ρ 平方之後，有時稱為R平方，它在誤差意義上有獨特的比例減低量。R平方告訴你一個變項（例如，依變項）有多少百分比被另一個變項（例如，自變項）解釋了。ρ 只測量直線關係，它無法測量非直線或曲線關係。舉例來說，ρ 值為0可能是說沒有關係，也可能是說有曲線關係。

χ^2 卡方有兩種不同的用途。它可以和這裡所描述的其他量數一樣，做為描述統計中關聯的測量值，或是用在推論統計之中。推論統計將於下節中做扼要的敘述。做為一個關聯的測量值，卡方適用於名目與順序的資料中。它的值上限為無限大，下限為零，表示沒有關聯。（參閱方塊12.8）

關聯測量值的摘要

測量值	希臘符號	資料類型	高關聯	獨立關係
Lambda	λ	名目	1.0	0
Gamma	γ	順序	+1.0, -1.0	0
Tau（肯道爾 τ 值）	τ	順序	+1.0, -1.0	0
Rho	ρ	等距，比率	+1.0, -1.0	0
卡方	χ^2	名目，順序	無限大	0

項關係是出於性別，研究者必須要控制性別，換句話說，必須排除性別在統計上的效果。一旦完成這項處理，研究者就可以看出身高與棒球態度的雙變項關係是否仍然存在。

研究者控制第三個變項的方法，也可以透過察看雙變項關係是否在控制變項的各類別之中，都持續存在。譬如說，研究者把性別控制住之後，身高與棒球態度之間的關係仍然存在，這就意味著高的男生與高的女生都比矮的男生與矮的女生喜歡棒球。換句話說，控制變項並沒有產生影響。若果如此，這個雙變項關係就不是虛假的了。

如果在考慮控制變項後，雙變項關係因而減弱或消失，那就意味著高的男生並沒有比矮的男生更喜歡棒球，高的女生也沒有比矮的女生更喜歡棒球。這表示起初假定的雙變項關係是虛假的，同時也指出是第三個變項——性別——而不是身高，才是造成對棒球態度差異的眞正原因。

統計控制是高等統計技術上的一個關鍵概念。諸如相關係數之類的關聯量數只暗示有某個關係存在。直到研究者把控制變項納入考慮，否則雙變項關係有可能是虛假的。研究者在詮釋雙變項關係時，都會特別謹愼小心，除非他們考慮了控制變項。

引進控制變項之後，研究者接著討論自變項的淨效應（net effect）——「純屬」自變項的影響量，或是說除了控制變項的影響量之外的自變項影響量。引進控制變項的方法有二：三變項百分比表與多重回歸分析。下節將扼要介紹這兩種方法。

百分比表的詳盡模型

製作三變項的表：爲了滿足因果關係所要求的所有條件，研究者需要「控制」或是察看替代解釋是否能夠解釋因果關係。如果替代解釋可以解釋這個關係，那麼雙變項關係就是虛假的。替代解釋被操作成第三變項，通稱爲控制變項，因爲是做爲控制替代解釋之用的。

其中一種考慮這類第三變項，並察看它們是否會影響雙變項關係的方法是，利用三變項表對控制變項進行統計處理。三變項表稍微有點不同於雙變項表；它們包括多個雙變項表。

一個三變項表針對控制變項的每一個類別，都有一個自變項與依變項的雙變項表。這些新表稱爲分項表（partials），分項表的個數則取決於控制變項的類別數。分項表看起來像是雙變項表，但是它們只使用一部分的資料。只有具有控制變項某些特定值的個案才被放進分項表中。因此，將一個雙變項表打散成爲數個分項表，或者將分項表組合成原來的雙變項表都是可能的。

三變項表有三項限制。第一，如果控制變項有四個以上的類別，那麼就會很難解釋。第二，控制變項可以是任何一種測量等級，但是等距或比率尺度的控制變項必須先加以分組（亦即轉換爲順序資料），而且個案分組的方式也會影響到對效應的詮釋。最後，個案的總數是一個限制因素，因爲個案會被分配到分項表中的方格內。在分項表中的方格數等於雙變項關係的方格數與控制變項類別數的乘積。舉例來說，如果控制變項有三個類別，雙變項表有12個方格，則分項表就有3×12 = 36個方格。每個方格平均最好有五個個案，因此研究者至少需要5×36 = 180個個案。

就像製作雙變項表一樣，三變項表也是從合成次數分配表開始，但是它不是兩元而是三元的合成次數分配表。表12.8顯示帶有一個以「性別」做爲表12.2雙變項表的控制變項的三變項表。

和雙變項表一樣，合成次數分配表中的每一個組合代表最終完成表（在這裡是指分項表）中的一個方格。每個分項表都有最初雙變項表中的變項。

對三個變項來說，製作三個雙變項表在邏輯上是可能的。以上述爲例，變項的組合可能有：其一，性別對態度；其二，年齡別對態度；其三，性別對年齡別。分項表就是根據最初的雙變項關係所製作出來的。每個分項表中，自變項是「年齡層」，而依變項是「態度」，「性別」則是控制變項。這時的三變項表包括一對分項表，每個分項

表12.8 合成次數分配表與三變項分析表

三變項的合成次數分配表					
男性			女性		
年齡	態度	個案數	年齡	態度	個案數
30歲以下	同意	10	30歲以下	同意	10
30歲以下	沒意見	1	30歲以下	沒意見	2
30歲以下	不同意	2	30歲以下	不同意	1
30-45歲	同意	5	30-45歲	同意	5
30-45歲	沒意見	5	30-45歲	沒意見	5
30-45歲	不同意	2	30-45歲	不同意	3
46-60歲	同意	2	46-60歲	同意	2
46-60歲	沒意見	5	46-60歲	沒意見	5
46-60歲	不同意	11	46-60歲	不同意	10
61歲以上	同意	3	61歲以上	同意	0
61歲以上	沒意見	0	61歲以上	沒意見	2
61歲以上	不同意	5	61歲以上	不同意	5
	小計	51		小計	50
任何變項上的漏失資料		4	任何變項上的漏失資料		4
男性總人數		55	女性總人數		54

表中所顯示的是在某一種性別下，年齡和態度的關係。

研究者的理論指出有關最初雙變項關係的假設；也告訴研究者那些變項提供有替代解釋（也就是控制變項）。因此，控制變項的選擇是根據理論而來的。

就像雙變項表一樣，合成次數分配表提供每一個方格（這時是指分項表而言）的原始計數。研究者再以處理雙變項表一樣的方式，把它們轉換爲百分比（亦即把方格次數除以列總數或欄總數）。例如，在女性的分項表中，左上方格中的次數爲10，所以按列計算之後，這格的百分比是10 / 17 = 58%。

續表12.8

分項表：男性

年齡組

態度	30歲以下	30-45歲	46-60歲	61歲以上	總計
同意	10	5	2	3	20
沒意見	1	5	5	0	11
不同意	2	2	11	5	20
總計	13	12	18	8	51

漏失個案數＝4

分項表：女性

年齡組

態度	30歲以下	30-45歲	46-60歲	61歲以上	總計
同意	10	5	2	0	17
沒意見	2	5	5	2	14
不同意	1	3	10	5	19
總計	13	13	17	7	50

漏失個案數＝4

詳盡範型（elaboration paradigm）是一個閱讀三變項百分比表的系統。[4]它描述引進控制變項後，所顯現的模式。描述比較分項表與原始雙變項表的方式，或是描述考慮控制變項後，原始雙變項關係改變的情況，有五個不同的術語（參閱方塊12.6）。上例的結果非常明顯，但是如果差異並不顯著，那就需要動用到更高等的統計技術了。

複製模式（replication pattern）最容易瞭解。這是出現在分項表複製或重現沒有考慮控制變項時雙變項表中的關係，這意味著控制變項沒有任何影響。

特定模式（specification pattern）是第二容易瞭解的模式。是發

方塊12.6

詳盡範例摘要

模式名稱	比較分項表與原始雙變項表後看出的模式
複製	分項表與雙變項表中出現相同的關係
特定	共變關係只出現在某個分項表之中
詮釋	雙變項關係在分項表中大爲減弱，甚或消失 (控制變項形成干預)
解釋	雙變項關係在分項表中大爲減弱，甚或消失 (控制變項出現在原來的自變項之前)
禁制	沒有雙變項關係，關係只出現在分項表中

詳盡模式舉例

複製模式

	雙變項表			分項表			
				控制＝低		控制＝高	
	低	高		低	高	低	高
低	85%	15%	低	84%	16%	86%	14%
高	15%	85%	高	16%	84%	14%	86%

詮釋或解釋模式

	雙變項表			分項表			
				控制＝低		控制＝高	
	低	高		低	高	低	高
低	85%	15%	低	45%	55%	55%	45%
高	15%	85%	高	55%	45%	45%	55%

續方塊12.6

特定模式

	雙變項表			分項表			
				控制＝低		控制＝高	
	低	高		低	高	低	高
低	85%	15%	低	95%	5%	50%	50%
高	15%	85%	高	5%	95%	50%	50%

禁制模式

	雙變項表			分項表			
				控制＝低		控制＝高	
	低	高		低	高	低	高
低	54%	46%	低	84%	16%	14%	86%
高	46%	54%	高	16%	84%	86%	14%

生在當一個分項表重現原始雙變項關係，而另一個分項表沒有重現相同的情況。例如，你發現汽車事故與大專學位之間有強烈的負向雙變項關係。然後在你控制性別後，卻發現這種關係只存在於男生身上(即男生的分項表顯示出強烈的負向關係，但是女生的分項表則沒有這項關係)。我們稱之爲特定模式，因爲研究者可以指出原始關係存在的控制變項類別。

控制變項對特定模式與解釋模式有相當大的影響。在這兩種模式中，雙變項表會顯示出分項表中看不到的關係。換句話說，分項表顯示的是獨立關係。單單看表，是無法區別出這兩種模式的。它們的差異端視控制變項在變項的因果順序中所在的位置。就理論上來說，控制變項可能出現的兩個位置，一個是在原先的自變項與依變項之間

（也就是說，控制變項形成干預），另一個是在原先的自變項之前。

詮釋模式（interpretation pattern）描述的情況是控制變項介入原先的自變項與依變項之間的關係。例如，你檢視宗教出身與墮胎態度之間的關係。政治意識型態爲控制變項。你推論說宗教出身會影響到當下的政治意識型態與墮胎態度。你提出的理論說，對某個特殊議題的態度——像是墮胎——而言，在邏輯上，政治意識型態是出現在該態度之前的變項。因此，宗教出身構成了政治意識型態的原因，而政治意識型態又影響到墮胎的態度。控制變項是幫你詮釋這個完整關係的意義的一個干預變項（intervening variable）。

解釋模式（explanation pattern）看起來與詮釋模式極爲近似。兩者的差異在於控制變項出現的時間順序。在這個模式中，控制變項出現在原來雙變項關係中的自變項之前。例如，原始的關係是宗教出身與墮胎態度間的關係，不過，這回的控制變項是性別。性別出現在宗教出身之前，因爲一個人的性別在出生時就已經決定了。解釋模式會改變研究者解釋結果的方式，它意味原來的雙變項關係是虛假的（參閱第六章對虛假關係的討論）。

禁制變項模式（suppressor variable pattern）出現在雙變項表顯示爲獨立關係，但是所有的或某一個分項表卻顯示出有關聯的情況。例如，宗教出身與墮胎態度在雙變項表中爲獨立的，但是一旦引進「國家地區」這個控制變項，分項表中就出現宗教出身與墮胎態度有關聯的徵象。控制變項是一個抑制變項，因爲它把眞正的關係給壓了下去。眞正的關係出現在分項表之中。

多元回歸分析

多元回歸（或譯爲複回歸，multiple regression）是一種統計方法，而它的計算過程超出本書層次。雖然適當的統計軟體可以很快就可以把它計算出來，但是我們仍需要有點統計背景，以免在計算或解釋時，犯下錯誤。多元回歸只適用於等距或比率資料。在這裡討論它

方塊12.7

多元回歸結果舉例

依變項是政治意識型態指數
（高分代表非常自由主義）

自變項	標準化回歸係數
地區＝南部	-.19
年齡	.01
收入	-.44
受教育年數	.23
做禮拜的次數	-.39

$R^2 = .38$

的原因有二，第一，它可以同時控制許多個替代解釋與變項（而百分比表不太可能同時處理一個以上的控制變項）。第二，它在社會學上的應用很廣，在閱讀研究報告或論文時，你可能會遇上它。

多元回歸的結果告訴讀者兩件事。第一，結果中有一個稱為R平方（R^2）的量數，該值告訴你一組變項解釋依變項的功力。解釋意指根據自變項的訊息來預測依變項上的分數時，所減少的誤差（參閱前面比例降低錯誤的測量值）。一個帶有數個自變項的良好模型，可以說明或解釋依變項上極大比例的變異。譬如，R^2等於 .50意味著知道自變項與控制變項就可以改善百分之五十預測依變項的精確度，或是說減少一半不知道這些變項時，所產生的誤差。

第二，回歸結果測量每個變項對依變項的影響方向與大小。這個效果可以精確測量出來，並以一個數值表示。例如，研究者藉著控制所有變項間的相互作用，可以觀察出五個自變項或控制變項是如何同時對依變項產生作用。這對檢定陳述多個自變項是造成某個依變項的理論，特別有價值（參閱見第三章因果流程圖的例子）。

對依變項的影響是靠標準化回歸係數來測量的。它的符號爲希臘字母β，類似相關係數。事實上，兩個變項的β係數就等於相關係數γ。

研究者利用β回歸係數來決定控制變項是否具有影響力。舉例來說，X與Y的雙變項相關係數爲 .75，然後研究者對四個控制變項作統計處理。如果β仍維持 .75，那就是說四個控制變項沒有影響。然而，如果X與Y的β值變小了（例如，降低爲 .20），那就意味著控制變項發揮了作用。

考慮一個回歸分析的例子，以年齡、收入、教育程度、與地區爲自變項。依變項是在政治意識型態指標上的分數。多元回歸的結果顯示收入與做禮拜的次數對依變項有很大的影響，教育與地區的影響次之，而年齡則沒有影響。所有自變項的總效應對預測一個人的政治意識型態有百分之三十八的精確度（參閱方塊12.7）[5]。這個例子說明高收入、經常做禮拜，以及住在南部地區與保守意見有正向關聯，而教育程度較高則與自由意見有關聯。收入的影響力超過住在南部地區影響力兩倍以上。

推論統計

推論統計的目的

到目前爲止，本章所討論的統計都是描述統計。但是研究者想要做的經常遠多過於描述；他們想要驗證假設、想要瞭解樣本的結果是否在母群中也爲眞、並且判斷結果上所顯示的差異（譬如說兩群體的平均分數）是否大到足以顯示關係確實存在。推論統計（inferential statistics）使用機率理論，進行正式的假設檢定、允許根據樣本資訊推論母群特質、並且檢定所描述的結果是否有可能源自於隨機因素，還是來自於一個眞正的關係。

本節解釋推論統計的基本概念，不會涉及推論統計的任何細節。因爲這個領域比描述統計要來得複雜得多，而且需要有統計學的背景知識。

推論統計本諸機率抽樣的原則，這是說研究者經由隨機過程（例如，亂數表）從整個母群中選取個案。推論統計是種精確的方法，能夠說明當研究者根據樣本結果推論母群時，可能有的信心程度。

如果你讀過或聽過「統計顯著（statistical significance）」或是結果達到「.05的顯著水準」，你就已經與推論統計會過面了。研究者靠它來執行各種類型的統計檢定（例如，t檢定或F檢定）。統計顯著也用在正式的假設檢定，是一種可以決定是否要接受或拒絕虛無假設的精確方法[6]。

統計顯著

統計顯著的意思是說結果不可能來自於機會因素。它指出是找到一個樣本中有而母體中沒有的關係的機率。由於機率樣本涉及到隨機過程，總是有可能出現樣本結果不同於母群參數的時候。研究者想要估計樣本結果是出於眞正的母群參數，還是出於隨機抽樣的機會因素。統計顯著利用機率理論與特殊的統計檢定來告訴研究者結果（例如，關聯、兩均數差、回歸係數）是不是隨機抽樣過程中隨機誤差所產生的。

統計顯著只能說明可能的情況。它不能提出絕對肯定的證明。它敘述特定結果是比較可能或比較不可能發生。統計顯著與實際、實質、或理論顯著不一樣，結果可能具有統計顯著，但是可能不具有理論上的意義或價值。例如，兩個變項的關聯達統計顯著，可能是由於同時發生，但是它們之間可能沒有邏輯上的關係（例如，指甲長度與講法語的能力）。

顯著水準

研究者經常以水準（譬如說，某個檢定達到某個水準的統計顯著）來表達統計顯著，而不是使用某種機率。統計顯著水準（經常用 .05、.01、或 .001）是一種方式，說明結果乃出於機會因素的可能性——也就是說，一個不存在於母群的關係出現在樣本中的機會。如果研究者說結果達 .05的顯著水準，這是意味著：

◇由機會因素造成類似這種結果，100次中只有5次。
◇有百分之九十五的機會樣本結果不是純粹由機會因素造成，而且能夠精確地反映母群性質。
◇純粹由機會造成這種結果的可能性爲 .05或百分之五。
◇我們有百分之九十五的信心認爲結果是出於母群中的眞實關係，而不是機會因素造成的。

這些都是以不同的方式在說明同一件事情。聽起來像是論抽樣那章中對抽樣分配與中央極限定理所作的討論。這當然不是巧合，兩

方塊12.8

卡方

卡方（χ^2）用在兩方面。這常造成混淆。做為一個描述統計值，卡方告訴我們兩個變項關聯的強度；做爲一個推論統計值，它告訴我們我們發現的關係可能源於機會因素的機率。卡方是個使用得相當普遍、相當有檢定力的方法，適用於測量順序等級的變項。是一個比用「目測」更精確的告訴研究者雙變項百分比表中，是否有關聯存在的方法。

邏輯上，我們先計算出表中的「期望值」。完全根據邊格上所提供的資訊計算。回想看看，邊格是每個變項各自的次數分配。可以把「期望值」想成我們沒有察看整個表的主體之前所做的「最佳猜測」。接下來，我們再察看資料與「期望值」的差距有多大。如果差別很大，那麼變項間可能有關聯存在。如果表中的資料與期望值完全相同或相當接近，那麼變項間沒有關聯。他們是獨立的。換句話說，獨立意味著表中的狀況是我們期望它完全根據邊格的狀況發生。如果關係爲獨立，那麼卡方值會等於零，隨著卡方值的變大，關聯也隨之增強。如果表中的資料大不同於期望值，那麼我們知道表中發生了超過我們期望只來自邊格的作用（亦即，變項間有關聯）。看看下面這個例子，是關於身高與成績的關聯。

原始或觀察資料表

學生身高	研究方法的成績			總計
	C	B	A	
高	30	10	10	50
中等	10	30	10	50
矮	30	20	50	100
總計	70	60	70	200

期望值表

期望值＝（欄總和×列總和）／（表總和）。

例：（70×50）／200＝17.5

續方塊12.8

學生身高	研究方法的成績			總計
	C	B	A	
高	17.5	15	17.5	50
中等	17.5	15	17.5	50
矮	35	30	35	100
總計	70	60	70	200

差異表

差＝（觀察值－期望值）。
例：（30-17.5）＝12.5

學生身高	研究方法的成績			總計
	C	B	A	
高	12.5	-5	-7.5	0
中等	-7.5	15	-7.5	0
矮	-5	-10	15	0
總計	0	0	0	0

卡方＝各方格差之平方除以該格的期望值的總和。
例：12.5的平方＝156.25，除以17.5＝8.93
卡方＝第一列（8.93+1.67+3.21）+
第二列（3.21+15+3.21）+
第三列（.71+3.33+6.43）＝45.7

由於卡方不等於零，所以資料不獨立；有某種關聯。卡方係數無法告訴我們關聯的方向（譬如說：負向）。就推論統計而言，我們需要用到卡方表或電腦程式來評估這個關聯（譬如說：察看這樣一個大的卡方值有多少可能性只是隨機發生的）。不管卡方表的所有細節，這個關聯是相當罕見的。出現的機率比一千次中一次都低。對一個有九個方格的表來說，45.7的卡方值的顯著水準爲.001。

者都是根據機率理論，藉此研究者可連結樣本資料與母群。機率理論使我們可以預測在隨機過程中，經過長時間多次出現後會發生什麼情形。換句話說，它使研究者能夠精確預測長時間多次出現的情形，而不是某一次的特定狀況。由於我們只有一組樣本，而我們又想推論母群，所以機率理論幫助我們估計那組特殊的樣本代表母群的機會有多少。除非我們有整個母群，否則我們無法肯定知道答案，但是機率理論可以讓我們陳述我們的信心——有多少可能性樣本顯示的是一回事，而母群具有的又是另一回事。譬如說，樣本顯示大專男生與女生花在研究讀書上的時間並不相同。這個結果會來自不尋常的樣本嗎？母群中眞的沒有差異嗎？還是它眞的反映出母群中性別間的差異呢？(參閱方塊12.8關於卡方的討論)。

型I錯誤與型II錯誤

如果統計顯著的邏輯是根據陳述結果是否是由機會因素造成的，那麼爲什麼要採用 .05的水準呢？這意味著有百分之五的機會，結果是隨機產生的。爲什麼不用更確定的標準呢？例如，隨機機會的機率是一千次的一次呢？不論是隨機還是眞正關係造成這些結果，這個決策都會給予他們一個比較小的機會。

對於這種思考方式有兩個答案。簡單的答案是採用.05是出於科學社群非正式同意的經驗法則。對結果有百分之九十五的信心是可以接受的解釋社會世界的標準。

第二個比較複雜的答案涉及到的是犯型I錯誤、還是型II錯誤之間的交換。研究者可能犯上的邏輯錯誤有兩種類型。型I錯誤發生在當研究者說有關係存在，但是事實上並沒有關係存在的情形。這意味著犯下拒絕虛無假設的錯誤。型II錯誤發生在當研究者說關係不存在，但是事實上它存在的情況。這意味著犯下接受虛無假設的錯誤(參閱表12.9)。當然，研究者都想要避免這兩種錯誤。他們想要在只有當資料中確實有關係存在時才說有關係；只有當資料中確實沒有關

表12.9 型I與型II錯誤

研究者陳述的情況	現實中的眞實情況	
	沒有關係	因果關係
沒有關係	沒有錯誤	型II錯誤
因果關係	型I錯誤	沒有錯誤

係存在時才說沒有關係，但是他們會面臨一個兩難的局面：當減少犯某一類錯誤的機會時，就增加了犯另一類錯誤的機會。

剛開始時，可能會覺得型I與型II錯誤的概念很難懂，但是同樣的邏輯兩難困局在研究環境之外的情形下也會出現。例如，陪審團可能會做出錯誤的決定，判決事實上是清白的被告有罪。或是做出另一種錯誤的決定，判決事實上有罪的被告清白無罪。陪審團並不想犯下任何一種錯誤，它並不想讓清白者坐牢，也不想讓犯罪者逍遙法外。但是它必須在有限的資料下做出判決。同樣的，製藥工廠必須做出是否要販賣新藥的決定。藥廠可能犯下說這個藥品沒有副作用的錯誤，但是事實上它有使人變瞎的副作用。或者它可能因不必要的擔心，認爲藥品會有嚴重的副作用，而扣著不上市，但是事實上這個藥品並沒有嚴重的副作用。藥廠不想犯下任何一種錯誤。如果它犯下了第一種錯誤，藥廠可能得面對訴訟，並且危害到某些人。第二種錯誤不僅阻止藥廠出賣可能具有療效的藥品，也使它無法從中獲利。

現在讓我們把統計顯著與這兩類錯誤的概念結合起來。過分小心的研究者訂出一個高的顯著水準，因此很可能會犯下某一類型的錯誤。例如，他可能使用.0001的顯著水準。他把結果全歸諸於機會，除非結果非常罕見到出現了一萬次中的那一次。這種高標準意味著研究者將非常可能犯下說結果是由機會造成的，而事實上並非如此的錯誤。他可能會犯了在確實有因果關係的情形之下，接受虛無假設（型II錯誤）。相反的，勇於冒險的研究者設定一個低的顯著水準，例如， .10。他的結果指出某個關係發生的機會是十次中會中一次。他就很可能會犯下說有某個因果關係存在，但實際上這個結果只是隨機因素（例如，隨機取樣誤差）造成的。研究者很可能犯下拒絕虛無假設（型I錯誤）的錯誤。總之，.05的顯著水準是折衷型I與型II錯誤後的結果。

本節大略描述了推論統計的基本概念。統計技術是精確的，並且取決於抽樣誤差、樣本大小，以及中央極限定理。推論統計的功力在於它們給予研究者以某種確定程度，來陳述特定樣本結果在母群中也為眞的能力。例如，研究者進行統計檢定後發現一種關係存在達到.05的顯著水準。他就可以說樣本結果很可能並不是由機會因素造成的。事實上，有百分九十五的機會，在社會世界中，某個眞正的關係確實存在。

推論統計的檢定雖然有用，但仍有其限制。資料必須來自於隨機抽樣，而且檢定只考慮了抽樣上的錯誤。非抽樣錯誤（例如，不良的樣本架構或是設計得很爛的測量工具）並沒有被納入考慮。不要傻到認為這些檢定會給你簡單的最終答案。

結論

你學到了組織量化資料，做好分析的準備，以及分析資料的方法（將資料組織成圖表，或是用統計量數做出摘要）。研究者使用統計分析來檢定假設與回答研究問題。你也看到資料如何先被編碼登錄，然後使用單變項或雙變項統計來進行分析。雙變項關係可能是虛假的，因此經常需要應用到控制變項與多變項分析。你還學習到推論統計的一些基本概念。

新進研究者有時候會覺得如果他們的結果不能支持假設，就表示他們做錯了某些事。但是拒絕假設並沒有什麼不對。科學研究的目的是產生眞正代表社會世界的知識，而不是保護不成熟的概念或假設。假設是根據有限知識所做的理論猜測；它們需要被檢定。品質良好的研究可以找出錯誤的假設，品質不好的研究可能支持某個假設。好的研究在於高品質的方法論，而不在於支持某個特定的假設。

好的研究是指能夠不讓可能的錯誤或障礙阻止了根據資料對社會世界所做的眞實推論。錯誤可能會從許多不同的地方進入研究過程，而對結果產生影響：研究設計、測量、資料蒐集、編碼登錄、統計計算與製作表格、甚或詮釋結果。即使研究者可以毫無錯誤地設計、測量、蒐集、編碼、與計算，但是研究過程中仍然還存在著另一個步驟，那就是詮釋表格、圖表、統計資料，以及回答問題：這些到底有什麼含意呢？唯一賦予事實、圖表、或統計資料意義的方法就是利用理論。

資料、圖表、或計算結果不能回答研究問題，事實也不會自己開口說話。身爲研究者，你必須回到你自己的理論（也就是概念、概念間的關係、假設、理論定義），然後給予結果意義。不要把你自己鎖在剛開始的觀念上頭。有的是創造的空間，要努力找出結果眞正的意義，並從其中產生新概念。重要的是要細心地設計與執行研究，才能使你能看到眞正反映社會世界某些層面的結果，而且不會擔心它們是出自研究過程本身的錯誤或人爲造作的結果。

在我們結束量化研究的討論之前，最後還要再談一個議題。新聞工作者、政治家，以及其他人愈來愈常用統計結果來表達他們的意見或者支持他們的觀點。但是這並沒有使公開辯論更加正確與提供更多的資訊。相反的，它增加困惑，也使得瞭解統計能夠做些什麼與不能夠做些什麼的問題更加重要。你可以用統計證明任何事的這句老話是錯誤的；不過，人們確實能夠而且也正在誤用統計。由於無知或刻意的欺騙，某些人利用統計來操弄別人。保護自己免於被統計誤導的方法就是不要忽視或逃避那些數字。相反的，應當努力去瞭解研究過程與統計、思考你所見所聞的事、提出問題。

接下來我們開始討論質化研究。質化研究的邏輯與目的不同於前面各章所講的量化實證主義的研究取向。比較不涉及到數字、假設、與因果關係，比較重視文字、規範與價值，以及意義。

關鍵術語

長條圖
雙變項統計
表的主體
表的方格
編碼登錄表格
編碼登錄簿
編碼登錄
編碼登錄程序
合成次數分配
電腦程式
列聯清查
控制變項
共變
交叉表
曲線關係
資料記錄
描述統計
直接輸入法
詳盡範例
解釋模式
資料欄組
次數分配
次數多邊圖
直方圖
獨立
詮釋模式
統計顯著水準
直線關係
邊格
均數
中數
眾數
淨效應
光學掃瞄卡
分項表
百分位數
餅圖
登錄清查
比例降低錯誤
全距
複製模式
散佈圖
偏態分配
特定模式
標準差
統計關係
統計顯著
禁制變項模式
型I錯誤
型II錯誤
單變項統計
z分數

複習測驗

1.什麼是編碼簿？在研究中如何使用它？

2.研究者如何清理資料和檢查編碼結果？

3.描述研究者資料分析時如何使用IBM卡。

4.研究者可以以什麼方式來呈現次數分配訊息。

5.描述均數、中數、和眾數的差異。

6.從散佈圖中可以看出一個關係的哪三種特性？

7.什麼是複合次數分配？如何使用它？

8.研究者什麼時候可以根據散佈圖對百分比表的推論，而找出變項間的關係？

9.討論控制這個概念用在三變項分析時的意義。

10. 當有人說「統計顯著水準為.001」時是什麼意思？此時比較容易犯哪一類錯誤，型I還是型II？

註釋

1.關於登錄與處理量化資料的最實際的建議來自於調查研究。參閱巴比（Babbie, 1995: 366-372）、貝克史東與賀盧西沙（Hursh-Cesar）、佛勒（Fowler, 1984: 127-133）、宋奎斯特與唐科柏格（Sonquist & Dunkelberg, 1977: 210-215）、以及華威克與林寧格（1975: 234-291）。

2.關於不同的呈現量化資料的方法，參閱福克斯（Fox, 1992）、亨利（Henry, 1995）、杜夫特（Tufte, 1983, 1991）、柴賽爾（Zeisel,

1985:14-33）。

3.測量順序尺度資料的、以及其它特殊情況的均數，有其它的統計法，不過都超過本書討論的層次。

4.關於詳盡範型的討論及其歷史發展，參閱巴比（1995: 400-409）以及羅森柏格（Rosenberg, 1968）。

5.不是唸社會科學的初學者對於多元回歸結果顯現低水準的預測準確性（百分之十到百分之五十）甚感驚訝。對於這個狀況的反應通常有三種。第一，減少了百分之十到五十的錯誤，和完全依靠隨機臆測，眞可算是不錯的結果。第二、實證主義社會科學尙在發展當中。雖然準確程度不像物理科學那般高，但是已經比十年二十年前任何一條對社會世界的解釋都高出許多。最後，在大多多元回歸的模型中具有理論重要性的議題，整體預測的準確性是遠低於某個特殊變項的作用。大部分的假設都涉及到某些特定的自變項對依變項的作用。

6.進行正式的假設檢定時，研究者檢定虛無假設。他們通常想要拒絕虛無假設，因爲拒絕虛無假設等於支持對立假設——那個他們從理論演繹而來的暫時性解釋。虛無假設在第六章中已討論過。

第13章

質化與研究設計

引言
質化研究取向
　接近資料
　非實證主義的觀點
　實務邏輯
　非線性的路線
質化研究的特性
　脈絡是關鍵
　個案研究的價值
　研究者的誠實無欺
　有根基的理論
　過程與時序
　詮釋
互補性證據
　菁英研究簡述
範例研究
　田野研究的例子
　歷史比較研究的例子
結論
關鍵術語
複習測驗
註釋

社會學這門學術本身應該是一項詮釋的學問，而不是一項從捕捉經驗實相的強盜床上，以超過則斬斷、不足則拉齊的方式發現客觀事實的學問，也不是在例舉關於事實因果順序的合法通則…就這個學術圈來說，我們的目標始終必須是推動彼此之間對於詮釋的對話，而不是只把他們發展成為權威的宣言。然而，詮釋社會學太常被用作次等研究與假意反映民意的托辭。

羅伯・伍斯諾（Robert Wuthnow）
《意義與道德秩序（*Meaning and Moral Order*）》，第十七頁。

引言

質化與量化型態的研究在數方面有所差異，但在其它方面它們卻是互補的。資料本身的性質，以及研究者將什麼視為資料，都成了一種差異的來源。所有的社會研究者有系統地蒐集、分析實證證據以便瞭解與解釋社會生活。當資料的形式是文字、句子、與章節段落，而不是數字時，研究者就會使用不同的研究策略與資料蒐集的技術。質化研究者很少使用你在過去幾章中學到的量化研究工具，像是變項、信度、統計、假設、複製，以及量表。

這兩種研究型態有差異的第二個原因是質化研究的取向。質化研究所採行的對社會生活的假定、研究的目標，以及處理資料的方法，對量化研究取向來說，常是非常怪異。這種差異可能會在學生之間、研究者之間，以及研究報告的讀者之間製造困惑混淆。採用量化標準論斷質化研究的人常會大失所望。儘管如此，大部分的人享受閱讀質化研究報告的樂趣。質化研究通常包括：豐富的描述、多采多姿的細節，以及不尋常的角色，而不是充滿著正式又中立的語調，外加統計數字。它給予讀者一種在眞實的社會情境下和特殊人物與事件接觸的感覺。

有些人誤以為質化研究比量化研究更容易進行。他們相信，質化研究者只是晃到社會生活中引人好奇的領域，睜大眼睛觀察，然後撰寫一篇富有洞察力與令人神往的報告。雖然質化研究者不需要知道統計方法，而且不從正式的理論下手研究，但是認為質化研究是比較容易做的信念，則是一種迷思。單純把研究方法區分為比較好或比較差、比較困難或比較容易的二分法，是不可能幫助你理解質化與量化研究方法之間的差異。古典質化研究的勝利大多是因為個別研究者的奉獻、勤奮不懈、敏銳、與寫作技巧，而不是研究方法本身的內在屬性所造成的。

質化的研究有數種不同的技術〔像是有根基的理論（grounded theory）、民族誌學、生活史、對話分析〕。特定的技術更加適用於特定的研究主題。有趣的是，女性研究者比男性研究者更可能使用質化研究方法。[1]本章不會提供你從事質化研究的特定規則，也不會探討質化研究的類型。相反的，我們將檢視質化研究類型所共享的成分，討論這些成分如何不同於量化研究，並且檢視質化研究設計的特徵。當然，有很多研究者在某些特定的研究計畫中，同時結合了量化與質化研究的方法。

質化研究取向

在本節中，你將學到質化研究取向與量化研究取向的不同之處——取得資料、仰賴非實證主義的科學觀、較常使用實務邏輯，以及遵循比較接近循環研究的路線（參閱表13.1）。

接近資料

質化研究類型牽涉的不只是察看質化資料。實證主義者常想辦法把資料轉化成量化的形式，或是使用量化技術來分析資料。對實證主義者而言，質化資料是通向可測量行爲的心智狀態或狀況。問題是如何用精確、有信度的量化測量來捕捉它。相對的，質化研究者認爲質化資料具有內在意義、而不是缺了什麼東西。對他們而言，中心課題不是如何將質化資料轉化成具有信度的客觀數字；相反的，「他關心的是諸如：其它（次）文化的變異性、行動者對他們社會世界解釋的相對性，以及社會學的描述與行動者對其行動的概念之間的關係」之類的問題（Halfpenny, 1979:803）。質化研究類型重視質化資料，它整個取向是環繞著理論化、蒐集、與分析質化資料，而組織起來的。質化研究者可能對資料有不同的關照。舉例來說，比起驗證既有

表13.1 量化與質化研究的差異

量化

1.研究者始於驗證假設。
2.概念是以清楚明白的變項形式存在。
3.測量工具在進行資料蒐集前，就有系統地被創造出來，並且被標準化了。
4.資料是得自於精確測量的數字型態。
5.理論大多是因果的，而且是演繹的。
6.程序是標準的，而且是可複製的。
7.分析的進行是由統計、圖、表來完成的，再加上顯示結果與假設之關係所做的討論。

質化

1.一旦研究者沉浸在資料之中後，便展開捕捉與發掘意義的工作。
2.概念是以主題、宗旨、通則、類型的形式存在。
3.創造出來的測量工具是採就事論事主義，而且常是特屬於個別的情境或研究者。
4.資料是以文字的形式呈現，得自於文獻、觀察、手稿。
5.理論可以是因果、無因果關係的，而且常是歸納的。
6.研究程序是特殊的，而且很少可被複製。
7.分析的進行是藉由從證據中抽取主題或通則，以及把資料整理成一幅

的概念，他們可能更加關心產生新的概念。

有些人相信，質化資料是「軟性的」、難以捉摸的、與非物質的。這類資料如此地模糊不清、飄忽不定，以至於研究者也無法眞正捕捉得到。不過也不必然如此。質化資料是實證的。它們涉及用文獻載下眞實事件、記錄人們所說過的事物（或是文字、表情、與語調）、觀察特定的行爲、研究書面的文件、或是檢閱視覺影像。這些都是世界的具體層面。舉例來說，拍下並且仔細研究人物或社會事件的照片或錄影帶（Ball & Smith, 1992; Harper, 1994）。這類證據和量

化研究者用以測量態度、社會壓力、智力等等特性是一樣「堅硬」與具體。

非實證主義的觀點

質化社會研究大多仰仗詮釋與批判社會科學研究取向。這兩個研究取向在許多重要方面，並不相同，但是兩者都是有別於實證主義的替代取向，而實證主義則是量化研究的基礎。量化研究是與詮釋社會科學大部分的核心假定與目標，背道而馳（參閱第四章）。相對於詮釋研究者，批判研究者則有使用量化技術。不過，當他們採行這種作法時，他們與嚴格的實證主義，各行其是。他們以不同的作法來應用理論，嚴格的實證主義仍有歧異。他們應用理論的方式不同，賦予歷史脈絡主要的角色，批判社會狀況、並且揭露社會關係的深層結構。

在研究技術與社會科學研究取向之間並無一對一的對應關係。儘管如此，歷史比較研究是與批判研究取向最相容的技術。有時，也被採用詮釋或實證主義取向的研究者所使用。田野研究最適合詮釋研究取向的假定，但是有些批判研究者也使用這個方法。

這三個研究取向的重要性，在研究者如何看待資料上，是極爲明顯的。量化研究者假定，他們能夠把社會學的概念給概念化成變項，而且能夠發展出客觀的、精確的測量工具，以數字來捕捉社會世界中的重要特徵。相對的，質化研究者把焦點集中在主觀意義、定義、隱喻、象徵符號，以及某些特定個案的描述上。他們想盡辦法去捕捉社會世界的各個層面（像是景觀、氣味、氣氛），因爲很難發展出精確地以數字表示的測量工具。

思索科技官僚（technocratic）與超越主義（transcendent）觀點間的對照差異，我們可以瞭解這三大研究取向與研究技術間的關聯性。[2] 科技官僚觀點與實證主義比較搭配，而且在不知不覺中，量化研究者更常落入這個觀點。以這個觀點來說，研究者就是專家，而且研究問題常來自於研究的贊助者（即提供研究經費的單位）。研究目標是要發現與記載像法則般的通則，以增加效率爲導向。因此，這是個以服務官僚需求的技師所持的觀點。

相對的，超越主義的觀點比較適合詮釋與批判的研究取向。就這個觀點而言，研究問題是起源於被研究者的觀點，而不是局外人的立場。目標在清除那些被研究者的錯誤信念，並且把人當成具有創造力、同情心的生命體，而不是物體。常提出有關權力或不平等的問題，並且認爲社會關係是出於刻意行爲，而不是人性法則的結果；努力幫助人類成長、掌控他們的生活，以及從事社會變遷——也就是說，超越當下的社會狀況。

實務邏輯

根據開普蘭（Kaplan, 1964:3-11），關於如何從事社會研究的講法，大抵奉行兩大邏輯：新構邏輯（reconstructed logic）與實務邏輯（logic in practice）。所有的研究都混用這兩套邏輯，雖然用到每個邏輯的比例會有些差距。有關量化研究的陳述可能是「重新建構」的，反之質化研究多源自於「實務」。

新構邏輯意指如何進行研究的邏輯，是高度組織化的，而且是以理想化的、正式的，以及有系統的形式，重新加以陳述。被重新建構成爲具有邏輯一致性的規則與術語，是一個好的研究應如何進行的淨化模型。這套邏輯常見諸於教科書以及已出版的研究報告之中。例如，執行一次簡單隨機抽樣的規則是非常直截了當的，只要遵守按部就班的程序，就可以完成。

實務邏輯是實際上如何展開研究的邏輯。它是相對凌亂的，帶有較多的曖昧不明之處，而且與特定個案緊密相連，以實際完成一項工作爲目的。沒有多少固定的規則。這項邏輯是根據有經驗的研究者間共享的判斷或規範。全憑研究者彼此之間利用聚在一起用午餐、喝咖啡、啤酒，討論做研究相關的事務時，所傳遞的非正式民俗智慧。

量化研究常被描述爲使用新構邏輯。這使得根據書本或正式說明來界定與學習，變得容易些。量化研究者描述他們使用的技術面研究程序（譬如，從電話簿中根據系統隨機抽樣抽取三百個樣本、或是李克特量表）。這些程序是共通的明確方法。

質化研究使用的遠超過實務邏輯。它仰仗的是研究者從其經驗中所發展出來的非正式智慧。質化研究報告可能根本不討論方法（常見於歷史比較研究），或者可能在某個特殊的研究中加入私人的現身說法（常見於田野研究）。很少程序或名詞是標準化的，而質化研究者之間對於是否應該一直保持這個狀況，則仍在爭議之中。許多質化研究者透過研讀許多報告、嘗試錯誤，以及做有經驗研究者的助理等等的方式，學會如何做研究。這並不就意味著，質化研究比較不具效度，但是對初學者來說，要他們在第一次就掌握竅門，可能較爲困難。

非線性的路線

執行研究時，研究者遵循一條路線。這條路線是個隱喻，意指做事先後的順序：什麼事是最先要完成的任務、或是研究者已經做到哪兒了，以及下一步要做什麼或是他將要做到哪兒。這條路線也許已經有許多研究者走過，而且還留下了路標。反之，這也可能是條進入某個未知領域的新路，只有極少數的研究者走過，而且沿途沒有路標指引方向。

一般而言，量化研究者比質化研究者遵循一條較爲直線的路線。直線研究路線奉行一套固定的步驟順序。就像一道階梯領你去某個清楚明白的方向。它是一套思維的方法，也是一種考察議題的方法——這種直接、狹隘、筆直的路線，是西歐與北美文化中最常見的模式。

質化研究更多是非直線與循環的路線。相對於在一條直線上前進，循環研究路線藉由通過不同的階段而向前移動，有時候前進之前會倒退、甚至走入歧途。更像一個螺旋體，緩慢朝上移動，但不是直接一飛沖天。在每個循環或重複的過程中，研究者蒐集到新的資料並且獲得新的洞識。

習慣於直接、直線取向的研究者，可能對較不直接的循環路線，感到不耐煩。從嚴格的直線觀點來看，循環路線顯得缺乏效率、結構鬆散。但是擴散式的循環取向不僅僅只是種沒有組織、缺乏界定的混亂。對於創造整體感、捕捉微妙的意義、彙集分歧的資訊，以及觀點的切換來說，這個方法可以是非常有效率的。它不是個從事低品質研究的藉口，而且它本身也有自己的紀律與嚴謹。它由人文學科那裡借用許多技巧（譬如，隱喻、類型、主題、宗旨、與諷刺），而且是以建構意義爲導向。循環路線適用於語言轉換的工作，對這些工作而言，精緻微妙的意義、細微複雜的言外之意、或是脈絡差異都可能是極爲重要的。

質化研究的特性

本節中，我們察看質化研究類型的六大特性：情境脈絡的重要性、個案研究法、研究者的誠實無欺、有根基的理論、過程、與詮釋。

脈絡是關鍵

質化研究者強調社會脈絡對瞭解社會世界的重要性。他們認爲，某個社會行動或陳述的意義，有很重要的成分，是視其所出現的情境脈絡而定。當研究者把發生當時所在的社會脈絡從事件、社會行動、問題的答案、或對話中抽離，或是遺漏掉這些情境脈絡，那麼他們所具有社會意義與重要性就會受到扭曲。

留意社會脈絡意味著，質化研究者會注意出現在研究焦點之前、或是環繞研究焦點的事件。也意指在不同的文化裡或歷史時代下，相同的事件或行爲可能會有不同的意義。舉例來說，不忽視情境脈絡、也不跨時空或文化計算選票，質化研究者探問：在這個情境脈絡下，投票的意義爲何？研究者可能以不同的方式處理相同的行爲（例如，投票給總統候選人），端視發生當時的社會脈絡（參閱方塊13.1）。質化研究者把社會生活的部分擺進一個較大的整體之中。否則，可能會失去這個部分所具有的意義。例如，在不知道棒球賽是什麼時，很難能夠瞭解什麼是棒球手套。這個比賽的整個概念——局數、打擊、曲球、安打——爲每個部分提供了意義，而且少了整體的概念，每個部分便不具有多大的意義。

個案研究的價值

量化研究者通常從大量的個案中蒐集特定的資訊（例如，回答者、受試者）。相較之下，質化研究者可能採用個案研究取向。他們可能從一個或數個個案中蒐集大量的資訊，然後進入深度探索，從他們所檢視的個案中獲取更多的細節。他們從數個選中的個案中，蒐集廣泛的資料。

個案研究研究者分析資料的方法也不同。量化研究者從許多個案中找尋在變項上所呈現的模式。反之，個案研究者面對大量的資料，但能沉浸其中。沉浸在資料當中，使研究者能夠熟悉人們的生活與文化。在這個個案完整的脈絡中，研究者找出潛藏在人們生活、行動，以及用字上的模式。

舉例來說，量化研究者調查了一千對夫妻。他發現外出工作的婦女中，有百分之七十在做洗碗之類的家事雜務；而在全職家庭主婦中，則有百分之九十在做這類的家事。質化研究者進行個案研究。他花了六個星期觀察十對夫婦所有的家務雜事與日常活動。質化研究者發現，如果女性在外工作，對於做家事而引起的人際緊張比較大，而且男性可能會協助做一些輕鬆的家事，但不會挑起傳統婦女工作的全

方塊13.1

情境脈絡對意義所具有的重要性舉證

「在全國性選舉中投票」在不同的情境脈絡下具有不同的意義

1.在一個一黨專政、沒有反對黨候選人的政權下，法律規定人民要去投票。不去投票的人的名字會被警方記錄下來。不去投票的人被懷疑是反政府的破壞份子。不投票使他們面臨罰金而且可能會失去工作。

2.處在執政黨與叛軍暴力衝突情況下的國家，投票是危險的，因爲雙方的武裝士兵都會射殺他們懷疑把票投給對手的選民。投票的結果會使其中一方獲得權力，並且劇烈地改變整個社會結構。年齡超過十六歲的民眾都可以投票。

3.一個民眾可以從一打權力不相上下的政黨中進行選擇，而每個政黨都代表不同的價值與政策的情境脈絡。每個政黨都有龐大的組織、自己的報紙、社會俱樂部，以及鄰里樁腳。選舉日是國定假日，這天人們不必去工作。選民帶著身份證，可以在當地任何一間投票所投票。投票本身是不記名投票，任何十八歲以上的人都可以投票。

4.只有二十一歲以上有固定工作的白人男性才可以投票的情境脈絡。家庭、朋友、與鄰居看得到彼此投的票。政黨之間沒有不同的政策；相反的，它們和種族或宗教團體連成一氣，而且是人們種族宗教身份的一部分。種族與宗教團體的身份非常濃厚。影響人們住在那裡、在那兒工作，以及和誰結婚等等之類的事項。在種族與宗教團體所舉辦的大規模遊行與持續一週的社區活動之後，舉行投票。

5.在這個情境脈絡下，有個非常強而有力的政黨，面對一個或兩個非常弱小政黨的挑戰。過去六十年來該政黨透過貪污、賄賂、與威脅恐嚇，而掌握了政權。它得到整個社會各界領袖的支持（宗教組織、教育組織、企業、工會，以及大眾傳播媒體）。任何受雇於政府部門工作者的工作（譬如，所有的警察人員、郵局人員、學校教師、收垃圾的人等等）取決於該黨的持續在位掌權。

6.在兩個只有很少差異的政黨中做選擇的情境脈絡。人們選擇候選人主要是根據電視廣告。候選人用有錢人與有力量組織的捐款來支付電視廣告的費用。投票是一種模糊的公民義務，很少人認眞爲之。選舉是在工作日中舉行。要能投票，人們必須符合許多條件而且在投票前數週就要前往登記。最近才遷入的移民以及因犯罪而被捕下獄者不能投票。

部責任。

研究者的誠實無欺

一個信任的問題：採取實證主義、量化研究取向的研究者會問：質化研究如何做到客觀、或沒有偏誤？有很多機會研究者的個人影響力會影響到質化研究。田野研究者花上很長的一段時間混進某個社會團體，進行觀察。他想辦法去認識他要研究的那些人，他的出現可能影響到會發生的事。田野研究者觀察、聆聽、記憶、並且只記錄下部分發生的事情，而且只把他記錄中的某些部分寫進他的報告。同樣的，歷史比較研究者篩選、並且研讀許多資料來源。這些有關過去的證據並不完整、而且他只選取某些找得到的資料，加以強調。複製很少用在質化研究，而且研究者通常都是獨立作業。

研究者的誠實無欺是個實實在在的議題。事實上，科林斯（Collins, 1984:339）曾經主張，社會研究中對量化方法、複製、與統計依賴日增的主要原因就是缺乏信任：「我們設立嚴格的統計標準，並不是因爲邏輯上它們對於確立理論的眞實性眞的是那麼關鍵，而是因爲我們的知識社群對調查者的誠實並不信任之故」（強調是作者自己加上去的）。

所有的研究都牽涉到對研究者有某種程度的信任。各種研究中都有機會遇上不誠實、不講倫理的研究者。儘管如此，信任的程度以及稽查研究者的方法，量化與質化研究也有所不同。質化研究的讀者通常對研究者的誠實以及對其所做的詮釋有比較多的信任。量化研究者則以明確地描述標準化的技術與統計來換取信任。

查驗：質化研究者保證他們的研究精確地反映證據並且其證據也做了查證。[3]例如，田野研究者傾聽並記錄下一位學生說的話，「史密斯教授拿了一個橡皮擦朝瓊恩扔去」。這位田野研究者小心地處理這項證據。爲了使這項陳述更有力，研究者考察其他人說了些什麼，找尋確認的證據，並且檢查內在一致性。研究者會問該生是否對這件事有第一手的知識？是否該生的情感與自我利益使他說謊（比方說，該生可能基於其它原因而不喜歡史密斯教授）？即使該生提供的是個錯誤的陳述，那也是筆關於該生看法的證據。同樣的，檢視歷史證據的研究者使用證實來源眞僞的技術。（參閱第十六章）。

另一種查驗關卡是質化研究者記錄下來的大筆詳盡的書面筆記。研究者變化他記錄的細節份量，但是他們可能有上千頁、上萬頁的筆記。除了詳細逐字地描述證據之外，筆記尙包括該筆資料來源的註解、研究者的評論、幫助整理筆記的關鍵術語。還包括了：引文、地圖、圖表、摘錄段落，以及計數。

還有其它方法可以交叉查驗研究。雖然質化研究者通常獨自作業，仍有其他人知道這些證據。例如，田野研究的是還活著的人，並且生活在某個特定的背景之下。這些被觀察的受試者可能會讀到該研究的細節。同樣的，歷史文獻會被引述，而其他的研究者可能會查對出處與來源。

質化研究者建立讀者對他的信任最重要的方法是他呈現證據的方法。質化研究者不會在他的報告中把他所有詳細記錄的筆記都呈現出來；相反的，他把細節編織成一個環環相扣的網，提供足夠的情節脈絡與細節使讀者有身臨其境之感。質化研究者對事件、人物、與情況的第一手知識，利弊互見。一方面提出了偏誤的問題，另一方面提供了即時性、直接的接觸、與親密的知識。

不同種類的偏誤：關於研究者誠實無欺的辯論牽涉到對研究者適當角色的對立假定。實證主義、量化研究取向認爲，個別研究者的影響就是一種偏誤。會污染了客觀的事實，因而應該被剔除。

質化研究者假定，要完全消除研究者的影響是不可能的事。雖然仰賴機器作業與固定的標準，看似可以消除人爲因素，它也帶進來本身的偏誤型態：機械化技術的偏誤。史密斯（Smith, 1988:5）警告說「缺乏對於研究背景第一手的資訊，量化研究者對於他們的研究很難發展出適當的概念架構。」。

承認人爲因素並不等於說，質化研究者恣意投射私人看法，或是刻意揀選證據以支持私人偏見。相反的，研究者的出現始終是個明顯的議題。質化研究者利用人類本身的優勢——人之所以爲人的洞識、感情、與觀點，來瞭解所研究的社會生活，但是謹記自己的價值或假設。做研究時，他們採取種種措失以防受到先前的信仰或假定的影響。質化研究者不會藏身在「客觀」技術背後，他們開門見山，直接在報告中清楚地披露他們的價值。質化研究者會告訴讀者，他們是如何蒐集資料與理解這筆證據的。

有根基的理論

量化研究者在其完成理論化、發展假設、製作變項的測量工具之後，便開始蒐集資料。相較之下，質化研究者從一個研究問題出發，除此之外，很少還有別的。理論則是在資料蒐集的過程中發展出來的。這種比較歸納式的方法意味著，理論是從資料建構的、或根植於資料。其次，概念化與操作化是和資料蒐集與初步資料分析一併進行的。許多研究者使用有根基的理論（grounded theory）。它使質化研究具有彈性而且使資料能夠與理論互動（參閱方塊13.2）。質化研究者對非預期的事物持開放的心態、樂意研究計畫的方向或焦點，並且可能在計畫執行中途放棄他們原來的研究問題。

質化研究者透過比較來建立理論。舉例來說，當研究者觀察某個事件時（譬如，警察遇上超速汽車騎士），他馬上對問題進行沈思，尋找相似與相異之處。目睹警員攔下超速者，質化研究者會問：在執行勤務時，警員總是先用無線電告知汽車牌照號碼然後才驅車向前嗎？在用無線電告知該車所在位置之後，警員有時會先要求汽車駕駛下車，而在其它情況下警官會慢步上前，然後與坐在車內的駕駛者交談嗎？當交錯進行資料蒐集與理論化的過程時，需要進一步觀察的

方塊13.2

何謂有根基的理論

有根基的理論是質化研究中被廣泛使用的方法。它不是唯一的方法，而且也不是被所有的質化研究者都採用。有根基的理論是「一個使用一組有系統的程序，而發展出關於某個現象的一個由歸納方法得出理論的一種質化研究方法」(Strauss & Corbin, 1990:24)。有根基的理論的目的在於建構一個忠於證據的理論。它也是個發現新理論的方法。靠這個方法，研究者帶著一個學習相同處的心態來比較不相近的現象。他們視微觀層次的事件為某個較為鉅觀解釋的基礎。有根基的理論與比較實證取向的理論，共享數個共同的目標。它尋求可與證據相合的理論、精確與嚴謹的理論，以及能夠複製與通則化的理論。一個有根基的理論的研究取向藉由跨社會制度的比較，來尋求通則化。

質化研究者使用有根基的理論之外的其它方法。有些質化研究者提供了一個忠於報導人世界觀的深度描述。他們深入挖掘某一個社會情境，藉此說明維持穩定社會互動的微觀過程。其他研究者的目標是在提供關於事件或某個背景非常詳實的描述。他們分析特定的事件或情境脈絡，藉此獲得對社會更廣大的動態過程，有所洞察。仍然還有其他的研究者應用某個既有的理論，來分析被他們擺進鉅觀層次歷史脈絡下的特定背景。他們顯示微觀層次的事件之間的關聯性以及在微觀層次的情境與較大的社會力之間的關聯，以便能夠重新建構理論、知會社會行動〔有關數個別的另類方法，參閱布拉渥伊（Burawoy, 1991:271-287），與哈莫斯里（Hammersley, 1992）的著作〕。

理論問題隨之出現，於是質化研究者就加入他對先前資料的思考心得，並就此以所得出的新資料來回答理論問題。

過程與時序

時間的流逝是質化研究整合的一部分。質化研究者察看事件出現的先後順序、留意什麼事件出現在先，然後接著出現的第二件、第三件事件⋯。由於質化研究者在一段時間內長期檢驗同樣的一個或一組個案，他們可以觀察個案演進的情形，衝突的出現、或社會關係的發展。研究者就此可以偵測過程與因果關係。

歷史研究中，流逝的時間可能是數年或數十年。田野研究中，前後經過的時間比較短。儘管如此，從事這兩種研究的學者，都會將不同時點下所發生的事加以記錄，而且記得事情發生的時間常是件極爲重要的事。

詮釋

詮釋這個詞意指指派重要性或前後連貫意義的工作。量化研究報告通常包括充滿數字的圖表。量化研究是透過數字來表達概念（例如，百分比或統計相關係數）。

研究者賦予數字應有的意義，然後說明它們與假設的關係。

質化研究中，詮釋有不同的含意。質化研究報告很少包括有數字的表。唯一可見的視覺資料或許是地圖、照片、或流程圖，來顯示概念之間的關係。研究者編織資料成有關其重要性的討論。資料是文字形式，包括引文或對特殊事件的描述。任何數字資料是正文證據的附件。

質化研究者詮釋資料的手法是藉由賦予資料意義、翻譯、或使它們成爲可以讀得懂的資料。不過，研究者賦予資料的意義是出於被研究者的觀點。他們藉著找出被研究者如何看待這個世界、如何界定這個情境、或是情境對他們的意義等等的方式來詮釋資料。誠如吉爾茲（Geertz, 1979:228）所說，「這個竅門就是找出他們到底在搞什麼鬼」。

因此，質化詮釋的第一步，無論研究者是在檢驗歷史文獻，還是說話或行爲的內容，都是在瞭解對被研究者來說所具有的意義。[4] 創造這些社會行爲的人自有其私人的理由或行爲動機。這屬於第一次元（first-order）詮釋。研究者的發現以及對這第一次元詮釋的重新建構，即爲第二次元詮釋，因爲研究者是以局外人的身份介入，來爲已發生的事情找尋答案。在第二次元詮釋中，抽研究者從資料中抽離出隱藏的連貫性與意義感。由於意義是在一組別的意義之內發展出來的，而不是憑空冒出來的，第二次元詮釋會把其所研究的人類行動擺進「行爲流（stream of behavior）」、或是與該行動相關的事件——它的情境脈絡——之中。

採用嚴格詮釋取向的研究者可能只做到第二次元詮釋就停止了——也就是說，一旦他瞭解該行動對被研究者的重要性之後就罷手。許多質化研究者更進一步執行通則化，或是建立第二次元詮釋與一般性理論的連結。他們朝更爲廣闊的詮釋層級邁進，或稱第三次元詮釋，於此研究者指出一般性理論的意味。

互補性證據

大部分的研究者不是採取質化研究、就是採取量化研究的專門技術，而且對議題所持的立場，常勢如水火。然而，過分誇大這項對立，那就是項錯誤。許多社會研究者揚棄謹守嚴格的非此即彼的二分法，取而代之的是設法結合量化與質化的研究。質化研究的邏輯不在於禁止使用數字、統計，以及精確的量化測量；這類的量化資料可以是一種資料來源，做爲質化資料的補充或附件。史布拉格與茲默曼（Sprague & Zimmerman, 1989:82）曾經評論道，

> 我們不必為了贊同質化方法而拒絕量化方法。拿甲來對抗乙呈現的是一種錯誤的選擇，特別是來自女性主義與其它知識社會學的觀點，他們都承認每一種做研究的方法都是一個建構，都有自己的偏誤。

第七章中，你讀到三角校正法的概念，它的作用在結合方法論

上不同的技術來克服某個特定方法的弱點。量化研究者使用三角校正法以求在檢定假設時能夠更接近客觀眞理，並且減少方法上的效應。

質化研究者也提倡使用三角校正法，但這是出於不同的原因。[5] 第一，它增加資料蒐集與分析時的精密嚴謹程度；也就是說，對他們的方法更加公開，接受大衆的檢閱。第二，三角校正法有助於揭露社會背景多采多姿與變化多端的特性。質化研究者不假定世界上存在有任何一種單角度的實相觀，反之他們相信不同的方法能夠揭露不同的觀點。最後，使用不同方法、由不同的研究者、在不同的時間裡所蒐集到關於同一事件的資料，可能不會產生前後一致的圖像。對量化研究者而言，這些差異即所謂的誤差或偏誤，應該要將之消除。質化研究者預期會有這類誤差出現，因而視之爲社會生活珍貴的資料來源。這些誤差本身就是該被分析的社會生活層面。列佛（Lever, 1981:200）說，「因使用不同方法而得出不同的結果，絕不是一個人見人厭的誤差或偏誤，可能反而是額外的資料來源」。例如，列佛發現使用某些方法會比使用另一些方法研究兒童遊戲活動，得到比較多的性別角色刻板印象。

質化資料提供量化研究者某些特定的背景下，社會過程豐富的資訊。它們可能也提供批判研究者破除隱藏在量化研究方法中假定的潛力。舉例來說，馬歇爾（Marshall, 1985）指出，質化研究法較不可能符合教育行政中優勢範型（dominant paradigm）的假定。優勢範型中，教育議題被界定爲因疏忽、缺乏同學與父母的激勵、不適當的資源、或是缺乏專業人士或行政官僚激勵的管理問題。中立的與講求技術的量化方法會被用在，蒐集解決被優勢範型界定爲問題的項目所需要的資料。但是質化研究者卻探詢批判的理論與政治問題（像是誰會從中受益？）他們將議題擺進一個較廣大複雜的情境脈絡之中，緊密地觀察每天的進行過程，從而瞭解所有涉及學校教育人士的觀點，包括反對行政觀點的那些人士的看法。

質化研究，諸如田野研究之類，或許能夠和像是調查研究之類

表13.2 樣本調查研究和田野研究可為對方做什麼

田野研究對調查研究的貢獻

1.提供研究者對某個議題的熟悉度，使他能夠發展新的假設與理論。
2.檢證非預期的、或是不尋常的調查發現。
3.有助於詮釋統計結果。
4.有助於發展新的量表或指數。
5.使研究者能夠檢定已經發展出來的量表或指數的效度。
6.凸顯調查資料所透露之特殊類型的個人或情境。
7.透過回答者主觀意義的顯露澄清模糊不清、但意義重大的答案。
8.提示在某個情境脈絡下數個指標中那個最爲重要。

調查對田野研究的貢獻

1.提供選擇田野研究地點的方法，確保他們是可能研究地點中，最具母群代表性的田野場所。
2.具有糾正把情境中的各個部分都看成具有一致性的傾向。
3.示範單獨的一項觀察也具有可通則性。
4.驗證田野觀察及其詮釋。
5.檢視觀察所得與調查回答的一致性，而對觀察現象有新的見解體認。
6.有助於研究者克服使用某個情境中一小撮人作爲報導人的傾向。
7.當質化資料經過正式登錄與系統化檢定的處理之後，可能會透露研究者所忽略掉的主題。
8.透過測量額外的變項，有助於研究者控制替代的解釋。

資料來源：改寫自Sieber（1973）、Agar（1980）、與Robert B. Smith（1987; 1988）。

的量化研究相結合（參閱表13.2）。這種結合有助於批判研究者加入實踐的行動。批判研究者指出，技術上適當、中立，以及無偏誤的調查研究是相當昂貴的。只有那些有錢有權之士才負擔得起。訪員要求回答者獨自回答依照別人的觀點所建構出來的問題。研究者然後將量化結果通則化，幫助菁英瞭解「老百姓」。研究結果很少被用來幫助回答者瞭解他們本身的處境、或是提昇他們的意識、或是使人們集中注意某些議題——即批判社會科學的目標。抱持這類目標的批判研究者可能結合調查與田野研究，創造相互學習的經驗，進而幫助回答者反省他們自身的情況。[6]

菁英研究簡述

大部分的量化研究是執行在人的身上（例如，實驗、調查與現成的統計），而大部分人類學界、社會學界、教育學界所從事的田野研究，焦點都擺在一般人或是窮人、沒有權力的人身上。社會研究者知道如果他們想要瞭解整個社會的話，他們勢必要研究有權力的菁英。可是，「很少社會研究者研究菁英，因為菁英就其本質而言，很難穿透。菁英築起藩籬，把自己與其他社會成員隔開」（Hertz & Imber, 1993:3）。儘管如此，研究者已經完成若干有價值的菁英研究，而且也發展出特殊的技術來進行菁英研究。這些技術澄清了普遍關切的問題，並且彰顯了質化方法設計是如何地珍貴、不同於量化方法，但卻能補其不足。

由於他們人數太少，而且他們也不可能參與研究，所以研究者根本無法使用隨機抽樣的方法來研究菁英——即掌有正式或非正式權力的人。量化研究者已經完成的菁英研究，包括：菁英演講的內容分析（Seider, 1974）、菁英生涯的背景研究（Freitag, 1983）、決策制定的菁英網絡研究（Knoke, 1993），以及菁英調查資料的小樣本連續調查（panel studies）（Murray, 1992）。這些資訊加上社會與經濟不公平程度的資料，便提供了局部的圖像。關於菁英的質化研究顯示菁英如何在私人俱樂部中展開社會化，就如威廉・多摩河夫（G. William Domohoff, 1974）的波希米林園（Bohemian Grove）研究、或是他們在非正式場合中討論的話題，像是蘇珊・歐斯川德（Susan Ostrander, 1984）上層階級女性的研究。這些上層階級、企業菁英、或是非常有錢的人物屬於一個獨特的次文化。有些文化尋求知名度，但是大部分會避免曝光，偏好不受大眾打擾與遠離追逐財富者的私人生活。辨識與找出菁英不是件易事，而且研究他們也不是天真的研究者所能勝任的事。

菁英與非菁英的訪談之間有若干差異。第一，接近菁英常是非常困難的工作，菁英的守門人更是難纏。研究企業菁英的研究者可能面對安全警衛、秘書，以及其它正式職務是以阻止群眾接近的那些人物。湯姆斯（Thomas, 1993:83）的報告指出，「我花了近兩年的時間和行政助理通電話、過濾會議、建立人脈才訪問到行政主管」。其次，時間的壓力相當大，菁英非常忙碌，或者總是給你這個印象。研究者勢必得預先安排會面時間，而且可能是相當有限的時間。改善接近菁英的技術，包括非正式的情境脈絡（像是一塊用餐、在機場等候、或利用出差時間）以及願意隨菁英的時間表調整訪談安排的意願。取得接近管道的議題在質化研究中，是比在量化研究中來得更爲常見。

第二，社會接觸與關係門路是接近菁英與建立信任的基本要件。研究者的個人社會背景或出身，是項重要的資源。如果研究者本身不是來自富裕之家，或者沒有在特權的環境下接受過社會化，他們或許需要結交有所謂正確關係門路的適當贊助者。研究者還需要有表現正確禮數的能力。菁英會透過認識你的人、和你談過話的人，以及引見你的人，做爲核准或應許的記號。沒有良好贊助者、或頗富聲望的文憑、或熟識關係的研究者，即使取得了接近菁英的管道，也很少會受到禮遇。歐斯川德（1993）與杭特（Hunter, 1993）曾經說過，菁英對研究者已經和誰談過話，十分感興趣，私人接觸與關係門路是研究過程的整合部分。

菁英經常是受過高等教育的飽學之士。這有若干含意。它意指，研究者最好在直接接觸菁英之前，先做好廣泛的閱讀資料與熟悉背景的工作。它也意指菁英成員可能對社會研究技術有所瞭解，而且還讀過這類的研究報告。這可能會促進合作，也可能會產生反效果。菁英可能試圖主宰或操弄研究情況。大部分的菁英習慣了主控全場、別人聽他指揮的情況。大部分菁英對察覺事件流向的微妙變化，相當靈活；對社交場合的控制，更是長袖善舞。這可能包括人們的坐位、談話的方向等等。正當研究者小心翼翼以免有所冒犯時，菁英成員可能把談話帶開研究者感興趣的方向、用完了原訂好的訪談時間。研究者需要有足夠的掌控權才能達到目的。研究者需要加強社交技巧與外交手腕，在不會造成緊張與壓力的原則下，使菁英成員放鬆警戒。研究者只要靠相當高超的機智與手腕，才能辦得到。研究者在進行正式調查、或在實驗中接觸受試者時，可能會用到沈穩的判斷力，但是，對某些質化研究而言，這類技巧是基本的研究工具。

菁英研究有一個相關的關照，是對臺前與臺後表現的敏感度。臺前的社會情境是公開的、對外的情境，人們知道他人可能在觀察自己，因而表現出某些特定社會行爲。後臺的社會情境屬於私人的親密情境，人們可能放鬆警戒，感到舒適信任。研究菁英時，臺前的事件常是刻意表現、特意經營，以創造某種特殊的印象。因此，研究者可能被引進一間豪華、景觀亮麗的辦公室，牆上掛著藝術品、沙發沿牆而放，以及一張潔淨的超級大書桌。在與他人交涉上有豐富經驗的菁英，可能笑面迎人，給與研究者一個正式、公共關係版的事件陳述。這個「前臺」可能與後臺的私人俱樂部、家居生活，以及菁英成員之間任何非正式的討論，大相逕庭。研究者無法突破這個官式的人人看得見的角色。在後臺的背景與場合下，菁英成員可能流露他們眞正的偏見或感情，並且可能暴露出個人的價値與信念。取得接近後台的管道經常是極爲困難的。可能需要和菁英成員發展出一種長期性的關係。量化研究中，研究者很少能夠穿透前台之外的情況，而許多質化研究專門設計來探討表面與公開關係之外的事物面貌。

另一組差異是關於取得信任與處理菁英的情境或訪談場合。研究者需要靈活運用適當的言行舉止。所有的次文化都有某些共通的行爲與說話方式。這種非正式的風俗習慣與處事作風，包括對某些關鍵事件或情勢的瞭解與假定。使用正確的辭令以及遵守複雜的社交規矩，可表現出研究者分享菁英次文化的風格與假定。言詞不當、舉止不宜的研究者可能顯示他不值得信賴。舉例來說，菁英次文化是建立在物質安全與接納的假定上。許多菁英會對外擺出一副沈著穩定的架勢、散發出自信的光彩、並且表現出高貴優雅的社交氣質，藉此拉近與其他菁英間的社會距離。有些研究者覺得這種做事風格過於咄咄逼人，可能感覺到他們被用一種溫暖、友善、與開放的態度，很微妙地被「下了個馬威」。質化研究者經常發現，在蒐集資料時他們需要創造信賴感，降低人際間的社會距離。

最後一個議題是關於保障研究過程的誠實無欺。即使不是貼身保護，基於隱私而採取某種程度的保密或隱密，在菁英情境下是頗爲常見的。研究者必須自行判斷。他們對於菁英對曝光於眾目睽睽之下的關切、或是對公諸於世的恐懼，必須要有敏銳的感知。菁英可能有所疑慮，而要求審查研究報告，或是只透露記錄上所列的事項。此外，菁英可能有知識偵測出研究者違反原先同意的限制，或是雇用專家來審查研究報告。此外，如果研究者違反誠信，菁英有資源提出法律訴訟。同時，研究者則想要對整個狀況瞭解愈多愈好，並極力擁護執行品質好、不受干擾的研究原則。質化研究者時常發現，他們必須在保護受試者隱密性與確保研究過程本身誠實無僞之間尋求平衡。

範例研究

下面四個具體的質化研究範例，讓你瞧瞧研究者如何在實際操作中應用質化研究的原則、質化研究者如何並沒有老是謹守著嚴格的詮釋取向不放，以及他們是如何結合質化方法與量化原則的。

田野研究的例子

許（1987）是一位華裔美國人，使用「芝加哥學派」的參與觀察法（將於第十四章中討論）來研究華人洗衣商。許的父親是洗衣店工人，他自己在進行田野研究之前為洗衣店供應商工作。與華裔洗衣工人說同一種語言，被視為遠親，同時又在另一部分的華人移民經濟圈——叉燒店——工作。他花時間與華裔洗衣店工人與老闆打交道，並且對他們進行訪談。在他二十年的研究中，許發展出新的概念：移民經濟（專門於少數產業的移民所形成的一個孤立的經濟性與社會性社群）與過客（遊歷而無意定居的移民）。

許寫的書分析的部分極少，但是有許多長篇的、從訪談中、或信件中摘錄下的引文。他藉著私人事件、笑話、與小故事，來描述一間洗衣店每天的生活細節。他將這個研究擺進華人移民美國的歷史脈絡，提供地圖顯示一段長達五十年的期間中，華人洗衣店在芝加哥地區的分佈情況。他附上圖表記錄下華人移民的數量、在美國華人的性比例，以及在芝加哥華人賭場中賭徒的人數。他的書中也附有一張標準洗衣店內部設備圖、數張洗衣券、洗衣店員的個人帳簿，以及某家洗衣店每月開支報表。讀者可以藉此對華人洗衣店員內在生活獲得更為深入的瞭解。

丹尼佛（1981）針對老車迷展開田野研究，並且結合量化原則來進行此次研究。他將老車的興趣概念化成一種稱為表達型結社（expressive association）的休閒活動。丹尼佛檢視人們是如何牽扯進這類活動，以及他們涉入的方式。他於1976年在紐澤西州對四十位活躍的老車迷，進行兩個小時密集的無結構訪談。此外，他在一場全國性的老車俱樂部聚會上，以系統隨機抽樣的方法抽取了189位參與者，並對這些隨機樣本展開結構性的訪談。

以開放性問題為主，丹尼佛發展出一個成為老車迷的四條路徑的分類架構，然後藉結構訪談之助，將之修正改善。他引用開放訪談中答案來說明四類老車迷的每一種類型，並且根據結構性訪談資料列出每一類回答者的百分比。

丹尼佛使用社會學家彼得・柏格（Peter Berger）主觀論（subjectivism）的理論，來瞭解老車迷。該理論指出，生活在現代社會中的人們，不再擁有強烈的傳統宗教、或文化世界觀，來建構他們所經驗的世界，特別是在休閒方面。取傳統世界觀而代之的是人們內在化、甚或主體化大眾消費社會（例如，酒罐、汽車、棒球卡）高度廣告化的符號，並圍繞著這些符號創造新的集體認同形式。這些新認同形式，成爲社會互動以及歸屬於某個團體感覺的基礎。

歷史比較研究的例子

賴特與波納西奇（Light & Bonacich, 1988）研究在1965年與1982年間居住在洛杉磯的韓國人。他們的研究追溯韓國社會與經濟狀況的轉變如何造成移民美國的韓國人數的增加。例如，作者顯示韓國人民的收入是典型美國工資的百分之七點五到百分之二十七之間。這兩位作者舉出大量的一組因素（譬如，韓國政府的角色、韓國經濟的變遷，以及美國對韓國的軍事干預史），將此編織成一篇韓國移民故事。

這兩位作者分別比較了住在韓國與美國的韓國人，也比較了在美國的韓國人與其它民族團體之間的異同。他們探問：爲什麼有高比例的韓國人在美國成爲小企業的所有人？而他們之中很少原來在韓國時就已經是小企業的擁有人？他們探索移民小企業家如何適應較大的美國經濟體系，以及基督教、韓國民族文化、與社會階級如何塑造在某個歷史時點上模塑出一個獨特的社會經濟次文化。

這兩位作者使用了許多不同類型的資料：調查研究、現成統計、田野研究、政府文獻、國際報告，以及歷史記錄。他們的著作中包括了：韓國企業的相片與廣告、顯示二十年來韓國企業在洛杉磯的分佈圖，以及移入美國的韓國人數。他們重新敘述某些特定人物的故事、詳細描述韓國社區對洛杉磯地區攻擊亞洲人行動的回應。作者提出有限的通則，並且主張某些狀況的組合（例如，韓國的政治體系、美國的干預、經濟斷層、美國富裕，以及文化傳統）共同促成了1960年代與1970年代間聚集在洛杉磯地區的韓國小企業家社區的形成。

拉奇曼（Lachmann, 1989）檢驗這個問題——中世紀時期脆弱、分裂的政治制度，如何發展成現代的、強大的、中央集權的民族國家（例如，政府制度與政治權威）？他檢視十六與十七世紀的法國與英國，因爲在1500年時這兩個都是非常脆弱的國家，但是到了1700年卻都創立了非常強大的國家。

拉奇曼概要敘述了三大理論說明十六與十七世紀國家發展的經過。其中一個理論指出，農民叛亂迫使貴族重新組織政治權力，建立強大的國家。另一個理論指出，新發展的市場經濟所孕育的新興資本階級取得了權力。執政者設計新興的資本家與舊貴族，使其鷸蚌相爭，藉此強化國家的力量。之後，貴族的力量式微。第三個理論則說政府與政治權威會自我延續。菁英獲取更多的權力與資源，將之投資在科層組織與軍隊之上，以護衛並保有他們所擁有的權力。

拉奇曼以問題或議題的方式，比較每個理論的各個部分。每個理論各自對主要動力與事件順序、或是問題的答案，提出不同的建議。這些問題或議題引導他對證據的調查。舉例來說，這些理論建議不同的團體在反對建立一個強勢國家上扮演主要的角色。爲找出證據，研究者閱讀大量專精於英國史與法國史的歷史學家用英文與法文撰寫的，特別是敘述歷史事件的特殊細節與涉入衝突（例如，內戰）的主要團體的專文與論著。他將事件與團體擺進每個社會當時的社會、經濟、與政治制度的脈絡之中，加以分析。

作者發現這三大理論中的每一個理論不是在法國、就是在英國、或同時在這兩個國家中，找到支持，但是並沒有完全支持任何一個理論的證據。他發現在國家之外有三批獨立的菁英人馬相互衝突。當這批菁英試圖保護本身的利益不受其他對手的侵害時，他們所形成的聯盟以及他們衝突的結果產生了一個強勢的中央集權國家。

結論

本章極少討論到規劃研究設計的特定方法，即使關於質化研究的這方面資訊頗為豐富。這不是出於疏忽。本章提供你瞭解質化研究實際設計上議題的必要背景。下兩章中你會見到更多關於實際設計上的議題。誠如實務邏輯與循環研究路線的討論所建議的議題，很難將這類議題和研究本身分割開來。

本章把焦點集中在量化與質化研究的異同，以及質化研究的一般特性。在檢視執行質化研究的特定方式之前，先跳出量化研究的思考窠臼至為重要。

如前所述，量化與質化間的區別常被過分誇大，以致呈現出一種僵化錯誤的二分法。然而，從這兩種研究取向本身的角度來瞭解並且欣賞各別的長處，實屬重要。不必等到應用實證量化研究取向的假定、標準、與取向，就能發掘質化研究的重要，簡直是太容易了。

關鍵術語

循環研究路線	實務邏輯	第三次元詮釋
第一次元詮釋	新構邏輯	超越主義觀點
有根基的理論	第二次元詮釋	
線性研究路線	思索科技官僚觀點	

複習測驗

1.三種切入科學的研究途徑提供研究者何種指引？

2.說質化研究用的多為實務邏輯而非新構邏輯，這種說法所指為何？

3.說質化研究遵循的是非線性路線，所指何意？在哪些方面，循環路線來得較為有價值？

4.為何社會事件的前後脈絡對質化研究者來說是相當重要的？

5.什麼是個案研究的特徵？為何這種方法能夠產生重要的資訊？

6.比較量化與質化研究者處理個人偏差與研究者值不值得信賴的議題。

7.質化研究者如何使用理論？

8.解釋質化研究者如何處理資料詮釋的議題？參照第一、第二、第三次元的解釋。

9.基於哪三個不同於量化研究者提出來的理由，質化研究者強調三角校正法？

10.指出五項調查研究能夠為田野研究做到的事，以及五項田野研究能夠為調查研究做到的事。

註釋

1.華德與葛蘭特（Ward & Grant, 1985）與葛蘭特、華德、與容恩（Grant, Ward & Rong, 1987）分析社會學期刊中的研究，並且指出刊出較高比例質化研究論文的期刊討論性別話題，但是性別研究本身並沒有比較質化。

2.參閱羅夫蘭與羅夫蘭（1984:118-121）。

3.關於查驗的舉證，參閱阿卡爾（Agar, 1980）與貝克（Becker, 1970c）。

4.關於質化研究正文內容的詮釋，參閱布里與比林斯（Blee & Billings, 1986）、黎梭爾（Ricoeur, 1970）、與施耐德（Schneider, 1987）的大作。

5.額外有關於三角校正法的討論，請參閱丹辛（Denzin, 1989:234-247）。

6.關於實踐與質化特質引進調查研究的討論，參閱卡爾希爾（Carr-Hill, 1984b）。

第14章

田野研究

田野研究是研究人們在其日常生活中自然的活動狀況。田野工作者為了獲得這些人如何生活、交談、與行為，以及何事能令他們振奮、何事又令他們沮喪的第一手資料，進入他人的世界探險…田野研究也被研究者用來瞭解他們所觀察的活動對於活動參與者而言，具有什麼意義的一種研究方法。

羅伯・愛默森（Robert Emerson）

《當代田野研究（*Contemporary Field Research*）》，第一頁。

田野研究概述與簡史

本章中，你將會學到田野研究，或是有時被稱爲民族學、參與觀察的研究方法。許多學生對田野研究甚感興奮、躍躍欲試，因爲田野研究涉及到接觸異類族群。不必處理冰冷的數學與複雜的統計，也沒有抽象的演繹假設。相反的，它有的是在自然環境下直接的面對面互動。

田野研究對那些喜歡觀察人群、偏好以一種鬆散自在的方式作研究的人，特別具有吸引力。此外，對於你不熟悉的社會世界── 裸體海灘、流浪漢、專業賭徒、街頭幫派、警衛隊、急診室、藝術家的殖民地等等，田野研究可能會提供非常精彩的描述。

田野研究中，個別的研究者直接與被研究者交談或對他們進行觀察。經過數個月或數年的互動，研究者對他們有了深入的瞭解，這包括了他們的生活史、愛好興趣，以及習慣、希望、恐懼、與夢想。結識新朋友、發展新的友誼、發現新的社會世界，都可能充滿了趣味。當然，也會是相當消耗時間、情感、有時還得冒著生命的風險。

適合田野研究的問題

什麼時候你應該使用田野研究法呢？田野研究法一般適用於研究涉及體會、理解、或描述某個互動中的人群的那些情況。當問題是：在社會世界中的人們是如何辦到Y這件事的呢？或是，X這個社會世界是個怎麼樣的世界呢？田野研究能夠發揮最佳的功效。當其它方法（像調查法、實驗法）不適用時，例如，研究街頭幫派，就是田野研究的適用時機。道格拉斯（Douglas, 1976:xii）曾說，社會研究者眞正想要知道的大部分經過，只有透過研究者直接投身田野，才能研究得到。

田野研究者研究某個場所或環境下的人群，也曾經被用來研究整個社區。初級的田野研究者應該從一個相對比較小的（三十人左右、或者更少）、而且成員都是在相對固定的背景下（例如，一個街坊、教堂、酒吧、美髮沙龍、或棒球場）互動的團體開始著手研究。田野研究也常被用來研究無組織、不固定在某個地方的社會經驗，不過這個時候密集的訪談與觀察，是唯一取得接近那個經驗的管道一例如，被人偷襲打暈者或是自殺者配偶的感覺經驗。[1]

爲了取得術語使用上的一致性，我們把田野環境下的研究對象都稱爲成員（members）。他們是田野環境下的局內人或是在地人，不是屬於某個團體、就是某個次文化、或社會環境，而這些團體、次文化、乃至於社會情境，正是田野研究者這個「局外人」想要打進、混入、進而獲得瞭解的。

田野研究者已經探索過的層面相當廣闊，包括：各式各樣的社會情境、次文化，以及社會生活的各個層面。本節所列舉的次文化與社會情境例子如下：自助洗衣店（Kenen, 1982）、攝影俱樂部（Schwartz, 1986）、接待室（Gross, 1986; Goodsell, 1983; Lofland, 1972）、被打壞的婦女庇護所（Whartron, 1987）、社會運動（Downey, 1986; Snow, Baker, Anderson & Martin, 1986b）、社會福利辦公室（G. Miller, 1983）、電視台（Altheide, 1976）、飛機乘客（Zurcher, 1979）、與酒吧（Byrne, 1978; LeMasters, 1975）。此外，田野研究者也曾研究過較大的情境，像是小鎮生活（Vidich & Bensman, 1968）、退休社區（Hochschild, 1978; Jacob, 1974; Marshall, 1975）、勞工階級社區（Kornblum, 1974），以及都市內其它族群的鄰里社區（Whyte, 1995）。其它的研究可參閱有關田野研究的兩本專業期刊：《當代民俗學期刊（*Journal of Contemporary Ethnography*）》以前的名稱是《都市生活（*Urban Life*）》與《質化社會學（*Qualitative Sociology*）》。

田野研究對於檢視兒童的社會世界也是相當有價值的。研究者曾經研究過少棒聯盟（Fine, 1979; 1987）、兒童嬉戲場所（Lever,

1978）、以及校園裡的孩童（Corsaro, 1988; Eder, 1981; 1985; Maynard, 1985; Thorne & Luria, 1986）。田野研究者也研究過許多不同的職業，包括了醫學系的學生（Becker, Geer, Hughes & Strauss, 1961 ）、計程車司機（Davis, 1959）、雞尾酒服務生（Hearn & Stoll, 1976; Spradley & Mann, 1975）、捕狗員（Palmer, 1978）、警察（Hunt, 1984; Pepinsky, 1980; Van Maanen, 1973; Weagel, 1984）、挨家挨戶的推銷員（Bogdan & Taylor, 1975:174-186）、社工員（Johnson, 1975）、爵士音樂家（Sudnow, 1978）、工廠勞工（Burawoy, 1979; Burawoy & Lukacs, 1985）、送牛奶的人（Bigus, 1972）、空服員（Hochschild, 1983）、與藝術家（Basirici, 1986; McCall, 1980; Sharon, 1979; Sinha, 1979）。

透過對加護病房（Coombs & Goldman, 1973）、急診室（Kurz, 1987），以及像是懷孕／生產（Annandale, 1988; Danziger, 1979; Weitz & Sullivan, 1986）、墮胎（Ball, 1967）、死亡（Glaser & Strauss, 1968）等重要生命事件的深入探究，田野研究者對醫療社會學貢獻良多。在偏差行爲的研究上，田野研究更是具有特殊的價值。田野研究者研究過裸體海灘（Douglas & Rasmussen, 1977）、賭博（Hayano, 1982; Lesiuer & Sheley, 1987）、大宗的毒品交易（Adler, 1985; Adler & Adler, 1983）、吸毒者（Faupel & Klockars, 1987）、街頭幫派（Moore, Vigil & Garcia, 1983）、街上的行人、流浪漢、或是遊民（Liebow, 1967; Polsky, 1967; Snow, Bochford, Worden & Beuford, 1989a; Spradley, 1970）、娼妓（Bryan, 1965; Prus and Vassilakopoulos, 1979）、嬉皮社區（Cavan, 1974）、色情書店（Karp, 1973; Sudhold, 1973）、超自然現象（Jorgensen & Jorgensen, 1982 ）、與異端宗教（Bromley & Shupe, 1979; Gordon, 1987; Lofland, 1966）。

田野研究簡史

早期的起源：田野研究的起源可以追溯到遙赴遠方島嶼的旅行

者報告。[2]1200年代，歐洲的探險家與傳教士描述記載他們所遇到的陌生文化與異域人物。其他人閱讀這些描述得以瞭解外國文化。之後，到了十九世紀，當歐洲的貿易與王權快速向外擴張、出現愈來愈多的學富五車的旅行者，遊記報告的數量也隨之增加。

學院派的田野研究始於十九世紀晚期的人類學。第一代的民族學家只讀過探險家、政府官員、與傳教士的報告，但是沒有和他要研究的人有過接觸。這些報告的焦點集中在外邦人，而且充滿了種族主義與民族自我中心。旅行者很少會說當地的語言，必須要依賴翻譯人員。直到1890年代歐洲人類學家才開始赴遠方大陸旅行以瞭解其它的文化。

英國人類學家布朗尼斯諾・馬林諾斯基（Bronislaw Malinoski, 1844-1942）是第一位與一群人長期生活在一起，並且記載整段蒐集資料經過的研究者。1920年代，他把密集田野工作當成一個新方法給介紹出來，主張在直接觀察與當地人的陳述以及觀察者推論之間做出區隔。他說，社會研究者應該直接與當地人互動並且和他們生活在一起，學習當地人的風俗習慣、信仰、與社會過程。

研究者也使用田野研究來研究他們自己的社會。1890年代查爾斯・布斯與碧翠絲・韋布（Charles Booth & Beatrice Webb）對倫敦窮人所做的觀察，開啓了人類學之外的調查研究與田野研究。布斯與韋布直接觀察在自然情況下的人，使用歸納的資料蒐集方法。參與者觀察可能在1890年就已起源於德國。保羅・果赫（Paul Gohre）以學徒身份在一家工廠中做工，並且在那兒生活了三個月，每天晚上回到家都做非常詳盡的筆記，他就是透過這個方式來研究工廠生活。他出版的著作深深地影響到大學校園內的學者，包括社會學家麥克斯・韋伯（Max Weber）。

社會學的芝加哥學派：美國社會學的田野研究開始於芝加哥大學的社會學系，也就是眾所周知的芝加哥學派社會學。芝加哥學派對田野研究的影響分為兩個階段。第一階段開始於1910年代結束於1930年代，該學派使用以個案研究或生活史為基礎的各種方法，包括：直接觀察、非正式訪談，以及文獻或官方記錄的閱讀。這個期間重要的影響主要是來自於布克・華盛頓（Booker T. Washington）、威廉・詹姆士（William James）、與約翰・杜威（John Dewey）。1916年羅伯・派克（Robert E. Park, 1864-1944）草擬一份研究計畫，進行芝加哥市的社會調查。受到他出身記者這個背景的影響，他說，社會研究者應該走出圖書館、到街頭、酒吧，以及豪華飯店的大廳中進行直接觀察、找人攀談、去「弄髒他們的手」。早期的研究，例如，《遊民（*The Hobo*, Anderson, 1932)》、《輪鞋少年（*The Jack Roller*, Shaw, 1930)》、與《幫派份子（*The Gang*, Thrasher, 1927)》樹立了早期芝加哥學派社會學專門描述研究街頭生活、不務分析的研究風格。

新聞記者與人類學的研究模型在第一階段結合。新聞記者的方法使研究者能夠挖掘到幕後的事物、利用報導人、找尋衝突、並且使「眞相」曝光。利用人類學模型的研究者使自己長期加入某個小團體、報導該團體成員對世界的看法。

在第二個階段——始於1940年代至1960年代結束——芝加哥學派把參與者觀察發展成為一個獨特的技術，擴大應用人類學模型來探究研究者自己社會內的團體與情境。於是浮現了三個原則：

1.研究於自然狀況或情況下的人群。
2.透過直接與人群互動的方式來研究他們。
3.獲得對社會世界的瞭解，並且對成員的觀點提出理論的陳述。

隨著時間的過去，這個方法已經就研究者田野涉入的程度，從一絲不苟的描述走向理論分析。

第二次世界大戰之後，田野研究面臨到調查法與量化研究的競爭。第二次世界大戰結束之後到1970年代之間的這段時期，田野研究佔所有研究的比例已然下降。然而，在1970年代與1980年代，數項轉變使田野研究再度活躍起來。第一，田野研究從認知心理學、文化人類學、民俗學、與語言學那兒，借來了不少概念與技術。第二，研究者重新檢視社會科學認識論上的根基與哲學假定（參閱第四章）。最後，田野研究者變得對他們使用的技術與方法更加敏感，撰述關於方法論的論著，更有系統地把田野研究變成一門研究技術。

時至今日，田野研究已經有一套獨特的方法論。田野研究者直接觀察在自然情境中的成員並與之互動，以求能夠進入他們看事物的觀點。他們採用行動主義者或社會建構主義者的觀點來論述社會生活。他們不認爲人是個社會力可以透過他來運作的中立媒介，也不認爲社會意義是「就在那兒」等著我們去觀察的事物。相反的，他們認爲人們透過互動來創造與界定社會意義。人類經驗接受主觀實相感應的過濾，這個主觀的實相感應左右著人們看待事物與採取行動的方式。因此，他們放棄實證主義對「客觀事實」的強調，取而代之的是把焦點集中在日常的、面對面的協商、討論，以及磋商社會意義建構的社會過程。

田野研究者認爲研究不但是對社會世界的描述，而且是社會世界的一部分。身爲受造社會情境的一部分，單就研究者出現於田野之中這點而言，就不可能只是個中立的蒐集資料過程。

民族學與俗民方法論：田野研究的兩個現代延伸──民族學（ethnography）與俗民方法論（ethnomethodology）──建立在社會建構主義者的觀點之上。兩個都不斷地在界定如何執行田野研究。但是他們都還不是田野研究的核心，所以本節只對這兩個學科做個簡要的討論。

民族學源自於文化人類學。[3]民族（ethno）意指人類或種族，而學（graphy）意指描述某件事。因此，民族學意指描述某個文化，以及從當地人的觀點來理解另外一種生活方式。誠如法蘭克（Franke, 1983:61）所說，「文化，即我們描述的物體，存在於當地人的思想當中。」民族學假定人們在做推論——也就是說，超越可見、可說的事物，得出其中的意義或含意。人們透過某個特定社會情境脈絡下的行為（例如，演講、行動）來表現他們的文化（人們想些什麼、沈思些什麼、相信些什麼）。行為的表現不會給予意義：相反的，意義是推論的、或是推測出來的。從所聽所聞進入實際的含意是民族學的核心。舉例來說，當某位學生收到「嗑酒會（kegger）」的邀請，該生會根據他的文化知識推論，這是個非正式的聚會，有其他同年齡的學生參加、而且有啤酒供應。文化知識包括了象徵符號、唱歌、說話、事實、行為方式、與物品（例如，電話、報紙）。我們透過看電視、父母的教誨、觀察他人等等來學習文化。

文化知識包括了顯性的知識（explicit knowledge）——我們所知所說的之物—與默認的知識（tacit knowledge）——我們很少承認之事。舉例來說，顯性知識包括社會活動（例如，嗑酒會）。大部分的人敘述起發生什麼事時，駕輕就熟。默認的知識包括了，像是和他人應當保持適當的站立距離之類的未曾明說的文化規範。人們一般並沒有意識到他們在使用這種規範。當違反這類規範時他們會感到不舒服，但又說不出使他們不舒服的原因。民族學者描述成員所使用的顯性與默認的知識。他們的詳細描述與仔細分析，把描述的事物切開來、再擺回原位。

民族學家克里夫德・葛立茲（Clifford Geertz）說，民族學的主要部分是詳實描述（thick description）[4]，亦即對特定事件豐富、詳細的描述（反對摘要、標準化、通則化、或變項）。對一個三分鐘事件的豐厚描述可能連續好幾頁。它抓住發生事件的整個感覺與戲劇性，因此給予多種解釋的機會。它把事件擺進情境脈絡之中，所以閱讀一份民族學報告的讀者可以從事文化意義的推論。

俗民方法論是1960年代發展出來的一個獨特的研究取向，有自己的一套專門術語。[5]它結合了理論、哲學、與方法。有些學者不認爲它爲社會學的一部分。梅漢與伍德（Mehan & Wood, 1975:3, 5）主張：

> 俗民方法論不是一堆研究發現，也不是一個方法、也不是個理論、也不是個世界觀。我把俗民方法論看做一種生活型態…俗民方法論是種企圖，想要去展現存在於社會學層級之上的實相…它不同於社會學，就如社會學不同於心理學一般。

俗民方法論有個簡單的定義，就是常識知識的研究。俗民方法論者藉著觀察常識的創造以及人們在自然情況下，持續不斷的社會互動中，使用常識的方式，來研究常識。俗民方法論是個激進或極端的田野研究形式，建立在現象學的哲學基礎以及社會建構主義取向之上。它涉及專門化的、非常詳細的微觀情境分析（例如，簡短對話的記錄、或社會互動的錄影帶）。與芝加哥學派的田野研究比較，它更關切方法的問題，主張研究發現得自於所使用的方法，不亞於得自於所研究的社會生活。

俗民方法論假定社會意義是脆弱浮動的，而不是固著、穩定、或結實的。意義是在持續的過程中不斷地被創造與再製。因此，俗民方法論者分析語言，包括談話中的停頓與講演的情境。他們認爲，人們透過默認的社會文化規範，來「達成」常識的瞭解，並且認爲社會互動是個實相建構的過程。人們使用文化知識與得自社會脈絡的線索來詮釋事件的意義。俗民方法論者檢視普通人在日常生活的情境下如何使用默認的規則，來理解社會生活的意義（例如，知道某人是不是在說笑）。

俗民方法論者非常詳細地檢視日常的社會互動，以確認建構社會實相與常識的規則、在日常生活中是如何使用這些規則的，以及新規則又是如何被創造出來的。例如，他們主張說，標準化的測驗卷或調查訪談測量的是個人洞悉隱藏的線索、運用常識的能力，而不是客觀的事實。

俗民方法論者有時使用破壞規則（breaching）的實驗，來顯示日常生活中人們默認的、賴以創造實相感覺的簡單規則（也參閱下文關於不搭軋的討論）。研究者刻意地違反某項默認的社會規範。這項破壞規則的行動通常會招惹非常強大的社會反應，由此可確認規則的確實存在，彰顯社會實相的脆弱、顯示這類默認規則的存在，是使日常生活得以順暢運作的根本。舉例來說，俗民方法論的創始人哈羅德·卡芬科（Harold Garfinkel）派學生到商店去，把顧客「誤認」爲店員。剛開始，顧客被弄得糊里糊塗、結結巴巴地解釋。但是如果學生執意錯認不改，那些被弄得不知所措的顧客不是不太情願地接受新的情境定義、手忙腳亂地扮演起店員的角色，就是「氣炸了」、「失去冷靜」。這個破壞規則的例子顯示了社會實相的運作是如何仰仗默認的知識（例如，店員與顧客的區別）。電影製片使用類似的情況來製造喜劇效果：來自不同文化、不曾共享相同一套默認規則的人們，或是對沒有明說什麼是正當行爲毫不知情的人們，都被視爲幽默。[6]

田野研究的邏輯

什麼是田野研究？

很難爲田野研究定下一個明確的定義，因爲與其說田野研究是一套固定的應用技術，還不如把它當成研究取向。[7]田野研究者使用不同的方法來取得資料。如夏茲曼與史濁斯（Schatzman & Strauss, 1973:14）所說，「田野方法比較像一把活動傘，傘下的任何一項技術都可以被用來獲得想要的知識、思索該筆資訊的過程」。田野研究者是一位「方法論上的實用主義者（methodological pragmatist）」（Schatzman & Strauss, 1973:7），一位足智多謀、才華洋溢的人，具有能夠在田野中靠自己的能力進行獨立思考的才智。

田野研究立基於自然主義（naturalism），而自然主義也被用來研究其它的現象（例如，海洋、動物、植物）。自然主義涉及的是觀察在自然情境下──而不是在圈套設計下、或人造的、或研究者製造的情境下──的日常事件。研究發生在田野之中，辦公室、實驗室、或教室這類的安全情境之外。雷斯（Reiss, 1992）曾經說過，研究者對自然情境下的事件進行直接觀察對社會學做為一門科學的地位來說，十分重要，如果社會學脫離了自然主義，將威脅到社會學所具有的這個地位。

田野研究者檢視自然情境下的社會意義、捕捉多元的觀點。他們先進入成員的意義體系，然後再回到局外人的觀點、或研究的觀點。例如，樊・曼南（Van Maanen, 1982:139）指出，「田野工作意味著全心投入也意味著置身事外，要求忠實也要求背離，要求公開、也要求保密，以及最可能是愛與恨的糾葛」。研究者轉變觀點立場，同時從多種不同的角度來審視情境：「研究者一方面秉持著將他們扶養成人的文化，另一方面則與他們研究的那個團體建立關係；他們正承受著另一個文化的社會化」（Burgess, 1982a:1）。

現在，讓我們看看實務田野研究者在做些什麼（見方塊14.1）。雖然小組比較有效率，但是通常田野研究是由一位研究者獨自執行。一位研究者直接投入、成爲自己研究的社會世界的一部分，所以他的個人特質與他的研究是無法分割的。瓦克斯（Wax, 1979:509）說：

> 非正式的與量化的方法，通常不太留意研究者的個人特質。電子資料處理不會花工夫去瞭解研究主持人的年齡、姓別、或種族。但在田野工作，這些個人身份的基本面就顯得十分顯眼；將對田野研究的過程產生重大的影響。

方塊14.1

田野研究者做些什麼？

田野研究者要做的工作如下：

1. 除了要留意不尋常的狀況之外，觀察發生在自然狀況下的日常事件與每天的活動。
2. 直接與被研究的人接觸，親身經歷田野環境下每日生活的過程。
3. 在維持分析性觀點、局外人的距離的同時，獲得局內人的觀點。
4. 隨環境的需要，彈性使用各種不同的技術與人際技巧。
5. 產生的資料形式多為長篇的書面筆記、圖表、地圖、或圖片，儘可能提供詳盡的描述。
6. 從全形的角度（例如，整個單元、而不是片段）來觀察事件，並重視社會脈絡的個別差異。
7. 對田野環境下的人物發展出同理心，不單單只是記錄冷冰冰的客觀事實。
8. 不僅注意到文化外顯的（為社會所認識到的、意識到的、說出來的），也注意到文化默認的（較不為社會所承認的、內隱的、不說出來的）層面。
9. 觀察持續進行的社會過程，而不去打擾、打斷、甚至以局外人的觀點強行加在觀察現象之上。
10. 面對高度的人情壓力、不確定性、道德上的進退維谷、與曖昧不明的狀況。

研究者直接涉身田野之中常會帶來情感上的衝擊。田野研究者可能會非常有趣、興奮，但是也可能會破壞到個人生活的正軌、危及到人身安全、或是精神福祉。比起其它類型的社會研究，田野研究更可能會結交新的朋友、重新塑造家庭生活、研究者的自我認同、或個人的價值觀：

> 從事田野工作的代價非常的高，這不僅是從金錢方面來說

表14.1 田野研究的步驟

1.做好準備、閱讀文獻、並且去除焦點。
2.選擇進行田野研究的地點、取得進入的管道。
3.進入田野，與田野人物建立社會關係。
4.找到一個社會角色扮演，熟悉內幕，和田野人物相處融洽。
5.守望、聆聽、蒐集質性資料。
6.開始分析資料、產生並且評估操作假設。
7.集中焦點於田野環境中某些特定的面向，並且使用理論抽樣。
8.對田野報導人進行訪談。
9.從田野環境中抽身，實際上離開田野環境。
10.完成分析並且撰寫研究報告。

註：每個步驟各需要多少時間，並沒有一定。大略估算，強克（Junker, 1960:12）指出，一旦進入田野，研究者應該預期大約花1-6週的時間進行觀察、1-3週的時間記錄資料、1-3週分析資料，以及1-6週撰寫報告結果。也參閱丹辛（Denzin, 1989:176）提出來的田野研究的八大步驟。

是如此（田野工作是比其它類型的研究花費較低的），而是指身體與心理上的消耗。同時過兩種生活常令人精疲力盡（Bogdan & Taylor, 1975:vi）。

田野研究計畫的執行步驟

自然主義與直接涉入意指，田野研究比量化研究更有彈性、更不講結構化。這使得有良好的組織與適當的準備對研究者來說變得異常重要。這也意味著計畫的步驟並不全然是事先能夠決定的，但是可做爲大略的指南或路線圖（參閱表14.1）。

彈性：田野研究者很少遵循固定的路線。事實上，彈性是田野研究的一項關鍵優勢，使研究者可以改變方向、隨時跟進。好的田野研究者懂得辨識機會、掌握機會，「靠耳朵打天下」、快速地調整自己適應變動不定的社會情境。道格拉斯（Douglas, 1976:14-16）認為，田野研究的技術與其它類型的調查研究──像是調查新聞雜誌與偵探的工作──大同小異。

田野研究者不是以一套等著應用的方法、或一套明顯的有待檢定假設開始。相反的，他們是根據他們對提供資訊所持的價值而選擇要用的技術。開始時，研究者期待對資料不做太多的控制，焦點也不要太過集中。一旦社會化進入情境之後，田野研究者訂出焦點、對資料進行控制。

開始時做好完善的組織工作：人的因素與私人因素在任何研究計畫中都會插上一腳，但在田野研究中它們最為關鍵。田野計畫常開始於機會巧遇或個人興趣。田野研究者可以從個人經驗出發，像是從事某個工作、或是有某種嗜好、或是碰巧做了個病人或行動份子。[8]

田野研究者運用細心觀察與傾聽、短期強記、與定期記錄等技巧。在進入田野之前，沒經驗的研究者練習觀察平常情境的細節，並將之記錄下來。對細節的留意與短暫的強記會隨著勤做練習而熟能生巧。同樣的，養成記日記的習慣或私人記事對寫田野筆記來說，也是項很好的練習。

和所有的社會研究一樣，勤於閱讀學術論文期刊有助於研究者學到概念、潛在的陷阱、資料蒐集的方法，以及解決衝突的技術。此外，田野研究者會發現研讀日記、小說、新聞報導、與自傳，都有助於熟悉狀況與做好下田野的心理準備。

田野研究者從一般性的主題開始，沒有特定的假設。研究者不會讓自己受到最初錯誤概念的禁錮。他們需要廣泛接觸各種訊息，但是要開放給自己發現新概念的機會。做田野研究要問對問題，找出對的問題，是要花時間的。

研究者首先要掏空他自己先入為主的概念，做到去除焦點

（defocus）。去除焦點有兩種作法。[9]第一是灑下一張大網，以便看到更廣範圍的情境、人物、與背景——在決定該包括些什麼或該排除些什麼之前，先對整個田野背景有番瞭解。第二種去除焦點的作法是指不要把焦點完全集中在研究者的角色上。誠如道格拉斯（1976:122）所說，把個人經驗擴展到嚴格的專業角色之外，是相當重要的經驗。研究者應該走出他們舒適的社會窠臼，在不違反身爲研究者的基本承諾下，儘可能地去享受田野經驗。

著手田野研究的另一層準備是自知之明。田野研究者需要對自己有所瞭解，並且對自己的私人經驗要有所反省。他可以預期在田野中會出現焦慮、懷疑自己的能力、遭遇挫折、與不確定性。尤其在開始的時候，研究者可能覺得他們蒐集的都是錯的資料，而且在情感上可能會遇到天旋地轉、孤立無援、與徬徨失措。他們常感受到自己好像是個雙重邊際人：在田野環境下是個局外人；而且距離自己的朋友、家庭、與其他研究者也好遠。[10]研究者的情緒性格、個人閱歷、與文化經驗的關聯性，都使得研究者個人能夠瞭解到自己投入的程度與內在的衝突，變的十分重要的事（參閱下文討論壓力的章節）。

田野工作對研究者的自我認同與對事物的看法都會產生強烈的衝擊。田野經驗可能改變了研究者的人格。有些研究者採取了新的價值、興趣、與道德承諾，或是改變了他們的宗教信仰、或是政治意識型態。[11]海雅諾（Hayano）根據他從事賭博研究的經驗，評論道：

> 到目前為止，我覺得坐在賭桌上比坐在學院會議中、或是我教課的班上，來得舒適。我社會生活的重心大部分集中在玩撲克牌，而且常常，特別在大贏之後，為了能夠花更多的時間在牌局上，我深深感受到想要放棄大學教職的欲望（Hayano, 1982:148）。

選擇地點與想辦法進入

雖然田野研究計畫的進行沒有根據固定的步驟，不過在研究初期，仍有些爲研究者共同關心的事項。這包括了選擇田野地點、獲得進入該田野地點的管道、進入田野，以及與田野中的成員建立熱絡的情誼。

選擇地點

到哪兒去觀察：田野研究者談的是在某個地點，或田野地點（field site）下做研究，但是這個名詞可能會造成誤導。地點是指事件或活動發生的情境脈絡——一個社會界定的、界線變動不定的地理空間。社會團體進行的互動，可能橫越數個實際的地理區域。例如，大學的橄欖球隊可能在球場、在更衣室、在宿舍裡、在集訓營內、或外頭的某個地方，與人互動。這支球隊的田野地點包括上述這五個地方。

田野地點與研究問題是密不可分的，但是選擇一個田野地點並不等於把焦點鎖定在某個研究個案。一個個案是指一個社會關係或活動；可能會擴展到田野界線之外，連結到其他的社會背景。研究者選擇某個地點，然後辨識出該田野地點中需要檢視的數個個案——例如，橄欖球選手與權威人物的關聯是如何形成的。

選擇田野地點是個重要的決策，在選擇田野地點的過程中，研究者需要做筆記。選擇田野研究地點有三個相關因素需注意：資料的豐富性、不熟悉的程度，以及合適性。[12]有些地點可能比其它地點能夠提供豐富的資料。有張社會關係網絡、各種各樣的活動，以及隨時有不同事件發生的田野地點，會提供比較豐富與有趣的資料。剛開始從事田野研究的研究者應該選擇自己較不熟悉的田野地點。在一個新的地點，研究者比較容易看出文化事件與社會關係。波地岡與泰勒

（Bodgan & Taylor, 1975:28）說，「我們建議研究者選擇的地點，是田野中的主體對他們來說都是陌生人，他們對這個地點沒有特別專業或專門的知識」。選出可能的田野地點之後，研究者必須考慮些實際的問題：像是研究者的時間與能力、田野地點中的人物是否有重大的衝突、研究者個人的性格與感情，以及進入這個地點每個部分的管道。

研究者的歸屬性格（ascriptive characteristics）可能會對研究者接近地點的管道造成限制。例如，非裔美國研究者不可能有希望去研究三K黨（Ku Klux Klan）或新納粹黨徒（neo-Nazis），雖然有些研究者已經成功地突破歸屬性格所設下的限制。[13]有時「局內人」與「局外人」所組成的團隊可以一塊合作。例如，局外人道格拉斯與一位局內人成員——法蘭納根（Flanagan）——組成一個研究團隊，一起研究裸體海灘（Douglas and Rasumussen, 1977）；以及一名白人（Rainwater）與一名黑人（Yancey）聯手合作研究黑人住的問題的研究計畫（Yancey & Rainwater, 1970）。

實際進入某個地點會是一個問題。地點是個連續體，一端是開放與公共的場所（例如，公共的餐廳、機場的候機室），而另一端是封閉與私人的場所（例如，私人企業、俱樂部、某人家中的活動）。研究者可能會發現田野地點不歡迎他們或不允許他們進入，或是法律上或政治上的障礙限制了他們進入的資格。機構（例如，學校、醫院、監獄）的法令規章也對進入的管道設下限制。此外，機構的評審委員會（見第十七章）可能以倫理道德爲由限制田野研究的進行。

守門人：守門人（gatekeeper）是指擁有某種正式或非正式的權威，對他人能否進入田野施加管制的人。[14]他可能是站在某個角落的兇漢、醫院的行政人員、或是某個企業的老闆。非正式的公共場所（例如，人行道、公共等候室）很少會有守門人。正式組織設有是否批准該機構開放田野研究的主管單位。

田野研究者期望與守門人協商、爭取進入田野從事研究的機會。守門人可能無法體會對概念距離或倫理平衡的需求。研究者必須訂出不能妥協的底線，以維護研究的正直完整。如果一開始定有許多限制，那麼過了一陣子之後研究者常會再行協商，而且隨著雙方培養出互信之後，守門人很可能會忘掉了最初所設下的要求。從倫理上與政治上來看，和守門人打交道需要精明狡黠的手段。研究者不期望守門人會聽他們述說研究關切的問題，也不期望守門人會關心研究的發現，除非這些發現成爲有心人士批評他們的證據。

和守門人打交道是研究者進入新的層級或新的領域時，一再出現的問題。此外，守門人也可能會模塑研究的方向：

> 甚至大多數最友善、最合作的守門人或贊助者，都會對研究的執行與發展造成影響。就某種程度來說，民族學者被引導而發展出與現有的友情與仇恨的網絡、勢力範圍連成一體、生氣相通的相應界線（Hammersley & Atkison, 1983:73）。

在某些田野地點，守門人的同意授權可能會造成某個污點（stigma），而阻止了成員的合作。舉例來說，如果監獄中的犯人知道典獄長批准研究者進入監獄做田野研究，他們可能會表現出不合作的行爲。誠如韋斯特（West, 1980:35）對不良少年犯所做的評論，「我相信，這些接近不良少年犯的管道、途徑，幾乎總是阻礙了——在某些例子裡甚至攔阻了——與不良少年犯建立熱誠的情誼。」

進入的策略

進入田野地點多少需要耍點彈性策略、或是構想些行動計畫；協商進入田野的機會、發展與成員的關係；以及決定要透露多少研究內容給田野成員、或守門人知道。

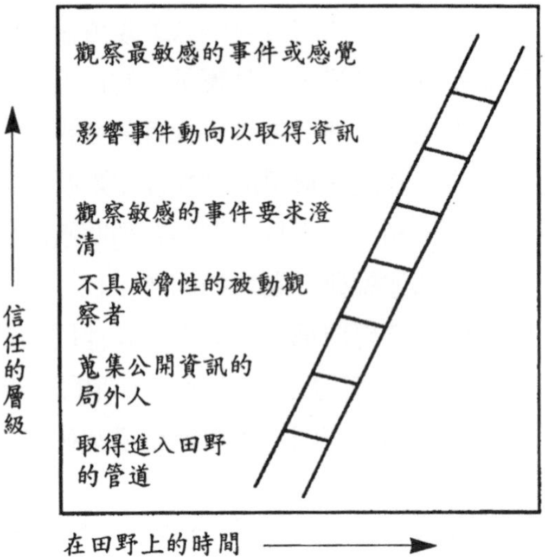

圖14.1 逐步登堂入室的梯階

計畫：進入或是取得進入某個田野地點的授權是個取決於常識判斷與社交手腕的過程。田野地點通常有不同的層級或領域，不論進入的是那個層級、或領域，都會面臨有待解決的問題。進入就好像剝洋蔥一樣，剝開一層又有一層，而不像打開一扇大門。其次，進入權的情商與承諾不見得都會從頭保證到尾。研究者需要做好準備退出、日後重新開始情商的準備計畫。由於研究的特定焦點可能在研究過程後期才浮現出來，或者到了研究後期特定的研究焦點可能有所改變，所以研究者最好儘可能避免在某些特定層面上，被守門人鎖住，以致進退不得。

可以把進入田野與取得進入權想成一個逐步登堂入室的梯階（access ladder, 參閱圖14.1）。研究者都是從最底層的梯階開始，因爲這層的進入權最容易取得，而位於這層階梯的研究者是個蒐集公開資訊的局外人。一旦開始進入田野地點進行觀察之後，研究者變成被動的觀察者，對成員說了些什麼不會主動發問。利用在田野裡的時間，研究者觀察可能較爲敏感的特定活動，並且對其所見所聞提出詢問、尋求成員的澄清解惑。要達到這個層級較爲困難。最後，研究者可能試圖去模塑互動的方向，以便從中獲得特定的資訊，或是設法取閱敏感度較高的資料。這是逐步登堂入室階梯中最高的一個層級，很少有研究者能夠達到這一層，要走到這層必須獲得最高度的信任。[15]

協商：社會關係是協商出來的，而且是形成於田野過程之中。[16]與每一位新成員展開協商，直到發展出穩定的關係，才取得進入田野地點的管道、培養出信任、得到資料、並且減少了敵對的反應。研究者預期會展開一遍又一遍的協商、解釋他們在田野中做了些什麼事（參閱下文有關社會研究平常化的討論）。

接觸偏差團體與菁英通常需要特別的協商，方才能取得接進的管道。爲了接觸偏差次文化，田野研究者會動用他私人的交情，接觸處理偏差行爲者的社會福利或執法機構、刊登廣告徵求自願者、提供某項服務以換取接近他們的管道（例如，諮商輔導）、或是前往有偏差者遊蕩的地區，然後加入某個偏差團體。例如，哈普（Harper, 1982）加入身無分文的滑板團、並與瞭解街頭生活的流浪漢爲友，以取得接觸這些人物的管道。巴特（Bart, 1987）顯示，身爲女性主義活躍份子的出身背景與非專業的舉止，是使她具有得以進入一個非法女性主義墮胎診所的基本條件。[17]

接近菁英或專業人士常要靠運氣或私人關係（參閱Lofland & Lofland, 1995:12）。賀夫曼（Hoffman, 1980）動用她家人的關係，並且透過私人推薦信要求訪談的方式，取得接觸董事會上有錢人士的機會。奧斯泉德（Ostrander, 1984）得以接近上流階層女士的網絡，全靠他大學同事安排巧遇一位赫赫有名的上流階層女士。丹吉格（Danziger, 1979）因她的父親是一名醫生而得以接觸到醫生的活動。強生（Johnson, 1975）之所以能夠接觸一間社會工作機構，是因爲他提到該機構中的某某人是他太太的一位朋友。

研究的透露：研究者必須決定要透露多少關於他自己與研究計畫的事。透露一個人的生活、愛好、興趣、與背景，可以建立信任與親密的關係，但是研究者也將因此而喪失了隱私權，此外他們還需要保證研究焦點絕不脫離田野中發生的事件之上。

研究者也要決定要透露多少關於研究計畫的內容。透露是個連續體，一端是完全機密的研究，田野中沒人知道有人正在進行某項研究；而另一端，所有人都知道研究計畫中的特殊項目。洩露的程度與時機全靠研究者的判斷與當時情境下的特殊情況。研究者愈是感到安全，他更可能有所透露。

除非有很好的理由——例如，守門人的在場會以不當的理由對田野研究造成相當嚴重的限制或禁止（例如，隱藏貪贓枉法）——否則研究者應該將研究計畫透露給守門人，或其他人士知曉。即使這些例子中，研究者可能透露了自己是研究者的身份，但是始終表現出順從、無害、並且對無威脅性的問題深感興趣（參閱可接受的不適任，第三五九頁）的態度。

進入田野

在選定田野地點與取得進入的授權之後，研究者必須學習竅門、與成員發展熱絡的關係、選擇一個田野角色扮演、並且維持社會關係。在面對上述議題之前，研究者應該問：我要如何呈現自己？對我而言，做個「測量工具（measurement instrument）」具有什麼意義？我如何承受「陌生的態度」？

呈現自我：人們或明或暗地把自己呈現在他人面前。透過外貌特徵、說話談吐，以及行為舉止，我們向他人顯示我們是誰——我們是哪種類型的人、或是想要成為什麼樣的人。自我呈現傳遞一道象徵訊息。這道訊息可能是「我是個嚴謹勤奮的學生」，「我是個熱誠關懷別人的人」，「我是個冷靜的小子」，或「我是叛徒、有舞必到的人物」。同時呈現許多個自我是辦得到的，自我的呈現有可能因場合的不同而有所差異。

田野研究者對於如何在田野中呈現自己，保持高度的自覺。舉例來說，下田野時該穿些什麼？最好的作法是尊重自己的同時也尊重被研究者。不要過分講究穿著，以致冒犯到他人或過分顯眼，但是也不必老是模仿被研究者的穿著。一位研究街頭遊民的教授不必要穿得和遊民一模一樣，也不必表現出和遊民一樣的言行舉止。非正式的穿著與舉止就夠了。同樣的，當研究企業行政主管或高層政府官員時，需要穿著比較正式的服裝、表現出比較專業的舉止。[18]

研究者必須知道，自我呈現多少會對田野關係有所影響。很難表現出一個完全不實的自我，或與眞正的自己相差極大的自我。

做她自己、透露她是猶太人的私人背景使麥爾霍夫（Myerhoff, 1989）得以進入猶太人高齡市民之家，並與院中的老人們發展出熱絡的關係。同時，她對自以身爲猶太人的瞭解與認識也因田野互動而有了改變。史戴克（Stack, 1989）開始時是個局外人，一名研究低收入黑人工業社區的白人婦女。最後，她被她所研究的婦女接受、視爲近親，爲她取的小名「白色卡洛琳」就是接納與親密的表徵。她常施些小惠，諸如：駕車載人到醫院、社會福利中心；或是載他們去購物；探望生病的小孩等等。她有這番成就是透過她與其他人互動的方式辦到的——她的開朗及她樂意與他人分享她的感情。雖然安德森（Anderson, 1989）是黑人酒吧中的一名黑人，他發現社會階級是個障礙。地點是芝加哥南端貧窮的黑人社區中的一家街角酒吧與酒類販售店。安德森發展出贏得他人信任的社會關係，並且頗受「照顧」。這發生在當他結交上「何曼（Herman）」這個朋友之後，那是位機智慧黠、優哉游哉的人物，是個在這個地盤上交友廣闊的萬事通。安德森成功「扮演一個低調、無足輕重的角色…不去破壞這類背景下對社會秩序的共識定義」(Anderson, 1989:19)。

研究者是個工具：研究者是測量田野資料的工具。這句話有兩個意涵。第一，要求研究者機警敏銳地觀察田野上所發生的事件，訓練有素地進行資料記錄。第二，他會發揮個人的影響力。田野工作涉及社會關係與個人情感。田野研究者對於要把什麼納爲資料有相當大的彈性，並且允許他們自己的主觀見解與情感涉足其間，或稱爲「經驗資料(experiential data)」。[19]個人的主觀經驗是田野資料的一部分，這些經驗不但本身價值非凡，而且對詮釋田野事件也極爲重要。不試圖做到客觀、排除個人反應，田野研究者把他們對田野事件的感覺當成資料。舉例來說，卡普(Karp, 1973; 1980)在其研究色情書店時私下所感受到的緊張，屬關鍵部分的資料。在田野中他個人所感受到的不自在，透露了存在於這個背景下的某些動態張力。「如果避開不將我們的反應寫下，我們就無法檢視它。如果不讓我們主觀感受悠遊其間，就無法完全融入田野」(Kleinman & Copp, 1993:19)。

田野研究能夠使研究者意識到自己的感覺。舉例來說，研究者可能不會完全意識到自己對裸體的感覺，直到他們置身於某個支持裸體主義的團體之中；研究者可能也不知道自己對私人財物的感覺，直到他處於一個人人都在借東西的背景之下。研究者自身所感受到的驚訝、憤慨、或疑問，之後都可能成爲反省與洞察的機會。[20]

陌生的態度：很難分辨出我們快要掌握到什麼事物。我們所居住的日常世界充滿了數以萬計的細節。如果我們總是注意每一件事，我們將會因爲負荷過多的資訊而深受其苦。藉著忽略周遭大部分的事物之助，以及仰賴習慣性的思考，我們才能免此煩憂。不幸的，我們無法把相似的當成不同，並且假定其他人經驗的實相和我們經驗的實相並無二致。我們傾向於認爲我們自己的生活方式是天生自然、正常的。

在熟悉的環境中從事田野研究並不容易，由於熟悉的緣故，會使研究者產生盲點。事實上，「對自己文化的熟知度，所激發的洞識並不亞於盲點」（McCracken, 1988:12）。透過研究其它文化，研究者對於什麼是重點、事情運作的模式，會遇上截然不同的假定。這種文化衝撞、或稱文化震撼，有兩項好處：一方面使研究者比較容易認清文化要素；另一方面有助於發現自我。研究者利用陌生的態度（attitude of strangeness）來獲得這兩種好處。陌生的態度意指質疑與留意一般細節，或透過陌生人的眼睛來察看一般事物。陌生感幫助研究者克服觀察一般事物細節所須面對的繁瑣無聊，有助研究者使用新的角度審視一般事物，使他看到成員平常不易察覺的層面。

人們很少能夠認出他們視為理所當然的習慣。例如，當某人送給我們一份禮物時，我們會道謝，並且對這份禮物讚美一番。相對的，送禮的風俗在許多文化下，還包括抱歉禮物送得不適當的禮節。陌生的態度有助於把默認的文化弄得清楚可辨——例如，送禮者期望聽到「謝謝」與「這份禮物眞好」，否則就會感到洩氣。田野研究者同時採取陌生人與局內人的觀點。陌生人把事件當成特定的社會過程看待，而局內人則把事件的發生似乎看成相當自然而然。戴維斯（Davis, 1973）把這兩個角色稱為火星人（Martian）與皈依者（convert）。火星人認為所有的事物都是陌生新奇、質疑所有的假設；而皈依者接受每一件事，一心想要成為信徒。研究者同時要有這兩種觀點，以及轉換這兩種觀點的能力。[21]

陌生感也會鼓勵研究者重新思考他們自己的社會世界。完全沉浸在不同的背景之下，能夠破除思想與行為上的舊習慣。面對不熟悉的狀況時，不論是因為遇到的是不同的文化之故，還是從陌生人的眼光來審視熟悉的事物，研究者都會發現這時不但比較容易進入反省與自省，而且次數也比較頻繁。

建立關係

田野研究者透過與田野成員和睦相處來建立熱絡的關係。研究者培養交情、共享相同的語言、與田野成員一起歡笑一起流淚。這是朝向獲得成員瞭解、從瞭解邁向同理心（empathy）── 也就是從另一個人的觀點來觀察與體會事物──的第一步。

建立熱絡關係並不總是那麼輕而易舉。社會世界不是全部都是和諧的，充滿了熱情與友善的人們。環境中可能包括了恐懼、緊張、與衝突。可能有不開心、不值得信任、或不誠實的成員。他們可能做一些打擾研究者或讓研究者覺得噁心的事。有經驗的研究者準備好迎接一系列的事件或關係。然而，他們會發現不可能打入田野中的每個角落、與每一位成員都發展出親近的關係。打進不可能發展出合作、同情、與共事的環境，需要不同的技巧。[22]同時，研究者也有可能就此接受了他們所見所聞的表面意義，但也沒有因此而受騙上當。誠如夏茲曼與史濁斯（Schatzman & Strauss, 1973:69）所說，「研究者『什麼都信』，同時也『什麼都不信』。」

魅力與信任：田野研究者需要有社交技巧與個人魅力來建立熱絡的關係。信任、友善、與廣受喜愛，不但能夠促進溝通，並且有助於研究者瞭解他人的感受。沒有任何奇門怪招可以達到這項效果。對他人表現出眞誠的關心、興趣、誠實、與分享感覺是不錯的策略，但也不是誰都會的簡單伎倆。端視個別環境與成員而定。

許多因素會影響到信任與熱絡的關係── 研究者如何呈現自己；研究者選擇扮演的田野角色；以及田野中所發生的具有鼓勵、限制、甚至無法取得信任的事件。信任不是一次就能手到擒來，馬上成爲永久有效的東西。它是個逐步發展的過程，是長期來經過，許許多多細枝末節的社會事件，而一步步建立起來的（例如，個人經驗的分享、說故事、姿勢、暗示、面部表情）。它不斷地被重新創造，而且一旦建立起來之後，似乎比第一次得到時，更容易失去。

建立信任很是重要，但是有了信任之後並不表示所有的訊息都會透露給你。信任可能侷限於某些層面。舉例來說，在有關金錢事務上建立起信任，並不表示會透露給你有關親密約會行爲的訊息。可能在不同的調查領域上，都需要重新創造起信任感；而且還需要經常不斷的肯定與確認。

冷臉迎人者：有些成員可能不是那麼大方、樂於合作。冷臉迎人者是指那些表現出不合作態度、或是明顯不樂意參與的成員。田野研究者不可能得到所有人的合作，而溫暖關切的關係可能出現於長期抵制之後。

瞭解：熱絡的關係幫助研究者瞭解成員，但是瞭解是發展深度關係的先決條件，而本身並不是目的。當研究者克服了剛開始對新的、不尋常的語言與社會意義體系的生澀，熱絡的田野關係便會慢慢發酵。一旦研究者對成員的觀點有所瞭解之後，下一步便是學習從成員的觀點進行思考與採取行動。這就是同理心，或稱爲採納他人的觀點。同理心不必然意指同情、同意、或贊同；它意指能夠和他人一般地感覺事物。[23]

熱絡的關係有助於創造瞭解與最終的同理心、而同理心的發展加深熱絡的關係。《殺死一隻九官鳥（*To Kill a Mockingbird*）》這本小說用下面的一段話點出了熱絡與同理心瞭解的關聯：

> 「首先」，他說，「如果你能夠學到一招半式的簡單把戲。史考特，你會和所有人都處得很好。你絕不可能真正瞭解一個人，除非你從他的觀點來思考世事」。
>
> 「？」
>
> 「直到你鑽進他的皮膚、跟著他走。」（Lee, 1960:34）

田野中的關係

你在日生活中扮演許多社會角色——女兒/兒子、學生、顧客、運動迷——並且與他人維繫社會關係。一旦你選定了某些角色，其它的角色便爲你安排妥當。扮演兒子或女兒的角色，很少人有權選擇。有些角色是正式的（例如，銀行出納員、警官），其它的角色則是非正式的（例如，調情者、資深市民、與哥兒們）。你可以轉換角色，扮演多重角色、用某種特別的方式來扮演某個角色。田野研究者在田野中扮演不同的角色。此外，他們學習竅門、與成員維持關係。

田野中的角色

是先前存在的角色、還是創造出來的角色：有時候，研究者採用某個現成的角色。有時現成的角色給予進入田野地點內所有區域的管道、提供觀察，以及與所有成員互動的能力。其它時候，研究者創造一個新的角色或修正某個現成的角色。舉例來說，范恩（1987）研究青春期之前的男孩時，創立了一個「成年朋友（adult friend）」的角色，並且在扮演這個角色時幾乎不帶一點成人權威。經由這個角色，他能夠觀察到這個青少年文化與行爲中的許多部分，而那正是在正常情形下，觀察不到的。選擇扮演某個田野角色是頂花時間的，而且研究者有可能隨著時間的流逝而扮演數個不同的田野角色。

角色選擇上的限制：開放給研究者選擇的田野角色受到歸屬因素與體型外貌的影響。研究者可以改變一部分的外貌，例如，衣著服裝與髮型，但無法改變歸屬特徵，例如，年齡、種族、性別、與吸引力。儘管如此，這些因素在取得進入田野的管道時，很是重要，而且還會對研究者能夠扮演的角色設下限制。葛內（Gurney, 1985）報告說，身爲女性，在男性主宰的環境下，需要額外的協商與「激烈的爭取」。儘管如此，她的性別給予她不少見識，並且創造了男性觀察者所無法創造出來的情況。

因爲許多角色有性別分類，所以性別成了一個重要的考量因素。當環境被認爲是危險黑暗的、由男性掌控的（例如，警察、消防隊員的工作），那麼女性研究者常會遇上較多的困難。她們可能會退入、或被推入性別刻板印象的框架之中（例如，「可愛的小孩」、「吉利的人物」、「冷血的壞女人」）。男性研究者在男性控制的、例行性與行政工作的田野場所（例如，法院、大型辦公處所）常遇到更多的問題。在女性主宰的田野場所中，男性研究者可能也不被接受。在兩性都有牽連的地點，男性與女性研究者可能都有進入的管道、而且都會被接受。[24]

涉入的程度：田野角色可以根據研究者對成員的關係是全心投入、還是置身事外的程度，而以連續體的形式加以排列。在某個極端，田野角色是置身事外的局外人；在另一個極端，田野角色則是一個親身涉入的局內人。姜克（Junker）、甘斯（Gans）、與阿德樂斯（Adlers）各自發展出三個系統來描述田野角色的範圍（參閱方塊14.2）。姜克的系統源自於舊芝加哥學派，而甘斯的系統是簡化了的姜克系統。阿德樂斯的系統超越了芝加哥學派，兼容並蓄得自民族學與俗民方法論的見識。

研究者的涉入取決於與成員的協商、田野環境的特性、研究者自在的感受，以及其扮演的田野角色。許多研究者隨著田野時光的流逝，也從連續體局外人的那端走向局內人的這端。

每種涉入的層次都有利有弊。不同的田野研究者提倡不同層次的涉入。例如，阿德樂斯完全成員的角色被某些人批評說涉入過度而失去了研究者的觀點。其他人則認爲阿德樂斯的方法才是眞正能夠瞭解成員社會生活的唯一方法。

連續體局外人那端的角色減少了消耗在尋求成員接受的時間、

方塊14.2

田野研究者角色涉入的三大體系

	姜克
完全觀察者	研究者藏身於單面鏡之後，或是以一個「不易被看穿的角色」（例如，守衛） 出現以便能夠在不被人發覺、不被注意的情況下進行觀察、偷聽
觀察參與者	從一開始，大家都知道研究者是個明顯的觀察者，他與田野對象的接觸不是相當有限，就是相當正式
參與觀察者	研究者與田野對象都知道研究的角色，但是研究者不是正牌的成員，而是個親密的朋友
完全參與者	研究者的舉止與會員無異，分享局內人才知道的秘密資訊，因爲研究者的眞實身份不爲會員所知
	甘斯
全然研究者	研究者甚少有私人涉入是個被動的觀察者，「站在局外」，並不會影響田野環境下發生的事件
研究者身份之參與者	研究者參與，但只有部份涉入、部份採納會員觀點
全然參與者	進入田野後研究者情感完全投入，直到離開田野後，才變回公正無私的研究者
	阿德樂斯夫婦
邊際會員	研究者保持自我與會員之間的距離；研究者入會的情況也受限於他的信仰、歸屬特質、甚或無法輕鬆地參與會員活動
主動會員	研究者承接起會員的角色並且經歷與會員相同的推論，參與核心活動產生高層次的信賴與接受，但是研究保留研究者的身份，能夠定期地退出田野
完全會員	研究皈依田野並且「本土化」，但是後來再回到前會員身份，藉著入會，成爲平等的，完全投入的會員，研究者經歷和其他人一樣的情緒，必須離開田野，重新定位方能重新變回研究者的角色

也使過度熱絡的關係比較不構成一個問題、而且有時還可以幫助成員釋放他們自己。這端的角色有助於研究者置身事外、保持自我認同。研究者感覺到自己的邊陲性。雖然其中涉及到「融入田野」的風險較低，但是研究者也因此比較不可能知道局內人的經驗，而且解釋錯誤的機會也比較多。

要眞正能夠瞭解事情經過對被研究者的社會意義，田野研究者必須要參與這個情境，就像其他的成員一樣。霍里（Holy, 1984:29-30）觀察到：

> 研究者並不是為了觀察被研究者，而參與他們的生活，相反的，研究者經由與被研究者住在一起，充分參與他們的生活…同時進行觀察。在主動參與他們的社會生活的過程中，她逐漸與被研究者共享相同的意義…就這個層面而言，研究意味著社會化，慢慢接受了被研究者的文化。

相對的，在連續體局內人這端的角色促進同理心的發展與成員經驗的分享。追求到充分經驗成員親密社會世界的那個目標。儘管如此，極可能出現與成員間的距離消失了、太過同情成員的想法、過分投入的問題。這時研究者的報告可能會遭受質疑、資料蒐集可能會變得困難、對研究者的自我可能造成激烈的衝擊、可能連進行分析時所需保持的距離也難以維繫。[25]

其它的考量：就接觸田野地點的各個層面而言，幾乎任何一個角色都有其限制。例如，酒吧中酒保的角色限制了他對親密顧客行爲、或是聚集在其它角落顧客的觀察機會。田野研究者在選擇角色時相當謹慎，不過他也知道所有的角色都有得有失。

大部分的社會環境包括有：派系、非正式團體、上下層級、與對立。角色有助於研究者獲得某個派系的接受、或遭其排斥，使他受到權威的禮遇、或是被視爲任聽指揮的下屬、或被某些成員當成朋友或敵人。研究者知道，透過扮演某個角色，他可能結交到有助研究進行的朋友，也可能豎立了限制研究進行的敵人。

摸索竅門

當研究者在田野上摸索竅門，他也學習到如何處理壓力、如何使社會研究平常化及如何做個「可以接受的不適任者（acceptable incompetent）」。

壓力：田野工作可以令人感到收穫豐富、振奮雀躍、與充實滿足，但也可能會相當困難棘手的：

> 田野工作當然是屬於那種獨樹一格、不一致程度較高的活動。經常是不方便的，至少有時會造成身體上的不舒適、常令人感到尷尬，甚至就某種程度來說，總是讓人覺得緊張兮兮（Shaffir, Stebbins & Turowetz, 1980:3）。

新的研究者面對尷尬窘境、體驗到不舒適，以及被田野中繁雜細節所吞噬的壓迫感。舉例來說，倍受尊崇的田野研究者羅莎莉・衛克斯（Rosalie Wax, 1971）在她研究第二次世界大戰期間美軍爲日裔美國人變動軍營位置的報告中說，她忍受著華氏一百二十度的高溫、污穢骯髒的生活環境、痢疾、與蚊子所帶來的不舒適。她感到孤立無助、哭過好幾次、而且下意識地不斷進食以致重了三十磅。進入田野後的數個月中，她覺得她是完完全全的失敗者，她不被成員信任，還和營地的行政人員打了起來。

維持某個「邊陲性的」地位要承受相當大的壓力。特別是當研究的背景充滿了濃密的情緒時（例如，政治競選活動、宗教皈依），要做個不涉入的局外人是相當困難的。田野工作的寂寞與孤立無援可能與想要發展熱絡與同理心的欲望一併造成研究者過度的投入。研究者可能融入田野，拋棄專業研究者的角色，而成爲被研究團體的完全成員。或者，研究者可能覺得在成員撤除戒備之心時，獲知他們的親密細節令他覺得充滿了罪惡感，因而促使他過度倒向成員的一邊。[26]

田野研究中經歷某種情緒壓力是無法避免的。田野研究者與其壓抑情緒反應，田野研究者反而敏銳地觀察自己的情緒反應。他們藉著寫日記、心情記事、內心感覺記錄，或是向田野地點外的同情人士述說告白等方式，來回應田野研究的緊張與壓力。[27]

使社會研究平常化：田野研究者不僅觀察與調查田野中的成員，同時也被田野成員所觀察與調查：「當田野工作者開始研究他人之時，他人也開始了他們對田野工作者的研究」（VanMaanen, 1982:110）。誠如衛克斯（1979:363）所說，田野工作不是一個孤立的個人所從事的研究成果，而是田野中每一位成員所共同創造出來的成品。

在開門見山的田野調查中，剛開始時成員通常對研究者的存在感到十分的不自在。大多對田野研究沒有什麼概念，分不清楚社會學家、心理學家、諮商人員、與社會工作者的差別。他們可能把研究者當做外來的批評人士、間諜，要不就是當成救世主、或無所不知的專家。

不隱藏身份的田野研究者必須要把社會研究平常化（normalize social research）——也就是說，協助成員重新界定社會研究，使他們對社會研究的認識從一無所知、有點害怕，進步到體認到社會研究是可以預期的、並以平常心待之。他們可以藉由陳述自己的傳記、一次解釋一點研究計畫的內容、顯示社會研究不帶有威脅性、接受一些微不足道的小過失（例如，違反政府的小規定）等方法，來幫助成員適應社會研究。[28]舉例來說，在一次社工員的研究中，當社工員瞭解強生（Johnson, 1975:99-104）接受他們的一些小偏差（例如，提早離開工作崗位偷跑去游泳），並且告訴他們說其他社工員也在做這檔子的事之後，就接納了強生。

另一個把研究正常化的方法，是用成員聽得懂的詞彙來向他們解釋什麼是社會研究。有時後，讓成員知道他們會被寫進一本書裡去，會是相當有效的作法。誠如范恩與格拉斯納（Fine & Glassner, 1979）以及勒馬斯特（LeMaster, 1975）的發現。勒馬斯特進行威斯康辛州一間街坊酒店的研究時，他成了該酒店五年來的常客，一星期有數個夜晚他都會待在該酒店裡。勒馬斯特（1975:7）說明他是如何向成員解釋他在做什麼：

> 開始的時候，我扮演顧客的角色── 不過是另一個喜歡喝酒與打撞球的人。最後很難再撐下去，因為我花在酒店的時間開始引發問題。後來我才知道，有些常客認為我一定是州政府酒類酒品委員會派來的間諜…當我在酒店被問到我為什麼會來到店裡時，我提出了下面這個立場：社會學家必須要對各個層面的美國社會都有點知識，才能做個好老師；而且我發現綠洲酒店（The Oasis）裡的男男男女女有助於我瞭解藍領勞工對美國社會有何感覺；以及我對經常接觸到的都是白領工作者感到厭煩、在酒店內所接觸的人事物令我有新鮮感。以上的陳述句句屬實。

可接受的不適任者：研究者是來田野中學習，而不是去做專家。視田野情境而定，研究者可以是個友善天眞的局外人。他可以是個可接受的不適任者，有興趣學習田野中的社會生活。一個可接受的不適任者是指一位在田野中有部分勝任愉快的能力（例如，有才能或知識），但是被田野成員接受爲一位不具威脅性、而且需要教育的人物。[29]誠如沙茲曼與史濁斯（1973:25）所說，「研究者應該儘量低調處理他在這個當地人可能會自認爲專家的主題上所具有的專業能力、所擁有的深奧知識；研究者是個而且應該表現得像個學習者，不可表現出對地主的活動有任何評頭論足的動作。」

剛開始的時候，田野研究者可能對田野環境、或次文化，所知不多。他們可能會被視爲可以欺凌的傻瓜，也可能因爲不熟悉當地的環境而成爲眾人嘲笑的對象。即使研究者消息靈通，他們亦有所保留，希望藉此引出成員的看法。當然，研究者也可能表演過當，顯得貧乏無知，而得不到田野成員的重視。

維持關係

社會關係：隨著時間的過去，田野研究者發展出並且修正社會關係。剛開始顯得冷漠的成員後來可能變得充滿熱情。也可能一開始表現得非常友善，擔心與疑懼稍後才浮上檯面。研究者置身於一個非常微妙的地位。計畫初期，對田野地點上的一切事物尙未有所瞭解之時，研究者不會形成任何親密的關係因爲情況可能有所變化。然而，如果他眞的交上了親密的朋友，他們可能會成爲幫研究者講話、替他爭取進入管道的盟友。

田野研究者掌控他自己的行爲或外貌如何影響到成員。舉例來說，某位外型頗具吸引力的研究者與異性成員的互動可能會招致衝突、挑逗、與嫉妒。研究者對於這些田野關係可能慢慢有所體認、並且學習處理之道。[30]

除了培養社會關係之外，田野研究者也要能夠切斷這些關係，或從這些關係中退出。要想培養與其他人的關係、或是探索田野環境的其它層面，可能需要切斷與某個成員的關係。隨著友誼關係的結束，社會退出所帶來的情緒傷痛可能對研究者與成員都會產生重大的影響。研究者必須在社會感受與研究目標之間求取平衡。

施些小惠：田野中發展出交換關係，交換的東西包括了順服與尊敬之類的小恩小惠。[31]研究者透過在小地方提供幫忙而得到成員的接受。當接近敏感性議題的管道受到限制時，交換是頗爲有用的。研究者可以幫些不要求回報的小忙，讓成員不致感到有所虧欠。當研究者與成員享有共同的經驗、又再度碰面時，成員會想到那些小恩惠，於是打開方便之門，當做互惠。舉例來說，范恩（1987:242）表示當他施些小惠做爲扮演「成年朋友」角色的一部分時（例如，開車帶小男孩去看電影），他眞的學到許多東西。

田野中的衝突：打架、衝突、與意見不合都有可能在田野中出現，研究者也可能研究立場對立的團體。在這種情況下，研究者會經歷到要支持哪一方的壓力，並且接受成員對能不能信賴他的考驗。在這種場合裡，研究者通常會保持中立的立場，小心翼翼地處理雙方的關係。這是因爲研究者一旦與某一邊結合，他必會失去接近另一方的管道。[32]若果如此，研究者便會以某一方的觀點來論斷情勢。儘管如此，仍有人指出（例如，VanMaanen, 1982:115），保持中立是個幻覺。隨著研究者與成員牽扯在一起，捲進關係與承諾所編織的網中時，中立幾乎就變成不可能的事了。

表現出感興趣的樣子：田野研究者在田野中維持一副感興趣的樣子。有經驗的研究者會透過他的言談與舉止（例如，面部表情、去喝杯咖啡、辦個小聚會），表現出對發生田野事件的興趣與關切，即使他並不是眞的那麼感興趣。這是因爲如果田野研究者表現出厭煩或一副事不關己的樣子，可能會破壞他辛苦建立起來的田野關係。暫時戴上一副關切之情溢於言表的面具，是日常生活中常見的小騙術，也是表示禮貌的一種。[33]

當然，選擇性的沒看到沒聽到（亦即不瞪著眼看、或是表現出沒有注意到）也是某種表示禮貌的行爲。如果某人犯了一項社會錯誤（不經意地用錯一個字、放了個屁），禮貌的作法是當作沒注意到。選擇性的視而不見、聽而不聞，田野中也用得到。它讓機警的研究者有機會不經意的聽到、或看到當事人沒意思要公開的事件。

社會不搭軋：社會不搭軋（social breakdown）發生在兩個文化傳統或社會假定無法搭配的情況之下。不搭軋凸顯社會意義，因為故障時，平日所隱藏的期望與假定變得清楚明白。這個情況常出現誤解或不知所措，因為數個潛在的規則都適用。舉例來說，我走進一家餐廳之時、坐好、等服務生來提供服務。等了二十分鐘後，還沒有見到服務生來服務，我就有氣了。我環顧四周，看不到有任何一個服務生。我看到顧客從另一扇門進來，手裡拿著自己的食物，方才瞭解到是我弄錯了。我潛在的期待是這是家有提供服務生到桌邊點菜服務的餐廳；事實上，這是家要求顧客到櫃檯、自行點菜、拿取食物的餐廳。一旦我瞭解適用於這個情境的規則，我就可以解決這個不搭軋。

不搭軋會造成尷尬是因為弄錯文化意義會使人看起來像個傻瓜、無知之徒、或沒受過教育。舉例來說，你接到一張八點赴會的邀請函。你穿上你平日的家當、舊牛仔褲加上皺毛衣，在一個八點開始的宴會你通常會到達的時間到達——八點半。門是開的，所以你就走了進去。結果你大吃一驚，發現每個人都衣著正式地坐在餐桌前，而晚點早在三十分鐘前就已經上桌了。所有的人瞪著你，你覺得無地自容。你的文化期望（這是個非正式的學生聚會，會中有吵人的音樂聲、有人跳舞、啤酒，以及非正式的服裝）並不符合這個情況（這是個正式的晚宴、來這裡的人都準備用餐、進行高雅的談話、表現出專業的形象）。這項不搭軋使所有的人都知道或都假定的、未曾明說的社會規則變得十分明確。

不搭軋可能是未預期的、也可能是刻意製造出來，以檢定行動假設的。就像俗民方法論者的破壞實驗，研究者可能以違反社會規則的方式彰顯出默認規範的存在及其重要性。研究者觀察沒有事先計畫的不搭軋，或是他們製造不搭軋的情況、觀察人們的反應，以便明確地指出其中隱涵的社會期望。

觀察與蒐集資料

本節討論如何得到高品質的田野資料。田野資料是研究者的經驗記憶，以及田野筆記所記下可用系統化分析的訊息。

觀察與聆聽

觀察：研究者在田野中絕大多數做的事是全神貫注，仔細地看與聽。他們使用所有的感官，集中精神去看、去聽、去聞、去嚐、或去摸。研究者成了吸收所有資料來源的工具。

田野研究者小心翼翼地察看實地環境，以掌握氣氛。他問：地板、牆壁、與天花板是什麼顏色？房間有多大？窗戶與門在那裡？家具是如何擺置的？狀況好不好（例如，新的還是舊的、磨損的、乾淨的、還是骯髒的）？用的是什麼型式的電燈？有什麼聲音或味道？

爲什麼要留意這些細節呢？你可能已經注意到了，商店與餐廳都會特別規劃燈光、顏色、與播放的流行音樂，以創造某種氣氛。你或許知道，二手車的銷售員都會在車內噴灑新車用的香水。人類的行爲都會受到這些微妙、無意識信號的影響。

在田野環境中進行觀察，常是項繁瑣沈悶的工作。席爾弗曼（Silverman, 1993:30）曾說，「如果你到電影院去看動作片——汽車追逐、攔路搶劫等——那麼你不太可能會覺得做個好觀察者是件易事」。相對於電影的快動作，田野研究的動機出自於對詳盡細節的深度好奇。經過謹愼細心的觀察、傾聽，那些透露出「正發生什麼事」的細節，令田野研究者深深著迷。田野研究者相信，社會生活的核心是透過世俗的、瑣碎的、與日常瑣事來進行溝通的。這就是常被人們所忽視的、但卻是田野研究者需要學習如何留意觀察的訊息。

除了實地環境之外，研究者觀察田野上的人及其行動，注意每個人身上可觀察的外型特徵：年齡、性別、種族、與身材。人們社會互動的差異，端視與其互動的對象是十八歲、四十歲、還是七十歲；男人還是女人；是白人還是不是白人；矮小、瘦弱、還是高大、魁梧。留意這些特徵時，也把研究者包括在內了。例如，陌生的態度凸顯了對某個團體種族組成的敏感度。在一個多種族的社會裡，沒有留意某個白人團體的種族組成，是因爲研究者也是白人，所以對種族差異缺乏敏感度。同樣的，「缺乏對性別的敏感度，是發生在研究過程中，沒有注意到參與者性別的情況」(Eichler, 1988:51)。

研究者記錄諸如此類的細節，是因爲可能就此而顯露出某些重要的事物。所以，寧可犯下把每件事都記錄下來的錯，也不願意漏掉可能有重大意義的細節。舉例來說，「一名高大魁梧的十九歲男子衝進一間明亮的房間，同時另一名年約六十、矮小臃腫的黑人女子悠閒地在一張軟椅上坐下」，遠比「有個人進來，另一個人坐下」透露更多的訊息。

田野研究者注意外貌體型上的特徵，例如，清爽、衣著、與髮型，因爲它們傳遞了足以影響社會互動的訊息。人們花大量的時間與金錢來選擇服飾、造型、梳妝、打扮、刮鬍子、燙衣服、使用防臭劑與香水。這是他們表現自己的一部分。甚至不化妝、不刮鬍子、不用除臭劑的人，也在表現自己，透過他們的外型來傳遞帶有某種象徵意義的訊息。沒有人是穿著「正常」、或看起來「正常」的。這類陳述等於在說，研究者並沒有透過陌生人的眼光來觀察社會世界，或是說研究者對社會訊號缺乏敏感度。

人們在做什麼也是重要的觀察項目。田野研究者會留意人們坐在、站在那裡、他們走路的速度，以及非語言的溝通。人們透過非語言溝通來傳達社會資訊、感情、與態度，非語言溝通包括了姿勢、面部表清，以及他們坐或站的姿勢（呆若木雞地站著或無精打采地坐著）。人們透過對自己在團體中位置的界定與目光的接觸，來傳達彼此間的關係。研究者透過誰與誰站得較近、看起來較放鬆、或使用眼神接觸，來解讀人們的社會溝通。

田野研究者也留意事件發生的情境脈絡：誰在現場？誰剛到、誰才離開？屋子很熱很悶嗎？這種細節有助於研究者指派意義與瞭解何以會出現某種狀況。如果不在意這些，不但細節因而流失，也無法掌握對整個事件經過的完整瞭解。

傾聽：田野研究者細心傾聽措辭、口音、與文法上的錯誤，不但傾聽說了什麼、還包括了是怎麼說的，以及話中的含意。舉例來說，人們常使用像是「你是知道的」、或「當然」或「等等（etcetera）」之類的用詞。田野研究者應當知道這些措辭背後的含意。研究者試圖聆聽每一件事，但是當許多對話同時進行或隔桌偷聽時，要聽到所有的內容，就不是那麼容易了。好在，重要的事件與主題通常都會反覆提起。

暗語：有過一段時間互動的人們發展出共同的符號與用語。他們不是創造新的字，就是爲平常的用字打造新的意義。新字的發展源自於特定的事件、假定、或關係。知悉與使用這個語言顯示屬於某個特殊次文化的身份。田野研究者學習這類專門化的語言，或稱爲暗語（argot）。[34]

> 研究者必須從一個前提開始，那就是他們世界所使用的文字與符號具有的意義可能不同於他們研究對象的世界。他們必須適應新的文字，以及那些不同於他們熟悉的情境脈絡下的用字措辭（Bogdan & Taylor, 1975:53）。

田野研究者發現暗語如何襯托反映社會關係或意義。暗語提供研究者許多線索，助其瞭解什麼是成員所重視的事物以及他們看待世界的方式。舉例來說，道格拉斯（1976:125）在其裸體海灘的研究中發現「蒼蠅」一詞。它是成員對那些圍繞在魅力四射的裸體女郎身邊的男性的稱呼。

卡托維奇與戴蒙（Katovich & Diamond, 1986）在其對渡假村銷售實務的研究中，他們兩人一個以正式雇員、另一個以實習生的身份，進行了六個月的觀察與非正式訪談。他們以接待中心做爲分析的舞台，在那兒有一連串針對潛在購買客戶的事件會出現，而且常用的暗語也會在那兒受到討論。舉例來說，當財務經理進門、在銷售員與潛在買者間的討論中「釋出」訊息，現場就出現「釋出」的實況。這種舞台事件的目的是在刺激購買。常見的玄機是：一家已經買了二十戶的大公司正好決定它其實只需要十五戶，所以突然間出現了五間特價戶；早先的客戶要求融資被拒，所以低價脫售他的財產；或是說只有少數特許會員才能享受特價方案。

田野研究者來回遊走於田野暗語和局外世界之間。史布拉德里（Spradley, 1970:80）舉出一個引自他「都市遊牧民族（urban nomad）」研究中的暗語例子——「那個好漢沒待過牢房」。這句話的意思是：一個人不會被認爲是次文化（即好漢）的眞正成員，除非他因醉倒街頭而被捕，或是他在縣市監獄裡住過一夜（即待過牢房）。田野研究者在田野上待過一段時間後，他們用起暗語可能就駕輕就熟了，但是如果太快就講起暗語來，不是明智之舉，反而會讓田野成員覺得你很蠢。

做筆記

大部分的田野資料是以田野筆記的形式出現。好的筆記是田野研究的鋼筋水泥（Feeterman, 1989）。完整的田野筆記包括：地圖、圖表、照片、訪談記錄、錄音帶、錄影帶、備忘錄、從田野上帶回來的物品、田野中記下的重點，以及離開田野後所做的詳盡筆記。田野研究者期望能塡滿許多筆記本與檔案櫃，或將同樣的資料輸入電腦。他們花在寫筆記上的時間比花在田野上的時間還多。有些研究者三小時的觀察就寫出四十頁沒有空行的筆記。稍加練習之後，即使是研究新手在田野每一個小時就可做出數頁的筆記。

寫筆記常是無聊、沈悶的工作，還得靠自律。筆記包括描述從記憶中抽取廣泛的細節。研究者應該養成每天記日記、或是強迫自己在離開田野後立刻記筆記的習慣。筆記必須要簡潔、有組織，因為研究者將會反覆回頭查閱筆記。筆記一旦寫下，就成了珍貴的私人物品，應該妥善收藏、謹慎保密。田野成員有權要求不透露他們的姓名，在筆記中研究者也常使用假名記載。彼此仇視的當事雙方、敲詐勒索者、或執法官員對田野筆記都相當感興趣，所以有些研究者則以暗碼撰寫田野筆記。

研究者的心理狀態、集中注意力的程度，以及田野中的情況都會影響做筆記。在做筆記之前，研究者通常會先花上一到三個小時在田野上，進行簡短的觀察。強生（Johnson, 1975:187）說，

> 觀察記錄的質與量，因田野工作者感覺到想要休息或筋疲力盡、對特殊事件的反應、與他人的關係、酒精飲料的消費量，以及間斷觀察的數量而有不同的變化。

田野筆記的類型：田野研究者有數種不同記筆記的方式。[35]這裡推薦你幾項作法（**也參閱方塊14.3**）。完整的田野筆記有幾種類型或等級。接著將描述五種不同層級的筆記。最好的作法是把一次觀察期間內所做的筆記全都集中在一起，以分別獨立的紙張來區別筆記的類型。有些研究者的筆記尚包括直接觀察後所做的推論，不過是以明顯的設計，像是括弧或用別色的原子筆撰寫。不同類型的筆記，數量也有所不同。舉例來說，六個小時的田野觀察，可能產生一頁的速記小抄、四十頁的直接觀察記錄、五頁的研究者推論，以及兩頁包括方法、理論、與私人性的筆記。

◎速記小抄

在田野中要做好筆記幾乎是不可能的事。即使是位一眼就看出

方塊14.3

記筆記時應注意的事項

1. 在每個田野調查時期結束後儘快記錄下筆記，在觀察尚未被記錄下來之前不要與他人交談。
2. 每一次田野訪問的筆記都從新的一頁開始並記錄下時間與日期。
3. 大略記下重點、配合關鍵字、詞、或說過的第一件或最後一件事，只做暫時幫助記憶之用。
4. 兩邊留下較寬的空白，以便隨時添上新的重點，如果事後想起什麼，隨時回頭記下。
5. 計畫將筆記打字，並且將不同層次的筆記分開，以便將來找起來比較方便。
6. 依序將發生的事件記下，並記下事件持續的時間（例如，等了十五分鐘，坐了一小時的車)。
7. 記下的重點儘可能地愈具體、愈完整、愈詳盡愈好。
8. 使用常用分段符號、與引號。最好確實記住用到的成語，用雙引號圈出，用單引號代表改寫後的用語。
9. 記下當時並不十分重要的，很瑣碎的談話或例行性的談話；也許後來這些談話會變得很是重要。
10. 「跟著感覺走」並且快速將之記下，不要擔心拼字問題或「想法過於瘋狂」。確保沒有人會看到你的筆記，用假名、代號。
11. 絕對不要完全用錄音帶來代替田野筆記。
12. 包括圖表或情境地圖，並且大略敘述在觀察期間，你自己與其他人的移動路線。
13. 筆記中記錄下研究者自己的話語與行為，另以單獨篇幅記下個人的情緒反應與想法。
14. 避免使用評斷性的概括性用字，舉例來說，儘量避免記下「好噁心的水槽哦」，改記為「水槽充滿鐵銹，好像好久都沒有人清洗過，食物殘渣、髒碗筷好像被擱在這裡有好幾天了」。
15. 定期重新閱讀筆記，記錄下複習時得到的感想。
16. 總是要預留數份備份，將之鎖好藏好，並將備份分藏於不同所在以防火災。

來是在進行觀察的人，在公共場所裡揮筆疾書，也是很怪異的景象。更重要的是，低頭寫筆記時，研究者就無法看到與聽到當時的狀況。做筆記的注意力原來是該用來進行田野觀察的。田野環境的特性決定了是否可在田野中做筆記。研究者或許能夠記錄，成員或許會料到研究者會做些記錄，也有可能研究者必須要躲躲藏藏的（例如，到洗手間去記）。

速記小抄是在田野中記下的，是簡短的、暫時的記憶觸動，不經意記下的字、辭、或圖畫，常是寫在隨手可得的東西上頭（像是餐巾或火柴盒上）。通常研究者會把這些速記小抄併入直接觀察的筆記之中，絕不是他們的替代品。

◎直接觀察筆記

田野資料最基本的來源是研究者在離開田野後，立刻寫下的筆記，日後他還可以慢慢增添。這些筆記應該按照日期、時間，以及每次進入的地點整理出先後的順序，是研究者將其所見所聞用具體特定的字眼而做的詳細描述。就某種程度來說，他們是特殊的字、辭、或行動的精確記錄。

研究者的記憶因勤於練習而有所改善。初出茅廬的研究者能夠很快就想起田野中所聽到的確實用字用詞。逐字的陳述應該用雙引號，將之與改寫的話區別開來。對話的附屬項目（非語言溝通、小道具、口氣、速度、音量、手勢）也應加以記錄。研究者記錄下實際說過的話，不做任何的整理修改；筆記中包括了不合文法的談話、俚語、與錯誤的遣詞用字（例如，記下的是「我回家，莎」，而不是「我要回家了，莎莉。」）。

研究者在筆記中記下具體詳盡的細節，而不是摘要。例如，研究者漏了寫「談到運動」，卻寫下「安東尼與山姆和傑生發生爭執。安東尼說幼獅隊（Cubs）下一週會贏，因為它高價請來一位新游擊手奇貝塔（Chiappetta）。他說這隊比媚姿隊（Mets）強，因為媚姿隊的內野手很爛。他指出上週幼獅隊以八比三擊敗波士頓隊來佐證」。研究者記下有誰在場、發生了什麼狀況、發生在那裡，以及在什麼時間、在什麼狀況下發生。初學者可能不會什麼也沒記下，因爲「沒有發生什麼重要的事」。有經驗的研究者知道在「沒有事情發生」時，事件也能透露不少訊息。舉例來說，成員即使在瑣碎的對話中，也可能傳達情感、把經驗分出親疏遠近。

◎研究者的推論筆記

爲了能夠做到「設身處地」、或「易地而處」，研究者努力傾聽成員說話[36]。這涉及三階段的過程。研究者只是傾聽而不應用任何分析性的類別；研究者將其現在所聽到的和他們以前聽到的、或和其他人所說的加以比較；研究者用自己的解釋來推論或揣測這些話語的含意。日常互動中，我們同時進行這三個步驟而且很快就做出我們的推論。田野研究者學習去看去聽，而不驟下推論、或強行解釋。研究者的觀察，不摻雜任何推論，就構成了直接觀察筆記。

研究者把自己的推論記錄附加於直接觀察之後，自成一格的獨立部分。人們從未親眼看到社會關係、情感、或意義。他們看到特定的外在行動並且聽到說出來的話語；然後他們再靠著文化背景的知識、情境脈絡所提供的線索，以及行動或言談，從而賦予社會意義。例如，人無法看到愛與恨；人只是看到與聽到特定的行爲（臉紅、大聲說話、粗野的動作、猥褻），然後根據這些動作做出推論（這個人生氣了）。

人們經常根據他們的所見所聞，來推論社會意義，但他們所做的推論並不都是正確無誤的。例如，我的姪女來看我，並且和我一同到店裡去買風箏。櫃檯的店員（看著我）微笑地問她說，妳和妳「爸爸」今天是不是要去放風箏。這店員觀察我們的互動，然後推論我們是父女關係，而不是叔姪關係。她看到聽到了一名成年男子與一個小女孩，但是她沒有推論出正確的社會意義。

研究者把推論的意義與直接觀察記錄分開，因爲行動的意義並不總是不驗自明的。有時候，人們試圖去欺瞞他人。例如，一對毫無關係的男女在汽車旅館內登記爲史密斯先生、夫人。更常見的是，社會意義是模稜兩可的、或是充滿多重的可能性。例如，我看到一對白人男女，兩人的年紀都快三十歲了，同時走出車門而且一同進入餐廳。他們找了一張桌子坐下，點餐，以嚴肅的表情小聲的談話，有時後會將身體向前傾去聽對方說話。在他們站起來準備離開時，這位女性帶著悲傷的表情而且似乎快要哭了出來，那名男性則短暫地將他摟在懷裡，之後便一起離開。我看到的是一對要分手的情侶？還是兩人正在討論該怎麼辦，因爲他們兩人都發現自己的配偶與對方的配偶有染？還是一對姊弟他們的父親方才過世不久呢？將推論分開記錄，使研究者在重新閱讀直接觀察筆記時，可以想到多個不同的意義。如果研究者不把推論獨立處理，他們或許會喪失其它可能的意義。

◎分析性的筆記

研究者進入田野之後，對該如何進行研究，要做許多的決定。有些行動是有計畫的（例如，進行訪問、觀察特殊的行動），而其它行動則是試探性的。田野研究者在分析性筆記中保留方法論的概念，對於他們所做的計畫、所用的技巧、關於倫理上與程序上的決定，以及對技巧所提出的自我批評，都加以記錄。

理論浮現於田野研究的資料過程之中，經研究者整理田野筆記而獲得釐清。分析性筆記對於研究者賦予田野事件意義的嘗試有持續性的記載。研究者透過建議想法與想法間的關聯、創造假設、提出猜測、與發展新概念等等的方式，仔細思考筆記內容。

◎分析性備忘錄

是理論筆記的一部分，是有系統地偏離主題切入理論，研究者利用這個園地深入闡釋概念，雖然人在田野上，但擴展概念，經由反

直接觀察	推論	分析	私人記事
十月四日星期日，下午三點，凱的咖啡屋。高大、年約四十、肥重的白人男子，進入。身著褐色套裝，一個人，坐在二號板凳。凱上前問，「要什麼？」男子答：「先來杯黑咖啡」。她走開，他點燃香菸，看菜單。三點十五分，凱打開收音機。	凱今天似乎很友善、一直哼哼唱唱。她變得有點嚴肅、提高警覺。我想她感到緊張的時候，就會打開收音機。	自從發生搶案後，女人對獨自進門的男子都有點害怕。	是個下雨天。與凱在一起，我感覺很舒服，但是今天很無聊。

圖14.2 田野筆記的類型

覆再三地閱讀思索這些備忘記錄，研究者修正、甚或發展更爲複雜的理論。

◎私人筆記

如前所述，個人的感覺與情緒反應成爲資料的一部分，而且還會渲染研究者在田野中的所見所聞。研究者在筆記中保留一個像是個人日記的部分，記錄他個人的生活事件及其感覺（「我今天很緊張，我想可能是因爲昨天和…打架有關」；「這個陰暗、沈悶的日子令我頭疼」）。

私人筆記有三項功能：提供研究者一個出口、一個處理壓力的管道；構成個人反應的資料庫；使研究者有機會日後重讀筆記時，評估他所做的直接觀察或推論。例如，如果研究者在觀察期間心情很好，也可能感染到研究者的觀察所見（參閱圖14.2）。

A.空間地圖

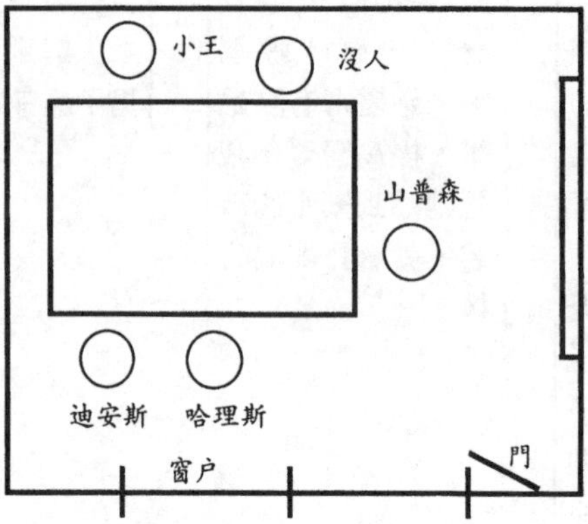

B.社交地圖

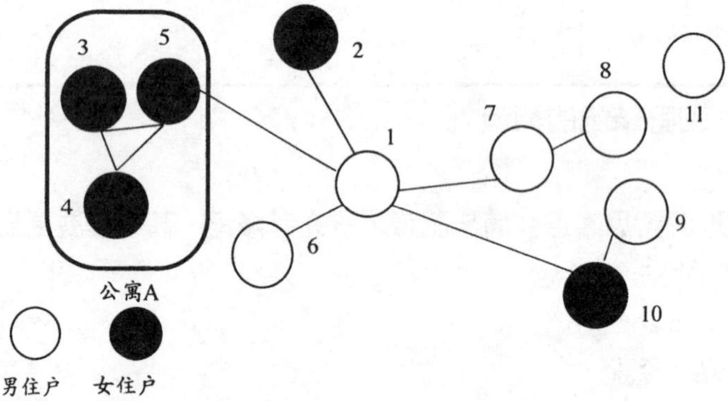

C.時間地圖

	週一	週二	週三	週四	週五	週六
開店10:00	老酒客	老酒客	老酒客	老酒客	蹺班或提早離開	釣魚去了
5:00	足球迷	鄰居街坊與牌友	壘球隊（男士之夜）	年輕族群	熱門音樂各種客人都有	單身客人以及沒有約會的客人
關門1:00						

巴斯啤酒屋的一週

圖14.3 田野研究使用的地圖形態

地圖和圖表：田野研究者時常製作地圖並且繪製田野地點的特徵圖。[37]這滿足兩個目的：幫助研究者組織田野事件；它幫助他人想像田野地點的狀況。例如，研究者觀察一家有十五張凳子的酒吧時，可以畫出十五個圓圈代表，並且把每個圈圈編上號碼，以簡化記錄（例如，「藤田進來坐上十二號凳子，這時十號凳子上已經有波比在坐了」）。田野研究者發現三種類型的地圖是頗有幫助的：空間（spatial）、社交（social）、與時間（temporal）地圖。第一種有助於解讀資料的位置；後兩者構成資料分析的初步形式。空間地圖依據物體所在的地理空間，定出人、設備、以及其它事物的位置，以顯示活動發生的所在（圖14.3A）。社交地圖顯示在場的人數與類型，以及他們之間的權力、影響、友誼、和／或分工的關係狀況（圖14.3B）。時間地圖顯示人、物品、服務、與溝通的動向或流程（圖14.3C）。

機器記錄以補記憶之不足：錄影帶與錄音帶會是田野研究中，相當有幫助的輔助工具。不過，它們絕對無法取代田野筆記、或研究者的親自到場研究，也不可能全程使用，只能在研究者與田野成員發展出熱絡關係之後方可使用。錄音機或錄影帶提供非常接近事實狀況、他人可以回顧的永久記錄，有助於研究者回想發生什麼事件、未發生什麼事件、或是沒有反應時一些容易遺漏的狀況。儘管如此，這些物品的使用會造成干擾、增加被監視的感受。依賴這些器具的研究者必須提防其它相關的問題（例如，確定電池是否有電、是否有足夠的空白帶）。再者，重聽錄音帶或重看錄影帶是相當消耗時間的。例如，可能要花上超過五十小時的時間去聽五十小時的田野錄音。整理謄寫錄音帶所費不貲，而且總是不夠精確；它們不總是能夠傳達微妙的背景意義或是喃喃自語。[38]

訪談筆記：如果研究者準備進行田野訪談（將要討論），他要獨立處理訪談筆記。除了記錄問題與答案外，研究者需要製作封面頁。

這構成訪談筆記的開始頁，上面列出日期、訪談地點、被訪談者的特徵、訪談的內容等等。這有助於訪談者下次再閱讀到這些記錄時，能夠瞭解其中的含意。[39]

資料的品質

品質的意義：田野研究中所謂的高品質資料（high-quality data）一詞所指為何？研究者如何取得這種資料呢？[40]對量化的研究者而言，高品質資料是指有信度與效度的資料；對於同一個「客觀」眞相，它們提供所有研究者的是精確、一致的測量值。詮釋研究取向建議的是個不同類型的資料品質。田野研究者不假定有個單一客觀眞相的存在，相反的，他們主張田野成員主觀地就某個社會脈絡範圍內做出經驗詮釋。田野成員認定為眞的事物，實際上是源自於社會互動與詮釋。據此，高品質的田野資料捕捉的是這類過程，並且能夠協助外界瞭解成員的觀點。

田野研究者不求消除主觀觀點以換取有品質的資料；相反的，有品質的資料包括研究者的主觀反應與經驗。有品質的田野資料是得自於研究者全然沈浸在成員的社會世界，所獲得的眞實經驗的詳盡描述。[41]

田野研究的信度：田野資料的信度觸及一個問題：研究者對於田野成員或事件的觀察具有內在與外在的一致性嗎？內在一致性（internal consistency）是指排除常見的人類欺騙形式之後，就對某個人或某件事已知的全部內容而言，資料是否可靠可信。換句話說，這些片段拼湊起來符合一個完整連貫的圖像嗎？例如，在不同的時間與社會環境下，某個成員的行動前後一致嗎？

外在一致性（external consistency）的獲得是透過其它不同資料來源的交叉檢證。換句話說，其他人能夠證明研究者對某位成員的觀察嗎？有其它証據肯定研究者的觀察嗎？

田野研究的信度也包括了沒有說過或做過，但卻期望它會出現或預期它會發生的事。這種遺漏與虛擬資料可能相當具有關鍵性，但不是那麼容易偵測出來。例如，當研究者觀察一名出納員結束他這一輪的工作時，注意到該出納員沒有算抽屜中有多少錢。只有在換班之前其他出納員總是有結算金錢的舉動時，研究者才有可能注意到這項遺漏。

田野研究中的信度取決於研究者的洞察力、意識、懷疑，以及提出的問題。他從不同的角度（法律、經濟、政治、個人）來觀察成員與事件，並且在內心中盤問：這些錢從哪裡來的？那些人整天在做什麼？

田野研究者依賴成員告知的訊息。這使成員的可信度及其陳述成爲信度的一部分。爲查驗成員的可信度，研究者會問：這個人有理由說謊嗎？他有什麼立場知道這件事？這個人的價值觀爲何？他的價值觀如何塑造他說的話？他這麼說純粹是爲了取悅我嗎？有什麼東西會限制到他的自發性？

田野研究者評估信度時，會將主觀性與情境脈絡一併納入考慮。他們知道個人的陳述或行動受到主觀知覺的影響。陳述是根據某個特殊觀點，並且受到個人經驗的渲染。不靠評斷每個陳述的眞僞，田野研究者認爲陳述本身有其用處。從研究者的觀點來看，即使是不正確的陳述與行爲都有可能透露某些訊息。

如前所述，行動與陳述會受到當時情境的影響。在某個情境下所說的話，遇上其它的情況下可能會有所不同。例如，當被問及「你跳舞嗎？」，在一個充滿出色舞者的公共場所中，成員可能回答不會，但是在一個只有少數人舞跳得不錯的、不同音樂節奏的半私人場合中，該成員可能回答說會。這不表示該成員在說謊，而是他的答案受到情境的影響。

其它的可信度障礙包括誤導研究者的行爲：誤報（misinformation）、規避（evasions）、謊言（lies）與僞裝（front）。[42]

誤報是因生活上的不確定性與複雜性所引起的非刻意的不實報導。例如，一間醫院的護士可能說到像是「院方的政策」之類的東西，但是事實上沒有任何這類行諸書面的政策。

規避是刻意的躲避或不想透露某些訊息的舉動。故意避免或不要洩露資訊的行爲。常見的規避包括有不回答問題、答非所問、轉移話題、或以刻意曖昧不明與模稜兩可的話語作答。例如，當晚宴上出現利用應召女郎招攬客戶這個話題時，令一位業務員顯得很不自在。他說「對，很多人使用應召女郎」，但是稍後，只有他單獨一個人的時候，在小心翼翼的追問下，該業務員被引出答案，透露他本身也使用這個方法。

謊言是有意誤導視聽的不實言論或刻意提供的錯誤觀點。例如，某個幫派的成員提供給研究者假名字與假地址，或教堂的執事爲了使他的宣教工作看起來成就非凡，而誇大教眾的人數。道格拉斯（Douglas, 1976:73）說，「在其它所有我知之甚詳的研究環境中，說謊是相當常見的，在研究者和成員間皆然，尤其是在那些對成員眞的很重要的事情上」。

僞裝是大家心知肚明的謊言與欺騙。這可能包括使用實務道具與同謀。例如，酒吧事實上是非法下注的場所。表面上，該酒吧似乎是合法的、是在販售飲料，但是它眞正的生意只有在謹愼調查之後才遭披露。常見的例子是聖誕老人——一個爲兒童們穿戴上的「僞裝」。

田野研究的效度：田野研究的效度是對研究者的分析與資料，眞能準確地代表田野中的社會世界，所具有的信心。可複製性不能做爲標準，因爲田野研究事實上是無法複製的。田野的基本面貌會改變：社會事件與情境會改變，成員會有所不同、個別研究者也會有所不同等等。有四種類型的效度或檢定研究精確性的方法：生態效度（ecological validity）、自然歷史（natural history）、成員確認

（member validation），與勝任的局內人表現（competent insider performance）。

生態效度是研究者描述的社會世界符合成員世界的程度。生態效度觸及：研究所描述的自然狀況是否不受研究者的存在與程序的干擾？如果沒有研究者在場，事件仍然會發生，那麼該研究計畫就具有生態效度。

自然歷史是指對計畫執行的整個經過所做的詳盡描述。開誠佈公交代研究者的行動、假定、與程序，以方便他人進行評估。從自然歷史的觀點來看，如果局外人能見到並且接受那個田野地點與研究者的行動，該研究計畫就具有效度。

成員確認發生於當研究者將田野結果帶回來給成員看時，由他們來判斷研究的切適性。如果成員認得並且瞭解研究者的描述，並視之爲能夠反映他們親密的社會生活，那麼這個研究計畫就具有成員效度。成員確認有其限制，因爲情境中相互衝突的觀點，會產生了不同意研究者觀察的結果，而且如果結果中沒有呈現該團體有利的一面時，還可能出現成員反對的情況。此外，也有可能成員認不出這個描述，因爲不是從他們的觀點所做的陳述，或是不符合他們的目的。[43]

勝任的局內人表現是指非成員有能力像成員般有效地進行互動，做到進出田野猶如成員一般的能力。這包括能夠說並且瞭解局內人的笑話。有效的田野計畫給人十足的田野社會生活的味道，並且提供讀者足夠的細節，讓局外人可以表現得像個局內人。它的限制是，不可能對每個情境下的社會規範都瞭若指掌。再者，局外人能夠出入自在可能純粹是因爲局內人出於客氣禮貌，不想指出社交上的失禮之處罷了。[44]

定出焦點、執行抽樣

定出焦點：研究者先得到整體圖像，然後再把焦點集中在少數特定的問題或議題之上（見圖14.4）。[45]研究者只有在田野中生活一段

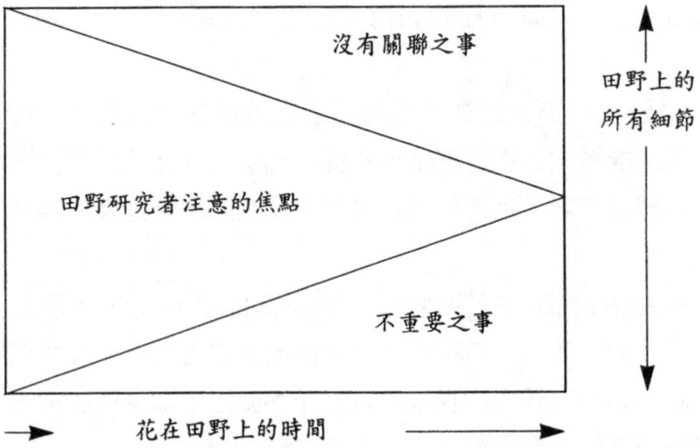

圖14.4 找出田野研究的焦點

時間、親身體驗過後，才會做出決定要集中研究哪些特定的問題、從而發展假設。剛開始的時候，似乎所有的事件都有關；不過，過了一陣子之後，研究者會選擇性地把注意力集中在某些特定的問題與主題。

抽樣：田野研究的抽樣不同於調查研究，雖然有的時候兩者都使用雪球抽樣（參閱第九章）。[46]田野研究者的抽樣，是從所有可能的觀察值中只取出一組數量少、選擇性的觀察值，為集中研究的樣本。這被稱為理論抽樣（theoretical sampling），因為研究者是根據他正在發展的理論而採取這項作法。田野研究者針對時間、情境、事件類型、地點、人物類型、或感興趣的情境脈絡，進行抽樣。

舉例來說，研究者在不同時間裡，進行對某個情境事物的觀察，即為時間抽樣。他進行全天候的觀察、一星期內的每一天，以及一年四季，藉此獲得對田野場地變與不變的整體感受。進行時間抽樣時，最好是選取重疊的時段（例如，抽樣的時間為早上七點到九點、八點到十點、九點到十一點等)。

研究者之所以進行地點抽樣，是因爲完全集中在一個地點，可能有了深度，但得到的卻是個偏狹的觀點。坐在或站在不同的地點有助於研究者得到對整個場地的感覺。例如，學校教師的同事行爲常發生在教師休息室裡，但也可能發生在老師們聚集的酒吧，或在舉行臨時教師會議的教室裡。此外，研究者追蹤成員的路徑而進入不同的田野地點。

田野研究者人物抽樣的作法是把他們的注意力集中在不同的人物上，或是與不同的人物進行互動（前輩與新人、老人與年輕人、男人與女人、領導者與追隨者)。正因爲研究者對人物的類型，或對持對立看法的人物做出界定，他試圖與所有類型的人物都有所互動、並進行瞭解。

例如，研究者抽樣選出三種田野事件：例行性、特殊性、與非預期性的事件。例行性事件（例如，開店做生意）每天都會發生，不應該因其例行性而認爲他們不具重要性。特殊性事件（例如，公司年度聚會）是事先計畫、公開發佈的。這類事件集中了成員的注意力並且透露其它方式無法觀察到的社會生活層面。非預期性事件是研究者在場時突然發生的（例如，當管理者生病，一天無法監督店內的勞工，就出現了沒有上司督導的勞工)。在這些事件中，研究者看到了某些不尋常的、未事先計畫好的、很少有機會看到的事。

田野研究訪談

目前爲止，你已經學到了田野研究者如何進行觀察與做筆記。他們也對田野成員進行訪談，但是田野訪談不同於調查訪談。本節介紹田野訪談。

田野訪談

田野研究者使用無結構的、無既定方向的、與深度的訪談，這在很多方面都不同於正式調查研究的訪談（參閱表14.2）。[47]田野訪談包括：問問題、傾聽、表現出興趣，以及記錄說過的話。

田野訪談是研究者與成員的聯合生產過程。成員成了主動的參與者，他們的洞見、感覺、與合作，構成了討論過程中透露主觀意義的基本部分。「訪談者的存在與涉入的形式── 研究者如何聽、注意、鼓勵、打斷、偏離主題、開場的話題、與結束回答── 與受訪者的敘事構成一個完整的整體」（Mishler, 1986:82）。

田野研究訪談有過許多種名字：無結構的、深度的、民族學的、開放的、非正式的、與長時間的。一般而言，田野訪談涉及一個或更多在場的人、發生在田野中、是非正式的與無固定方向的（也就是說，受訪者可以把訪談引導到許多不同的方向）（參閱Fontana and Frey, 1994）。

田野訪談包括相互的分享經驗。研究者可能和成員述說他的背景，取得他們的信任、從而鼓勵他們開口說話，但不是強迫回答或是使用引導性的問句。研究者鼓勵、引導出一個相互發掘的過程。

田野訪談中，成員照平時說話、思考、與組織實相的方式，來表達他們自己。研究者記下成員說的笑話與故事的原本形式，不把他們重新包裝成爲標準化的格式。焦點擺在成員的觀點與經驗。爲了能接近成員的經驗，研究者以具體的例子或情況來問問題── 例如，「可以告訴我造成你在六月時辭職的事情嗎？」，而不是問「你爲何辭職？」。

田野訪談是發生在一段期間內一系列的訪談活動。研究者從建立熱絡關係開場，引導談話避開評論性的、或高敏感性的主題。除非已經建立起親密感，否則研究者會儘量避免深入探索內心感受的問題。儘管如此，研究者仍然預期成員會有所顧忌。在多次會面之後，研究者或許能夠比較深入地進入敏感議題的探詢、尋求釐清較不敏感

表14.2 田野訪談與調查訪談

典型的調查訪談

1.有個明確的開始與結束。
2.使用同一份標準化的問卷、相同的時序，來訪問所有的回答者。
3.訪談者隨時保持中立。
4.訪談者問問題，回答者提供答案。
5.幾乎一次只單獨面對一位回答者。
6.使用專業腔調，做生意般的焦點；偏離主題的談話常被忽略。
7.封閉的問題是常見的型態，少有旁敲側擊的舉動。
8.訪談者單獨控制訪談的步調與方向。
9.訪談發生的社會脈絡常被忽略，被認爲不會造成太大差異。
10.訪談者試圖用一個標準架構來模塑所有的溝通模式。

典型的田野訪談

1.沒有很明確的開始與結束，訪談可以在後來隨時接上來。
2.問題與問問題的順序都配合特殊的訪問對象與情境而有所變動。
3.訪談者對答案表示興趣，鼓勵受訪者進一步深談。
4.好像與友人交談，但是帶有比較多的訪談問題。
5.訪談發生在團體的情境之下，或是有他人在場的情形下，各種情形都有。
6.穿插著笑話、故事、或其它偏離主題的話題、奇聞軼事，都被記錄下來。
7.開放式問題是常見的型態，旁敲側擊也是常見的現象。
8.訪談者與田野受訪者一起控制訪談的步調與方向。
9.訪談的社會脈絡受到注意，並且被視爲解釋答案意義的重要變數。
10.訪談者隨田野人物的規範與語言而做調整。

資料來源：摘錄自Briggs（1986）、Denzin（1989）、Douglas（1985）、Mishier（1986）、Spradley（1979a）。

的問題。日後的訪談中，研究者可以重新用一種不帶判斷的語氣，回頭檢視以前談過的主題，查閱比對答案、做最後的確認──例如，「上次我們談話時，你說自從這家店扣減你薪水之後，你就開始偷拿店裡的東西。是嗎？」。

田野訪談是種「談話事件（speech event）」，比較接近朋友之間的談話，而不像調查研究訪談中的刺激／反應模式（參閱第十章）。你清楚朋友間的對話，有其非正式的規則，並且含有下列的成分：有個問候的詞句（「嗨，真高興再見到你。」）；沒有明顯的目的或目標（我們不會說「現在讓我們來討論我們上個週末做了些什麼事。」）；避免重複（我們不會說「你可以再說一次你剛才所說的…」）；問問題（「你昨天有看那場比賽嗎？」）；表示興趣（「眞的嗎？我眞希望當時我在那裡。」）；表現不知情（「沒有，我錯過了。結果怎樣？」）；輪流說話，所以問答情況均等（不是一個人總是在問問題，另一個總是在回答）；簡略（「我錯過了德比那場（Derby），但我正趕去看印地場（Indy），而不是說我錯過了肯德基德比場的賽馬比賽，不過我會去看印地安拿波里的五百輛汽車競賽。」）；當兩者說的話都不可接受時，有一暫停或短暫的沈默；有個結尾（我會不會說「我們結束這談話吧」，而是在要離開時，先口頭表示說「我必須要回去工作了，明天見。」）。

田野訪談與朋友間的對話也有所不同。田野訪談有個明確的目的──瞭解報導人與背景場所。研究者在訪談中會包括一些不同於朋友談話的解釋與要求。例如，研究者可能會說「我想要問你關於…」，或是「你可以看看這個嗎？看我寫得對嗎？」。田野訪談是比較不平衡的。有高比例的問題是來自於研究者，他表現出更多不知情與感興趣的動作。也包括重複詢問──研究者會要求成員詳細說明語意不清的簡略說法。[48]

田野研究者留意線索標記（marker）。田野中的線索標記是「受訪者所提到的一個稍縱即逝的、對某個重要事件或感覺狀態的參考線索」（Weiss, 1994:77）。例如，在訪談一位年約四十五歲的醫生時，他述說高中時代的生活時偶而提到那段日子並不好過，「那大約是在我姊姊出車禍受了重傷的時候」。或許這個人從來沒有提到他的姊姊，或是那次的意外事故。順便提到這事，受訪者無異指出這在那段時期是件重要的事。研究者應該記下線索標記，稍後可以再加以詢問「較早前，你提到你姊姊在車禍中受傷，你可以多告訴我些那件事嗎？」更重要的是，訪談者要傾聽。研究者不會經常打斷、重複述說受訪者的話語、提供聯想（例如，「噢，那就像是X。」）、堅持要說完一個回答者已經開始回答的問題、費力控制訪談過程、堅持某個論點、忽略新的線索（參閱Weiss, 1994:78）。

生活史

生活史或是傳記性的訪談是田野訪談的特殊類型。它與口述歷史（oral history，參閱第十五章）有重疊的部分。[49]想要知道過去故事的目的有很多種，而這些目的可能塑造不同的訪問類型（參閱Smith, 1994）。生活歷史的訪談中，研究者對某個特定人物進行訪談，從而蒐集關於他的生活文獻資料，通常這個人的年事已高。「生活故事（life story）的概念是用來指稱回溯式、沒有確切証據証明的資料，常是生活史一詞所帶有的含意」（Tagg, 1985:163）。研究者問開放式的問題，以捕捉人們如何理解他們的過去。故事的精準正確程度不如故事本身來得重要。研究者知道當事人有可能重新架構整個故事，或是在過去的歷史中添進現在的解釋；當事人有可能「重寫」自己的故事。不過，主要的目的是在捕捉受訪者／成員如何看／記得過去的事件，而不只是呈現某種客觀的事實。

研究者有時使用生活故事棋盤方格，透過這個棋盤方格他們詢問當事人在不同的日期裡，數個生活層面上所發生的事件。棋盤方格是由個人生命中每隔十二年發生在像是遷移、求職、就學、家庭事件等分類上的事件所構成的方格表。研究者常用物件（例如，舊照片）

做爲訪談資料的補充，並且在訪談過程中，拿出這些物件以刺激討論與回憶。「做爲經驗習作的生活撰述仰賴大量的資料：信件、文件、與訪談記錄」（Smith, 1992:20）。麥奎肯（McCraken, 1988:290）提供我們一個物件如何幫助他瞭解受訪者看事物的觀點，進而協助訪談進行的例子。麥奎肯在這位年約七十五歲女士的客廳中進行訪談，剛開始時他認爲這個的客廳中有的只是很多亂七八糟的物品。在要求這位婦女解釋每個物件的意義之後，可以很清楚地看出，每一件物品對她來說都是一段回憶或紀念。這個房間是這位女士生命中關鍵事件的博物館。作者只有從這個新的角度來審視這些物品，他才開始不再把這些物品與家俱視爲毫無生命，而是散發出特殊意義的東西。

有時候，研究者找得到現成的關於某人的文件檔案；其它時候，研究者必須天南地北把這些文件找出來，爲他建立檔案。找出這些文獻資料是項浩大工程、需要仔細審查、分類、與組織資料。訪談與文獻資料共同構成生活故事的基礎。

田野訪談的問題型態

田野研究者在田野訪談中，問三種類型的問題：描述性（descriptive）、結構性（structural）、與對照性（contrast）的問題。所有的問題都是一併詢問的，但是各類的問題在研究過程的不同階段，各有各較爲頻繁的詢問機會（參閱圖14.5）。早期階段，研究者主要問的是描述性的問題。然後研究者逐漸增加詢問結構性問題的次數，直到中間階段、進入分析之後，這類問題佔了大多數。對照性問題出現於田野研究進入中期之後，而且數量一直增加，直到結束階段，這類問題的數量都遠多於任何其它類型的問題。[50]

研究者問描述性問題，以便瞭解場所背景、獲得關於成員的資料。描述性問題可能是關於時間或地點的問題——例如，「洗手間在那裡？」、「送信的卡車什麼時候會到？」。也可能是關於人物與活動的問題：「星期一晚上發生了什麼事？」、「你叔叔的長相如何？」、

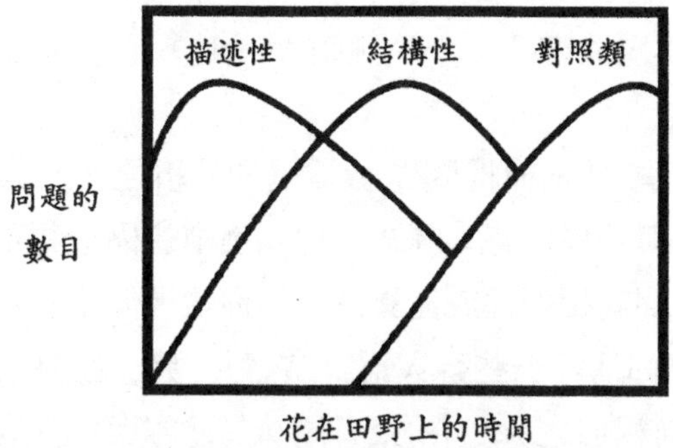

圖14.5 田野研究的問題類型

「開幕儀式中出了什麼狀況？」。也可能是關於物件的問題：「你何時使用軍用刀鋸？」、「在處理緊急漏水業務中，你會攜帶那些工具？」要求受訪者舉個例子、說個經驗屬於描述性的問題——例如，「你可以給我一個所謂很棒的約會的例子嗎？」、「你做個郵局辦事員有何體會？」描述性的問題可以詢問假設的情況：「如果學生考試時翻書，你會如何處理？」。另一個描述性的問題，問及成員有關這個背景情況的暗語：「你把副警長稱做什麼？」(答案是「縣頭」)。

研究者進入田野一段時間、開始分析資料之後，便使用結構性問題，尤其是在做主題分析（domain analysis）時（將在第十六章討論)。詢問結構性問題始於研究者完成把特殊的田野事件、情況、與對話組織成概念類別之後。舉例來說，研究者在高速公路上卡車休息餐廳的觀察記錄顯示，餐廳員工非正式地把光顧卡車休息站的顧客做某種分類。經過初步分析之後，研究者對顧客種類創造了一個概念類別，然後使用結構性問題請成員確認這些類別。

提出結構性問題的方法是，詢問成員某個類別除了研究者指出來的要素之外，是否還包括其它成分——例如，「除了常客、揩油客、廁所客、與長途客之外，還有其他類型的顧客嗎？」。此外，研究者會追問問題來加以求證：「揩油客是你服務的一類顧客嗎？」、「你會稱呼一個…的客人爲揩油客嗎？」、「廁所客會吃一份三道菜的晚餐嗎？」

對照性問題建立在已經被結構性問題驗證過的分析之上。當研究者要求成員確認相似性與差異性時，問題的焦點集中在構成類別的成分之間、或不同類別之間的相似性或差異性：「你這裡似乎有許多不同類型的顧客，我曾聽你稱呼一些客人爲『常客』，另一些爲『廁所客』。常客與廁所客有何相似之處？」，或者問「長途客與揩油客之間的差異，是揩油者不付小費嗎？」，或問「有兩種客人停下來，只是爲了上廁所──全家人與一個人開車的男子。對於這兩類人，你都稱爲廁所客嗎？」。

報導人

田野中的報導人（informant）或關鍵行動者是與田野研究者發展出緊密關係的成員，他會告訴研究者田野上發生的故事與訊息。[51] 誰會是個好的報導人？理想的報導人有四個特徵：

1.對田野文化瞭若指掌、而且身處的地位足以目睹所有重要事件的成員，會是個好的報導人。報導人生活在這個文化之下、呼吸這裡的氣息、在這個背景下從事例行活動，不做深入的思考。這個人對於田野文化有著多年的親身經驗；他不是個新進人員。

2.當下正置身於田野之中的成員，會是個好報導人。過去是現在不是的成員，若能回想反省田野事物，可能會提供研究者相當有用的洞識，但他們離開直接參與田野的時間愈久，愈有可能重新建構了他們的回憶。

3.願意花時間與研究者相處的成員，會是個比較好的報導人。訪談可能要花上好幾個小時，有些成員就是沒空接受長時間的訪談。

4.非分析性的成員會是個比較好的報導人。非分析性的成員熟悉而且懂得使用當地的民俗理論或實用常識。這正好與分析的成員相對，分析性成員事先分析背景場所，使用的是從媒體或學校學得的分類。即使受過社會科學教育的成員，可以學習以非分析性的模式作答，但是這只有在他們把所受的教育擱在一旁，採用成員觀點時，才有可能。

田野研究者可以訪談數種類型的報導人。提供有用觀點的報導人對照類型包括有：新進者與老前輩、位居事件中心或身處活動邊緣的人、地位最近有所變動（例如，升官）或地位穩固的人、受到挫折、需要援手、快樂的、或安定的人，大權在握的領導者與聽命行事的屬下。當研究者對不同類型的報導人進行訪談時，他期望得到各種類型的訊息。

訪談環境

田野研究者知道在擁擠的餐廳中，要想進行像私人辦公室中的談話，是不可能的。[52]時常訪談是在成員的家中進行，這樣成員才會感覺到舒適自在。但這不總是最好的方法。如果成員心有旁騖、或者那裡沒有隱私權，研究者通常會移到另一個場所進行訪談（例如，餐廳、大學的辦公室）。

訪談的意義受特定情境脈絡下，研究者與成員互動的整個過程的塑造。例如，研究者會注意到增添互動意義的非口語溝通（例如，聳肩、手勢）。

> 調查者應該留意不會出現在訪談記錄上的重要因素，無論這個因素是錄影帶、錄音帶、還是一組筆記。關於場所背景、參與者、日期時間、正在進行的社會或儀式活動等等的詳細筆記，應該再加上研究者對互動的知覺體認（Briggs, 1986:104）。

離開田野

田野中的工作可能持續數個星期，也可能持續數年之久。不論是哪個情況，在某個時點，田野工作勢必要結束。[53]有些研究者〔例如，夏茲曼與史濁斯（Schatzman & Strauss）〕指出，當理論建構終止、達到終了階段時，田野工作自然就結束了；其他學者〔例如，布丹與泰勒（Bodan & Taylor）〕覺得，田野工作可以一直做下去沒完沒了，因此需要毅然決然地切斷關係。

有經驗的田野研究者預先設定了脫離與退出田野的程序。端視涉入的強度與待在田野的時間長短，這個過程對研究者與成員而言，可能都是相當具有殺傷力的、帶來極大的痛苦。研究者在離開田野時，可能會經歷到切斷親密友情的劇烈苦痛。研究者在離開前後期間，會有罪惡感、情緒沮喪。研究者可能發現很難就這樣離開，因爲牽涉太多私人的感情。如果投入田野的時間很長、很密集，田野的文化又不同於研究者本身的文化，那麼回到自己原來文化中的研究者，可能需要數把個月的適應，才會有回家的感覺。

一旦研究者決定要離開田野——由於研究計畫自然走到盡頭，不再會學到什麼新鮮事，或是因爲外在因素強迫研究到此爲止（例如，工作期滿、守門人命令研究者離開）——研究者會選擇一個退出田野的方法。研究者可以快速離開（突然有那麼一天，就一去不回），或慢慢的退出，減少每星期涉入的程度。研究者也需要決定如何告訴成員、多久以前要告知成員。

退出的程序取決於個別的田野情境以及所發展出來的關係。一般而言，研究者在離開前很短的時間內才告訴成員。他們在離開前先實現當時協商出的、或是早先承諾的事項。有時候，舉行個儀式或典禮，像是歡送會或是和每個人握手道別，做爲離開成員的信號。與田野成員保持朋友關係是可能的，更是爲女性主義研究者所偏愛。

田野研究者知道，他的離開會影響成員。有些成員可能感覺受傷或背棄，因爲一個親密的關係就此結束。他們的反應可能是試圖把研究者拉回田野，使他像是他們的一員，他們也可能會發怒或怨恨。知道研究者實際上是個局外人的這個體認，也可能使田野成員變得冷漠、保持距離。不論如何，除非完成離開或脫離的程序，否則田野工作不能算是結束。

田野研究的道德難題

田野研究者親自涉入他人的社會生活，引起了許多道德上的兩難問題。兩難起於研究者獨自一人在田野上、沒有時間去做道德決定的情況。雖然研究者在進入田野之前，對一般性的倫理議題都有所瞭解，但是這些議題都是不知不覺地出現在田野的互動與觀察過程之中。我們將討論田野研究中的五個倫理議題：欺騙、保密、牽涉到偏差者、有權有勢者、與出版田野研究報告。[54]

欺騙

田野研究中欺騙的出現有數種形式：研究可能是暗中進行的；可能用的是假的角色、名字、或身份；或是在某些方面對成員有所誤導。關於欺騙，受到最熱烈討論的議題，是暗中研究還是公開研究的爭議。[55]有些學者支持欺騙（Douglas, 1976; Johnson, 1975）並且認爲欺騙是進入田野、獲得對社會生活許多層面充分瞭解的必要手法。其他學者則反對使用欺騙（Erikson, 1970），認爲欺騙會摧毀研究者與社會間的信任關係。雖然欺騙手法的道德地位是令人質疑的，但是有一些田野場所或行動只能暗中研究。

暗中研究絕對不是研究者特別偏好的，而且絕不會比公開研究來得容易做，因爲很難維持僞裝、而且總是擔心有朝一日會被識破。誠如羅夫蘭（Lofland & Lofland, 1995:35）所說，「就像自然主義研究其它的倫理兩難問題一樣，我們相信道德意識高的、有思想的、與博學多聞的調查者，自當是有沒有理由從事暗中研究的最佳裁判」。

保密

研究者從田野中獲得私人性的親密知識，而這類知識通常是私下提供的，研究者在道德上有義務對資料保密。這包括了保守資料的秘密不讓田野上的其他成員知道，在田野筆記中，以假名取代成員的眞實姓名。

牽涉到偏差者

對從事非法行爲的偏差者進行田野研究的研究者，面對更多的兩難。他們知道而且有時也涉入非法活動。費特曼（Fetterman, 1989）稱此爲犯罪知識（guilty knowledge）。這種知識不僅執法的政府官員對之深感興趣，其他偏差份子同樣也對之充滿了興趣。研究者面對一種兩難局面，一方面要與偏差者建立信任與熱絡的關係，另一方面得注意不要涉入太深以致違反他做人的基本道德標準。通常，研究者與偏差者之間達成某種明確的協定。韋斯特（West, 1980:38）評論道，

> 我表示我不想積極參與相對有比較高風險會涉及到被害人的犯罪活動（例如，竊盜、攻擊），並且對這種行為是如何不值得我去冒這個風險提出解釋，或是表示個人非常厭惡這類的行徑：我拒絕接受邀請參與「攔截工作」的活動。雖然我少數幾次出現在有受害人的場合，的確給了我許多珍貴的資料，但是我的意願一般都受到尊重，我明顯流露出的不自在也促使田野成員在下次碰上類似的狀況時，事先向我提出警告。

有權有勢者

田野研究者傾向於研究社會上沒權沒勢的人（例如，街頭遊民、窮人、兒童、科層制度下的低階勞工）。有權有勢的菁英份子會截斷你接近他們的管道，雇用有效的守門人。研究者常遭到忽略社會上這些有權有勢者的指責，也常遭到有權有勢者批評研究者偏袒較無權無勢的人。貝克（Becker, 1970c）以信用層級（hierarchy of credibility）這個詞來加以解釋。信用層級指出那些研究偏差者或組

織內低階下屬的人被認為是偏私的，而那些研究有權有勢的人則被認為是值得信賴的研究者。在有層級結構的團體或組織當中，大部分的人假定位居頂端或接近頂端的人有權界定事物應該是什麼樣子，也假定位高權重的那些人有較廣的眼界，可以有番作為的權位。因此，「迎合官場作風的社會學家將可免受心存偏見的指控」（Becker, 1970c:20）。當田野研究者沈浸在較無權無勢者的世界，瞭解這些人的觀點，他們傳達的正是一個罕有聽聞的觀點。他們可能就此會遭到心存偏見的指控，因為他們給了社會上某部分人的發言權，若非如此，這些人的聲音在社會上根本不可能聽到。

出版田野研究報告

研究者所得到的與報告出來的私密知識，製造了隱私權與知識權之間的兩難問題。研究者不會公開宣傳成員的秘密、違反隱私權、或做出傷害他人名譽的事。可是，如果研究者不能出版任何對某人會造成冒犯或傷害的事件，對研究者所知所聞的某些事必須保密，如果關鍵細節都遭刪除，那麼研究者所發表的東西，必然很難取信他人。

有些研究者提議讓成員閱讀報告，以確認其正確性、並取得他們的同意出版。對於邊際團體（例如，毒癮者、娼妓、精神病患），這可能做不到。但是研究者仍然必須尊重成員的隱私權。另一方面，審查或自我審查制度也可能有其風險。有個妥協的方式，也就是，只有在關係到研究者大部分的推理論證之時，才刊登那些眞實無誤的資料。[56]

結論

在本章中，你學到了有關田野研究與田野研究的過程（選擇一個地點、取得進入的授權、田野中涉入的關係、觀察與蒐集資料，以及田野訪談）。田野研究者在資料蒐集階段便開始分析資料、展開理論化的動作。本章的重點擺在田野研究涉及的作業程序、它的起源、用途、與整個過程。

你現在能夠體會這句話──進行田野研究，研究者直接與被研究者發生牽連並且把整個人沈浸在自然的背景場所之下──的含意了。從事田野研究通常比從事其它類型的研究，對研究者的情感、個人生活、與自我意識造成較大的衝擊。田野研究不容易做。社會研究者使用這個方法來研究社會世界中其它方法無法研究的某些層面。

田野研究法最具功力的是用在研究者想要研究當下正在發生的小團體中的人際互動。這個方法對微觀層次或小團體面對面的互動，最具價值。如果關心的是鉅觀的過程與社會結構，那麼這個方法就沒有多大功效。對發生在遙遠的過去，或是穿越數十年的過程，幾乎是毫無用處。下一章所討論的歷史比較研究法，是比較適合調查這些類型的事件。

關鍵術語

可以接受的不適任者	直接觀察筆記	信用層級
逐步登堂入室的梯階	生態效度	速記小抄
分析性備忘錄	民族學	線索標誌
顯現興趣	俗民方法論	成員確認
暗語	外在一致性	自然歷史
陌生的態度	封面頁	自然主義
故障	田野地點	社會研究平常化
個案	冷臉迎人	假名
勝任的局內人表現	僞裝	分開推論
對照性問題	守門人	結構性問題
去除焦點	入境隨俗	理論抽樣
描述性問題	犯罪知識	詳實描述

複習測驗

1. 芝加哥學派發展的兩個主要階段爲何？何謂新聞雜誌模式與人類學模式？
2. 列出「方法論實用主義」的田野研究者會做的十件事中的五件。
3. 對田野研究者來說爲何在開始進行田野研究之前，做好文獻閱讀是件重要的事？這與分散焦點有何關係？
4. 指出對於初次從事田野調查的研究者而言，所謂好的田野研究地點的特徵。
5. 「自我呈現」會如何影響到田野研究者的工作？

6.什麼是陌生的態度？有何重要性？

7.當研究者抉擇要扮演哪種田野角色時，有哪些相關的考慮因素？研究者的決定將如何影響其涉入程度的不同？

8.指出三種確保田野研究資料品質的方法。

9.比較田野研究與調查研究訪談的異同，以及田野訪談與友人訪談之間的差異。

10.不同類型或不同層次的田野筆記所指為何？各有何目標？

註釋

1.參閱羅夫蘭與羅夫蘭（1995:18-19）。

2.關於田野研究史：參閱阿德勒與阿德勒（Adler & Adler, 1987:8-31）、柏吉斯（Burgess, 1982a）、道格拉斯（Douglas, 1976: 39-54）、何里（Holy, 1984），以及衛克斯（Wax, 1971:21-41）的論述。更多關於芝加哥學派的討論，參閱布魯默（Blumer, 1984）、與法里斯（Faris, 1967）的著作。

3.在亞迦（Agar, 1986）、法蘭奇（Franke, 1983）、哈莫斯里與愛金森（Hammersley & Atkinson, 1983）、山得（Sanday, 1983），以及史巴德里（Spradley, 1979a:3-12）的著作中，對民族學都有所描述。

4.參閱紀茲（Geertz, 1973; 1979）關於「詳實描述」的討論。關於更多的討論也可參閱丹辛（Denzin, 1989:159-160）的著作。

5.更多關於俗民方法論的討論，參閱希克羅（Cicourel, 1964）、丹辛（1970）、雷特（Leiter, 1980）、梅漢與伍德（Mehan & Wood, 1975），以及藤納（1974）的著作。關於田野研究與俗民方法論的關係，也可參閱愛莫森（Emerson, 1981:357-359），以及勒斯特與哈登（Lester & Hadden, 1980）的討論。卡芬科（Garfinkel, 1974a）對於俗民方法論這個名詞的起源，也做過一番討論。

6.因不同文化間的不搭軋所引起的誤解，是常見的主題。電影中的例子包括有《上帝也瘋狂（*The Gods Must be Crazy*）》、《鱷魚先生（*Crocodile Dundee*）》、與《來到美國（*Coming to America*）》。階級文化間的脫節則是另一個常見的主題。最著名的例子是蕭柏納（George Bernard Shaw）的那部後來被改編爲《窈窕淑女（*My Fair Lady*）》音樂劇的《小人物（*Pygmalion*）》的戲劇。最近期的例子是《教育麗塔（*Educating Rita*）》。

7.關於田野研究與自然主義的一般性討論，參閱阿德勒與阿德勒（1994）、喬治斯與瓊斯（Georges & Jones, 1980）、何里（1984）、與皮爾索（Pearsall, 1970）的論述。關於田野研究的相對類型，參閱克拉莫（Clammer, 1984）、勾納（Gonor, 1977）、賀斯坦與古柏魯姆（Holstein & Gubrium, 1994）、摩斯（Morse, 1994）、史望特（Schwandt, 1994），以及史濁斯與寇賓（Strauss & Corbin, 1994）的著作。

8.參閱喬治斯與瓊斯（1980:21-42），以及羅夫蘭與羅夫蘭（1995:11-15）的著作。

9.強生（Johnson, 1975:65-66）曾經對去除焦點，做過一番討論。

10.參閱羅夫蘭（1976:13-23）與沙佛爾等（Shaffir et al., 1980:18-20）關於生活感覺被邊際化的論述。。

11.參閱阿德勒與阿德勒（1987:67-78）。

12.參閱哈莫斯里與愛金森（1983:42-45 ）以及羅夫蘭與羅夫蘭（1995:16-30）的著作。

13.猶太研究者曾經研究過基督教徒（Kleinman, 1980）、白人曾經研究過黑人（Liebow, 1967）、而成人研究者也曾經與年輕小火子混得很熟（Fine, 1987; Fine & Glassner, 1979; Thorne & Luria, 1986）。有關田野研究中種族、性別、與年齡的角色，也參閱愛奇勒（Eichler, 1988）、杭特（Hunt, 1984）、與衛克斯（1979）的著作。

14.更多關於守門人與進入管道的討論，參閱貝克（Beck, 1970:11-29）、波格丹與泰勒（Bogdan & Taylor, 1975:30-32），以及衛克斯（1971: 367）的著作。

15.改寫自葛雷（Gray, 1980:311）。也參閱希克斯（Hicks 1984），以及夏茲曼與史濁斯（1973:58-63）。

16.甘斯（Gans, 1982）、約翰・強生（John Johnson, 1975:58-59m 76-77），以及夏茲曼與史濁斯的論著中都有討論到田野中的協商問題。

17.進入以及取得進入偏差團體的田野管道在貝可（Becker, 1973a:31-38）、羅夫蘭與羅夫蘭（1995:31-41）、以及韋斯特（West, 1980）的論述中都有討論到。接近菁英人士的管道則在賀夫曼（Hoffman, 1980）與史賓賽（Spencer, 1982）的著作中有所討論。也參閱哈莫斯里與愛金森（1983:54-76）的著作。

18.更多有關田野情況下的角色問題，可參閱巴恩斯（Barnes，1970:241-244）、愛莫森（1981:364）、哈莫斯里與愛金森（1983:88-104）、華倫與拉斯姆森（Warren & Rasmussen, 1977），以及衛克斯（1979）的論著。關於衣著服裝，參閱波格丹與泰勒（1975:45）以及道格拉斯（1973）。

19.參閱史濁斯（Strauss, 1987:10-11）。

20.參閱喬治斯與瓊斯（1980:105-133），以及約翰・強生（1975:159）。克拉克（Clarke, 1975）指出，在田野研究中要認識這點，並不必然要堅持「主觀主義」的立場。

21.參閱古勒維奇（Gurewitch, 1988）、哈莫斯里與愛金森（1983）、夏茲曼與史濁斯（1973:53）對田野中「生疏感」的討論。

22.參閱道格拉斯（1976）、愛莫森（1981:367-368），以及約翰・強生（1975:124-129）對研究者是否始終應該保持耐心、禮貌、體貼的問題，所做的討論。

23.關於田野研究中所謂的瞭解，參閱衛克斯（197:13）的討論。

24.關於田野中歸屬地位（特別是性別）的影響，參閱阿德勒與阿德勒（1987）、阿登納（Ardener, 1984）、愛拉（Ayella, 1993）、丹辛（1989:116-118）、道格拉斯（1976）、伊斯特得等學者（Easterday et al., 1982）、愛德華（Edwards, 1993）、羅夫蘭與羅夫蘭（1995:124-129），以及樊馬內（Van Maanen, 1982）的論著。

25.洛伊（Roy, 1970）根據他對美國南部組織工會的研究，極力主張出現一個愛尼．派爾「(Erinie Pyle)」的角色。這個角色，他是以一位第二次大戰時的戰地記者的名子起的，研究者「跟著部隊」就像一位參與觀察者一樣。崔斯（Trice, 1970）討論過身爲一位局外人的好處。史瓦茲與與史瓦茲（Schwartz & Schwartz, 1969）對於參與者觀察與不同角色的效果，提出一份非常有價值的討論。

26.參閱甘斯（1982）、歌華德（Goward, 1984b），以及樊馬內（1983b:282-286）。

27.參閱道格拉斯（1976:216）與寇希諾（Corsino, 1987）。

28.關於日常生活化的討論，參閱甘斯（1982:57-59）、喬治斯與瓊斯（1980:43-163）、哈莫斯里與愛金森（1983:70-76）、哈克斯與華倫（Harkess & Warren, 1993）、約翰．強生（1975），以及衛克斯（1971）。曼漢（Mann, 1970）討論過如何教育成員關於研究者角色的問題。

29.在波格丹與泰勒（1975:46）、道格拉斯（1976）、哈莫斯里與愛金森（1983:92-94）、以及羅夫蘭與羅夫蘭（1995:56）的論著中，有關於可接受的不能勝任或學習者角色的討論。

30.有關異性訪談所牽涉的緊張關係，參閱華倫與拉斯姆森（1977）的討論。

31.也參閱阿德勒與阿德勒（1987:50-51）、波格丹與泰勒（1975:35-37）、道格拉斯（1976），以及葛雷（1980:321）的論著。

32.參閱波格丹與泰勒（1975:50-51）、羅夫蘭與羅夫蘭（1995:57-58）、蘇普與布朗姆里（Shupe & Bromley, 1980），以及衛克斯

（1971）的著作。

33.參閱約翰·強生（1975:105-108）的討論。

34.關於暗語，參閱貝可與吉爾（Becker & Geer, 1970）、史巴德里（1979a, 1979b），以及夏茲曼與史濁斯（1973）的論述。

35.更多關於記錄與整理田野資料的討論，參閱波格丹與泰勒（1975:60-73）、哈莫斯里與愛金森（1983:144-173）、以及克爾克與米勒（Kirk & Miller, 1986:49-59）的著作。

36.關於推論，參閱夏茲曼與史濁斯（1973:69）的論述。

37.有關田野地圖的討論，參閱丹辛（1989:87）、羅夫蘭與羅夫蘭（1995:197-201）、史提姆森（Stimson, 1986），以及夏茲曼與史濁斯（1973:34-36）的著作。

38.關於田野錄音的問題，參閱亞柏奇（Albrecht, 1985）、波格丹與泰勒（1975:109）、丹辛、以及傑克森（Jackson, 1987）的論述。

39.關於田野訪談筆記，參閱柏吉斯（Burgess, 1982b）、羅夫蘭與羅夫蘭（1995:197-201），以及史巴德里（1979a; 1979b）的著作。

40.更多有關資料品質的討論，參閱貝可（1970b）、丁恩與懷特（Dean & Whyte, 1969）、道格拉斯（1976:7）、克爾克與米勒（Kirk & Miller, 1986），以及麥寇（McCall, 1969）的論述。

41.道格拉斯（1976:115）指出使用「剛性數字」來「偽造謊言」是比使用自然情境的詳盡觀察資料來得容易得多，尤其是田野資料是與他人一塊蒐集的，有的是反映情境脈絡的細節引述。

42.改寫自道格拉斯（1976:56-104）。

43.參閱布魯爾（Bloor, 1983）與道格拉斯（1976:126）的論著。

44.更多有關田野研究效度的討論，參閱布利格斯（Biggs, 1986:24）、波格丹與泰勒（1975）、道格拉斯（1976）、山傑克（Sanjek, 1990），以及愛莫森（1981: 361-363）的著作。

45.羅夫蘭（1976）以及羅夫蘭與羅夫蘭（1995:99-116）對鎖定焦點有番非常有價值的討論。史巴德里（1979:100-111）也有篇不錯的討論。

46.關於田野研究的抽樣問題，參閱丹辛（1989:71-73, 86-92）、格拉塞與史濁斯（1967）、哈莫斯里與愛金森（1983:45-53）、以及何尼格曼（1982），以及衛斯（1994:25-29）的著作。

47.關於田野訪談的討論，可參閱巴納卡（Banaka, 1971）、波格丹與泰勒（1975:95-124）、布利格斯（1986）、柏吉斯（1982c）、丹辛（1989:103-120）、道格拉斯（1985）、羅夫蘭與羅夫蘭（1995:78-88）、史巴德里（1979a），以及懷特（1982）的論述。

48.更多有關對話比較的問題，參閱布利格斯（1986:11）、史巴德里（1979a:56-68）、與衛斯（1994:8）的論著。

49.關於自傳或生活史的訪談，參閱丹辛（1989:182-209）、納虛與麥可迪（Nash & McCurdy, 1989）、史密斯（Smith, 1994）、以塔格（Tagg, 1985）的論著。

50.關於問項的類型乃改寫自史巴德里的著作（1979a; 1979b）。

51.丁恩、艾屈弘、與丁恩（Dean, Eichhorn & Dean, 1969）、肯普與伊連（Kemp & Ellen, 1984）、夏茲曼與史濁斯（1973）、史巴德里（1979a:46-54），以及懷特（1982）的論述中，皆對田野研究中的報導人，有番討論。

52.訪談情境脈絡在哈莫斯里與愛金森（1983:112-126），以及夏茲曼與史濁斯（1973:83-87）的論著中都有所討論。布利格斯（1986）指出，非傳統性的人口與婦女在無結構的訪談中，比標準化的表達形式，較能達到流暢的溝通。

53.阿賽德（Altheide, 1980）、波格丹與泰勒（1975:75-76）、羅夫蘭與羅夫蘭（1995:61）、緬恩斯等（Maines et al., 1980）、以及洛德柏格（Roadburg, 1980）都討論過離開田野的問題。

54.最後一章中會對倫理問題做更進一步的討論。也參閱羅夫蘭與羅夫蘭（1995:26; 63; 75; 168-177）、麥爾斯與胡柏曼（Miles & Huberman, 1994:288-297），以及龐奇（Punch, 1986）的論著。

55.暗中進行敏感性研究在愛拉（Ayella, 1993）、愛德華（1993），以及密契爾（Mitchell, 1993）的論著中皆有所討論。

56.關於出版田野研究結果，可參閱巴恩斯（Barnes, 1970）、貝可（1969）、費奇特與寇博（Fichter & Kolb, 1970）、高華德（Goward, 1984a）、羅夫蘭與羅夫蘭（1995:204-230）、麥爾斯與胡柏曼（1994:298-307），以及渥寇特（Wolcott, 1994）的著作。

第15章

歷史比較研究

社會學的解釋必然是歷史的。歷史社會學因此不像是某些特殊社會學；相反的，它是這門學科的本質。

菲利浦·阿布拉姆斯（Philip Abrams）

《歷史社會學（*Historical Sociology*）》，第二頁。

不做比較的思考令人不可思議。而且，在沒有比較之下所做的科學思考與科學研究都匪夷所思。社會科學家的研究不論是明顯地或隱藏地使用比較，甚至以比較開始，都不應該令人太過驚奇。

蓋恩·史望森（Guy Swanson）

《比較研究的架構（*Frameworks for Comparative Research*）》，第一四五頁。

引言

十九世紀建立社會科學的社會思想家，像是涂爾幹、馬克思、韋伯，使用的就是歷史比較法。這個方法在社會學的若干領域中是使用得相當廣泛的（例如，社會變遷、政治社會學、社會運動、社會階層化），在許多其它領域也常被使用（例如，宗教、犯罪學、性別角色、家庭、種族關係）。雖然有很多社會研究的焦點集中在某個國家當前的社會生活狀況，但是歷史比較研究在近些年來，已經變得更爲常見。藍道爾・科林斯（Randall Collins, 1986:1346）在他的〈1980年代的社會學陷入低潮了嗎？〉一文中說道，「毫無疑問的，過去數十年是歷史比較社會學的黃金時代」。

歷史比較研究是技術與研究取向的結合。有些融入了傳統的歷史，其它則擴展到量化社會研究。本章的主要焦點集中在社會研究中，那種置歷史時間與／或跨文化變異於研究核心的獨特類型，也就是說把研究對象擺進文化的脈絡當中，視之爲歷史洪流的一環，從而進行觀察探索。

歷史比較研究的簡史

十九世紀的社會學創始者進行歷史比較研究。早期的歷史比較研究是結合社會學、史學、政治科學、與經濟學的創作。

歷史比較研究發源於第一次世界大戰以前，因社會科學各個科系分別自立門戶而聲勢大不如昔。再加上比較研究日漸被人類學者，而歷史研究則被歷史學者所採用。實證主義又塑造了大部分社會學家的思維模式，其餘的社會學者則投入田野研究。在第一次世界大戰與1950年代之間，除了數本極爲重要的例外之外，社會學家幾乎沒有做過什麼歷史比較研究。麥克・布拉克（Marc Block）、喬治・何門斯（George Homans）與羅伯・墨頓（Robert Merton），以及卡爾・波蘭尼（Karl Polany）全都發表過對當時影響深遠的歷史比較研究之大作。[1]

第二次世界大戰之後，國際溝通獲得了改善、殖民帝國的瓦解，以及美國取得了世界領導者的角色，學術界對比較研究的興趣也因而增加。1950年代時，有數本重要應用結構功能取向的大作問世；其中包括羅伯・貝拉（Robert Bellah, 1957）的《德川宗教（*Tokugawa Religion*）》、尼爾・史美舍（Neil Smelser, 1959）的《工業革命中的社會變遷（*Social Change in the Industrial Revolution*）》。雷哈德・班迪斯（Reinhard Bendix, 1956）的《產業界的工作與權威（*Work and Authority in Industry*）》，一份獨特的四國歷史變遷的比較研究也在這個時期出現。

1960年代在許多因素的刺激下，學術界又回頭投入歷史比較研究。第一，有些歷史學者〔例如，李・班森（Lee Benson）、羅伯・佛格（Robert W. Fogel）、里查・傑森（Richard Jensen）、史蒂芬・聖史東（Stephen Thernstrom）〕從社會科學借用了量化技術，增加了史學與社會科學之間的交流。關於流動、鐵路擴張，以及投票行爲的統計研究，不但向歷史學家展示了量化資料的力量，同時也爲量化研究者帶來了技術引用上的新問題。第二，調查技術從美國向外輸出，被用來研究不同的國家，例如，阿蒙德與維巴（Almond & Verba, 1963）所著的《市民文化（*The Civil Culture*）》。使用量化技術建構跨國通則，也引發出許多方法論上的新議題。

第三，歷史比較社會學家像是卡爾・馬克思與麥克斯・韋伯的著作，第一次被翻譯成英文問世。「韋伯著作的翻譯對1960年代史學著作的影響，或許遠比社會科學界任何一本著作，都來得深遠」（Stone, 1987:13）。第四，出現了篇幅長度猶如一本書的重大研究，這代表歷史比較研究出現了新的研究方法，對理論的進展也有了重大的貢獻。三本這種類型的作品包括有查爾斯・狄里（Charles Tilly, 1964）的《買主（*The Vendee*）》、巴林頓・莫爾（Barrington Moore

Jr., 1966）的《獨裁與民主的社會起源（*The Social Origins of Dictatorship and Democracy*）》，以及湯普森（E. P. Thompson）的《英國勞工階級的興起（*The Making of the English Working Class*, 1963）》。狄里對1790年代法國的研究，結合了量化邏輯與新的歷史資料。莫爾的英國、印度、日本、德國、美國、與蘇聯的研究，追溯了不同事件的組合與不同團體間的聯盟，如何造成某些國家發展出民主的政府，而使另一些國家發展出不民主的政府。湯普森對1840年以前的英國所做的研究，檢視一般老百姓的生活、言論、與行動，顯示研究階級意識與階級的新方法。「大量新社會史的著作是受到了湯普森的大作《英國勞工階級的興起》的鼓舞。無庸置疑的，歐洲史上尚沒有任何一本著作對美國歷史學家的影響是如此深刻與迅速的」（Novick, 1988:440）。

當數本著作成爲如何進行歷史比較研究的範本之後，1970年代對歷史比較研究的興趣也隨之成長。[2]對於這次的擴張，與三大因素似乎脫不了關係。第一，研究者同時對抱持靜態社會觀的結構功能論，與正統馬克思主義中的經濟決定論，提出批判。他們建構對歷史與文化脈絡具有特殊敏感度的新理論，並且爲新理論找尋新的方法。第二，由於數個西方國家發生劇烈的政治衝突，促使研究者對這門學科創始者所探問的關於社會本質與社會變遷的基本問題，感到興趣。歷史比較研究適用於這類問題（例如，工業主義的基本過程爲何？引起政治革命的原因爲何？大眾意識如何發生變化？社會基本結構如何轉型？）。第三，許多研究者看出了完全依賴嚴格的實證主義取向的限制，感覺到只採用量化技術的不當。

經過1970年代的擴張之後，歷史比較研究在1980年代期間成長爲一股主要的勢力。1983年美國社會學會成立了一個歷史比較社會學學門。馬文・孔恩（Melvin Kohn, 1987）在其出任美國社會學會的理事長時他說，跨國研究自1930年代遭到幾乎被徹底遺棄的經歷之後，正體驗到一股復興的氣勢。最近，杭特（Hunt, 1989:1）評述說，

「歷史社會學已經成爲社會學最重要的次領域之一，而且也許是成長最快的領域」。使用某種形式歷史比較研究的論文被刊登在某些領導性的學術刊物上。例如，1990年後，刊登在最富聲望的美國社會期刊上的論文，就某種觀念上來說，大約有百分之四十不是歷史的、就是比較的。就在此之前（1985-1989）的數字是百分之二十八而言，這是極大的成長。[3]相較之下，1976年與1978年間刊登的歷史或比較性的論文，佔學術期刊論文的百分比大約爲百分之十八。[4]

適合歷史比較研究的問題

歷史比較研究是一個討論大問題的有力方法：例如，主要的社會變遷如何發生？大部分的社會有何共同的基本特徵？爲何當前的社會制度安排，在某些社會呈現的是某種特定的形式，而另一些社會呈現的是另一番風貌？例如，歷史比較研究者曾經論及什麼是觸發中國、法國、與俄羅斯社會變遷的問題（Skocpol, 1979）；近兩世紀來主要的社會制度，像是醫藥，是如何發展與變遷的（Starr, 1982）；基本的社會關係像是對子女價值的感覺，是如何變遷的（Zelizer, 1985）；爲何美國老人安養公共政策的發展是現在這種模式，而不是另一種（Quadagno, 1988）；在美國社會，種族成爲社會區隔的主要變數的重要性，與社會階級比較起來，是否在衰退之中（Wilson, 1978）；爲何南非發展出更嚴重的種族隔離制度，而在美國則朝向種族更加融合邁進（Fredrickson, 1981）；以及造成美國社會鼓吹更平等、更民主的群眾政治運動失敗的因素爲何（McNall, 1988）。

歷史比較研究適用於探究諸如某個特殊結果（例如，內戰），是哪些社會因素共同促成的這類問題。也適用於比較整個社會體系以瞭解不同社會之間，哪些是共同特性，哪些是獨特之處，以及長期的社會變遷問題。歷史比較研究者可以應用某個理論於特殊的個案，以彰顯該理論的用處。研究者說明或顯示不同社會因素或團體之間的關聯性。研究者比較不同文化或歷史脈絡下相同的社會過程與概念。舉例來說，如果法國權力高度集中、政治極端不滿，相反的，在美國權力集中的程度與政治不滿的情緒皆低，研究者可以嘗試建立關於權力集中與政治不滿上的因果關係。一國內部歷年來發生在權力集中與政治不滿的變化，可以證明因果關係的存在。[5]

研究者也有利用歷史比較法，重新解釋資料、或挑戰舊有的解釋。藉著問不同的問題、發現新證據、或者以不同的方式組織證據，歷史比較研究者對以前的解釋提出質疑，並且根據文化歷史脈絡來詮釋資料，以找出支持新解釋的證據。

歷史比較研究可以增強概念化與理論的建構。透過檢視歷史事件或不同的文化脈絡，研究者不僅能夠產生新的概念，並且還能拓展自己的觀點。概念比較不可能被限制在單一的歷史時點、或單一的文化之中。它們可能根植於生活在某個特定文化與歷史脈絡之下的人類經驗。[6]

閱讀歷史比較研究與建構立基於歷史比較研究的鉅觀理論時，常遇到的一項困難是，讀者必須對過去的歷史或其它的文化，要有基本的認識，才能充分瞭解這些研究（參閱Tuchman, 1994:307-308）。常常，對其它時期或其它國家的社會狀況有廣泛知識的飽學之士，發展出鉅觀理論。只熟悉本身文化或當代事務的讀者將會發現，要瞭解歷史比較研究或古典理論家，並不是件易事。舉例來說，如果對歐洲封建情況與馬克思所描述的世界沒有豐富的知識，是很難讀得懂卡爾・馬克思的《共產黨宣言》。在那個時代與那個地方，農奴生活在嚴酷的壓迫之下。封建社會包括城市生活中基於階級身份的衣著規定，以及強迫農奴繳納大部分他們的生產作物給領主的勞役償債制度。唯一的教會擁有廣闊的土地，而且在貴族、地主、與教會之間存在著緊密的親屬關係。活在現代社會的讀者可能會問，如果情況是如此的惡劣，農奴為何不逃跑呢？這個答案需要對當時的處境有相當的瞭解。農奴知道如果他們逃跑，在歐洲的森林中要靠樹根、漿果、與打獵維生，存活的機會是微乎其微。再者，沒有人會幫助一個逃跑的農奴，因為傳統社會不接納陌生人，而且也怕他們。如果想要瞭解古典理論家，「他必須能夠欣賞被古典理論家視為理所當然的時代特徵以及他們對過去歷史的詮釋」。

歷史比較研究的邏輯

在歷史比較研究中，常見的是術語的混用。研究者稱其所進行的是歷史的、比較的、或歷史比較的研究，但是各詞所指的都不是同一回事。關鍵問題是：有個獨特的歷史比較方法與邏輯存在嗎？或者說，有的只是碰巧檢視過去歷史、或數個社會的生活狀況的社會研究呢？「社會上對於『比較的』研究是否應被獨立出來成為一個特殊的研究類型，長期來一直處於爭論之中」（Nowak, 1989:37）。

歷史比較研究的邏輯與量化研究

量化與歷史比較研究：造成這類混淆的一項來源是，有些研究者使用實證、量化的研究取向來研究歷史的或比較的議題，其他的研究者則採用質化、詮釋、或批判的研究取向。依據拉金與札瑞特（Ragin & Zaret, 1983），涂爾幹學派（Durkheimian, 或稱實證主義）與韋伯學派（Weberian，或稱詮釋學派）進行歷史比較研究時，是採用完全不同的邏輯。拉金（1987:2）指出，「比較社會科學最獨特之處，在於量化與質化著作之間存在著一道寬廣鴻溝。」[7]

實證主義研究者拒絕接受有所謂的獨特的歷史比較方法的觀念。他們測量變項、檢證假設、分析量化資料、複製研究，為了找出跨時間與社會的通則。他們認為量化社會研究與歷史比較研究之間並沒有根本的差異。他們將量化研究技術稍微做些調整之後，便用之來研究過去的歷史與其它的文化。

歐文（ϕyen, 1990:7）對這類混淆做了概述：

區分不同類型比較研究的字彙相當累贅冗長，卻不夠精確。諸如：跨縣市（cross-country）、跨國（cross-national）、跨社會（cross-societal）、跨體系（cross-systemic）、跨制度（cross-institutional），以及多國（trans-national）、多社會（trans-societal）、多文化（trans-cultural）、與鉅觀層次的比較之類的概念，一般在比較研究時，都被當成同義字使用，作為標示某個特定類型比較研究的特殊用字。

大部分的社會研究檢驗的是單一國家當前的社會生活狀況——即研究者所在的國家。我們可以根據三個面項，把各種可能形式的歷史比較研究，做個整理。第一，研究者是集中研究一個國家、或是一小組國家，還是研究者試圖去研究許多個國家嗎？第二，研究者如何處理時間或歷史：研究者把焦點集中在過去的某一段歷史時期、還是研究現在或最近的一段期間？最後，研究者的分析主要是根據質化的還是量化的資料？如果我們交叉分類這三個面項，我們會得到十八種邏輯上可能出現的歷史比較研究類型（參閱表15.1）。難怪在什麼是歷史比較研究這個問題上，會有如此之多的混淆。

到目前爲止所做過的歷史比較研究並沒有平均地落在每一個分類當中。絕大多數的社會研究符合其中的十一個分類。大部分的研究落在第1、4、5、7、8、10、11、13、14、15、與16等方格中。這包括所有單一國家的例子。檢驗某段漫長歷史時期中數個國家的狀況的研究者傾向於使用質化資料。研究當前狀況的研究者傾向於使用量化資料。這包括同時研究許多個國家。除了伊曼紐·華勒斯坦（Immanuel Wallerstein）與追隨其世界體系研究取向的研究者之外，少有多國研究使用質化資料。

這裡提供你最常見的十一種研究類型的檢要概述。

表15.1 邏輯上可能有的歷史比較研究類型

	比較面項		
時間面向與資料種類	單一國家*	數個國家	多個國家
過去的某個時點			
量化	1	2	3
質化	4	5°	6
跨時間			
量化	7	8	9
質化	10	11	12
當下目前			
量化	13	14	15
質化	16	17	18

*國家不同於研究者所在之國家，閱讀研究結果的讀者是在當下。

◎類型一：單一國家、過去的時間、量化資料

布朗與華納（Brown & Warner, 1992）研究1900年美國大都市中，移民人口與警察行爲間的關係。他們的量化資料分析中包括的變項有警察人數、逮捕率、與外籍人士比例。沙頓（Sutton, 1991）的收容所數量成長之研究（第一章所提到的）也屬於這類型的歷史比較研究。

◎類型四：單一國家、過去的時間、質化研究

貝索（Beisel, 1990）的1880年代後期美國三大都市打擊犯罪運動的質化研究，就屬這類型歷史比較研究的佳作。布里（Blee, 1991）對三K黨中女性黨員的研究（參閱方塊15.1）也屬這類型的歷史比較研究。

方塊15.1

三K黨中的女黨員

在《三K黨中的女黨員》的研究中，凱薩琳・布里（Kathleen Blee, 1991）指出，在她的研究之前，沒有人研究過這群在美國國內最大的種族主義右翼運動中粗略估計約有五十萬人的女性。她認爲這個現象可能是出自於一個女性是不關心政治與被動的假定。她在那份她花了六年的時間深入探究一個存在於六十年前的秘密社會中無名成員的研究中，展現了從事歷史比較研究所需要的聰明才智。

布里把焦點集中在印地安那州，該州在1920年代顚峰期，將近有百分之三十二的新教徒白人女子是三K黨的成員。除了回顧已出版的有關三K黨的研究之外，她文件調查的行動也包括了：報紙、小冊子，以及未出版的報告。她前往六個以上的大學圖書館、政府圖書館，以及歷史圖書館，進行初級與次級資料的研究。她著作中提供的歷史照片、素描、與地圖，讓讀者親自感受這個主題。

資訊的尋找頗爲困難。布里沒有管道取得成員的名單。她把現有殘存下來的名冊拼湊起來、從報上的訃文裡找出具有三K黨員身份的婦女、仔細瀏覽公告或反三K黨文獻中所提到的女性三K黨員的名字等等的方法找出三K黨的女性黨員，並且親自訪問尙活在世上的三K黨女性黨員。

在三K黨活躍期過了六十年之後還想要找出存活者，布里必須要非常有毅力與能力才行。她對印地安那州內的每份地方報紙、教會通訊、廣告傳單、歷史社團，以及公共圖書館，寄上她的研究通知。她得到了三份書面回憶錄、三份沒有無記錄的訪談，以及十五份有記錄的訪談。提供她資料的人士大部分的年齡都已經超過了八十歲。她們回憶當時的情況，認爲三K黨是她們生活的重要部分。布里的剪報與其它文獻證據證實了她們記憶中的某些部分。

三K黨的會員依然充滿爭議。訪談中，布里並未透露她對三K黨的意見。雖然她遭到試探，布里仍然保持中立的立場，不指責三K黨。她說，「我的印地安那（我從小學到大學都住在印地安那州）以及白皮膚的背景，使受訪者假定——沒有講得出來的證據認爲我是反三K黨的——我享有她們的世界觀」（頁五）。她沒有發現三K黨女性是沒有人性、無知、與憤世嫉俗的。對於爲何婦女加入三K黨這個問題，布里得到了一個預料之外的答案。大部分的人對這個問題感到困惑不解。對她們而言，這沒有什麼好解釋的——只是「一種成長的方式」以及「大夥兒聚在一塊玩樂罷了」。

◎類型五：少數國家、過去時間、質化資料

巴奇特（Barket, 1991）利用質化資料研究十七世紀法國與奧圖曼帝國農民革命的情境。拉奇曼（Lachmann, 1989）的歐洲菁英研究，也屬於這類型的歷史比較研究的例子（十三章有其概述）。

◎類型七：單一國家、跨時間、量化資料

托奈與貝克（Tolnay & Beck, 1992）研究1910年至1930年之間非裔美國人自美國南方的遷移過程。他們的量化分析著眼於促使不同時期的遷移因素。第三章中所提到的，也是他們所做的動用私刑的研究（Tolnay & Beck, 1990），也是這類型歷史比較研究的另一個例子。

◎類型八：少數國家、跨時間、量化資料

布林頓、李、帕里胥（Brinton, Lee, Parish, 1995）檢驗韓國與台灣婦女角色的轉變（十一章中將有所討論）。這個研究涵蓋了兩個國家，長達二十年的時間：1970年到1990年。他們依年齡與性別，分析了許多像是教育與勞動力供給之類的數值。

◎類型十：單一國家、跨時間、質化資料

普列奇（Prechel, 1990）檢視長達五十年期間美國的鋼鐵業與政府政策之間的關係，他主要使用的是質化方法。

◎類型十一：少數國家、跨時間、質化研究

史蒂芬（Stephen, 1989）研究1870年與1939年之間西歐民主國家的轉型與覆滅，總共檢視了十三個歐洲國家，不過他把焦點主要集中在其中的七個國家。

◎類型十三：單一國家、現在時間、量化研究

沙維特（Shavit, 1990）探討以色列教育體系下的阿拉伯人與東方猶太人的研究，使用單一國家的量化資料。他檢定的假設是根據早

先在美國與北愛爾蘭，已經驗證過的一般教育理論中關於少數民族的假設。

◎類型十四：少數國家、現在時間、量化研究

賴特與邱（Wright & Cho, 1992）檢驗美國、加拿大、瑞典、與挪威不同社會階級之間的友誼模式。他們的量化分析是根據調查資料。

◎類型十五：許多國家、現在時間、量化資料

威莫里（Wimerly, 1990）研究六十三個第三界國家，從而瞭解依賴外援與多國企業的投資如何影響嬰兒的死亡率。他的量化資料來自最近二十年的數字。

◎類型十六：單一國家、現在時間、質化資料

布拉斯班特（Broadbent, 1989）執行一項研究，探討地方政府、企業、與中央政府間的關係對日本經濟成長政策制定的影響。他的研究是根據得自於田野研究、開放性訪談、與文獻研究的質化資料。

爭論範例：布拉渥伊（Burawoy, 1977）與特瑞曼（Treiman, 1977）之間的論戰彰顯了對歷史比較研究看法上的歧見。特瑞曼從實證主義的研究取向，執行一系列有關職業聲望排行榜與社會流動的量化跨國研究。布拉渥伊對數個國家的工廠作業進行參與觀察，並且應用批判社會科學的研究取向針對南非與加州的移民勞工執行質化歷史研究。

布拉渥伊不僅抨擊特瑞曼比較美國與英國社會流動的研究，並且對跨國量化研究提出一般性的批評。他說，標準的量化測量工具（像是調查問項）要求分析單位之間具有基本的類似性。如果研究者使用量化技術（例如，隨機抽樣、標準化的測量工具、與統計分析），對完全不同的社會實體或文化進行分析，那麼研究者不但創造

了假性精確，而且獲得的也是扭曲的結果。布拉渥伊說，沒有任何關於某個社會的結論是可以不提到該社會的特殊社會歷史脈絡。他主張，每個社會的教育體系、文化傳統、與工作價值等都具有特殊的歷史性格，必須有他們才能構成一個完整的解釋。最後，他更拒絕使用某個帶有隱涵價值的演繹理論架構。相反的，他說，若要得出一個有意義的解釋，必須從批判的角度檢視權力關係與社會變遷。布拉渥伊（1977:1040）總結說，「經過乏味的線形統計與標準化量表的同質化處理之後，英國與美國研究中大部分極富趣味與社會學重要性的發現，早已不見蹤跡」。

特瑞曼重述實證主義社會科學的原則，以爲他的研究辯護。他主張，研究者必須擺脫個案研究，朝以社會爲研究單位的研究邁進。他相信，比較研究的目標是在找出對所有社會都爲眞的事物、在每個社會都會出現的規律變化，以及個別社會所獨有的事物。他（1977:1044）說，「標準化測量的長處是明顯的——只有透過這種程序才能比較不同單位的結果，在這個情況下，即爲社會。」特瑞曼覺得布拉渥伊所關心的答案，更需要而不是更不需要實證主義的研究——亦即對爲數眾多的社會就更多變項與更多資料做精確的測量。他指出實證主義的研究最後終將把跨社會之間社會生活的複雜性，簡化成法則般的通則。

在這次的論戰中，布拉渥伊與特瑞曼「各說各話」。雙方各自採取不同的社會科學研究取向（批判與實證主義），對於從事歷史比較研究的理由，雙方所持的基本假定與目標也不同。

歷史比較研究的邏輯與詮釋研究

一個獨特的質化歷史比較類型的社會研究，不同於實證主義的研究取向。也與某些田野研究者、文化人類學者、與歷史學家所鼓吹的極端詮釋研究取向不同。

使用個案研究與質化資料的歷史比較研究者或許會捨棄實證主

義的原則。他們的研究是對數個具有關鍵社會意義與情境脈絡的有限個案，進行密集的檢視。實證主義研究者如何看待這種研究取向的例子可以從史丹利・列柏森（Stanley Lieberson, 1991）對那一波使用數個比較個案的歷史比較研究風潮所提出的批評中，窺知一二。採用實證主義社會科學研究取向的列柏森覺得歷史比較研究差強人意。他不相信歷史比較研究可以找出自變項在依變項上的因果作用，而他認爲那才是社會科學的適當模型。他主張，許多歷史比較研究者採用的比較方法「經常得出錯誤的結論。」

和詮釋性的田野研究一樣，歷史比較研究的焦點擺在文化，試著從被研究者的角度去看事物、重新建構被研究者的生活、並且檢視特定的團體或個人。

極端詮釋立場的欲望絕不僅止於從他人的角度來看世界。發展對被研究者的同理瞭悟（empathic understanding）是社會研究的首要目標。採取嚴謹的表意與描述的研究取向，避免因果的陳述、系統化的概念、或理論的模型。極端的詮釋研究取向假定，每一個社會情境都是獨特的，無法加以比較的。它重新創造了主觀的經驗並且描述特殊的細節。誠如羅倫斯・史東（Lawrence Stone, 1987:31）所說，傳統的史學「處理的是特定時間與地點下的某個特定問題與某組特定的行動者」。漢斯・葛拉姆（Hans Gadamer, 1979:116）當他提及下文時，便是這個意思：

> 歷史意識感興趣的，不在於瞭解人們、民族、國家是如何發展的，相反的，而是在瞭解，這個人、這個民族、或這個國家是如何變成現在這個樣子：這些獨特的個體各自究竟是如何來到與抵達這個階段的。

獨特的歷史比較取向師法民族學與文化人類學，而且某些類型的歷史比較研究當他們試圖重建某個時空下的實相時，甚至相當接近

「詳實的描述」。但是，師法民族學的長處，並不一定要採納極端的詮釋取向。[8]

一個獨特的歷史比較研究取向

獨特的歷史比較研究方法同時避免實證主義與詮釋取向的過分極端。它把對某個特定歷史或文化脈絡的敏感性，與理論通則結合起來。歷史比較研究者可能使用量化資料來補充質化的資料與分析。歷史比較研究的邏輯與目標接近田野研究的程度遠多過於傳統的實證主義研究取向。下面的討論敘述歷史比較研究與田野研究的六大相似之處，以及歷史比較研究的六項獨特特質（參閱表15.2）。

與田野研究相似之處：第一，歷史比較研究與田野研究兩者都承認，研究者的觀點是研究無可避免的一部分。兩種類型的研究都涉及詮釋，因而把詮釋者所在的時空與世界觀帶進研究之中。歷史比較研究不會嘗試去產生一組明明白白的客觀事實。相反的，是新與舊或不同世界觀之間的會面。它承認研究者閱讀歷史或比較證據時，會受到那股過去的認識與活在當下的感覺所影響。「我們今天對歷史的意識截然不同於過去所呈現在任何一個世代眼前的風貌」(Garamer, 1979:109-110)。

第二，歷史比較研究與田野研究兩者都檢驗相當多樣性的資料。從事這兩類研究的研究者都埋首於資料之中，以尋求對事件與人物的同理瞭悟。這兩種研究都努力捕捉主觀的感受，並記錄下日常活動如何揭示重要的社會意義。

研究者從爲數眾多的事件、行動、象徵符號、與文字當中，調查、篩選、並且集中探索社會生活中的特殊層面。歷史比較研究者整理資料，把注意力集中在發展概念。研究者檢視文化的儀式與象徵符號（像是遊行、服飾、與物品的擺設），並且調查行爲的動機、理由、與辯解。舉例來說，布拉吉與寇里（Burrage & Corry, 1981）利用重大公共慶典中（遊行、盛會、節日、與王室訪問）官方排定的行

表15.2 研究取向的比較摘要：質化與量化的區別

主題	歷史比較研究與田野研究	量化研究
研究者的觀點	屬於研究過程整體的部分	由研究過程中排除
接近資料	沈浸在許多細節當中尋求瞭悟	精確地操作化變項
理論與資料	基礎理論、概念與資料間的對話	演繹理論vs實證資料
提出發現	傳譯某個意義系統	驗證假設
行動／結構	人們重建構意義，但仍在結構內	社會力量塑造了行爲
法則／通則化	有限的通則化，取決於環境	發現放諸四海皆準、不被環境影響的法則

獨特的歷史比較研究取向的特徵

主題	歷史比較的研究者取向
證據	從不完整與斷簡殘篇的資料中重新建構
扭曲	避免使用研究者自己知道的，在社會或歷史脈絡之外的因素
人的角色	接納某個情境之下人們所具有的意識，並且採納他們的動機，將之做爲因果解釋的因素
因果	視原因爲偶發狀況、在表象之下，並且是數種元素結合的結果
微觀／鉅觀	將個案做整體的比較，連結鉅觀或微觀層級或社會實相的各個層級
跨情境脈絡	在某個情境脈絡下，對照具體的特定事件；跨越不同的脈絡，尋求更多抽象的比較。

會出現順序的記錄，做爲測量十四與十七世紀之際，倫敦職業地位變遷的方法。[9]

第三，田野與歷史比較研究者都經常使用有根基的理論（grounded theory）。這類理論通常在資料蒐集的過程當中浮現。這兩種研究都不是從固定的假設出發，然後進行檢視資料。相反的，它們都是經由與資料對話，進而發展出理論與概念並提出修正，然後再應用理論來組織證據。札立特（Zaret, 1978:118）說，「帶有歷史根基的理論意指，概念得自於分析性的歷史問題：將過去排出順序，擺進結構、情勢與事件之中。在這個過程中，歷史與理論同時獲得了建構」。據此，資料蒐集與理論建構互動。湯普森（Tompson, 1978:39）稱此爲「概念與證據的對話，從一方面來看，是連綿不斷的假設在做對話，從另一方面來說，則是實證研究」。[10]

其次，田野與歷史比較研究都涉及某種類型的翻譯。研究者的意義體系通常不同於被研究者的意義體系，但是研究者努力洞察與理解他們的觀點。一旦掌握住被研究者的生活、語言、與觀點，研究者把這些資料「轉譯」給閱讀其報告的人士。

第五，田野與歷史比較研究者焦點擺在行動、過程、與順序，並且視時間與過程爲基本要素。這兩種研究都說，人們是透過經年累月的行動來建構一種社會實相的感受。兩種研究都對存在於機構、變動不定的社會行動、生生不息的社會實相、與模塑社會行動的結構、固定常規、與模式之間反覆出現的緊張，異常敏銳。這兩類研究都認爲社會實相雖出自人類的創造與改變，然而同時也對人類的選擇設下限制。[11]

第六，田野與歷史比較研究中，通則與理論相當有限。根據選擇性的事實與有限的問題，歷史與跨文化的知識經常不是不完整，就是充滿了但書。不會爲了找出固定的法則，而演繹命題或是驗證假設。同樣的，複製也不切實際，因爲研究者各有各的獨特觀點、各自蒐集獨特的一組證據。因此取而代之的是，研究者提出可靠的解釋與有限的通則。

歷史比較研究的獨特特徵：儘管與田野研究有許多相似之處，但是有若干重要的差異使歷史比較研究有所區別。誠如大衛．羅文索（David Lowenthal, 1985）的大作《歷史猶如異邦（*The Past Is a*

Foreign Country)》的書名所示，研究過去與研究某個異國文化，共享許多共同點，正是這些共同點把它們與其它方法區別開來。

第一，歷史比較研究的證據通常是有限的與間接的。研究者通常是不可能直接觀察或親自參與。歷史比較研究者從證據中重新建構已經發生過的事件，但是他們又無法對自己的重新建構具有絕對的信心。歷史的證據特別依賴過去所殘存下來的資料，這通常是以文獻的形式存在（例如，信件與報紙）。研究者被限制在尚未被毀損、殘留下來的某個線索、記錄、或其它證據。

歷史比較研究者詮釋這些證據。不同的人即使閱讀相同的一筆證據，常賦予不同的意義，所以研究者對於證據必須審慎推敲。第一眼就能瞭解證據幾乎是不可能的。研究者也會陷入情境脈絡，斟酌其中的細節。舉例來說，想要檢視以前的家庭、或某個遠方國家的家庭型態的研究者，需要對整個情境脈絡有瞭解（例如，工作性質、溝通的形式、運輸科技）。研究者翻閱地圖、體會一下法律、醫療狀況、與日常的社會慣例。例如，「家人到訪」的意義受到像是道路泥濘狀況、無法事先打電話通知，以及生活繫於農場上有需要經常看顧的牲口之類的因素所影響。

另外一項特徵是，研究者所重建的過去歷史或另一個文化，極易受到扭曲。較之於被研究者，歷史比較研究者通常更清楚他研究的那段時期之前所發生的事件、他研究地點以外的其它地方所發生的事件，以及他研究那段時期之後所發生的事件。這項知識使研究者比活在過去或某個孤立社會情境下的那些人，更具有連貫性。「簡言之，歷史解釋超越事件仍在進行時任何人所能達到的理解。我們所建構的過去是比過去事件發生當時來得更具連貫性」（Lowenthal, 1985: 234）。研究者淵博的知識會創造一種幻覺，認為事情之所以發生是因為必須要照這個樣子發生，或是湊巧得天衣無縫。

要研究者從被研究者的角度來看事物，不是件容易做到的事。今日的知識與已經發生的改變，都會扭曲對事件、人物、法律、甚至實物的感知。例如，至今尚存的舊建築物比已經不存在的，來得永久堅固。其次，一個至今尚存的建築物，因其存在情境脈絡的不同，使它在1996年看起來不同於1796年的感覺。當1796年該建築物剛落成，豎立於相似的建築物之中，生活在那個時代的人看它的感覺必不同於1990年代的人。由於對各種風格的建築物有不同的經驗，而且從後來的兩百年來看，處於較新建築物之中並沒有使該建築物顯得像是特別保留下來的舊式建築。

歷史比較研究者承認人們有學習、做決定、和就其所學到的教訓改變事物發展路徑的能力。當有意識的人被捲了進來，如法則般放諸四海皆準的通則，所具有效力便受到限制。[12]舉例來說，如果某個團體的人對他們過去的歷史有所瞭解或認識，並且避免重蹈覆轍，他們的謹慎可能就會改變事件的發展路線。當然，人們不必然會照著他們所學到的行事爲人，而且就算他們眞的記取教訓，也不必然會成功地達到目的。儘管如此，人們的學習能力已經將不確定性帶進歷史比較的解釋當中。

歷史比較研究者想要找出是否不同的行動路徑，都被涉入者認爲值得採信。據此，這些人的世界觀與知識成了制約的因素，塑造被研究者認爲什麼是可能達成目標的方法，什麼又是不可能達成目標的方法。研究者追問，人們對某種事物是否有特別的認識。舉例來說，如果軍隊知道敵人的攻擊行動已近，因此決定於午夜渡河，這個「渡河」行動與軍方完全不知道敵軍即將來犯的情況，具有截然不同的意義。

歷史比較研究者採取一種比較機動性的、而不是決定論式的因果取向。歷史比較研究者經常使用的是組合性的解釋。有點類似化學反應，在特定的情境下（溫度、壓力），把數個元素（化學藥品、氧氣）摻在一起所產生結果（爆炸）。這不同於線性因果關係。其中的邏輯比較接近「A、B、與C在某個時空下同時出現，然後D產生了」，而不是「A造成B，B造成C、與C造成D」。拉金（1987:13）

說：

> 大部分的比較研究者，尤其是那些質化取向的學者，所感興趣的是，特定的歷史時序在一組類似的個案之間所展現的風貌、結果與成因。歷史結果每每需要複雜的組合性解釋。而且這類解釋很難以符合主流量化社會科學的規範加以證明。

舉例來說，社會學家麥克斯·韋伯在其歷史比較研究中，採用的便是一種原型的多因取向。他的解釋給予文化因素與經濟、人口、或社會結構因素同等的加權比重。他的研究取向藉由理想型——既不是一個演繹而來的正式理論；也不是一個針對某個特定問題歸納而來的理論——而是使用一組共同的因果因素進行分析（Kalberg, 1994）。

歷史比較研究的焦點集中在整個個案，並且就複雜整體與個案間的個別變項進行比較。研究者接觸整體時的取向，就好像整體是由數個不同的層次所構成的。研究者不但要抓住表面外觀，還要揭露普遍隱藏性的結構、看不見的機制、或因果過程。

歷史比較研究者整合微觀（小規模、面對面的互動）與鉅觀（大規模的社會結構）的層次。研究者不單單描述微觀層次或鉅觀層次的過程，取而代之的是同時敘述實相的數個層面或層次，並且尋求其間的串連。[13]舉例來說，檢視個人傳記細節的歷史比較研究者閱讀日記或書信，以便獲得對這些人物的感覺：他們吃的食物、他們的休閒興趣、衣著服飾、生的疾病，以及與朋友的關係。研究者把這些微觀層級的個人觀點與鉅觀的過程——移民的增加、生產的機械化、無產階級化、緊繃的勞動市場等等——進行串連。

歷史比較研究的第六個特徵是，它具有從某個特定的脈絡轉換成一般性的比較，或從一般性的比較轉換到某個特定脈絡的能力。研究者檢驗數個特定的環境，記錄下相似與相異處，然後進行通則化。研究者接著又使用這些通則化來檢視特定的情境脈絡。

比較研究者比較跨文化的地理單位（例如，都市地區、國家、社會）。[14]歷史研究者通常是調查某個文化過去的歷史脈絡（如時期、新紀元、時代、年代），以找出歷史時序與比較基礎。[15]當然，研究者可以同時結合這兩個目的，調查某段或數個歷史脈絡下的數個文化脈絡。可是，每個不同的時期或社會都有其獨特的因果過程、意義體系、與社會關係，而其它單位可能沒有與此相應的對照物。於是，在具體脈絡中的特殊細節與研究者用來串連不同情境脈絡的抽象概念之間，便產生了一種創造性的緊張。

比較分析中跨文化概念的使用，就像歷史研究中所使用的跨歷史概念。[16]比較研究中，研究者把某個情境脈絡的特殊細節轉換成爲一般性的理論語言。歷史研究中，理論概念的使用跨越不同的時期。「進行比較研究的調查者就此而被認爲是在打一場遊走於體系類屬特定卻「文化設限」與體系類屬廣泛卻「內容空洞」之間的持續爭戰」（Smelser, 1976:178）。

年鑑學派：歷史比較研究的討論常會提及年鑑學派（The Annales School）[17]，一個與一群法國歷史學家〔例如，馬克・布羅赫（Marc Bloch）、芬納德・布勞岱（Fernand Braudel）、盧珣・費布維（Lucien Febvre）、伊曼紐・拉度里（Emmanuel Le Roy Ladurie）〕相結合的研究方法，而其名稱取自於其1929年所創立的學術刊物《年鑑：經濟、社會、與文明（*Annales: Economies, Societes Civilisations*）》。可用某些歷史比較研究者所採納的四大相關特徵，對這個學派的研究取向做個概述。

其中一項特徵是這個學派秉持綜合的、整體的、全形的、或科際整合的研究取向。年鑑學派的研究者結合地理、生態、經濟、人口與文化因素，從而展現出過去歷史的全貌。他們結合物質生活的各種狀況與集體信仰或文化，展開對過去文明的全面性重新建構。

第二項特徵可以從這個學派的一個法國名詞中彰顯出來——即一個時代的精神（mentalities）。這個名詞不是直接可以譯成英文的。它意指一種獨特的世界觀、觀點、或對生命的一組假定——藉此人類思想獲得組織，或是指盛行於某個時代的有意識與無意識的認知、信仰、與價值的總體模式。因此，研究者想要找出某個歷史時期內模塑實相基本層面的主觀經驗的總體思維模式：關於時間的本質、人與自然環境的關係、事實製造的過程等等。

年鑑學派的研究取向結合具體的歷史特殊細節與抽象的理論。理論採取的形式是模型或深層的基本結構，用做解釋日常生活事件的原因或組織原則：「地理、經濟、與社會暗流的存在，使得檢視歷史上基本可觀察事件背後的長期結構過程與延續成為可能。這股暗流與年鑑學派的歷史學家所探尋的深層結構廣義上來說是同義的」（Lloyd, 1986:241）。年鑑學派的歷史學家同時尋求塑造表面事件以及影響傳統歷史學家所檢視的個人行動的深層暗流。

最後的一個特徵是對長期的結構或模式所展現的興趣。與焦點擺在某段短期間——從數年到數十年——之內所出現的某些特殊人物、或事件的傳統歷史學家相較，年鑑學派的歷史學家檢視長期發生在社會生活組織上基本方式的變遷，這可能橫跨一個世紀或數世紀之久的時間。為了描述他們所研究的漫長期間，他們使用長篇歷史（longue duree）這個名詞。這個名詞意指某個地理空間（例如，西歐的聯邦主義，或是十五與十八世紀的地中海地區）下的一段長篇歷史、或歷史紀元。為達此目的，研究者必須採取一個獨特的歷史觀。例如，芬納德．布勞岱（1980:33）所說，「對歷史學家而言，接受長篇歷史等於準備改變他的風格、他的態度、顛倒他的整個思想、一個全新的理解世事的方法」。

年鑑學派已經在數方面深深影響到歷史比較研究。它挑戰歷史比較研究中盛行已久的短期焦點取向，進而鼓勵把事件擺進較為廣大歷史脈絡中。它也強化了對基層結構的理論建構，強調對過去歷史中立場不同的主觀意識的敏感度。最後，它鼓勵對各種不同類型的歷史資料，進行全面性的整合。

歷史比較研究計畫的執行步驟

前面數節中，你讀到歷史比較研究與其它類型社會研究比較起來的狀況。在這部分，我們回過頭來看執行歷史比較研究的過程。除了一些少數的例外之外，進行歷史比較研究並沒有涉及任何一組嚴謹的步驟，而且也沒有用到複雜的或專門的技術。

調查對象的概念化

歷史比較研究者從熟悉的歷史脈絡下手，將所研究的事物加以概念化。研究者可以從一個比較鬆散的模型或一組粗淺的概念出發，然後將之應用到某個特定的情境脈絡。這些暫時的概念包括：研究者用以觀察世界、「配套」觀察結果，以及搜索證據的隱性假定或分類類別。

如果研究者對其所研究的歷史時代或比較的背景脈絡並不熟悉，他便展開入門閱讀（廣泛閱讀數本一般性的作品）。這將幫助研究者掌握特定的背景、蒐集具有組織力的概念、切割主要的議題，以及發展進一步探究的問題名單。[18]概念與證據互動刺激進一步的研究。舉例來說，史高屈波（Skocpol, 1979）利用數個鉅觀社會學理論上，以及數個歷史性革命上的謎題，做爲她革命研究的起點。革命史與既有的理論之間的落差激發出她的研究。

任何嚴謹的研究都是從一個由假定、概念、與理論所構成的架構開始。無論研究者是否意識到這個架構並且清楚地將之陳述出來，他都會把特殊的細節整理出分析性的類屬。研究者發現最好對這個過程有清楚的認識，從而避開培根謬誤（Baconian fallacy）。這個名詞是以法蘭西斯·培根（Francis Bacon）的名字來命名的，假定研究者做研究時沒有攜帶事先設想好的問題、假設、概念、假定、範型、假說、偏見、或任何類型的預設。

找出證據

接下來，研究者從廣泛的參考文獻中找出證據，然後加以蒐集。研究者使用許許多多的索引、書目、參考文獻，查閱各大圖書館的藏書。對比較研究而言，這項行動意味著把焦點鎖定在某些特定的國家或單位，以及每個國家內特殊類型的證據。研究者經常花下數週的功夫到圖書館去搜尋資料、前往數個不同的專業研究圖書館、閱讀數打的書籍與期刊論文（若不是數百本的話）。比較研究常涉及學習一種或多種的外國語言。

當研究者掌握住文獻並且做好不少詳盡的筆記之後，研究者其實完成了許多特定的工作：建立完整出處的參考文獻目錄（在卡片上或在電腦裡）、做好既不會太簡單也不會太冗長的筆記（一個以上的句子但是不到數十頁的引文）、在筆記卡上預留空白以便日後加入主題、以相同的格式來做筆記（例如，記在卡片上、紙上等），以及根據主題或基本假設發展不同的檔案。

研究者根據證據中的發現來調整最初的概念、問題、或焦點。當研究者讀過、思索過某個範圍內不同分析層次的研究報告（例如，對某個特定主題一般性情境脈絡提出詳細的敘述）、關於某個主題的數個研究，以及跨主題的研究報告之後，新的議題與問題隨之產生。舉例來說，夸達格諾（Quadagno, 1988）的老人與福利措施研究出自於她對美國老人措施歷史沿革的興趣。她從美國老人措施的政府記錄下手。很快的她就發現來自南方政治壓力的重要性，所以她花了數個月的時間研讀美國南方的歷史。當這個議題展現時，她檢視社會措施的相關文獻。之後，當她的調查擴大之後，她研讀描述老人措施與其它社會福利措施關聯性的理論與實證的討論。然後再將這些討論提議與西歐大規模的制度做一比較。在西歐，有組織的勞工由社會民主黨所代表，而社會民主黨塑造了這些國家中大部分的社會福利措施。因此，夸達格諾的研究轉向美國的勞工史。勞工官員與勞動史的紀錄引導她去檢視雇主的行動與私人部門的力量。她說（1988:x），「我遊走於理論與官方檔案文件之間，每一筆新的實證觀察結果引導我對塑造福利政策的因素所下的通則」。

評估證據的品質

歷史比較研究者蒐集證據時，會問兩個問題。第一，證據與浮現的研究問題與演化的概念之間到底有何相關？第二，這筆證據究竟有多正確有力？

相關性的問題是個棘手的問題。如狄里（1981:13）所說的，「在重新建構過去歷史時，所有的文獻並不是同樣的有價值」。隨著研究焦點的轉變，本來無關的證據會變成有關。同樣的，有些證據可能會刺激出新的調查路線，敦促研究者尋找額外的肯定證據。

下文將討論證據的精確性。歷史比較研究者想從證據讀出三項線索：隱性的概念架構、特殊的細節，以及經驗通則——亦即大家所同意的事實陳述。研究者評估關於證據的另一種解釋、尋找「沈默的證據」，或是沒有被該證據觸及的事件、主題、或議題的那些個案。舉例來說，當研究者探索一群卓越的男性商人時，可能找到的是完全沒有提到他們的妻子及其眾多僕人的文獻。

研究者試著避開證據中可能存在的謬誤。費雪（Fischer, 1970）提出關於這類謬誤的長串名單。例如，假證據（pseudoproof）的謬誤是一項沒有把某事擺進完整的情境脈絡而犯下的錯誤。證據可能指出，所得稅增加了百分之五十，但是如果除去了情境脈絡，討論該資料的衝擊將毫無意義。研究者必須問：其它的稅有減少嗎？收入有增加嗎？增加課稅適用於所有的收入戶嗎？所有人受到的影響都相同嗎？關於歷史證據另一項有待避免的錯誤是年代錯置（anachronism），這是指事件出現在它實際發生之前或之後。研究者對事件發生的時間順序，應該非常清楚精確，並且記錄下證據中出現在事件日期上的前後不一致。

組織證據

研究者蒐集證據、找出新證據來源的同時，他們便開始資料整理的工作。顯而易見的，瘋狂地做著筆記、然後任其堆積如山，並不是明智之舉。研究者通常提出低層次的通則或主題，從此下手進行初步分析。舉例來說，某個革命研究的研究者發展出一個主題：富農支持舊政權。研究者可能在他的筆記中記錄下這個主題，日後再敲定它的意義。

研究者整理證據時，他們藉助理論的洞察力來刺激組織資料的新方法與盤查證據的新問題。舉例來說，史戴波（Staples, 1987）使用布拉渥伊的工廠政權（factory regime）的概念，對1791年到1891年間一家英國家庭五金工廠，進行工作關係的個案研究。在檢視證據之後，他發現了兩大政權——父權制度及其演化成的另一個制度——家長主義，於是他延展了原來的概念。

資料與理論的互動意指，研究者跨越浮面的證據檢定，根據理論對證據展開批判性的評估，從而發展出新的概念。吉特與尤里（Keat & Urry, 1975:113）暗示這個過程的發展狀況為：「任何概念形成的過程，只要是建立在社會呈現其自身方式的基礎之上，都將是不適當的、誤導的、與意識型態的」。舉例來說，研究者研讀關於抗議運動的大筆資料。初步分析從證據中整理出一個主題：積極參與抗議的人士彼此互動，發展出共同的文化意義。研究者檢視文化與運動的理論之後，然後形成新的概念：「反對運動次文化」。然後研究者再利用這個概念重新檢視那筆證據。

綜合整理

下一步是綜合證據的過程。研究者精練概念，並且在蒐集到大部分的證據之後，朝向一般性的解釋模型邁進。舊的主題或概念被提出來討論、或加以修訂，新的概念則被創造出來。具體的事件被用來爲概念添上意義。研究者尋找貫穿時間或單位的模式，用類比法找出相似與相異之處。研究者把不同的事件整理出前後順序，然後將他們合併起來呈現一個更廣大的圖像。當研究者把證據整理出一個具有連貫性的整體時，便發展出兼有概念與證據的可靠解釋。然後研究者反覆閱讀筆記，根據分類架構將之再三篩選，分成不同的堆或檔案。研究者尋找並記錄下他們以不同方式檢視證據時所看到的關聯或環節。

綜合整理把某個特定的證據與基本關係或因果機制的抽象模型，加以連結。研究者經常藉由隱喻來發展模型。舉例來說，大眾挫折導致革命就「像一輛情緒雲霄飛車當情況似乎愈來愈好時，突然下墜」；然後感受到期望已經快速上升之後，突如其來的失望。這些模型是高感度的設計。

研究者時常尋找新證據來檢定某些特定的連結，但這只限於發展出某個解釋的模型之後。研究者評估這個模型接近證據的完美程度，並且據此加以調整。研究者徘徊於具體與抽象之間。在每一個階段，研究者都會探問：如果這個模型正確無誤，它可以產生我所發現的全部證據嗎？

歷史比較研究者的主要任務是組織並且爲證據找出新的意義。史高屈波（1979:xiv）說：

> 比較歷史學家的任務——和潛在獨特的學術貢獻——不在於揭露已經有人研究過的長篇歷史，或是某個特殊地點下的某些特定層面的新資料，而是建立對某些跨數個不同歷史時期的個案之間的因果規則所需具備的整體觀與表面效度。

歷史比較研究者也會標示出相對於主題或解釋的關鍵性指標（critical indicator）與支持性證據（supporting evidence）。關鍵性指標是個明顯的證據，通常足以推論某個理論關係的存在。研究者尋找構成解釋模型關鍵部分的那些指標。指標肯定某個理論推論，而且出現在當許多細節皆暗示某個清楚的解釋之時。舉例來說，顯示兩國之間充滿敵意的關鍵性指標是正式宣戰。顯示某個社會團體政治權力不斷膨脹的關鍵性指標是正式組織的形成，有一票會員認同這個團體、宣揚它的地位。支持性證據是支持模型中較不是核心部分的證據。它可以是建構整個背景或情境脈絡的證據、較不豐富或解釋力較弱的證據、也可以是某個清楚不含糊的理論解釋所欠缺的證據。

撰寫報告

最後一個步驟是把證據、概念、與綜合分析串連成一篇研究報告。（附錄C對這份報告有詳細的敘述）。撰寫報告的方式是歷史比較研究的關鍵。把證據、論點、與結論組成一篇報告，始終是個決定性的步驟；不過，愼重處理證據與解釋能夠造就、也能夠毀掉一篇歷史比較研究的情形，更甚於量化研究。研究者從量如山高的證據中，蒸餾出詳細的說明，從而準備好大量的註解。研究者把證據與論點編織成一幅連貫的、充滿說服力的圖畫，與讀者溝通。

歷史脈絡下的資料與證據

歷史證據的類型

首先，需要釐清些名詞。歷史有許多意義：它意指過去的事件（例如，法國自越南撤兵是椿歷史）、一項過去的記錄（例如，法國涉足越南的歷史），以及一門研究過去的科目（例如，歷史系）。[19]歷史

方塊15.2

使用檔案資料

檔案是初級歷史資料的主要來源。檔案是私人蒐集的、或收藏在博物館、圖書館、或官方檔案室中文獻資料（文件、照片、信件）的累積。

找出這些資料並且取得接近的管道

找出某個主題、組織、或個人手上是否有現成蒐集好的資料，可能會是個要寫上好幾封信、打上好幾通電話，以及寄出好幾封諮詢信的既漫長、又充滿挫折的工作。如果關於某個人物或主題的資料確實存在，也可能分散在各個地方。獲得接近這些資料的管道可能端視人家的大方，願意把私人收藏提供給你、或是要前赴遠方的圖書館，並且提出證明說明你要檢視許多塵封箱子中的書信的理由。再者，研究者可發現取閱檔案還有時間的限制（例如，檔案室一星期只開放四天，從早上十點到晚上五點，但是研究者需要花上四十個小時來檢閱資料）。

篩選與組織

檔案室的資料可能是並未分類、或是該室已經使用各種不同的方法加以組織整理了，而使用的組織標準可能與研究者所感興趣的無關。例如，書信與文件可能以編年的順序排列，但是研究者只對過去三十年間四位專業同事之間的書信，而不是對每天的帳單、家人間的通信等等，感到興趣。

編纂（historiography）是個從事歷史研究、或蒐集與分析歷史證據的方法。歷史社會學是歷史比較研究的一支。

> 它是處理歷史資料的一個方法，一種類型的歷史編纂，是尋求以社會學的模型與理論來解釋與理解過去的歷史…反之，歷史資料可被用來彰顯與檢證社會學的概念、原則、

續方塊15.2

技術與控制

檔案資料可能以原來的面目保存下來，或製成微縮影片、或是以電子文件的形式存在。可能只允許研究者做筆記，不可以影印，或是只能夠看某一部分的資料。對於被限制在某個特定的房間裡閱讀封塵已久的文件，一天只能用鉛筆在檔案室對外開放的數個小時內做筆記的情形，常令研究者對倍感挫折。

追蹤與回溯

檔案研究中最困難的一項任務是在資料中追溯相同的事件或人物。即使所有的資料都匯集在一個地方，但是相同的事件或關係可能以許多不同的形式出現在數個地點。研究者從成堆的文件中東一筆西一筆地把證據找出來。

單調、運氣、與意外的收獲

檔案研究常是費力耗時的。花上數個小時在判讀似懂非懂的文獻中是非常沈悶的。再者，研究者常發現收藏的缺漏、一系列文件中的遺漏，以及被破壞的文件。可是，細心閱讀檢視以前沒有接觸過的資料能夠發現驚人的新關聯或新看法。研究者可能發現非預期的證據，而開闢了新的調查路線（Elder et al., 1993; Hill, 1993）。

與理論的效度（Mariampolski & Hughes, 1978:104-105）。

研究者常引用四大類型的歷史證據或資料：初級資料來源（primary sources）、次級資料來源（secondary sources）、歷年記錄（running records）、與回憶文獻（recollections）。[20]

傳統歷史學家非常倚重初級資料來源。歷史比較研究者則經常使用次級資料來源或同時使用不同組合的資料。舉例來說，夸達格諾（1984）檢視美國社會安全法案（Social Security Act）從而對政治權力理論做出評價。在四十七筆她引述的證據來源中，二十三筆是初級資料來源（那時期的信件、備忘錄、官方報告、報章雜誌上文章）、三筆是回憶文獻（回憶錄或口述歷史）、二十一筆是次級資料來源（歷史學家與其他研究者的著作）。葛立芬、華勒斯、與魯賓（Griffin, Wallace & Rubin, 1986）在其分析1930年前反工會運動研究中，結合了初級資料來源（雇主的陳述）、次級資料來源（歷史脈絡）、與歷年的記錄（經濟情況的政府資料）。

初級來源：活在過去歷史中的那些人物的信件、日記、報紙、電影、小說、衣料、照片等等流傳至今者，即爲初級資料來源。可以在機構檔案中（archives）（儲存文件之地）、私人的收藏中、家庭的壁櫥中、或在博物館中（參閱方塊15.2）找到。今日的文獻與物品（我們的信件、電視節目、廣告、衣物、汽車）將是未來歷史學家的初級資料來源。典型初級資料來源的例子是研究者在閣樓中找到的一捆遠方作戰的丈夫所寄來的泛黃書信。阿敏札德（Aminzade, 1984）在其研究1800年代中期三個法國城市的抗議模式時，使用就是初級資料來源。他檢視法國政府檔案中警方臥底者、法院執事、與其他人員所寫的文件。

已出版的與未出版的書面文件是最重要的一類初級資料來源。研究者發現它們時，可能是原來的模樣、或是被收藏在微縮影片之中。它們常是歷史人物的文字、思考、與感情唯一仍然存留下來的記錄。書面文獻有助於研究有文字的社會與歷史時期。對於書面資料來源常見的批評是，它們大部分是菁英或是政府機關中的人士所寫的；於是，不識字的、窮苦的、政府社會機構以外人士的觀點可能就受不到注意。例如，在美國，讓奴隸讀書識字是違法的，因此關於奴隸經驗的書面資料來源不是間接的，就是很難找到。

在廣泛使用通訊、電腦、與影視科技記錄事件與想法以前，書寫於紙上的文字是主要的溝通媒介。事實上，沒有留下任何永久具體記錄的溝通形式（例如，電話對話、電腦記錄，以及電視與收音機的廣播）的普遍應用，及其大半已取代了信件、書面簿記、與報紙，都有可能會使未來歷史學家的工作更爲困難。

次級資料來源：初級資料來源講求實在主義與眞憑實據，但是時間所加諸的實際限制，可能會將研究的初級資料來源限制在短期的時間架構或地點之內。爲了得到更爲廣大的圖像，許多歷史比較研究者使用次級資料來源，亦即專業歷史學家花了數年的時光研究初級資料所完成的著作。例如，拉奇曼（Lachmann, 1989）在研究1600年代的英國和法國菁英時，完全使用次級來源：大部分出版於1955年與1988年之間歷史學家所著的英法文專書與論文。

歷年記錄：歷年記錄是由各組織所保存的檔案或現成的統計文獻所構成的資料。歷年記錄的一個例子是，某間教會所保存的自1910年起迄今的每一筆結婚與死亡的記錄。洛伊（Roy, 1983）研究1886年到1905年間美國主要企業的董事會時，便是使用歷年記錄。他的證據來自一百五十筆初級文獻、官方報告與統計，以及有些尙在出版中的企業年鑑。

回憶文獻：人們根據記憶將其過去的生活過經驗，透過文字陳述出來或撰述出來的結果，就是回憶文獻。這些可能以回憶錄、自傳、或訪談等形式出現。因爲記憶並不完美，回憶常會出現不同於初級來源的扭曲與出入。就如布里（Blee, 1991）訪問一位約八十多歲快九十歲的婦人，關於她對三K黨的感受（參閱方塊15.1）。

蒐集口述歷史（oral history）時，這也是一種回憶資料，研究者進行無結構的訪問，詢問當事人關於過去的生活與發生的事件。這個方法對蒐集非菁英或教育程度較低者的資料，是非常有價值的。口述歷史的技術發源於1930年代，時至今日已經成立了一個專門致力於這門技術發展的專業協會與學術期刊。愛立克森（Erikson, 1978）結合這個方法與其它資料研究一個被洪水肆虐的社區。特寇（Terkel, 1970）使用這個方法得到親身經歷1930年代經濟大蕭條的人對當時生活的看法，而威金頓（Wigginton, 1972）則在著名的狐之火系列中使用這個方法。[21]（參閱第十四章有關生活史訪談的討論）。

使用次級來源的研究

用處與限制：社會研究者常常使用次級資料來源、專業歷史學家所著的專書與論文，將之當做過去情況的證據。[22]如史高屈波（1984:382）所說，這類資料的使用並未系統化，「比較歷史社會學家對有效使用次級資料來源證據的明確規則與程序，迄今尚未得出共識」。次級資料來源有其限制，使用起來尤其謹慎小心。

次級歷史證據的限制包括有歷史解釋不正確的問題，以及研究者有興趣的主題可能乏人研究。這種來源不能用以檢定假設。事後（post facto或after-the-fact）解釋由於很難用上統計控制，而且幾乎無法複製，所以並不符合實證主義的謬化標準。[23]不過，他人所完成的歷史研究，就其在其它方面的用途而言，對發展一般性的解釋上，扮演了極其重要的角色。例如，這類研究具體顯示長期趨勢的興起與演進。[24]

潛在問題：大量的次級資料呈現給歷史比較研究者的是一個充滿各種細節與解釋的迷宮。研究者必須把這筆大量的專業描述研究成爲一個可理解的圖像。這幅圖像不但需要與資料的豐富性相符合，而且要能反映出資料的豐富性。同時也必須串連許多特定的歷史時空。因此使用次級來源的研究者面對著許多的潛在問題。

其中一個問題發生在閱讀歷史學家著作之時。[25]歷史學家不會提出一個完全不帶理論色彩的客觀「事實」。他們私下使用概念，進行原始資料的整理、資料的分類、與證據的塑造等工作。歷史學家的概念是混合著報章雜誌、歷史人物的話語、意識型態、哲學、當下生活的語言，以及社會科學的結晶。大部分都缺乏嚴格的定義，是模糊的、應用起來前後缺乏連貫、而且既不互斥、也不窮盡。舉例來說，歷史學家把某個十九世紀鎮上的一群人描述為上流階級。但是他從未明確界定這個名詞，也沒有將之連結到社會階級理論。這個名詞幫助他組織初級證據，但這也使歷史比較研究的工作更難下手。方法論上的問題是，歷史學家私底下的理論限制了他所取得的證據。社會研究者則設法要找出可能不同於歷史學家解釋次級資料的證據，這是因為歷史學家經常是從閱讀毫無秩序的概念中取得證據的。

第二個問題是，歷史學家的選擇程序是不透明的。歷史學家從所有可能的證據中選出若干資料。誠如卡爾（Carr, 1961:138）所說，「因此歷史是一個依據歷史重要性的選擇過程…歷史學家從無限的事實之洋中，選出對其目的有特殊意義的事實」。可是，歷史比較研究者對這個過程是如何辦到的，並不知情。對於這個過程的一無所知，使得歷史比較研究者必須依賴歷史學家可能帶有偏誤的判斷。[26] 舉例來說，歷史學家研讀了一萬頁的報紙、信件、與日記，然後把這些資訊精簡成數篇摘要以及一百頁專書中的摘錄引文。歷史比較研究者無從得知被歷史學家刪除的資訊，與他的研究目的是否有關。

歷史學家研究的典型作風也把個人主義的偏誤帶進研究當中。高度仰賴初級資料與殘留下來的實物，再加上缺乏理論取向，造成把焦點只擺在特定人物行動上的狹隘觀點。這種特殊主義、微觀層次的觀點引開讀者對整合性主題或模式的注意力。儘管歷史學家對理論或模型常是相當嫌惡的，這種對於見諸文獻的特定個人活動的重視本身也是一種類型的理論取向。[27]

第三個問題出在證據的整理上。歷史學家在撰寫歷史著作時，同時在整理證據。他們時常在寫敘事史（narrative history）（參閱方塊

15.3）。這使得未界定的概念與選擇證據的問題更加複雜。瓊斯（Jones, 1976）指出，歷史學家從過去的遺跡中重建事件，並且賦予其中某些事件特殊的意義。

歷史的敘事中，作者依據年份，環繞某個單一完整的「故事」，來組織資料。其間的邏輯是發展中行動的前後順序。據此，故事的每個部分就其在事件發生的時間序列中的位置，而與其它部分發生關聯。同時，所有的部分結成一體、或形成一個整體。機緣巧合說（conjuncture）與遇合無常論（contingency）是敘事型態中的關鍵因素——也就是說，如果發生X（或X加Z），隨之會發生Y；以及如果X（或X加Z）沒有發生，可能會發生其它的事。遇合無常論在先後發生的事件之間創造出邏輯上相互依賴的關係。

由於時間邏輯，敘事的組織不同於社會學家創造的解釋；不同於研究者辨識統計模式進而推論因果的量化解釋；也不同於大部分的質化資料分析（見第十六章）。進行質化分析時，研究者從事特定個案與模型的比較（理想型分析或範例法）、比較一群個案的相似與相異處（分析性比較）、或是從一群個案中抽取理論陳述〔連續的近似法（successive approximation）〕。

敘事的主要難處，在於整理證據的工具——時間順序或是事件出現先後順序中的位置——無法單獨表示理論的、或歷史的因果關係。換句話說，敘事只符合建立因果關係的三項標準（見第三章）中的一項——那就是時間順序。其次，敘事史的寫作常使不是那麼顯而易見的因果模型或過程，變得更加朦朧不明。這發生在歷史學家將許多沒有因果關聯的事件都納進敘事史的情況下。歷史學家加入這些事件，潤飾敘事的背景或情境脈絡、增添色彩。同樣的，歷史學家呈現當時沒有直接因果關係、稍後可能對整個過程有所影響的事件。換句話說，敘事史可能包括若干具有延遲因果效應的事件，或是暫時沒有影響的事件。

再者，很少有敘事史家會明確陳述聯合效應或互動效應的運作

方塊15.3

歷史中的敘事

許多歷史學家以傳統敘事體的形式寫作，而其成果可做爲歷史比較研究者的一項次級資料來源。

敘事體的特徵

1. 它述說一個故事或傳說，內帶有一個劇情以及數個情節、分水嶺、與高潮。
2. 它遵循一個編年的秩序與事件出現的先後順序。
3. 它把焦點擺在特定的個人身上，而不在結構或抽象的概念上。
4. 它基本上是特殊的與描述性的，不是分析性的與一般性的。
5. 它以一種獨特的、無可預測的、與偶發的方式呈現事件。

敘事體的優點

1. 就閱讀而言，它是多彩多姿的、活潑有趣的、並且具有娛樂性的。
2. 對於不同的時代，它給予是整體的生活感受，所以閱讀者有身臨其境的感覺。
3. 它傳遞的是過去歷史中的人物主觀經驗現實的方式，並且幫助讀者對過去的人物產生情感上的認同。
4. 它混合以社會現實的許多層面，來包裹個人與特定的事件。

敘事體的缺點

1. 它隱藏住因果理論與概念，或是使其顯得模糊不清。
2. 它使用華麗的辭藻、日常的語言、與常識邏輯進行說服的工作，因而受制於語意扭曲以及各種修辭學技巧上的邏輯謬誤。
3. 它易於忽略常態或平常的狀況，而注重獨特、具戲劇性、卓越的、與不尋常的現象。
4. 它很少是根據先前的知識，並且不太費心創造普遍性的知識。
5. 它傾向於是個明顯的個人主義，誇張某些特定人物的角色及其自動自發塑造事件的能力。

方式。舉例來說，歷史學家討論造成某個事件的三個條件。然而，讀者很少能夠知道是否這三個條件必須同時運作，才能得到某個因果效應，任何兩個條件、或是任何一個條件，都無法獨立創造出相同的結果。[28]

敘事史的組織結構也爲使用次級資料來源的研究者製造困難，並且創造相互矛盾的發現。歷史比較研究者必須閱讀過所有薄弱的概念、無從得知的選擇標準，以及不明確的因果邏輯。在敘事的背後，可能隱藏著歷史學家的社會理論、但卻是個隱隱約約、深藏不露的理論。柏克（Burke, 1980:35）說，「傳統的歷史學家否定他們與任何模型有任何的牽扯，但實際上他們中有許多人確實有使用模型…以這種方式使用模型，但是對模型的邏輯地位毫無所知，有時會使歷史學家陷入不必要的難境」。

最後一個問題是，歷史學家深受歷史編纂學派、個人的信念、社會理論，以及研究執行當時所發生之事件的影響。

在1990年代著書立說的歷史學家檢視初級資料的方式不同於1920年代的歷史學家。此外，還有許多不同的歷史編纂學派（例如，外交、人口、生態、心理學、馬克思主義、知識），各有各的找尋證據與提出問題的規則。卡爾（Carr, 1961:154）警告說，「在你研究歷史之前，先研究歷史學家…在你研究歷史學家之前，先研究他置身其中的歷史與社會環境」。

使用初級來源的研究

研究者使用次級來源時，歷史學家是主要的議題。使用初級資料來源時，關鍵的議題是，過去所寫下或用過的每件事物，到現在都只有一部分殘存下來。再者，存留下來的事物是以前存在過事物的一組非隨機樣本。羅文索（Lowenthal, 1985:191-192）觀察說，「過去的思想與事物的遺跡，代表的只是過去世代當時狀況中，極其微小的一部分」。

歷史比較研究者設法以一個活在過去歷史中的當代人物的角度與假定，來研讀初級資料來源。這意指「扣住不用（bracketing）」，或者說把他所具有的對該時期之後發生事件的知識與現代價值，暫時給收起來。

> 如果你閱讀初級資料來源時，不以一顆開放的心，並且不設法進入作品的靈魂，以作者的角度來閱讀這些作品，那麼你是在浪費你的時間（Cantor & Schneider, 1976:46）。

舉例來說，當閱讀一位奴隸主人所產生的一筆資料來源時，說教式地批判奴隸制度，或指責作者未能看到奴隸制度之惡，都是無謂之舉。研讀初級資料來源時，歷史比較研究者壓抑不做任何道德判斷、儼然成爲一個道德相對論者。研究者「的所思所信必須要和他的研究對象一樣，方能找出研究對象對他們自己行事作爲的解釋」（Shafer, 1980:165）。

另一個問題是，找出初級文獻是件相當耗時的任務。研究者必須查詢專門化的索引目錄、並且親自到收藏檔案文件或專業圖書館中去找尋資料。初級資料來源常常被收藏在滿佈灰塵的偏僻小室之中，室內的書架上堆滿了裝著褪色文件的硬紙盒。這些文件可能並不完整、甚至未經過整理的、而且各自被蛀蝕的程度也不同。一旦找到這類的文獻或是其它的初級資料來源，研究者同時將之交付內在與外在評鑑（參閱圖15.1）。

外在批評（external criticism）意指評估一份文件是否爲眞跡，以確定該文件不是贗品或僞造的。批評涉及到詢問下列問題：文獻是在其所說的那個時代被創造出來的嗎？文獻是在它所說的那個地方製作出來的嗎？以及是由文獻上所顯示的那位作者撰寫的嗎？文獻最初時是爲何而寫？後來又是如何存留下來？

一旦文獻通過了眞跡鑑定，研究者再使用內在評鑑（internal

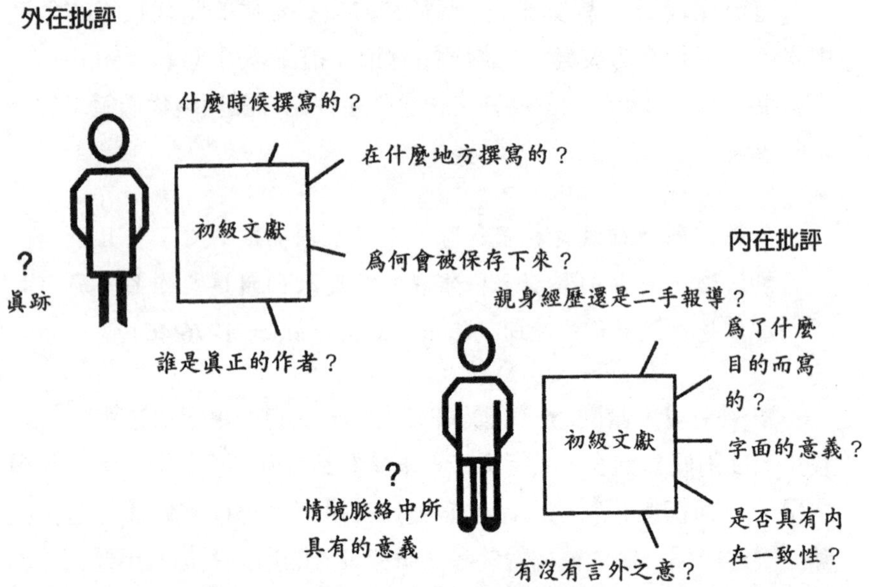

圖15.1 內在與外在批評

criticism）加以鑑定。所謂內在評鑑是指，檢視文獻內容以確定它的可靠程度。研究者評估記錄的內容是根據作者的親身經驗、還是二手資訊。這需要檢視記錄的字面意義以及複雜的言外之意與意圖。研究者留意文獻中提到的人事物，並且尋求這些資料能夠被證實的可能性。研究者檢視隱藏的假定、價值立場，以及文獻產生當時的相關情況（例如，是在戰時，還是在極權主義的政權之下）。研究者也考量文獻寫作當時的用語以及陳述的脈絡，以便從中找出意義。

初級資料來源之內或許潛藏著各種不同類型的扭曲。一是任意刪改文字（bowdlerization）（Shafer, 1980:163）——特別設計來保護道德標準或是呈現某個特殊的形象。例如，某棟建築物的正面相片。垃圾與啤酒罐散落在該建築物的四週，油漆也剝落了。然而，那張照片只照下了較少有垃圾的那一面，而且是特意取景的，所以垃圾沒有被照出來；而且暗房的處理技巧也使剝落的油漆看起來很新。某家報社社會版上有關有錢有勢人物的宴會報導中，把實際上並未出席的名人也包括其中的手法，是另外一個例子。[29]

除了初級與次級資料來源之外，歷史研究者尚使用托波斯基（Topolski, 1976）稱之爲非來源所提供的知識（nonsource-based knowledge）。研究者所得到的這筆關於過去的知識，並不是得自於某一筆特定的初級或次級資料來源。它有可能是根據邏輯推理。舉例來說，A與B是某個一夫一妻制度下的一對夫妻，這個社會非常重視夫妻對性關係的忠誠度。B有外遇時，A可能會嫉妒。也可能是根據研究者對先前塑造研究事物之情境脈絡的重要事件所具有的知識。舉例來說，某位研究1920年代晚期法國的研究者知道，高比例年齡介於十八歲到四十歲之間的法國男子，早在第一次世界大戰爆發的數年之前就被殺光了。當前的知識也能夠幫助研究者瞭解過去的事件。例如，研究者知道，黑死病是老鼠身上的跳蚤所散播的疾病，而且是不良衛生狀況所引起的，但是過去的人並不知道這個疾病的病因。

比較研究

比較研究的類別

比較方法：其他類型研究中所出現的問題在比較研究中，變得更顯眼。[30]何爾特與藤納（Holt & Turner, 1970:6）說，「原則上，跨文化比較研究與在某個單一社會中所做的研究並無差異。若有，則存在於某種類型問題的嚴重性」。與其說比較研究是一個特殊的研究技術，還不如視之爲一種觀點或取向來得貼切。本節將討論比較研究的優劣長短。

比較觀點暴露研究設計的缺失，進而有助於研究者改善研究的品質。比較研究的焦點擺在單位之間的異同，以及「比較是理解與洞察的核心」（Warwick & Osherson, 1973:7）。

比較法幫助研究者辨識出跨單位間共通的社會生活面向（例如，文化），反對被限制在單一單位之中。所有的研究者都想要進行某種程度的通則化。實證主義研究者致力於找出跨社會都適用的通則或社會行爲模式。然而，大部分的實證主義研究都不是比較的。拉金（1994:107）觀察說：

> 比較研究者檢視跨個案的異同模式，設法解釋其間的差異…量化研究者也檢視個案間的差異，但是重點不同，他們的目標在於解釋某個變項與另一個變項的共變關係，通常一次會檢視很多個案…通常量化研究者對這些個案有的只是很空泛的熟悉度。

比較取向改善測量與概念化的品質。進行橫跨數個社會單位或背景的研究者所發展出來的概念，較不可能只適用於某個特殊的文化與社會環境。除非研究者同時在把一個概念適用到不同的文化或社會環境，否則要看穿隱藏著的偏誤、假定、與價值，都不是件易事。不同的社會背景提供的事件或行爲範疇更加廣闊，而單獨一個文化下人類行爲的範圍通常較爲狹窄。因此，單一文化或社會的研究焦點會受限於有限的社會活動範圍。舉例來說，兩位研究者——熙平與亞伯多（His-ping & Abdul）——檢視兒童斷奶年齡與開始有情緒問題之間的關係。熙平只研究美國的資料。該資料顯示斷奶年齡的全距是五個月到十五個月，並且指出情緒問題隨斷奶年齡的增加而呈現穩定上升的狀況。因此她提出斷奶較晚會造成情緒問題。亞伯多研究十個不同文化的資料，發現斷奶年齡全距爲五個月到三十六個月。他並且發現，情緒問題出現的比例隨斷奶年齡增加而增加的現象只到十八個月；這是最高峰，然後旋即便下降直到較輕微的程度。亞伯多得出更爲精確的結論：斷奶年齡在六個月與二十四個月之間的小孩比較可能有情緒問題，比較早或比較晚斷奶都會減少發生情緒問題的機會。關於這個關係，熙平得到錯誤的結論，那是因爲美國兒童斷奶年齡的全距較爲狹窄之故。

對於因果關係，比較研究可以排除或提供替代的解釋。例如，威爾（Weil, 1985）研究受教育的年數與包容之間的關係。過去的研究發現在美國這兩個變項之間是有關係的。而且大部分的研究者認爲教育一般具有擴大眼界、增加包容性的效果。威爾察看同樣的關係是否也存在於其它國家（1985:470），並且提出結論說，這項關係「在非自由主義的國家或是數十年前沒有自由民主政權形式的國家中，與自由民主政治已施行一段期間的國家比較起來，不是相當微弱、就是不存在、甚至還呈現相反的關係」。換句話說，存在某種特殊型態的政府，是這項關係存在的必要條件。受教育並沒有增加包容性的普遍效應；相反的，教育把一國的官方價值透過社會化灌輸給它的國民。只有在官方價值是強調包容的國家，教育才會增加包容性；若是在其它國家，教育就沒有這種效果。

比較研究引出新問題並且激發出理論建構的新方法是其主要的長處。例如，科恩（Kohn, 1987）根據一份日本、波蘭、與美國的比較研究指出，發現這三個國家中存在一個一致的模式：社會階級愈高的人，在智能上比較具有彈性，而且在心理上也比較具有自我指導的能力。然而，該研究也發現有差異的情況。在美國，高社會階級與低壓力一併出現；在波蘭，則高社會階級則伴隨高壓力一塊出現；在日本，社會階級的高低與壓力無關。這個差異刺激研究者想辦法解釋這項關係，並且發展新的研究議題。

比較研究有其限制。與非比較研究相比，它比較困難、成本比較高、而且也更加消耗時間。能夠蒐集到的資料類型以及等值性（equivalence）的問題（下文將做討論）也是常見的問題。

另一個限制是個案的數目。比較研究者很少會用到隨機抽樣。

全世界接近一百五十個國家，並不是全都可以獲得充分的資訊。要想取得非隨機的次集合（像是貧窮國家、非民主國家）的資料，更是不可能。此外，研究者能夠把所有的國家都當成相等的單位看待嗎？特別是某些國家有超過十億的人口，而另一些國家的人口不到十萬。只處理少量的個案造成研究者把每個個案都給特殊化，當做獨特的案例、只具有有限通則化的趨勢。舉例來說，研究者檢視五個個案（譬如，國家），但是個案之間在二十個方面彼此互不相同。當不同的特性個數超過單位數量時，要檢定理論或決定關係形式都不是件易事。

第三項限制是，比較研究者只能夠應用理論、做有限的通則化，而無法檢定理論。儘管歷史比較研究具有使用組合理論、把個案當整體的能力，但是要做到嚴謹的理論檢定或實驗研究，可以說是絕無僅有。舉例來說，對經濟不景氣的效果感興趣的研究者無法使某一組的國家遭遇，而使其它組的國家不遭遇經濟不景氣。相反的，研究者要等到不景氣發生之後，才能觀察這個國家或單位其它的特性。

四個類型：科恩（1987）曾經討論過四種類型的比較研究。前兩種適合一種特殊的歷史比較取向；第三種是實證主義研究取向的延伸；最後一種是個獨特的研究取向。[31]

個案比較研究（case study comparative research）的主要焦點是在比較特定的社會或文化單位，而不在於建立廣泛的通則。這類研究所提出來的研究問題，例子如下：加拿大如何不同於美國？東德與西德的人對老年的體驗如何？美國與俄羅斯的教育體系有何相似與相異之處？研究者集中檢驗有限數量的個案，這裡所謂的「個案」通常是根據文化界定的團體。藉由深入地檢視少數的個案，通常這個數目不會超過六個，相對來說，就不必太過掛慮等值性的問題。這個方法對於辨識少數幾個個案中，那些固定或變動的因素是頗爲有用的（Ragin, 1987:49-50）。

研究者使用文化脈絡研究（cultural-context research）來研究代

表不同類型社會或單位的個案。舉例來說，布拉渥伊與路卡克斯（Burawoy & Lukacs, 1985）的美國與匈牙利機械工廠的比較研究，檢視這兩個國家的工廠，而不是比較美國與匈牙利，而是比較先進資本主義與國家社會主義脈絡下相似的工作環境。同樣的，史高屈波（1979）比較法國、俄羅斯、與中國的革命研究，把各國當成檢視一個共同社會過程的背景。

在第三種比較研究中，國家是分析的單位。跨國研究（cross-national research）中，研究者跨國測量一組共同的變項。研究者並未提及國家的名字，但研究者測量跨國的變異，把國家的獨特特徵轉換成變項。就統計分析而言，跨國研究者至少需要五十個國家。雖然世界上有將近一百五十個獨立的國家，但是要得到多於五十個國家的資料幾乎不可能。

多國研究（transnational research）是一種比較研究的類型，在這類比較研究中，研究者使用多國單位（例如，全球的某個地區像是第三世界），進而以這些不同集團的國家爲研究單位，研究他們之間的關係。華勒斯坦（1974）研究「世界體系」自1940年代以來的長期發展，就屬這類研究。他的作品孕育了一個新的思想學派——世界體系理論——這個理論又刺激了更多的歷史比較研究。

比較的單位

文化與國家：爲了方便起見，比較研究者常用民族國家做爲他們的分析單位。今日思考全球人民分工問題時，民族國家是主要的分析單位。雖然在當代，民族國家是個主導單位，但絕不是個不可避免的，也不是永久不變的單位；事實上，民族國家的存在只不過才三百年而已。

民族國家是根據社會與政治實體所界定的單位。在這個單位底下，政府對於居住於疆域上的人民有統治權（亦即軍事控制權與政治權威）。經濟關係（例如，貨幣、貿易）、運輸道路，以及傳播系統與領土結合成一體。在這個疆域內的人民，通常共享一個相同的語言與風俗習慣，通常也有相同的一套教育制度、法令體系，以及一組政治象徵符號（例如，國旗、國歌）。政府揚言代表在它控制下的領土上所有人民的利益。

民族國家不只用做比較研究的單位。經常被用來代表文化——那個更難以具體界定的可觀察單位。文化是指存在於共享社會關係、信仰與科技的人民之間的一個共同的認同。展現在語言、風俗習慣、傳統、與規範上的文化差異，經常是跟著民族國家的分界線。事實上，共享一個共同的文化是形成獨立民族國家的主要因素。

民族國家的疆界可能不一定與文化疆域相互吻合。在某些情況下，一個文化被分成數個國家；在其它的情況下，一個民族國家包含一個以上的文化。在過去數個世紀中，隨著世界各地的疆域被戰爭與征服切割成殖民地或民族國家，文化之間的界線與充滿活力的特殊文化曾經被摧毀、重新組合、甚或分裂打散。例如，歐洲的帝國有一度曾經任意把殖民國家內部數個文化團體的界線。[32]同樣的，新移民或少數民族不盡然總是會被地主國家的主導文化所同化。例如，國家中的某個地區內可能會存在有某些人，他們擁有某個特殊民族背景、語言、風俗習慣、宗教、社會制度，以及認同（就像加拿大的魁北克省）。諸如此類處於國家內部的文化可能會製造地域衝突，因爲民族與文化認同是民族主義的基礎。[33]

民族國家並非總是最好的比較研究的單位。研究者應該探問：就我的研究而言，什麼才是相關的比較單位——國家、文化、某個小區域、還是次文化？舉例來說，研究問題可以是：收入水準與離婚有關嗎（也就是說，收入高的人比較不容易離婚嗎）？一群有獨特文化、語言、與宗教信仰的人居住在國家中的某個地區。就他們而言，收入與離婚沒有任何關係；然而，在該國的其它地區，盛行著不同的文化，結果收入與離婚有關。如果研究者用國家爲研究單位，那麼他的發現可能模稜兩可，而且解釋力弱。相反反之，如果不假定每個民族國家都享有一個共同的文化，研究者可能會發現比民族國家爲小的單位更加適當。

儘管如此，文化與次文化之間的界限還是很難操作化的。文化是很難加以界定，而且不斷進步、日新月異，國界彼此之間也相互交錯。除了國界爭議的個案外，國與國之間的界線是較不含糊的，但仍然隨時在變。沒有容易的答案。使用適當單位的議題仍然是個嚴肅的議題。

卡爾頓的問題：比較單位的議題與一個以法蘭西斯·卡爾頓爵士（Sir Francis Galton）命名的問題有關。1889年在皇家人類學會（Royal Anthropological Institute）卡爾頓提出一個有關泰勒（E. B. Taylor）論文的問題。當研究者比較單位或其特徵時，他們希望單位各具特性，不同於其它單位。如果單位並沒有眞的不同，事實上只是某個較大單位的部分，那麼研究者發現的將會是虛假相關。舉例來說，單位是加拿大、法國、與美國國內的各州與各省；結果研究者發現，說英語與使用美金貨幣，或是說法語與使用法郎爲貨幣之間有極其強烈的關係。顯而易見的，這種關係是存在的，因爲分析單位（例如，州或省）事實上是更大單位（國家）的部分。單位的特徵是出於它們是某個較大單位的部分，而不是因爲這些特徵之間存在有任何關係。社會地理學家也遇到這個問題，因爲許多社會與文化散佈在遼闊的地理空間。

卡爾頓問題在比較研究中是個重要的議題，因爲文化很少有固定的疆界。[34]很難說，某個文化於此處結束，而另一個文化，從此點開始；或是說，某個文化截然不同於另一個文化；甚或某個文化的特徵隨著歲月的流逝，已經擴散到另一個文化。卡爾頓問題出現在兩個不同單位在兩個變項上的關係，實際上是出於某個共同的起源，而使他們不是眞正截然不同的兩個單位（參閱圖15.2）。

卡爾頓問題源自於跨文化比較，但是也適用於歷史比較研究。

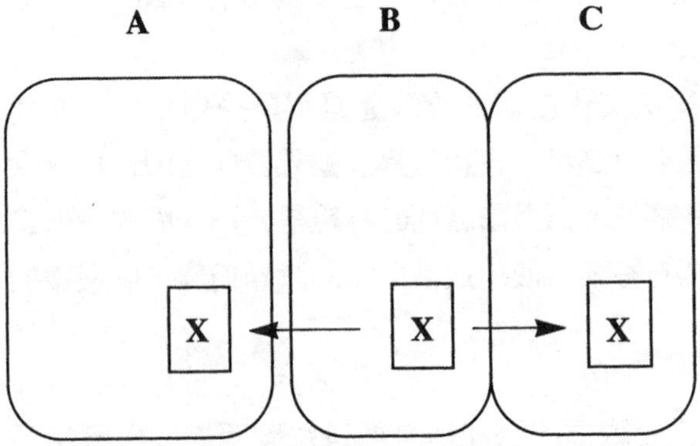

卡爾頓問題發生在研究者觀察出現在不同背景或社會下（以A、B、與C代表）的同一種社會關係（以X代表），並且得出錯誤的結論說，在這些地方所出現的那個社會關係是獨立發展成形的。研究者可能相信他已經發現存在於這三個獨立個案中的某個關係，但是造成這項社會關係的眞正原因可能是因爲某個共享的、或共同的來源，已經從某個背景擴散到其它的情境。這構成了問題，因爲發現個別背景或分析單位間（例如，社會）存在有某個關係（例如，某種婚姻模式）的研究者，相信這個關係是在各個單位內獨自產生的。這個信念等於說這個關係是個人類共通性。研究者可能不知道，這個關係之所以存在，事實上是因爲跨單位中的民眾已經共同享有了這個關係。

圖15.2 卡爾頓問題

出現在研究者思索研究單位在不同歷史時期下是相近，還是相異的問題之時。舉例來說，1875年的古巴與1975年的古巴是同一個國家嗎？在西班牙殖民主義結束後的一百年來，經過了美國影響力的提高、獨立、獨裁政權、與共產主義革命，徹底改變了這個單位了嗎？

跨文化研究的資料

比較田野研究：比較研究者使用田野研究與參與觀察來研究他們自己的文化之外的其它文化。人類學者特別受過從事這種類型研究的訓練，隨時準備使用這種研究類型。人類學與田野研究之間方法的交換，指出了在自己的社會裡做田野研究與在另一個文化下進行田野研究，有些微的差距。在一個不同的文化下從事田野研究，通常更加困難而且對研究者的要求也更多。

質化資料的現存來源：比較研究者可以使用次級來源的資料。例如，一位研究巴西、加拿大、與日本教育體制的研究者，可以閱讀許多國家——包括：巴西、加拿大、與日本——的學者對這三個國家教育體制所做的研究。

人類世界中約有五千個不同的文化；其中約有一千個己經被社會研究者研究過了。對於不同文化，有筆價值非凡的民族學資料來源是，人類關係區域檔案（Human Relations Area Files, HRAF）以及相關的民族誌地圖（Ethnographic Atlas）。[35]人類關係區域檔案是人類學家喬治・墨朵克（George Murdock）自1938年起蒐集與整理的田野研究報告彙編。該書把有關不同文化的民族學研究的資訊都給彙整起來，不過大部分是原始的、或是小型的部落團體。根據社會特徵或慣例（例如，餵嬰方式、自殺、嬰兒出世）已經組織完成接近三百個文化的廣博資料。就某個特定文化的研究是被切割開來，根據它具有的某個特性，而與其它的研究編在一起，以便可以針對同一個特徵輕鬆地比較許多不同文化。舉例來說，對繼承感興趣的研究者可以明白，在已被研究過的一百五十九個文化當中，有一百一十九個是採行父系制（父親對兒子），有二十七個是遵行母系制（母親對女兒），和還有十三個是混合繼承制。

研究者可以利用人類關係區域檔案來研究不同文化之間，在數個特徵上的關係。例如，為了找出對女性施以性攻擊——或者說強暴——是否與父權制度有關（也就是說，掌握權力與權威的是男性），研究者可以檢視強暴的出現與父權的強度在許多個文化中的關係，以決定兩者是否有關。

然而，使用人類關係區域檔案也有其限制。第一，原始研究報告的品質不穩定。原始資料的品質取決於研究者待在田野中的時間長短、對語言的熟悉度、先前的經驗，以及研究報告的明確程度都包括在內。其次，原始研究者所觀察的行為範圍與調查的深度都可能有所不同。舉例來說，研究者可能說X文化是不處罰小孩的，可是事實上小孩還是會被處罰的。只是只有在私底下處罰小孩，而公開處罰小孩是禁忌。此外，人類關係區域檔案中的特徵分類可能過於粗略。例如，巫術在文化中的重要性，可以根據非常重要到非常不重要的尺度來加以登錄。另外一個限制涉及到已被研究的文化。西方研究者已經對有限數量的文化進行接觸，並且在那裡執行田野研究，而那些文化在此之前並未與外在世界接觸。這些文化並不足以代表世上存在的所有人類文化的代表性樣本。再者，卡爾頓問題（已於前述）也可能是個問題。

跨國調查研究：調查研究已於上一章討論過了。這節檢視當研究者應用調查技術研究其它文化時所出現的議題。[36]原則上，跨文化調查所遇到的問題或限制與在一個文化下進行調查時的情況並無不同。儘管如此，它們在牽涉的範疇上與遭遇問題的嚴重程度上都大得多，所以研究者必須謹慎考慮在這個情況下，調查是不是最好的方法。

在不同文化下進行調查研究有個重要的先決條件是，研究者必須對該文化的規範、慣例、與風俗，有相當深厚的知識。如果不具有這種深厚的知識，很容易在程序上與解釋上犯下嚴重的錯誤。瞭解另一種語言並不夠。除了熟悉調查方法之外，研究者必須具有多元文化觀，並且對於該文化有番透徹的瞭解。在進入另一個文化之前，或是計畫這項調查時，擁有對該文化的深厚知識是極其必要的。與當地的民眾建立緊密的合作關係也是根本的。

研究者選擇包括在跨文化調查中的文化或國家，應該兼顧實質上的（例如，理論上的、或研究問題上的）與實務上的理由。調查研究的各個步驟（問題措辭、資料蒐集、抽樣、訪問等）都必須符合其調查的文化。其中一項關鍵議題是，來自其它文化的人如何經驗這次的調查。對某些文化來說，調查與訪談本身可能就是各相當陌生、令人害怕的經驗，就好像被警察質問一樣。

調查的抽樣也受到文化情境的影響。比較研究者必須考濾是否能夠得到精確的抽樣架構、郵寄與電話服務的品質、前往遙遠鄉下地方的交通狀況。他們需要瞭解諸如：民眾遷移的頻率、居住的型態、居住在某個區域的人數、電話的涵蓋範圍、或典型的拒答率之類的因素。研究者的抽樣單位必須與該文化的定義相符，並且思考在該文化下的基本單位，譬如，家庭，是如何界定的。可能需要用到特殊的樣本或是找出樣本民眾的方法。例如，愛爾德（Elder, 1973）在其印度的調查中，他報告說，對於那些住在中高收入家庭中僕人房舍的民眾，他有取樣不足的問題。

研究另一個不同的文化，關於問卷撰寫的問題變得更加醒目。研究者需要對問卷的措辭、長度、卷頭語，以及納入研究的主題，保持高度的敏感度。研究者必須瞭解當地的規範，以及不可以調查研究的議題。舉例來說，有些社會中公開討論政治議題可能會構成生命威脅；在其它地方宗教與性問題的討論，則屬禁忌。除了這些文化議題之外，翻譯與語言的對等性也引發問題（見下文等值性的討論）。像是反向翻譯（back translation）（將於下文討論）等技術與聘僱雙語人才頗有幫助，但是有些情況即便是使用不同的語言，可能也無法問出研究者感興趣的問題。

跨文化的訪談需要有特別的注意力。訪員的選擇與訓練端視該文化的教育、規範、與其它社交禮儀而定。訪談的情況會引發諸如：隱私的規範、取得信任的方式、對保密的信念，以及使用各種不同方言之類的議題。例如，在某些文化下，訪員必須花上一天的時間從事非正式的討論，才能獲得一次簡短的正式訪談所需要的熱絡。

比較研究者需要能夠覺察社會可欲性偏差的一種翻版——出於好意的偏誤（courtesy bias）。它發生在強烈文化規範造成回答者隱藏不

方塊15.4

對調查問題的跨文化答案

一個陳述的意義或某個問題的答案，常常因一個文化的風俗習慣、社會情境，以及作答時的態度，而有不同的涵意。作答時的態度可能使相同的答案傳答的卻是完全不同的意義。

	問題的答案	
作答時的態度	是	否
有禮貌的	否	是
強調的	是	否

資料來源：改寫自海姆斯（1970:329）。

回答任何不愉快的事件，或者回答者提供他們認為訪談者想要聽的答案。回答者可能因為文化規範的關係而嚴重地高報或低估了某些特徵（例如，收入、成就、教育）。此外，作答時的態度（例如，聲調、情境）都可能會改變原本的意義（參閱方塊15.4）。

在一個飲食規範是限制公開、保護隱私的文化下，資料取得可能會是個相當嚴重的問題。其次，研究者的國籍與文化起源本身可能就構成一個重大的障礙。具體的問題包括需要知道和什麼人或什麼機構接觸、進行接觸的適當程序（例如，一封正式的介紹信）、如何維持善意（例如，送份禮物），以及這些安排對研究的品質與可比較性可能產生的影響等。在有些文化中，賄賂、家族關係、或當地政要的的核准，是取得抽樣架構、進入城鎮內的某些特定地區、或接觸某些特定的受訪者所必備的。此外，對於蒐集到的資料，研究者可能需要特別謹慎以保持資料的機密性與完整性。

量化資料的現成來源：許多變項的量化資料在很多國家是可以

得到的（也參閱第十一章）。舉例來說，威爾（1985）的受教育與包容性研究運用得自數個國家的調查資料。此外，已經有專門機構進行大筆量化資料的蒐集彙整，他們從各種不同的來源（例如，報紙文章、官方政府統計、聯合國報告）蒐集許多變項的資料。

其中有一個來源——《全球政治與社會指標手冊（*World Handbook of Political and Social Indicators*）》（Taylor & Jodice, 1983）——蒐羅了一百五十六個國家三十五年間，成打的指標資料。這些指標包括了諸如識字率、醫生的人數、都市化的程度、示威抗議的數目等等的變項。由於使用來自不同國家資料的複雜性，所以有許多註釋標明該筆資料蒐集與分類的方式。

現成的跨國資料有很重大的限制，這些限制有許多也是其它的現成統計資料所共有的。變項的理論定義與資料蒐集的信度，可能因不同的國家而有極大的變異。漏失資料是常見的限制。有些政府刻意在官方資料中提供錯誤的資訊，會是一個問題。其它的限制牽涉到被蒐集資料的那些國家。例如，在三十五年的期間中，有新的國家出現，而有些國家改了國號、或疆域。

主要的各國資料檔案是以電腦可以讀取的形式存在，從中可以取得現成的資料，研究者可以就現成的國際統計資料進行次級分析。例如，皮卡克、胡佛、與奇利恩（Peacock, Hoover & Killian, 1988）利用1950年到1980年間五十三個國家的現成統計資料，針對經濟不平等進行次級分析。他們根據世界體系理論把所有國家分成三類，進而發現不同類型的國家之間的不平等狀況有增加的現象。同一類（核心類）的國家之間不平等有減退的情形，但是其它兩類的國家之間不平等的情況則有加重的趨勢。

西方文化偏誤

大部分的社會研究是由在先進西方社會所主宰的那一小撮國家中定居、工作、甚或受教育的人所執行。這就創造出一個西方文化的偏誤與種族中心主義的危險。誠如密道爾（Myrdal, 1973:89）所說，「西方的研究取向必須被當成有偏誤的研究取向看待」。

每個文化都有自己的假定、思考模式、對時間的取向，以及對人類生活的基本價值。如果社會研究者完全不受文化的影響，或是秉持一個不同於任何一個特定文化的獨特專業文化，那麼文化的偏誤就不會成為一個問題。但是這是不切實際的看法。研究者太容易就相信他們的假定、概念、發現、與價值——帶有濃厚的西方文化色彩——可以普遍適用於世界上所有的人類全體。

許多社會研究都多少帶有文化偏誤。雖然不是我們想要見到的，但是這並不意味著社會科學研究就是錯的、或是無法進行的，而是指，研究者需要知道有這種偏誤存在，並且經常不斷地抗拒它。這可從兩方面進行：逐步瞭解他們自己的文化如何影響思考模式，以及慢慢熟悉各種不同的文化。

比較方法鼓勵研究者探問挑戰本身文化傳統的問題。[37]此外，比較觀點刺激研究者觀測表象之外的事物。它們有可能是更深層的信仰、價值，以及關係的表徵。嘗試培養多元文化取向，研究者對於從事社會研究以及所謂的西方偏誤，會獲得比較好的瞭悟，進而能夠產生品質提昇的社會研究。（參閱方塊15.5）對女性主義研究的討論。

關於西方偏誤的一個議題，是美國對社會學與相關學科上的強大影響。這引起了針對特定文化或國家，發展本國社會學的爭論。來自非美國文化的社會研究者質疑美國文化如何模塑社會學領域內所用的研究方法、社會理論、隱含的價值假定、和社會問題或議題。他們發展多少帶有特殊國家色彩的社會學。這對創造跨文化普遍知識而言，自有其直接的影響。根據希勒（Hiller, 1979:132）的觀察：

> 在程度上，科學邏輯與程序的規則，在世界各地都沒有多大的差別。社會學仍可保有它對普同性的主張。就社會學的目標在建立一個堅固的比較架構而言，這門學科也具有

方塊15.5

女性主義的比較研究

女性主義比較研究者檢視兩性不平等與跨文化婦女的共同經驗。密集的質化個案研究是最常見的。理想上，研究者對特殊的文化脈絡具有敏感度，而且他們的結果會對政策產生影響。女性主義者質疑男性主宰的假定以及其它文化中關於女性的資料。例如，他們質疑經濟發展和社會變遷的研究，進而主張說，這些研究常常忽略了另一個文化中性別分工的問題。因而鼓勵了可能會強化女性從屬地位的政策。

女性主義比較研究可能充滿了爭論。有些人批評西方女性主義研究者，認爲她們充滿了種族中心主義、帶有西方文化的偏誤。他們指控，女性主義者把她們自己的經驗——通常是西方社會白人中產階級的經驗——投射到別的文化。其他人則指控女性主義者在沒有事先看清各社會的情況之前，就假定所有文化中的女性都居於從屬的地位。

文化相對主義反對種族中心主義以及把自己的價值觀強加於他人的行爲。簡單的文化相對主義指出，對社會慣例的評斷，應該只就該慣例所在的社會脈絡而評斷之，也就是說，先根據行爲本身所在的社會標準進行瞭解。相反的，女性主義研究是建立在一個價值立場上——即促進人類尊嚴與兩性平等。因此，當女性主義研究者研究某個文化，其中性別宰制與性別不平等是根深蒂固的、由來已久的慣例時，那麼女性主義的價值可能就會與文化相對主義相抵觸。研究性奴隸制度的女性研究者更是異常震怒。中立與不論斷的立場和女性主義者的社會研究基本取向相互矛盾。單單是把恐怖的情況置於文化脈絡中，可能就有分離孤立了女性地位卑微的共同經驗。瑞哈茲（Reinharz, 1992:123）說，「對女性主義學者來說，挑戰是在致力從事避免陷入種族中心主義與文化相對主義的研究，進而建立跨文化的向心力」。

普遍性。然而，就社會生活太過異質，具有社會特殊性，而無法用普遍主義的理論加以解釋而言，社會學從各國社會學那兒獲益良多。

歷史比較研究中的等值性

等值的重要

對所有的研究而言，等值性都是極爲關鍵的議題。[38]它是跨越不同情境脈絡進行比較的一個議題，或是說一個活在某個特定時期與文化的研究者是否能夠正確地閱讀、瞭解、或概念化那些活在與他完全不同歷史時代或文化之背景下的民衆所有的一切相關資料的問題。如果不具等值性，研究者就不能把相同的概念應用到不同的文化或歷史時期之上，這將使比較即使不是不可能的話，也是相當困難的事。這個問題與量化研究中所出現的關於測量效度的問題近似。

等值性問題在一個連續體上變動。其中一個極端是，研究者發現與他的經驗完全不同的事物（例如，父母親常粗暴地對待嬰兒，而且經常將之殺害），或是某個特殊歷史時期或文化下的產物。在另一個極端是，差異非常微小，很容易被忽略掉，但是會影響比較的結果。例如，愛爾德（1973:127）指出三個歐洲語言在翻譯朋友（friend）這個詞時，就出現了這個問題：

> 英語說friend，德語說Freund，在西班牙文說amigo。技術上，它們是完全相同的翻譯。可是德語的Freund是指少數深交的私人朋友；英語的friend是指交往不太密切、範圍相當廣泛的熟識；西班牙文的amigo所指的人，範圍非常廣泛，有些可能只見過一次面。因此，「你有多少朋友？」這個問題在三種語言中問到的是全然不同的事。

等值性的類型

對歷史比較研究而言，等值性的議題有特殊的含意。研究者對不同時代或文化下的事件可能會有所誤解。假定詮釋正確，研究者可能也會發現難以概念化、將事件加以組織，以便做跨越時空的比較。如果研究者充分掌握住另一個文化，他仍然可能發現難以與他同時期、同文化的人溝通。等值性議題可分爲四個小類：語彙等值（lexicon equivalence）、脈絡等值（contextual equivalence）、概念等值（conceptual equivalence）、與測量等值（measurement equivalence）。

語彙等值：語彙等值是指字或詞的正確翻譯，或是找到與另一個字指同一件事的字。這在兩個語言之間是最清楚不過的事了。比較研究者常使用反向翻譯來取得語彙等值。[39]反向翻譯時，一個詞或問題從一個語言翻譯成另一個語言，然後反過來再譯一次。例如，把一個詞從英語翻譯成韓文，再從韓文翻譯回英文。事後研究者再把前一個和後一個英文版本再做一次比較。例如，在一項比較美國與日本大學生具有國際議題知識的研究當中，研究者先發展一份英文問卷。然後他們找一組日本大學研究人員把問卷翻成日文，稍微做些修正。當他們用反向翻譯時，發現了「三十個翻譯上的錯誤，其中甚至包括一些重大的錯誤」（Cogan et al., 1988:285）。

不過如果另一個語言中不存在代表某個概念的字時，反向翻譯就不管用了〔比方說，在印度文中就沒有信任（trust）這個字，在土耳其文中沒有忠誠（loyalty）那個詞，在泰語中就沒有善意的爭執（good quarrel）這個詞〕。因此，翻譯時可能需要複雜的解釋，或者研究者可能無法使用某些特定的概念。

語彙等值在歷史研究中可能也相當重要，因爲文字的意義會隨時間改變，即使是在同一個語言之間也不例外。時間間隔愈長，表達不同意義或含意的可能性也就愈大。例如，今日雜草（weed）這個字是指沒人要的植物、或大麻，但是在莎士比亞那個時代，這個字意指的是衣物。

當研究者想辦法去理解其他人的觀點時，對語言中微妙變化的敏感度，可能事屬關鍵。例如，史威爾（1980）發現，活在大約一個半世紀以前的人對某些字眼用法上的差異，可以幫助他瞭解他們在意識上與社會經驗上的轉變。然而，瓊斯（Jones, 1983:24）則指出「掌握從語言理論對實質歷史詮釋問題上所得到的基本洞識，目前尚處於…極端粗淺的階段」。

脈絡等值：脈絡等值是指在不同的社會或歷史脈絡下，正確地使用脈絡術語或概念的狀況。那是種想要在特定脈絡下求得等值的企圖心。舉例來說，在有不同優勢宗教的文化中，一名宗教領袖（譬如牧師、神職人員、祭司）有的是不同的角色、訓練、與權威。在某些文化脈絡下，牧師是專業的全職男子，相當富有、受到高度的尊重、受過良好教育的社區領袖，而且具有政治權力。在其它的文化脈絡下，牧師是在會眾中突然冒出來的人物，沒有權力或身份。在這種脈絡下所出現的牧師可能沒有受過良好的教育、只有微薄的收入、被視爲愚蠢但是無害的人物。論及「牧師」但是沒有說明文化脈絡的研究者可能在詮釋上犯下嚴重的錯誤。

脈絡也適用於跨歷史的時代。舉例來說，上大學在今日所具有的意義，不同於只有少數最有錢的百分之一的民眾才上得起大學、大部分的大學人數不到五百人、所有大學都是私立的全都是男性的機構、不需要高中文憑就能入學、大學課程主要是古典語文與道德訓練的那個歷史時代。一百年前上大學與今日上大學的意義必然不同；歷史脈絡改變了上大學的意義。

概念等值：能夠跨越不同的文化或歷史時代使用相同概念的能力，是概念等值。研究者生活在特定的文化與歷史時代當中。他們的概念是根據他們對自己的文化與時代的體驗與知識。研究者可能會想藉學習其它文化或時代之助，而擴展他們的概念，但是他對其它文化或時代的觀點，受到他當下生活情境的感染。這製造出一種持續的緊張狀態，同時也引發了這個問題：研究者能夠創造出足以眞實反映不同文化或時代生活經驗的概念嗎？而且他自己也能夠理解的概念嗎？

研究者的概念這個議題是一個範圍更大的議題的特殊個案，因爲概念跨越不同的時期或文化時，可能會出現不相容的情形。有可能創造出反映兩個、或更多個文化或歷史背景極爲不同之社會生活下眞正、確實、有效代表的概念嗎？例如，湯普森（Thompson, 1967）指出，時間的主觀經驗及其測量，在前工業時期是截然不同的狀況。守時的或工作日的概念不是有著極端不同的含意，就是根本不存在。對比較十世紀後期與十六世紀早期工作狀況感興趣的研究，就好像在比較蘋果與橘子的差別。又如，哈澤里格（Hazelrigg, 1973）對測量不同社會階級意識的問題，所提出的討論。雖然階級（class）這個字存在於許多社會，但是階級體系（亦即收入的角色、財富、工作、教育、地位，以及與生產工具的關係）、階級數目、成爲某個階級一份子的意義，以及階級類屬或界線，每個社會都不同，這使跨社會的社會階級研究更加困難。

概念的等值也適用於針對不同歷史年代的研究。例如，收入的測量在一個大部分不用現金交易的社會，亦即民衆大多種植自己的糧食、製造自己的傢俱與衣物，或是以物易物的社會，是件很困難的工程。在很少會用到貨幣的地方，用賺得的金錢數量來測量收入是毫無意義的。計算豬的數目、土地的英畝數、有幾雙鞋子、有多少僕人、有多少馬車，可能還比較適當些。同樣的，今日的貧窮人家可能已經完成了八年的學校教育、可能擁有黑白電視機、可能住在破舊的小房子裡、可能有一輛生鏽老舊的十五年車齡的汽車。在過去年代裡，貧窮人家可能意味著和牲畜一起睡在穀倉裡、在街上要飯、幾乎餓死、從未上過學，以及財產只有身上的一件衣服。可是，儘管物質不同，依據某些特定社會與貧窮的概念來說，今日的貧窮與過去的的貧窮也可能是等值的。

測量等值：測量等值意指在不同的背景下測量同一個概念。如果研究者發展出適用於不同情境脈絡的概念，問題依舊是：在不同的情境脈絡下，測量相同的概念需要用不同的測量工具嗎？亞默（Armer, 1973:52）給這個概念如下的定義：「概念等值就測量而言，是指用在個別社會的測量工具事實上是否測量的是相同的概念，不論明顯的內容與程序是否相同」。他主張，在不同的文化脈絡下，可能需要用到不同的指標。研究者可能在某文化下使用態度調查來測量某個概念，而在另一個文化下，則用田野研究來測量同一個概念。現在議題變成了：研究者能夠根據不同的指標，來比較研究結果嗎？

測量等值的議題指出為了要測量或確認某個理論建構，歷史比較研究者必須檢視各種不同部分的證據來源。史威爾（Sewell, 1980:9）在其十九世紀早期的法國的那份研究中，就注意到這個過程，他說：

> 我們追求的概念有部分被陳述出來，而且只陳述出片段，在行動的熱氣中，常被一位不知名的個人或團體所記錄下，只能在最異質的形式——在政治示威運動、會議辯論記錄、郵件、諷刺小品、社會法規、小冊子等等——之中方能取得。在這類的情境下，思想的連貫性不存在於特殊的文字之內…而是在大量個別零零碎碎與不完全的言論、姿勢、形象、與行動所構成的整幅意識型態對話之中。

倫理

倫理問題在歷史比較研究中比起其它類型的社會研究較不嚴重。因為研究者比較不可能直接接觸到被研究的人。歷史比較研究也有其它非反應類研究技術所遇到的問題。

初級來源的使用有時會引起特殊的倫理議題。第一，很難根據原始資料複製研究。研究者篩選用作證據的標準，以及對文獻所做的外在評鑑都對個別研究者的誠信都構成相當大的負擔。諾維克（Novick, 1988:220）建議：

> 歷史學家看到了第一手的大量證據，而且常是未出版的。歷史學家就其多年沈浸在這些資料當中——當然還包括他帶進資料的感知儀器與假設——而發展出對這筆證據的一套詮釋。歷史學家利用特殊的設計，註解就是最明顯的例子，以使他們的作品更接近「可複製性」，但是近似並不全然那麼接近。

史實的錯誤或是無法充分記載初級資料的來源，可能製造了對歷史學家欺騙不實的指控，特別是來自於反對歷史編纂的那些學派的攻擊。[40]

第二、保護個人隱私的這項權利可能干擾到蒐集證據的權利。某人的後世子孫可能想要銷毀、或是隱藏可能引爆醜聞的私人文件或證據。甚至重要的政治人物（例如，總統）都會隱藏見不得人的官方文件。

比較研究者必須對跨文化互動的政治與文化議題有某種敏感度。他們必須知道在某個文化之內什麼行爲對人是種冒犯。敏感度是指對地主國的傳統、風俗習慣，以及隱私的意義，表現出尊重的態度。例如，男性訪員在已婚女性先生不在場的情況下進行訪談，可能會是個禁忌。

一般而言，前往另一個文化的研究者，會想要與當地國政府，建立良好的關係。研究者不會把資料帶離開那個國家而不給予某些東西（例如，研究結果）做爲回報。研究者母國的軍事或政治利益或研究者的個人價值，可能與地主國的官方政策相衝突。研究者有可能被懷疑成間諜，或者可能受到母國的壓力前來蒐集秘密的資訊。

有時候，研究者的存在或研究發現可能遭致外交問題。例如，檢視某國墮胎措施的研究者，對外公佈該國官方政策是強迫許多婦女去墮胎，可以預期會引起嚴重的爭論。同樣的，一位同情反政府團體反對理由的研究者可能遭到監禁、或被要求離境。在其它國家進行研究的社會研究者應該對諸如此類的議題，以及他們行動的可能後果有所瞭解（參閱第十七章論倫理中關於卡密勒計畫（Project Camelot）的討論）。

結論

本章中，你已經學到組織一項歷史與比較資料的調查，在方法論上應該遵守的那些原則。歷史比較法在最近數十年來已經重獲新的注意力。適用於論及有關鉅觀層次變遷之類的大問題、或是想要瞭解跨越不同歷史時期的社會過程、或是跨越數個社會的普同特性的情況。歷史比較研究可用數種方法來執行，但是一個獨特的質化歷史比較法與田野研究，在許多重要層面是相當接近的。

歷史比較研究涉及的是比應用一組專門化的技術更多的問題，它包括一個不同的研究取向，使用某些專門化的技術，譬如，初級文獻的外在評鑑之類。然而，歷史比較研究最重要的特徵是，研究者如何切入一個問題、搜尋資料、進而邁入解釋。

歷史比較研究是比既非歷史亦非比較的研究，更難執行的研究。但是這項困難是出於它遇到的是較少出現於其它類型社會研究的議題。例如，所有的社會研究多多少少會遇上等值性議題。然而，在歷史比較研究中，這個問題不能等閒視之。它們遠在研究該如何執行之前就該解決，而且也決定了某個研究問題是否有答案。

在前面那兩章中，我們已經檢視過質化資料的蒐集與研究。兩章都包括了一部分關於資料分析的討論，因為資料分析是與資料蒐集一併發生的。在下一章中，我們會更詳細地檢討有關質化資料分析與理論解釋的議題。

關鍵術語

時代錯置	跨國研究	測量等值
年鑑學派	文化脈絡研究	時代的精神
反向翻譯	外在批評	敘事史
培根謬誤	卡爾頓問題	非來源所提供的知識
任意刪除文字	有根基的理論	口述歷史
個案比較研究	歷史編纂	初級資源來源
概念等值	人際關係地域檔案	回憶文獻
脈絡等值	內在評鑑	歷年記錄
出於好意的偏誤	語彙等值	次級資料來源
關鍵性指標	長篇歷史	多國研究

複習測驗

1.歷史比較研究有哪些獨特的特色？

2.田野研究與歷史比較研究有哪些相似處？

3.什麼是年鑑學派？對於研究過去這個學派在其研究取向上有哪三大特色？

4.批判指標與支持證據之間有什麼差異？

5.採用外在評鑑的研究者會提出哪些問題？

6.使用次級來源的資料，會有哪些限制？

7.什麼是卡爾頓問題？爲什麼在比較研究上這很重要？

8.社會研究使用比較法有何長處或缺點？

9.跨國調查研究在哪些方面不同於在自己國家內執行的調查研究？

10.歷史比較研究中，等值的重要性所指爲何？四種等值類型是哪些？

註釋

1.早期著作包括如下：麥克・布羅赫的《封建社會》，曼揚譯（L. A. Manyon），（Chicago: University of Chicago Press, 1961；原著，1939-1940）；喬治・何門斯，《十三世紀的英國鄉民》，（Cambridge, MA: Harvard University Press, 1941）；羅伯・墨頓，《十七世紀英國的科學、技術、與社會》，（New York: Harper & Row, 1970；原出版於1938年）；卡爾・波蘭尼，《大轉型》，修訂版，（Boston: Beacon, 1957； 原出版於1957）。

2.這個時期若干頗有影響力的著作包括有安德森（Anderson, 1974a,

1974b)、賀克特（Hector, 1975）、佩奇（Paige, 1975）、史高屈波（1979）、狄里、狄里、與狄里（1975）、華勒斯坦（1974）。

3.在1989年與1991年刊登在美國社會學評論上的一百九十三篇文章中，有八十二篇屬廣義的歷史或比較研究。同一時期，美國社會學刊上登載的一百零一篇論文中，有三十二篇屬於歷史或比較研究。總計爲兩百九十四篇論文中的一百一十四篇論文，佔論文總數的百分之三十八點八。在1986年與1988年之間，美國社會學評論上將近有刊載有一百七十四篇，而美國社會學刊上則有將近一百零五篇論文。其中美國社會學評論上有四十六篇（約百分之二十六點四），而美國社會學刊上有三十一篇（約佔百分之二十九點五）不是歷史就是比較研究。在1976到1978的那段期間，歷史比較論文在美國社會學評論總共一百六十五篇論文中佔三十四篇（百分之二十點六），在美國社會學刊總共一百二十六篇的論文中佔十八篇（十四點三）。

4.更進一步有關歷史比較研究的資訊可參閱強生（Johnson, 1982）、科恩（Kohn, 1987，特別是註一）、李普賽（1986）、諾維克（Novick, 1988）、洛伊（1984）、史高屈波（1984）、史密斯（Smith, 1991）、華威克與歐雪森（Warwick & Osherson, 1973）、札瑞特（Zaret, 1978）。

5.進行通則化與分析時，關於不同時間與文化單位之差異的討論，參閱費爾包（Firebaugh, 1980）與斯美舍（Smelser, 1976）的著作。

6.更進一步的討論，參閱麥克丹尼爾（McDaniel, 1978）、普澤渥斯基與童恩（Przeworski & Teune, 1970），以及史丁奇康（Stinchcombe, 1978）。

7.布朗（1978）、強生（1982）、洛伊德（Lloyd, 1986）、與麥克列南（McLennan, 1981:66-71）對實證主義與非實證主義的歷史比較研究取向做過一番討論，然後轉向唯實主義的科學哲學。關於歷史研究的討論，參閱墨菲（Murphey, 1973）。關於比較研究，則海姆斯

（Hymes, 1970）與梅漢（Mehan, 1973）的論文皆指出正視非實證主義的含意。

8.更多有關師法人類學的討論，參閱畢爾賽克（Biersack, 1989）、戴山（Desan, 1989）、強生（1982）、賽威爾（Sewell, 1980）、史東（Stone, 1987），以及華特斯（Walters, 1980）。

9.也參閱戴山（1989）、葛立斯華德（Griswold, 1983）、與萊恩（Ryan, 1989）有關儀式與文化象徵主義的討論。

10.也參閱卡爾（Carr, 1961:35; 69）、麥克丹尼爾（1978）、諾維克（1988:604）、與拉金（1987:164-166），對歷史比較研究中理論與證據之關係中，有關對話隱喻的討論。

11.更進一步的討論，參閱賽維爾（1987）。

12.參閱羅斯與敘魯其特（Roth & Schluchter, 1979:205）。

13.更進一步有關表面事件的穿透力，參閱布羅赫（1953:13），洛伊德（1986），麥克列南（1981:42-44）、與賽威爾（1987）。

14.關於創造區別的困難，參閱納羅（Naroll, 1968）。

15.下一章將討論歷史分期的問題。

16.其他的學者像是班狄斯（1963）、普澤渥斯基與童恩（1970）、與斯美舍（1976），也討論過跨歷史的概念。

17.更多有關年鑑學派的資料，參閱布勞岱（1980）、達登（Darnton, 1978）、韓特（Hunt, 1989）、洛伊德（1986）、與麥克列南（1981）。

18.關於入門閱讀法，參閱沙弗（1980:46-48）的討論。

19.沙弗（1980:2）對此有相當深入的討論。

20.參閱羅文索（1985:187）。

21.更進一步有關口述歷史的討論，參閱當納威與包姆（Dunaway & Baum, 1984）、希頓、梅哈菲、與戴維斯（Sitton, Mehaffy, & Davis, 1983），以及湯普森（1978）。關於美國口述歷史主要論文集，也參閱普魯查（Prucha, 1987:78-80）。

22.班狄斯（1978:16）把歷史學家的判斷與社會學家的篩選，做明顯的區隔。他認爲社會學局限在選擇舉證性的資料，不如對特殊歷史細節擁有豐富知識的史學專家，儘管他們各有不同的目的。

23.參閱墨頓（1957:93-94）對事後詮釋的局限所做的討論。

24.關於歷史社會理論中的法則與趨勢的差別，參閱阿波包姆（Applebaum, 1978b）、與麥克列南（1981:75）。墨菲（1973:86）對這個議題，也做過一番頗爲有用的討論。

25.研讀這個詞在這裡的用法，是指把理論架構與分析目的帶進閱讀的文稿之中。爲了找出底層結構中的關係模式，讀「遍」（也就是說，看過一遍但是並不是指毫不留意）特殊的細節與歷史學家的詮釋。相關討論，參閱孫末楠（Sumner, 1979）。這關係到歷史編纂的客觀性問題，是當前的一大爭議。參閱諾維克（1988）與溫克勒（Winkler, 1989）。

26.關於歷史學家如何使用概念的討論，參閱波奈爾（Bonnell, 1980:161），芬里（Finley, 1977:132），以及高德史洛普（Goldthorpe, 1977:189-190）。

27.關於歷史學家如何看待他們使用方法的簡要概述，參閱巴宗與葛拉夫（Barzun & Graff, 1970）、布勞岱（1980）、坎特與施奈德（Cantor & Schneider, 1967）、諾維克（1988）、或沙弗（1980）。大多數的焦點擺在蒐集歷史細節。這個作法把注意力集中在特定的歷史行動者、他們的角色、與動機，所以偏重個人主義與自願主義的觀點，而且研究也多有點像是對微觀行爲的表意解釋。參閱布羅赫（1977）、拉斯列特（Laslett, 1980）、與麥克伊佛（MacIver, 1968）。

28.有關敘事史的討論，參閱阿伯特（Abbott, 1992）、該里（Gallie, 1963）、葛立芬（Griffin, 1993）、麥克列南（1981:76-87）、里德（Reed, 1989）、里查森（Richardson, 1990）、盧西曼（Runciman, 1980）、與史東（1987:74-96）。

29.更多關於初級資料的用途與評鑑的討論，參閱巴宗與葛拉夫（1970:63-128）。砍特與施奈德（1967:22-91）、狄玻（Dibble, 1963）、馬理安波斯基與休斯（Mariampolski & Hughes, 1978）、密里根（Milligan, 1979）、普列特（Platt, 1981）、沙弗（1980: 127-170）、與托普斯基（Topolski, 1976）。布羅赫（1953:79-137）對歷史批評的本質所做的一般性討論，至今仍然非常有價值。

30.更多有關比較研究的優點與限制，參閱安德森（Anderson, 1973）、何特與藤納（Holt & Turner, 1970）、科恩（1987）、拉金（1987）、斯美舍（1976）、法里爾（Vallier, 1971a; 1971b）、華頓（Walton, 1973）、與惠廷（Whiting, 1968）。

31.波稜（Bollen et al., 1993）、契斯唐（Chase-Dunn, 1989:309-333）、與拉金（1994）也提供相同的分類法。關於對科恩分類學的批評，也參閱拉金（1989）的著作。

32.舉例來說，愛力克·伍爾夫（Eric Wolf, 1982）對1400年與1900年間世界文化或文明的研究，顯示在歐洲殖民以及民族國家興起之前，世界上有許多各自獨立的文化與文明存在。

33.譬如，參閱賀克特（Hector, 1975）與希伊（1986）。

34.參閱艾爾德（Elder, 1973）與惠廷（1968）對卡爾頓問題的討論。

35.更多有關人類關係區域檔案以及民族誌地圖的討論，參閱墨朵克（Murdock, 1967; 1971）與惠廷（1968）。

36.更多有關比較調查的研究，參閱柏頓與懷特（Burton & White, 1987）、艾爾頓（1973）、費爾（Frey, 1970）、維巴（Verba, 1971）、華威克與林寧格（Warwick & Lininger, 1975），以及威廉森（Williamson, et al., 1982:315-319）。更多有關資料取得的議題，參閱亞默（Armer, 1973:59）與佛姆（Form, 1973）。

37.參閱費爾（1971）、葛林姆蕭（Grimshaw, 1973）、與麥克丹尼爾（1978）。

38.更多有關等值性的討論，參閱安德森（1973）、亞默（1973）、費爾（1970; 1973）、何頓與藤納（1970）、普澤渥斯基與童恩（1970），以及華威克與歐奇森（1973）。

39.更多有關反向翻譯，參閱安德森（1973）、葛林姆蕭（1973）、與海姆斯（1970）。

40.關於大衛・亞伯拉罕這個例子更周延的討論，參閱諾維克（1988: 612-622）。

第16章

質化資料的分析

社會學中大部分最好的作品一直是使用沒有統計檢定的質化方法完成的。從組織與社群研究、面對面互動的微觀研究，到世界體系鉅觀研究等等的研究領域，都是如此。這些作品既不該被視為研究這些主題的薄弱方法，也不該被視為是開始階段的「探索性」方法。

藍朵・科林斯（Randall Collins）

《統計與文字（*Statistics versus Words*）》，第三四〇頁。

引言

質化資料是以文章、書面文字、詞句、或象徵符號等形式，來描述或呈現社會生活中的民眾、行動、與事件。除了偶一為之的內容分析研究外，質化研究者很少用到統計分析。儘管如此，這並不意味質化資料分析是根據臆測或模糊的印象，雖然質化資料分析是種不同於量化或統計分析的方法，它可以是相當系統化、並且講求邏輯推理嚴謹性的方法。

過去，很少有質化研究者會解釋他們是如何分析資料的。事實上，對質化研究常見的批評正是沒有清楚地說明資料分析的方式、無法讓人公開檢視。質化資料分析已經邁向一個更為明確、講求逐步進程的系統化方法[1]。不過，目前尚未出現單獨一個廣為大眾接受的質化資料分析程序。本章中，你將會學到一些質化分析的技術，其中有些方法比較常用於歷史比較研究，而另一些則比較常用在田野研究。

量化與質化分析

質化與量化的資料分析形式有其相同與相異之處。

相同處

第一，這種研究風格對兩種類型的資料所採取的分析形式都涉及到推論。研究者從社會生活的經驗細節中進行推論。推論是指運用判斷、透過理解、根據證據，而得到結論的過程。這兩種資料分析形式中，研究者都仔細檢視經驗資訊以獲得結論。這個結論是透過推理與簡化資料中的複雜性而得到的。它和資料之間有一些抽象或距離，但是這會隨著研究的風格而變化。這兩種資料分析的形式對社會世界所做的陳述乃是建立在正確探究（亦即忠實地反映資料）的基礎之上。「在質化研究中，充分適當（adequacy）是指所蒐集的資料數量，而不像量化研究是指研究對象的數目。正確只有在完成蒐集到接近飽和程度的充分資料時，才算達到」（Morse, 1994:230，原文中即以強調表示）。

第二個相同處是這兩種類型的分析都涉及到一種公開的方法或程序。研究者有系統地記錄或蒐集資料，藉此可以方便他人進入他所執行的程序之中。這兩類研究者都蒐集大量的資料，他們描述並且記載如何蒐集與檢驗這些資料的做法。這個方法的標準化與能見度可能並不完全一樣，但是所有的研究者多多少少在某些方面都會顯露出他們的研究設計。「質化研究中對於研究設計並不總是有清楚的交代，但是至少在每一份研究都找得到隱隱約約的說明」（King, Keohane & Verba, 1994:118）。

此外，比較對所有的資料分析，不論是質化還是量化，都是個核心程序。所有社會研究者不是針對證據本身，就是運用相關的證據，對他們蒐集到的證據性質進行比較。研究者辨識證據中的多種過程、原因、屬性、或機制，然後找出模式——相同處與相異處——相似與不相似的層面。

> 〔質化〕研究者檢視跨個案間相同處與相異處的模式，設法找出造成多樣性的論點…量化研究者同樣也檢視個案間的相異，但是強調的重點不同，他們的目的是要解釋一個變項與另一個變項間的共變性，而且通常是橫跨許多個個案…傳統上，量化研究者只探究個案間的相似處（Ragin, 1994:107）。

第四，在質化與量化形式的資料分析中，研究者都竭盡所能地避免誤差、錯誤的結論、與誤導的推論。對於可能犯下的謬誤或幻覺，也都提高警覺。他們從各種不同的解釋、討論、與描述中進行篩選，評鑑對立觀點的優劣，從中尋找出最道地、有效、眞實、或有價值的解釋。

相異處

質化資料分析在四方面，不同於量化分析。第一，量化研究者是從一組特殊化、標準化的資料分析技術中進行選擇。用在不同的社會研究計畫之中，或是自然與社會科學間所用的假設檢定與統計方法，變化並不大。量化分析已經達到高度的發展，建立在應用數學的基礎之上。相反的，質化資料分析較少有標準化的情形。質化研究方法上的廣泛變異，是配合資料分析的方式。質化研究經常是歸納的，研究者很少在計畫開始之時就知道資料分析後的特性。沙茲曼與史濁斯（Schatzman & Straussa, 1973:108）評論說，「質化分析者並不是經常能夠享受到他們量化同儕所擁有的，能夠預測研究中分析過程的操作優勢；因此，他們無法根據研究設計之初所建立起的操作模式，來修正與調度他們的原始資料」。

第二項差異是量化研究者直到完成了所有的資料蒐集、並將它們壓縮成數字之後，才開始進行資料分析。然後他們再操弄這些數字以便找出模式或關係。質化研究者也可以從事模式或關係的尋找，但是他們在研究計畫很早的階段就開始分析，不過他們一邊還在做繼續蒐集資料的工作。早期資料分析的結果指導後續的資料蒐集工作，因此，分析並不是一個獨立的研究最後階段，而是延展貫穿整個過程的一個研究向度。

另一個差異是和社會理論的關係。量化研究者操弄代表經驗事實的數字，以檢定帶有變項建構的抽象假設。相反的，質化研究者是把經驗證據與抽象概念融合起來以建立新的概念與理論。質化分析者並不檢定假設，反之他彰顯或描繪證據，從而顯示某個理論、通則、或詮釋的可靠性。

第四項差異是對社會生活細節的抽象程度或與之的距離。所有的資料分析都是研究者把原始資料分配到他所操弄的一些類別之中，以便藉此辨識出模式進而獲得通則化。在量化分析方面，這個程序是由統計、假設、與變項來呈現的，量化研究者利用變項間統計關係的符號語言來討論因果關係，他們假設社會生活可以用數字來加以測量。當他們依據統計定律來操弄數字時，這些數字就顯示出社會生活的特徵。

質化分析不像統計分析那麼抽象，比較接近原始資料。質化分析不是應用大量來自數學與統計學基礎紮實的形式知識，反之資料多是以不精確的、含混、以情境爲主的文字形式來呈現，而且可能有一種以上的意義。

> 文字不僅在智識上更為根本；我們甚至可以說在學科的社會結構中，它們必然優於數學。因為文字是一種表達形式，具有較大的開放性，較有能力連結不同領域的論點與經驗，並且較有能力接近知識聽眾（Collins, 1984:353）。

解釋與質化資料

質化解釋有許多形式。質化研究者不必在嚴格的表意／律則（ideographic/nomothetic）的二分法——也就是，描述特徵還是驗證普遍法則——中做出選擇。相反的，研究者發展接近具體資料與情境的解釋或通則，但是不僅止於簡單的描述。他通常使用層次較低、較不抽象、通常是根據具體細節而來的理論。他可能建立新理論來建構社會生活的實際圖像、進而刺激理解，而不是在檢定某個因果假設。解釋傾向於提供豐富的細節、對情境的敏感度，以及能夠證明社會生活的複雜歷程或是先後順序。這種解釋可能會是因果的，但是也不必然如此。研究者的目的在把大量的特殊細節組織成一幅前後一致的圖像、模式、或一組互相關聯的概念。

質化研究者很少試圖記載普遍法則；相反的，他把解釋分為兩大類型：極不可能與可信可靠的。完成個案的建構或提供支持性證據，研究者就引以為滿足。經過深思熟慮之後，研究者可能排除某些理論解釋、添加其它解釋的可靠性，因為只有少數的解釋能夠符合資料所展現的模式。質化分析可以藉由呈現一系列的資料都與某個解釋矛盾，而將這個解釋給排除。資料可能會支持一個以上的解釋，但是所有的解釋不會都和那個解釋吻合。除了排除較不可靠可信的解釋之外，質化資料分析有助於證實事件出現的先後順序，或是過程的前後步驟。這種時間上的先後順序是發現變項間關係的基礎，也有助於支持因果論證。

質化研究的分析與理論化形式，有時候會使看出通則化變成一件難事。有些質化研究者走的幾乎是描述的路線、完全避開理論分析。通常最好的做法是把理論與概念交代清楚。如果研究者對於他使用的分析性詮釋或理論不提供清楚的說明，質化研究的讀者可能會自行使用他們日常生活中視為理所當然的觀念，加以解釋；而他們的常識架構可能包含源自優勢文化價值的隱藏性假設、偏見、民族優越感，以及缺乏妥善定義的概念[2]。

形成概念

本節中，你將學到主題或概念、質化資料的編碼登錄，以及分析性備忘錄的寫法。質化研究者有時候會使用變項，但是他們更常使用一般性的想法、主題、或概念做為獲得通則的分析工具。質化分析經常使用非變項的概念、或簡單的名目尺度變項。

質化研究的概念化

量化研究者把變項的概念化與概念的精緻化，做爲資料蒐集或分析之前，變項測量過程的一部分。相反的，質化研究者形成新的概念或是從資料中提煉概念。概念形成是資料分析的整合部分，而且在蒐集資料的過程當中就已經開始了。因此，概念化是質化研究者組織資料與使資料具有意義的一種方式。

質化研究者分析資料的方式是根據主題、概念、或類似特徵，而把資料組織成一些類別的程序來進行分析。他發展新的概念、形成概念定義、並且檢視概念間的關係。最後他再根據時間順序、對立組別（X爲Y的對立）、或者一組相似的、已被他編織成理論陳述的類別，把概念串連起來。質化研究者隨著他們讀完整筆資料（例如，田野筆記、歷史文獻、次級資料來源）、提出批判性的問題，他們也完成了概念化，或構做概念的工作。問題可能來自於某個學科——像是社會學——的抽象字彙，例如，這是個階級衝突的例子嗎？那個狀況出現的是角色衝突嗎？這是個社會運動嗎？問題也可能是邏輯式的，例如，這整串事件的序列會是什麼？這裡發生的這個事件與那邊發生的狀況，比較起來如何？這些是相同的、還是相異的狀況？一般性的還是特殊性的案子？[3]研究者登錄質化資料時，經常需要從事概念化的工作。

在質化研究中，看法與證據是互賴的。這個情況特別適用於個案分析。個案不是事先存在的現成經驗單位或理論類別；他們是被資料與理論所界定的。在分析一個情境時，研究者同時進行資料的組織與觀念的應用，藉此創造或指出一個個案。製造或創造一個個案，被稱爲個案化（casing），便把資料與理論結合在一起。決定把什麼當成個案處理的方式解決了存在於研究者所觀察到的與他想像中的之間的緊張與壓力。「從方法論的一個步驟觀之，個案化是可以出現在研究過程中的任何一個階段，不過它特別常出現在計畫開始與結束之時」（Ragin, 1992b:218）。

質化資料的編碼登錄

量化研究者在蒐集到所有的資料之後，便進行編碼登錄。他把數字形式的變項測量值，整理成一種機器可以讀取的形式，以便進行統計分析。

資料的編碼登錄在質化研究中具有不同的意義與角色。研究者把原始資料組織成概念類別，並且創造主題或概念，做爲日後分析資料之用。質化編碼登錄並不是件簡單的抄寫工作，它是資料分析的整合部分。受到研究問題的引導，也會產生新的問題。它把研究者從原始資料糾纏不清的細節當中釋放出來，也鼓勵研究者對這些細節進行高層次的思考。也會把研究者推向理論與通則化。

> 編碼是一種標籤，用在將意義單元指派給研究中所匯集而來的描述性或推論性資訊。符碼通常被附加在與某個特定情境有關、也可能無關的大小不同的「對象」上——像是文字、片語、句子、甚或整個段落（Miles & Huberman, 1994: 56）。

編碼登錄是項一塊進行的活動：機械式把資料加以縮減同時對資料進行分析性的分類處理。研究者把資料排出先後順序。「不同於幾週來從事的機械式的處理過程，眞正的分析性時刻是出現在頓悟發生之時，或是辨識出模式之時」（Wolcott, 1994:24）。資料編碼登錄是份相當辛苦的工作，要把堆積如山的原始資料縮減成可以掌握的數堆文件。除了要使大量的資料成爲可以掌握的之外，編碼登錄也使研究者可以快速找到相關的資料。在令人振奮鼓舞之際，對大量的質化資料或文件檔案，進行編碼登錄，會是相當繁瑣無趣的工作。帕拉斯（Plath, 1990:375）評論說，它有著「那種面對畫紙卻苦無下筆之處的戲劇張力」。

改變這麼大量的資料會是相當令人手軟的。好幾週、甚至好幾個月，你付出的努力可能毫無所得…歸檔工作是大多數的我們為瞭解某個民族而奮鬥不懈所許下的內在誓言的外在表現（Plath, 1990:374）。

史濁斯（Strauss, 1987）界定三種類型的質化資料編碼登錄法，將描述於下。研究者在三種情況下檢視資料，每一次使用不同的編碼登錄，而且對同一筆原始資料進行三次編碼。史濁斯（1987:55）警告說，「對經驗不足的研究者來說，瞭解並且靈活運用編碼登錄會是最困難的一項作業」。其他的學者也提出類似的編碼種類（參閱Lofland & Lofland, 1995:192-193; Miles & Huberman, 1994:57-71; Sanjek, 1990:388-392）。

開放編碼：開放編碼（open coding）是第一關對最近蒐集到的資料所執行的工作。研究者在第一次的嘗試中，找出主題並且指派最初的符碼或標籤，把大量的資料濃縮成數個類別。他徐徐地閱讀田野筆記、歷史來源、或其它資料，尋找關鍵字、關鍵事件、或主題，並且做下記錄。然後，他會在筆記卡或電腦記錄卡的兩邊記下初步的概念或標籤，並用色彩明亮的筆或其它類似的方法，把它們突顯出來。在接下來的分析中，研究者開放他的思想空間，創造新的主題、變動早期想出來的符碼。如果能夠彈性應用理論架構，亦將有所助益。

開放編碼使主題能夠從既深且厚的資料中，浮現出來。這時的主題抽象層次較低，大多來自於研究者剛開始的研究問題、文獻中出現的概念、社會情境中成員使用的名詞、或因深入資料而刺激出來的新思想。誠如沙茲曼與史濁斯（1973:121）所提出的警告——對研究者而言，從具體的資料中看出抽象的概念，在抽象概念與特定細節之間進行反覆不斷的思索，是項極爲重要的工作。

初學者偶爾——即使不是它們的典型特徵——被自己試圖利用實質工具（亦即某門學科的概念）的企圖所絆倒，這多半是因為他們誤把那些實質工具當成實際存在的形式。有經驗的研究者與學者常常比較能夠看透代表這些抽象設計的日常經驗實相；所以他們掌握概念的流動能力就比較高。因此，我們鼓勵初學者在分析時，把相對無生命的抽象概念轉變為故事——甚至是帶有情節的故事。

這類的例子在勒馬斯特（LeMasters, 1975）對一家勞工階級酒店進行田野研究時，當他發現婚姻這個詞不斷在許多的對話中出現時，窺知一二。如果他對田野筆記進行開放編碼，他可能把一大堆田野筆記都編進婚姻這主題之下。下面是一個可以對婚姻這個主題進行開放編碼的假設性田野筆記範例：

由於剛參加完一個晚會，星期四我打了條領帶到啤酒屋去，山姆立刻就注意到了，並且說，「該死，我曾經戴過這種東西一次——就是我結婚的時候——然後看看我發生了什麼事！上帝呀，下一次將是由殯葬化妝師替我戴上。」我點了一杯啤酒，然後問他，「你為什麼要結婚呢？」他給了我個微笑、眨了下眼睛回答說，「要不然你要做什麼？你不能一生都在換同居的女人吧——我單身時，這樣的經驗已經夠多了。」他停下來又叫了杯啤酒，點了根香菸，然後繼續說，「一個男人遲早會喜歡有自己的家、一群小孩、和一些你必須結婚才能有的東西。毫無例外——它們完全把你套住了。」我說，「海倫（他的太太）似乎是個不錯的人。」他回答說，「哦，她不是個不好的人，但是她是個臭女人，讓我深惡痛絕，簡直把我給氣炸了。如果你要去一個舞會，當你正開始玩得起勁時，太太卻說，

『我們回家吧。』」（取自LeMasters, 1975:36-37）

歷史比較研究者也使用開放編碼。例如，研究勞工武士——十九世紀發生於美國的一個追求經濟與政治改革的運動——的研究者閱讀某個城鎮裡該運動分支機構相關活動的二手資料。當研究者進行閱讀與做筆記時，他注意到禁酒黨在當地選舉中扮演重要的角色，而且當地分支機構的成員對禁酒運動發生過爭論。研究者的主要興趣是勞工武士運動的內部結構、意識型態、及其成長，禁酒運動是個非預期的新類別。研究者以禁酒運動的標籤對筆記進行編碼登錄，並且將之以一個可能出現的主題，包括在整個研究之內。

雖然有些研究者（例如，Miles & Huberman, 1994:58）指出，研究者是先從一份概念名單開始，就這份名單進行編碼登錄，但大部分編碼登錄的主題是在研究者閱讀資料筆記的過程當中產生的。不論研究者開始時是否有份主題名單，他在開放編碼之後都會製作一個主題名單。這類名單有三種功能：

1. 它幫助研究者一眼就看到凸顯的主題。
2. 它刺激研究者在後來的開放編碼時，能夠找出主題。
3. 研究者使用這份名單來建構這次研究的全部主題集合，進一步分析時，他可以將之重組、篩選、刪除、或擴展。

質化研究者在編碼的完整性與細節程度上有很大的差異。有些人對每一行或每數個字都給予編碼；另一些人編碼整個段落，並且說絕大部分的資料都不必編碼，是一些渣滓或垃圾。編碼的詳細程度端視研究問題、資料的「豐富度」，以及研究者的目的而定。

開放編碼可以擴大涵蓋到研究者蒐集資料時，自己所寫的分析性筆記或備忘錄。研究者應該針對他們訂出的符碼，撰寫備忘錄（參閱下面對分析性備忘錄的寫法那一節的討論）。

主線編碼：這是處理資料的第二道關卡。在開放編碼時，研究者的注意力集中在資料本身，並且針對主題加上編碼標籤。這時並不重視建立主題之間的關聯性或擷取主題所代表的概念。反之，在主線編碼（axial coding）時，研究者從一組有組織的初步符碼或初始概念下手。在這第二關的處理中，他比較重視初步編碼主題，而非資料本身。額外的符碼或新的概念可能在這個時候出現，同時研究者也會做下註記；但是他主要的工作是在回顧與檢視初步符碼。他的方向是組織概念或主題，並且標示出分析時關鍵概念的主軸。

麥爾斯與胡柏曼（Miles & Huberman, 1994:62）曾經提出警告，「符碼的建構與修訂是早是晚的重要性，遠不如符碼間是否存在有某些概念與結構的順序來得重要。符碼應該以前後一致的、對研究的重要性等方式連結起來；它們應該是某個主導研究動向結構的一部分。」

在主線編碼時，研究者詢問有關因果、條件與互動、策略與過程的問題，並且搜尋具有群聚特性的類別或概念。他探問的問題像是：我能將既有的概念再分成次面向或次類別嗎？我能將某些緊密相關的概念結合成一個較爲一般性的概念嗎？我能以一種先後順序（例如，A，然後B，然後C）、或以它們的物理位置（例如，它們在那裡發生）、或是以他們與某個主題的關係而加以分門別類嗎？例如，一位研究勞工階級生活的田野研究者，將婚姻的一般性議題分成數個次部分（例如，訂婚、結婚）。他標示出所有涉及婚姻部分的筆記，然後把婚姻連接到性、家務工作的勞力分配、對子女的看法等等的主題。當主題在不同地方重複出現時，研究者就進行比較，以便看出新的主題。（例如，男人與女人對婚姻抱持不同的態度）。

在勞工武士的歷史研究中，研究者尋找與禁酒運動有關的主題。他找出關於酒店、飲酒或醉酒，以及這個運動與支持或反對禁酒政黨之間關係的相對討論。環繞著禁酒運動而群集的主題可能包括以喝酒爲一種休閒形式、以喝酒爲民族文化的一部分，以及男人與女人飲酒行為的差異。

主線編碼刺激研究者對概念或主題之間的關聯性進行思考，它也引發新的問題。它可能會建議揚棄某些主題，或更深入檢視另一些主題。此外，它增強證據與概念之間的關聯性。當研究者要確定符碼、找出證據時，他會在許多地方發現關於核心主題的證據，而且在質化資料中建構起支持這些主題的濃密網絡。這與描述信度與變項測量時的多重指標觀念相類似，在主題與資料之間的連結會因經驗證據中有多重實例的支持，而獲得增強[4]。

選擇性編碼：到了研究者已經準備好對資料做最後一關處理的時候，他已經辨識出研究計畫的主要主題。選擇性編碼（selective coding）涉及的是對資料與先前的符碼的掃瞄瀏覽。研究者選擇性查閱彰顯主題的個案，並且在大部分或所有的資料蒐集完成之後，進行比較對照。在發展出成熟的概念，並且開始環繞著數個核心的通則化或觀念，籌劃整體性的分析之後，便展開選擇性的編碼。例如，研究勞工階級社區酒店生活的研究者決定以性別關係作為首要主題。在進行選擇性編碼時，研究者瀏覽他的田野筆記、找出男人與女人在談論約會、訂婚、結婚、離婚、婚外情、或夫妻關係時的差異。然後比較男人與女人在這個婚姻主題上每個部分的態度。

同樣的，勞工武士的研究者決定以這個運動無力與其它政治團體形成聯盟，做為首要主題。研究者閱讀他的筆記、找出勞工武士與包括禁酒團體和禁酒黨在內的其它政治黨派之間的妥協與衝突。在進行主線編碼時，與禁酒運動有關的一系列概念與主題可以幫助研究者找出禁酒議題如何促進或抑止結盟的形成。

進行選擇性編碼時，首要主題或概念最後將引導研究者執行搜尋的工作。他重新組織先前編碼時所辨識出的特定主題，並且詳細說明一個以上的首要主題。例如，在勞工階級社區酒店生活的研究中，研究者檢視對婚姻的意見，以便瞭解性別關係主題與生活中不同階段

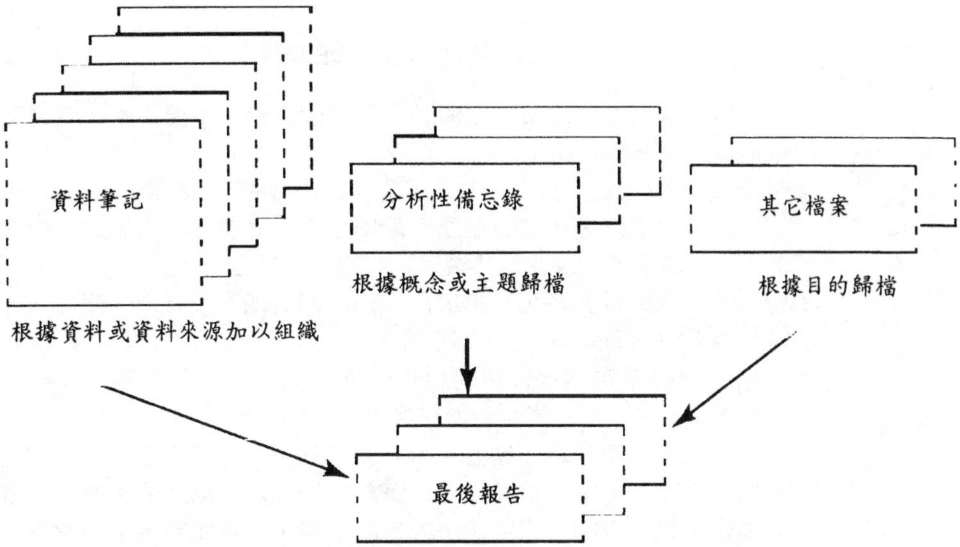

圖16.1 分析性的備忘記錄與其它的檔案

所面對的主題。採取這個作法，主要是因爲婚姻可以從這兩個方面來加以瞭解。同樣的，在勞工武士的研究中，研究者可以使用禁酒運動來瞭解結盟失敗的主要主題，也可以瞭解另一個主題——造成運動走向分裂的來源，是運動內部成員之間基於種族或宗教的差異。

分析性備忘錄的寫法

質化研究者總是在寫筆記。他們將資料記錄在筆記上，他們在筆記上寫下對他們使用的方法或研究策略的意見。他們必須要養成做筆記的習慣，同時要將他們的筆記組織成檔案，並且經常要做不同類型的筆記檔案：關於方法學議題的檔案（例如，資料來源的出處或是

方塊16.1

撰寫分析備忘錄的建議

1. 在你開始資料蒐集之後，立即動手撰寫備忘錄，不要中斷，直到你完成最後的研究報告爲止。
2. 每筆備忘錄上記下日期，以便你能夠看出研究的進展、你思路的發展。由於你會隨著研究的進展而定期地修正與增添備忘記錄的內容，記下日期將有助於你重新閱讀冗長、複雜的備忘記錄。
3. 暫時停下編碼或資料記錄的工作，先寫備忘錄。不要拖，而使創意火花或洞識稍縱即逝——趕快寫下來。
4. 定期閱讀備忘錄，比較編碼相似的備忘記錄，看看是否可以將之合併，或是編碼上的差異是否能夠做更清楚的交代。
5. 每個概念或主題都單獨建檔。所有關於同一個主題或概念的備忘記錄都擺在同一個檔案、檔案夾、或筆記本裡。以該概念或主題做爲檔案的標籤，以利查詢。因爲隨著分析的進展，能夠使你馬上篩選或重新組織備忘記錄，會是件相當重要的事，所以你應該能夠以某種方式篩選資料。
6. 將分析性的備忘記錄與資料筆記分開，因爲兩者各有不同的功用。資料是證據，分析性的備忘記錄則帶有概念與理論建構的意圖，而不在

關於倫理議題的檔案)、地圖或圖表的檔案、關於最後報告所有可能涵括的大綱或章節的檔案，以及關於特定人物或事件的檔案。

分析性備忘錄（analytic memo）是一個特殊類型的筆記[5]。它是個關於編碼程序的想法與觀念的備忘或討論，由研究者寫給他自己看的。每一個編碼主題或概念構成一篇獨立的備忘錄，而備忘錄包括概念或主題的討論。粗略的理論筆記構成分析備忘錄的開始。

分析性備忘錄構成具體資料或原始證據與較抽象的理論思考之間的連結（參閱圖16.1）。它包括了研究者對資料與編碼的反省與思考，研究者不斷增加備忘錄的內容，當他通過每一種類型資料的編碼關卡時都會用到它，備忘錄成爲研究報告中分析資料的基礎。事實

報導資料，而是在評述資料如何關聯、何以某群資料是彰顯某個一般性主題或概念的例子。

7.在分析性的備忘記錄中，提到其它的概念。撰寫備忘時，思索與其它概念之間的相似處、相異點，以及可能的因果關係。把這些想法記在分析性備忘錄中，以利日後進行備忘的整合、綜合、與分析。

8.如果兩個想法同時出現，把他們分開記在兩張備忘錄上。試著把每個放在不同的主題或概念的備忘錄與檔案裡面。

9.如果已經沒有新東西可以在加進一篇備忘錄中，表示對某個主題或概念你在蒐集進一步的資料上，已經達到了一個飽和點，那麼把那張備忘錄上標示出來。

10.製作一份備忘錄的編碼或標簽名單，這可使你透過整份名單，對所有的備忘記錄一覽無遺。當你定期篩選與重新將備忘記錄分類編組時，也當比照新架構重新組織這個備忘標簽名單。

來源：改寫自麥爾斯與胡柏曼（Miles & Huberman, 1994:72-76），羅夫蘭與羅夫蘭（Lofland & Lofland, 1995:193-194），與史濁斯（Strauss, 1987:127-129）。也參閱列斯特與哈頓（Lester & Hadden, 1980）。

上，品質優良的分析性備忘錄經過改寫之後，就成爲最後報告中的一個完成部分了。

撰寫分析性備忘錄所需要的技術非常簡單：筆和紙、幾本筆記本、一疊檔案夾，與筆記的影本。某些研究者使用電腦，但是這並不是必要的（參閱附錄D）。寫分析性備忘錄有許多方式；每一位研究者發展他自己的風格或方法。方塊16.1提供你一些根據別的研究者經驗的具體建議。某些研究者製作許多份筆記的影本，然後加以裁剪，把影本的各個部分放入分析性備忘錄的檔案中。如果檔案的體積很大，這個方法很好用，可以把分析性備忘錄獨立出來，另立一個部分歸併在整個檔案之中（例如，用不同顏色的紙張、或是擺在整份檔案的開頭)。其他研究者會在分析性備忘錄中列出某個主題出現在資料檔案中的位置。然後研究者就可以很容易地在分析性備忘錄與資料之間來回穿梭。因爲資料筆記包含刻意標示或特別加圈的主題，我們可以很容易地在資料中找到特定的部分。一種中間性策略是隨時更新首要主題在資料中的位置名單，同時也包括數份關鍵部分的筆記影本，以便參照[6]。

當研究者查閱與修正分析性備忘錄時，他會與同事討論觀念，並且帶著對新議題的關切，重新回到文獻中展開搜尋。分析性備忘錄可能有助於產生隨需要而增添或刪除的潛在假設，亦有助於發展新的主題或編碼系統。

質化資料的分析方法

前面各節所討論的編碼與撰寫備忘錄的技術是相當普通的，大部分的分析類型都可以使用。此外也有一些比較特定的質化資料分析方法。本節中，你將學到五種這類方法，它們是從所有可能的方法中挑選出來的：連續逼近法（successive approximation）、彰顯法（illustrative method）、分析性比較（analytic comparison）、主題分析（domain analysis）、與理想型（ideal type）。質化研究者有時候會合併這些方法，或是將之與量化分析一併使用。

資料分析（data analysis）通常是指找出資料中的模式——反覆出現的行爲、目標、或知識體系。一旦一種模式被辨認出來之後，我們就會以某種社會理論或是發生當時的情境，來加以解釋。質化研究者從描述一個歷史事件或社會情境出發，進而對這個事件或情境的意義，提出更具通則性的解釋。

潛在的困擾來源是資料在質化研究的各個階段中，會以多重形式出現。例如，田野研究資料包括了研究者經驗到的原始感覺資料、

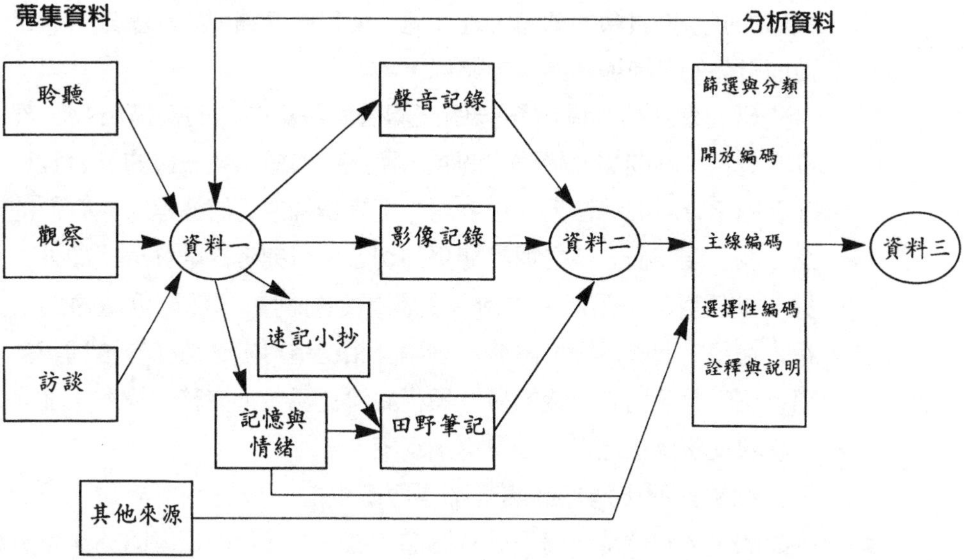

（資料1=原始感覺資料，研究者的經驗；資料2=記錄資料，經驗的實況記錄；資料3=檢選的處理過的資料，以最後定稿報告的形式出現）。

來源：改寫自伊連（Ellen, 1984a:214）。

圖16.2 田野研究的資料

田野筆記中的記錄資料，以及出現在最後報告中篩選過的或處理過的資料（參閱圖16.2）。資料分析涉及到檢視、篩選、分類、評鑑、比較、綜合、與思索已被編碼的資料，同時還包括查核原始的與已做成記錄的資料。

連續逼近法

這個方法涉及反覆重頭、遵循相同的步驟，朝向最後分析邁進。隨著時間的流逝，或是經過一再重複之後，研究者從資料中模模糊糊的概念與具體的細節，逐步邁入使用數條通則的詳盡分析。這與前面討論的三種編碼類型相類似。

研究者從研究問題與一個充滿著假設與概念的架構出發，然後探究資料、詢問關於證據的問題，藉此察看概念與證據的符合程度，並且顯示資料的特徵。他也會藉由把證據抽象化的過程來建立新的概念，並且調整概念使之與證據更加切合。研究者接著會蒐集額外的證據，以便對第一階段尚未解答的議題進行討論，然後再重複這個過程。在每一個階段中，證據與理論互相塑造對方。這種方法稱爲連續逼近法，此乃因修正後的概念與模式會更爲接近完整的證據，並且在一次次反覆修正之後，變得更加正確。

採用證據走過每個關卡都是臨時性的、或是不完全的。概念是抽象的，但它們卻是植根於具體的證據，並且反映情境脈絡。當分析邁入通則化時，這通常會受到條件與機動狀況的節制，因而研究者也就會提煉更能反映證據的通則與環節[7]。例如，歷史比較研究者相信歷史實相既非均等的、也不是線性的；相反的，具有的是不連續的階段或步驟。他可能將一百年的歷史分成數個時期，把連續的時間打斷成間斷的單位或時期，然後依據理論再爲各個時期下定義。理論幫助研究者確認在某個期間之內、或是在不同的期間之間，什麼是重要的事件，什麼又是見怪不怪的小事。就如同卡爾（Carr, 1961:76）的評論，「將歷史分期的做法並不是個事實，而是個必要的假設」。各期間的段落是人爲的；這些段落在歷史中並不是自然而然的，但是它們也不是任意的。

除非完成證據的檢視，否則研究者是無法決定歷史時期的數目與長短，以及各個時期間的起始段落。研究者可能從一般性的概念開始思考要分割成幾個時期、區別不同時期的指標，但是檢視過證據之後，他會調整時期的數目、各時期的長短，以及歷史分期的起始段落。然後他再檢視額外資料所提供的證據，再度對切割的時期段落進行調整。經過數次循環之後，研究者在不斷進行理論化、查閱資料的基礎上，逐漸把一百年中分割成一組不同的歷史時期。

彰顯法

另一種分析法是使用經驗證據來彰顯或支撐一個理論。藉由彰顯法，研究者把理論應用到某個具體的歷史情境或社會狀況，或是根據先前的理論來組織資料。事先存在的理論提供一些空的盒子（empty boxes）。研究者察看是否可以蒐集證據來填滿這些空盒子[8]。盒中的證據不是證實、就是拒絕理論，研究者視之爲詮釋社會世界的有用設計。理論展現的形式可以是一般的模型、類比、或是一連串的步驟[9]。

彰顯法有兩種不同的方式。一種是顯示理論模式可以彰顯釋或澄清某個特殊的個案或某個單一的情境。第二種是用一個模型做平行示範，研究者藉此模型同時呈列數個個案（也就是單位或時期）以顯示該理論適用於數個個案。在其它的情況下，研究者引用得自多個個案的資料來彰顯理論。平行示範法的一個例子可以在佩基（Paige, 1975）的鄉村階級衝突之研究中找到。佩基先發展出一個造成階級衝突條件的詳盡模型，然後從秘魯、安哥拉、與越南中找出證據來彰顯之。這顯示出該模型在數個不同的情形下的可應用性。

分析性比較

英國的哲學家與社會思想家約翰·彌勒（John Stuart Mill, 1806-1873）發展出從事比較的邏輯方法，這些方法至今仍爲人所採用。他的取同法（method of agreement）與取異法（method of difference）構成質化資料分析中分析性比較的基礎[10]。當實驗研究從事比較時，也用到這套邏輯。這個方法不同於彰顯法的地方，因爲研究者下手的不是一個由等待填滿細節的空盒子所構成的完整模型，相反地，他要從既有的理論或歸納中，發展出關於規則或模式關係的概念，然後研究者。把焦點集中在數個規律上，對具有替代性的解釋進行對照比較，然後找出不受限於某個特定情境（時間、地點、群體）的律則。他並不要找出放諸四海皆準的法則，只是適用於某個社會脈絡下的律則。舉例來說，研究者想從十九世紀全美都市公立中學中找出一個模式，而不是適用於所有教育組織或所有科層制度的一個因果法則。

取同法：取同法使研究者的注意力集中在個案間的共同性。研究者建立起所有的個案都具有某個共同的結果，然後設法找出共同的原因，雖然個案之間在其它的特徵上可能有所不同。這種方法接下來的步驟是一個刪除法的過程。如果某些特性不被那些共有某個共同結果的個案所共享，那麼這些特性被視爲可能原因的機會就被排除。舉例來說，研究者察看四個個案，它們不是小型的社會團體，就是整個社會。這四個都共享兩個共同的特性，但是它們在許多方面也大不相同。研究者找出一個或更多個共同原因，做爲解釋出現在所有個案中的共同結果。同時，排除其它替代的可能性，並且確認出數個基本的原因因素。據此，研究者可以主張說，儘管有這些差異性，但是關鍵性的相似處仍然存在。

取異法：研究者可以單獨使用取異法，也可以結合取同法一併使用。取異法通常比較有力，也算是對取同法的一種「重複應用」。研究者首先找出在許多方面相似，但在數個關鍵地方不同的個案。他就某個結果或原因特徵，指出在這些方面皆相似的個案，以及另外一組在這些都相異的個案。取異法以負面個案（例如，不具有某個結果與原因特徵的個案）來增強正面個案（例如，具有共同原因特徵與結果的個案）所提供的資訊。於是，研究者找出那些帶有許多正面個案的原因特徵，但是卻並不具有數個關鍵特性而且結果也不同的個案。

範例：很難從理論方面來掌握取同法與取異法。拉金（1987）

提出一個使用取同法與取異法的系統。參閱方塊16.2，該表對每一種方法都提示有一個的例子。在取同法的圖表中，注意a與b共同出現在全部的四個個案之中，因此是關鍵性的相似之處，雖然其間有許多差異（c至q）存在。假設個案一到四代表四個國家，字母代表國家的特徵，因此a是民主形式的政府、b是個具有數個實力相當的社會階級的社會結構、c是弱勢軍隊、d是強大專業軍隊、e是個有大規模徵兵制度的軍隊、f是大規模「自由」的公立教育制度…等等。使用取同法，對解釋結果a（一個民主的政府）感興趣的研究者注意到跨越四個發展出民主形式政府的個案中，在b（數個實力相當的社會階級）上出現的律則。據此，他會假設b對a的發展是一個關鍵性的原因因素。

現在看方塊16.2中的第二部分——取異法。注意個案一與個案二在五個特徵上是相似的，它們與個案五或個案六或這兩個的差別，是除了f之外，在所有其它的特徵上都不相同。想要解釋造成a（民主形式的政府）條件的研究者，如果沒有個案五或六可能會有所困難，他可能無法分辨出b、c、o、與f，對政府的形式有何重要性。使用取異法並且把像是個案四與五的個案包括進來進行比較時，研究者注意到儘管出現某些常見於民主政府的特性，仍會發展出x（獨裁形式的政府）來。因此，研究者得出結論：某些例如c（弱勢的軍隊）、o（只有一個官方語言），以及f（自由的公立教育制度）等特徵，對於a而言可能並不是關鍵的。再次顯示出b是關鍵性的原因特徵，因爲它是存在於個案一與個案二這一組個案，和個案五與個案六的那一組個案之間的一項關鍵差異。

主題分析法

民族誌學者詹姆士·史布拉德里（James Spradley, 1979; 1979b）發展出主題分析法，是種創新的、整體性的分析質化資料的方法。本節將敘述這個系統的關鍵部分——進行質化資料分析的組織化結構。

方塊16.2

取同法與取異法的範例

取同法

個案1	個案2	個案3	個案4
a	a	a	a
b	b	b	b
c	c	d	e
f	f	g	h
i	j	k	k
l	m	l	n
o	o	p	q

取異法

個案1	個案2	個案5	個案6
a	a	x	x
b	b	z	q
c	c	d	c
f	f	f	f
i	j	k	k
l	m	l	n
o	o	o	q

史布拉德里把文化情境中的基本單位界定爲一個主題，也就是一個進行組織資料的觀念或概念。他的系統建立在主題的分析上。然後再把若干個主題組成類別與範圍更爲廣闊的論題，以便對文化場景或社會情境提出整體性的解釋。主題有三個部分：一個主概念或片語、語意關係，以及數個從屬概念。主概念是簡單的主題名稱；從屬概念是主題之下的次類型或部分；語意關係說明從屬概念在邏輯上何

續方塊16.2

每個字母代表社會的一項特徵

a = 有民主型態政府的社會。
b = 有數個實力相當的社會階級結構的社會。
c = 有個弱勢軍隊的社會。
d = 有個強大專業化軍隊的社會。
e = 有大規模「徵兵」軍力的社會。
f = 有個大規模的「自由」與開放的公立教育制度的社會。
g = 有個小規模私立教育制度的社會。
h = 有個只開放給一小群菁英的公立教育制度的社會。
i= 有單獨一個國家宗教的社會。
j = 有兩個強勢宗教的社會。
k = 有數個弱勢宗教的社會。
l = 有個赤道型氣候的社會。
m = 有個北極氣候的社會。
n = 有個溫帶氣候的社會。
o = 有一個官方語言的社會。
p = 有兩個強勢語言的社會。
q = 有一個主要語言與數個次要語言的社會。
x = 有個專制獨裁形式政府的社會。

以與主題相符。舉例來說，在法院情境中證人這個主題下，主概念是「證人」，兩個次類型或從屬概念是「被告證人」與「專家證人」。語意關係是「屬於某個種類」。因此，專家證人或被告證人是證人的一個種類，其他的語意關係列述於表16.1中。

史布拉德里的系統是從民族誌田野研究分析成員的慣用語而發展出來的，但是也可將之擴大應用到其它的質化研究上。舉例來說，

表16.1 主題領域內的關係形式

語意關係	使用範例
種類	巴士是種汽車（車輛的種類）
部分	輪胎是汽車的一部分（汽車的部分）。
方式	作弊是在學校獲得高分的一種方式（學生得高分的方式）用
做	火車是用來運輸貨物（運輸貨物的功用）
理由	高失業是造成社會不安的理由（社會不安的理由）
階段	攻擊是戰爭的一個階段（戰爭的階段）
結果／原因	火力發電廠是造成酸雨的原因（酸雨的原因）
地點	市鎮中心廣場是暴民聚集之地（暴民聚集之地）
特徵	又高又尖染成彩色的頭髮是龐克族的特徵（龐克族的特徵）

哲里澤（Zelizer, 1985）經由檢視十九世紀末討論孩童死亡的態度與行爲的文獻，來研究孩童社會價值的變遷。她可能就是使用主題分析法，其中「對孩童死亡的態度」便是一個主題，而在文獻中發現的各種不同態度敘述則是從屬概念，那些態度可以利用語意關係「屬於某個種類」而加以組織歸類。

史布拉德里確認出三種類型的主題：民俗性主題（folk domain）、混合性主題（mixed domain）、與分析性主題（analytic domain）。民俗性主題包括出自於某個社會情境下成員慣用語中的用詞。使用這些詞語，研究者需要非常留意語言及其用法。這類主題使用從次文化慣用語、或是歷史行動者的語言之中得到的詞彙之間的關係，來辨識文化的意義。

混合性主題包括民俗用詞，但是研究者加入他自己的概念。舉例來說，賽跑者的種類是以賽跑者的術語(例如，長跑者、競賽選手）來命名的，但是研究者觀察到其他類型的跑者，對於這些人在慣用語中並沒有特定的用詞存在。他就給予他們一些標籤（例如，罕見的訪客、新手、業餘跑者）。

方塊16.3

主題領域分析作業表

1.語意關係：強性含括
2.形式：X是Y（的一種類型）。
3.範例：一棵榆樹是（一種類型的樹）。

從屬概念	語意關係	主概念
自動洗衣店、旅館大廳	→	
汽箱、果園	是主概念的一種類型	大敗筆
廉價旅館、地下道		
貨車、巷子		
公共廁所、蒸汽壁爐		

結構性問題：你會說巷子是個大敗筆嗎？

從屬概念	語意關係	主概念
模範囚犯，守林人	→	
兇悍廚子，拖地仔	是主概念的一種類型	牢友
囚犯頭，監獄		
子彈仔，掃地仔		
割草仔，囚犯的理髮師		

結構性問題：你會把模範囚犯稱做某種類型的獄中同伴嗎？

分析性主題包括了出自於研究者與社會理論的用詞。當情境中的意義是心照不宣的、內隱的、或是沒有被參與者辨認出來的時候，這些用詞最有助益。研究者從觀察當中與人爲事物中，推論出有意義的類別、辨識出模式，然後再賦予它們不同的名稱。

主題是從資料筆記中建構出來的，也是潛藏在筆記之中。想要把這些主題找出來，研究者研讀自己做的筆記，找尋共有的語意關係

(例如，某個地點、某種類型的人、某種感覺)。進而研究者辨識出一份主概念的名單。從上面的例子中，法院情境中的證人、或是對孩童死亡的態度都是一個主題的主概念，一旦研究者掌握一份主概念名單之後，研究者接著就可以把筆記中的資訊組織成從屬概念。他對每個主題關係都要準備一份工作清單，這些工作清單包含：主概念、從屬概念名單，以及語意關係。方塊16.3提供你一份工作清單的範例。

接下來，研究者從他的筆記中找出主題關係的例子。繼續進行分析，直到把所有相關的主題都辨識出來為止。然後研究者比較這些主題的相異處與相似處，據此進行組織整理。最後研究者重新把主題組織成一些類型或種類，然後再次檢視這些重組後的主題，從而建立範圍更加廣泛的、能夠把其它主題吸收成為從屬概念的新主題。

史布拉德里的主題分析正式把大部分類型的質化資料分析所共有的六大步驟，條列出來。研究者第一、重新閱讀包含所有細節資料的筆記；第二、在腦海裡重新把細節歸類到用來組織資料的觀念之中；第三、從記錄主觀意義的筆記中、或研究者用來組織資料的觀念中，建構新觀念；第四、找出觀念間的關係，並且根據邏輯相似性將之分成不同的組別；第五、經由比較與對比各組概念，而把它們組成較大的類別；第六、重新組織、並且結合各個類別，使之成為更為廣泛的整合性主題。這個過程的建構是從筆記中的特定細節出發，進而發展出一組整體性的邏輯關係。

理想型

麥克斯．韋伯的理想型廣為許多質化研究者所採用。理想型是社會關係或過程的模型或抽象的心智產物，它們是完美的標準，依據這個標準資料或「實相」可以獲得對照比較。理想型是一種用做比較的工具，因為沒有任何實相會完全與理想型相符。舉例來說，研究者發展一個理想的民主制度、或一個理想的大學啤酒俱樂部的心智模型。這些抽象建構有著長串的特徵名單，並不是描述任何一個特定的民主制度，或啤酒俱樂部；不過當把這些建構用到許多特定的個案以察看每個個案符合理想的程度時，將會非常有用。這個階段可以和前面敘述的彰顯法一併使用。

韋伯的理想型方法也可以與米爾斯的取同法，互補短長。回想當研究者使用取同法時，他把注意力集中在跨個案間的共同處，他從帶有某個共同結果的個案中找出共同的原因。取同法本身就隱含著針對實際個案做比較，這種個案比較也可以轉換成以某個理想模型爲對象。研究者可以發展一個社會過程或關係的理想型，然後再拿特定的個案和它做比較。

質化研究者已經在兩方面用過理想型：用來對照比較情境的衝擊與用做類比。

對比的情境：採取強烈詮釋研究取向的研究者或許會以一種對情境脈絡與成員的文化意義特別敏銳的方式，運用理想型來詮釋資料。他們並不是在檢驗假設、或是產生可通則化的理論，而是用理想型來突顯每個個案的特點、強調獨特情境脈絡的衝擊[11]。

進行情境脈絡對照比較的研究者經常挑選呈鮮明對比、或是具有獨特特徵的個案。例如，在《產業界的工作與權力（*Work and Authority in Industry*）》一書中，雷哈德．班狄克斯（Reinhard Bendix）比較截然不同的情境脈絡下——沙皇時期的俄國以及工業化中的英國——的管理關係。

當進行情境脈絡的比較時，研究者不是使用理想型來彰顯某個理論在不同個案下的適用狀況。相反的，他強調的是特殊與獨特之處。其他的分析方法著重在通則特性，而忽略特殊性。然而，使用理想型的研究者卻能夠顯示獨特的特性如何塑造一般過程的運作。如同史高屈波與索莫斯（Skocpol & Somers, 1980:178）的解釋：

畢竟對比是得自於兩個或數個個案的比較。通常發展這類的對比，是參照比較廣泛的主題、導引性的問題、或是理想型的概念。主題與問題可能做為指出個案間差異的架構，理想型可能被用做感應工具——做為建立每個個案特性的基準。

因此，理想型的用途之一是顯示特殊的環境、文化意義，以及某些特定個人的觀點對於瞭解某個社會情境或過程的重要性。理想型成爲一種襯托，藉此之助獨特情境脈絡的特性變得比較容易察覺。

類比：理想型被當做組織質化資料的類比。類比是種陳述，說明兩個物體、過程、或事件彼此相似。研究者用類比來溝通觀念、促進邏輯比較。藉由提到某些已知的事物或者讀者所熟悉的經驗，類比傳遞出資料說明存在於資料之中的模式。類比可以描述深藏於許多細節中的關係，也是察看潛伏在特定事件迷宮中的模式的簡潔方法。他們使比較不同個案或情境下的社會過程，變得比較容易[12]。舉例來說，研究者陳述某甲說話後屋內頓時一片寧靜，「像陣冷氣團的寒意」散佈其中。這並不意味著這個屋子的氣溫突然下降、或是感覺有陣風吹過，但是它簡潔地表達了情感語氣上的迅速變化。同樣的，研究者報導社會乙的性別關係顯現出女性「被當作財產看待、當作奴隸對待」。這當然也不是說兩性間的法律與社會關係就完全和奴隸主與奴隸之間的關係一樣。這意味著一個奴隸與主人關係的理想型如果應用到社會乙時，可以用來彰顯其與兩性關係的證據之間主要的相近之處。

用做類比時，理想型就像是種啓發性的工具（即能夠幫助人們學習或觀察事物的工具）。它可以代表某些未知的事物，研究者藉由提到某個深層的結構或基本的機制，而使資料變得比較容易理解時，特別有價值[13]。理想型對於某個解釋並不足以構成一個明確的檢定。相反的，它們指導對大量細節的概念重建，使之成爲一個有系統的形式。

其它技術

質化研究者還有使用許多其它的分析方法。這裡我們簡要查閱許多其它方法中的四種來彰顯其中的多樣性（更進一步的名單可以參閱麥爾斯與胡柏曼〔1994〕），有些方法也能刺激研究者以新的方法來從事資料蒐集的工作。

網絡分析：社會網路的觀念已經在第三章論及網絡理論時，以及在第九章中提到雪球抽樣時討論過。質化研究者經常「以地圖的手法畫出」一組人、組織、事件、或場所之間的關聯。使用社會關係圖與類似的製圖技術，他們可以發現、分析、並且呈現一組關係。例如，一家公司中哈利向蘇下達一個命令；蘇與山姆彼此商量、相互協助；山姆從珊德拉處取得資料，珊德拉與瑪麗交往。研究者發現到這組網絡可以幫助他們察看與瞭解複雜社會關係的結構[14]。

時間配置分析：時間是一種重要的資源。研究者檢視人們或組織花費的時間或投入的時間，藉此顯示行爲的內隱規則或優先順序。研究者記錄下投入在各種活動上的持續時間或時間總量。人們往往沒注意或不承認他們花時間做的活動的重要性。例如，研究者注意到某些人在會見另一個人時，需要等候，但是另一些人則不需要等候。研究者可以分析等候的時間、誰需要等候、等候時會做些什麼事情，以及他們是否覺得等候接見是公平的。或者研究者記錄下某人說，公司的某項慶祝活動並不重要。然而，每個人卻都要參加，而且每次都要花上兩個小時。在忙碌的一週內，在該慶祝活動上集體配置兩個小時的時間，顯示出它在公司文化中的潛在或內隱的重要性[15]。

流程圖和時間序列：除了投入在各種活動的時間總量之外，研究者還會分析事件或決策的順序。傳統以來歷史研究者把焦點集中在記載事件發生的先後順序，不過比較與田野研究者也察看流程或順

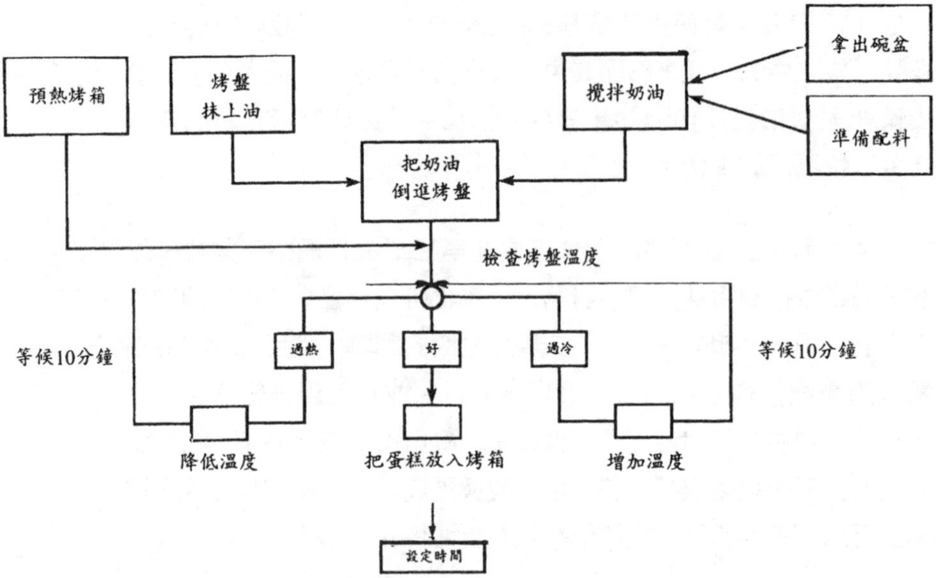

圖16.3 做蛋糕的部分流程圖

序。研究者使用決策樹或流程圖的觀念，除了顯示事件發生於何時之外，同時也指出了決策的先後順序，並且能夠藉此瞭解某個事件或決策如何與其它事件或決策發生關聯。例如，一個像做蛋糕之類的簡單活動可以提供你一個扼要的概述，例如，圖16.3。用圖描繪出步驟、決策、或事件，然後察看它們之間的關係的點子，一直是許多情境所採用的方式。例如，布朗與康特（Brown & Canter, 1985）對買房子的行爲發展出一種詳細的流程圖，他們根據時間路線與許多行動者（例如，買方、財務官員、測量人員、買方律師、廣告商與代理人、賣方、賣方律師），而把這個行爲分成五十個步驟[16]。

多重篩選過程：多重篩選是種類似於主題分析——研究者能用在

田野研究或口述歷史——的技術。這個技術的目的是在找出人們如何將他們的經驗分類、或是將一些事物區分成相似或相異的系統。多重篩選過程向來是認知人類學家與心理學家所採用的方法，可以用來蒐集、檢定、或分析資料。本節將敘述它的運作方式。研究者給予被研究者一份名詞、照片、地點、人名等等的名單，然後要求他們將名單的內容分成類別或分出數堆。受試者或成員使用他們自己設想出來的類別。當分類完成之後，研究者詢問他們使用的標準。然後再給予受試者一份項目名單，要求他們用想得到的另一種方式來進行分類。這種作法有點像舍史東量表，因爲受試者同樣是在做項目篩選的工作，但是所不同的是這裡要求分出的堆數或項目類別並不一樣。更重要的是分類的目的不是要建構完整畫一的量表，而是要發現人們瞭解世界的各種不同方式。例如，〔參閱康特等（Canter et al.,1985:90)〕，一位賭徒對一份八個賭場名單進行分類五次，每次分類都出現三到四個類別。一種分類是根據「賭場等級」（高至低）來分組，其他的分類有的是根據「建築裝飾」、「賭資大小」、「贏錢程度」、與「個人偏好」。在檢視這些分類時，研究者可以看出別人是如何組織他們的世界。[17]

遺漏了什麼？負面證據的重要性

你已經看到了質化研究者分析資料的一些方法。重點是找出模式、分析事件，以及使用模型來呈現資料中發現的事物。在這節中，我們要察看資料中所不存在的事物，對於分析可能有的重要性。

負面證據

尋找沒發生過的事似乎很古怪，但是沒有出現過某個狀況可能透露很多意義，也提供有價值的洞見。許多研究者強調正面資料，而忽略資料沒有明確顯現的事物，但是對未發生事物的警覺也是很重要的。例如，有位田野研究者注意到某些類型的人在某個情境中從來不曾出現（例如，老人、男性），或是某些預期的活動並沒有發生（例如，沒有人在酒店裡抽煙）。歷史比較研究者會問爲什麼證據中從來不曾出現某些事情（例如，沒有看到虐待兒童的報導），或是爲什麼某些社會情況竟然被大眾忽略掉了（例如，美國有工業社會中較高的嬰兒死亡率，但是它並不是個主要的公共議題）。

再次閱讀筆記與編碼資料時，經常容易忘記沒有出現過的事物，再者學會如何思考資料中並不明顯、但很重要的事物，也是件不容易的事。有種方法是進行一種心智實驗。舉例來說，如果美國的南北戰爭是南方獲勝，那麼今天所有的情況會有何不同？另一個方法是分析資料時，考慮如果發生的是反面事件，那會如何？例如，爲什麼四下無人時，他沒有撿起地上的五元鈔票？比較也會有所幫助。例如許多低社會階級的年輕人常因某個特殊罪行而遭到逮捕，這意味著中產階級的年輕人不會犯這種罪嗎？如果不是，又爲什麼不呢？

路易斯與路易斯（Lewis & Lewis, 1980）提出七種需要思索的反面證據。

未曾發生的事件：根據過去的經驗使研究者預期某些事件會發生，但實際上卻沒有發生。舉例來說，關於美國歷史上進步時代的研究，發現大型公司並沒有否決溫和的勞工改革立法。在大型企業對勞工表現出數年的敵意之後，便出現了對這種否決票的預期。然而，大型企業實際上卻鼓勵這種改革，因爲可以消弭日漸成長的勞工騷動，而對他們本身又不會有什麼直接的影響。

同樣的，當有權有勢的團體不必直接參與某些事件，也可能發生從未不曾出現的某類決策的狀況，因爲這類團體的強勢地位會塑造那些議題會浮上檯面。舉例來說，一個有嚴重空氣污染的都市，但是卻沒有出現抗議這個問題的公共行動。這可能是因爲「每個人」默認了污染工業對工作機會、國庫稅收、與社區經濟的影響力。污染工業的勢力使它能夠不必對抗當地的污染條例，因爲這些規定從來不曾被提出來過。

沒有注意到這些事件的族群：有些活動或事件是不會被情境中當事人、或撰寫二手資料的研究者注意到。舉例來說，曾經有許多雇主認爲高學歷的女性只適合從事文書工作的這項事實，並沒有被社會注意到，也沒有將之當作一個議題來處理。直到性別主義與性別平等的社會意識逐漸成長之後，才有一些人認爲這種狀況限制了女性的工作機會。另一個例子是西部鄉村歌曲的作曲者拒絕根據公式來寫歌，雖然他們沒有注意到，對歌曲做內容分析之後，很明顯就會得出一個公式。[18]情境中的成員或參與者沒有覺察到某個議題的這項事實，並不意味著研究者也應該忽略它或不去檢視這個議題的影響力。

想要隱藏某些事件的族群：人們可能誤植某些事件來保護自己或他人。例如，菁英份子經常拒絕討論不合倫理的行爲，可能銷毀或扣留某些文件使社會大眾有很長一段時間不知實情。同樣的，多年以來，未曾有亂倫案件的報導，部分原因是亂倫違反一個非常嚴肅的禁忌，以致完全被清除殆盡。

忽略了習以爲常的事件：每天例行性的事件定出了期望、養成了一股理所當然的態度。例如，電視節目出現在日常談話中的次數之多，多到很少有人注意到。因爲大部分的人都有電視機，也經常看電視，所以只有很少看電視的人、或細心的分析家可能會注意到這個話題。或是有位研究者觀察一段歷史時期，而吸煙在這段期間中是件非常稀鬆平常的事。唯有當他是位不抽煙的研究者時，或是他正生活在一個抽煙構成公共健康議題的時代裡，他才會注意到這項特性。

研究者先入爲主看法的效應：研究者必須小心不要讓自己受到

先前的理論架構或預設立場所蒙蔽，看不到在社會情境中的反面事件。對於該看什麼和什麼資料是有關的先入之見，可能會使研究者忽略掉其它相關的或是不具支持性的證據。例如，研究者期望毒癮者與他們的孩子間會有強烈的衝突，再加上馬上就注意到這個問題，以至於無法看到他們也在努力建立親愛的關係。[19]

下意識地未加以記錄：某些事件在研究者看來似乎並不重要，也沒有記錄的價值。然而，如果對細緻的觀察詳加記錄，以批判的角度重新閱讀筆記內容、尋找負面的個案可能會發現被忽略掉的事件。例如，剛開始時研究者沒有想到公司野餐有任何重要性，然而，在重新閱讀資料筆記、仔細思考之後，他覺得公司野餐在建立群體意識上扮演一個相當重要的象徵性角色。

有意識的不記錄：研究者可能省略情境或事件的某些層面以保護該情境下的個人或親戚。例如，研究者發現牽扯到某位名人的婚外情，但是他希望能夠保護這位名人的良好名聲與形象。更嚴重的問題是違反倫理，這發生在研究者拿不出不支持他對資料所提出的論證或詮釋的證據之情況。研究者應該同時呈現支持與無法證實某個詮釋的證據。然後讀者才能夠權衡這兩種類型的證據，自行決定支不支持該研究者的詮釋。

遺漏所造成的限制

質化研究者需要對種族、性別、與年齡的差異以及其它主要的社會分化保持敏銳的感知。例如，從事田野或歷史比較研究的白人在一份多元種族社會的研究中，只研究白人，他就必須認識到他的分析是有限的，有些觀點將會被他排除掉。如果研究者能夠包含所有的觀點，他的詮釋可能會有所不同。從事資料分析時，研究者需要問的問題是：那個觀點沒有被考慮到？從社會所有部分的觀點來看，這些事件將會是什麼樣子？

同樣的，性別在大部分的社會情況下，一直被當作明顯的社會類別來看。例如，過去的歷史著作研究「領導者」進而對一般社會生活提出陳述，並不是件不尋常的事，而所有的領導者也全都是男性。同樣的事件（例如，婚姻、休閒、工作）可能對不同的性別會有截然不同的意義與含意。愛屈勒（Eichler, 1988:160）警告說，「詮釋資料時，對性別影響的缺乏敏感度有兩種基本的形式：不是忽略了性別是個具有社會顯著性的變項，就是忽略了與性別分化相關的社會情境」。這並不意味單一性別或單一種族的研究沒有價值，相反的，當研究者詮釋資料時，他們需要留意其它的觀點，而且不要被他們所隸屬的特定社會團體，或所研究的對象限制而蒙蔽了他們，使其無法擴展他們的眼界。

圖表與其它工具

量化研究者使用電腦對資料進行統計分析。資料通常以圖表的方式呈現。這些研究者很快就採納新的資訊處理技術，並且廣泛採用圖表來呈現資料的分析。

相反的，質化研究者依賴筆記、備忘錄、檔案資料，以及十九世紀的技術。然而過去十年來，質化研究者開始在他們的分析納入圖表與圖片的表現方式，也開始使用電腦來進行資料分析（參閱附錄D）。

圖表與質化資料

質化研究者朝向以圖表的方式來呈現他們資料分析的結果。他們有許多呈現資料分析的方式，圖表幫助他們組織想法、有系統地探究資料中的關係，同時把結果傳達給讀者。研究者最早使用空間或時間地圖（參閱第十四章）、類型（參閱第三章）、或社會關係圖（參閱第九章）。例如，范恩（Fine, 1987）在他的少棒聯盟研究中，使用社會關係圖來呈現球員之間的社會關係。同樣的，史布拉德里（1979a; 1979b）的主題分析也廣泛使用分類法。

量化研究者已經發展出許多圖表與表格等工具來呈現訊息，而質化研究者則正開始這樣做。麥爾斯與胡柏曼（1994）開發質化資料的視覺呈現，他們主張資料呈現是質化分析的關鍵部分。除了分類、地圖、和名單之外，他們還建議使用流程圖、組織圖、因果圖，以及各種名單與網格來彰顯分析（參閱圖16.4）。一個輔助質化分析的圖表範例可在布羅德班特（Broadbent, 1989a; 1989b）日本環境政治的研究中找到。他製作了一組二十四個方格的表，來分析與呈現他的結果。六個不同的政治團體（例如，政黨、工會、商業利益團體、立法機關）分別列述於表的上方，四個發生政治衝突的層級或領域（全國、地方、城鎮、鄰近地區）則由上而下列述於表側，於是構成了一個二十四個方格的表。因此，每個方格代表一個政治團體在某個政治層級或領域中的行為。布羅德班特在方格之間畫上箭頭來指示根據某個事件或政治行動，各個團體在不同層級下出現形成聯盟、政治衝突、或是求取政治影響力的時序。

浮現端倪

許多質化研究者都建立在一個假設之上，那就是他們蒐集的經驗證據同時和他們的理論觀念以及可觀察實相背後的結構有某種程度的關聯。這種關係如圖16.5所示——研究者從可觀察的表面實相中所得到的資料，只是在我們看得見的表面層次下，所發生事物的樣本。研究者使用這些資料進行理論與通則的建構與評鑑。同時，他假定在實相的外顯表面之下，存在著較為深層的社會結構或關係。

我們所看見的表面實相只反映出那些看不見的、存在於表面之下的部分事物。在表面上的事件是些脈象端倪（outcroppings），這是

範例一

人名	上大學前有無工作經驗	在大學有兼職工作	目前懷孕中	有自己的車
約翰	有	有	不適用	沒有
瑪麗	有	不知道	沒有	有
馬丁	無	有	不適用	有
Yoshi	有	無	是	有

範例二

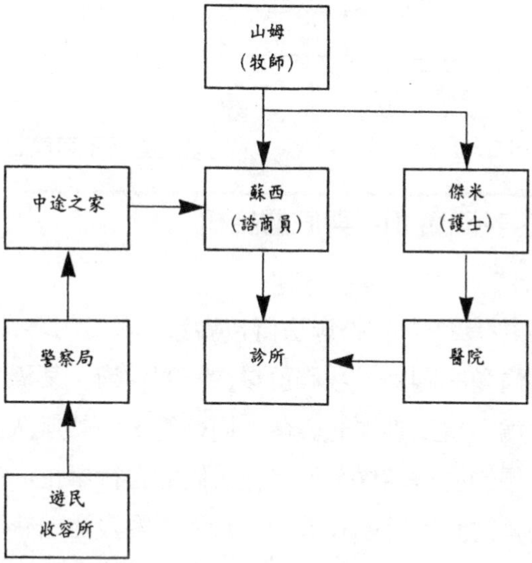

圖16.4 質化分析中使用圖表的範例

借用地質學的名詞〔參閱費特曼（Fetterman, 1989:68)〕。地質學上，脈象端倪是暴露於地表、人們看得見的那個部分。它是陸地中央固態特性的外顯表徵，地質學家研究脈象端倪以取得地表之下爲何物的線索。

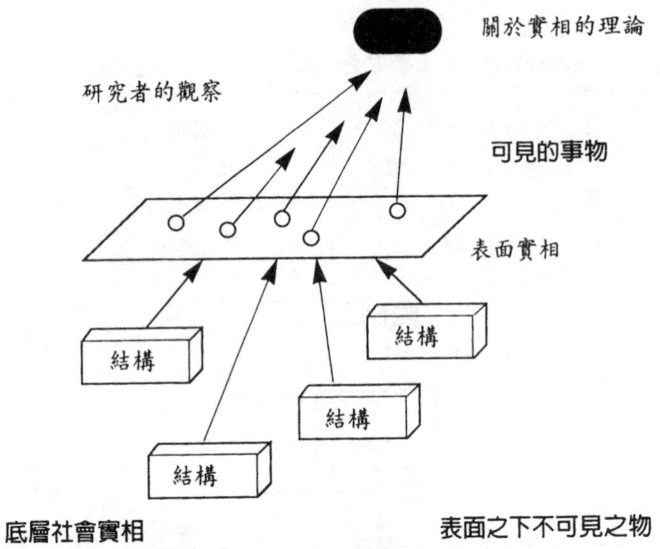

圖16.5 理論、表面實相、與底層結構

社會世界中有許多我們無法直接觀察到的事物，我們看不見兩個人之間深刻情愛的關係，我們可以從一個親吻、某種愛意的動作，以及親切的行爲中看到外顯的表徵。同樣的，我們無法直接觀察到像是社會階級之類的社會結構，而是從人們的言行舉止、他們的生涯表現、他們的物質財產等等的差異中，看到外顯表徵。有時候，我們會被外部的觀察所誤導。研究者使用質化資料分析來檢視並且組織可觀察的資料，好使他們關於社會世界的觀念與理論不僅能夠反映實相的表層，而且更重要的是，反映出位在表面之下那些看不見的、可能比較深層的結構與勢力。

結論

本章中，你已經學到了研究者如何分析質化資料。在許多方面，質化資料要比數字形式的資料更難處理。數字有數學的特性，使研究者可以利用統計程序。質化分析需要個別研究者花更多的工夫不斷地閱讀資料筆記、反省讀到的東西、並且根據邏輯與判斷來進行比較。

大部分質化資料分析的形式涉及到編碼登錄與撰寫分析性備忘錄，這兩種工作都需消耗研究者相當大的心力，詳細地閱讀資料、從事審慎的思考。此外，你也學到了研究者在分析質化資料時所使用的方法，不過那些都只是質化資料分析的眾多方法中的一小部分。同時你還學會思考未曾出現在資料之中的負面證據與事件的重要性。

本章結束了這本書討論研究設計、資料蒐集、與資料分析的這個單元。社會研究也會涉及到準備一份研究計畫的報告與處理倫理道德的議題。這些議題的思索同樣是社會研究過程的一部分，將會在第十七章中與附錄C中，分別加以討論。

關鍵術語

分析性比較	空盒子	混合性主題
分析性主題	民俗性主題	負面證據
分析性備忘錄	理想型	開放編碼
主線編碼	彰顯法	脈象端倪
主題	取同法	選擇性編碼
主題分析	取異法	連續逼近法

複習測驗

1.指出量化與質化資料分析之間的四大差異。

2.概念化過程在質化與量化研究中有何不同？

3.資料編碼在量化與質化研究中有何不同，質化研究者會使用的三種編碼方法是哪些？

4.在質化資料分析時，書寫分析備忘錄的目的爲何？

5.描述連續逼近法。

6.在彰顯法中，什麼是空盒子，它們如何使用？

7.取同法與取異法之間的差別爲何？研究者可以同時使用它們嗎？說明你的原因。

8.什麼是一個主題的部分，它們在主題分析中如何使用？

9.理想型如何用來對比情境？

10.爲什麼尋找「負面證據」，或資料中沒有出現的事物，對完整的分析而言，是重要的資料呢？

註釋

1.參閱麥爾斯與胡柏森（1994）與拉金（1987）。不應該將這些與處理「質化」資料的統計技術混爲一談（參閱哈柏曼，1978）。這些是處理量化變項，資料尺度屬於名目或順序等級的高等統計技術（例如，線性對數）。最好稱他們爲分析類別資料的技術。

2.史布拉格與齊默曼（1989）討論過顯性理論的重要性。

3.關於問題討論，參閱哈莫斯里與阿特金森（1983:174-206）。

4.關於質化資料的多重指標測量模型，也參閱侯然（Horan, 1987）與史濁斯（1987:25）。

5.更多有關備忘錄寫法的討論，參閱列斯特與哈登（1980）、羅夫蘭與羅夫蘭（1995:193-197）、麥爾斯與胡柏曼（1994:72-77），以及史濁斯（1987:107-129）。

6.也參閱巴尊與葛拉夫（Barzun & Graff, 1970:255-274）、波格丹與泰勒（Bogdan & Taylor, 1975）、羅夫蘭與羅夫蘭（1984:131-140）、沙弗（1980:171-200）、史布拉德里（1979a; 1979b），以及沙茲曼與史濁斯（1973:104-120）對筆記與編碼登錄的討論。

7.更多有關聯續逼近法以及相關的爭論，參閱亞柏寶（Applebaum, 1978a）、麥克奎爾（McQuaire, 1978; 1979）、湯普森（1978）、渥戴爾（Wardell, 1979），以及楊格（Young, 1980）。

8.有關空盒子的討論，參閱波尼爾（Bonnell, 1980）、與史美舍（Smelser, 1976）。

9.關於彰顯法的討論，參閱波尼爾（1980）與史高屈波（1984）。波格丹與泰勒（1975:79）也描述過相類似的方法。

10.關於取同法與取異法的討論，參閱拉金（1987:36-42）、史高屈波與索默爾（1980）、史高屈波（1984）、與史丁其康（1978:25-29）。。

11.參閱史高屈波（1984）以及史高屈波與索默爾（1980）。

12.有關類比與模型的討論，參閱貝里（Barry, 1975）、葛魯克斯曼（Glucksmann, 1974）、哈瑞（Harre, 1972）、荷西（Hesse, 1970）、與卡普蘭（1964）。

13.有關社會理論中類比重要性的討論，參閱洛伊德（1986:127-132）與史丁其康（Stinchcombe, 1978）。

14.參閱山傑克（Sanjek, 1978）以及溫納與修柏佛（Werner & Schoepfle, 1986a）。

15.參閱葛羅斯（1984）以及麥爾斯與胡柏曼（1994:85；119-126）。

16.參閱伯恩斯坦（Bernstein, 1988:324-334）、羅夫蘭與羅夫蘭（1995:199-200），以及溫納與修柏佛（1986a:130-146）。

17.參閱康特等（1985），以及溫納與修柏佛（1986a:180-181）的著作。

18.有關民族誌或歷史文稿中「無聲的事件」以及未被注意之特徵的討論，參閱布里與比林斯（Blee & Billings, 1986）。

19.關於負面個案與先入之見的討論，參閱貝克與吉爾（Becker & Geer, 1982）。

第17章

社會研究中的倫理與政治議題

引言

倫理問題和個別研究者

個別研究者

爲什麼要遵守倫理？

權力

與研究對象有關的倫理議題

保護人類受試者歷史的源起

生理傷害、心理虐待、壓力、或觸法危險

欺騙

知會同意

特殊母群與新的不平等關係

隱私、匿名、和秘密

倫理和科學社群

倫理和研究贊助者

特殊考慮

得到特定發現

研究方式的限制

不准發表研究發現

隱瞞眞正的贊助者

社會或政府的影響

強制保護受試者

研究主題的限制

以贊助來影響研究方向

研究發現的傳播與應用

牽連模型

研究發現發表之後

受試者的資訊是私人財產

研究發現影響未來行爲

學術自由

客觀與價值中立

結論

關鍵術語

複習測驗

註釋

雖然我們如今並非生活在免於俗事與超越歷史的時代中，但是我們的問題也不是在如何處理那些「本身應該為真」的知識，而是人們在瞭解到他所獲得的知識受制於時代與社會位置之後，會如何處理他的求知問題。

卡爾・曼漢（Karl Mannheim）

《意識型態與烏托邦（*Ideology and Utopia*）》，第一八八頁。

引言

如果一個人突然在你面前倒下，而且可能還從嘴角裡流出血來，你會有什麼反應？你會慌了手腳嗎？對研究者來說，只想要瞭解搭地鐵的乘客會有什麼反應，而故意秘密演出這個劇情，合乎道德嗎？你應該保護任何參與研究的人免於被逮捕的風險嗎？舉例來說，進行一個有關幫派的田野研究，你發現這個幫派計畫去搶一家雜貨店，你會怎麼做呢？通知警察？在他們討論這個非法行爲時抽身離開？告知幫派份子你的難處？毀掉你所有的田野筆記？還是拒絕與警察合作結果落得因而入獄坐牢？爲了保住工作，你應該降低研究水準嗎？例如，你得到一份爲某政府機關做研究的工作，但是你初步的研究結果顯示這個機關形同虛設，毫無章法，而你的上司叫你丟掉這些結果，用偏差的樣本與問卷僞造作假。你會怎麼做呢？照他的意思做以保有這份工作？還是告發他引起爭端呢？

本章中你將會讀到有關社會研究的倫理與政治議題。最後的這一章觸及所有前面討論過的主題，也涉及到許多在你讀完整本書之後，或許還會持續引起你不斷思索的嚴肅議題。

研究者面對許多倫理上的兩難問題，必須決定該如何抉擇。倫理守則與其他的研究者可以提供你一些指導，但是信守合乎倫理的行爲最後還是掌握在個別研究者的手裡。在道德與專業上，研究者有信守倫理的義務，尤其是在研究對象對倫理問題毫不知情，甚至毫不關心之時，特別應該如此。事實上，許多研究對象對保護他們的隱私與其他權利，可能尚不如研究者那般關切[1]。

倫理議題是源自於對進行研究的適當方法的關切、兩難、與衝突。倫理界定了什麼是正當、什麼是不正當，或者說什麼是「合乎道德」的研究程序。但是絕對的倫理規範並不多。大部分的議題涉及到如何在相互競爭的價值之間求得妥協，而且抉擇取捨端視個別情況而定。雖然沒有什麼固定的規則，但是仍然有一些大家都同意的原則。這些原則實際實行起來，可能有所衝突。許多倫理議題牽涉到兩種價值——追求科學知識與被研究者或社會上其他人士的權利問題——之間的平衡。必須在諸如增進我們對社會生活的瞭解、改進決策品質、甚或是幫助參與研究者這類的潛在利益，與像是失去尊嚴、自尊、隱私、或民主自由那類的潛在損失之間，做個權衡取捨。

倫理研究的標準要比社會上許多其它領域（例如，收款公司、警察部門、廣告商）的標準，更加嚴格。專業的社會研究需要研究者同時具有關於研究技術的正確知識（例如，抽樣），以及對於研究所牽扯到倫理層面問題的敏感度。這並不容易。誠如雷諾斯（1979:7）的觀察：「社會科學家現在所面對的各種兩難問題，好幾世紀以來就一直受到關心道德、法律、與政治哲學上一般問題學者的關注」。

倫理問題和個別研究者

個別研究者

研究者啊，倫理的問題從你開始，也從你那裡結束。研究者的個人道德準則是抗拒非倫理行爲的最有利武器。在研究執行之前、研究執行的過程之中，以及研究完成之後，研究者有機會，也應該去反省研究活動，摸摸他的良心。講倫理的研究所憑藉的是個別研究者的誠實正直與價值，「如果認眞面對價值問題，那麼就不會說不出口或將之棄置一旁，反而必會將之用做社會學家行動的指導原則。研究者的價值觀決定了誰將會是調查的對象、做這個研究是爲了什麼目的，以及是爲誰效勞」（Sagarin, 1973:63）。

爲什麼要遵守倫理？

如果大部分進行社會研究的人都是出於對他人的眞心關切，那麼研究者怎麼會表現出不講倫理責任的行爲呢？除了少數心術不正的人之外，大部分不合乎倫理的行爲是由於研究者所承受的壓力，使他在倫理上有所投機取巧。研究者面對各種各樣的壓力，諸如：建立職業生涯、出版論文、推展知識、取得聲望、榮耀家人或朋友、保住工作等等的壓力。守倫理的研究需要較長的時間才能完成、花費較多的金錢、比較複雜、也比較可能還沒完成就被腰斬。此外，書面的倫理標準都是一些模模糊糊的原則，因此爲違反倫理的行動開闢了許多空間，而且被逮到的機會也非常小。

從事遵守倫理的研究，也沒有什麼機會獲得獎勵。違反倫理的研究者如果被抓到，會面對公開的羞辱、生涯被毀，以及可能的法律制裁等等後果，但是守倫理研究者並不會贏得任何讚揚。倫理行爲得自於研究者在接受專業訓練的過程中對倫理原則的內化而產生的敏感度，得自於專業角色，以及得自於與其他研究者的私人接觸。此外，科學社群的規範也強化了強調誠實與公開的倫理行爲。追求專業角色的取向、全心投入科學理念，以及經常與其他研究者定期交通的研究者，比較可能做出謹守倫理的行爲。

不當的科學行爲：研究社群以及贊助研究的政府機關都反對違反倫理的行爲，亦稱爲不當科學行爲（scientific misconduct），這包括作假與抄襲。不當科學行爲發生在研究者僞造、歪曲資料或蒐集資料的方法、或抄襲別人的作品。也包括重大偏離科學社群對執行研究或撰寫研究報告方面，所共同接受的作法。研究機構與大學訂有政策與程序來偵測這些不當行爲、將這些事件告知科學社群與贊助機構、並且處罰涉及這些事件的研究者（例如，減薪或解聘）。[2]

研究造假（research fraud）發生在研究者僞造或自創資料，而不是實際去蒐集資料、或謊報研究執行的方式。雖然這些事件絕無僅有，但是卻受到極爲嚴厲的處理。最著名的造假案例是英國教育心理學之父希瑞．柏特爵士（Sir Cyril Burt）的醜聞。柏特於1971年亡故，是一位備受尊崇的研究者，他的雙胞胎研究彰顯了智力的基因基礎，使他舉世知名。1976年卻有人披露他的資料與協同研究者的名字都是僞造的，而不幸的是，科學社群已經被誤導了幾近三十年。

抄襲（plagiarism）也是一種造假行爲，發生在研究者偷取其他人的概念或書面資料，或是使用時未註明出處。抄襲的一個特殊類型是偷取另一位研究者、助手、或學生的作品，然後當作自己的著作發表。這些都嚴重違反倫理標準的行爲，但是它們卻時常會發生。[3]

違反倫理但是合法：有一些行爲可能違反倫理，但是並沒有觸犯法律。合法行爲與謹守倫理的行爲之間的差別可以用抄襲個案來說明。美國社會學社曾經報導，一位東新墨西哥大學（Eastern New Mexico University）的院長1988年所寫的一本連一個註釋都沒有的著作，大幅擷取一位杜福斯大學（Tufts University）社會學教授1978年的論文。這種作法沒有不合法；它並沒有違反著作權是因爲該社會學家的論文並沒有美國政府所認定的著作權。然而，依據專業行爲的標準來看，這個行爲顯然是違反倫理（參閱圖17.1法律與道德行爲的關係）。[4]

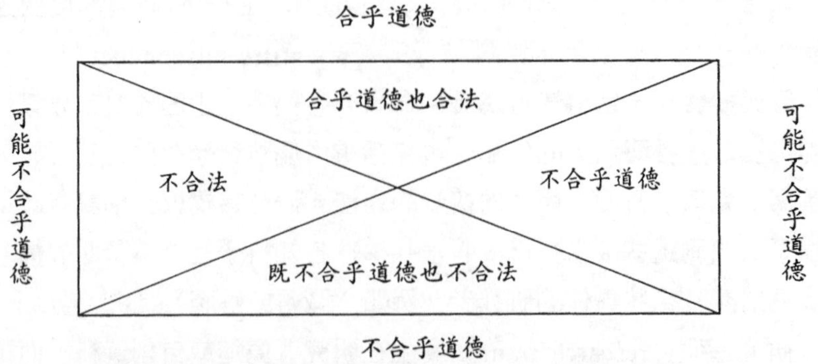

圖17.1 謹守法律與道德行動的研究分類圖

權力

研究者與研究對象或員工助理之間涉及到權力與信任的關係。實驗者、調查主持人、或研究調查者相對於研究對象或助理，擁有某種權力，這個權力是由證照文憑、專業才能、訓練、和科學在當代社會中的角色所合法授與的。某些倫理議題涉及到的就是這些權力和信任關係的濫用。

研究者執行研究的權威受到專業社群與社會的認可，因此附帶的責任是他必須指導、保護、與關照被研究者的利益。例如，一位外科醫生被發現在沒有獲得她們許可的情形下，對三十三位婦女進行一項婦科實驗治療。這些婦女信任這位醫生，但是他卻濫用這些婦女、專業社群、與社會所給予他的信任。[5]

尋求倫理指導的研究者並不孤單。他可以向多處尋求支援：專業的同僚、倫理諮詢委員會、機構審查委員會、或是大學或機構中的受試者委員會、專業協會的倫理規章，以及討論研究輪理的論著。

與研究對象有關的倫理議題

你曾經做過某個研究的受試者嗎？如果做過，你是被如何對待的呢？科學社群對被研究者可能遭到研究負作用的注意，遠多過於對其它任何倫理議題的重視，這個現象最早開始於生物醫學研究。遵守倫理的研究要求研究者在增進知識與不干擾他人生活這兩項價值之間求取平衡。給予研究對象不受干擾的絕對權利可能會使經驗研究根本無法進行，但是如果給予研究者追根究底的絕對權利，那麼可能會損害到研究對象的基本人權。因此而產生的道德問題就是：在什麼時候研究者就算讓被研究者承受身體上的傷害、或是使他們感到尷尬無比、甚或受到驚嚇，依然能夠振振有詞？

法律與倫理規章明確訂出某些禁止事項：絕對不可對研究對象

做出不必要的或無法挽救的傷害；儘可能獲得研究對象的自願同意書；對於爲了研究目的而蒐集之個人的資料，絕對不可以做出不必要的羞辱、謾罵、或是釋放對研究對象不利的訊息。這些都是最起碼的標準，需要進一步的闡述（例如，就某個特定情況而言，所謂的不必要所指爲何？）。

保護人類受試者的歷史源起

對研究對象所受待遇之關切，發生在許多假借科學的名義，做出危害基本人權的事件，陸續被披露之後。此中最爲人所不齒的案例就是納粹德國對猶太人與其他人所進行的「醫學實驗」。這些實驗中，執行了許多可怕的酷刑。舉例來說，把人放入冰凍的水中，看需要經過多久的時間人才會死亡、故意使人飢餓至死，以及從兒童身上截取四肢，移植到其他人的身上。[6]

這類違反人權的行徑並不只發生在德國，也不只發生在過去。一個違反倫理研究的例子是塔斯戚吉梅毒研究（Tuskegee Syphiles Study），也被稱爲壞血事件（Bad Blood）。這個事件直到1970年代一份新聞報導才使這個醜聞曝光。美國公共健康部從前贊助一個研究，是關於阿拉巴馬州罹患梅毒的貧窮、未受過教育的黑人，卻因研究者急於研究出現於該症後期的嚴重生理失能，而未加以治療致使他們死於梅毒的慘劇。這個研究開始於1929年，雖然可用於治療梅毒的盤尼西林還沒發現，但是那個研究卻一直持續到已經發現了治療方法之後。儘管他們對受試者處理違反倫理，但是研究者仍然能夠持續發表他們的研究結果長達四十年之久。[7]

不幸的是，壞血醜聞還不是個特例。在1960年代，在沒有獲得病人的同意之前，就先將活的癌細胞注射到他的體內。美國軍方將迷幻藥給一些毫不知情的人，其中有些人因爲這個經驗而精神失常；也曾經使一些士兵暴露在核子輻射之下，結果造成這些士兵中有極高的比例罹患癌症。這些例子都是明顯違反倫理標準的案例：研究對象都受到永久的生理傷害，而且在研究前都沒有給予他們任何機會，讓他們表示是否同意自願參與這個研究。[8]

生理傷害、心理虐待、壓力、或觸法危險

社會研究會傷害到研究對象的方式可能有下列數種：生理傷害、心理傷害、法律傷害，以及對個人生涯或收入所造成的傷害。生理傷害比較少發生，即使是生理醫學研究，因爲受到較多的干預；總是有百分之三到百分之五的研究讓受試者受到傷害。某些類型的傷害比較常出現在某種類型的研究之中（例如，較常出現於實驗研究中的傷害必不同於常出現在田野研究中的傷害）。研究者必須熟知所有可能出現的傷害類型，竭盡所能地將這些傷害減至最低。[9]

生理傷害：最直截了當的倫理原則是研究者不應該造成任何生理傷害。講倫理的研究者會在開始做研究之前，就預先設想可能涉及的風險，包括基本的安全事項（建築物的安全、桌椅、與儀器）。如果研究的內容涉及到壓力，預料研究對象或助理可能會受到受傷或是有遭受攻擊的危險時，他就得排除高危險性的受試者（例如，心臟有問題者、精神衰竭者、或患有疾病者）。研究者對因參與研究而造成的傷害，負有道德與法律上的責任，如果他不再能夠保證受試者的人身安全，就該立即終止該研究計畫〔參閱方塊17.1的辛巴度（Zimbardo）研究〕。

心理虐待、壓力、或失去自尊：社會研究中比較少見會對受試者造成生理傷害的風險，但是社會研究者可能把人們擺進充滿壓力、尷尬、焦慮、或不愉悅的情境當中。藉著把受試者安排在會使他們在心理上產生不舒適、或感覺有壓力的眞實情境中，研究者得以瞭解人們如何回應眞實生活中產生高焦慮的情境。使受試者產生不舒適的感受，違反倫理嗎？著名的密爾格蘭服從研究（Miligram obedience

方塊17.1

三個充滿道德爭議的個案

史丹利．密爾格蘭的順從研究（1963; 1965; 1974）透過檢視服從權威的壓力強度，試圖找出納粹統治下的恐怖大屠殺是如何發生。在受試者簽過「知會同意表」後，以事先串通好的隨機選擇下，受試者被指派去當「老師」，而另一個實驗者的同謀則扮演「學生」。老師測驗學生對文字的記憶力。如果學生記錯，老師就增加電擊的強度，對學生施加處罰。學生被安排在另一個房間，老師只能聽到學生的聲音，但看不到學生。電擊的儀器以明顯福特數值的增加標明出來。學生一旦犯錯，老師就打開電源開關。學生也發出叫聲，好像正承受極大的痛苦。在場的研究者則向老師說諸如「你必須繼續做完」之類的話語。密爾格蘭報告說，「我們觀察到受試者冒汗顫抖、說話結巴、緊咬下唇、緊張到指甲都戳到肉裡去了，這些都是這個實驗的特色，而不是異常反應。」（密爾格蘭，1963:375）。被實驗的危險程度嚇到的受試者的百分比，遠超過預期。於是引起了對於使用欺騙手段以及對受試者經驗到的極端情緒壓力的倫理關切。

勞德．韓福瑞斯（1975）的《茶室交易研究》（一份關於男同性戀者在公共休息室中邂逅的研究）書中，在韓福瑞斯假扮「守望皇后」（護航與把風者）下，觀察大約有一百位男性的進行性行爲。受試者的汽車被跟蹤、他們的車牌被秘密地記錄下來，他們的姓名與住址，也被韓福

study）的倫理問題，仍然在爭議之中（參閱方塊17.1）。有些人認爲，事先做好預防措施，然後從中獲取知識的價值，遠超過讓受試者承受些壓力與潛在心理傷害。然而其他人則相信，要受試者承受極度的壓力與永久傷害的風險，這個代價未免太大了。

社會研究者曾經製造高度的焦慮或不舒適的感受：出示毛骨悚然的照片給受試者看；刻意騙男同學說他們具有強烈的女性人格特質；騙學生說他們被當掉了；製造令人極度恐懼的情境（例如，被鎖在一間煙霧瀰漫的房間內）；要求受試者去傷害別人；使人陷入一種

續方塊17.1

瑞斯假冒市場研究員而從警察名簿中取得。一年後，韓福瑞斯在偽裝下利用一個關於健康調查的假故事，到受試者的家中對他們進行面訪。韓福瑞斯小心謹慎地將受試者的名單儲藏在保險箱中，並將受試者的辨識名牌給銷毀。他明顯地開發了對於經常涉足茶室活動的同性戀者的知識，扭轉了早先對他們的錯誤想法。對於這個研究曾經也引起爭議：受試者從未同意被研究；採用欺騙的手法、受試者的名單有可能會被用來要脅受試者、結束婚姻、或是提出犯罪訴訟。

在《辛巴度囚犯實驗》中（辛巴度，1972; 1973；辛巴度等，1973; 1974），男同學被分到兩個角色扮演的組別：獄卒與囚犯。實驗之前，自願的男同學接受人格測驗，只有那些屬於「正常」範圍內的同學被選出來，正式參與實驗。自願者簽了兩個星期的約，扮演囚犯的同學被告知說，他們將會受到監視，他們公民權利有部份暫時停用，但是絕不會對他們施加暴力。在史丹福大學一棟大樓的地下室的模擬監獄中，囚犯受到去個人化的待遇（穿上標準的制服，以號碼來稱呼），而獄卒則被軍事化（穿上制服、值夜棒、反光太陽眼鏡）。獄卒被告知要維持某種合理的秩序，按八個小時輪班，而囚犯每天二十四小時都被關在監牢裡。出乎意料之外的，自願者太過投入他們的角色。囚犯變得被動失常，而獄卒變得愈來愈具攻擊性、武斷、缺乏人性。到了第六天，辛巴度基於倫理的理由，宣告實驗結束。造成永久的心理傷害、甚至身體傷害的風險，實在太大了。

否定自己信念的社會壓力情境；指使受試者說謊、欺騙、或偷竊。[10] 研究助人行為的研究者經常使受試者陷入一種緊急狀況，以觀察他們是否會提供協助。舉例來說，皮利文、羅登、與皮利文（Piliavin, Rodin & Piliavin, 1969）就安排某人假裝突然昏倒在地上的情境，來研究地下鐵內的助人行為。在這個田野實驗中，搭地下鐵的乘客都不知道這是個實驗，也沒有機會表示是否自願參與。

敏銳的研究者也會察覺對受試者的自尊可能會造成傷害。例如，瓦斯特（Walster, 1965）想要觀察女性對自我價值感覺的改變是否會影響到她們的浪漫愛情。在她的研究中，先給大學女生做份人格測驗，然後告訴她們假的結果。某些女生得知她們缺乏想像力與創造力，然後有位假裝也是受試者的英俊男研究生開始與這些女生交談。這位研究生表現出好像對某位女生非常有意思，並且要求和她約會吃晚飯。研究者想要測量的是女生受到男生吸引的浪漫感受。在這個實驗之後，告訴受試者這是場惡作劇；事實上並沒有約會，那個男生也並不是眞的對她有意思。雖然這些受試者最後都聽取實驗的執行報告，但是她們的自尊心與心理都受到了傷害。[11]

只有經驗豐富、會對引起焦慮或不舒適的情境事先做好預防措施的研究者，才可考慮從事會導致強烈壓力或焦慮的實驗。在研究計畫階段，他們應該先向曾經做過類似研究的學者與心理健康專家請教，過濾高危險性的母群（例如，有情緒問題或心臟衰弱的人），並且要安排發生危險狀況時對研究採取緊急干預或終止的措施。研究者總是應該在研究之前就取得受試者的知會同意（下面將會討論），而且在研究結束之後立即向他們做實驗的執行報告。

研究者絕對不應該製造不必要的、超過產生可欲效果所需要的最低限度壓力、或對研究目的沒有直接和正當作用的壓力。對於最低限度壓力的瞭解來自於經驗，最好是從比較小的壓力開始，寧願冒沒有發現效果的風險，也比製造過多的壓力要好。如果壓力程度會產生長時間的作用，研究者應該持續追蹤，並且提供受試者免費的心理諮商。

產生壓力和焦慮感的研究也會有一種危險，致使實驗者對他人感受出現麻木不仁、或發展一種出操弄他人的心態。研究者在執行了對受試者造成心理傷害的實驗之後，應該要表達歉意和遺憾。把受試者置於產生焦慮的情境下的實驗可能也會使講倫理的研究者感到不安。

法律傷害：研究者有責任保護受試者不至增加被逮捕的風險。

如果參與研究者會提高被逮捕的風險，受試者就不會信任研究者，也不會願意參與未來的研究。研究者或許可以在進行某類研究之前取得不受到執法機關干預的保證。例如，美國司法部就對研究犯罪行爲的研究者提供書面的棄權書。

潛在法律傷害是韓福瑞斯（Humphreys）研究（參閱方塊17.1）所遭受的一項批評。在新澤西州反對所得稅實驗中，參與實驗的人收到收入補貼，但是對於他們是否收到了福利給付支票，則沒有提供明確的查核辦法。一位地區檢察官要求這些參與者資料，以便確認「詐領福利給付」。換句話說，研究對象因爲參與這個實驗遭到觸法的風險。最後這個爭議獲得解決，但是它說明了研究者應該要對潛在的法律問題有所警覺。

研究者在蒐集資料時若發現到非法活動，也引發相關的倫理議題。研究者必須把保護研究者——受試者關係以及對未來研究者效益的價值，與對無辜第三者可能造成的潛在傷害，做個衡量取捨。研究者要對他自己的決定負起責任。例如，逢恩．曼南（Van Maanen, 1982:114-115）在其對警察的田野研究中，報導說看到警察毆打民眾，也親眼目睹非法行動，以及不按規定的程序作業，但是他寫道：「在這些麻煩糾紛當時以及這些事件之後，…我謹守警察的行事作風：不透露一點風聲」。

田野研究者經常面對困難的倫理決定。例如，當泰勒（Taylor, 1987）研究一家精神病院時發現到院中人員對收容者加以辱罵與施以虐待。他有兩種選擇：放棄研究並請求調查，或者保持沈默，繼續做完幾個月的研究，出版所有的發現，然後推動終止虐待的行爲。在權衡各種狀況之後，他選擇後者，現在他是一位積極爭取精神院病患權利的提倡者。

類似的倫理難題可以從紐約一家餐廳失火的個案中看出來，這個案例因涉及機密問題而變得更加複雜。有位社會學研究生進行餐廳侍者的參與觀察研究。在研究計畫期間，田野地點，一家餐廳失火了，於是懷疑有人縱火。地方執法當局要求察看田野筆記，還想詢問研究者餐廳裡的一切活動。這時研究者就面對一個難題：他應該要配合調查而破壞研究倫理所承諾的信賴、保密、與誠信；或是他應該要堅守保密的原則保護研究對象，而去面對藐視法院與妨害司法的處分，這包括了罰款與坐牢。他想要做出合乎倫理的行為，並且又不必入獄服刑。經過好幾年的法律纏鬥，最後解決的方式是研究者做出有限的合作，同時獲得法官裁決保住了田野筆記的保密性。但是，這個議題花上了好幾年的時光才獲得解決，研究者付出了可觀的金錢與個人的成本。[12]

觀察非法行為可能是某些研究計畫的目的。暗中進行觀察並且記下非法行為，然後向執法機關提供訊息的研究者違反了對研究對象應該遵守的倫理標準，並且危害到未來的研究。然而，對於非法行為知情不報的研究者等於間接縱容犯罪行為，可能會因此而吃上從犯的官司。研究者是該做個尋求知識的專業者？還是做個自主的臥底線民呢？

對研究對象的其它傷害：研究對象可能面對其它類型的傷害。例如，某次的調查訪談要求受訪者回想不愉快事件，可能因而造成他們的焦慮與不安。講倫理的研究者對任何不利於研究對象的事，會異常敏銳，思考可能採行的預防措施、權衡潛在利弊得失。另一種對研究對象的傷害是對他們職業或收入造成負面影響。例如，研究者進行一項受雇者的調查研究，得到的結論是督導員的表現欠佳，結果使督導員失去了他的工作。或者某位研究者研究福利給付的支領者。結果，這些支領福利給付的人喪失了他們的健康保險，使得他們的生活品質降低。據此，研究者該負什麼責任呢？講倫理的研究者會思考研究對被研究者的生活所可能造成的後果。但是對於上面這類的問題並沒有確定的答案。研究者必須個別評估每個個案、衡量潛在利弊得失，並且對其決定負起責任。

欺騙

有任何人對你說過半眞半假、或是完全不實的話，好使你去做某些事嗎？你對這種情況的感覺如何？社會研究者遵守自願同意（voluntary consent）的倫理原則：絕對不要強迫任何人參與研究，也不要欺騙人，除非有正當的研究理由需要這樣做。參與社會研究的人在大部分情況下應該都是明確表示同意參與的那些人。有權不參與的權利，在研究者使用欺騙、僞裝研究、或使用隱藏性的研究方法時，變成爲一個引起批判的議題。[13]

社會研究者有時在田野研究與實驗研究中動用到欺騙、或是對研究對象說謊。一位研究者可能基於方法論上的正當理由而誤傳他的行爲或眞實意圖：如果研究對象知道眞正目的，他們可能會調整自己的行爲，而使想要瞭解他們眞正會做出什麼行爲變成不可能的事；或者說如果研究者告知實情，那麼他就絕不可能有機會進入研究地點。如果研究者可以不用欺騙就完成同樣的事，那麼欺騙就不可能是他想用的手法。實驗研究者常會欺騙受試者，以免他們瞭解眞正的假設而降低了反應效果。欺騙只有在基於某個特定的方法論目的下，才會被接受。即使如此，它也應該以最低限度爲之。用到欺騙的研究者應該取得知會同意、絕對不可錯估風險、並且在事成之後總是要對受試者進行實驗執行報告。他可以描述涉及到的基本程序，只隱瞞某個被檢定假設的那部分。

在某些田野研究情況中，可能需要用到暗中觀察，方才能取得進入與接近的管道。如果不需要用到暗中觀察，研究者就絕對不應該用到它。如果研究者並不確知是否需要隱藏身份，那麼最好採用逐步揭露研究目的策略。寧可犯下的錯誤是暴露自己眞實身份與目的。在某些情況下，例如，研究異端教派、極端的政治小派系、非法的或偏差的行爲、或大型公共場所中的行爲，如果研究者暴露他的眞實目的，可能就無法進行研究。研究者以暗中觀察的方式來研究邪靈崇拜、幽浮崇拜，以及公共休息室中的同性戀行爲。但是隱藏身份的研究仍然是備受爭議的，某些研究者甚至認爲所有隱藏身份的研究都是不合乎倫理的。[14]美國人類學協會的倫理信條就譴責這種研究作法「不可採用與惹人厭惡」。即使那些接受隱藏身份研究在某些狀況下算是合乎倫理的人，也都認爲只有在完全無法進行公開觀察時，才能動用隱藏身份。此外，如果可能的話，研究者應該在觀察之後立即告知研究對象，並給予他們表示關切的機會。

欺騙與隱藏身份研究都有可能增加不信任與懷疑，也會貶低大衆對社會研究的敬重。田野研究中使用不實的身份就好比在非民主社會中做臥底密探或線民的工作一樣。欺騙也會增加常被研究人群的不信任感。某個案例顯示，經常使用欺騙手法降低了助人行爲。1973年某位學生在西雅圖華盛頓大學中被槍殺時，路過校園的其他學生都不現身相助。後來才發現許多路過的同學不出手相救的原因是，他們誤以爲這個槍擊事件是某個實驗的一部分。[15]

知會同意

社會研究有個基本的倫理原則是：絕不強迫任何人參與研究；參與必須是自願的。取得研究對象的同意還不夠；他們需要瞭解他們將被要求去參與的是什麼活動，這樣他們才能做出告知後的決定。受試者可以從閱讀和簽署給予告知同意的陳述中——這是一份書面的同意參與協議書，在受試者瞭解了研究程序之後表示願意參與的書面文件——受試者可從中獲知他們的權利以及他們涉入的什麼活動。

美國聯邦政府並沒有要求所有涉及人類受試者的研究都做到知會同意。然而，研究者還是應該得到書面同意，除非他們有由機構審查委員會（institutional review board, IRB）判斷的可以不這麼做的很好理由（例如，隱藏身份的田野研究、使用次級資料）（參閱下文機構審查委員會的討論）。

知會同意陳述書提供特定的資訊（參閱方塊17.2）[16]。關於涉及的程序或問題的種類與使用資料的一般性陳述，對取得知會同意來說，

方塊17.2

知會同意陳述所包括的項目

1.關於研究的目的與程序的簡要描述，包括期望的研究執行期限。
2.說明參與研究可能涉及的風險與不適。
3.對記錄的匿名保密與絕不外洩，提出保證。
4.關於研究者的身份職稱，以及何處可以取得關於受試者權利、或是關於該研究問題的資訊。
5.關於參與完全是出於自願，並且隨時可以中止，而且不必受罰的陳述。
6.可能使用替代程序的陳述。
7.關於任何支付給受試者給付或報酬，以及受試者人數的陳述。
8.提供研究發現摘要報告的陳述。

已經足夠了。在一份辛格（Singer, 1978）執行的研究中，其中一組隨機抽取的調查回答者收到一份詳細的知會同意陳述書，而另一組則無。結果並沒有發現任何顯著的差異。如果有的話，那就是拒絕簽署這類陳述書的人比較會猜測或以「不答」來回答問題。

辛格、馮松、與米勒（Singer, Von Thurn & Miller, 1995）在他們對承諾保密的研究文獻進行後設分析（參閱第五章的後設分析）中發現，保證保密在研究者問到高敏感的主題時會改善受試者的反應。在其它的狀況下，廣泛的保證保密卻不會影響到受試者會如何回答，或者是否會反答。

原原本本告知研究者的身份有助於保護受試者不至受到研究詐欺，同時也保護到合法的研究者。知會同意減少受試者被偽裝研究者的騙子欺騙或虐待的機會；也降低研究者身份被偽假冒去行銷某些產品或取得圖利他人資訊的機會。

簽署知會同意陳述書對大部分調查研究、田野研究，以及次級資料研究都是選擇性，但是對實驗研究則經常是強制性的。而在文獻研究和大部分的電話訪談研究，也不可能做到。一般的規則是：對受試者造成潛在傷害的風險越大時，越有必要獲得書面的知會同意陳述。總而言之，需要取得知會同意的原因很多，但是能舉得出不需要取得的理由則少之又少。

特殊母群與新的不平等關係

特殊族群與強迫：某些受試者母群或團體沒有能力給予眞正的自願知會同意。他們可能缺乏必要的能力、或是可能間接受到強迫。學生、監獄犯人、受雇者、軍事人員、無家可歸者、領取福利津貼者、小孩、或是精神遲滯者，都可能同意參與研究，然而他們可能沒有充分的能力來做決定，或是他們會同意參與可能是因爲想要得到的某些好處——例如，比較好的成績、提早假釋、獲得升遷、或是額外的服務——要靠他們同意參與研究。

研究如果涉及「無行爲能力」者（例如，小孩、精神遲滯者）是不合乎倫理的，除非滿足兩個條件：法律監護人授與書面同意、研究者遵守所有的不傷害受試者的倫理原則。例如，研究者想要對中學生進行抽煙與毒品酒精使用的調查。如果這項調查是在校內舉行，學校方主管必須給予許可，而且對任何法律上未成年的受試者做研究，都需要獲得家長的同意書。其實最好也取得每一位學生本身的同意。

強迫他人參與研究是不合乎倫理的，這包括給予他們其他方法無法取得的特殊利益。例如，指揮官命令士兵去參與研究，教授規定學生要做過受試者才能通過這門課，或是雇主期待受雇者完成一項調查做爲持續雇用的條件等，這些都是不合乎倫理的作法。即使是研究者以外的其它人士（例如，雇主）強迫別人（例如，受雇者）參與研究也是不合乎倫理的作爲。

是否涉及到強迫參與有可能會是個複雜的議題，研究者必須對每個個案分別加以評鑑。例如，一位被判有罪的犯人被給予坐牢，還是或參與一個實驗性的復健計畫這兩種選擇。這位被判有罪的犯人可能不相信這個計畫的效益，但是研究者可能相信它可以幫助這名犯人。這是強迫的案例，但是研究者必須判斷對受試者以及對社會的效益是否超過倫理上對強迫的禁止。

教師有時候會要求修讀社會科學的學生參與研究計畫做受試者。這是一種特殊的強迫案例。常被提出支持這種要求的論點有三：從其它管道找受試者可能非常困難並且可能費用驚人；以學生爲受試者的研究所得到的知識將對未來的學生和社會都有利；學生將會因直接體驗眞實的研究情境，而對研究有更多的瞭解。在這三種論點中，只有第三種可以算是支持有限度強迫的理由。有限度的強迫只有當它具有明確的教育目標、學生有選擇參與或不參與研究的權利，以及在遵守其它倫理原則的情況下，才可以接受。[17]

製造新的不平等關係：另一種傷害是發生在拒絕一群受試者參與可使其享受某些服務或某種好處的某個研究計畫之時，這對好的研究設計來說，可能是不可避免的情況。例如，研究者有可以治癒罹患某種可怕疾病——比如說後天免疫缺乏徵候群（AIDS）——的受試者的一種新處方。爲了確定這個新處方的效果，某些受試者得到這個新藥，而其他人則拿到安撫劑。這個設計可以證明這種藥劑是否有效，但是控制組中服用安撫劑的受試者可能會面臨死亡。當然，在對新藥是否有效有更多瞭解之前，那些服用新藥的人可能也會死亡。拒絕給予被隨機分配到控制組的受試者服用潛在可能治癒病痛的新藥是合乎倫理的行爲嗎？想要檢定新藥以便獲知其是否有效的清楚明確答案，是否一定要使用一個服用安撫劑的控制組？

研究者有三種方式可以降低不同的受試者之間所經驗的新不平等關係。第一，對於沒有服用「新的改良」處方的受試者，繼續給予他們到目前爲止所可以得到的最好治療方式。換句話說，並沒有中斷控制組所得到的協助，而是提供他們在新療法通過檢定前可行的最好方法。即使以相對的觀點來看，控制組的受試者是處於暫時落後的位置，但這層補救措施當能確保他們並沒有受到絕對不利的處理。第二，研究者可以使用交叉設計，這是指使第一次實驗過程中的控制組，在第二次時變成實驗組，原來的實驗組變成控制組。最後，研究者小心持續監控研究結果。如果在實驗早期時發現新的治療方法具有高度的成效，那麼就應該把新的療法提供給控制組的受試者享用。同樣的，在具有醫學療效或可能造成生理傷害的高風險實驗中，研究者可以使用動物或其它替代品來代替用人來做實驗。

隱私、匿名、和秘密

如果關於你個人生活的私人細節在沒有告知你的情形下被公諸於世，你會有什麼感覺？社會研究者爲了研究社會行爲而觸及研究對象的隱私，因此他們必須對保護研究對象的隱私做些預防工作。

隱私：調查研究者以一種能夠窺視個人隱私細節的方式，深入探索信仰、背景、與行爲時，他們就侵犯了個人的隱私。實驗研究者有時候使用雙面鏡或隱藏式麥克風對受試者進行「監看」。即使受試者獲知他們將被研究，他們仍然不瞭解實驗者要察看什麼。田野研究者可能觀察非常私人層面的行爲或竊聽人們的對話。在田野實驗與民族誌學的田野研究中，隱私可能在完全沒有預警之下，遭到破壞。當韓福瑞斯在公共休息室——同性戀接觸之地——扮做一位「守望皇后」，他在未告知研究對象的情況下，觀察到非常私密的行爲。當皮利文及其同事（1969）叫人在地鐵車站跌倒來研究助人行爲時，那些在地鐵車站搭車的人的隱私權就被破壞了。人們經常在公共場所（例如，在候車室、在街上走路、在教室）中遭人研究，但是某些公共場所要比其它地區較具隱私性（試想使用潛望鏡來觀察那些自以爲是獨自上廁所的人）。[18]

竊聽對話和在準私人區域觀察人們引發了倫理的問題。講倫理的研究者只會在必要的最低限度以及正當的研究目的下，觸犯他人隱私。此外，他會保護研究對象的資訊免於曝光。

在一些情況下，隱私會受到法律的保護。一個觸犯隱私的案子造成一條聯邦法律的通過。1954年維奇塔（Wichita）陪審團的研究中，芝加哥大學法律學院的研究者記錄陪審團的討論，以檢視陪審團商議的團體過程。雖然研究發現很重要，而且也採取了必要的預防行動，但是仍然引起國會的調查，並且在1956年通過一項法律，規定不論出於何種目的，一概禁止干擾任何大小陪審團的運作，即使有陪審團成員同意也不允許。[19]

匿名：研究者以完成蒐集資料之後不暴露研究對象的身份，來保護隱私權。這有兩種形式，不過都要求把個人身份及其答案分開處理：匿名與保密。匿名（anonymity）是指研究對象維持匿名或沒有名字的狀態。例如，田野研究者給予某個特定個人一個社會圖像，但是給予他一個假的名字與住址，也改變他的某些特徵。研究對象的身份被保護，他是誰不爲人所知或是匿名。調查與實驗研究者爲了保護匿名者，會儘可能地很快就丟棄研究對象的姓名或地址，只用密碼代號來指稱研究對象。如果使用郵寄調查的研究者在問卷上包含密碼以察覺哪些回答者沒有回覆，那麼回答者的匿名就無法獲得充分的保護。在小樣本連續研究中，相同的個人會受到長期追蹤，就不可能做到匿名了。同樣的，歷史研究者會在歷史或文獻研究中使用特定的人名。如果原始資料是來自公共來源，他們可能會這樣做；如果來源不是大眾都可以取得的，研究者就必須取得文件所有人授權使用特定姓名的書面同意。

要保護研究對象匿名性不是件易事。在《大眾社會中的小鎮（*Small Town in Mass Society*）》中一個虛構城市──「春田市（Springdale）」──的研究裡（Vidich & Bensman, 1968），我們可以很輕易地認出這個城鎮與其中的特定人物。城鎮居民對研究者描繪他們的模樣感到不滿，因此發動遊行來嘲弄這些研究者。就像在著名的印第安那州牧曦區（Muncie）的中鎮研究裡，人們時常可以認出社區研究中所研究的小鎮。然而，如果研究者以假的資訊來保護個人的身份，則在被研究的事物與被報導給人知的事物之間的差距，便會引發什麼研究發現、什麼是造假的問題。研究者在小樣本中可能會不自覺地破壞他對匿名的承諾。舉例來說，你進行一項對100位大學生的調查，問卷上有許多問題，包括：年齡、性別、宗教、與居住地。這組樣本中包含一位22歲、出生在安大略州史雀福特市（Stratford）的猶太男生。根據這筆資訊，你可以找出誰是這位特殊的個體，以及他是如何回答那些非常個人性的問題，即使他的名字沒有直接被記錄在問卷之上。

保密：即使匿名是不可能的，研究者也要保密。匿名保護特殊個人的身份不被曉得，保密則是指資訊可能有姓名附在上面，但是研究者對這筆資料保密或者不將之開放給大部分人知道。資訊不會以一種連接特定個人及其答案的方式顯示出來，而是以組合的形式公開呈現（例如，百分比、平均）。

研究者可能維持匿名但不保密，或者保密但不匿名，雖然這兩者通常會一併出現。沒有保密的匿名意味著所有關於特定個人的細節都會曝光，但是個人的姓名不被呈現。保密而未匿名則是指不公開資訊，但是研究者私下將個人姓名及其答案連接起來。

為保護受試者的身份不至曝光所做的努力，已經產生相當詳盡的程序：獲取匿名答案、使用握有登錄名單解碼鎖鑰的第三者名冊監護人、或是使用隨機答題技術。過去的濫用顯示有必要採取這些作法。例如，狄安納與克拉朵（Diener & Crandal, 1978:70）報導在1950年代，美國國務院與聯邦調查局索取參與著名的金賽性研究（Kinsey sex study）的人員記錄。金賽性研究機構拒絕接受政府的要求，並且威脅說寧可銷毀所有的記錄也不提供政府任何一筆資料，最後政府機關終於讓步。研究者的道德責任與倫理信條驅使他們選擇寧可摧毀記錄也不願意將之交給政府官員。誠如倪爾金（Nelkin, 1982b:705）評論說，「研究者對他們受試者權利的保護，在與政治或政策目的發生抵觸時，特別容易受到破壞。」

保密可以保護受試者不受生理的傷害。例如，我遇見一位研究非民主社會中秘密警察內部行動的研究者。如果他把提供資訊者的名字洩露出來，他們可能不是得面對某種死刑就是入獄的厄運。爲了保護受試者，他的所有筆記都是用密碼寫的，並且將所有記錄以極機密的方式收藏起來。雖然他居住在美國，但是他的生命受到外國政府的威脅，而且發現有人試圖到他辦公室的行竊。另一個情形是，其他的原則可能比保密有較高的優先性。舉例來說，進行精神病院的病人研究時，研究者發現病人正準備要殺害一位看顧，這時研究者就必須在保密的利益與對看顧可能造成的潛在傷害之間，做個權衡。

社會研究者爲了合乎倫理經常付出高昂的個人成本。雖然李克·史卡斯（Rik Scarce），一位華盛頓州立大學社會學博士班的學生，他從未有過違反任何法律或是被判刑的記錄，緊守美國社會學會所陳述的倫理原則，但是他卻因藐視法院而被關進史波肯（Spokane）監獄長達十六週之久。他之所以會入獄是因爲他不想違反社會研究保守資料秘密的原則，而拒絕在陪審團前作證所遭致的結果。史卡斯一直研究的是激進的動物解放團體，也出版了一本關於這個主題的書。他訪談了一位遭受各界懷疑領導某個團體從事動物器材的破壞行動，以至造成十五萬美元損失的受試者。兩位法官不接受應該對社會研究資料保密的作法。[20]

在1989年，美國政府建立起一種保密的方法。研究者可以提出一份研究計畫書，申請一份由美國國家衛生組織發出的保密證明書（certificate of confidentiality）。這份保證書允許對受試者的資料進行保密，免受聯邦、州、或地方政府犯罪或民權法律行動的干擾。不論聯邦政府的基金是否有用來支持這個計畫，研究資料都要受到保護。不幸的是，這個證明書可以保護研究對象的資料，但是它並不能保護研究者不受法律行動的干擾。

當研究者研究「俘虜」群體（例如，學生、犯人、受雇者、病人、士兵）時，常引起一個關於匿名與保密的特殊關懷。守門人或居於權力地位的人可能會限制進取得資料的管道，除非讓他們得到受試者的資料。[21]例如，有位研究中學生毒品物使用與性行為研究者。校方同意如果研究者能夠答應兩個條件，則願意與之合作：學生需要取得父母的同意方能參與研究，以及校方要取得所有使用毒品以及有性行為的學生名單，以便透過諮詢或告知學生父母的方式，來協助學生。講倫理的研究者通常寧願拒絕進行研究，也不會答應第二個條件。

倫理與科學社群

外科醫生、律師、諮詢師、和其他專業人員都有一套倫理信條（code of ethics）以及同儕評鑑委員會、或是執照規章。這些信條載明專業的標準、並在遇上實務問題時提供指導原則。[22]社會研究者不是為了報酬而提供服務、沒有受到多少倫理訓練、也很少取得執照之事。他們把倫理議題帶進研究之中，是因為這是合乎道德並且負起社會責任，也是為了保護社會研究不至流於無情或遭受虐待受試者的指控。

專業社會科學協會有倫理信條。這些信條敘述適當的與不適當的行為，代表專業者對倫理問題的共識。所有研究者並不可能對所有的倫理議題都持相同的看法，對於倫理規則也有不同的解釋，但是都期待研究者遵守倫理標準，並視之為身為專業社群成員的一部分。

研究倫理的信條可以追溯到奴仁柏格（Nuremberg）信條，這是在第二次世界大戰後不久，在奴仁柏格軍事法庭上，同盟國對納粹戰爭罪行所採用的原則。這些信條是針對集中營實驗的殘酷行為所產生的回應，列明了倫理原則以及人類受試者所享有的權利：

◇自願同意的原則。
◇避免不必要的生理與心理傷害。
◇避免任何可能造成死亡或殘廢傷害的實驗。
◇如果繼續執行可能造成傷害、殘廢、或死亡時，就該停止研究。
◇原則是實驗應該由充分合格的人以最高水準的技術與注意力來執行。
◇原則是研究結果是爲了社會進步，以及用在其它方法無法做到的情況下。

奴仁柏格信條的原則處理人類受試者的問題，焦點原來是擺在醫學實驗，但是它們後來成爲社會研究倫理信條的基礎。類似的人權信條，例如，1948年的聯合國世界人權宣言以及1964年的赫爾辛基宣言，也都對社會研究者有所啓示。[23]表17.1列述了一些倫理社會研究的基本原則。

專業社會科學協會（例如，美國心理學協會、美國人類學協會、美國政治科學協會，以及美國社會學協會）從1960與1970年代便開始採取倫理信條。附錄A提供你美國民意研究協會與美國社會學協會的倫理信條副本。這些信條都很類似，它們之中有某些原則甚至超過奴仁柏格信條的要求。

專業社會科學協會都有審查倫理信條的委員會，並且會對可能的違反情形召開公聽會，但是它們並不具有強制執行的能力。對稍微違規的情形所施加的處罰很少會超過一封信。如果沒有違反法律，那麼最大的懲罰也不過是對嚴重違反倫理的事跡給予詳盡的負面報導。這種報導可能導致研究者失去工作、被學術期刊拒絕刊登他的研究發現，以及得不到研究經費——換句話說，就是被逐出專業研究者社群

表17.1 講求道德的社會研究應守的基本原則

1.倫理的責任繫於個別研究者的身上。
2.不可爲了私利而剝削受試者或學生。
3.極力推薦、指定研究者採用某種形式的知會同意書。
4.尊重所有關於隱私權、保密，以及匿名的保證。
5.不可強迫或羞辱受試者。
6.只有在必要時才得使用欺騙，而且用後必定執行報告，告知受試者整個狀況。
7.使用適合主題的研究方法。
8.偵測發覺並且排除對研究受試者所造成的不利結果。
9.預估研究可能造成的後果，或是公佈研究結果可能會產生的效果。
10.知道誰是提供研究經費的贊助者。
11.從事比較研究時，尋求與地主國合作。
12.發佈研究設計的細節以及資料。
13.根據資料詮釋研究結果。
14.使用方法論上的高標準，並且力求精確。
15.不從事不可告人的研究。

的大門之外。

倫理信條不只規範研究者的思維模式、提供他行動指導原則；這些信條還會協助大學與其它機構防止倫理研究遭到外界政治利益團體的濫用。例如，一位研究者在1994年晤談了24位工作人員並且完成觀察之後，他記載在密瓦奇（Milwaukee）公共防衛室中的工作人員不但工作嚴重地超量，而且無法有效地對窮人提供法律保護。獲知這些研究發現後，公司的高層官員就會和大學接觸，想要進一步瞭解在他們單位中是哪些人和研究者談過話，這意味著公司可能會對那些工作人員採取報復措施。大學的行政單位便可引用普遍接受的保護人類受試者的信條來保護研究者，並且拒絕透露這些資訊。[24]

在倫理的信條當中，格林華德（Greenwald, 1992:585-586）評論說，「社會學在各種學術專業中的突出地位，是在於它對諸如政府或大型企業等地位老大的制度所具有的權威所做的批判」，及其「對方法論上的缺點與研究發現可能暴露於各種解釋的情況，所做的清楚陳述。」

倫理與研究贊助者

特殊考慮

你可能找到一份工作，是替某位與研究者簽約進行研究的贊助者工作——他可能是一位雇主、某個政府機構、或某家私人公司。特殊倫理問題發生在贊助者出錢支付研究之時，特別是應用研究。贊助者可能會要求研究者在倫理或專業研究標準上做些妥協，才能得到獲得一份合約或繼續雇用。研究者需要訂定倫理界線，超過這個界線他們就拒絕贊助者的要求。面對來自贊助者的不當要求，研究者有三個選擇：忠誠面對組織或較大的群體、抽身離開這個狀況、或是表達反對立場。[25]這表示他們不是向贊助者屈服、辭職不幹、就是成爲一位專門吹笛子糾正別人犯規的糾察員。研究者必須選擇他自己的行動路線，但是最好要在與贊助者建立關係的初期就考慮到倫理議題，並且儘早表達出他們對這個問題的關切。

做個專門吹笛子糾正別人犯規的人可能會是件相當辛苦與危險的工作，這牽涉到三位當事人：目睹不符合倫理行爲的研究者、外界機構或媒體，以及雇用組織中的監導。研究者必然相信破壞倫理規範是件很嚴重的事，而且獲得了組織的許可。在用盡內部管道仍無法解決問題後，他轉而向外求援。局外人可能對這個問題感興趣，也可能不感興趣，也許可以幫忙，也可能使不上力。局外人通常有自己的優先順序（使這個組織表現出很壞的形象、煽動這個問題）——並不同於研究者的主要目的（結束違反倫理的行爲）。督導或管理者可能會設法詆毀或懲罰任何揭露問題與行爲不中的人。誠如法蘭契—史拉德（Frechette-Schrader, 1994:78）所言，「糾正別人犯規的行爲是一種特殊類型的不忠於組織的行爲，或者是效忠於比忠於雇主更高的原則。」即使在最好的情況下，這種問題也可能會花上很長的時間才能解決，而且會造成情緒上很大的壓力。遵守道德規矩、糾正別人犯規的人必須要有做許多犧牲的準備——失去工作或升遷的機會、減薪或是遭到不想要的調職、被工作場所的朋友排斥、或者負擔訴訟費用。這些仍然不保證做這些對的事，將可以改變不倫理的行爲、或防止研究者遭到報復。

從事贊助研究的應用社會研究者需要嚴肅思考他們的專業角色。他們可能想要維持某種不受雇主干擾的獨立性，堅持做個致力於專業的社群成員。許多人發現對贊助者施壓的一種防衛方式，是參與專業組織（例如，評鑑研究學會）、維持與贊助者之外的研究者的經常接觸，以及採用最新最好的研究方法。最不可能在贊助的情境下仍堅持倫理標準的研究者，是那些孤立的、缺乏專業安全感的人。不論情境如何，不合乎倫理的行爲絕不可以被那種「如果我不這樣做，別人也會這麼做」的論點給合理化。

得到特定發現

如果贊助者直接或間接告訴你，應該要得到什麼樣的結論時，你該怎麼做？如果要以必須得到某種結果作爲進行研究的先決條件的話，講倫理的研究者是會拒絕參與研究的。所有研究的進行都不應該對可以得到的研究發現，課加任何限制。例如，某個調查機構獲得一份爲購物中心協會進行研究的合約。這個協會正與一個想要在購物中心舉行示威的政治團體，有法院訴訟。調查組織中有位訪員反對問卷上許多他相信是無效的、偏向購物中心協會的問項。在他聯絡某家報社、暴露這些偏差的問項後，他就被解雇了。然而，許多年之後，在一個「糾正別人犯規」的訟案中，這位訪員收到超過六萬元的獎金來補償積欠薪資、精神痛苦，以及聲討調查組織所承受的損失。[26]

另一個施壓以求得特殊研究發現的例子，是發生在教育測驗的領域。用標準化測驗來測量美國學童的成就一直受到批評。舉例來說，大約有百分之九十美國學區中的學童在這類測驗中的分數都在「平均以上」，這被稱爲渥貝根湖效應（Lake Wobegon effect），是取自渥貝根湖這個神秘城市的故事，根據電視節目主持人蓋里森．凱勒（Garrison Keillor）的說法是這個湖區的「所有兒童都在平均以上」。出現這種不尋常的研究發現有許多原因，最主要的原因是研究者把目前學生的成績與好幾年前參加測驗的學生的成績標準，做一比較對照。研究者面對來自於教師、學校校長、督學，以及學校委員會的強大壓力，這些人想要一個可以使他們對學童父母與選民報告說他們的學區是在「平均以上」的研究結果。[27]

研究方式的限制

贊助者可以直接或間接地（例如，限制經費）透過界定什麼可以研究、或是限制使用的研究技術，來限制研究嗎？贊助者可以合法設定使用研究技術的條件（例如，做調查、還是做實驗）與限制研究經費的額度。然而，研究者必須遵守普遍被接受的研究方法。研究者應該提出一份眞實的評鑑，指出在某種經費水準下可以做到的事。

關於限制的議題在委託研究（contract research）中最爲常見，這是有某家工廠或政府機構要求進行一項特殊的研究計畫。例如，美國司法部想要瞭解三個大都市的就業歷史以及市民的消費型態。它就發佈徵求描述這類計畫的申請書，任何在技術上合格的公司、研究者、或研究機構都可以提出申請書，說明它將要進行的研究及其需要的經費。該機構就會把合約委託給那個提出最小經費進行研究的計畫書。

通常委託研究會面對品質與花費之間的取捨。一家知名私人社會研究公司——Abt協會——的主席Abt（1979）就認爲，要以研究實際需要的經費來獲取一份委託研究案是件難事。一旦研究開始進行，研究者對於計畫可能需要重新設計，費用就可能會因而增加。依照契約敘述的過程，不是那麼容易就能中途改變，研究者可能發現他被契約綁住，被迫採用不理想的研究程序或方法。研究者因此陷入一個兩難的局面：完成契約、做一個品質低劣的研究；還是無法執行契約、失去金錢與未來的工作機會。

如果研究者無法堅持普遍被接受的研究標準，就應該拒絕繼續進行研究。如果贊助者想要用偏差的樣本或具誘導性的問項，講倫理研究者也要拒絕合作。如果合法的研究證明贊助者幼稚的想法或計畫是個插進的行動路徑，研究者可以預期合約將會終止，或是遇到違反專業研究標準的壓力。以長期來看，贊助者、研究者、科學社群，以及整個社會都會蒙受違反正規研究作法所帶來的傷害。研究者必須決定他要做個「槍手」，提供贊助者任何他想要的東西，即使違反倫理也不管；還是他要做位專家，承擔起秉持較高道德原則來教育、指導、甚至反對贊助者的義務。[28]

研究者應該要問：如果贊助者對應用研究發現或眞相不感興趣的話，爲什麼他們要進行社會研究呢？這個答案是這類的贊助者只把社會研究當成一種工具，用來合理化決策或實務，而這是其它方法沒有辦法做到的。他們濫用研究者身爲專家的地位，只爲了增進他們自己短淺的目的。他們是在欺詐、並且試圖利用社會研究誠實與正直的名聲。當發生這種事時，講倫理的研究者有道德責任去揭發與阻止這種行爲。

不准發表研究發現

如果你進行研究，但是研究發現顯示贊助者看起來是個壞蛋，或者贊助者不希望公開研究結果時，那該如何呢？這對應用研究者而言並不是個不尋常的情況。例如，社會學家為威斯康辛州樂透委員會進行一份關於州政府贊助賭博的效果研究。在報告完成之後、公開之前，委員會要求他把敘述賭博負面社會影響的許多章節給抽掉，並且刪除他提出成立社會服務機構，協助賭博成癮、無法自拔賭客的建議。這時研究者就陷入相當困難的處境。應該先考慮哪種倫理價值呢：為出錢做研究的贊助者遮掩隱藏呢？還是為所有想瞭解眞相的人揭露事實並且獨自承受苦果呢？[29]政府機關並不是唯一想要壓抑研究發現的組織。有位羅馬天主教神父在調查美國主教不滿官方天主教政策時，被他的上屬命令不准對外洩露研究發現、銷毀問卷。然而，在他完成二十四年的神職任期退休後，就把他的研究結果公開出來。[30]為了合乎倫理，研究者消耗極大的個人與經濟損失。

政府機關打壓抵觸官方政策、或是會使高層官員難堪的重要基礎資訊，並不是不常見的事。對受雇於政府機構、對外公開內部資訊的社會研究者，採取報復行動的事件，也常有所聞。例如，一位受雇於美國戶口調查局，研究1991年對伊拉克發動波斯灣戰爭造成死亡的社會研究者，報導說，政府官員基於政治理由不准對外公佈研究發現。這位政府機關很想解雇的研究者報告說，美國政府主要的社會統計部門不是拖延公開、就是低估高死亡率的研究發現。在可以公開資訊之前，必須先經過政治派任之官方首長的通過。她指控說，政治派任的首長對保護行政單位外交政策的興趣遠超過對大眾公開相關科學發現的興致。另外一個例子顯示，美國國防部命令銷毀顯示美國軍隊中有百分之十男同性戀或女同性戀，以及那些不支持把同性戀趕出軍隊的研究。[31]

在委託研究中，研究者可以在研究開始之前先協商公佈研究發現的條件，並且簽署關於這個條件的契約。雖然較少有倫理顧忌的競標研究者或許可以這麼做，但是在沒有得到那種保證便進行研究，可能極為不智。另一方面，研究者也可以接受贊助者的批評與敵視，並且在贊助者的反對下公佈研究發現。大部分研究者傾向於第一種選

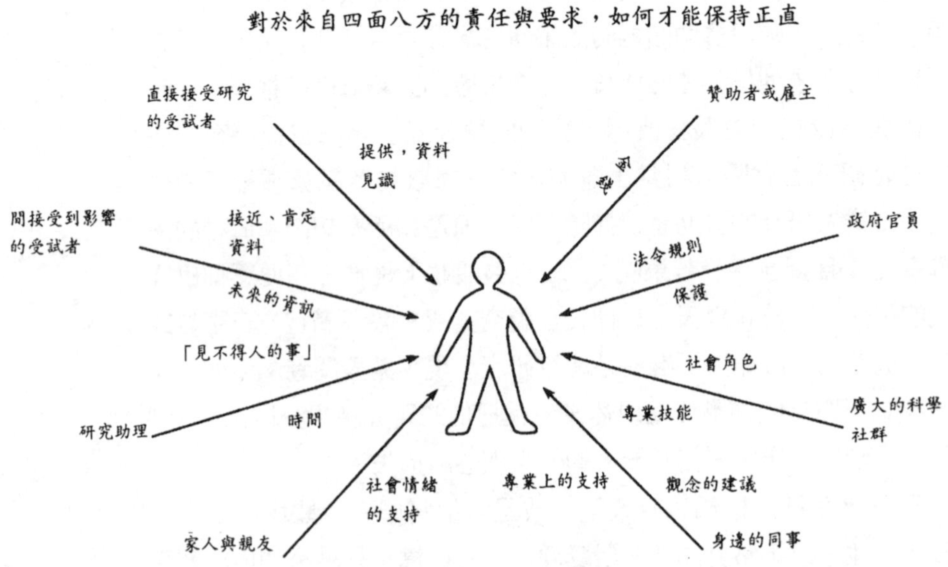

圖17.2 社會研究者所面對的倫理壓力。各界提供研究者許多資源，但是每一項資源都帶來一份責任

擇，因爲第二種可能會把未來的贊助者都給嚇跑了。

除了贊助者或政府官員會對社會研究加以控制、甚或打壓研究發現之外，社會研究者有時候也會進行自我檢查、或延後公佈研究發現。他們這樣做是爲了保護提供資訊者的身份、維持他們的工作、或保護他們個人或家庭成員的安全（Adler & Adler, 1993）。這是一種比較沒有妨害的審查，因爲它不是外在權力所強迫課加的。這是由某個與研究關係密切、對可能結果瞭若指掌的研究者，才會做到的。研究者對他們的研究負有最後的責任，通常他們可以利用許多不同的資源，但是他們同時也面對許多相互競爭的壓力（參閱圖17.2）。

隱瞞眞正的贊助者

對贊助者的身份保密，是合乎倫理的行爲嗎？例如，一家墮胎診所想要贊助一個宗教團體反墮胎態度的研究。研究者必須在向受試者公開贊助者身份、違反贊助者保密希望透露研究結果，以及降低受試者合作意願的可能性等倫理價值之間取得平衡。如果公開結果，很明顯地就會違反透露眞實贊助者的倫理規章。對於向受試者透露眞正的贊助者這個倫理議題，並沒有形成多大的共識。普烈塞、布來爾、與崔普烈特（Presser, Blair & Triplett, 1992）發現，由回答者的答案可能會受到調查贊助者是誰的影響。如果回答者相信調查是由對這個議題採取強硬立場的報社進行的，他就比較不會抵觸這家報紙對這個議題的公開立場。如果回答者相信調查贊助者是中立的學術組織，就比較不會有這種問題。

社會或政府的影響

前面各節集中探討對受試者的傷害、倫理信條，以及與贊助者交涉的問題。其中有個相關的議題是，社會上的有力團體或政府機構如何塑造研究。極端的個案中，當納粹1937年發動「淨化」大學與研究中心時，有百分之四十的德國科學家因爲政治理由而遭到解聘。[32] 另外一個例子是發生在美國，有數百位教授與研究者遭到整肅，因爲他們不願意公開宣誓反對共產主義、並與1950年代的麥卡錫（McCarthy）調查行動合作。在那個時候，拒絕接受強制的效忠宣誓、支持種族整合、或提倡性教育教學的人士，都被懷疑是顚覆份子，並且飽受被解聘的威脅。例如，單是在加州大學，就有二十五位教授因爲拒絕簽署效忠宣誓而被解聘。[33]

政府可以透過法律與研究經費的分配來限制、規定、或指導社會研究。問題是：什麼才算是政府或其它有力機構與社會研究之間的合理關係呢？政府代表社會監督科學與從事獨立自主不受政治干預的研究這兩套價值間的平衡點，到底在哪兒呢？

強制保護受試者

美國聯邦政府制定有規則與法律來保護受試者及其權利。從美國衛生與個人服務部發佈的防止研究危風險的規範條文中，可以看到這類的法律限制。雖然這只是一個聯邦機構，許多研究者與其它政府機構都可以此爲指導原則。目前美國政府的規定是從1966年起開始實施、1971年擴大適用的公共衛生服務政策而發展過來的。國家研究法（National Research Act, 1974）成立了明顯擴大法規適用性的全國保護生物醫學與行爲研究中人類受試者的委員會，並且要求大部分社會研究要取得知會同意書。維護倫理標準的責任指派給研究機構與大學承受。衛生與個人服務部在1981年訂定的規則，到今日依然有效。1989年又再度擴大訂定對不當科學行爲與資料保密的規定。

聯邦法規遵照生物醫學的模式，保護受試者不會受到生理傷害。其它的規定則要求在所有研究機構、學院、和大學中成立機構審查委員會（institutional review boards, IRB）來檢查所有使用人類受試者的研究。機構審查委員會的人員編制是由研究者與社群成員所組成的。相類似的委員會也負責監督研究中對動物的使用。機構審查委員會監督、監控、與檢查所有研究程序對人類受試者所可能產生的影響，以及應用倫理規則的情形。在第一次提出研究計畫書的初始階段，機構審查委員會就要審查研究程序。教育測驗、「正規教育辦法」、大部分調查、大部分大眾行爲觀察，以及沒有涉及個人的現成資料研究，則不必接受機構審查委員會的監督。[34]

研究主題的限制

政府或社會中的有力團體可能會試圖限制自由的科學探究。非民主社會中，對社會研究進行控制或審查，是常態而非例外的現象。

特別是對具有政治敏感性的主題，包括民意調查，尤其如此。因此，在中國、東歐、南非、台灣、與其它地區，社會研究一直受到懷疑，並且被限制在「安全」的主題上，或者被強行用在支持政府的官方政策。[35]在一些國家（例如，希臘、智利），自從軍事政變之後，社會學研究本身就被視爲顚覆行動，而遭到禁止。

在美國，對研究就很少有任何的限制。大部分官員認識到，一個開放自主的社會科學社群，是通往無偏誤、有效知識的最好途徑。同儕審查過程會促進自主的研究，因爲向政府機關申請贊助研究的計畫書會交給研究同儕來審查，而後者會根據計畫書的科學價值來進行評鑑。雖然聯邦政府贊助大部分的基礎研究，但是研究本身是分散的，分別由全國許多學院、大學、和研究中心來執行。

兩個限制：守門人與定義指標：對於研究的兩個限制都與守門人有關，守門人控制了不是資料或受試者的取得管道，就是官方統計所蒐集到的資料類型。如前所述，守門人可能會限制住研究的主題。例如，有位研究者想要研究西點軍校中軍官的社會化：高層軍官掌握住他進入校門的許可。同樣的，守門人掌握了研究者接近公司受雇者、醫院病人、學校孩童等的管道。要求接觸這些受試者的請求，可能會遭到不願受到干擾、保留隱私群、或可能引起的破壞等等理由，而被拒絕。守門人經常想要保護他們自己、或是他們組織中的權力結構，不至受到批評或騷擾。除了直接拒絕進入之外，守門人可能只讓研究者接觸他們放心的受試者或地區。

另一種限制涉及到由政府或其它大型組織蒐集的官方或現成的統計資料。誠如第十一章所述，不論是否蒐集到資訊，變項的概念化過程以及如何正確地蒐集到資訊，都會影響到研究的結果。官方統計資料中，界定現象（諸如：失業、收入、教育成就）的方式以及是否有蒐集這類資訊，可能會受到政治壓力的影響，而政治壓力又會限制住使用這些統計資料的研究者能夠研究的主題。[36]

來自於政治影響的限制：不幸的，在科學社群之外的人會因社會研究不符合他們的社會或政治價值，而對社會研究大肆抨擊。某位政治家或評論者可能聽到某個屬於爭議範圍內的研究計畫，或者可能對這個計畫有所誤解，然後可能就利用這個狀況來吸引媒體的注意力。舉例來說，南伊利諾大學的哈里斯·盧賓（Harris Rubin）教授想要探究THC（一個大麻內的活性物質）對性衝動的效果。關於這個問題幾乎沒有任何科學證據存在，只有互相對立的迷思。他非常小心遵守所有程序與手續，而且這個研究計畫在1975年獲得國家心理衛生機構的贊助。某位保守的議員從附近的報紙中知道了這個研究主題以後，就在國會中提出修正案來禁止進一步的贊助。除此之外，所有這個計畫的經費都要退回給聯邦政府。雖然科學家爭論政治者不應該干涉合法的研究，經費仍被取消。政治家害怕支持這個社會研究而被反對黨的候選人以這個個案向選民說，政府顯然是拿錢給學生去做「遭人非議之事與看色情影片」。[37]

威廉·波克斯麥（William Proxmire）議員的「金羊毛（Golden Fleece)」獎是獎助那些科學重要性不被議員認同的社會研究計畫。人際吸引力與情感的研究以及壓力與緊張的研究，被指明是「浪費納稅人的錢」而遭到大眾的嘲諷。某個個案中，一位被議員攻擊的密西根首席研究者，最後就失去他的地位與贊助。一個在美國最高法院結案的法律案件中，法院判定議員在美國國會內對個人的攻擊是受到法律保護的，不過如果他以信件方式寄出，在國會之外進行攻擊，那麼他將會因毀謗、造謠而被起訴。[38]另一件政治壓力的例子是發生在1989年，當時政府贊助一項主要是針對性行爲的全國調查研究，目的在打擊後天免疫缺乏徵候群那個流行病，結果卻遭到國會中不相信讓研究者去探究人類性行爲是適當之舉的那些議員的攔阻。[39]

國家衛生機構對青少年的性行爲所進行的研究計畫在1991年後期，因美國國會的一個行動而遭到取消。社會研究者視這個行動爲嚴重的威脅，那個研究是要調查24,000位青少年關於他們的社會活動、家庭生活、與性行爲，以期能夠對瞭解後天免疫缺乏徵候群和其它性傳染病提供背景知識。許多研究者說他們並不想在這個議題上表達自己的意見，因恐他們會成爲政治團體的靶子。某些表達意見的人則說，一些具有極端政治意識型態的少數團體有能力封殺重要研究的推展，簡直是「可恥的行爲」、「駭人聽聞」。一位社會學研究者指出，一個計畫不是因爲它不具科學品質或重要性而遭取消；相反的，是出於一種「我們不需要知道它」那類的意識型態的決定。[40]

大眾對社會研究的批評，即使是不具爭議性但是出於對研究的誤解，也會傷害到所有研究者。政治家可能會「封殺掉」科學社群認爲正當的研究，或者他們會推動一些不具科學價值的幼稚計畫。申請政府贊助的研究者有時候是以一種不吸引人的方式，來陳述他們的計畫。大眾對值得信任的研究者的嘲笑、研究贊助者的拒絕，同樣也會鼓勵自我審查、助長大眾對社會研究的負面意見。

1992年5月，美國國會議員指出三十一種國家科學基金會（National Science Foundation, NSF）贊助的特定研究計畫，是糟蹋了納稅人的稅金。這些挑出來被刪除的計畫包括有「一夫一妻制與攻擊行爲」、「國會選舉的系統研究」、「美國人對司法的觀感」。雖然這些計畫書都經過科學價值的嚴格審查，但是許多政治家還是罔顧科學社群的判斷。政治家並沒有學過研究計畫書，也缺乏社會或自然科學的背景知識。政治家同樣批評國家科學基金會支持基礎社會研究。經過研究社群展開廣泛的遊說後，某些特定的研究計畫不再成爲攻擊的靶子，但是國會仍然刪減國家科學基金會分配給這些研究計畫的研究預算。[41]

可能會摧毀研究者學術生涯的惡意宣傳，或許是致使研究者不再探究敏感主題的主因。然而，科學知識特別重要正是因爲那些是敏感的主題。缺少了有科學基礎的知識，公共政策與民意將會被恐懼、偏見、與意識型態所控制。對惡意宣傳的顧慮可能會鼓勵研究者使用口號，或是把眞正的研究目的隱藏在複雜的統計或技術語言的背後。

使社會科學的理論與技術看起來比較像是較為「安全」的自然科學，研究者就可以避開政治攻擊。然而，這也造成了研究者的額外負擔，並且使研究對學生或一般大眾來說，變得不是那麼容易親近。

國家安全和對社會研究的限制：軍事機密與國家安全在第一次世界大戰和第二次世界大戰期間成為主要的議題。大部分關心的是製造武器的技術，但是社會研究者在從事外國研究、軍事利益，以及政府本身的研究上，都受到限制。美國的安全機構像是國家安全局與中央情報局，對社會與自然科學研究都發揮強大的影響力，一直到1950年代的冷戰時期。

1960年代有個政府研究計畫引起了相當大的爭議。美國軍方贊助「卡密勒特計畫（Project Camelot）」，這牽扯到前往智利從事政治暴動與軍事動員研究的知名社會研究者。這個計畫有數個層面都引起了爭議。首先是這個計畫的目的是要找出如何防止第三世界國家的農民與劣勢團體採取獨立的反抗獨裁者的政治行動。這種反暴動研究經常是由中央情報局進行的，研究者遭受指控，認為他們使用本身的技術與知識，開發不利於已陷入劣勢的第三世界民眾的軍事利益。第二，有些研究者根本不知道經費的來源。第三，並沒有告知智利的人民與政府在執行這個計畫。一旦被他們揭穿，他們就要求終止研究、所有研究人員都離開國境。[42]

到了1960年代後期與1970年代，進行研究的自由更加擴大，對研究者的限制也放寬了，被政府列為機密文件的數量也減少了。美國國會在1966年通過資訊自由法（Freedom of Information Act, FOIA），並在1974年補強增訂。這個法律開放了許多政府文件給學者與民眾取閱，只要他們向政府機關提出申請。朝向資訊更開放以及研究更自由的趨勢在1980年代逆轉過來，以國家安全與預算縮減為由，美國政府再次限制資訊的發佈、擴大列入機密文件的數量、使較少的資訊能夠被公佈。這限制了學術探究、科學進步，以及民主決策的制定。[43]

在1980年代，國家安全的定義被擴大、列入政府機密文件的系統增大、對於研究又加上所謂「敏感地帶」的新限制，即使並沒有政府機關或贊助者涉及其中。把原來屬於公共領域的資訊與文件列爲機密，變成更加容易的事。此外，在出口控制法（Export Control Act, 1979 & 1985）下，軍事與安全官員可以限制美國之外的研究者入境，不准他們參與學術會議或參觀美國教室、圖書館，以及研究中心。[44]

過去中央情報局內情報人員曾經僞裝成社會研究者潛入外國取得資訊。1986年以前，中央情報局一直訂有全面禁止研究者對外透露研究經費來自中央情報局的規定。直到那時候，這些規定才獲得鬆綁，只限於那些中央情報局認爲揭露「將會對美國不利」的個案。例如，有位哈佛教授與中央情報局簽署一份合約，不洩漏這本關於美國對外政策的學術著作是得自於中央情報局的研究經費。[45]

跨國研究涉及特殊的倫理議題。研究社群譴責情報人員假冒研究者的身份、隱瞞研究經費來源的這些作法。研究者想要公開經費來源，並且使研究結果開放給受試者、跨國研究的當地國，以及其他科學家取閱。研究者發展出在其它國家之內進行研究的倫理守則，指明與當地政府官員的合作、對受試者的保護，以及把資訊留在當地國等等方面的具體作法。然而，研究者可能會發現來自本國政府來的干擾，或是基於他對非民主社會民眾基本人權的尊重，都促使他把研究中涉及到當地政府的資訊給隱瞞起來。[46]

以贊助來影響研究方向

大規模的社會研究可能相當花錢。社會研究的總經費與大企業花在研究上的經費或是聯邦政府花在自然科學或軍事研究上的經費相比之下，其實是小巫見大巫。贊助經費會左右社會研究的類型。在美國，大部分社會研究的經費來自於聯邦政府，大學與私人基金會的贊助在數量、範圍、與金額上，都比較有限。因此，對於大型計畫，研究者都必須向聯邦政府申請經費贊助。

但是也並不是總是如此。第二次世界大戰之前的美國，一些財力雄厚的家族建立的私人基金會（卡內基、福特、洛克菲勒、山佳）出錢贊助大部分的社會學研究。這些基金會致力找出出現在工業主義早期的重大社會問題的相關資訊；也想要切斷激進份子與社會研究者之間的聯繫，並且保護已經建立起來的社會制度。經過數年之後，「社會科學研究的生產變得規律化或慣例化，而從大眾觀點來看，社會科學的研究與贊助組織間的關係也變得更加模糊」（Seybold, 1987: 197）。私人基金會重新指導社會研究的努力方向，把它從早期集中於應用、行動導向、批判、鄰里爲主、涉及受試者參與的研究取向中帶開，轉而集中於超然、專業、實證主義、與學術方面。第二次世界大戰之後，政府研究經費開始增加。在1960年代整段時期，私人基金會仍維持著決定研究優先順序的重要角色，只不過這個時候，聯邦政府贊助開始超越私人贊助。[47]政府對研究的贊助持續成長，但是對社會科學與社會學的贊助仍舊很少。在美國，支持社會學研究的經費長期來一直不到聯邦補助基礎研究經費的百分之一（D'Antoino, 1992: 123）。

在美國，社會研究經費可以向數個聯邦機關申請，包括：國家科學基金會、國防部、農業部、商業部、教育部、國家人文捐贈基金、小型企業局、司法部、勞工部，以及隸屬於衛生與個人服務部的許多機關。聯邦政府本身也雇用研究人員來監控知識的增進與研究的進行。大部分社會研究是由學院與大學或是獨立的研究機構所執行的。

國家科學基金會成立於1950年，在美國是基礎研究經費的主要來源。隸屬於衛生與個人服務部的國家衛生局（National Institutes of Health, NIH）在某些主題領域也是個相當重要的贊助者，並且訂有大部分保護受試者的規定。幾乎其他所有的聯邦機關只贊助應用研究。

每年分配給不同機構的社會研究經費以及贊助應用與基礎研究的經費比例都不一樣，並且大部分是透過政治過程來決定的。雖然國家科學基金會與國家衛生局的科學審查委員會對送來申請委託研究的計畫書會進行科學價值的審查，但是決定總經費額度以及經費應該用在應用還是基礎研究的則是政府官員。優森（Useem, 1976a:159）就指出：

> 由於聯邦研究政策是以產生政策相關的量化研究為重點，所以迎合這些政策的結果是，這時的學術研究會比沒有聯邦贊助的情形下，更傾向從事對政府機關有用的主題與技術。因此學術性社會研究在本質與方法上的優先順序，就會強烈受到政府優先順序的影響。

社會研究者與其他人士可以針對某些經費或研究計畫進行遊說，但是國會與行政部門訂有自己的一套優先順序。因此，政治黨派或意識型態利益之間的衝突就會影響到可以得到的研究經費額度，及其使用的方式。

分配經費研究某種問題以及根據某種優先順序分配研究時經費，自然就與政治價值扯上關係。例如，政治家決定分配經費從事彰顯對大企業進行管制的成本有多「沈重」的應用研究，但是沒有提供一點經費進行管制爲消費者帶來多少好處的調查。政治家提高研究吸毒者所犯罪行的經費，但是取消進行公司行政部門犯罪研究的經費。他們提供新的研究經費給從事如何促進企業精神的研究，同時則削減研究社會政策方案縮減對民眾影響所需要的經費。[48]

可以促進特定理論或價值的觀點來配置基礎研究的贊助經費。例如，在沒有經費支持結構與社區因素的調查之前，可以分配經費來研究個人特性如何與不想要的社會行爲產生關聯。藉由把重點集中在某些研究問題、限制對其它問題的研究，政治團體試圖塑造他們想要做的研究以及所謂的科學知識。

許多社會研究者所論及的議題直背負著社會的信仰、價值、與政策。政治團體對於這些議題定有他們自己的優先研究順序，常不同於科學社群的決定。誠如優森（1976b:625）所說的，「這些優先順序不太可能與學科本身的優先順序完全一致」。這會產生正面與負面的效果。一來，它保證政治家與說話大聲的公共團體所關心的問題可會被討論到；二來，被政治影響力的團體界定為重要的社會問題可以因此而得研究。但是如果科學研究不支持流行的公共迷思（譬如：死刑具有抑制作用、墮胎婦女深受心理創傷），經費就會不斷分配給這些研究設法找出能夠支持大眾看法的證據，而具有科學重要性的議題則得不到研究經費的支援。

科學社群有某種自由度定義什麼該被研究的主題，但是對政治意圖顯明的團體影響較小的問題、或是沒人遊說的議題，只會得到有限的研究經費。這種經費上的不平衡也造成了各種議題知識之間的不平衡。最後的結果是有力政治團體感興趣的議題得到實質的知識成長，而他們對手因缺乏知識之實力削弱。

在1970年代之間，贊助社會研究的美國聯邦經費趕不上通貨膨脹。國家科學基金會贊助社會科學研究的經費在1976和1980年之間，以相同幣值而言，減少了百分之二十四。1980年代早期，美國爆發了關於贊助社會科學研究經費的嚴重爭論。雖然有人為此大聲疾呼，但是在1980和1983年之間經費仍然又再度減少了百分之十七。社會研究成為爭論的來源，政治領袖認為太多研究結果支持他們政治對手的政策。應用研究也被刪減，結果造成數個社會科學學科的專業協會結合起來形成一個遊說組織：社會科學聯合會（Consortium of Social Science Association, COSSA）。社會科學聯合會能夠抑制某些研究經費削減的幅度。[49]

繼白宮與國會間此起彼落的爭執後所發生的戲劇性變化，從1990年代開始，因應通貨膨脹而調整的聯邦基金中投入社會學研究的比例，比起二十年前更是減少了許多（D'Antonio, 1992:122）。更令人無法置信的是，贊助社會研究的經費七十年來似乎沒有任何變動。1920年代後期私人社會科學研究委員贊助的研究經費，曾經就通貨膨脹與學術專業的規模而做調整，或許比1990年代初期從國家科學基金會贊助的研究經費還多。[50]

另一個議題是根據政治標準決定指派研究者出任教育與農業部應用研究的審查委員。相信社會研究者不贊成他們的政治目的與價值的政府行政部門主管曾經根據研究者的政治信仰來進行研究人員的篩選。1980年代之前，唯一被使用的條件是科學成就，而不考慮研究者的政治意識型態。聯邦政府官員也曾經試圖修改由他們出錢的委託研究。例如，在1984年，一個由住宅與都市發展部（Department of Housing and Urban Development, HUD）委託哈佛大學的研究合約遭到研究者終止作業，因爲住宅與都市發展部堅持研究者同意政府派任的官員在研究結果公佈之前，對資料、研究發現、或方法進行「修正」。[51]在1991年，美國聯邦法院判決沒有法令授權聯邦政府機關要求研究者在公佈研究發現之前，必須先取得政府官員的同意。有位法官判決這種要求相當於審查制度，侵犯到學術自由。[52]

科學社群對這種政治干預保持高度的警覺。許多政治官員分辨不出一位產生不支持某位政治家意識型態信仰的正當科學結果的研究者，與持有不同價值的政治對手之間的差別。

社會研究者承認某些研究是瑣碎的、不具有實務上的價值。然而，他們寧可擁有科學與自由調查的自主性。當前這個制度下贊助少數沒有價值的研究，是保有自由調查所需支付的一比小代價。這比有審查制度與任由政府訂定研究的優先順序，好太多了。

某些社會研究者——特別是歷史研究者或依賴現成統計資料的那些研究者——比較不依賴政府的經費贊助，但卻比較需要政府能夠提供資訊或文件。1980年的縮減文書處理法案（Paperwork Reduction Act）成立了資訊與管制事務局（Office of Information and Regulatory Affairs），由它來決定是否有必要蒐集資訊與維持檔案記錄。這個法案造成政府出版委託研究發現的出版減少。此外，這個法律的執行「有時也被用來限制不支持行政部門政策目標的資訊」（Shattuck & Spence, 1988:47）。例如，在衛生領域，帶有以維護環境為重點、間接對企業或政府提出批判的的研究計畫，比那些以傳統疾病為焦點、間接責備受害人的研究計畫，更可能遭到節省文書處理的理由，而不予出版。

在縮減成本的名義下，聯邦機關停止蒐集資訊、取消開放資訊流通、並且把資訊蒐集的工作轉交給以營利為目的的私人企業。美國政府出版機關的門市數量遭少裁減，而價格則被提高。舉例來說，一本六十七頁、標題為「嬰兒保健」的小冊子，過去在公共衛生的計畫下是免費送給母親，現在一本要收費4.75美元。[53]不蒐集資訊的行政決定可能有其政策意涵。例如，在1980年代早期國家教育統計中就已經剔除了百分之四十的非金錢項目。1974年曾經納入教師或行政人員性比例的這筆資訊——用來檢定性別歧視的問題——現在也已經從統計報導中剔除。因此，不蒐集資訊的預算決定，使證明性別歧視問題變得更為困難。[54]

政府蒐集的資料一直以低價大宗費率賣給私人企業。私人企業因此成為這些資料的唯一來源，並且對研究者索取高價。例如，曾經一般社會大眾可以直接向某政府機構免費索取的資料，後來變成只能透過某家私人企業方能取得，而該企業每年對該筆資料收取1,495元訂閱費。就如史塔與寇爾森（Starr & Corson, 1987:447）所言：

> 統計資訊的私人化對未來的社會科學與知識生活造成某些特殊問題。無法使用掌握在私人手裡的新資訊來源，大學與其他的非營利研究中心可能會變成知識上的落後地區。

總而言之，雖然現在仍有不少的自由探究與獨立的社會研究，然而同時也一直存在著出於政治動機、想要限制什麼是社會研究者可以研究之範疇的動作。

研究發現的傳播與應用

你會怎麼運用你的研究發現？實證主義研究者認識到有兩個領域，價值合法地擁有它的一席之地。首先，研究者可以選擇一個主題領域或研究問題。雖然主題領域中有的是未開發的「邊疆」地區，但是研究者可以根據個人的偏好來選擇研究問題。[55]第二，一旦研究完成以後，研究者的價值會塑造他們要在何處來傳播他們的研究發現。學界期望他們將研究發現報導給科學社群知曉，贊助機構也要一份報告。但是除此之外，就全看研究者自己的決定了。

爲什麼研究者要進行研究以及他們要怎麼運用研究發現，都與他們是如何看待整個社會研究事業，以及他們在社會中身爲智識份子的角色有關。[56]在諸如哈華德・貝克（Howard Becker, 1967）的《我們靠向哪一邊（*Whose Side Are We On?*）》、羅伯・林德（Robert Lynd, 1939）的《求知的目的（*Knowledge for What?*》、阿爾弗列德・李（Alfred McClung Lee, 1978）的《誰的社會學（*Sociology for Whom?*》、和賴特・密爾斯（C. Wright Mills, 1959）的《社會學的想像力（*The Sociological Imagination*）》等著作中，都可以見到一時之選的社會思想家們對於這個議題，一直爭論不休，期間超過五十年之久。

牽連模型

當完成的研究涉及到盧爾（Rule, 1978a; 1978b）稱之爲牽連模型（models of relevance）的倫理—政治問題時，會發生什麼事？盧爾檢視社會研究者對他們的研究及其用途所持的立場，並且指出這些立場可以分爲五種基本類型（參閱表17.2）。

表17.2 牽連模式

1.*沒有任何淨效應*：社會科學的研究發現不會產生多大的社會好處。持這個論調的數位著名的社會科學家，有威廉．孫末楠（William Graham Sumner）、維爾佛列多．巴烈圖（Vilfredo Pareto）、賀柏特．史賓賽（Herbert Spencer）、愛德華．班非爾德（Edward Banfield），以及詹姆斯．威爾森（James Q. Wilson）。這些保守的社會科學家認為研究的成果可以被用來開發任何人的自我利益，他們並且相信，長期來看，社會科學所產生的廣大知識對社會所造成的危害與帶來的好處一樣多。

2.*直接與正面的效果*：社會科學的知識導致全人類生活的改善。自由主義社會科學家像是羅伯．墨頓便持這個立場。他認為關於社會關係的知識將會帶來一個更為理性的世界。有關社會問題的研究結果，幫助我們對社會世界有更為深入的瞭解；使我們能夠知道如何能夠把社會改良得更加美好。舉例來說，林德布羅姆與科恩（Lindblom & Cohen, 1979）極力主張重塑社會科學的方向，朝社會問題解決的方向邁進。

3.*針對特定對象，例如，無產階級*：社會科學應該被用來增進勞動階級的利益及其社會地位。這是馬克思主義的社會研究最適用途模型。根據這個說法，所有的社會科學落入三類類屬：細枝末節的研究、有益資產階級、與有益無產階級的研究。與批判科學研究取向相符，認為研究發現應該被用來宣揚與護衛無產階級的利益。協助勞工暴露與打擊社會上的剝削、壓迫、不義、與壓榨。

牽連模型是社會科學家所持立場的理想型。研究者是技師，負責生產關於社會如何運作的有效可信的資訊，然後交由別人加以使用呢？還是研究者屬於一個獨立的專業社群，對於要問什麼研究問題以及要如何使用研究結果，有自己的決定權？在一個連續體上，其中一個極端是對研究或其使用缺乏任何關心或控制能力的沒有道德的研究者，他提供其他人要求的知識，而且就僅止於此而已。這是許多納粹德國時代的科學家們所採取用來合理化他們與納粹合作的立場，後來則被歸類為犯下「違反人性的罪行」。他們「只是服從命令」和「只

續表17.2

4.*針對特定對象，未被收編的成員*；社會科學應該被用來幫助社會上的劣勢團體或是缺乏特權的團體。這個模型與卡爾·曼漢（Karl Mannheim）或賴特·密爾斯（C. Wright Mills）相結合，是比馬克斯主義的立場更加廣闊，認爲社會上有許多社會團體都缺乏權力（像是婦女、消費者、少數民族、同性戀者，以及窮人），他們並且主張這些團體都受到社會上掌握有教育、財富、知識的有權有勢者的壓迫。社會研究者應該護衛那些在社會上欠缺發言權、受到掌權者操弄的群體。有權者會爲了自己的目的而使用或購買社會科學研究。由於社會研究者在社會上具有非常獨特的角色，而且居於一個能夠瞭解所有社會領域的地位，所以他們有義務助弱扶傾，與劣勢者分享他們所產生的知識。

5.*針對特定對象，政府*；社會科學的最適角色是協助社會決策的制定者，特別是政府官員。這個模型是參議員丹尼爾·摩尼漢斯（Daniel Patrick Moynihan）在政府的全國科學基金會的政策報告中所提出來的。也是常見於非民主社會的模型。與第二個模型（只強調正面效益）非常相似，不過加上政府是最有立場來使用社會研究的發現、並且會全心全意投入根除社會問題的假設。同時，這個模型也與第一個模型（沒有產生什麼淨效益）相近。不過帶有在效忠國家的條件下，「出售」或是把研究發現提供給出價最高的競標人的味道。該模型假定政府是以全民最大利益出發，研究者基於愛國的義務，必須把他們所知道的一切提供給掌握有政治權力的人。

是做他們的工作」，卻「不提出任何質疑」。而另一個極端是對研究及其使用擁有完全控制權的研究者。

第四章所討論的社會科學研究取向與不同的牽連模型有關，也和不同的政治觀點有關。[57]實證主義者傾向於遵循「直接與正面的效應」或「針對特定對象，政府」的模型。詮釋研究者遵循「沒有淨效益」或「未被收編的成員」模型。批判社會科學家遵循「特定對象，無產階級」或「特定對象，未被收編的成員」模型。

這些模型是理想型，特定研究者或研究計畫通常會橫跨不同的模型。例如，懷特（Whyte, 1986）描述員工所有權的研究就橫跨了三種特定的對象（無產階級、未被收編的成員，以及政府），再加上直接與正面的效應。

自從盧爾發展牽連模型之後，一種新的政治化模型隨著美國非政府與私人「智庫」的成長而逐漸出現。這個第六種模型是「特定對象，財力雄厚的個人與公司」。它認爲社會研究可以反映研究者個人的政治價值，增進財力雄厚的團體尋求維持或擴展他們權力的政治目的。智庫是由財力雄厚的個人、企業、與政治團體贊助的研究與宣傳組織。例如，從1980年代早期到1990年代之間，快速成長的曼哈頓機構（Manhattan Institute）、卡圖機構（Cato Institute）、文化遺產基金會（Heritage Foundation），以及美國企業機構（American Enterprise Institute）。他們嘗試開發某個政治觀點，並且在其他方法之外，也使用社會研究或準社會研究。智庫付費聘請研究人員與其他人士，它們贊助研究報告，它們也吸引大眾注意支持他們政治觀點的研究結果。

智庫研究的品質差異很大，而且缺乏同儕檢查，短少有力的證據，但是長於建議。這些研究的讀者群不是科學社群，目的也不在於普遍增進知識。相反的，智庫研究者進行帶有意識型態觀點的政策取向研究，試圖模塑大眾的思維以及影響政治辯論。雖然許多智庫的研究可能品質低劣、缺乏科學同儕的審查，但是它們都得到顯著的媒體宣傳、名聲、與財富。同時缺乏與大眾媒體接觸的傳統社會科學家卻在微薄的經費下進行研究，並且發現他們對同樣的公共議題採取比較嚴謹與謹慎的研究，卻遭到漠視。社會大眾與政策官員經常被智庫研究結果的廣泛宣傳所震懾。

研究發現發表之後

科學社群的規範是公開發表研究發現。一旦研究發現成爲公領域的一部分，研究者就失去了對它們的控制能力。這意味著其他人可以爲了他們自己的目的而使用這些研究發現。雖然研究者可能是根據自己的價值來選擇研究主題，但是一旦研究發現公開之後，其他人可以利用它們來開發相反的價值。

例如，某位研究者想要增進某個美國原住民部落的政治權力。他研究部落的社會運作，包括他們在社區中取得較大權力的社會障礙。一旦這些研究發現被公開之後，部落的成員就可以利用這項研究結果來破除這些障礙。但是反對者也可以利用同一筆關於美國原住民的研究發現來限制部落的權力與強化那些障礙。

有些研究者想要以保密、不公開他們研究發現的方式，來保住他們對研究發現的控制權。這充其量只是短時間的解決方式，還有數個壞處。首先，其他研究者可以進行類似的研究並且發現同樣的結果。第二，其他人可能無法從蒙受這筆知識的好處。第三，這些研究發現得不到科學社群的評鑑、複製，以及賦予正當性。比較好的解決之道是公開研究發現，但是也做些特殊的努力將這些研究發現提供給特定的其他人士。

受試者的資料是私人財產

如果爲了研究目的，你免費提供關於你自己的資訊，那麼你就喪失對它們的所有權利了嗎？它們可以被用來對抗你嗎？參與研究的人將關於他們自己的資訊提供給研究者、讓他人分析。然後這些資訊可以被用在許多不同的目的之下，包括對受試者不利的行動之中。運用或利用研究結果圖利，或讓別人用來做出不利於受試者的舉動，是合乎倫理的嗎？

存在一種資訊工業，其中關於民眾的資訊，是由大型公司定期加以蒐集、購買、販賣、分析、與交換。關於購物習慣、個人口味、消費型態、信用等級、投票模式等的資訊，被許多私人與公家機關所使用。資訊是一種私有財產，近似於其他的「智慧」財產（版權、軟體、專利）而不像大部分的物理財產，資訊在被交換之後，對原始所有人而言，仍然具有價值或牽連。

大部分人們不認爲有關自己的資訊是他們的財產；他們免費提供這些資料，就像禮物一樣。他們把時間與資訊提供給研究者，收到極少的、甚至沒有收取任何酬勞。然而，重視隱私與蒐集越來越多的資訊使得把個人資訊看做私人財產變成可以理解的事。如果它是私人財產，受試者對於擁有、販賣、或給予這筆資訊的權利，就不言可喻了。當資訊的使用不利於受試者，或是如果受試者對整個情況有充分的瞭解，他們是不會同意這麼做之時，就是倫理議題是最嚴重之處。

這種議題在由私人企業蒐集資訊的情況下，關係最爲深切。例如，我塡寫許多表格，提供關於我的財務狀況、病歷、婚姻狀態、生活習慣等等的資訊。這些資訊被他人使用，並且在不同的組織之間被交換或買賣；它可能被用來批准或拒絕我的貸款申請、批准或拒絕支付我健康保險、接受或拒絕租給我一間公寓、拒絕或接受我應徵的工作，以及把我列名或排除在促銷或特殊折扣的活動中。我不再能控制這些資訊或它的使用。它可能被用來直接對我不利，並且成爲某個人的私有財產。舉例來說，有一群堅決不吸煙者接受瞭解他們的習慣與心理狀態的研究調查。某個市場研究公司得到這筆資訊，並且被煙草公司雇用來設計一個鼓勵不抽煙者吸煙的促銷活動。如果那些不吸煙者被充分告知他們答案的用途，他們可能選擇不參與那項研究。研究者可以藉由提供受試者一份研究發現的副本，以及在知會同意書中說明研究贊助者以及資訊的用途，來增加他對待受試者的公平性。知會同意表格可以列上下述的規定：如果這些資訊日後在市場中買賣，它的原始所有者應該分享一份收益。

誰控制受試者資料的議題與第四章所描述的社會科學研究取向有關。就實證主義與自然科學而言，對物理世界的描述與瞭解是專業專家的專門領域。這些專家掌控從一般人身上得到的資訊，並且以不受民主控制的方式使用之，來製造神奇的藥物、便利的物品、個人或公司財富、甚至可怕的武器。實證主義意味著由不同於受試者與一般民眾的專家進行資訊的蒐集或使用。相對於實證主義的另外兩種觀點，各自根據自己的立場，呼籲被研究者涉入與參與研究過程以及研究資料與發現的使用。[58]

研究發現影響未來行爲

你曾經因爲讀到某些研究發現，而做出與以往不同的行爲嗎？如果有，你並不是唯一這樣做的人。有時候研究發現的傳播會影響到社會行爲。有個例子是政治民意調查結果的效應。民意調查會影響選民的政治傾向；這是說部分選民會改變他們的意見，以符合民意調查的發現。[59]史塔（Starr, 1987:54）就說過，「即使方法錯誤、資料不正確，但是官方統計仍然是有效的。…如果官方統計會影響社會觀點與認知，那麼它們也會大大地影響到社會規範。」

其它社會研究發現也會影響行爲。事實上，研究發現的廣泛流傳可能會以一種否定或者不同於原始研究發現的方式，影響人們的行爲。例如，一份研究發現，專業人士可能對他們子女的學術成就，施加很大的壓力。結果產生了高度焦慮與不快樂的小孩。如果專業人士讀到這項研究發現，他們可能會改變教養小孩的行爲。然後數年之後的另一份研究可能會發現，專業人士教養子女時並沒有比其他的群體，特別要求更好的學術表現。

研究者對於會影響社會行爲的研究發現，有數項回應。

1. 他們破壞了人類社會行爲的可預測性與規律性，動搖了複製的可能性。
2. 只有不重要的行爲會被改變，所以這只對從事非常狹隘應用領域的研究者來說，是個議題。
3. 人類行爲會改變是因爲人類行爲中只有少數不可改變的定律，而且人們會使用公領域的知識來改變他們的生活。

不論如何，社會研究並沒有揭露人類關係與行爲完整的複雜性。即使社會研究能夠做到，而這些知識也被充分與正確地傳播給所有民眾，社會研究者仍然必須研究哪些人類行爲會改變以及如何改變。

學術自由

大多數的學生都聽過學術自由（academic freedom），但是少有人瞭解它的涵意。學術自由是對於概念與訊息的自由交換，存在一種開放與絕大部分不加限制的氣息。在開放的民主社會，許多人肯定智識自由、相信應該給予學者免於干預的自由。這個概念是基於相信基本的民主制度、無偏誤知識的進展，以及言論自由都需要觀念與資訊的自由流通。

學術自由與研究的自主性有關，而且也是高品質社會研究之所繫。對研究主題的新觀念、研究發現的詮釋、理論或假設的發展，以及對概念的公開討論，都需要學術的自由。

學術自由在學院、大學、與研究機構之內，給予科學研究所需要的自由討論與公開交換意見的情境。要使知識有所進展，研究者、專家、與學生需要一種環境，他們感覺可以自由地發表或爭辯不同的看法，有時候甚至是不被大眾所接受的意見或立場——亦即一個人們不怕在公開討論中、上課時、公開談話時、或出版品中，充分探索概念的所有意義的環境。

學術自由的重要性可以從沒有學術自由的地區普遍缺乏社會研究的情況，來加以說明。對學術自由的主要威脅來自那些想要限制討論或強迫灌輸某個觀點的社會或政治團體，對學術自由的箝制將限制社會知識的成長，並且損害研究過程的完整性。

學術自由在十九世紀後與二十世紀初是個很重要的議題，那時社會科學正式成爲大學的一個部門。早期幾年中，大學教授經常會因政府官員或經濟菁英不喜歡他們在課堂上、或出版品中所表達的觀點而失去教職。在美國社會科學的早期，一些有名的學者，譬如說塞史丹・韋伯倫（Thorsten Veblen），就因爲他們在課堂上所傳授的或在文章中所撰寫的概念，而被好幾所學校強迫離職。任期制的發展——是個指教職員工在經過一段長試用期之後，不能隨便以一個理由而被解聘的概念——促進了學術自由，但是它並沒有就此保證完全的學術自由。許多教授與研究者仍然因爲倡導不受大衆歡迎的概念而遭到解聘。[60]

學術自由不只在研究者擔心他會失去工作之下而飽受威脅，也會因爲發表研究發現將遭致訴訟的恐嚇，而受到損傷。例如，有個企業犯罪的研究，因受到研究中訪談的管理者以法律訴訟要脅而遭致延誤，研究結果也因此被迫修改；一份寄宿學校研究的出版行動，也因爲學校當局不同意研究者的發現、想要改變他們在訪談中所說過的話，以及其他書本中的內容，而引爆法律問題之下，宣告終止；一本由一群研究者合力撰寫的論研究實際操作過程的著作，也因某位研究者威脅要對研究過程中所爆發的衝突提出訴訟，而改變其中的某一個章節。[61]

美國大學教授協會（American Association of University Professor, AAUP）提出一份關於違反學術自由的大學「譴責（censure）」名單。大部分專業協會都訂有學術自由的信條，也會對違反學術自由標準的大學院校提出譴責。譴責名單中列出超過十二所的大學，但是這類名單唯一的影響力不過是使這些大學喪失顏面而已。

打擊社會科學的政治攻勢並無不新穎之處。他們彰顯了獨立追求知識與想把自己的信仰強迫他人接收的政治團體之間的衝突對立。這些攻擊提出一個問題：從較大的文化價值而言，社會科學應該要有多少的自主性？社會研究的發現經常與基於非科學知識體系——例如、，宗教或政治意識型態——的社會信仰，相抵觸。大概在四百年以前，伽利略就面臨到這個問題。他根據自由思考的科學而得到的天文學發現與官方的基督教教義相抵觸。在嚴刑峻法的威迫下，伽利略被迫公開撤回他的發現。強迫伽利略保持沈默減緩了知識的進展長達一個世代之久。演化論所受到的挑戰同樣也說明了科學知識與大眾信仰兩者間的衝突。

學術自由是產生優質研究的整合部分。科學研究涉及到比瞭解技術知識（例如，如何獲得隨機樣本）更多的事物；它需要自由與開放討論的精神、根據科學證據進行批評而不論價值的高低，以及深入探究社會生活的所有層面。當學術自由受到限制時，這些價值便會受到威脅。

客觀性與價值中立

你可能曾經聽過這些名詞：價值中立（value free）、客觀（objective），以及無偏誤（unbiased）。有些人主張社會科學必須要像自然科學一樣地客觀與無偏誤；另外有些人則認為價值中立、客觀的社會科學是不可能的。這裡是無法解決這種爭論的，但是你應該瞭解這些討論所使用的定義與術語。澄清這個爭論最簡單的方法是認識到每個名詞至少都有兩種可以選擇的定義，而有時候兩個不同的術語則共用一個定義（參閱方塊17.3）。

實證主義觀點堅持科學是價值中立、無偏誤、與客觀的。它認為這些定義是相同的。價值中立的保證在於邏輯—演繹、形式理論，以及徹底隔離事實與價值判斷的概念。科學社群免於偏見，接受自由與公開討論的指導。基於完備的價值中立與客觀，科學所顯現的是個唯一、統整、毫不曖昧的真理。

麥克斯·韋伯（Max Weber）、艾文·顧德納（Alvin Gouldner）、與卡爾·曼漢（Karl Mannheim）是討論社會科學家在社會中角色的三位主要的非實證主義社會思想家。韋伯（1949）批判事

方塊17.3

客觀、價值中立、與無偏誤

1.客觀

a.主觀的反面，外在的、或可觀察的、事實的、精確的、與量化的
b.合乎邏輯的，為明顯理性程序所創造的、不帶有個人的或任意的決定、遵守特定的事先建立的規則

2.價值中立

a.不帶任何形而上的價值或假定，沒有先驗的、哲學的成分，無關道德的
b.不受私人偏見或文化價值的影響，不帶個人意見，不接受缺乏證據支持的觀點，中立的

3.無偏誤

a.排除非隨機的錯誤，沒有系統錯誤、具有技術上的正確性
b.不受私人偏見或文化價值的影響，不帶私人意見、不接受缺乏根據的觀點、中立的

實與價值的分離在社會科學中並不是十分清楚的，他指出界定社會事實、或具有社會意義的行動的，都是負載著價值的理論。因此，社會理論必然包含價值判斷的概念，因為所有關於社會世界的概念都是由某些特定文化下的成員所創造出來的。社會概念的文化內容不可能完全被排除，而且具有社會意義的行動只有在文化情境下才能獲得理解。例如，當社會研究者研究種族團體時，他們並不是對種族之間的生理差異感到興趣。種族是一個社會概念；它之所以被研究是因為文化成員對種族現象所賦予的社會意義。如果人們沒有將這種社會意義加諸在可觀察的種族差異上，那麼種族也就變成一個毫無意義的概念了。

其他的社會研究者承繼韋伯的概念。例如，莫爾（Moore, 1973）就探問，身為「局外人」的優勢團體（例如，英裔、白人）研究者有沒有可能精確地研究少數的種族團體，因為前者的問題、假設、與興趣是來自於盛行的、非少數族群的觀點。優勢的白人文化的文化、價值、與信仰體系適合去探究達到眞正瞭解少數種族群體的重要問題與次文化嗎？類似的想法也發生在性別議題。[62]來自於不同的文化背景並不會排除他研究某個團體的資格，但會要求研究者付出較多的關注與具有較高的敏感度。

韋伯（1949）也認為社會科學家不可能避免面對他們所研究的社會議題時，持守某種立場的情況。當研究者應用學界所接受的研究技術時，他必須要不偏不倚（即保持中立、排除不受個人意見與無人支持觀點之介入），把注意力擺在社會世界如何運作的方法與機制，而不是目的、價值、或規範目的。研究者的價值必須與研究發現分開，而且他應該只有在以個別公民身份說話時，才可倡導某種意見。

顧德納（1976）對價值中立、客觀的社會科學的概念，提出抨擊。他認為價值中立的概念過去被用來掩飾某種特定的價值觀點。事實上，價值中立本身也是一個價值——亦即一個偏好「價值中立」的價值。顧德納說完全的價值中立是不可能的，科學家與其他專家使用這個名詞來掩飾他們自己的價值。他建議明確地把價值交代清楚。研究者進行研究的動力，可以受到比冷眼研究世界更大的欲望所驅策。他可以受到強烈想要造成改變的道德願望所驅策，而這不一定會否定該研究會是個優質研究的可能性。

曼漢（1936）也對價值中立（value neutrality）與客觀性的概念，提出批判。他看出社會中的知識份子——特別是那些涉及社會研究的人——佔有一種獨特的社會角色。個人在社會中的社會地位會塑造他的看法與觀點，然而，社會研究者與其他人士不同，比較不會被他們的社會地位所塑造，因為他們試圖瞭解其他人的觀點並且深入社會的所有層面。社會研究者與知識份子並沒有被視為權力菁英，他們也比較不會受到流行意見、狂熱份子、與風潮的影響而有所改變。他們能夠也應該採取關係立場（relational position）——亦即一種與任何其他特定的社會團體保持距離，但是又與所有的團體保持接觸的立場。他們應該與社會保持距離、或置身於社會邊陲，同時還要與社會的所有部門——即使是經常被漠視或隱而不見的部分——維持關係。

結論

我想要規勸你——身為一個社會研究的消費者、或新入行的社會研究者——應該時時自我警惕的建議，來做為本章的結束。留意現代社會中身為有思想的研究者的地位，以及社會研究本身所處的社會情境。社會研究者——特別是社會學家——帶給社會一種獨特的觀點。社會研究者有身為社會知識菁英的責任與角色，他們必須要注意社會科學是如何獲得它今日在社會中的地位。如果我們從社會科學歷史發展的角度來看，很容易就可以瞭解許多倫理與政治議題的問題所在。

第一章中，我們討論了科學對現代社會的卓越貢獻，以及社會研究何以是社會世界的知識來源。社會研究的觀點和技術可以是瞭解這個世界的有力工具。然而，隨這種力量而來的是責任——對你自己、你的贊助者、研究社群，以及對整個社會的責任。這些責任彼此之間可能而且有時候確實會發生衝突。

最終，你個人必須決定以合乎倫理的方式來進行研究、堅持與護衛你所採取的社會科學取向所揭櫫的原則、並且要求他人表現合乎倫理的行為。由社會研究產生之知識所具有的眞實性，以及它的使用或濫用都有賴像你這類的研究者，就自己的行動以及社會研究應該如何與社會相互配搭的問題，進行不斷的沈思。

關鍵術語

學術自由
匿名
壞血事件
保密證明書
倫理信條
保密
社會科學聯合會
委託研究
交叉設計
知會同意
機構審查委員會
密爾格蘭的服從研究
牽連模型
國家衛生局
國家科學基金會
奴仁柏格準則
抄襲
自願同意原則
卡密勒特計畫
關係立場
研究造假
不當科學行爲
茶室交易研究
價值中立
維奇塔陪審團研究
辛巴度囚犯實驗

複習測驗

1.防止研究中出現違反倫理行爲的基本措施爲何？
2.欺騙與強迫參與研究的作法何以與自願同意原則相抵觸？
3.解釋密爾格蘭、韓福瑞斯、辛巴度等的例子中所涉及的倫理議題。
4.什麼是知會同意？它如何保護研究的受試者？
5.匿名與保密的差異爲何？
6.社會研究倫理守則的起源爲何？
7.贊助者可能透過哪些不合法的方式來影響研究者？研究者可以如何應對呢？
8.政治團體或政治人物可以用什麼方式來影響社會研究？
9.如果研究的受試者把關於自己的訊息視爲他們的私有財產，會發生什麼狀況呢？

10.學術自由和研究倫理之間的關係爲何？

註釋

1.參閱雷諾斯（Reynolds, 1979:56-57）與賽柏（Sieber, 1993）。

2.布羅德與韋德（Broad & Wade, 1982）、狄安納與克拉朵（Diener & Crandall, 1978:154-158），以及衛恩斯坦（Weinstein, 1979）皆討論過研究造假的問題。也參閱賀恩蕭（Hearnshaw, 1979）與韋德對希瑞・柏特的討論。庫色羅（Kusserow, 1989）以及全國衛生局1989年9月1日週報《嚮導（*Guide*）》摘要陳述數起最近發生的不當科學行爲議題。

3.參閱（在所務委員會發現他抄襲之後，知名哈佛心理學家辭職），《高等教育編年記事（*Chronicle of Higher Education*）》，1988年12月7日。

4.參閱布魯姆（Blum, 1989）與唐東尼歐（D'Antonio, 1989）對這樁抄襲案的評論。

5.參閱（醫生被控從事「不道德」的檢驗），《紐約時報（*New York Times*）》，1988年12月7日。關於權力與信賴更一般性的討論，參閱雷諾斯（1979:32）。

6.利夫頓（Lifton, 1986）對納粹醫療實驗有番說明。

7.參閱瓊斯（Jones, 1981）對壞血案的討論。

8.狄安納與克拉朵（1978:128）對這些例子做過討論。

9.參閱華威克（Warwick, 1982）對研究受試者的傷害類型。參閱雷諾斯（1979:62-68）論生物醫療研究的傷害率。克爾曼（Kelman, 1982）從不同研究類型討論不同類型的傷害。

10.學院顧問報告說，對約會的焦慮與自尊低落，是大專女生主要的問題（Diener & Crandall, 1978:21-22）。也參閱季德與茱德（Kidder & Judd, 1986:481-484）。

11.參閱杜里（Dooley, 1984:330）以及季德與茱德（1986:477-484）。

12.參閱哈羅威（Hallowell, 1985）以及〈對田野筆記保密的威脅〉，《ASA註釋（*ASA Footnotes*）》第2卷，1984年10月，頁六。

13.更多有關不接受研究的權利，參閱巴尼斯（Barnes, 1979）、波例如，奇（Boruch, 1982）、莫爾（Moore, 1973），以及沙嘉林（Sagarin, 1973）。

14.關於隱藏身份的研究在丹辛與艾里克森（1982）、何曼（Homan, 1980），以及賽柏（1982）的著作中有所討論。也參閱第十四章論倫理的章節。

15.參閱敵安納與克拉朵（1978:87）以及華威克（1982:112）。

16.知會同意要求與規定在馬龍尼（Maloney, 1984）的著作中有詳盡的討論。也參閱卡普龍（Capron, 1982）以及狄安納與克拉朵（1978:64-66）。

17.參閱狄安納與克拉朵（1978:173-177）以及季德與茱德（1986:469）。

18.參閱布羅奇（1982）、卡普藍（Caplan, 1982）、凱茲（Katz, 1972）以及佛根（Vaughan, 1967）對隱私的討論。

19.更多有關維奇塔陪審團研究的討論，參閱杜里（1984:338-339）、蓋瑞（Gray, 1982）、羅柏森（Robertson, 1982）、特拉普（Tropp, 1982:391），以及佛根（1967）。

20.參閱蒙納漢（Monaghan, 1993a; 1993b; 1993c）。

21.更多有關守門人的討論，參閱布羅德黑與里斯特（Broadhead & Rist, 1976）。

22.參閱佛雷德森（Freidson, 1986）論專業人士。

23.參閱畢奇（Beecher, 1970:227-228）與雷諾斯（1979:28-31; 428-441）。

24.參閱（UW保護博士論文資料來源）《首都時報（*Capital Times*）》，1994年12月19日，頁四。

25.參閱賀虛曼（Hirschman, 1970）論忠誠、退出、或抗議。也參閱盧賓（1983:24-40）論應用研究中的倫理議題。

26.額外的討論，參閱施曼林與米勒（Schmeling & Miller, 1988）。

27.參閱費斯克（Fiske, 1989）、克瑞茲（Koretz, 1988），以及衛斯與古魯柏（Weiss & Gruber, 1987）對教育統計所做的討論。

28.參閱史戴根寶（Staggenborg）論「槍手」研究。

29.參閱（政府試圖使作者改變彩票報告），《首都時報》，1989年7月28日，頁二十一。

30.參閱錢柏斯（Chambers, 1986）。

31.參閱戴爾・尼爾森（協同出版），（分析家：戰爭死亡人數誤算），《威斯康辛州評論》1992年4月14日，頁三A，以及（前任長官指出五角大廈棄置關於同性戀的研究發現），《首都時報》，1993年4月1日。

32.參閱格林柏格（Greenberg, 1967:71）。

33.更多有關1950年代那十年及其對社會研究者的影響，參閱考特（Caute, 1978:403-430）、金斯坦（Goldstein, 1978:360-369），以及施瑞克（Schrecker, 1986）。

34.關於機構審查委員會，在馬拉尼（1984）以及查德威克、巴爾、與阿布瑞奇（Chadwick, Bahr & Albrecht, 1984:20）等人的論著中，皆有所討論。

35.關於蘇聯社會科學研究近年來的改變，參閱凱勒（Keller, 1988; 1989）與史娃夫德（Swafford, 1987）。也參閱（蘇聯社會學家呼籲民眾留意她的科學），美國社會學社附註，1987年4月，頁二。

36.除了第九章的討論之外，參閱布拉克與伯恩斯（Block & Burns, 1986）以及史塔（1987）。

37.參閱柏曼特（Bermant, 1982:138）。尼爾金（Nelkin, 1982a）對社

會科學研究中，那些「遭禁」的主題，有番討論。

38.更多有關波克斯麥爾獎的討論，參閱寇帝斯（Cordes, 1988）。

39.〈性行爲調查慘遭挫敗〉，《紐約時報》，1989年7月26日，頁七。

40.參閱史蒂芬・柏德（Stephen Burd），〈科學家擔心工作干預獲得全國衛生局的支持〉，《高等教育編年記事》，1991年10月2日。

41.參閱〈全國衛生局1991年預算縮減三百一十萬美元，國會反對全國科學基金會贊助的三十一項研究記畫〉，《藍色卷宗》（F-D-C Report, Inc.），1992年5月27日，頁三。

42.卡密勒特計畫在哈羅威茲（Horowitz, 1965）的著作中有所描述。

43.參閱狄克森（Dickson, 1984）、尼爾金（1982b），以及沙塔克與史班斯（Shattuck & Spence, 1988:2）。

44.參閱沙塔克與史班斯（1988）以及喬瑟夫森（Josephson, 1988）。也參閱〈圖書館員收取計畫費將減少資料流動量〉，《紐約時報》，1989年2月21日。

45.更多有關中央情報局與社會研究者的討論，參閱沙塔克與史班斯（1988:39-40）以及喬瑟夫森（1978）。

46.關於跨國研究的敏感情況，參閱富勒（Fuller, 1988）與馮丹柏格（Van den Berge, 1967）。

47.關於這方面的討論，參閱班尼斯特（Bannister, 1987）、布魯默（Blumer, 1991b）、唐東尼歐（1992）、海曼（1991）、羅斯（1991）、與賽柏德（Seybold, 1987）。

48.更多有關1980年代政治與經費刪減對社會研究之影響，參與卡敏斯（Cummings, 1984）、希莫斯坦與查德（Himmelstein & Zald, 1984）、麥卡錫（1984），以及茱奇斯（Zuiches, 1984）。更多關於經費來源對研究影響的一般性討論，參閱加里賀與麥卡尼（Galliher & McCartney, 1973）以及狄克森（1984）。

49.參閱戴恩斯（Dynes, 1984）對社會科學聯合會的討論。

50.與1989年全國科學基金會分配一千三百六十萬美元的經費給社會科學相較（D'Antonio, 1992），社會科學研究中心在1924-1928年間在社會科學上支出了兩千萬美元（Gieger, 1986:152）。在1920年代末期，學術界社會科學家的人數大約是十分之一，而且一元美金的購買力爲限在的六倍多。社會科學博士——包括：心理學、教學、或從事基礎研究者——在1986年，大約有十二萬九千人（科學與工程人事錄：全國回顧，全國科學基金會文獻90-310）。學術界全部高等教育人員數在1930年時，不到八萬三千人（美國歷史統計，1970，表H696）1920年時四年以上兩千萬美元，或是每年五百萬美元，將大約相等於1990年的三億美元。1929年稅前家庭收入中數爲2,335美元（歷史統計，表G308）。

51.參閱沙塔克與史班斯（1988:35-37）。

52.史蒂芬·柏德，（美國無法要求事前審查研究，聯邦法官判決），《高等教育編年記事》，1991年10月9日。

53.參閱史塔與寇爾森（Starr & Corson, 1987:435）。

54.參閱衛斯與古魯柏（1987:369）。

55.更多有關研究者如何選擇研究問題的討論，參閱紀林（Gieryn, 1978）與查克曼（Zuckerman, 1978）。

56.參閱布林姆（Brym, 1980）論知識份子在社會上的角色。

57.參閱盧爾（1978a:67-139）。

58.參閱葛斯塔夫森（Gustavsen, 1986）。

59.關於研究結果對日後大眾行爲與意見的影響，馬許（Marsh, 1984）、諾里一紐曼（Noelle-neumann, 1974; 1984）以及普來斯（Price, 1989）有番討論。

60.關於社會研究者在社會上的歷史發展，巴帝茲（Bartiz, 1960）、施瑞克（1986）、史溫丁格與史溫丁格（Schwendinger & Schwendinger, 1974），以及斯爾瓦與史洛特（Silva & Slaughter,

1980）做過一番討論。

61.參閱龐奇（Punch, 1986:18-19; 49-69）。

62.社會學女性地位委員會（1986）。

附錄A

倫理法規

美國民意研究學會

美國社會學協會

法規第九條

美國民意研究協會（American Association for Public Opinion Research）法規應該依下命名之：

專業倫理暨實務的法規

我們，美國民意研究協會會員，服膺下述法規所揭櫫的原則。本此目標，我們支持在從事民意研究、或是使用這類研究於政策或公私部門的決策之時，極力堅守健全的倫理信條，並且促進社會大眾對民意研究方法的瞭解以及民意研究結果的正確使用。

我們矢志維持高水準的科學技術與誠信正直，無論是在執行分析、報導工作內容，還是與我們調查的回答者、案主、那些最終會把我們的研究成果當做決策之用的人，以及一般社會大眾互動之時，都本此原則。進而發願拒絕一切要求我們從事違反本法規的所有活動與任務。

法規

I.執行工作時的專業原則

A.在發展研究設計與調查工具之時，以及蒐集、處理、分析資料之時，我們皆當謹慎小心，採取所有合宜的步驟，以確保研究結果的信度與效度。

1.我們將只推薦並使用那些經過我們的專業判斷後，認定為合適從事我們當下所要研究問題的分析工具與方法。

2.我們將選擇不使用那些會產生誤導結論之研究工具與分析方法。

3.我們不會刻意對研究結果做出不實的詮釋，也不會做出不符研究所得資料的詮釋。

4.我們不會刻意對詮釋表現出超過比實際資料所能保證的更多的信心。

B.我們在所有的研究報告中，皆將本著下述第三節所揭櫫的對外公開的最低標準，正確與詳實地描述我們的研究方法與發現。

C.假使我們有任何一項研究因違反這項法規而變成受到美國民意調查協會執委會同意之正式調查的對象時，我們將提供關於該研究調查之細節，詳盡程度足供同業完成對該調查研究進行專業評估。

II.與民眾交涉的專業責任原則

A.社會大眾：

1.如果察覺到我們的研究呈現在社會大眾面前時出現嚴重誤解與扭曲時，我們將在給這些發現被扭曲當時或是之前，公開披露更正這些誤解所需之詳情，這包括：媒體、立法團體、管理單位、或其他相關團體的陳情書。

B.客戶或贊助者：

1.當從事的研究是來自於私人機構的委託時，我們對於所有得自於客戶的資訊以及受託於客戶的研究成果將予以保密，除非得到客戶的允許與授權，或是應本法規第I-C或II-A節的規定，才得以公佈。

2.我們需要留意我們本身的技術或能力上的限制，並且應該只接受在這些限制下我們仍然能夠勝任的研究業務。

C.專業團體：

1.我們認識到對於民意研究科學我們有責任做出貢獻，並且儘可能不受拘束地傳播從我們研究得來的觀念或發現。

2.我們不當出示協會會員身份做爲具有專業能力的一項憑證，因爲本協會並未對任何人或機構發出這類證明。

D.回答者：

1.我們當極力避免對調查回答者會造成傷害、羞辱、或誤導的措施或方法。

2.除非回答者基於明確的用途而宣告放棄行使保密權，否則我們對所有可能會認出回答者及其回答的資訊一概保密。除非有回答者的授權，否則我們將不會爲了任何無關研究的目的而公開、甚或使用回答者的姓名。

III.最低的公開標準

良好的專業措施要求所有的民意研究者承擔起在所有的研究報告中交代關於研究是如何執行的基本資訊、或是清楚告知研究報告將於何時發表的責任。至少，下列項目應該予以公佈：

1.調查計畫的贊助者與執行者。

2.詢問之問題的正確用字譴詞，包括那些可以預期會影響作答的、對於訪員或受訪者所做的前置說明與解釋。

3.關於研究母群的定義，以及用以確認該母群之抽樣架構。

4.關於選取樣本程序之描述，對於研究者選取回答者的方法給予清楚的說明，或者說明回答者是否全都是不請自來的。

5.樣本的大小；如果可能的話，公開完成率以及合格的標準與篩選的程序。

6.有關研究發現的詳細討論；如果可以的話，應該包括抽樣誤差的估計值，以及所有用到的加權或估計程序的描述。

7.那些結果是根據某個部分的樣本，而不是全部樣本。

8.資料蒐集的方法、執行地點與日期。

美國社會學協會序言：倫理法規

社會學家意識到知識的發現、創造與累積以及社會學實務工作，每個階段都涉及到倫理考量與行爲的社會過程。仔細留意社會學實務與學識中的倫理面向有助於找出使社會學爲人類帶來的福祉效益增至最大，並使社會學工作的損害減至最低這個廣大計畫的方法。這部法規的力量，亦即它的約束力，終歸繫於其專業會員持續主動的討論、反省，以及採用。

社會學家服膺科學與學術界的一般信條。社會學家對於那些可能起因於不當的或是拙劣的使用社會學的研究與知識而爲個人、群體、組織、社群或社會帶來的潛在危害，更是特別敏感。

對於自由開放地取得知識與服務以及對社會大眾公開研究發現的信念，社會學是與其他的學科所共享的。社會學家全心全意追求準確與精確知識，並且藉助同儕間的審查與評鑑進行自我規範，而避免個人的與方法論上的偏見與意識型態上嫌隙。由於社會學必然會引發個人、組織、團體，以及社會的研究，這些原則偶爾可能會抵觸到更爲一般性的關乎案主與回答者的隱私權，以及對待他們的方式是否顧及到這些人的誠信、尊嚴、自主的問題。這些潛在的衝突構成了需要有一部倫理法規的一項理由。

社會學研究的風格不僅各有特色，而且變動不定。社會學家的就業領域也是如此。這些程序上的以及就業情境上的差異便造成了何謂適當的專業行爲的模糊性。這些模糊不清的地帶構成了另一項需要這部法規的理由。

最後，這部倫理法規也嘗試滿足那些曾經表示過有必要對於各種涉及到與回答者、學生、同事、雇主、案主，以及政府主管機關接觸的情況下，如何能做到最適當的接觸，提供指引的社會學家這方面的需要。

法規對於倫理行爲確立起可行的要求。這些要求涵蓋了許多——但並不是全部——在研究、教學，以及實務上可能出現倫理衝突的潛在來源。乍看之下大部分代表著義務，但是應該視之爲指導行爲的原則。該法規陳述出學會對於倫理行爲的共識，當學會個別會員在某些特定的情況下做出了不合乎倫理的行爲時，專業倫理委員會將可本此基礎做出適當的判斷。尤有甚者，這部法規有意使所有的社會學家對於在他們研究中可能出現的倫理議題保持高度的敏感性，並且鼓勵社會學家教育他們自己及其同事作出合乎倫理的行爲。

爲了使這些目的得以實現，我們美國社會學學會的會員堅決支持下述的倫理法規。會員接受有與美國社會學學會基於正當理由組成的委員會進行合作的責任，立即回應調查行動。對於那些基於誠信原則依據本法規提出抱怨的人士，不因行使這項權利而遭學會會員的處分。

I.社會學實務

A.客觀性與完整性

社會學家於執行社會學研究與實務時，當戮力維持客觀性與完整性。

1.社會學家在研究、教學、與實務上，當在可能範圍內堅持最高的技術水準。

2.由於個別社會學家在其研究的模式、技巧、與經驗上皆有所不同，社會學家應當就可能會影響到研究計畫是否能夠成功完成以及研究發現效度的學術與個人層面的限制，訂出學門知識上的極限。

3.在實務上或是其他要求社會學家做出專業判斷的情況下，皆應當正確且公平地代表其專業知識的領域與程度。

4.提出研究成果時，社會學家有義務完整地報導他的研究發現，而且不該做出不實的陳述。當提出研究報告時，社會學家有義務完整地報告其發現，並且不遺漏任何重要的資料。社會學家當竭盡所能，將對其研究發現之詮釋有所影響之理論、方法、與研究設計，公諸於世。

5.社會學家必須完整地交代他所有的經費來源，而且不能與任何贊助者有任何特殊的關係。

6.社會學家不應該對回答者、個人、團體、或組織做出任何的保證──除非有足夠的動機與能力去完成所做出之保證。而且所有的保證，一旦承諾，都必須加以實現。

7.本諸完整公開方法與分析的精神，社會學家當合力蒐集原始資料與相關的文獻，以合理的價格，方便其他科學家取閱，除非發生違反保密、案主的資訊權與隱私權、或是田野研究者承諾保守私人筆記的隱私權等等的情況之外。這類合作的適時性至爲關鍵。

8.社會學家對於其研究中所使用的量表與其他測量工具，皆應當提供正確的資訊與出處。

9.社會學家不應當接受顯然會破壞本法規所揭櫫之原則的經費、契約或研究任務，而且一旦發現有違反之虞並且無法適時更正錯誤，則應當立即停止研究。

10.當研究計畫已經接受經費贊助時，社會學家必須竭盡可能如期完成預定之工作，包括向贊助單位繳交報告。

11.當數位社會學家（包含學生在內）共同涉入一項研究計畫時，他們應該一開始就對分工、報酬、資料的取得、著作權，以及其它的權利與責任，取得相互接受的明確協議。這項協議可能會隨著研究計畫的進展而有所修訂，但是這些修訂都必須建立在共同同意的基礎之上。

12.社會學家對於研究發現所有重要的限制所做的陳述以及研究成果的詮釋，都應該特別謹慎。

13.社會學家有義務公開研究發現，除非公開的結果會對案主、合夥人，以及參與者，或是正式協議與非正式協議下的當事人，造成傷害。

14.就社會學家，身爲一位從業人員、研究者、教師、管理者的角色而言，他們身負重任，因爲他們的建議、決定、甚或行動可能使他人的生活產生改變。對於可能會造成他們的影響力與權威遭到誤用的情況與壓力，他們應該相當清楚明白。對於這些不同的角色，社會學家應該也意識到專業的問題與衝突可能折損到專業的效果。社會學家應當採取具體的行動，確保這些衝突不致對於案主、研究參與者、同事、學生以及員工，產生不利的結果。

B.研究對象之權益與尊重

社會學家與回答者或案主之間在財富、權力與社會地位上的差距，可能在研究的合作關係上反映出或製造出不平等的問題。對社會學家來說，利益衝突可能會出現在研究與實務之中。同時，遵照科學方法的教訓——向那些要求完全公開的規定——可能會爲個人與團體帶來不利的後果或私人性的風險。最後，某位單一研究者或研究小組不負責任的行動，可能會排除或減低整個專業團體及其相關領域未來接近某一類回答者的機會。

1.社會學家不應該誤用他們的專業社會科學家的地位從事欺騙的活動，甚或以假借社會科學家的身份而爲任何一個組織或政府機構蒐集情報。社會學家不應當誤導參與研究計畫的回答者使其對從事的研究產生錯誤的印象。
2.研究的受試者有權享有個人資料的匿名權。
3.得自於公開查閱的個人資料，其隱私權與機密性是無法受到保證的。
4.執行社會學研究的過程必不可使回答者陷入需要承受個人有受傷之虞的風險之中。當研究涉及的風險大過於日常生活中所承受的風險時，須取得當事人的知會同意。如果預期會發生中度的風險或傷害時，一定得取得知會同意。
5.社會學家應當採取合乎文化的步驟做到知會同意，並且避免侵犯到隱私權。尤其當研究對象不識字、社會地位極低、甚至對社會研究毫不熟悉之時，可能更需要採取特殊的行動。
6.就研究可能的範圍內，社會學家應該預估可能對保密造成威脅的潛在因子。諸如清除辨識標誌、對答案進行隨機化的處理，以及其它統計學上的解決之道等等的手法，都應該適時採用以處理隱私權的問題。
7.由研究參與者所提供的機密資訊，社會學家亦當以機密資料處理之，即使這筆資料並未獲得任何立法的保護、或適用於任何特權或法令的規範。尊重保密權的義務適用於所有能夠接觸到這筆資訊的所有研究組織成員（訪員、登錄員、庶務職員）。教導機構成員認清這點並且盡一切努力確保機密資訊的取得受到嚴密管制，是行政人員與主持調查者的職責所在。

8.忠於承認所有參與者對研究的貢獻這個規範的同時，社會學家對公開研究成果所可能造成的傷害，應當提高警覺，而且應該尊重合夥人的意願、甚或匿名的要求。如果情況許可的話，可以在日後再做全面公開。

9.不論經費來源為何，研究設計與資料蒐集的技巧都應當符合美國大學教授協會（American Association of University Professors, AAUP）在「管理對人類受試者進行研究之規範：學術自由與機構評鑑委員會」中對保護人類受試者權益所做的規範 Academe, 1981年12月：358-370。

10.社會學家應該遵守聯邦政府與機構所制訂的有關執行研究的切適規定。這些規定可能包括，但不必然局限於涉及人類受試者的研究未能取得正確的評鑑與許可，以及未能遵守專責研究受試者、資料與程序委員會的建議。

II.出版以及評審程序

A.著作權與致謝

1.社會學家必須對所有對他們的研究以及取得版權的出版品有所貢獻的人表示感謝。著作權的申明與取得以及致謝必須確實反映研究與撰述過程中所有主要的參與者，這當包括學生在內，除非這類點名致謝已有公文先行決定。

2.得自於他人出版或未出版書面著作的數字與資料，必須明確地註明出處與作者。至於引述他人的書面著作中所發展出來的觀念，即使不是一字不漏地引用，也不應該刻意漏列出處。

B.作者、編者與審查人在出版的過程中具有相互維繫的專業責任。

1.編者應當不斷檢視標準的運用是否公平公正，不受私人恩怨或意識型態的好惡所左右。
2.期刊編輯對投稿的作者必須提供明快的決定，他們必須監督編輯委員與其他審查者的工作進度，以使拖延的問題減至最低、做出良心的審查。
3.編輯對出版論文的承諾對於期刊必須有約束力，一旦接受允予刊登，就該儘速將原稿出版。
4.收到對原稿審查意見的編輯，發現該審查委員早先已爲另一份期刊審查過該份稿件時，理當重新另覓他人審查。
5.向一份專業期刊投稿時，就表示給予該期刊第一優先的出版權。除非期刊本身的政策就允許多重投稿，否則一篇投給某份英文期刊的論文是不可以在投遞給另一份英文期刊，直到收到第一份期刊正式的審查意見之後。當然，基於各種因素，任何時候原作者都可以收回該論文的發表權。

C.參與評論過程

社會學家經常受邀就原稿、研究計畫，以及其他專業同僚的著作，提出評鑑。在執行這項工作時，社會學家本身在數方面，應當堅持高水準的研究成效：

1.社會學家應當婉拒審查涉及強烈利益衝突的他人著作。這類的情形會發生在諸如某社會學家受邀去評審他老師、朋友、或同事的著作，而從事這項工作會讓他背負強烈的義務、或敵意，或是他無法如期完成這項審查工作之時。

2.送交評審的文稿應該就其完整性給予詳細的閱讀、評審、與保密。審查意見應該給予明確的理由，加以說明。

3.應邀審查文稿的評審如果先前已審查過這篇論文，應該將此事實告知邀請其從事審查工作的編輯。

III.教學與督導

教師例行職責的履行在教師法規與美國大學教授協會（AAUP）規則中皆有詳細的規定，並被高等學術機構接受視爲管理的程序。扮演教師角色的社會學家應當很熟悉這套法規在他們單位實施的內容，並且應該在這套法規的規範下，肩負起責任。那些督導助教的社會學家應當採取具體步驟確保他們遵守這些原則。

A.社會學家有義務保護學生的權益受到公平的對待。

1.社會學家應當提供學生對於他們修習課程的範圍與觀點，給予平實的陳述；對於學生的表現、提出明確的期望；以及對他們的研究成果，給予公正、適時、與易於成就的評分。

2.社會學系（所）必須提供研究生清楚明確的政策，以及受理研究生入所就讀的資格條件、學雜費補助的工讀機會、獎學金、評分標準，以及可能退學的情況。

3.社會學系（所）應當協助學生在學術與實務方面找到專業就業的機會。

4.社會學系（所）應當努力確保以公平公正的方式對待所有學生，同時在精神上與內容上確實遵行確認行動綱領、法令、與政策。

5.社會學家必須避免對外透露關於學生的私人資料，尤其當這些資料與專業能力議題無直接關聯之時。

B.社會學家必須避免剝削學生

1.社會學家不該強迫或欺騙學生充任研究受試者。
2.社會學家不該把學生的作品據爲己有。
3.社會學家應當肩負起明確的責任公開承認學生的貢獻，並且替他們出面爭取著作權與其他認可的協議。

C.社會學家不可以強迫任何人，包括：回答者、案主、病人、學生、研究助理、庶務職員，以及同事，給予私人的或性方面的好處、或是經濟或專業上的好處。

D.社會學家必不可以放任個人好惡，或是與其他同事知識上的歧見，而阻止學生接觸那些同事。

IV.雇主、受雇者、與贊助者的倫理義務

社會學家不應該在雇用、解聘、升遷、薪資、對遇、或是任何其他雇用條件或生涯發展上，因性別、性別偏好、年齡、種族、宗教、國籍、殘障或是政治屬性而有所歧視。社會學家在聘用、升遷、福利、或是審查過程中，應當堅持公平的雇用措施。下文所列之大綱彰顯出若干（而非全部）雇用措施中的倫理義務。關於公正平等對待措施規定的清楚說明，在平等就業機會委員會的行動綱領與美國大學教授協會中都有明確的陳述。雇主、受雇者、與贊助者都應當遵守這些行動綱領，並且在需要對公正雇用措施做更加完整的描述時，亦當參考之。

A.雇用措施與大綱領之遵行

1.當社會學家出任雇主的角色時，應當載明聘用、升遷、任期的規定，並且就這些規定與受雇者以及可能的受雇者做充分的溝通。對聘僱期限與升遷所進行的投票，應該完全根據專業的標準。

2.當社會學家身爲雇主時，應當儘可能做好一切努力使各級雇用狀況都獲得平等的機會與公平的對待。

3.當社會學家身爲雇主時，有責任熟知公平雇用法規、協助創造一個揭櫫公平雇用措施的環境、並且努力改善機構或大學中既有的任何一項不平等措施。

4.各層級的所有受雇者，包括部分工時的員工在內，都應當享有經由明確訴願程序這個適當過程的保護。身爲雇主時，社會學家的一項義務是把這套程序傳遞給受雇者並且保護那些提出訴願員工的權益。他們亦當對雇用標準進行溝通，並且提供福利與津貼。

B.受雇者的責任

1.找工作時，社會學家應當提供未來的雇主關於他們的相關專業資格與經驗的正確資訊。

2.應聘於學術與實務機構的社會學家，應當逐步熟悉在這些環境下對研究與出版的可能限制，也應當對與其研究和學術活動有關的狀況，進行協商以獲得清楚的瞭解。爲了履行對雇主的義務，社會學家在這類環境下必須儘可能遵守本法規下所界定的專業義務。

3.當計畫辭去某項職務時，社會學家應當促使他們的雇主對他們離去的用意給予適當的注意。

C.贊助者在聘僱過程中的參與

1.協助學生與學徒順利就業的同時，社會學家應當儘可能避免利益衝突。當眞的發生利益衝突之時，應當讓求職者徹底瞭解潛在的偏誤。

附錄B

A Table of Radom Numbers

Table of Randomly Selected Five-Digit Numbers

亂數表

隨機選取的五位數數字表

10819	85717	64540	95692	44985	88504	50298	20830	67124	20557
28459	13687	50699	62110	49307	84465	66518	08290	96957	45050
19105	52686	51336	53101	81842	20323	71091	78598	60969	74898
35376	72734	13951	27528	36140	42195	25942	70835	45825	49277
93818	84972	66048	83361	56465	65449	87748	95405	98712	97183
35859	82675	87301	71211	78007	99316	25591	63995	40577	78894
66241	89679	04843	96407	01970	06913	19259	72929	82868	50457
44222	37633	85262	65308	03252	36770	51640	18333	33971	49352
54966	75662	80544	48943	87983	62759	55698	41068	35558	60870
43351	15285	38157	45261	50114	35934	05950	11735	51769	07389
11208	80818	78325	14807	19325	41500	01263	09211	56005	44250
71379	53517	15553	04774	63452	50294	06332	69926	20592	06305
63162	41154	78345	23645	74235	72054	84152	27889	76881	58652
17457	68490	19878	04981	83667	00053	12003	84614	14842	29462
28042	42748	55801	94527	21926	07901	89855	21070	80320	91153
32240	24201	24202	45025	07664	11503	97375	83178	26731	45568
87288	22996	67529	38344	29757	74161	16834	40238	48789	99995
39052	23696	42858	85695	50783	51790	80882	97015	81331	76819
71528	74553	32294	86652	15224	07119	45327	69072	64572	07658
76921	04502	78240	89519	02621	40829	88841	66178	01266	10906
45889	22839	77794	94068	85709	96902	19646	40614	03169	45434
10486	79308	75231	33615	42194	49397	91324	79553	66976	83861
42051	14719	80056	74811	58453	04526	90724	36151	09168	04291
47919	11314	80282	09297	02824	59530	31237	26311	62168	46591
19634	40589	28985	40577	33213	52852	17556	85342	66881	18944
10265	45549	38771	38740	48104	63990	73234	19398	33740	97345
74975	33526	36190	25201	19239	06254	02198	99109	01005	20983
37677	76778	15736	57675	81153	59651	69262	89250	75156	59164
18774	15979	26466	80236	65400	24272	02088	09307	33426	11230
93728	14965	85141	27821	53791	38728	66369	29415	55330	99228
34212	15590	41336	23614	26153	19466	44176	80885	00015	40077
81984	54478	45226	97338	14064	45768	13538	49093	05691	69720
72755	15743	00552	89374	85400	37392	26598	71917	64275	16125
13162	57044	75982	15819	23385	40860	51585	44542	39656	91139
64686	62224	34124	79171	73909	26196	54057	63264	72089	06658
00157	64594	03178	75774	32315	34443	37224	85593	55251	42666
84194	83591	82152	24311	22414	43244	81542	31491	42075	17275
05776	60399	65218	89299	20273	30071	53077	18853	56652	63896
33365	18314	81074	49433	10884	75467	56085	14731	98085	60895
67928	38976	38480	59980	23156	72335	33489	59420	67819	51874

64394	45154	81851	54228	73095	97217	16908	90242	92869	17311
73000	20948	57065	70195	87563	41590	85047	71743	94916	50534
63555	03388	96638	16591	13641	73342	59131	63144	63587	62084
84005	02035	08182	16395	44928	08897	44750	71378	67522	20180
42593	35102	14577	38102	60403	04540	53992	27069	69574	76682
49519	49517	88147	83375	87045	57466	91259	06680	45586	36257
42149	01579	83056	19423	28165	25620	68035	17919	09120	59078
66192	98427	10152	96970	89990	34604	49632	46533	63362	43151
16124	88620	87074	37851	77131	73855	03740	10306	63858	04349
35492	47334	57189	26465	70078	14477	00881	00929	86907	73764
54503	40155	94734	20689	32475	62851	13216	21419	95502	36783
88063	53451	15642	67345	06935	70644	68570	79176	31975	83082
83689	14426	40357	34906	56282	96104	83796	57663	88627	17521
40393	72810	00681	15351	28858	72086	99090	39741	17914	27385
76648	61322	06817	64674	50317	52373	78223	84222	14021	43432
42091	27088	37686	88033	68007	71009	24018	49568	64351	94130
78925	41509	14319	92389	85492	40880	01487	85509	48316	62618
61915	98081	87996	53798	51485	38912	85858	43392	64678	44458
29504	66960	42645	54547	20615	77035	79942	33972	46112	78290
90170	97643	46284	34591	42692	72933	66166	98389	37460	14545
96439	06806	76714	80084	57685	37447	44901	64699	89142	64657
98365	28725	84376	50634	79289	31106	71351	10533	57545	27399
74794	91013	89791	54236	02369	35317	31103	82481	52256	94510
37499	85907	16293	17673	13373	06599	50138	19860	46716	36928
77530	25960	33671	54383	25144	82627	99266	75134	96539	47242
67990	35106	05214	82928	39824	11128	31390	76293	52809	54881
07355	29187	09357	94498	69697	92515	89812	90794	44738	46806
40716	05787	68975	38937	44033	50064	25582	09428	10220	42455
97748	64395	13937	60406	99182	92720	80805	26242	81943	40341
83682	18775	60095	78600	03994	30313	21418	58563	47258	75582
73506	30672	18213	37887	26698	87700	75784	86878	74004	88636
36274	02333	43132	93725	87912	90341	74601	77001	30717	60002
73508	00852	94044	98474	12621	91655	55258	85551	76122	68052
06488	12362	60020	66902	90734	73689	22382	40896	09028	72925
20201	31560	98885	32275	46818	76114	07959	65639	33267	98595
49947	13114	06773	06454	95070	26564	08974	11640	76202	86105
79928	50600	06586	72129	37233	02564	83265	32579	21234	83535
76360	86412	36240	20210	17692	80482	67007	15474	23198	74250
54601	84643	66759	57661	16434	61708	93185	75957	61056	90678
23441	63863	95238	59665	55789	26180	12566	58645	15125	76707
47093	90509	48767	09874	23363	84954	09789	30178	28804	93294
93603	11580	94163	85561	71328	88735	69859	84563	25579	52858
68812	15299	99296	45906	37303	49507	70680	74412	96425	38134
69023	84343	36736	52659	90751	20115	89920	44995	17109	96613
76913	03158	83461	27842	03903	34683	89761	80564	45806	88009
99426	99643	00749	79376	44910	27490	59668	93907	73112	46365
59429	08121	06954	28120	17606	22482	91924	00401	16459	15570
38121	05358	01205	00662	73934	97834	56917	64058	05148	87599
97781	32170	99914	75565	79802	38905	17167	08196	46043	72094
79068	21760	78832	93795	67798	54968	87328	46494	74338	89805
46601	04015	00484	39366	56233	22622	90706	02327	60807	39009

(continued)

64821	72859	83471	60448	49159	38242	84473	05512	20200	91109
49216	15978	76313	82040	79322	53190	99705	86694	39000	59173
85909	77399	56836	38084	24480	16180	58023	20122	78348	36906
72284	62418	84313	85377	00039	90894	72976	19553	22917	58585
20210	90083	06608	43380	76224	87362	81200	91427	34115	36488
63659	42186	61396	94269	58196	42997	96272	02004	63365	75665
60022	62412	97267	13525	36794	68402	10902	87223	95682	18000
32399	18357	80684	50976	28717	95782	31227	99800	62642	33563
88488	73641	06447	51771	17572	68734	75964	54434	21852	80662
87642	39726	67296	75473	82899	06689	09402	18953	07418	89659
89586	59644	02486	95252	57771	97979	44761	10361	99589	57982
72544	38997	64243	04873	97006	55074	63062	06692	69940	94364
50807	84525	33191	49539	51414	87457	36296	68915	78902	60245
59490	00996	40795	05159	14215	72282	99887	93436	73440	57270
38626	50552	71131	69450	00534	26851	63155	61856	31104	52773
51982	59414	61762	30549	38914	30613	48661	47104	84319	71299
37747	69944	81040	53066	72265	63828	33559	21167	44864	91959
35752	01162	55189	98224	83276	35108	65759	47387	78381	53662
39473	21252	53693	49359	00691	82273	87378	90967	06356	77705
55572	52235	46693	87891	13626	50676	16806	23052	49743	44683
86396	26942	31794	03215	14813	07506	40853	79461	69114	32357
33555	56824	39948	35309	27279	78587	02790	98720	57920	30931
23433	11441	30625	68538	85671	78168	60754	37067	99579	76294
08339	60862	33225	85288	47812	89681	04184	87755	59664	46025
12952	73728	73346	54435	12067	18137	24559	99949	29504	82736
31065	41220	40348	71545	27046	95290	38752	13456	16147	20025
38062	29620	11459	24800	99422	31514	42673	62254	50236	52802
22365	00954	49547	16844	04006	09907	87626	60601	21891	14980
86779	89664	29030	91894	73718	73392	65469	79340	90014	00229
43233	48154	74284	65921	63641	00481	08578	22188	38029	68894
74503	33076	28357	23271	05919	12247	65814	51837	17689	67065
80697	09861	44996	94438	79742	44904	43997	30676	47959	91749
66890	59837	08731	62577	45661	40331	20461	40292	58324	50957
65029	71853	28424	48445	86207	05328	12631	18104	56863	84071
03322	46034	72527	42011	69919	00090	04986	06121	81888	04985
37951	98690	60776	79282	17148	79300	67391	53561	46702	99623
36747	35157	67719	81282	86592	21054	10617	10464	79204	16241
49340	44927	10914	17275	58227	91974	75268	28733	43893	17837
92271	64437	96956	18631	88405	96753	81024	21948	63478	73161
92299	36704	68944	92681	77662	54685	48356	21081	76717	47337
48344	93928	34136	47466	72646	18566	96759	31149	74706	37745
61726	51613	52816	33027	24383	07647	95883	28605	62283	18197
54433	70788	83880	31335	21145	16946	98191	37417	11780	41066
58541	72719	59340	60681	11593	06237	94809	58680	87392	55946
61516	65817	41065	83854	15993	83786	78324	06439	17050	62552
29215	08513	25460	52439	15219	69991	59623	35029	02632	33829
50164	57477	50446	22847	43803	56626	88506	88224	84080	29224
46923	73217	29155	22288	27172	09824	49339	80134	53208	89901
39385	54156	74135	82779	58336	79663	26502	78853	95172	24059
75334	79987	15894	18571	81773	50842	49946	04147	92224	41201
41285	32053	40984	90635	22067	11948	11443	99064	14675	16826

27423	31830	04828	05954	38820	94218	32586	04261	80975	47008
35906	67533	20585	21162	75252	73296	37607	92368	10867	69657
08554	70414	77644	99739	27390	80574	80240	19485	45190	36046
70966	52860	29353	41888	80187	97313	32440	08527	47081	17205
34154	79907	00949	54009	49291	48157	17375	13343	44727	36956
86436	46594	80734	80081	02314	42041	67591	78793	15440	21127
06339	10486	48944	44373	78872	90269	36662	40163	95780	06374
17715	18488	29772	86669	12401	86000	78660	00923	77884	44633
39611	02846	95861	49731	95395	26893	13314	07928	77911	53123
87271	46990	77790	79885	68909	54505	83646	78409	72846	28686
11996	29733	05629	93964	14193	83846	99389	50959	31927	79226
46940	09460	89582	17701	60658	71768	45426	93490	35636	70854
03412	41860	78660	76735	61981	37962	16512	87707	27622	17311
25077	14423	76933	16748	00741	62390	43843	80842	10219	54622
36495	82476	90894	71327	38924	07373	84495	31424	21285	08333
58500	55613	12395	00199	57097	24914	01779	02403	93251	44807
75248	35900	97246	15383	43870	60826	54130	63156	50504	52135
92175	62718	99616	61643	26886	14107	90719	47074	91737	97462
32463	69375	39095	36324	78594	57722	23596	36217	96947	44887
03693	77597	35029	70206	04705	91187	18602	86022	87337	23965
06721	33386	12162	55884	10420	30100	28445	77620	05067	10724
98591	40854	94023	57651	02409	76108	19790	48544	26777	42597
82535	71772	85767	76266	29140	47778	73492	53870	45014	08608
20105	25926	56710	14862	44589	57022	17734	38841	92896	40737
01749	78458	35863	82790	02427	87027	40106	94542	70051	68439
66826	49905	97602	26543	32418	22873	58878	34287	98272	00311
19242	91018	31082	73167	82661	20369	22976	86145	11196	51282
07788	16036	93946	83038	33324	79508	15514	84539	76833	02366
10238	51425	12133	60556	66023	78920	45286	79512	93581	56294
70278	45813	02647	70584	58543	31479	69235	12031	72235	67157
68633	59965	98891	65043	20653	78122	38989	65198	18659	79978
45164	32766	09525	49788	28780	54551	09208	91609	28711	97751
44701	18094	65320	24871	03285	61221	76401	81827	52742	90754
51254	38946	10820	30486	43737	91703	54377	04192	24354	21605
84819	68816	08575	93437	41898	71419	69327	00712	64283	82111
18122	52721	39067	33039	57890	71647	29730	09964	42192	59661
74518	17688	24087	59431	94219	31903	31093	95252	78310	29618
29507	76366	37600	35446	66362	17595	37560	14716	94629	39897
17615	22514	51864	04371	67231	61647	94074	24199	35525	69556
10735	07934	13585	35967	14790	78730	59122	01989	95596	05732
27515	94008	99354	12854	19839	02870	09161	52671	74303	58650
87240	67750	02552	56223	09496	21435	43859	17700	55974	93075
30474	21865	41837	44887	38330	51929	92959	72672	65078	33986
81033	89276	51464	63498	12766	55494	86208	16462	55022	56727
03550	49560	71142	85413	90974	88062	52135	84299	37041	88678
91516	90902	16387	47167	06377	86048	97771	53715	57709	61076
60915	35579	76264	72403	02744	52525	70804	28840	15504	80628
20281	63058	68322	36364	88444	68667	48877	28781	98458	05481

附錄C

研究報告與研究計畫

但是我們的事業是：以一種很理性的、他人能夠理解的順序來安排思維觀念。我們必須處理兩個層次的問題：必須以一個理論的形式來安排這些觀念、或是以敘事方式來描述導致那些我們想要解釋之結果的原因與狀況，並且以一種合乎邏輯、經驗正確的秩序將之呈現出來…最後，我們想要使我們敘述的文體能夠清楚地將所建構的順序表現出來。我們不希望見到文體上的瑕疵對讀者的瞭解造成干擾。這兩項工作實為一體、無法分割。

哈羅德·貝克（Howard Becker）

《為社會科學家而撰（*Writing for Social Scientists*）》，頁一三三。

引言

爲何要撰寫研究報告？

當研究者完成了一項研究計畫、或是完成了某個重大計畫中的某個階段之後，就到了研究者透過研究報告與他人溝通的時候了。從閱讀許多研究報告或是修習一門科學與技術論文寫作的課，你會學到不少關於撰寫研究報告的竅門。這篇附錄主要是探討撰寫研究報告的原理、敘述各種類型的報告，以及討論如何準備一份研究計畫書。

研究報告（research report）是一份書面的文件（或根據一份書面文件所做的口頭報告），藉此將研究計畫的方法與研究發現告知他人。研究報告並不是針對研究發現所做的一篇簡短摘要，而是研究過程的紀錄。研究者不能夠等到研究完成之後才想到撰寫報告，研究者必須預先對報告的撰寫進行構思、並且在研究過程中細心地做好記錄。除了研究發現之外，研究報告中還包括了執行這項計畫的原因、研究步驟的描述、資料的呈現、並且就資料如何與研究之問題或主題產生關係進行討論。

爲何要動手撰寫報告的原因幾乎就和爲何要動手研究的原因一樣多。動手撰寫報告的基本理由是在告知他人你這位研究者在研究的過程中，做了些什麼與發現了些什麼。換句話說，研究報告是種傳播知識的方法，如同你在第一章所讀到的，研究報告在結合科學社群這項工作上扮演著一個重要的角色。撰寫研究報告的其他原因還有繳交一份課堂作業或完成一項工作指派、對出錢做研究的機構盡一份義務、說服某個專業團體關於某個問題的某些特定層面，以及告知一般社會大眾這項研究的發現。告知一般社會大眾很少是傳遞科學結果的主要方法；這通常屬於第二階段的傳播。

你的讀者

專業的作家指出：在你心中總要知道自己是為誰而寫。這是因為當寫作直接針對某個特定讀者群時，溝通將更有效力。你也應該依照主要讀者是位老師、其他的學生、專業的社會科學家、實務工作者、還是一般的社會大眾，而撰寫不同的研究報告。無需贅言，寫作應當清楚、正確、並且有完整的組織架構。

老師出於不同的原因而指派學生寫一份研究報告，並且對如何撰寫這份報告定下一些規定。一般而言，老師希望看到能夠反映邏輯思考清晰的寫作與組織架構。學生的報告需要展現出能夠掌握實質性與方法論上的概念。達到這項要求的一個好方法，就是在適當的時機能夠清楚明確地使用專業的術語，而不應該過度與不正確的使用。

若是為其他學生撰寫報告，最好要界定專業的術語，並且對報告中的每一個部分都做出明確的標題。這類討論的進行應該以一種合乎邏輯、按部就班的程序，然後搭配很多特定的例子。使用直接的語言來解釋在研究計畫中如何以及為何執行不同的步驟。其中一種策略是以研究問題開始，然後建構一份報告作為該研究問題的回答。

對於學者，不需要界定專業術語，或是對為何使用標準程序（例如，隨機指派）提出解釋。他們有興趣的是在研究與抽象理論或是與早先研究發現之間的關聯性。他們要的是一個能夠對研究設計提出既濃縮又詳盡的描述。他們對於變項是如何測量的、資料蒐集的方法，相當留神注意。學者喜歡簡明、嚴謹的寫作，但是長篇的資料分析，對結果做極為詳盡的討論。

實務工作者比較喜歡針對研究執行的作法做個簡要的摘述，並以數張簡單的圖表，將研究結果呈現出來。他們喜歡見到把研究結果中所隱含的替代行動方案列出梗概，並且對追求每個步驟可能面對的實際結果提出討論。實務工作者必須留意以免把某個研究的結果給過度通則化。最好把研究計畫的細節以及關於研究結果的完整討論擺在附錄裡。

如果你的研究報告是爲一般社會大眾而寫，使用比較簡單的語言、提供具體的範例、把焦點擺在研究發現對社會問題的實際含意。給一般社會大眾看的報告不必包括研究設計與結果的細節，也要謹愼不提出一般社會大眾所不支持的訴求。不管怎麼說，告知社會大眾是一項重要的服務，能夠幫助非專業人士對公共政策做出較好的判斷。

風格與語氣

研究報告寫作的風格（style）並沒有很大的空間，還有帶有一種獨特的語氣（tone）。目的是在清楚傳遞研究的方法與發現。

風格指的是撰寫者選用文字的類型以及使用之句子或段落的長度與形式。語氣是作者的態度或是與主題事物的關係。舉例而言，一個非正式、會話式的風格（例如，口語用字、成語、陳腔濫調、不完整的句子），帶有私人性的語氣（例如，這些是我的的感覺），適合於寫信給一位熟識的朋友，而不適用於撰寫研究報告。研究報告有個正式與簡潔（用少許的字來傳達很多的概念）的風格。語氣表示出與研究主題之間的距離；屬於專業與認眞的。田野研究者有時會使用非正式的風格與私人性的語氣，但這是屬於例外的情形。避免使用說教性的與詞藻華麗的語言。目的是在告知，而不在宣傳某個立場、或是取悅他人。

研究報告應當客觀、正確、與清楚。反覆檢視細節、充分揭露（引文的頁碼）你執行這項研究計畫的經過。如果讀者察覺到文章中的疏忽或遺漏之處，他們可能會對研究本身提出質疑。研究計畫的細節可能相當複雜，而這種複雜性意味著總會有混淆的危險。因此，清晰的報告撰寫至爲關鍵。要做到這點，是可藉由反覆思索研究的問題與設計、明確地界定術語與訂出圖表的標題、利用簡短的直述句，以及只做有證據支持的結論等等的方式來達成的。

寫作過程

組織思路

寫作並不是那種只要某人拿起紙筆（或是手觸鍵盤），就會奇妙發生或是自然文思泉湧的事物。實際上寫作是一件苦差事，涉及到一序列的階段與獨立的活動，結果產出一份結案報告。撰寫一份研究報告與其他類型的寫作沒有太大的差異。雖然有些步驟並不相同、複雜度可能高些，但是大多數優秀的作者在寫一封長信、一首詩、一份指示說明、或短篇小說時所注意的事項都適用於撰寫研究報告。

首先作者需要有東西可寫。這個「東西」在研究報告中包括了主題、研究問題、設計與測量工具、資料蒐集的技術、結果及其涵意。由於有這麼多部分要寫，組織結構便顯得十分重要。組織寫作最基本的工具就是大綱。大綱協助作者確保所有的概念與想法都已納入，而且這些概念間的關係清楚明確。大綱是由主題（字句或片語）或句子所組成的。大多數的我們對一份大綱的基本形式都相當熟悉(參閱表C.1)。

大綱能夠幫助作者，但如果使用不當的話，可能會變成一種障礙。大綱基本上是一項工具或一種機制，藉此協助作者組織概念。它為作者做三件事：1.將概念列出先後順序；2.把相關的概念組織起來；以及3.區別一般性的、或較高層次與較為特定的概念，以及較特定的與更細緻的概念。

有些學生覺得在他們寫作之前需要一個完整的大綱，而且一旦大綱備妥，就不可能有所偏離。極少數有作家一開始就有個完整的大綱。剛開始的大綱是必要的，因為除非你把每件事情都寫下來，否則是不太可能把所有的概念都列出先後順序的，也不可能區別出一般性與特定的概念。對大多數的作者而言，新概念不是在寫作的過程發展

表C.1 大綱的格式

I.第一大主題	最重要的主題之一
A.主題一的次主題	次重要的主題之一
1.A的次主題	重要性排名第三
a.1的次主題	重要性排名第四
b.1的次主題	
(1) b的次主題	重要性排名第五
(2) a的次主題	
(a)(2)的次主題	重要性排名第六
(b)(2)的次主題	
i.(b)的次主題	重要性排名第七
ii(b)的次主題	
2. A的次主題	重要性排名第三
B.主題一的次主題	次重要的主題之一
II.第二大主題	最重要的主題之一

出來的、就此因此而變得釐清。

初始的大綱在完成程度上來說，可能與最後的大綱不同。對作者來說，寫作的過程不僅能夠顯露或者釐清觀念，而且能夠激發創造出新的概念類型、概念間的關聯、甚或一般性概念與特定性概念間的連結。此外，撰寫過程也可能涉及到重新分析或檢視文獻或研究發現。這並不是指一切重頭再來一次。相反的，是指對一切新的洞識保持開放的心靈，開誠佈公而非自我防禦性地面對研究計畫。

回到圖書館

很少有研究者在他們完成一項研究計畫之前，便閱讀完畢所有相關的文獻。身爲研究者的你，在開始進行一項研究計畫之前，應該熟悉相關的文獻，但是在完成資料蒐集與分析後，基於數項理由你通常還需要再回到文獻裡。第一，在研究計畫開始與結束之間，可能還有新的研究發表出來；第二，完成一項研究計畫後，你將對於何者爲研究的重心、何者不是有了更清楚的瞭解。重新溫習文獻中最具關鍵性的研究之後，你心中可能出現新的問題。最後，在撰寫研究報告之時，你可能會發現你的筆記並不十分完整，甚或在引述參考資料時漏掉了一些細節。與研究開始之初相比，在完成資料蒐集之後再度回到圖書館查閱資料時，不但廣泛性減低、而且更加具有選擇性、焦點也比較集中。

撰寫一份研究報告時，研究者通常會捨棄一些在完成研究計畫之前所蒐集到的資料與筆記，這並不表示初始圖書館的搜尋工作與文獻回顧是在浪費時間與精力。你應該期望完成報告之前所做之筆記有部分（約百分之二十五）會因研究的找到焦點而變得不相關。不要把那些不再相關的筆記或參考資料擺進報告之中，因爲它們會轉移我們研究報告的流暢性與清晰程度。

回到圖書館去證實或擴展參考資料，將有助於我們找出研究焦點、詮釋概念。也有助於你避免剽竊（plagiarism）。剽竊是採用或擷取另一個人的觀念或作品，把他們當成自己的。這是種竊取另一位作者的文字或想法，並把他們當成自己的看待。剽竊是嚴重的欺騙行爲，而且許多大學開除涉足這種行爲的學生。如果一個專業人士在學術期刊上曾經涉及剽竊，那將是一個非常嚴重的過錯。[1]要仔細做筆記，正確辨識片語或觀念的確實來源以避免無意的剽竊。同時註明直接引用之文字與改述之概念的出處。對於直接引用，列出引述文字的出處與頁碼。

使用另一個人的書面文字、而未加以註明是明顯的錯誤，但是改述則比較不明確。改述（paraphrasing）並沒有一字不差地使用另一個人的話；是用你自己的話來重述另一個人的概念，而且同時通常是以濃縮的形式展現。研究者正常是以改述的表達，好的改述需要對被改述的內容有番深刻的瞭解。這意味遠超過同義字的使用，改述是採用某個想法、擷取其精華、然後註明來源出處。[2]

撰稿過程

寫作是種過程。學習寫作的方法就是不斷地寫。[3]寫作需要時間與努力，而且熟能生巧。寫作並沒有單一的正確過程，但是良好的寫作總是脫離不了某些方法。寫作過程有三個步驟，初學者如果直接跳入第二個階段並且停在這兒，得到會是品質低劣的作品。

1.試寫：從整理文獻筆記、列出想法概念、訂出大綱、完成參考文獻之引述、組織資料分析之評論等入手，做好準備。
2.撰寫：自由寫作把你的想法寫成初稿、整理出參考文獻與註釋、準備報告的資料、草擬前言與結論。
3.重寫：從改善內容的連貫性、校對機械性的錯誤、核對引文、並且校閱行文的語調與慣用語下手，評斷、潤飾整篇報告。

很多人發現動筆寫作好難。試寫意味著作者從一本裝滿了筆記、大綱、重點名錄的檔案夾入手。你必須考慮報告的形式與讀者。構思期是很重要的，大幅文思泉湧出現之前，常經過一段數起迸發期。

有些人當他們坐下來構思寫作時，常會感受到一股莫名的生疏。這通稱爲作家障礙（writer's block）——一種暫時性喪失寫作能力。這種情形發生時，腦中一片空白、手指僵硬、驚慌失措。不論是初入門的生手還是專業作家偶爾都會經歷到這個感受。如果你遇上了，就保持冷靜、慢慢學習征服它（參閱表C.2）。

許多作家從自由寫作（freewriting）下手，是種過程，坐下來寫下每件快速閃過你腦際的事物。自由寫作爲腦海中快速湧出的想法與寫作之間建立了一個連結，當你無拘無束地寫時，你不會停下來重讀你所寫下的東西，也無需思考最恰當的用字，也不用擔心文法的問題、拼字、或是標點符號，你只要把你的想法儘快寫下，保持靈感或是觀念的暢通。你事後總是可以清理你所寫出來的東西。

表C.2 終結作家障礙的若干建議

1.**提早開始**。不要拖拖拉拉等到最後一分鐘才動手。這不僅能夠給你時間回到這項工作，而且會降低緊張，因爲你有時間先寫一份品質較差、但是還可以再行修正的草稿。沙佛（Shafer, 1980:205）曾怒斥說：「寫作是件苦差事，而作家拖稿的藉口簡直可以寫成一本傳奇。」爲自己訂出第一份草稿的截稿日期，而這個日子最少要比眞正的最後截稿日早一個星期。然後就照著做！

2.**休息一下，然後回來再繼續做**。有時候我發現如果我出去散一下步、吃點點心、看下報紙，半小時後再回來工作，障礙就不見了。小小的散心解悶——如果維持小而短的話——有時還頗有幫助。

3.**從中間開始**。你不一定要從頭開始寫。從中間下筆，寫就是了，即使不是那麼直接有關。一旦寫作／思維過程開始啓動，可能就比較容易進入你的主題。

4.**做些個人特殊的神奇活動**。有些人在寫作前會有些不尋常的癖好，或是做些不尋常的儀式行爲（像是洗碗、清理書桌、削鉛筆）。這些動作可能像是心靈扳機，能夠幫助他們動筆寫作。那麼，就放手去做那些能使你下筆寫作的事吧！

5.**分割成數個小單元**。不要感覺你必須坐下來，一口氣完成整個寫作工作。從那些能夠容易幫助你開始的單元下手，日後再將這些單元給編織起來。

6.**不要期望完美無瑕**。寫份草稿，這是指一份你可以丟掉、修正、與更動的草稿。修改一份拙劣的草稿總是比一開始就要寫一份完美的稿子來的容易得多。

寫作與思考是如此糾結一體，幾乎無法知道其中一個於何時止，另一個又於何時始。這意味著如果你打算坐下來盯著牆壁、電腦輸出之報表、天空、或是其他不論什麼東西，直到你把所有的思緒都弄清楚時才開始寫作的話，那你將一無所獲、擠不出半個字來。所以你所需要賴以開始下筆的就是那個一動的靈機。思路過程是可以靠寫作本身來點燃的。

重寫

或許在一百萬個作家中會出現一位天才作家，他在第一次的草稿中就能以驚人的準確度與明晰度，傳遞出他的想法。但是對於其他身為凡人的我們來說，寫稿意味著還需要一次又一次的重寫。舉例而言，據說海明威（E . Hemingway）改寫了《揮別軍隊（*Farewell to Arms*）》的結尾三十九次才完稿。[4]對一位專業的研究者來說，重寫研究報告數十次並不是件稀奇的事，所以不必覺得沮喪。如果有什麼的話，重寫減少壓力：意味著你可以很快下筆、產出一份日後再行修飾的初稿。你應該計畫重寫一份草稿三至四次。草稿是指一份有頭有尾的完整報告，而不是數頁粗略的筆記或一份大綱。

重寫可以協助作者以更清楚明確、通順、正確，以及精簡的用字來表達自己的想法。重寫時，焦點在於清楚的溝通，而不是在使用浮濫、複雜的語言。如雷格特、米德、夏瓦特（Leggett, Mead & Charvat, 1965:330）所說的：「絕對不必害怕用簡單的語言來表達一個簡單的想法。記住，使用複雜的語言本身並不是智慧的象徵。」

重寫代表著細細地把你所寫過的東西閱讀一遍，如果必要的話，大聲讀出來聽聽看是否妥當。把寫好的作品與他人分享是個不錯的主意，專業作家總會請人對他的作品提供意見。入門新手很快就會學到別人對其作品友善與建設性的批評是相當有價值的。剛開始，你可能覺得讓別人看自己的草稿，是件很難接受的事。那意味著公開你行諸文字的想法、招惹別人的批評。不過，批評的目的是在釐清你的寫作、評論者其實是給你一個很大的人情。

重寫涉及兩個相關的過程：修改（revising）與編輯（editing）。修改是個插入新的概念、增加支持性證據、刪除或更動原來的想法、調動句子使意義更加清楚、或強化概念之間的轉折與連結的過程。編輯是指清理與嚴格清查寫作中比較機械性層面的過程，像是拼字、文法、慣用語、動詞時態、句子長度，以及段落組織。當你重寫時，把你的初稿從頭到尾徹底讀過一遍，無須留情地下筆修改。如果在初稿

表C.3 關於重寫的建議

1.**技巧**：每次重寫之後，都執行文法、拼字、標點符號、動詞的一致性、動詞時態，以及動詞與主詞差誤的檢查工作。記住每次增添新內容後，就有可能潛入新的錯誤。錯誤不僅會令人分神，而且也會削弱讀者對你所表達觀念的信心。

2.**用字**：重寫時，再次檢視所用之術語，特別是關鍵術語，藉此檢查你所用的是否確實是能夠表達你想要說的那個意義的字眼。不要使用專門技術性的詞彙、或是冗長的贅字。找本字庫辭典來用。字庫辭典是一本基本的工具書。就像本字典一樣，蒐集許多同義字，能夠幫助你找到完全符合你想要表達的意義的那些字。精確的思維與表達需要有精確的語言。如果你想說的是均數（mean），就不要寫成平均數（average）。當你要說的是民眾或警官時，就不要說成人類或是警察。不要把原則（principle）寫成校長（principal）。

3.**語態**：研究的撰寫者常犯下用被動語態來取代主動語態的錯誤。這種表達方式可能更具權威性，但是被動語態常使行動者或行動的主體模糊化。舉例來說，「學校成績與更明確的生涯計畫之間的關係受到資料的證實」這個被動句最好能改以主動句的方式——「資料證實學校成績與更明確生涯計畫之間的關係」——來加以表達。被動句「回答者對於墮胎的態度被訪員記錄下來」若以主動句「訪員記錄下回答者對墮胎的態度」來表示，那麼更容易讀得懂。同時也儘量避免使用諸如「似乎」或「好像」之類的修飾語。

4.**連貫性**：起承、段落、與轉折在邏輯上都應該相當周密。嘗試一次只閱讀整份報告的一個段落。這個段落有包含一個完整的概念嗎？一個主題句嗎？報告中段落之間有轉折的地帶嗎？

到重寫之間隔了一段時間，就比較容易進行。下筆當時初稿中看似滿意的文句，經過一兩個星期之後，讀起來可能就有點模糊不清、或前後不連貫了（參閱表C.3）。

假使你還不會打字、或是還沒有一部文字處理機，在最後完稿之前——如果你使用文字處理機的話——至少打出或是列印出一份初稿。這是因爲一份整齊、打好的稿件比較容易看出錯誤與組織架構上

續表C.3

5.重複：排除重複的概念、用字，以及不必要的片語。最好一次便把觀點有力的陳述出來，而不要不清不楚地反覆多次重述。修改時，刪除無用的贅字（並不能增加任何意義的文字）與兜圈子的說法（動用數個字來表示一個精確的字就能勝任的工作）。寧可單刀直入也不要咬文嚼字。這段充滿贅字的段落——「摘要上述，就資料所示我們的結論是，X對Y的發生有相當顯著的正面效應，儘管事實是Y只有在很少的情況下才會出現」——若修改成「總之，我們的結論指出X對於Y有極大的正效應，但是Y並不常出現」，會是更好的陳述。誠如希爾文與威爾森（Selvin & Wilson, 1984）所警告的，「使用過多嘮嘮叨叨的贅字或修飾語讓人很難讀得懂到底寫的是些什麼」。

6.結構：研究報告應該要有一個透明的組織架構。對各個章節做必要的調動以使文稿的組織更加文善，並且採用標題與副標題。讀者應該能夠掌握一篇報告的邏輯結構。

7.抽象程度：一篇好的研究報告結合了抽象的概念與具體的實例。一長串抽象的概念而未加特定的說明，是很難閱讀的。同樣的，一大堆特定的具體細節而未做任何階段性的通則化，也很容易失去讀者。

8.隱喻：許多作者使用隱喻來表達觀念。諸如「唇槍舌劍」、「底線」、或是「一針見血」等等都是藉用其他文章中的影像來傳達的一些觀念。隱喻可以是個有效的溝通方法，但是使用不可過於密集，而且用時必須特別謹慎。有些精挑細選、前後用法一致的鮮活隱喻，能夠既快且準地傳達某些觀念。不過，過度使用隱喻，特別是濫用隱喻（像是底線），則是一個鬆散、毫無想像力的表達方式。

的問題。放手大膽地在打好的草稿上進行修剪貼補、刪除字詞、調動段落的位置。

良好的打字技巧與使用文字處理機的能力，在撰寫報告或其他文件時，是個相當重要的技能。嚴謹的研究者與其他專業的人士發現，在培養打字能力與學習使用文字處理機上所投資的時間，日後絕對使他們受益無窮。文字處理機使編輯更加容易，而且大多數的文字處理機都有檢查拼字與提供同義字的特性。此外，還有些檢查文法程式軟體。你是不可能完全依賴電腦程式來做所有的工作，但是電腦確實使寫作變得容易得多。文字處理機所提供的速度與便利是如此的神奇，所以很少熟練這項技術的人還回頭使用手寫或打字的方式來撰稿。這本教科書就是用一部文字處理機所完成的，如果我用的是部打字機而不是文字處理機的話，那可能至少要花上兩倍的時間才能完稿。

最後一項建議是：在完成初稿之後，重寫前言與標題，那麼才能更加精確地反映所寫的內容。[5]標題應當簡短且具描述性，也應該能夠告訴讀者報告主題與主要的變項。而且應該能夠描述研究的類型（例如，「…的實驗」），但是不該有不必要的文字或片語（例如，「一項深入…的調查」）。

量化研究報告

良好的寫作原則適用於所有的報告，不過報告的各個部分會因其是一份量化的還是質化的研究而有所差異。撰寫任何報告之前，閱讀同類型的研究報告，以便找出範本。

我們先討論量化研究報告。這類報告的章節安排大略是依照研究計畫執行步驟的次序。[6]

摘要或執行提要

量化研究報告通常始於一個簡短的概述，稱之為摘要。摘要的長短各有不同，可以少到只有五十個字左右、或是長達一整頁。大多數的學術期刊論文在第一頁上印有摘要，或者將該期所有論文的摘要全部印在獨立的某一頁上。摘要中提供有關於主題、研究問題、基本的發現，以及任何不尋常的研究設計、或資料蒐集特色等等的資訊。

爲實務工作者而寫的應用研究報告有篇較長的摘要，稱爲執行提要（executive summary）。執行提要比論文摘要納入更多的細節，並且包括研究涵意以及該報告所提出的主要建議。雖然執行提要比摘要長，但是很少會超過四到五頁。

摘要與執行提具有數項功能：對那些較不感興趣的讀者，告知他們報告的內容；對那些想要找尋特定資訊的讀者，協助他們判斷這整篇報告是否包含重要的資訊。讀者利用摘要或提要來篩選資訊以決定是否要閱讀整篇報告。對於想要閱讀整份報告的讀者，摘要或提要則快速提供讀者關於這份報告的印象，使他們能夠更輕易與快速地閱讀這份報告。

提出問題

報告的第一部分對研究問題提出界定。可以用諸如「引言」、「問題界定」、「文獻回顧」、「研究假設」、「背景假定」等標題，將之置於一個或多個章節之中。雖然副標題各有不同，但是內容皆包括了研究問題的陳述以及所要檢證的理論基礎。在此你對研究問題的重要性提出解釋，並對研究問題提供背景說明。

你可以藉著顯示對研究問題所採行的不同解決之道將帶來何種不同的應用情形或理論結論，來解釋研究的重要性。前言的章節通常包括一章相關脈絡的文獻回顧，以及問題與理論的連結。前言中的章節也對關鍵性的概念做出界定，並且提出研究中要檢定的概念假設。

描述方法

研究報告的下一個章節對你如何設計這個研究以及執行資料蒐集，提出描述。關於這些章節，有許多不同的名稱（例如，方法、研究設計、資料），而且還可以細分出其他的單元（例如，測量、抽樣、操弄）。這是最重要的一個用以評估研究計畫方法論的章節，因爲它提供讀者有關你如何執行這項計畫的細節。這章提供讀者數項問題的解答：

1.執行的是什麼類型的研究（例如，實驗、調查）？
2.確實說明資料是如何蒐集的（例如，研究設計、調查類型、資料蒐集的時間與地點、使用的實驗設計）？
3.變項是如何測量的？是否具有信度與效度？
4.樣本爲何？這個研究有多少受試者或回答者？是如何選擇的？
5.研究設計中的倫理議題與特定議題是如何處理的？

結果與圖表

描述完資料是如何蒐集的過程、抽樣的方法，以及施測方式之後，你將呈現資料。這個章節在呈現資料，而不對資料做任何的討論、分析、或詮釋。研究者有時候把「結果」這個章節與下一個稱爲「討論」或「發現」的章節，加以合併。

你可以選擇呈現資料的方法。[7]分析資料時，察看數打的單變項、雙變項、與多變項的統計表與統計值，使自己熟悉這些資料。這並不意味你得把每個統計值或表都擺進最後的報告之中。相反的，你要選出最少數量的、能夠充分告知讀者的、而且極少是原始資料所構成的圖表。你提供能夠摘要列出資料並且能夠進行假設檢定的資料分析技術（例如，次數分配、列有均數與標準差、相關係數、或是其他統計值的表）。

身爲研究者，你要給讀者關於資料的一個完整圖像，但卻不想因此而把讀者嚇跑。你不用提供細節過於詳盡的資料，也不用呈現不相關的資料。你只要公開資料，讓讀者能夠自己詮釋，即使他們的詮釋與你的正好相反。你可以把所有詳盡的統計摘要都擺在附錄裡，或是提醒讀者，他們可以來信索取原始資料。

討論

在討論這一章節中，說明你對資料的解讀，並且提供讀者你對這筆資料的意義一個簡潔清楚的詮釋。這個討論並不是做選擇性的強調或是派系之見的詮釋；相反的，而是在研究結果部分所呈現的資料提出剴切的討論。把這個討論部分與結果分開，好使讀者能夠檢視資料、得到不同的詮釋。葛羅索夫與沙地（Grosof & Sardy, 1985:386）警告說：「研究報告的章節安排應該反映出一道嚴謹的區隔，一邊是資料（亦即你觀察的紀錄）及其摘要與分析，另一邊則是你的詮釋、結論、與評論。」

初學者通常發現組織好討論這一章節是件難事。有個方法是，根據假設來組織你的討論，因為你需要對資料如何與每個假設之間有所關聯，提出討論。此外，你還要討論非預期的發現、可能的關於研究結果的替代解釋，以及研究報告的缺失與限制。

下結論

研究者在結論中重述研究問題並且摘要敘述研究發現。目的是在為這份報告做出摘要概述，因而有時以「總結」為題。在這個章節中，你應該指出未來的研究方向，如此他人才能在你的研究發現上建立他們的研究。

結論之後所剩下的章節就是參考文獻與附錄。參考文獻的章節裡只包括正文中所提及的出處來源或是報告的筆記。附錄——如果有用到的話——通常則包含了有關資料蒐集方法的額外資訊（例如，問卷的用字）或結果（例如，描述統計）。量化研究報告中的頁末註釋或文末附註，則對正文中的訊息再做擴充或提供詳細的解說。研究者藉此提供澄清正文內容的二手資訊，但不希望因此而分散整篇論文的流暢。各種刊物對於引述來源出處的要求各有不同的格式，但通常所採的形式是在括弧內附上作者的姓氏，而不是用註釋的方式。

質化研究報告

和量化研究報告相比，質化社會科學研究的報告是比較難寫的。它涉及的規則較少、對結構要求也不多。然而，都是基於相同的目的：清楚地言明研究過程與資料蒐集的經過。誠如波格丹與泰勒（Bogdan & Taylar, 1975:142）所說的：「根據質化研究所做的報告、論文、或專書並不是、也不應該是個人一時起興的見解。相反的，呈現的應該是對辛苦有系統蒐集到與詮釋過的資料，所做出的描述與分析」。

量化研究報告講求以一種邏輯緊密、精練的風格，提出假設與證據。相反的，質化研究報告傾向於長篇敘事，如書本般厚的報告是司空見慣。基於五個理由，質化研究報告需要較長篇幅的報導：

1. 質化研究報告的資料比較難以濃縮。資料的形式是文字、圖片、或句子，並且包括許多引文與範例。假使有圖表，它們是用來補充而不是替代質化資料。
2. 除了呈現事實證據與詮釋分析之外，質化研究者可能想要製造讀者同理心與瞭悟等主觀的感受。特定背景與情境的詳實描述，有助於讀者更加瞭解或掌握整個背景。研究者嘗試帶領讀者進入某個社會背景的主觀世界與意義體系。
3. 質化研究者在蒐集資料、創造分析性類屬、組織證據時，較少使用標準化的技術。所應用的技術可能針對個別的研究者或是獨特的場景。由於以前並未如此做過，據此，研究者解釋他們做了什麼以及為何這麼做的理由。
4. 探索新的背景或是建構新的理論是個質化研究的共同目標。新概念的發展以及概念間關係的檢定，增加了報告的長度。此外，理論源自於證據，而詳細的描述展現出研究者如何從證據中產生詮釋。

5. 質化研究者可能使用更多會增加篇幅長度的變化寫作手法以及文學式的寫作風格。當他們爲讀者解釋某種意義體系時，他們享有更大的自由度使用文學技巧來述說一個故事或是重述某個事件經過。

田野研究

田野研究報告很少依照某種標準化章節安排的固定格式，並且也沒有將理論通則化與資料獨立分章。[8]通則化與證據交錯，頻頻透過引文，做詳盡的描述。

研究者求取資料呈現與分析的平衡。他們想要避免資料與分析之間的不當分割，稱之爲「分割的錯誤（error of segregation）」。這種錯誤發生在研究者進行分析時，嚴重地分離資料以致讀者無法看出彼此間的關聯性。[9]

田野研究報告的語氣也不同於量化研究。客觀與正式性偏低、私人性較濃。田野調查報告可以用第一人稱來寫（也就是使用我做代名詞），因爲你直接涉入到研究情境、與所研究的人產生互動、而且你本身就是測量「工具」。決定、還是猶豫不決、感情、反應，以及研究者的個人經驗，都是田野研究過程的一部分。

田野研究報告經常比量化研究報告面臨更多的質疑。因此對你來說，評估讀者對證據的要求與建立信用，便成爲根本之務。關鍵就在於提供讀者充分的證據，好讓他們相信你對事件所重做的陳述，並且接受你的詮釋是合情合理的。從事田野研究時，某種程度的選擇性觀察是可接受的，所以關鍵的議題是其他的觀察者如果檢視的是同一筆資料，是否能夠得出相同的結論。[10]沙茲曼與史濁斯（Schatzman & Strauss, 1973:133）強調建立信用這個議題：「建立起任何一群讀者信任的基本先決條件，在於研究者先得相信他自己所說或所寫的事物。而這個信念則建立在執行必要與可靠的程序，以及肯定觀察者確實看到他告訴我們他所看到之事的信心之上。」

身為一位田野研究者，在呈現證據時，你面臨到資料化約的兩難。大多數的證據或是資料是以很大的一本田野筆記的形式呈現，但是你不能直接與讀者分享你的觀察或是記錄下的會話。舉例來說，貝克與吉爾（Becker & Geer）在其醫學院學生的研究《身穿白制服的男孩（*Boy in White*）》中，他們大約記錄了五千頁單行間隔的田野筆記。田野研究者在一篇研究報告中，只能包含百分之五到十的田野筆記作為引文。剩下的百分之九十到九十五不是就此作廢，只是沒有地方可以容納他們。因此，作者慎選引用的文字，然後再以間接的手法把其他的資料傳遞給讀者。在量化研究中，你則是用統計值、表格、與圖表的方式，將數字資料加以濃縮。

雖然田野研究報告沒有固定的組織架構，但是文獻回顧經常出現報告的開頭處。這有許多可接受的組織形式，羅夫蘭（Lofland, 1976）建議如下：

1.前言

a.研究情境最一般性的層面
b.整個情境的主要梗概
c.資料蒐集的方式
d. 關於背景細節
e.報告的組織架構

2.情境

a.分析性的類別
b.情境與其他情境的對照

c.情境隨時間變化的發展

3.策略

4.總結與建議

組織與分析證據的設計也有很大的變化。[11]舉例來說，作者可以根據自然史（natural history）的角度——就如這些事件好像是你發現的一般來呈現事件的脈絡經過；或者使用年代史（chronology）的作法——追尋某個情景的某個層面或其中人物的興衰起落或生涯歷程。另一種可能的作法是以變換鏡頭焦距（zoom lens）的方式來組織報告——開始時採用廣角、然後逐漸縮小鎖定在某個特定的主題之上。陳述的事物可以從對所有文化的普遍論述、演進對某個特定文化情景的普遍論述、再進入文化的某個特定層面的特定論述、最後進入到對某些特定事件的特定論述。[12]

田野研究者也依據主題來組織研究報告的結構。作者在使用抽象的分析性主題、還是使用從其研究群體使用之類別中所得到的主題之間，做取捨抉擇。有時後者受到較多的青睞，因為給予讀者對於情境的生動描述，並且展現對所描述者使用之語言、概念、類別，以及信仰的知識，是研究成敗的重要關鍵。[13]

田野研究者在報告中也討論使用的方法，但是這個部分在報告中的位置與執行的形式，則變化極大。其中一個技巧——特別常見於以自然史來組織報告架構之論文——是交錯呈現背景描述、取得進入之管道、研究者的角色，以及受試者與研究者的關係，將之納入證據與分析的討論。如果採用的是約翰·馮曼楠（John Van Maanen, 1988:73）稱之為「表白式」的寫作風格，那麼這種方法會更為強烈；當你使用的是年代史法、變換鏡頭焦距法、或是主題組織法，那麼是在一開頭、就是在結尾處，會見到對資料蒐集方法的討論。在像書一般厚的報告中，方法論的議題通常會在獨立的一篇附錄中，加以討論。

田野研究報告可以包括謄寫錄音帶記錄的手稿、地圖、照片、或是彰顯分析性類別的圖表。他們補充討論並且放置在接近他們補充討論之處。質化田野研究的報告有時是以極具創意的格式來加以撰述的，因此不同於一般舉數個田野筆記的例子就完成的書面文稿。道格拉斯・哈波（Douglas Harper, 1982）的書中提供有許多帶有文字說明的圖片，這些圖片對正文中所描述的背景提供視覺上的、並且根據被研究者的角度呈現該背景的意義體系。舉例來說，田野研究的論文有完全以照片的形式（Jackson, 1978），也有以一本劇本的形式（Becker et al., 1989）展現的。針對某個情景所做的紀錄片，則是另一種呈現資料的形式。[14]

田野研究報告的另一個議題是關於負面案例（negative cases）的問題。所謂負面案例是指田野筆記與觀察中那些與你的詮釋相抵觸的證據。它可能有兩種類型：某情景下的成員尚未被你研究的意義體系所充分社會化；或是生活在邊際之中的個人使用的是另一套的意義體系。[15]雖然負面案例並沒有與你主要的調查相矛盾，但是他們顯示情景的複雜性以及你身為一位研究者的誠信程度。

你直接親身涉入某個社會情境的私密細節，彰顯出令人關切的倫理議題。通常倫理議題不是和方法論的問題一併討論、就是另闢一章以獨立的主題處理。研究者以一種保護被研究者隱私權、避免報告的出版會傷害到他們的方式撰寫。[16]田野研究者在田野報告中通常改變田野成員的姓名以及實際的田野地點。撰寫田野研究報告時，你必須對研究背景以及你自己的資訊，準備公開多少，做出決定。田野研究中的親身涉入會使研究者在報告中包括一篇簡短的自傳。舉例來說，在《街角社會（*Street Corner Society*）》一書的附錄中，作者威廉・懷特（William Foote Whyte）詳細說明了他父親與祖父的職業、他自己的嗜好與興趣、他的職業、他如何進入研究所就讀，以及結婚如何影響到他的研究。

歷史比較研究法

歷史比較研究報告的撰寫並沒有獨一無二的方式。最常見到的是，研究者「述說一個故事」或是以一般的分析性類別來描述細節。報告的撰述經常不僅止於描述，尚包括有限的通則化與抽象的概念。

歷史比較研究者很少對他們的研究方法，提出詳盡的描述。以明確的章節或在附錄中描述研究方法，是不常見的作法。有時，書般厚的報告中會包含一篇討論主要參考文獻的論文。較常見的是，以許多詳細的頁末註釋或是文末附註來描述資料來源與證據。舉例來說，一份二十頁的質化或田野調查報告中一般有五到十個的註釋，然而一篇同樣長度的歷史比較研究報告可能會有四十個註釋。同樣的，在一份如書般厚的歷史比較研究報告中，發現其中的註釋（以較小的字體列印）長達全文的五分之一，並不是件不尋常的事。

歷史比較研究報告可以納入圖片、地圖、圖表、或統計表。這些圖表被放置在整份報告之中，出現在討論與他們有關之證據的章節中。歷史比較研究報告中的圖表是做爲討論的補充、令讀者對於報告所描述的地點與人物有較好的體會，常與引文連用，做爲數種不同類型證據中的一種。歷史比較研究報告很少仿照量化研究法，摘要列出研究資料以檢定特定的假設。相反的，作者建構一張由意義或敘述細節所織成的網，並從證據中整理出頭緒從而傳遞詮釋與通則化。

組織歷史比較研究報告有兩種基本的模式：以主題與年代順序。大多數的作者交錯使用這兩種類型。舉例來說，在主題之內按年代順序、或是在年代時期內按主題來組織資訊。有時也採用其他的組織型態——諸如：按地點、人物、或是主要事件。如果報告眞正的用意是在比較，那麼作者還有其他的選擇，像是針對某個主題進行比較。表C.4提供你一些歷史比較研究者用來組織證據與分析的技巧。[17]

有些歷史比較研究者仿照量化研究報告並且使用量化研究技巧。他們擴大了量化研究的應用範圍，而不是採用某個獨特的歷史比較研究法的邏輯。他們的報告效法量化研究報告的模式。相反的，許

表C.4 撰寫歷史與比較研究報告時應考慮的十大特色

1.**時序**：歷史比較研究者對事件出現的時間先後順序相當敏感，並且會將一系列的事件排出順序，藉此來描述某個過程。舉例來說，研究某條法令之通過、或是某個社會規範之演進的研究者，可能會把整個過程分割成一組前後銜接的階段。

2.**比較**：相同性與差異性的比較是爲比較歷史研究的核心。明確做出比較，確認相同與相異之處。舉例來說，比較兩段歷史時期或兩個國家下家庭結構的研究者，會從列出家庭在每個不同背景下所具有的相同與相異的特質入手。

3.**列聯**：研究常常發現事件、行動、或是情境常取決於他人，或是受到他人的約制。概要列出某個事件如何與其他事件產生關係，至屬關鍵。舉例來說，檢視出現地方性報紙的研究者注意到這取決於識字率的普及。

4.**起源與結果**：歷史比較研究者追溯事件、行動、組織、甚或社會關係在歷史時間上的起源，並且追蹤其結果對後世的影響。舉例來說，解釋奴隸制度結束的研究者往前追溯五十年，深入許多運動、演講、法令，以及行動來找出廢奴的起源。

5.**對無法比較的意義之敏感性**：意義隨時間的改變而改變，也因文化之不同而有所差異。歷史比較研究者向自己提出問題——某個文字或社會類屬在過去與今日是否具有同樣的意義；或是在某個文化下的某個文字在另一個文化下是否直接有個對等的翻譯字。舉例來說，大學學位在一個學費極端昂貴、年齡介於十八至二十二歲的人口中只有不到百分之一得到大學學位的歷史時期裡，和在這個大學教育相當普遍的二十世紀相比，是具有完全不同意義的。

6.**有限的通則化**：歷史比較研究中過度通則化總是個潛在的隱憂。少數研究者在歷史比較解釋中尋求嚴格固定法則。他們修飾陳述或是避免僵硬的決定論。舉例來說，不採用一種地毯式的陳述模式——歐洲白

多歷史比較研究者應用較符合質化社會研究邏輯的敘事史模式。史東（Stone, 1987:74）描述敘事史說：

續表C.4

人定居之地土著文化的摧毀是先進科技文化不可避免的結果，相反的，研究者可能列舉出一併解釋特殊歷史社會脈絡下土著文化遭到毀滅的特定因素。

7.關聯：幾乎各種類型的社會研究都用到關聯的概念。就和其他領域一樣，歷史比較研究者確認在同一時間與地點一併出線的因素。舉例來說，檢視某個城市十九世紀的犯罪率探究是否大量人口移入該城市的那些年代與高犯罪率有關聯，以及是否那些被逮捕的人士大多爲近期移民。

8.部分與整體：把事件擺回情境脈絡極爲重要。歷史比較研究的作者描繪出一個過程、組織、或是事件中各部分間的關聯，以及發現它們的脈絡。舉例來說，研究某項十八世紀特殊政治儀式的研究者，描述該儀式如何是十八世紀政治體系的一部分。

9.類比：類比可以是非常有用的，不過過度使用類比或使用不適當的類比是非常危險的。例如，一位檢視X國對離婚感受的研究者將之描述爲就像Y國對「死亡的感覺」。這個類比就需要對Y國「死亡的感覺」先做一番描述。

10.綜合：歷史比較研究者經常將許多特定的事件與細節綜合成一個詳盡的整體。綜合結果源自於把許多小的通則與詮釋編織起來，構成前後連貫的主題。例如，研究法國革命的研究者綜合關於社會結構、國際壓力、農業脫序、變動不定的民間信仰，以及對政府財政問題上所出現的變化，將之整理成一個完整緊湊的解釋。研究者在引言中或結論中以敘事的形式，摘要出一段論述。成爲埋藏在描述中的一個主旨或主題。據此，理論的通則與證據交織成一體，顯示是從詳盡的證據中歸納出的心得。

敘事是指以年代先後的順序來編輯組織資料，集中內容構成一個前後連貫的的故事，儘管其中有數個次要的情節。敘事史在兩個主要的方面不同於結構史：敘事史的佈局是描述性的，而非分析性的；而其重點是在人，不是環境。因此它處理特別、特定的事物，而非集體、統計的資料。

研究計畫書

什麼是研究計畫書？

研究計畫書（proposal）是一份提供給評審審查的一份研究案的計畫文件。它可以是一份交給教師的指導計畫，做爲取得教育學位文憑之用（例如，碩士論文或博士論文）；它也可以是一份對基金會之類的機構所提出的研究計畫。目的在於說服評審你這位研究者有能力成功執行你所提出的研究計畫。如果計畫書寫得不錯、組織完整，同時也顯示你經過仔細的籌劃，那麼對於研究計畫能夠順利完成，評審就會有更多的信心。

計畫書與研究報告近似，不過是寫於研究計畫開始之前。計畫書敘述研究的問題及其重要性，並且對研究將採用的方法及其適當性，提出詳細的說明。

量化研究計畫書有一份研究報告大部分的章節：研究題目、摘要、問題陳述、文獻回顧、方法或研究設計，以及參考文獻。不包括結果、討論與結論的部分。計畫書對於資料的蒐集與分析（例如，統計類型），提出一套計畫。經常包括有執行階段的流程以及每個階段所需時間的預估。

質化研究的計畫書比較難寫，因爲研究過程本身較缺乏結構，而且無法事先計畫。你可以先準備一份問題的陳述、文獻回顧，以及參考文獻。你可以利用下列兩個方法來展現你具有完成你所提出之質化研究的能力：首先，研究計畫書寫得不錯，對於文獻做到了廣泛的討論、交代了問題的重要性與資料的來源。這是向審查者顯示你對質化研究以及研究這個問題所用方法的適當性皆相當熟悉。第二，在計畫書中描述你已經做過的一個質化預試研究。這能顯示出你的動機、對研究技巧的熟悉度，以及完成一分無結構研究報告的能力。

要求經費補助的計畫書

研究補助費的目的在提供協助你完成一項有價值計畫所需要的資源。在寫計畫書申請經費之前，你應當評估需要經費的原因。那些主要的目標在使用經費謀取個人的私利或聲望、逃避其他活動、或者是建立「帝國」的研究者，是不太會成功的。撰寫研究計畫的策略與取得經費贊助，已經變成一項名為「經費申請術（grantsmanship）」的事業。

有不少贊助研究計畫的機構。大學、私人基金會，以及政府機構，都有提供研究者經費獎助的方案。經費可以用來購買設備、支付自己或其他人的薪水、研究所需的耗材、蒐集資料所需的差旅費，或是出版研究成果的經費。爭取研究經費的競爭程度差異極大，端視經費來源而定。有些機構收到四個會贊助三個，而其他的機構二十個案中贊助不到一個。

贊助社會研究的機構雖然很多，但是可能沒有一個願意贊助某個特定的研究計畫。你需要對贊助機構做番調查並且探問：什麼類型的研究會得到經費贊助？應用研究、還是基礎研究？那類特定的主題？還是特定的研究技術？截止日期是什麼時候？需要什麼類型（例如，長度字數、詳細程度）的研究計畫書？大部分給的經費是多少？研究計畫書的哪些部分（例如，設備、人事、差旅）會或不會得到贊助？有不少關於贊助機構的資訊。大學裡負責研究計畫經費的圖書館員或是主管，是很好的訊息來源。舉例來說，私人基金會的名單在一份年度出版品——《基金會總攬（*Foundation Directory*）》——都有刊出。《社會科學家之聯邦基金指南（*Guide to Federal Funding for Social Scientists*）》列出美國政府所有委託研究的資訊。美國有許多通訊刊物與兩個全國性的電腦資料庫（SPIN & IRIS），訂購者可以查閱贊助研究計畫的訊息。有些機構定期發布徵求研究計畫書（RFPs），徵求執行某個特定議題的研究計畫書。你會需要知道贊助機構的名冊，因為那是幫助你成功地把你的研究計畫書寄到適當的贊助機構的基礎。[18]

你需要在計畫申請書中，展現你過去的成功記錄，特別是你將主持這個計畫之時。負責整個研究計畫的研究者稱為首要調查者（principal investigator）或是計畫主持人。研究計畫書通常包括：履歷表或是學術經歷表、其他研究者的推薦信，以及過去的研究記錄。審查者通常會比較安心把經費投資在一份由已經有研究經驗的學者所主持的計畫，而非一位初出茅廬的生手。你可以在以首要調查者的身份尋求經費贊助之前，先建立起執行小型研究計畫的紀錄，或是協助資深研究者從事研究的經驗。

審查研究計畫的評審對於研究計畫是否符合贊助機構的目標，做出判斷。多數的贊助機構制定有陳述他們所欲贊助計畫類型的綱要。舉例來說，贊助基礎研究的方案以追求知識進步為其目標；贊助應用研究的方案經常以改善服務的輸送為其目標；贊助機構的申請書中會要求你陳述計畫的目標與程序。此外，他們會說明諸如：頁數、計畫申請書的份數、截止日期之類的項目。切實遵守所有的指示。審查者為何要支付數千美元給一位執行複雜計畫的研究者，而他卻無法遵照研究計畫申請中關於頁數的規定？

研究計畫書看起來應該簡潔專業。贊助機構所提供的申請規定通常會要求研究者對於需要的時間、服務與人事，提出詳細的規劃。研究者對於這些項目應該給予清楚與務實的陳述。過度的高估或是低估、不必要增添或省略基本的支出，都會減損審查者對你計畫書的評價。對提出的研究計畫編列預算是件複雜的工作，通常這需要技術上的協助。舉例來說，對於必須支出的工資水準、附加福利金額等資訊可能都不易取得，最好是請教校內的經費主任或是有經驗的計畫申請人。此外，關於對「規定辦法」的背書與票據交換經常是必要的（例如，工業關係部的認可，參閱第17章對倫理議題的討論）。研究計畫也應當包括關於發表研究成果的特定計畫（例如，出版、對專業團體發表）以及對該計畫是否達到原訂目標的評估計畫。

計畫書是你與贊助機構完成這個研究計畫的一種契約。贊助機構通常會要求你提出一份結案報告，其中包括：經費使用的細節、研究發現、並且針對計畫是否達到其目標提出評估。如果你經費使用不當、未能按照計畫書完成這項研究計畫、或者提不出結案報告，你可能會發現自己陷入未來再也無法獲得經費贊助的窘況，甚至可能面對法律訴訟。經費運用的嚴重失當可能會連累你機構內的其他研究者，害他們連帶被排除在經費贊助的大門之外。

在研究計畫書送到贊助機構後，整個審查過程所需時間從數星期到幾乎一年的情況所在都有，全視贊助機構而定。大多數的情況，審查者將一大堆的計畫書排出名次，只有得分高的計畫書獲得經費贊助。研究計畫經常交由同儕匿名審查，審查者是可以從計畫書所附的履歷表中知道申請者爲何許人的其他研究者，然而申請人則無從知道審查者是誰。有時計畫書是交由一群非專業人士或非研究者來評審的。研究計畫的申請說明會告訴你計畫書是交由學門領域中的專家、還是學識豐富的一般讀者來審查。計畫書也可能交由一組以上的評審來進行審查作業。一般而言，要求大量經費贊助的研究計畫，會受到更爲嚴謹的審查。

如果研究計畫得到贊助，你是可以好好慶祝一番，但只會高興一下子。你很快就必須開始展開研究計畫了；如果研究計畫書遭到拒絕，你不必感到沮喪，這是更可能發生的狀況。第一次或第二次提出研究計畫書時，遭到拒絕大多是家常便飯。許多贊助機構會提供你書面的審查評語。如果有的話，總要記得向他們索取。有時，有禮貌地透過電話與贊助機構人員攀談，也可能會獲知計畫書沒被接受的理由。通常你可以根據審查意見來加強並且重新提出計畫申請書。多數的贊助機構接受申請人重新提出修正過的研究計畫，而且修正過的研究計畫在後來的競爭中，可能更具競爭力。

總之，爭取經費以支持研究計畫的計畫書是一份研究計畫案而且是一種契約。將與其它的計畫書一起競爭、接受審查者的評量與排名。如果計畫書已經送到某個適當的贊助機構、並且遵守所有的規定與指示，那麼審查者比較可能給予較高的評價，如果這份計畫書：

1.提出的是個重要的研究問題；是建構在以往的知識基礎之上，對基礎研究來說，代表著一項知識上的實質進展；記載一項主要社會問題，就應用研究來說，該計畫對解決的途徑提出了允諾。
2.遵照所有的指示、寫得不錯；有清楚陳述的目標，容易掌握。
3.對研究程序提出完整的描述，包括了高水準的研究方法論、應用切適的研究技術來探索研究問題。
4.對於傳播研究結果以及評估計畫是否達到原訂之目標，提出具體的計畫。
5.設計妥當，顯示出經過用心的規劃。編列之預算與進度切合實際。
6.研究者有成功完成研究計畫的必備經驗與背景。

結論

在這篇附錄中，你學習到關於研究報告的撰寫、不同類型的研究報告，以及研究計畫書。大多數的人發現撰寫研究報告是一件艱鉅的任務。然而，隨著許多艱鉅的任務一一妥妥當當地完成了，你將發展出一股眞正的驕傲感與成就感。寫作是項學習來的技術，因練習而熟能生巧。

你已看到何以研究報告在研究過程中是相當重要的一個環節。研究計畫若少了一份書面的研究報告，就算不上完成。撰寫研究報告需要時間與技巧，也需要事先加以規劃，並且在研究的早期階段，就開始構思。撰寫研究計畫書與撰寫研究報告近似，涉及的是研究前的仔細計畫與調查。

在研究計畫接近尾聲時，撰寫研究報告可以是件興奮的事。之所以令人興奮不僅是因爲它標示出研究計畫的結束、讓你告訴他人你做了些什麼以及發現了什麼，更因爲撰寫報告的過程激發出新概念與洞見的產生。經常研究者對於概念不是頂清楚的、對於資料間的關係也是模糊不清，直到他們寫成或重寫成一份報告時，才有所轉變。因此，撰寫報告給了你一個機會去釐清並強化你的思維。

關鍵術語

摘要	改述	研究報告
撰寫研究報告例	剽竊	修訂
編輯	試寫	改寫
分割的錯誤	首要調查者	風格
執行摘要	校對	字庫辭典

自由寫作	申請書	語氣
負面案例	徵求研究計畫書	作家障礙

複習測驗

1.爲何你應該針對不同的讀者，寫出不同的東西？

2.使用大綱有哪些的利弊得失？

3.如果你經驗到作家障礙，你能夠怎麼做？

4.何謂剽竊？你可以如何避免之？

5.編輯手稿與修正手稿之間有何差異？

6.至少關於研究發現的局部陳述，在一份量化研究報告中可以出現的地方不只一處。那麼研究發現可以出現在哪個章節中呢？

7.爲何很多質化研究報告的篇幅比量化研究的報告來得長？

8.爲何田野研究者無法把他們所有的資料都顯示給讀者看？

9.歷史比較研究報告會用到哪些組織文稿的特色？

10.那裡有用來描述量化研究報告、田野研究報告，以及歷史比較研究報告的方法？

註釋

1.參閱「剽竊案實錄」美國社會學學會《附註（*Footnotes*）》17（2）（二月份，1989），頁二，或是〈知名哈佛心理分析家在系所發現他剽竊後辭職〉，《高等教育紀事（*Chronicle of Higher Education*）》35（15）（1989年12月7日），第一版。

2.摘自社會學寫作小組（1991）。

3.關於撰寫研究報告的建議，參閱多納德等（Donald et al., 1983）與雷格特等學者（Leggett et al., 1965）之大作。

4.摘自社會學寫作小組（1991:41）。

5.關於這點與其它論撰寫報告的建議，參閱范恩（Fine, 1988）。

6.關於綱要與量化研究報告的組織結構，參閱慕林斯（Mullins, 1977: 11-30）。也參閱威廉斯與伍爾夫（Williams & Wolfe, 1979:85-116）對組織論文寫作中之觀點所提出的好建議。

7.葛羅索夫與沙地（Grosof & Sardy, 1985:386-389）對如何解釋量化研究發現，提供不少建議。

8.羅夫蘭（Lofland, 1974）歸納發現他所識別出來的五大撰寫田野研究報告的風格（原創、小說、詳述、記事、交叉穿透）並且對這些風格接受評鑑的方式，提出討論。

9.在羅夫蘭與羅夫蘭（1984:146）的著作中，對隔離的偏誤，有番討論。

10.參閱貝克與吉爾（Becker & Geer, 1982:244）以及沙茲曼與史濁斯（Schatzman & Strauss, 1973:130）針對這點與其它相關議題的討論。

11.參閱哈莫斯里與阿特金森（Hammersley & Atkinson, 1983）以及馮曼能（Van Maanen,1988）的大作。

12.參閱史布拉德里（Spradley, 1970:162-167）。

13.參閱馮曼楠（1988:13）。

14.參閱達布斯（Dabbs, 1982）關於圖形以及其它視覺形式的分析與呈現質化資料的手法。

15.參閱貝克與吉爾（1982）。

16.關於撰寫田野研究報告的倫理關照這類問題的討論，參閱貝克（1969）、龐奇（Punch, 1986），以及衛克斯（Wax, 1971）。

17.參閱巴宗與葛拉夫（Barzun & Graff, 1970）以及沙弗（Shafer, 1980）就撰寫歷史研究所提供的卓越建議。

18.更多有關撰寫委託研究計畫申請書的討論，參閱鮑爾（Bauer, 1984）、絡克、史畢度索、與席爾夫曼（Locke, Spirduso & Silverman, 1987），以及夸拉斯（Quarles, 1986）的著作。關於計畫書撰寫，一本有點但是頗唯有用的短篇簡介爲克拉斯渥（Krathwohl, 1965）的著作。

電腦在社會科學研究上的應用

科技創新下的產物不僅意味著社會結構的改變，而且是社會文化的變遷。人類的社會行為是受到機械的塑造，是發生在科技格局的脈絡之下。

尼可・史德（Nico Stehr）

《知識社會（*Knowledge Societies*）》，頁七一。

引言

電腦已經使社會科學研究操作產生了革命性的變化，而且在社會科學研究的各個領域中，電腦也成為一個非常基本的工具。今日，大多數的社會科學研究者使用電腦，就好像其他人使用電話、電視或是汽車那般的平常。原因無它──只為了能夠更有效率地執行特定的工作。電腦使研究者能夠更快、更有效率地執行專門性的工作（例如，組織資料、計算統計量、撰寫報告）。

閱讀這篇附錄並不能教會你如何使用電腦。這需要有人親自對你即將要使用的特定電腦系統提供專門的協助與教導。相反的，這篇附錄將提供你關於電腦的一般性背景介紹，讓你見識一些基本電腦的術語，並且說明社會科學研究中使用電腦的狀況。大略描繪出廣泛的輪廓、指導你一些相關的問題。電腦的使用和型態改變的速度非常之快，一兩年之間某些特定的資訊便老舊過時了。

簡史

今日電腦的始祖，是十九世紀所發展出來的、在分類卡上打孔的機器裝置。研究者將孔打在特殊的位置，每個孔代表一個變項上的不同訊息。這個卡片分類機對於資訊的組織，比先前的紙筆記錄法更為快速、正確、而且效率高。譬如在1890年代，卡片分類機使美國人口調查局在資訊的計算與處理上，從9年的時間減少為6個星期。[1]

在第二世界大戰與1950年代的冷戰時期之間，數量龐大的金錢、人力與物資投入軍事研究，目的就在於偵測、引導飛彈與其他的武器。而且相關的新電子技術，例如，電視、太空探險等，也促使電子業的發展加速進步。到了1960年代，工程師重新改變這些新發明與技術的方向，從而建構能夠操弄數字資訊的應用機器。用現在的標準來看，早期的電腦顯得粗糙與笨拙，但它們卻徹底擴大了我們操弄資料的能力，也改變了我們對資訊的思考模式。

遲至1960年代中期，社會研究唯一用到電腦之處也僅限於統計資料分析。研究者使用比1800年代更加快速更加準確的新型卡片分類機。有了這部機器，研究者使用交叉表的技術來分析調查結果與現成的資料。這個機器可以將許多小小的厚紙板卡片加以分類、並且計算出分數。這些卡片稱爲IBM卡，是以這類卡片的最大製造者來命名。IBM卡有80列12行，或號稱有960個資訊空間。研究者利用一台吵雜的大型打孔機，正確的打出960個空間中的一個孔。如此，資料便根據在這張卡片上打出來的孔所呈現的位置，來加以儲存。在這些孔打完之後，研究者再使用卡片分類機根據卡片上孔的位置，將這一大堆的卡片加以分類。

我第一次開始對研究資料進行統計分析時，就是使用這種IBM卡。我從100個個案中所得來的研究資料，構成了一堆疊起來有10英吋（10.5公分）高的卡片。我把這些卡片分成三堆，並用橡皮筋將他們綁好。由於時光的流逝以及使用分類機所造成的磨損，卡片變得殘破不堪，引起不少問題、經常性的挫敗感。製作數個由計算原始分數所得到的交叉表，通常會花上我將近20-30分鐘的時間。我做好次數分配與原始分數計算表後，還得花上一個小時，靠台計算機算出百分比與關聯值。當時計算機的體積大小與價格昂貴程度就像現在的手提電腦一般，而且只能夠執行統計運算的功能，而這項功能在今天來說，一台價格不到一頓豐盛午餐的掌上型計算機就能辦到了。有了今日的電腦，我在幾秒鐘之內，就可完成相同的事情了。

以1990年代的標準來說，早期的電腦不但體積龐大、價格又貴得嚇人、而速度又超級慢。當時電腦的價格超過一百萬美元，而它的體積就像十二個大冰箱、耗電量極大，而且必須擺在特製裝有溫度調節器的房間裡，還要有一組訓練有素的技術人員固定在旁看管。儘管如此，這些體積龐大的電腦——稱爲電腦主機（mainframe computers）——比卡片篩選機與計算機加起來還要精確、處理更多的資訊、而且能夠更精確地執行複雜的計算。最重要的是，他們能夠「讀取」並且遵循複雜的指令——稱爲電腦程式（computer program）。這些程式（或稱爲指令）告訴機器，根據大量的資訊執行數量龐大而且邏輯精確的步驟。

訓練有素的電腦程式人員撰寫執行特定型態的作業程式（資料篩選、統計）。程式依賴電腦整體的作業系統（operating system），是附屬於電腦的特殊軟體。作業系統使軟體程式能夠與硬體溝通，控制進入與輸出程式的資訊。

到了1970年代，電腦主機的價格便宜了而且功能更加增強。大部分的大學、圖書館、政府機關、大型公司，都利用電腦來從事統計、會計與資訊儲存的工作。今日，許多這些機構仍然使用電腦主機來分析大量的資料。現在的電腦主機功能又更加強大，並且透過時間分享很多人可以在同一時間一起使用。這表示電腦的功能不但已經增強而且加快，可以同時爲許多人執行上千種不同的作業。使用非常複雜的統計、成打變項，以及非常龐大資料組（例如，一百萬個樣本）的研究者仍然使用電腦主機，但是有很多人現在已經能夠使用比較小型的微電腦。

技術的進展已經把我1972年做研究時所用的打孔機變成博物館的陳列品。今日，研究者直接對電腦鍵入資料與指令，並以電子形式加以儲存。他們使用電腦終端機或微電腦。電腦終端機的設計就像一台簡單的打字機，與電腦主機相連，外加一個鍵盤（按鍵就與打字機上的按鍵一樣）和電視螢幕。電腦終端機本身無法運作，其存在的目的是在聯繫爲其執行工作的電腦主機。

電腦中的電子配備（例如，外殼、轉換器、機器與電線）稱爲硬體（hardware）。不同於軟體（software），亦即電腦讀取的電子訊號，包括電腦程式以及電腦遵循的指示。硬體與軟體研究者都需要具備，而且若無正確的軟體，硬體根本無法運作。

微電腦革命

1970年代後期發明了新款式的電腦—— 即微電腦、或稱爲個人電腦。當前的微電腦和1960年代的電腦主機一樣，具有強大的功能，而價格大約只有原來的千分之一、體積也是原來的千分之一，只要稍加一點訓練可以在很多地方爲人們所使用。微電腦科技仍在快速的變遷當中。每一年微電腦都比前一年能夠更快地處理更加複雜的工作。在許多雜事方面，微電腦已經取代了電腦主機、促使更多的人有機會用到電腦、也使電腦有了新的用途。經常，在地方性區域網路上（local area network, LAN）有許多微電腦相互連結，或是構成一個電腦網路。在這種情況下，數台微電腦藉由電子網路連結到功能更強的微電腦或電腦主機上，而使它們能夠在網路內分享軟體或資訊。

微電腦看起來像個終端機，但它們是個不需要電腦主機來執行大部分作業的自足單位。它們有三個基本部分：

1. 螢幕，也稱爲陰極線圈（cathode ray tube, CRT）或是影像顯示器（video display terminal, VDT）：像電視般的螢光幕，呈現電腦內傳出或輸入的資訊（文字或圖片）。
2. 鍵盤：和打字機相類似的鍵盤，但有額外的特殊的按鍵，將資訊輸進電腦。1990年代大多數的電腦都帶有滑鼠（mouse）。滑鼠是手掌般大小的裝置，它在桌面上移動，並且控制電腦上的游標。電腦使用者（稱爲用戶）能夠藉由使用滑鼠的軟體來選擇執行的功能。
3. 中央處理器（central processing unit, CPU）：裝載著電腦核心部分的主要盒子。這包括了控制電源的裝置以及暫時儲存電子資訊的部分（記憶體）、遵循電子指令（微處理器），以及讀取與寫入電子資訊於磁碟片的裝置（後面將有討論）稱做磁碟槽。暫存記憶體或隨機存取記憶體（RAM）被視爲「主動思考空間」，它容量的大小對軟體執行的速度影響極大。

有些微電腦是三機一體。膝上型（laptop）或筆記型電腦重量輕（大約四至七磅，約二至三公斤），體積就如一本中型大小的書。大部分的電力來自電池，但需要靠插上插頭來延續電源。其他類型的微電腦主要是靠沈重的電腦線來連結主機，額外的電腦配備大致包括了硬碟（當電腦關閉時，內部記憶體仍持續運轉）、光碟機（CD-ROM,從光碟中讀取文字、音樂、數字或圖片）、印表機、掃描器以及數據機。

印表機在列印速度、品質或清晰度上，有很大的差異。有些人使用含有撞針、墨水色帶的點陣式印表機，其他人使用將微量墨水噴在紙上的噴墨式印表機，另外還有人使用雷射科技將碳粉融化印在紙上。更昂貴的、更新穎的印表機能夠產生彩色與黑別的影響。掃描器是台電子「讀取」圖片或文字的機器，類似影印機，並且能夠將影像轉化成電腦軟體認識的電子信號。數據機接上電話插座，透過電話線送出與接收電子信息。它可以是個靠條電線與電腦主機連接的一個獨立的小盒子，也可以內建在電腦主機之內。數據機協助不同的電腦進行溝通。

大多數的微電腦是依據兩種基本標準中的一種製造的：與IBM相容型的或是蘋果電腦（Apple）——名字是根據主要的微電腦廠商而取的。這兩套標準規格使用不同類型的微處理器與作業系統，有時稱爲基地台（platform）。此外，在各自的標準內，由於技術變遷，而有多種不同性能的電腦型號。IBM相容的電腦因使用不同版本的英特爾廠牌（Intel）或是相類似的微處理器，而有不同的變化。你可能聽過486或奔騰晶片（Pentium）。這些都是英特爾廠牌微處理器的名字。蘋果牌或麥金塔型（MacIntosh）的機器，是根據另一種稱爲摩托洛拉型（Motorola）的晶片，也是以數字來命名，就像6300。處理器的作業的速度不同。在今天，66MHz是個合理的速度，但是更快、更高等級的機器作業速度則超過120MHz。十二年前，一台優良的微處理器的作業速度只有12MHz。

麥金塔電腦的作業系統有許多小圖形，使用者可以利用滑鼠直接進行項目選擇。當前與IBM相容的有兩套主要的作業系統：DOS版與視窗版（Windows）。視窗版的作業方式與麥金塔的作業系統非常相似。大多數的程式只能在某個特定的電腦類型（不是麥金塔就是與IBM相容）、作業系統（如Windows、DOS），以及特定版本的作業系統（例如，Windows 3.1、Windows95）下作業。專爲某種類型的電腦設計的程式或作業系統很少能夠在另一種類型下還能正常運作。

資訊進入微電腦有六種管道。

1.本身就被設定爲電腦記憶體的一部分。

2.使用者透過鍵盤鍵入或使用滑鼠選入。

3.經由電話或通訊線，透過數據機或硬體而取得。

4.存在於電腦可以讀取的軟碟或磁碟片中。

5.存在於光碟片或其它電腦可讀取的磁碟片之中

6.透過掃描器，讀取到電腦內。

電腦將資訊組織成檔案。檔案可以包括有：適合文書處理的文稿（文字）、電腦程式、圖形或圖片、音樂或聲音、影像片段、或是數字資料。這些檔案的大小變化頗大。舉例來說，文件檔或者說文字檔的大小，可以從一個字母到數千頁之長。內含高品質圖形、圖片、相片資料、或是錄影帶資訊的檔案通常比文稿或數字檔大出數倍之多。

大多數的使用者將資訊儲存於軟碟或磁碟片中——一個微電腦可以儲存與讀取電子資訊的媒介。磁碟片是受過特殊處理的薄如紙片的塑膠材料，包裹在一個帶有開口的保護套中。最常見的磁碟片大約八分之一英吋厚（0.5公分）、三又二分之一平方英吋寬（約爲1.5公分）。舊型的磁碟片比較大、也比較有彈性（所以被稱爲軟碟），但是能夠儲存的資料比較少。使用者將磁碟片插入磁碟機的插槽，如此電腦便可以從磁碟片中讀取並且寫入資料。

軟碟可以儲存不同數量的資訊，經常可以保存相當於數百頁的資料。例如，寫這本書時，我把一到十章存放在一張磁片中，結果還有剩餘空間可用。而且，一張磁片的價格比許多原子筆還便宜，並且很容易複製、修改或更新磁片上的資訊。雖然他們的價格不貴而且容易使用，不過磁片也會耗損。同時，磁片內的資料也容易受到看不見的磁場所損壞。電腦使用者應該總是爲磁片上的檔案製作備份。

大多數現代微電腦都有硬碟機或硬碟的裝置。它與軟碟類似，不過它是裝置在電腦內部的。硬碟的容量大小有所不同，但大多數的硬碟儲存容量比軟碟大上五十到一千倍。硬碟是儲存重要的大型軟體程式與大量的文件或資料組。雖然它們也可能會耗損或故障而需要備份，但是比起磁碟片那就安全多了。硬體的處理能力成長相當快速，我現在使用的硬體記憶體比我十年前所用多出五十倍，速度增加了三倍，但是價格卻沒變。

記憶體的測量單位是百萬位元組（MB）或十億位元組（GB）。一個位元組是非常小的一筆電子資訊。電腦將數以萬計的位元組轉換成人類可以辨識的東西（例如，文字或圖片）。大多數的磁碟片容量是1.44MB，而供多數軟體所用的暫存記憶體的最小容量是4MB。

電腦如何協助社會科學研究者

1980年代以前所訓練出來的大多數社會科學研究者所學到的研究工具是建立在紙張、圖表、或是卡片資料夾。站在1990年代末期往回看，這就好像十五年以前所訓練出來的研究者已經學會如何使用馬與敞篷車或電報、而不是汽車與電話。其他方面的科技進步（例如，影印機、傳眞機、錄放影機）也影響到社會研究，但是微電腦卻帶來更大的衝擊。

方塊D.1

網際網路

網際網路不是某一個地方下發生的單一事件。網際網路是個環繞著全世界的電腦所形成的相互關聯的網路。變遷非常快速。我不可能描述網際網路上的每件事；有很多大部頭的書努力在做這項工作。何況，即使我也嘗試去做，六個月後就過期了。網際網路正在以一種強勢的力量快速變遷著許多人傳遞與分享資料的方式。過去數年間，使用網際網路的人數每六個月就增長兩倍。

網際網路提供電腦使用者之間，或是電腦使用者與大型組織（大學、政府機構、企業組織）電腦資訊之間，低成本的（經嘗試免費的）、世界性的、快速溝通。是需要有某些特定的軟硬體配備，但是網際網路的潛力是能夠傳遞電子版的文件資料，甚至整本書，以及圖片、音樂錄影帶、與其他類型的資訊。

想要上網際網路，使用者需要有個連結到網際網路的電腦帳號。大部分大學的電腦主機都是相連的。許多企業或政府機構的電腦也是相連的，有數據機的使用者可以向某些提供進入電話線的私人公司購買某些地區的連線權。除了一部微電腦之外，使用者只需要一點點使用電腦的知識就可上網了。隨著越來越多的人學會使用電腦，也隨著電腦的威力越來越強，網際網路爲更多人所使用，全世界各種類型資訊的交換就有可能明顯加速。

今天，社會研究者使用電腦的目的有五：搜尋已出版的文獻；分析量化資料；分析質化資料；與他人溝通、取得遠處的資訊；撰寫研究報告、組織資訊。每一項工作都需要某種特定型態的軟體。

文獻搜尋

研究者有三種方式，利用電腦的協助來進行文獻與先前研究報告的搜尋。他們用電腦來察看圖書館裡有些什麼書籍與論文。到了1990年代，多數的大學與主要的公立圖書館都已經將它們的館藏目錄，從檔案抽屜中的卡片轉換成電子資訊。圖書館有許多不同的系統，而且通常只有近期出版的著作才會出現在線上（on-line）目錄。除了當地圖書館之外，研究者使用網際網路（Internet）來搜尋遠方圖書館的線上目錄（參閱方塊D.1）。

其次，研究者使用電腦來搜尋學術期刊的目錄索引或摘要。研究者首先將研究主題轉換成一組關鍵字，然後利用電腦搜尋當地光碟片中、或是透過網際網路搜尋他處光碟機中的期刊論文資料庫。藉由電腦，研究者可以查到許多學術期刊論文的目錄與摘要（第五章對於電腦可以查到索引目錄，已做過討論）。其中主要者包括有：社會科學索引（Social Science Index）、科羅拉多區研究圖書館（Colorado Area Research Library, CARL）、社會檔案〔Socio-file，包括社會學摘要（Sociological Abstracts）〕、社會學摘要、社會科學引文索引（Social Science Citation Index），以及心理學文摘（PsychLit）。

第三種用途將在論通訊的那節中做更詳盡的討論。研究者上網尋找那些列出特定參考資料的人名或地點。有些學術期刊是在網際網路中發行電子版，而且只能透過電腦讀取。不過，這些仍處於初期的發展階段。

量化資料分析

電腦對當今量化社會研究來說是個必需品。少了適當的電腦與軟體，研究者將無法分析一個大規模研究計畫所得之資料，也無法在一段合理的時間內做出複雜的統計分析。研究者固然事先需要投入時間與精力來學習如何使用電腦，但是這些投資將會爲日後節省相當多的時間與精力。一位擁有適當配備、訓練有素的研究者可以在幾小時之內，完成他以前需要靠著雙手花上一年的時間才能完成的工作。

把資料格式化以利現代電腦讀取，可以追溯到早期的卡片技術。IBM卡有依照行與列所訂出的位置系統。每一行代表一個數字（例如，0-9）並且卡片上有八十個欄位（列）。登錄簿比照這些位置登錄變項的類別。通常，分派給研究中每一位回答者或每一個個案（分析單位）一張IBM卡片，或是將他們分開記錄。[2]研究者針對每個變項將這八十個欄位切割出不同的資料組。舉例來說，研究者可能把欄位15-21做爲變項「家庭收入」的資料組。這個資料組有七個欄位接受七位數字（例如，家庭收入從0美元到9999999美元），是以該變項最大値的位數來決定資料組的大小。指定給資料組每個欄位的數字是0-9。現代的電腦依然使用資料組，但是已經不再有八十個欄位的限制了。

社會研究者總是使用數種套裝軟體中的一種〔例如，社會科學統計套裝軟體（SPSS）、社會分析統計（SAS）、迷你交叉表（Minitab）、或是微觀個案（Microcase）〕來把量化資料組織成圖表、表格、或是圖形，並且執行統計運算。所謂的套裝軟體把許多的統計程序匯集成一個大型相互配搭的軟體程式。今日，所有的量化社會研究者至少學會使用一種統計套裝軟體。社會科學統計套裝軟體（Statistical Package for the Social Sciences, SPSS）是比較受歡迎的一種。這套軟體比電腦語言還要容易學習，而且是特別爲分析量化資料而設計的。在學習如何使用這套軟體之前，研究者必須具備組織量化資料的基礎知識，而且還需要些統計學的背景。

選擇統計套裝軟體可能變成很複雜，而且價格變化頗大。銷售統計軟體給電腦主機與個人電腦用戶的公司定期開發新的或更新的版本。因版本的不同，使用者完成一項工作所執行的步驟也因此而有所不同，也可能無法在新舊版本之間轉換的資料。還有許多公司針對相同的一套軟體，同時出售大片的完整版與小片的節錄版。

所有的統計軟體都能夠做非常基本的統計計算。不過在使用的容易度上、說明的清晰度上，以及輸出的格式上，不同的套裝軟體各有各的特色。而且在轉變資料或是以圖表方式呈現資料，以及以不同的套裝軟體計算更高等的統計上，也各有千秋、差異頗大。各套裝軟體在能夠處理的最大個案與變項數量，也大不相同。

有些套裝軟體使用互動處理程序，另一些使用批次處理（batch processing）。在過去幾乎所有的軟體都是使用批次處理。在一個批次形式中，使用者寫出關於資料的一組指令。然後，使用者將之輸進電腦處理，靜候結果的輸出。漸次軟體走向互動式。這意味著使用者在一開始時就提供資料並下達數個核心指令。然後輸進簡短的一個階段指定（一步接著一步），就立刻得到該階段的輸出結果。運算的速度則全賴軟體的效率、個案的總數，以及統計運算的類型，以及電腦硬體的效能（微處理器的速度、暫存記憶體的大小、數學運算電腦晶片）。

質化資料分析

採用質化取向的研究者也日益使用電腦進行非數字的資料分析。[3]把筆記打成一篇經過文字處理的文件的研究者，筆記鍵入電腦文字處理的研究者，可以很快地用電腦來搜尋特殊的字與詞、或是拷貝與複製筆記中的各個部分。他也可以在經過文字處理的文件中爲田野筆記加上符碼，然後再找出這些符碼的位置。有了文字處理機，研究者發現更容易編寫、增添、切割、修改、甚至調動分析性的備忘。研究者也可以使用軟體來列管檔案或文件、在檔案中建立起各種類別、或是顯示許多不同檔案之間的關聯性。

過去十年間，專爲質化研究取向的資料分析而設計的程式，成長神速、著實令人吃驚。威茲曼與麥爾斯（Weitzman & Miles, 1995: 4）指出：「事情發生的速度如此之快，令許多質化研究者感到困惑與不知所措」。接下來，我就威茲曼與麥爾斯的大著中（1995）所概要列舉的主要質化資料分析類屬，提出討論。我把焦點擺在程式的種類及其所能執行的分析類型，而不討論某個程式的細節。每年都有新的程式都被設計出來，並且現有的程式不時都會增添些新的特色。

文件的搜尋：有些電腦程式執行文件資料的搜尋，而其所做的工作與大多數文字處理軟體中的搜尋功能類似。專門的文件搜尋程式速度比較快，而且具有找出接近的配對、輕微的拼字錯誤、發音相近的字、或是同義字。舉例來說，當研究者找尋「船」這個關鍵字時，這個程式也能夠辨別是否也出現下面任何一個字詞：船、戰艦、護衛艦、滑艇、帆船、船隻、遊艇、蒸氣船、海洋定期船、拖船、獨木舟、輕舟、接駁船、載運飛機的船、小艇、運輸船、奴隸船、聖經中之方舟、巡弋船、驅逐艦、旗艦，以及潛水艇。此外，有些程式藉由邏輯詞（與、或、不）的使用，亦即所謂布林搜尋（Boolean searches），還能做到字或詞的組合。舉例來說，這種布林搜尋用「與」來搜尋有喝酒與抽煙這兩種行為交集的大學生，而這兩種行為的關聯性則根據「或」這個邏輯用詞，不過那個邏輯搜尋用字「不」卻排除了「兄弟」這個詞出現的情境。

大部分的程式出示關鍵字或片語以及周邊的文件。程式也使研究者能夠編寫獨立的備忘錄或是在正文中增添些簡短的筆記。有些程式會算出找到的關鍵字的個數，並且顯示出它們在文稿中的位置。大多數的程式能根據研究者所感興趣的字詞，為正文建構一組非常特定的索引目錄。這類程式的例子包括有Metamorph與ZyIndex。

文件庫經理：文件庫經理（textbase manager）與文件搜尋程式相類似。主要的差別在於它們組織或從搜尋結果中篩選資訊的能力。許多程式建立數個文件庫次集合，以便研究者進行比較與對照。這些程式使研究者能夠根據一個關鍵概念來篩選筆記或增添事實資料。舉例來說，對於那些詳細的訪談筆記，研究者可以添上訪談的日期與長度、受訪者的性別、訪談的地點等等。然後研究者可以結合關鍵字與添上的資訊，對每一次的訪談記錄或是訪談筆記的各個部分進行篩選或組織整理。

此外，有些程式具有超級文件的能力。超級文件是指一種連接字詞與其他資訊的方法。它的運作是藉由滑鼠點選某個字詞，以產生一個新的畫面（帶有相關資訊的畫面）。研究者能夠辨別出關鍵字或是主題，並在正文中將之串連。舉例來說，有位田野研究者想要檢視一位名叫蘇珊的人以及頭髮這個主題（這包括了：剪髮、髮型、染髮、髮飾）。研究者可以使用超級文件來連結所有關於頭髮的討論中出現蘇珊名字的地方。藉由滑鼠點選蘇珊的名字，某一段的文稿很快就跳到筆記中另一個段落，以助我們查閱所有蘇珊與頭髮主題同時出現的地方。

有些文件庫經理軟體會根據文件資料的資訊建構交叉表、或是交叉分類圖。舉例來說，學生開始記日記。他們用四個類別（無聊、刺激、挑戰、與創造力）寫下他們對每一天的感覺。學生也描述每一天的主要活動（例如，團隊工作、討論、看錄影帶、聽演講、或示範），研究者可以根據活動對學生的感覺做交叉分類。藉著添進其它的資訊（像是男性或女性），研究者可以從中看出具有不同特質的學生如何感受不同活動，並且檢視他們感覺是否隨著主題或學期中時間的變化而有所改變。兩個這類程式的例子是：askSam和Folio VIEWS。

符碼與讀取程式：研究者通常派給質化資料（田野筆記、訪問紀錄、錄影帶或視聽的文稿）一些符碼或抽象名詞。符碼與讀取程式使研究者能夠指定符碼給文稿中的行、句子、段落或章節。這個程式允許對同一筆資料給予多重符碼。除了指派符碼之外，大多數的程式也使研究者能夠組織這些符碼。舉例來說，有個程式可以協助研究者在符碼間以及在符碼所代表的資料間，列出關係大綱或「樹系」（例如，樹幹、樹枝、枝幹）。在程式中，質化資料根據研究研究者所指派的符碼以及符碼間的關係，被重新排列組合。夸立頓（Kwalitan）與民俗誌（Ethnograph）就是這類程式中的兩個例子。

代碼理論建構大師：質化研究者通常對評估與產生理論深感興

趣。符碼理論大師（code-based theory builders）先要求研究者指派資料的符碼。這些程式提供研究者操弄或建構符碼之間對照比較的方法。然後符碼之間的關係變成研究者檢定或產生理論的基礎。

符碼之間所製造出來的關係類型可能因程式的不同而有所不同。有個程式允許「如果…那麼就」這一類型的邏輯關係或是分析性的比較技術（已在第17章中討論過）。舉例來說，寇沙羅與黑斯（Corsaro & Heise, 1990）描述他們如何把關於小朋友的田野研究資料編碼成相互獨立的事件。然後他們檢視這些事件中的邏輯順序與關係，進而探尋是否有某些原則或某套暗規「文法」的存在。他們尋找引導事件之間出現的先後順序、結合、或分裂的規則章法。他們使用的程式——民俗誌寶典（ETHNO）——找出事件之間的邏輯關聯性（例如，時間次序、必要的先決條件，以及同步發生），然後再顯示事件的模式。

相對於其他的質化程式，符碼理論大師具有強大的操弄符碼突顯資料中不是立即可見的模式或關係的能力。因此使研究者得以輕鬆地比較與區別資料的類別。質化比較分析程式（Qualitative Comparative Analysis, QCA）使用布林邏輯（Boolean logic）或代數來協助研究者分析數個個案的特性，並且利用取異法與取同法的技術（參閱17章）。該程式執行代數運算，從一組個案中辨識出共同的與獨特的特性。求出代數並不難，不過相當耗時，而且如果沒有程式從旁協助，人爲疏失在所難免。NUD*IST是另一種這類型的程式。

概念網路大師：這類程式協助研究者以圖形展示法或網路法來建構並且檢定理論。這種展示比資料圖表更具果效，他們協助整理研究者所提出的概念、或是對資料進行思考。這些程式運用研究者從資料中所辨識出來的癥結或關鍵概念。然後顯示這些癥結之間的連結與關係。大多數的程式以方塊或圓圈做圖形式的呈現，然後使用帶有箭頭的線條連接方塊或圓圈間的關係。輸出的報表就像一張流程圖，呈現出概念之間的關係網絡。舉例來說，資料可能是棵家族樹，呈現出數代之間家庭成員之間的關係。家庭成員間的關係（X是Y的兄弟或姊妹、Z嫁給Y、G是X的子孫）可以用來討論與分析這個網絡的特色。範例程式包括有轉換設計（MetaDesign）與語意網絡（SemNet）。

通訊與資料

電子郵件：穿越距離的電子通訊是成長最快的眾多電腦用途之一。這有許多種形式，最普遍的是電子郵件（e-mail, electronic mail）。隨著電腦網路在大學校園與大企業的啓用以及網際網路的開發，電子郵件於1990年代趨於普及。電子郵件可以在單一組織內運作（例如，一所大學、政府機構、或是公司），也可以在組織與組織間運行。電子郵件使人幾乎能夠馬上向他人傳送訊息（例如，備忘錄、信件、資料檔案，以及有的時候是照片）。這類訊息必須是電腦能夠讀取的電子格式，而且寄件者與收件者必須在大型電腦上設有電子郵件的地址。

網際網路的電子郵件地址有數個部分。開頭是個人的姓名或是辨識碼。這可以是一個以句號分開一個字或是一組字串或數字。接下來是個符號@。再接下來是用句號隔開的電腦系統名稱與機構名字。最後一部分可能是組織類型（譬如EDU代表教育單位，GOV代表政府單位，AC代表學術單位，COM代表商業單位）或是國家（例如，JP表示日本，NZ表示紐西蘭）。

舉例來說，在寫這一部分的時候，我的人正好在日本一年的教書。我在那裡的電子郵件地址是NEUMANL@sal.tohoku.ac.jp。在我名字之後是電腦系統的名稱（sal）以及機構的名稱（Tohoku大學），接下來的是組織類型（學術單位）以及國家（日本）。社會研究者以及政府機關或私人企業的受雇者愈來愈多設立電子郵件信箱。舉例來說，傳個訊息給Info@troweprice.com，你將會收到羅布來斯信託公司

（T. Rowe Price mutual fund company）傳遞過來的資訊。

如果這份訊息傳過來時，收信人正巧沒有同時在使用電子郵件。電子郵件系統會將這筆訊息儲存起來，並會讓使用者知道有訊息進來。就像電話答錄機上的留言一樣，電腦的電子郵件信箱儲存書面的訊息。連接網際網路的大型電腦無時不刻不在運轉，而且還有支援系統，於是可以一天二十四小時天天接收訊息。

許多出版社與其他的組織可以透過網際網路來連接。例如，我想找一本數月之前在廣告上看到的書，記不得該書的作者或是完整的書名，但我記得它是芝加哥大學出版社出版的，我透過網際網路找到芝加哥大學出版社的電腦，並且選取它們的出版目錄。從這個目錄中，我可以找到這本書及其書名、作者，以及其他的資訊。我甚至還可以找到訂購該書的資訊。我不用花一分錢，就可在五分鐘之內從日本獲得這些所有的資料。

網際網路也能把你接上對某個主題有興趣的其他研究者、有時還可以幫你接到他們設立的參考文獻或資料庫。在網際網路上使用地鼠搜尋器（於下節討論）是一種找尋資料的方法，其他的方法則是加入網際網路上即使不是上千也是成百個中的一個「討論小組」。

網路名單服務：網際網路中一項很受到歡迎的特色是選單服務。它是在使用者送出一封電子郵件訂閱郵寄清單（不用花錢）之時，便開始運作。這個名單或討論小組就是重點所在。舉例來說，有份研究法教師的名單、一份喜愛義大利美食者的名單、一份科幻小說的讀者名單、一份對質化社會研究法感興趣的人的名單、或是一份統計套裝軟體使用者的名單（例如，迷你交叉表軟體、社會科學統計套裝軟體）。訂閱者可以從其他的訂閱者那裡接收公告與電子郵件，也可以提出問題或提供資訊。由於任何能夠進入網際網路的人都可以加入並且傳遞訊息，網路名單服務就可能成爲所有人都可以免費使用的產品。不過，建議新的網際網路使用者先讀些「張貼」於網際網路上，關於使用網際網路的禮節與規則。

用維諾尼卡來搜尋地鼠天地：地鼠搜尋器（Gopher）是使用網際網路的一種非常受歡迎的工具。最早它是明尼蘇達大學開發的電子選單系統，沒有提供花俏的圖表或圖片，但是提供很多的資訊、容易使用，而且只需要一部等級很低的電腦就可使用。地鼠搜尋器呈現一系列的選項名單，而使用者只要在選單中點選他要的選項即可。

有多種方法可以進入地鼠搜尋器。經常它只要在網際網路的電腦系統中鍵入Gopher這個字就可以了。常見的選項是全球地鼠網（Gophers Around the World）。點選這個選項開啓了一份各個國家與世界區域的名單（把箭頭移到選項的旁邊，按一下輸入鍵即可）。同樣的，點選名單上的一個國家，就跑出來一大串那個國家的地點名單。這些地方可能是美國的各個州或是組織機構。舉例來說，我要找芝加哥大學出版社出版的一本書。我先點選北美洲、然後美國、伊利諾州、如此可找到芝加哥大學出版社。一旦進入芝加哥大學出版社的地鼠搜尋器，我點選社會學書名查詢這本書。注意，我必須要有點地理知識，並且知道每個地鼠搜尋器會把我帶到一個更為特定的範圍內搜尋。要回到前面的目錄很是容易，你只要鍵入字母「U」（代表往前）或是按下鍵盤上的左箭頭（<--）即可。如果要離開地鼠搜尋器，只要鍵入字母「Q」（代表關閉），然後在你被問到是否眞的要離開時，回答「Y」（代表是）即可。

維諾尼卡搜尋器〔Veronica，或稱為簡易地鼠式電腦檔案網路索引（Very Easy Rodent Oriented Network Index of Computerized Archives）〕是一種搜尋網際網路上或地鼠天地內（GopherSpace），所有地鼠選單的方法。地鼠搜尋器可以帶領使用者進入一個龐大的資源網，但是要找出特定的資訊可能相當耗時。維諾尼卡是個能夠從網際網路中找出搜尋項目的索引與回復系統。使用者從地鼠搜尋名單中進入維諾尼卡，然後可以在所有目錄、或是地鼠選單、或是所有標題中漸入關鍵字搜尋。不過，搜尋所有標題可能會很慢。

全球資訊網：「網路」（或稱爲全球資訊網）一種以超級文件爲基礎的網際網路資訊取得系統。就像地鼠搜尋器一樣，它使使用者能夠從網際網路上——也包括地鼠搜尋器——找尋資訊。它使用超級文件（Hypertext）。這意味著出現在螢幕上某份文件或文稿中的文字或片語，同時被連接到其他的螢幕之上。舉例來說，在句子中間你讀到超級文件這個字，並且注意到它是粗體打印。用滑鼠點選那個字後，你會很快地被連接到新畫面中的超級文件那個字。

一個更爲炫耀的瀏覽全球資訊網的方法是使用一種帶有畫面與圖片的系統。一些圖像瀏覽器有摩西（Mosaic）、提琴手（Cello）、麥克網（MacWeb），以及領航員（Netscape）。這些瀏覽器使擁有正確的軟體與功能強大的電腦使用者，透過更友善、更容易的「介面」或是畫面集與指令，在網際網路中進行搜尋的工作。隨著功能更強電腦的普及，這些瀏覽器將來或許會取代地鼠搜尋器。

遠端網路與檔案轉換夾：遠端網路（Telnet）是一種程式，使網際網路的使用者能夠進入、連結到位於遠方的大型電腦。舉例來說，我擁有兩個不同國家電腦主機的帳號。使用遠端網路，我可以在遙遠的日本電腦上完成大部分我能夠在威斯康新州的電腦完成的工作。優點是我不必離開日本，就可以享受這項好處。

除非遠端電腦是個匿名的FTP伺服器，否則遠端網路要求使用者先取得使用遠端電腦的帳號。這意味著它不是個公開的園地、就是個匿名FTP。這類的進入權限通常僅止於瀏覽檔案名稱目錄，以及把遠方電腦上的檔案拷貝到當地的電腦而已。

FTP代表檔案轉換夾（file transfer protocol），是一種軟體，存在大多數可以連上網際網路的電腦中。它使網際網路的使用者能夠將檔案傳輸給遠端電腦或是從遠端電腦傳送給當地電腦。這個檔案可以包括：資料、文件、或是圖片資訊。它主要的好處是在透過網際網路，快速地傳輸資訊。一些地鼠搜尋選單提供遠端網路做爲其中的一個選項。除非研究者擁有進入這類電腦的帳號與密碼以及其他的資訊，否則暫時會被限制以「訪客」身份進入公開的園地、或是匿名的檔案轉換夾帳戶。

編寫與組織

編寫、儲存與組織資訊是研究過程中相當重要的一部分。今日大多數的社會研究者使用文字處理機來寫作。文字處理機是電腦的一種軟體（有些等級低的電腦是專門爲寫作而設計的）。隨著微電腦硬體能力的變強，文字處理軟體在1980年代普及的非常快速。

過去研究者用打字機來寫報告，或是把手稿送給打字員打字。打字機是1800年代末期發明的，並於1900年代初期傳入辦公室。電動打字機出現於1930年代，普及於1950年代。到1960年代，發明了能夠儲存少量文件的電子打字機。今日，爲微電腦而設計的文字處理軟體已經取代了許多的打字機。

爲了撰寫報告、論文，研究者需要文字處理軟體〔例如，完美文書作業系統（Word Perfect）、文字之星（Wordstar）、微軟文書作業系統（Microsoft Word）〕。大部分的文字處理軟體幫助使用者能夠更輕易地刪除、編輯與修改文件。使用者可以將文件內容搬移到不同的段落，複製文稿做多方面的使用、並且將內容製作成不同的格式。大多數的軟體也提供拼字檢查的功能。儲存也是文字處理機的另一項主要特長。一旦使用者打入文件，日後不論是要增添、修改、複製、或是列印，都可以做無數次的存檔。存檔的文件總是比打在紙上的同一份文件，佔據更少的空間。

儘管有這許多種長處，文字處理機仍有數個缺點。第一，使用者必須要有一部微電腦、軟體，以及列表機才行。第二，使用者需要有最起碼的打字技巧、並且需要花點功夫學會那套軟體。有些學習是無法轉換的，因為每套軟體的作業方式可能有所不同。最後，並不是總是能夠輕易地把用某套軟體寫成的文件轉換到到另一套作業系統下運作，而不需費些周章的。

結論

本篇附錄提供你一篇關於電腦用語，以及社會研究者使用電腦的方式的扼要介紹。過去十年來，電腦使用的數量與範圍已經大為擴增。三十年前，電腦僅僅是量化研究者用來執行現在看起來很簡單的計算而已。現今，各類的社會研究在研究過程的許多階段都用到電腦，包括使用網際網路。研究者不論是在進行文獻回顧之時、執行量化與質化資料分析之時、還是與他人聯絡，以及撰寫研究報告之時，都在使用電腦。

關鍵術語

批次處理	硬體	作業系統
布林搜尋	超級文件	掃描器
光碟機	IBM卡	軟體社會科學統計應用軟體
電腦程式	互動處理	遠端網絡
中央處理器	網際網路	時間分享
電子郵件	地方性區域網路	使用者（用戶）
軟碟	選單服務	維諾尼卡
檔案轉換夾	電腦主機	全球資訊網
地鼠搜尋器	數據機	
硬碟	滑鼠	

複習測驗

1.舉出電腦史中對社會科學研究產生直接衝擊的三大進展，並且描述每項衝擊的發展經過。

2.描述何謂電子郵件，並舉出社會研究者使用電子郵件的兩個主要方法。

3.有那三種方法你可以比沒有電腦時，更加快速或徹底地使用電腦科技來協助你執行文獻回顧？

4.描述Gopher並且舉兩個例子說明當執行社會研究計畫時，可以如何使用它。

5.當某人說：「我只蒐集檢視質化資料，所以不必學電腦」，你會如何回應？至少舉兩個特定的例子作答。

註釋

1.關於社會研究中電腦使用的討論，參閱寇茲比（Cozby, 1984）、葛羅索夫與沙地（1985:191-206）、黑斯（Heise, 1981）、卡衛特與梅爾斯（Karweit & meyers, 1983），以及諾如西斯（Norusis, 1986）。

2.當某個個案的資料超過一張八十欄位的卡片時，研究者便製作複卡記錄。這種作法需要在每張卡片上已分別的欄位爲每一筆個案加上一個辨識碼以及卡號，以便追蹤每筆個案的資料。

3.參閱衛茲曼與麥爾斯（Weitzman & Miles, 1995）對於二十四筆質化資料分析的軟體程式，所做的詳盡檢討。也參閱費爾丁與李（Fielding & Lee, 1991）以及李查斯與李查斯（Richards & Richards, 1994）的著作。

社會研究方法—質化與量化取向

社會叢書 15

著　　者／W. Lawrence Neuman

譯　　者／朱柔若

出 版 者／揚智文化事業股份有限公司

發 行 人／葉忠賢

責任編輯／范湘渝

登 記 證／局版北市業字第 1117 號

地　　址／台北縣深坑鄉北深路三段 260 號 8 樓

電　　話／(02)8662-6826

傳　　真／(02)2664-7633

印　　刷／偉勵彩色印刷股份有限公司

法律顧問／北辰著作權事務所　蕭雄淋律師

初版四刷／2009 年 2 月

定　　價／新台幣 750 元

I S B N／957-818-116-7

E-mail／tn605541@ms6.tisnet.net.tw

網　　址／http://www.ycrc.com.tw

國家圖書館出版品預行編目資料

社會研究方法：質化與量化取向／
W. Lawrence Neuman 著;朱柔若譯.--初版.
--臺北市：揚智文化，2000〔民 89〕
面；　公分. --（社會叢書)
譯自:Social research methods: qualitative and quantitative approaches, 3rd ed.

ISBN 957-818-116-7（精裝）

1.社會學-研究方法
540.1　　　　89003304